纵横百家

让学术亲近大众

法律、立法与自由 I

第一卷 规则与秩序

[英] 弗里德利希·冯·哈耶克 著

邓正来 张守东 李静冰 译

Hayek

中国大百科全书出版社

外国法律文库

法律、立法与自由（第一卷）

F. A. Hayek

LAW, LEGISLATION AND LIBERTY

图字：01-2021-7205
图书在版编目（CIP）数据

法律、立法与自由．Ⅰ/（英）弗里德利希·冯·哈耶克著；邓正来等译．—2版．—北京：中国大百科全书出版社，2021.6
ISBN 978-7-5202-0984-7

Ⅰ．①法… Ⅱ．①弗… ②邓… Ⅲ．①立法—法的理论 Ⅳ．①D901

中国版本图书馆CIP数据核字（2021）第208926号

Law, Legislation and Liberty by F. A. Hayek
ISBN: 978-0-415-52229-8
First published in one volume with correction and revised preface in 1982 by Routledge and Kegan Paul Ltd.
First published in the Routledge Classics 2013
Published 2019 by Routledge
Routledge is an imprint of the Taylor & Francis Group, an informa business

出 版 人 刘国辉
策 划 人 曾 辉 蒋 祚
责任编辑 帖慧祯 蒋 祚
责任印制 魏 婷
封面设计 今亮後聲 HOPESOUND 2580590616@qq.com
出版发行 中国大百科全书出版社
社　　址 北京阜成门北大街17号 **邮政编码** 100037
电　　话 010-88390969
网　　址 http://www.ecph.com.cn
印　　刷 中煤（北京）印务有限公司
开　　本 880毫米×1230毫米 1/32
印　　张 30.125
字　　数 920千字
印　　次 2022年1月第2版 2022年7月第3次印刷
书　　号 ISBN 978-7-5202-0984-7
定　　价 258.00元（全三册）

在一个自由社会中，国家并不通过行政的手段管理人们的事务，而只是通过法律调整人们的私性活动。

——Walter Lippmann，*An Inquiry into the Principles of a Good Society*（Boston，1937，p. 267）

外国法律文库序

江　平

外国法律文库是一套大型翻译丛书，入选书目主要是外国尤其是西方的重要法律著作。中国法学界从事外国法与比较法研究与教学的学者组成的编译委员会负责确定书目和组织翻译，中国大百科全书出版社印行。受编委会之托，我将组织出版这样一套丛书的缘起及有关情况做些说明。

我平生治学，以罗马法和西方民商法为主。20世纪50年代末以后的二十多年间，我国法制建设历尽坎坷。那时，像罗马法这类洋货，不仅是奢侈品，简直可以说是违禁品。“文化大革命”结束后，法制建设与法学教育都逐渐走上正轨。十多年来，在我所在的大学里，罗马法、西方民商法以及比较法等都成了深受学生欢迎的课程。在立法方面，每制定一项法律都广泛地搜集国外立法资料，博采众长，以求既符合中国情况，又顺应国际潮流。不过，在这些过程中，有一个困难时时制约着人们的手脚，限制着人们的视野，那就是翻译为中文的外国法律著作数量太少。这些著作的汉译又没有有效的组织，因此必然存在着书目安排上缺乏系统性、选材上却不乏偶然性的毛病，甚至有个别译本的译者中外文修养不够，率尔操觚，致使误译多有，贻患学林。在这样的情况下，当然不可能期待对外国法律的全面而准确的认识了，而没有这样的认识，又怎么能博采众长、融合中外的借鉴呢？

近年来，组织翻译一套外国法律丛书一直是我的一个迫切的念头。曾与法学界的一些同行谈起，他们也都对这样一项工程极表赞成。曾对中国文化研究提供过大力支持的福特基金会也决定对该项目提供赞助。1991年初，外国法律文库第一届编委会正式成立。十五位委员中包括了北京法学界——今后还要吸收各地学者，使其成为一项全国性的学术事业——的一些知名教授和中青年学者。编委会确定了这套丛书在选题方面的三个标准：（一）以学术著作为主，兼顾重要的立法文件；（二）以本世纪作品为主，兼顾此前的经典著作；（三）以西方作品为主，兼顾其他地区的代表性作品。力求通过整套丛书反映外国法学与法律的概貌，为学术研究提供素材，为法律教学提供辅助，为国家立法提供借镜，为一般读者提供有益于增进法律知识和培育法治意识的读物。编委会又聘请了四位外国著名法学家作为顾问，以更好地保证选题上的权威性。在译校者的确定上，除语言修养外，还要求他们是相关领域的专家，以有利于忠实地传达原意。丛书的规模，初步确定为五十种，当然，若条件许可，它完全应当成为一套不间断出版下去的丛书；法律翻译要追随法律与法学的发展，如同译文要忠实地追随原文。

外国法律文库能够顺利出版，得益于法学界的一些资深教授的积极参与，他们有些参加了编委会，做了大量细致而有效的工作。有些虽然不是编委，却也给予文库热情的关心，他们推荐书目与译者，有些还应邀审阅译稿。一大批中青年学者以其眼界、才华以及勤勉的工作精神，使文库的翻译进度与质量得到了保证。福特基金会对文库的翻译与出版提供了宝贵的资助。所有这些都是应该在这里深表谢意的。

声称作品“错误在所难免”已成为一些序文的套语，对于外国法律文库一类的翻译丛书来说，这样的俗套却决非客套——完美到无可挑剔程度的译作至今还只是一种理想。但是，重要的在于积极的参与和认真的实践。随着越来越多的学者热衷此道，随着一本本译著的出版，作为文化建设事业组成部分的法律翻译，必将会对我国的法制现代化事业做出重要的贡献。在这个过程中，翻译的技巧也会日渐成熟。我对于这样的前景，套用一句老话，诚可谓馨香而祝之矣！

是为序。

智者会拥有他们自己制定的法律，但是他们还会拥有一些绝不是他们自己创制的法律。

——孟德斯鸠，《论法的精神》，I，p. i.

《法律、立法与自由》
全三卷总目

外国法律文库序
研究哈耶克法律理论的一个前提性评注
——《法律、立法与自由》代译序\邓正来

第一卷　规则与秩序

序　言
导　论
第一章　理性与进化
第二章　内部秩序与外部秩序
第三章　原则与权宜
第四章　变化中的法律概念
第五章　内部规则：自由的法律
第六章　外部规则：立法的法律

第二卷　社会正义的幻象

序　言
第七章　普遍利益与特定目的
第八章　正义的探求
第九章　社会正义或分配正义
第九章　补遗　正义与个人权利
第十章　市场秩序或偶合秩序
第十一章　抽象规则的规训与部落社会的情绪

第三卷　自由社会的政治秩序

序　言
第十二章　多数意见与当代民主
第十三章　民主权力的分立
第十四章　公共部门与私营部门
第十五章　政府政策与市场
第十六章　民主理想的破灭：简要重述
第十七章　一种宪法模式
第十八章　权力的遏制与政治的去中心化
跋　　文　人类价值的三个渊源

主题索引
人名索引
哈耶克研究参考文献
译后附言

目　录

第一卷　规则与秩序

003　研究哈耶克法律理论的一个前提性评注
——《法律、立法与自由》代译序

065　序　言
067　导　论

第一章　理性与进化

078　建构与进化
080　笛卡尔唯理主义的信条
084　我们的事实性知识的永恒局限
088　事实性知识与科学
091　心智与社会的共同进化：规则的作用
094　“自然的”与“人为的”二分法谬误

097　进化论认识进路的兴起
101　建构主义在流行思潮中的存续
103　我们的拟人化语言
107　理性与抽象
111　为何建构论唯理主义的极端形式总是导致对理性的反叛

第二章　内部秩序与外部秩序

124　秩序之概念
126　秩序的两种渊源
128　自生自发秩序的鉴别性特征
130　自然界的自生自发秩序
131　在社会中，对自生自发秩序的依赖既扩展了也限制了我们的控制力
134　自生自发秩序源出于其要素对某些行为规则的遵循
138　自生自发的社会秩序是由个人和组织构成的
141　自生自发秩序的规则与组织的规则
145　关于“有机体”与“组织”这两个术语

第三章　原则与权宜

156　个人目标与集体利益
158　只有遵循原则才能维续自由，而奉行权宜之策则会摧毁自由
162　政策的“必然性”一般都是此前所采取的措施的后果
164　重视行动之可预见而非可能的后果所具有的危险
166　伪实在论与构想乌托邦所须具备的勇气
169　法律人在政治进化中的作用
173　现代法律的发展在很大程度上是由错误的经济学支配的

第四章　变化中的法律概念

182　法律先于立法
185　生态学和文化人类学的启示
188　阐释或阐明惯例的过程
191　事实性规则与规范性规则
194　早期的法律
196　古代传统与中世纪的传统
200　从习俗和先例中产生的法律所具有的独特属性
203　自发生成的法律为什么需要立法对它加以纠正
205　立法机构的起源
207　效忠与主权

第五章　内部规则：自由的法律

218　法官的职责
221　如何区别法官的任务与一个组织领导的任务
223　司法的目的在于维护一种不断展开的行动秩序
226　“涉他人的行动”与预期的保护
228　只有一部分预期能够在一个动态的行动秩序中得到保护
233　预期间最大限度的吻合是经由对确受保障领域的界分而达致的
237　有关价值影响事实的一般性问题
240　法律的“目的”
244　对法律的阐释与司法判决的可预见性
248　法官只服务于自生自发秩序
252　小　结

第六章　外部规则：立法的法律

260　立法发端于确立组织规则的必要性
263　法律与制定法：法律的实施与命令的执行
265　立法与权力分立理论
267　代议机构的政府职能
270　私法与公法
273　宪法性法律
275　财政立法
276　行政法与警察权力
279　政策性“措施”
281　通过“社会”立法把私法转换成公法
284　关注政府的立法机关所具有的偏见

第一卷

规则与秩序

研究哈耶克法律理论的一个前提性评注

——《法律、立法与自由》代译序*

邓正来

本项研究的一个主要论点认为，哈耶克的论著阐发了一个思想体系，其抱负之宏大完全可与穆勒（John Stuart Mill）和马克思（Karl Heinrich Marx）的思想体系相媲美，但是却远不如它们易于受到批判，因为哈耶克的体系是以一种在哲学上站得住脚的有关理性之范围和限度的观点为基础的。……仅依据上述理由，哈耶克的论著就有资格命令（command）哲学、社会理论和政治经济学研究和学习者给予其以批判性的关注。

——约翰·格雷（Dr. John Gray）

一、引论：哈耶克的问题意识与本文论述框架

《法律、立法与自由》（*Law, Legislation and Liberty*）乃是20世纪最重要的自由主义理论家哈耶克[1]历经十七年的思考而分别于1973年、1976年和1979年发表的最后一部系统性的学术巨著。[2]这部重要著作大体上依据“法律、立法与自由”这个总标题所关涉的庞大主题而相应地被分成三卷：第一卷为“规则与秩序”（*Rules and Order*），第二卷是“社会正义的幻象”（*The Mirage of Social*

Justice)，第三卷则是“自由社会的政治秩序”(*The Political Order of a Free People*)。从哈耶克建构其自由主义理论的逻辑上看，我个人以为，哈耶克的这部著作乃是他经由**社会理论**到**自由理论**再到**法律理论**的阐发而试图达致宏大的自由主义社会哲学体系过程中的重要一环。

毋庸置疑，哈耶克法律理论的建构，如同其社会理论和自由理论的建构一样，极其艰难和繁复，正如他本人在1965年发表的一篇论文中所给出的提示一般[3]：

> 我关于人在新的和不可预见的情形的生活中协调持续性行动需要抽象规则所做的论述，甚至更适用于具体情势中许多不同个人的行动的协调，这些情势只在部分上为每个个人所知道，而且也只有在它们出现的时候才能为他们所知道。这导使我达致，在我个人的学术发展中，我进行所有反思的出发点，而且它或许可以解释为什么我……从专门经济学转入了对所有那些常常被视为哲学的问题的探究。回顾这些变化，这似乎始于我将近30年前所发表的“经济学与知识”的论文；在这篇论文中，我考察了在我看来纯粹经济学理论所具有的一些核心困难。该文的主要结论是，经济学理论的任务乃在于解释一种经济活动的整体秩序(overall order)是如何实现的，而这个过程运用了并非集中于任何一个心智而只是作为无数不同的个人的独立的知识而存在的大量的知识。但是，从这一认识到获致下述恰当的洞见还有很远的路要走，即个人在其行动中遵循的抽象规则与作为个人回应(亦即在那些抽象规则加施于他的限度内对所遇到的具体而特定的情势所作的回应)的结果而形成的抽象的整体秩序之间关系的洞见。……我达致了我所认为的一幅关于自生自发秩序之性质的全新图景。

哈耶克的这段文字，依我个人的理解，至少为我们从总体上把握哈耶克的法律理论提供了两条重要的认识路径：第一，哈耶克的法律理论建构，不仅不是那种即时性的“应景”作品，当然也不是那种在学科严苛设限支配下的“为法律而法律”的研究；在直接的意义上讲，哈耶克以《法律、立法与自由》为核心所详尽阐释的法律理论乃是以他对**自生自发社会秩序的可欲性**所做的整体性研究为基础的，而这可见之于他为出版这部著作所撰写的涉及不同题域和不同学科的一系列极为重要的预备性研究论文，它们大多收录在 1967 年出版的《哲学、政治学和经济学的研究》(*Studies in Philosophy*, *Politics and Economics*) 和 1978 年出版的《哲学、政治学、经济学和观念史的新研究》(*New Studies in Philosophy*, *Politics*, *Economics and the History of Ideas*) 这两本论文集中[4]；而在间接的意义上，哈耶克的法律理论更是以 1937 年发表的著名论文《经济学与知识》至 1960 年出版的巨著《自由秩序原理》(*The Constitution of Liberty*) 这一期间所提出的一系列重要论点为依凭的。立基于上述所论，我们可以说，哈耶克实是在其认识和解释社会现象的内在理路的要求下而建构其法律理论的。

第二，也是更为重要的，哈耶克的法律理论虽说在很大的程度上是其社会理论和自由理论的逻辑展开，但是就其整体社会哲学而言，他的法律理论却是进一步理解他有关个人自由与社会秩序之关系的洞见的重要路径，甚至是其基本的前提。这是因为，在哈耶克那里，社会秩序乃是以规则为依凭的，而且个人自由也是以一般性法律为基础的，亦即他所说的“**法律下的自由**”(freedom under the law)，套用他本人在《法律、立法与自由》一书中的说法，“我们的一个主要论点认为，尽管自生自发秩序与组织会始终共存，但是这两种秩序的原则仍不能以我们所希望的任何方式混淆起来。如果这一点尚未得到人们较为普遍的理解，那实是因下述事实所致：为了确定这两种秩序，我们必须依凭规则，然而这两种不同的秩序所要求的规则种类之间所存在的那些重要区别却还没有得到人们的普遍认识”。[5] 正是在这个意义上，我们可以说，只有在理解了哈耶克的“法律”观以后，我们才有可能更为深切地理解和把握哈耶克的自由理论乃至社会理论。

立基于上述的讨论，亦即考虑到哈耶克法律研究所经历的这样一个漫长的过程，尤其是其间所思考的问题的繁复性及其理论建构的转换过程，在这里我力图结合自己对哈耶克自由主义理论的研究而为读者阅读《法律、立法与自由》这部著作及理解其所凸显的法律理论提供一个**导读性的或前提性的评注**。与此相适应，本文的论述框架或侧重点也将以这个考虑为重心：除了本文第一部分简短的引论以外，我将首先在第二部分通过对哈耶克为什么或如何从社会理论的阐释转向对法律理论的建构这个问题进行追问，进而揭示出他由自由理论而进入法律理论的建构以完善其社会哲学的内在理路，并在其间努力阐明哈耶克在研究过程中所确立的认识社会的“规则范式”乃至以自由理论为基础的“确获保障的私域”与构成法律理论之核心的“根据什么来界分或保障这种私域”之间的逻辑关系等问题。

然后，我将在本文的第三部分和第四部分对构成哈耶克法律理论的核心观点进行探究，亦即对他在社会秩序与规则之关系的基础上所确立的“内部规则”与“外部规则”这一“社会秩序规则二元观”展开讨论。此外，一如我们所知，哈耶克要完成“社会秩序规则二元观”的建构，就必须首先从理论上阐明“社会秩序规则一元观”在社会实践中占据支配地位的理据并揭示出其间所存在的问题，因为“自由主义的确源出于普通法的各种理论和较早的（即前唯理主义的）自然法诸理论，而且还预设了这样一种正义观，它允许我们对这种正当的个人行为的规则（隐含于‘法治’观念和型构自生自发秩序的要求之中）与当局为了组织的目的所发布的所有特定的命令加以界分。这一基本区别为现代两位最伟大的哲学家（休谟和康德）的法律理论所明确阐明，但是自那时起一直没有得到适当的重述，而且与当下占支配地位的法律诸理论完全不相符合”[6]；因此，哈耶克在对唯理主义支配下的这种“社会秩序规则一元观”施行去蔽过程中对“自然”与“人为”二分观的谬误和“公法”与“私法”相混淆的谬误所展开的批判，无疑也应当是我们在这两个部分所关注的重点。最后，在本文的结语中，我则试图对哈耶克的法律理论所具有的一些在我看来极为重要的启示做一简要的讨论。

二、哈耶克建构法律理论的内在理路

（一）哈耶克社会理论的基本洞见

哈耶克在其所著的《法律、立法与自由》中对他自己的研究和思考得出了这样一个最终结论[7]：

> 我们应当学到了足够多的东西，以避免用扼杀个人互动的自生自发秩序（置其于权威当局指导之下的方法）的方式去摧毁我们的文明。但是，要避免这一点，我们就必须否弃这样一种幻想，即我们能够经由刻意的思考而“创造人类的未来”……。这是我……现在给我就这些问题的四十年的研究所下的最终结论。

哈耶克的这一“**最终结论**”，不仅为我们理解他的社会理论的知识论基础提供了最明确的启示，而且也的确勾画出了哈耶克整个研究中的最重要的论题。具体而论，它一方面表明了哈耶克一以贯之的论辩路径，即对社会进程做有意识的控制或刻意指导的各种诉求，不仅永远不可能实现，而且只会导致自由的丧失，进而最终摧毁文明。因此，哈耶克主张，“作为个人，我们应当服从各种力量并遵循我们无法希望充分理解但文明的发展（甚至它的维续）却依赖于其上的各项原则”。[8]另一方面，它还明确标示出了哈耶克社会理论赖以为基础的“进化论理性主义”特征[9]；正是立基于此一“最终结论”所凸显的他对那种由一些苏格兰道德哲学家所明确阐明的“进化论理性主义”的继承与他对“法国启蒙运动传统”所表现出来的“建构论唯理主义”的批判的两分框架，哈耶克建构起了他的“进化论”的自由主义社会理论。[10]

就哈耶克的社会理论而言，我个人以为，其最为核心的洞见可以被归纳为以下几个命题；然而需要首先指出的是，所有这些命题都是以否定**“原子论的个人主义”**为前提的。[11]第一个命题认为，所有社会型构的社会秩序不是生成的就是建构的：前者是指“自生自发的秩序”（spontaneous order），而后者则是指“组织”（organization）或者“人造的秩序”（a made order）。[12]然而，为了更为确切地指称这两种社会秩序，哈耶克在 20 世纪 60 年代以后开始采用两个希腊术语以强调它们之间的区别：他用 cosmos（即“内部秩序”）这个术语来指称自生自发的社会秩序，其特征是这种秩序不具有一种共同的目的序列，所具有的只是每个个人的目的；然而，那种以确定或实现具体目的为特征的组织形式，哈耶克则把它称之为 taxis（即“外部秩序”）。[13]哈耶克认为，人之行动可能并不严格符合刻意设计的、有意识的组织秩序这个事实，并不意味着这些行动是非理性的或者不具有可辨识的模式，事实可能正好与此相反，因为存在于这种行动中的常规性或模式就是自生自发秩序。然而在这两种社会秩序中，哈耶克指出，只有自生自发秩序才是自由主义社会理论的“核心概念”[14]，或者说，“社会理论的整个任务，乃在于这样一种努力，即重构”存在于社会世界中的各种自生自发的秩序[15]，这是因为在哈耶克的分析中，自生自发秩序与组织完全不同，它们的出现和进化以及它们演化扩展赖以为基础的规则机制所具有的非设计性质或非意图性质，必定会引发真正需要解释和理解的问题，因此只有自生自发的社会秩序才需要有相应的社会理论的建构。[16]

第二，哈耶克立基于上述的**社会秩序分类学框架**进一步指出，道德、宗教、法律、语言、书写、货币、市场以及社会的整个秩序，都是自生自发的社会秩序。[17]哈耶克把所有这些自发的社会秩序都归属于同一范畴的预设，显然是它们生成演化的过程极其相似，更具体地说，亦就是它们都不是因计划或设计而生成的，而是“**人之行动而非人之设计的结果**”。然而，哈耶克又明确指出，在这种自生自发的社会秩序中，仍存在着两种无论如何不能混淆的秩序类型：一是在进行调适和遵循规则的无数参与者之间形成的互动网络的秩序（或称为行动结构），二是作为一种业已确立的规则或规范系统的秩序。哈耶克就此指出，“个人行为的规则系统与从个人依据它们行事而产生的行动的秩序，并不是同一事情；这个问题一经得到陈述，就应当是显而易见的，即使这两种秩序在事实上经常被混淆”[18]，因为自生自发的社会秩序并不是自然生成的，而是“这些秩序的要素在回应它们的即时环境时遵循某些规则的结果”，或者说：“只有当个人所遵循的是那些会产生一种整体秩序的规则的时候，个人对特定情势所作的应对才会产生一种整体秩序。如果他们所遵循的规则都是这样一些会产生秩序的规则，那么即使他们各自的行为之间只具有极为有限的相似性，也足以产生一种整体秩序”。[19]显而易见，自生自发社会秩序在这里并不能够被化约成行为规则系统，也因此，社会理论的任务之一就在于揭示那些只要得到遵循便会导向自生自发秩序的规则及其赖以存续的常规性。

第三，根据上述“**行动结构**”与“**规则系统**”的两分框架，哈耶克形成了他的社会理论中的另一个重要命题，即社会行为规则系统“文化进化”的命题；而对这一核心命题的阐发，则为哈耶克在法律理论建构的过程中最终确立了著名的有关社会行为规则系统的“文化进化理论”。[20]这是因为这一有关社会行为规则系统“文化进化"的深刻命题为哈耶克奠定一种新的解释路径提供了某种可能性，即这些社会行为规则不仅引导着那些以默会的方式遵循它们但对为什么遵循它们或对它们的内容并不知道的行动者如何采取行动，而且还反过来在更深的层面上设定了社会秩序的自生自发性质，亦即通过行动者对他们所遵循的社会行为规则的"文化进化"选择而达致的自生自发进程。

毋庸置疑，贯穿于上述核心命题的乃是个人自由与社会整体秩序间关系以及秩序与规则间关系的问题；据此，一如我在此前的论文中所说的，对这些问题的认识和解释就是"**哈耶克的终身问题**"[21]，或者说，哈耶克建构其社会理论的核心目的乃在于对人类社会中的"自生自发秩序"（即内部秩序）做理论上的阐发和捍卫，因为正是这个"哈耶克的终身问题"反映了或支配着哈耶克整个社会哲学建构的过程。[22]

（二）哈耶克知识观的转换与"规则范式"的确立

另一方面，我们还必须指出，哈耶克社会理论所达致的一系列重要命题更是在我称之为的哈耶克关于"**知与无知的知识观**"的转换的逻辑脉络中展开的，而且也是在其间得以实现的。[23]哈耶克在"分立的个人知识"经"知道如何"（know how）的默会知识再到"无知"概念的转换过程中，达致了从"知"意义上的主观知识观向"无知"意义上的"超验"知识观的转化——这可以典型地表述为从"观念依赖"到"观念决定"再转向"必然无知"或"理性不及"的发展过程。[24]然而就本文的侧重点而言，我个人以为，哈耶克的社会理论建构在20世纪50年代（更准确地说是在20世纪60年代）所发生的这一根本性的知识观变化，最值得我们注意的就是哈耶克从"**观念**"向"**规则**"等一系列概念的转换[25]，因为正是透过这些概念的转换，标示着哈耶克实质性社会理论的建构路径的变化，表明了哈耶克对行动结构与规则系统"两分框架"的拓深，也在更深刻的层面上意味着哈耶克“规则范式”的确立。

哈耶克在知识观方面所发生的转变以及因此而对他真正建构其社会理论的实质性意义或影响，我认为大体上可以见之于下述三个紧密勾连的方面。首先，哈耶克从“知”向“无知”观转换的知识努力，里程碑似地标示着哈耶克在1960年以后对他前此设定的理论命题的转换，亦即从提出“整体社会秩序乃是经由个人行动者之间的互动和协调而达致的”命题，向确立“整体社会秩序不仅是由个人行动者间的互动达致的，而且更是由行动者与表现为一般性抽象结构的社会行为规则之间的互动而形成的”命题的转换，一如他在1965年发表的“理性主义的种类”（*Kinds of Rationalism*）一文中以比较明确的方式提出了“个人在其行动中遵循的抽象规则与那种抽象的整体秩序之间的种种关系”的问题，并且得出结论认为，“那种抽象的秩序乃是个人在那些抽象的规则加施于他的限度内对所遇到的具体而特殊的情形所做出的反应的结果”。[26]当然，我们也可以通过把这两个命题转换成实质性问题的方式来指出它们之间的差异，因为一如我们所知，社会秩序问题的设定所要求的远不止于对这种秩序所赖以存在的条件进行形式层面的描述，而是必须对置身于该社会秩序之中的行动者是如何始动其行动这个实质性问题进行追究：这样，前者便可以转换成行动者是如何在“**知**”的情形下始动其行动进而维续社会秩序的问题；而后者则可以表述为行动者如何可能在“**必然无知**”的情形下依旧进行其行动和应对这种无知而维续社会秩序的问题。

其次，哈耶克立基于“无知”意义上的默会知识观而引发的自生自发秩序问题的转换，一如上述，其核心要点就在于一些原本为行动者所“知”的社会行为规则现在却在性质上转换成了独立于这些行动者对它们的辨识或“知”而存在的规则；这里需要强调的是，行动者所遵循的社会行为规则，及由这些社会行为规则所增进或促成的行动者的行动本身，往往是他们本人所不知的。这个问题在理论研究上的根本意义在于：在这种情形下，如果行动者在语言上并不知道或不能恰当地概念化那些增进或促成他们正常行动的社会行为规则，那么显而易见，社会就不能仅从行动者的观念或行动中综合出来，而这也就当然地导致了哈耶克对其社会理论研究对象的重构：原来根本不可能进入其研究对象的社会行为规则，现在也就当然地成了其研究对象的最为重要的组成部分。这是因为一旦哈耶克认识到了行动者能够在无知的状况下协调他们的行动并形成社会秩序，那么他实际上也就在更深的一个层面上预设了某种独立于行动者的知识但却切实影响或支配行动者之行动的社会行为规则亦即哈耶克所谓的“**一般性的抽象规则**”的存在。正是在这个意义上，我们可以认为，行动者并不知道的社会行为规则以及行动者与这些规则之间的互动构成了哈耶克社会理论的研究对象。

第三，哈耶克经由提出“自生自发社会秩序不仅是由行动者与其他行动者发生互动而形成的，而且更重要的还是由行动者与那些并不为他们所知（“知道那个”的知识）但却直接影响他们行动的社会行为规则发生互动而构成的”的上述命题，还致使他在社会理论的分析过程中发展出了另一个与此相关的重要命题，即“人的社会生活，甚或社会动物的群体生活，之所以可能，乃是因为个体依照某些规则行事”。〔27〕哈耶克这个命题的关键之处，乃在于行动者在很大的程度上是通过遵循社会行为规则而把握他们在社会世界中的行事方式的，并且是通过这种方式而在与其他行动者的互动过程中维续和扩展社会秩序的。与此相关的是，我们也可以说这一发展是哈耶克在研究知识发现和传播的机制方面的一个转折点，因为这些社会行为规则不仅能够使行动者在拥有知识的时候交流或传播这些知识，而且还能够使他们在并不拥有必需的知识的时候应对无知，一如哈耶克所言，这些社会行为规则乃是“社会的集合知识的体现”；更为具体地说，如果一个行动者成功地遵循了一项社会行为规则，那么这个行动者便通过此项规则而具有了实施某一行动的能力。[28]

综上所述，哈耶克经由“知”向“无知”知识观的转化而获得的最为重要的一项成就，我将之概括成他为其社会理论所建构的认识和解释社会的“**规则**”研究范式，而这正是他从内在理路上得以建构其法律理论的最为重要的途径之一。哈耶克“规则”研究范式的确立，由于它以“人不仅是一种**追求目的**（purpose-seeking）的动物而且在很大程度上也是一种**遵循规则**（rule-following）的动物”[29]的观点为前设，所以它也就不仅意味着人之行动受着作为深层结构的社会行为规则的支配，进而还意味着对人之行为的解释或者对社会现象的认识乃是一阐释某种独立于行动者的知识但却切实影响或支配行动者之行动的社会行为规则的问题，而不是一个简单考察某些刻意的和具体的行动或事件的问题。正是在这个意义上，我个人以为，哈耶克的这一研究范式涉及到了对人们所熟知的“**个人**”与“**社会**”或“**行动**”与“**结构**”等彼此对立的认识框架的革命性“改造”；而且也为他在此一研究范式的支配下对法律问题展开实质性讨论提供了一种极具意义的知识进路。[30]

（三）哈耶克自由理论的建构与法律问题的提出

一如上述，哈耶克经由无知观的建构而确立起了其社会理论中的社会秩序分类学，而且这一分类学也为他在洞见或解释社会的繁复进程方面提供了一个极为精致和强有力的进路，但是与此同时，从逻辑的角度看，它也在更深的层面上提出了一个哈耶克必须经由理论上的拓展方能做出回答的问题，这是因为哈耶克通过其所建立的社会秩序分类学本身并不能够直接证明**某一种社会秩序比另一种社会秩序更可欲或更具助益性**。毋庸置疑，这是一个极为重要的问题，而我个人认为，哈耶克乃是通过自由理论的建构来回答这个问题的。

一如我们所知，哈耶克并不否认个人自由作为一种不争的伦理前设[31]的重要意义，但是值得我们注意的是，他却认为，就建构自由理论而言，更为重要的乃是**对自由为什么是一个重要价值的问题做出论证**，据此，他给出了三个重要的理论论辩。第一，他立基于弗格森（Adan Ferguson）、休谟（David Hume）、斯密（Adam Smith）和门格尔（Carl Menger）等苏格兰启蒙思想家一脉的学理之上，力图表明自由与自生自发秩序不仅是相容的而且也是它的规定性之所在，更是人在自由尝试和自由努力的过程中所体认到的价值本身，这是因为可辨识的和稳定的秩序状态能够从非指导的或非设计的个人自由的行动过程中产生；与此紧密相关的是，哈耶克的第二个论辩则试图表明，透过干涉个人自由而力图重新建构社会秩序和设计社会分配模式的做法是极具危害的，因为这种建构论的唯理主义做法只会致使隐含于自生自发秩序之中的种种理性不及的自由力量丢失或蒙遭扼杀；当然，哈耶克所提供的第三个论辩最为重要，也是他的自由理论论辩中最为繁复的一个观点，即自由不只是人获致幸福的必要条件——这是因为自由能使人享受到只有自由的社会秩序所能确保提供的各种助益，而且是使人拥有或把握一种默会的能力或默会的知识的前提条件。

显而易见，哈耶克的上述三个理论论辩，一方面深刻地说明了自由在哈耶克整个社会哲学中所具有的支配性地位，因为自由作为一种目的本身就极具重要性。就此而言，哈耶克的研究的确在很大程度上是围绕着如何追求或如何保障自由这个核心问题而展开的[32]，一如他在《通往奴役之路》一书的序言中所明确指出的，他撰写这部政治著作的目的乃在于捍卫“某些终极价值”，而其中的核心价值便是自由；他甚至还征引托克维尔（Alexis-Charles-Henri Clérel de Tocqueville）的话说，“我相信，在任何时代我都一定会珍爱自由，但是在我们生活的这个时代，我却准备崇拜自由”。[33]哈耶克在1960年《自由秩序原理》出版的一年后所发表的一篇论文中指出，他在为该书德文版所做的序言草稿中是这样描述自由的，即

“自由不只是许多价值中的一个价值，而且是**大多数**其他价值的渊源和条件”，然而经过考虑以后他却对这个观点做出了重大的修正，并将自由的重要性推至了极限：“自由不只是诸多其他价值中的一个价值，……而且还是**所有**其他个人价值的渊源和必要的条件”。[34]

就此而言，哈耶克的上述三个论辩（尤其是其间的第三个论辩）还极具洞见地揭示出了自由作为一种为人们提供助益的手段而在其自由理论中所具有的重要意义，因为哈耶克正是经由把自由作为一种有助益的手段这个洞识与他视自由与自生自发秩序相融合的论辩结合在一起，而赋予了自生自发秩序以一种“有助益”的规定性。哈耶克认为，如果一个社会秩序能够较好地服务于涉于其间的个人的利益和较好地运用参与其间的个人的默会或明确知识并使个人在追求各自的目的时达致彼此知识的协调，那么在一般意义上讲，这种社会秩序就是有助益的，而自由的主要价值就在于它能够促进这种知识的协调并提供“机会和激励去确保个人所能获得的知识的最大化运用”。[35]在这里，哈耶克的核心关注点乃是自由在一个变动不居的世界中的基本重要性，因为在这样的世界中，试图做出完全的预见或正确的预测显然是不可能的，因此当个人可以在不受强制的情势下自由地与这种变动不居的环境相调适的时候，他们便可能与这种环境相适应。需要注意的是，这绝不是因为自生自发秩序中的个人因此而有可能发展出更正确的预见能力，而实是因为个人的自由能够使他的行动与特定的情势相调适[36]；换言之，只有当个人有自由运用他们所拥有的知识并与他人的知识相协调以实现他们自己的目的的时候，亦即只有当个人“可以用他的知识为了他的目的”或“追求他自己的目的”[37]的时候，社会进步才会发生；也正是在这个意义上，哈耶克明确指出，自由赋予了文明以一种“创造力”并赋予了社会以进步的能力。[38]因此，自由可以被视作是自生自发社会秩序之所以有助益的必要条件。

但是，我们需要指出的是，哈耶克所建构的自由本身并不是自足的，在某种意义上也可以说它只是自生自发秩序“有助益”的必要条件，而非充分条件。在详尽阐释这个问题之前，我认为有必要引入一个既与哈耶克自由理论紧密关联又与其法律理论之建构密切相关的概念作为我们讨论的基本出发点：即“确获保障的领域”（protected sphere），“确获保障的自由领域”（assured free sphere）或“私域”（private sphere）。这是因为哈耶克认为，“个人是否自由，并不取决于他可选择的范围大小，而取决于他能否期望按其现有的意图形成自己的行动途径，或者取决于他人是否有权力操纵各种条件以使他按照他人的意志而非他本人的意志行事。因此，自由预设了个人具有某种确获保障的私域（some assured private sphere），亦预设了他的生活环境中存有一系列情势是他人所不能干涉的”。〔39〕

具体而言，这个概念的重要意义表现在下述两个方面：首先，哈耶克的自由理论认为，如果一个人不受制于不正当的强制，那么他就是自由的；在这里，“‘自由’仅指涉人与他人间的关系，对自由的侵犯亦仅来自人的强制”。〔40〕显而易见，哈耶克对自由概念的界定，乃是通过指出外在强制（external coercion）而将自由定义为“独立于他人专断意志之外”的状态的。〔41〕自由表示能根据自己的决定和运用自己的知识行事，不自由则表示必须受制于他人专断的意志之下；此处值得注意的是，所谓不受外在强制是指不受他人专断的意志之强制，而不是否定一切的外在强制。〔42〕显而易见，对于哈耶克来讲，这里的关键在于强制在何时是正当的，亦即我们应当如何界定不正当的强制和正当的强制。正是在这里，“确获保障的领域”这个概念凸显出了它所具有的至为重要的意义，因为在哈耶克看来，社会实是通过界分个人行动的“确获保障的领域”的过程而在正当强制与不正当强制之间划定边界的〔43〕：“只有在一个已经试图以确定予以保障的私域的方式来阻止强制的社会中，诸如‘专断的干涉’这样的概念才会具有明确的意义”。〔44〕

其次，根据哈耶克的自由理论，不确定性和正确预测的不可能性乃是社会进程的主要特征，所以他强调自由对于自生自发秩序的助益性还具有极为重要的工具价值；这意味着，承认个人是自由的，就是承认他拥有一个个人行动确获保障的领域，其间，他可以立基于那种把我们环境中的财物界分为我的和你的规则而运用他的知识和财物去追求他自己的目的并且使个人的“预期”得到最大化的协调。[45]然而，这里需要强调指出的是，把自由理解为个人行动确获保障的领域，绝不是把它的内容仅局限于物质性方面，因为哈耶克认为它还为我们预设了许多权利，“一个人预期的‘合法性’或某个个人的‘权利’，乃是承认这种私域的结果”[46]，而其间最重要的就是“保障我们可以安全地使用某些东西的权利，或保护我们的行动不受其他人干涉的权利，等等”[47]，因为“除非我们能够确知我们排他地控制着一些物质财富，否则我们甚难实施一项连贯一致的行动计划；而且在我们并不控制这些财富的时候，若要与其他人合作，我们也有必要知道谁拥有这些财富”。[48]

毋庸置疑，哈耶克经由其自由理论的建构而视自由为确获保障的领域的观点极为重要，但是我在这里毋宁要强调的是由哈耶克的这个观点所引发的另一个更为重要的问题，即为了防阻不正当的强制和为了使个人行动得以成功，在确立了确获保障的领域的路径以后，**我们又应当根据什么或者运用什么样的手段来界分每个个人的这种私域呢？**显而易见，哈耶克的自由理论本身无法回答这个问题，当然这也是其自由理论本身所具有的限度之所在，因为它无法确定个人在一个确获保障的领域中所应当具有的权利种类或者个人自由所应当具有的确当范围；当然，从另一个角度来看，哈耶克经由其所确立的行动结构与规则系统的两分框架，也无力完全证明何种社会行为规则为正当或能够确保社会秩序的助益性。

（四）哈耶克法律理论的建构及其基本问题的设定

正是在对这个重要问题回答的过程中，也是立基于“规则”研究范式为建构法律理论所提供的知识可能性和自由理论所提出的需求，哈耶克进入了建构其法律理论的重要阶段：经由法律理论的建构来回答个人行动确获保障的领域是如何得到界定的，进而明确何者构成了不正当的强制或“干涉”，并最终界定出维续这种自由私域所需要的规则或法律。这正如哈耶克所说的，界定个人“合法的”预期范围的最为有效的方法就是对允许每个个人行动的范围做出界定，而这意味着“这里所需要的乃是那些在每时每刻都能够对每个人确受保障的领域之边界加以确定并因此能够对‘你的’和‘我的’做出界分的规则”〔49〕；因为这些规则能够经由对个人确获保障的领域的界分而减少人们在行动过程中对彼此意图的互相干涉。因此，我们可以说，哈耶克所谓的使“每个人都能运用他的知识去实现他的目的的状态”〔50〕的自由或者作为确获保障的领域的自由，实是一种**法律下的自由**，或者说法律是“自由的基础”。〔51〕

然而，我们必须指出的是，尽管哈耶克诉诸法律以解决如何保障个人自由的问题的路径是极为重要的，但是这种路径的确立对于回答这个问题来讲还只是一种可能性，它尚不能够就这个问题给出实质性的回答，其原因表现为下述两个紧密相关的方面。

第一，从法律观念或概念的角度上讲，“‘法律下的自由’(liberty under the law）这一表述……，后来也因为这个表述中的‘自由’和‘法律’两个术语不再具有明确的含义而变得无甚意义了”〔52〕；一如他所尖锐指出的〔53〕：

> 立基于上文的讨论，我们还将在本书的其他章节中始终关注这样两个问题：一是这两种规则是如何为两种全然不同的法律观念提供典范的；二是这种状况又是如何使那些运用同一个“法律”（law）术语的论者实际上却是在意指完全不同的东西。在历史的长河中，这两个问题在下述两种观点间的冲突中可以说是最为凸显：一些论者认为法律与自由不可分离，而另

> 一些论者则认为法律与自由是不可调和的。我们在古希腊人和西塞罗（Marcus Tullius Cicero）、经中世纪到约翰·洛克（John Locke）、大卫·休谟、伊曼纽尔·康德（Immanuel Kant）等古典自由主义者以及苏格兰道德哲学家，直至19世纪及20世纪的许多美国政治家的历史发展过程中发现了一个伟大的传统：对于他们来说，法律与自由相互依存而不可分离；然而，对于托马斯·霍布斯（Thomas Hobbes）、杰里米·边沁（Jeremy Bentham）、众多法国思想家和现代法律实证主义者来说，法律则必然意味着对自由的侵犯。在这么多伟大的思想家之间所存在的这一明显的冲突，并不意味着他们达致了相反的结论，而只意味着他们是在不同的意义上使用着"法律"（law）这个术语。

第二，从现代图式赖以存续的法律实践来看，作为组织规则的"公法"（public law），经由现代社会中的各种制度性安排而对作为自生自发秩序规则的"私法"（private law）的统合或侵吞，致使这种自生自发秩序很难得到应有的保障。哈耶克对此明确指出，"就当下的情形而言，立法机构以适当形式赞成通过的任何文献，都被称之为'法律'。但是，在这些仅具有该词形式意义的法律中，只有一些法律——就今天来看，通常只有极小的一部分法律——是调整私人间关系或私人与国家间关系的'实质性'法律（substantive or material laws）。绝大部分这类所谓的'法律'，毋宁是国家对其官员所发布的指令，其关注的主要问题也是他们领导政府机关的方式以及他们所能运用的手段。然而，在当今的各个国家，规定这类手段之运用方式的规则和制定一般公民必须遵守的规则，都属于同一个立法机构的任务。这虽说是一种久已确立的惯例，但毕竟不是一种必然的事态。据此，我不能不设问，防止混淆上述两类规则是否就不可能是一可欲之举？"[54]

正是立基于上述深刻的洞见，哈耶克相应地为其法律理论的建构设定了两项基本任务，尽管哈耶克的法律理论所涉及的问题极为繁多。显而易见，哈耶克必须首先在考虑法律与自由的关系的情形下对何种法律将有助于自由或内部秩序这个问题进行追究，更准确地说则是在辨析不同种类规则的过程中对有助益于自由或内部秩序的法律做出详尽的阐释。[55]其次，上述不同的社会秩序规则的混淆或自生自发秩序自现代始逐渐被组织秩序所侵扰或替代，按照哈耶克的理解，乃是后者赖以产生的“外部规则”（即立法或公法）在建构论唯理主义这一意识形态的支配下统合前者所遵循的“内部规则”（即自由的法律）的结果，亦即**“社会秩序规则一元化”**的结果。因此，对组织规则支配或替代内部规则的过程或原因予以揭示和阐释，便构成了哈耶克法律理论的第二个基本任务：这里涉及到对构成这种“社会秩序规则一元化”取向或实践之基础的唯理主义“拟人化习惯”（anthropomorphic habits）的辨析和批判，更涉及到对这种“社会秩序规则一元观”之所以能够长期遮蔽**“社会秩序规则二元观”**并被人们视为当然的思想渊源和制度性原因的揭示和批判。然而，出于论述逻辑的需要，我们将在下文第三部分先行讨论哈耶克对“社会秩序规则一元观”的批判，而在第四部分再探究哈耶克有关“社会秩序规则二元观”的建构。

三、哈耶克对“社会秩序规则一元观”的批判

（一）哈耶克对“自然”与“人为”二分观的批判

哈耶克认为，那种信奉刻意设计和规划的制度优位于自生自发的社会规则的观点，实际上渊源于一种极为古远且在现代为人们普遍接受而不加质疑的二分法谬误观，而这种谬误观点就是由公元前五世纪古希腊的智者们所提出的而且长期阻碍现代人确当

理解社会秩序及其规则之独特性质的二分法，亦即人们按现代术语所表达的**“自然的”与“人为的”现象之间的二分观**。[56]所谓“自然的”（natural），原本的古希腊术语乃是physei，意指“依本性”（by nature），与之相对的术语则是“人为的”（artificial），这在古希腊先哲那里既可以指nomos（最主要的含义是“据约定”：by convention），亦可以意指thesis（基本上意指“据审慎刻意的决定”：by deliberate decision）。哈耶克指出，古希腊先哲的这种二分观极具误导性，因为他们所旨在的这种界分既可以指独立存在之物（或独立于人之行动的现象）与作为人之行动之结果的东西之间的界分，亦可以指独立于人之设计的东西（或出现而非出自人之设计的东西）与作为人之设计之结果的东西之间的区别。显而易见，正是由于古希腊先哲的这种二分观未能对上述nomos与thesis两种含义做出明确的界分，并把各种现象不是排他性地归入“自然”范畴就是完全地纳入“人为”范畴，所以导致了这样一种情形，其间某一论者可以因某一种特定现象是人之行动的结果而把它视作是人为的现象，而另一论者则也可以因这个同样的现象显然不是人之设计的结果而把它描述成是自然的现象。[57]据此，哈耶克明确指出，“颇为不幸的是，古希腊人的这种关于‘自然的’与‘人为的’二分观后来演变成了理论发展方面的重大障碍；这种二者必居其一的排他性二分观，不仅是含糊的，而且确切地讲也是错误的”，因为这种二分观通过把大量且独特的现象不是归属在“自然”的范畴之下就是统合在“人为”的范畴之下而使这种现象根本无法凸显出来。[58]

值得我们注意的是，上述“自然”与“人为”的二分法谬误，在哈耶克那里，只是透过种种信奉刻意设计和规划优位于自生自发的社会力量的观点的笛卡尔唯理论建构主义才明确进入欧洲思想的[59]，因此，我们也可以说上述那种二分法谬误实乃是经由哈耶克所批判的唯理主义或“伪个人主义”而转换成“现代图式”之知识论基础的，一如哈耶克早在《个人主义与经济秩序》一书中所尖锐指出的，“人们不愿意容忍或尊重无法视作理智设计产物的任何社会力量，这一点倒是目前要求全面经济计划的一个非常重要的原因。不过它只是更广泛运动的一个方面。在伦理和惯例方面，在人们要求用人造语言代替现存语言方面，以及现代人对左右知识增长的过程的态度方面，我们看到了相同的倾向。相信在科学的时代只有人造的伦理制度、人造的语言，甚或一个人造的社会才能算得上是合理的，越来越不情愿屈从于那些没有得到理性论证的伦理原则，或越来越不情愿遵循那些缺乏理性作为其基础的惯例，所有这些都表明了这样一个基本观点，即希望所有的社会活动都成为一个严密计划所公认的部分。它们都是一种唯理‘个人主义’的产物，它希望每一件事情都是有意识的人之理性的产物”。〔60〕

正是在这个意义上，哈耶克得出了一个极为重要的结论，即公元前五世纪的希腊人以及此后两千多年中沿循其知识脉络的唯理主义者都没有发展出一种系统的社会理论，以明确处理或认真探究那些既可以归属于“自然”的范畴亦可以归属于“人为”的范畴进而应当被严格归属于另一个独特范畴下的第三类现象，亦即那些既非“自然的”亦非“人之设计的”而是“**人之行动且非意图或设计的结果**”；当然他们也不可能深刻理解和解释社会秩序或常规性在行动者遵循其并不知道的那些规则过程中得以型构自身的方式。〔61〕换言之，古希腊先哲的二分法谬误观以及立基于其上的现代唯理主义根本就无力洞见社会理论以及以它为基础的法律理论所真正需要的乃是一种三分观，“它须在那些自然的现象（即它们完全独立于人之行动的现象）与那些人为的……现象（即它们是人之设计的产物）之间设定一种独特的居间性范畴，即人在其行动与其外部环境互动的过程之中所凸显的所有那些产生于人之行动而非产生于人之设计的制度或模式”。〔62〕我个人以为，正是立基于此一极具洞穿力的批判性结论之上，哈耶克又达致了两个至为重要且构成其“第三范畴”建构之参照架构的相关结论：第一，建构论唯理主义式的观点经由“自然与人为”的二分观而在实质上型构了“自然与社会”的二元论，而此一二元论的真正谋划乃在于建构出一个由人之理性设计或创构的同质性的实体社会，并且建构出一种对社会施以专断控制的关系的观点，亦即力图切割掉所有差异和无视所有不可化约的价值进而扼杀个人自由的“**一元论的社会观**”[63]；第二，以这种“一元论的社会观”为基础，后又经由渊源于拉丁语 naturalis 一词对希腊语 physei 的翻译和拉丁语 positivus 或 positus 一词对希腊语 thesis 的翻译之基础上的“自然法理论”（natural law theory）和“法律实证主义”（legal positivism）的阐释[64]，并在多数民主式的“议会至上论”的推动下，建构论唯理主义者最终确立起了以理性设计的立法为惟一法律的“社会秩序规则一元观”。[65]

（二）哈耶克对“公法”与“私法”混淆的批判

需要指出的是，哈耶克承认，18 世纪立基于“进化论理性主义”的苏格兰道德哲学家在回应笛卡尔（René Descartes）式的建构论唯理主义的过程中，从英国普通法理论（尤其指马休·黑尔（Sir Matthew Hale）所阐释的那个普通法传统）和“前唯理主义的自然法理论”[66]出发，已经洞见到了上述具有知识论革命意义的“居间性范畴”，因为他们坚信“绝大多数的社会结构和制度，虽说是人之行动的结果，但却绝非人之设计的结果”[67]，并在此基础上建构起了一种视个人行动的非意图的结果为其核心研究对象的自生自发秩序的社会理论：“它含括了所有那些非意图的模式和常规性，它们存在于我们的社会之中，也是社会理论真正要解释的现象”[68]；而这个被哈耶克称之为“进化论理性主义”的社会理论的主要代表人物就是孟德维尔（Bernard Mandeville）、孟德斯鸠（Charles-Louis de Secondat, baron be La Brède et de Montesquieu）、大卫·休谟、乔塞亚·塔克（Josiah Tucker）、亚当·弗格森和亚当·斯密等论者[69]，正如他们的直接传人所指出的，苏格兰启蒙思想家的所论所言“解决了这样一个问题，即被人们认为极有作用的种种实在制度，乃是某些显而易见的原则经由自生自发且不可抗拒的发展而形成的结果——并且表明，即使那些最为复杂、表面上看似出于人为设计的政策规划，亦几乎不是人为设计或政治智慧的结果"〔70〕。哈耶克甚至指出，这些进化论理性主义者所得出的关于文明于偶然之中获致的种种成就实乃是人之行动的非意图的结果而非一般人所想象的条理井然的智识或设计的产物的命题，在与个人理性有限的命题结合起来以后，更使他们获得了这样一个洞见，即这些历经数代人的实验和尝试而达致的并包含着超过了任何个人所能拥有的丰富知识的社会制度在某种程度上具有着一种**理性不及**的性质，因此关于这些制度的重要意义，人们或许可以通过认知的过程而发现，但是即使人们没有透彻认识和把握它们的意义，亦不会妨碍它们有助于人们的目的的实现〔71〕，一如他所指出的，"我们祖先中没有任何人知道，对财产和契约的保护会导致广泛的社会分工、专业化以及市场的建立，抑或是原先仅仅对一个部落成员有用的规则会发展为世界经济秩序的守护者"。〔72〕

尽管如此，我还是要指出，如果说由苏格兰启蒙思想的代表人物在回应笛卡尔式的建构论唯理主义的过程中所提出的"自然""人为"与"人之行动而非人之设计"的三分观在理论社会科学各部门已然确立了它们的地位的话，那么它们却并没有能够对另一个具有更为重大实际影响的知识部门即法理学产生影响，因为在这个领域中长期处于支配地位的哲学正是源出于建构论唯理主义的法律实证主义和唯理主义的自然法理论，它们在本质上依旧信奉"社会一元论"并在一定的意义上将所有社会行为规则视作人之刻意发明或设计的产物。〔73〕据此，哈耶克指出，"就此而言，社会理论当可以从两门新兴的学科即生态学和文化人类学那里学到许多东西；这两门学科从许多方面来讲都是以 18 世纪的苏格兰道德哲学家最早提出的那种社会理论为基础的。在法律领域，这两门新兴的学科更是进一步证实了爱德华·科克（Sir Edward Coke）、马休·黑尔、大卫·休谟、埃德蒙·伯克（Edmund Burke）、F. C. 冯·萨维尼（Friedrich Carl von Savigny）、H. S. 梅因（H. S. Maine）和 J. C. 卡特（J. C. Catford）的进化论观点，而完全与弗兰西斯·培根（Francis Bacon）、托马斯·霍布斯、杰里米·边沁、约翰·奥斯丁（Austin John）的唯理主义建构论或从保罗·拉班到汉斯·凯尔森（Hans Kelsen）那些德国实证主义法学家的观点相反”。〔74〕据此，我个人认为，哈耶克经由继受上述三分观而在法律理论建构的过程中所明确提出的“社会秩序规则二元观”，才真正使得那种以“社会秩序规则一元观”和将所有社会秩序规则统一于“主权者意志”或“先验的理性设计”者为基础的法理学主流理论陷入了困境，〔75〕并对现代社会将所有社会秩序规则都化约为国家立法的实践活动构成了根本性的质疑，进而也在更为一般的意义上为人们批判那种以“社会秩序规则一元观”的意识形态为根本支撑并应和着现代民族国家建构的需要的现代性，开放出了一个极为重要的路向。

在这里，我仅对哈耶克针对现代社会在“社会秩序规则一元观”的支配下视立法手段为惟一的法律制度化形式并**以“公法”替代“私法”的趋势**所做的批判进行简要的讨论。哈耶克指出，他对上述作为普遍行为规则的“内部规则”与作为组织规则的“外部规则”所做的界分，大体上也相对应于人们所熟知的私法（包括刑法）与公法（宪法和行政法）之间的区分。〔76〕在哈耶克所限定的特定意义上，私法主要是指那些支配着个人行动和交易的规则，而公法则主要是指那些下达于各层人员执行集体计划或具体目的的组织命令。〔77〕在讨论公法的过程中，哈耶克列举了三种类型的公法，并将它们与他所意指的私法逐一作了概括性的比较〔78〕：第一，宪法虽然常常被人们奉为最高类型的根本大法，但它却是公法而不是私法，因为私法旨在规范个人之间的行为，而宪法则旨在配置政府内部的权力进而限制政府的权力；第二类是财政立法，它也与私法完全不同，因为私法并不想达致任何特定的结果，而财政立法，亦即对于政府能够筹集和花费的货币数量方面所作的规定，则旨在实现特定的目标；第三，行政法虽然有多种含义，但在最为通常的情况下却是指决定政府部门如何运用公共资源的一些规程条例，因此它也明显区别于私法。[79]

哈耶克认为，尽管在一个自生自发的现代社会秩序中，公法有必要组织一种能够使作为其基础的自生自发秩序发挥更大作用所必需的架构，但是公法却绝不能因此而渗透和替代私法。显而易见，这里所隐含的乃是哈耶克批判现代“社会秩序规则一元观”过程中的一个核心问题，也是他整体建构其法律理论之重心的“社会秩序规则二元观”的逻辑展开，一如他本人所指出的，“最能揭示我们这个时代的支配地位的趋势……，即公法对私法的逐渐渗透和取代；它乃是一个多世纪以来两个占支配地位的因素所导致的结果：一方面，‘社会’正义或‘分配’正义观念日益替代正当的个人行为规则，而另一方面，日益把规定‘内部规则’（即正当行为规则）的权力置于受政府之命的机构之手中。在很大程度上讲，正是把这两种根本不同的任务归于同一个‘立法’机构之中，几乎完全摧毁了作为一种普遍行为规则的法律与作为指导政府在特定情势之中如何行事的命令的法律之间的区别”。[80]

除此之外，哈耶克还指出，现代社会之所以盛行“公法”渗透或替代“私法”的趋势，还有两个极为重要的原因：第一，公法学家和法律实证主义的误导性理论在法理学的发展过程中占据了绝对的支配地位，一如哈耶克所言，“毋庸置疑，法律实证主义的观点只是对于那些组织规则有道理，这些规则构成了公法；而且重要的是，几乎所有杰出的现代法律实证主义者都是公法学者，此外也包括一些社会主义者——组织人（即那些视秩序只是组织的人），而且 18 世纪思想家关于正当行为规则能够导使自生自发秩序的型构的观点似乎对他们毫无作用可言”。[81]的确，哈耶克承认，人造法的现象乃是在公法领域中得以发展的，然而这却是与公法的性质紧密相关的，所以人们绝不能因此推断与公法性质完全不同的私法也应当根据人的意志加以发明或设计，因为私法乃是行动者在文化进化过程中发现的结果，而且任何人都不可能发明或设计出作为整体的私法系统；换言之，在私法领域中，千年以来所发展的乃是一种认知和发现法律的过程，而法官和律师所力图阐明的乃是长期以来一直支配着人之行动及其“正义感”的作为内部规则的私法。再者，哈耶克指出，人们也绝不能因公法是由意志行为为了特定目的而刻意创制出来的规则而认为公法比私法更重要，“恰恰相反者可能更接近于真相。公法乃是组织的法律，亦即原本只是为了确保私法之实施而建立的治理上层结构的法律。正确地说，公法会变化，而私法将一直演化下去。不论治理结构会变成什么，立基于行为规则之上的社会基本结构则会长期持续下去。因此，政府的权力源于公民的臣服而且它有权要求公民臣服，但条件是它须维续社会日常生活的运作所依凭的自生自发秩序之基础”。〔82〕

第二，哈耶克认为，公法之所以被认为比私法更重要，还与人们所熟知的“私”法与“公”法这两个法理学术语所具有的误导性紧密相关，因为这两个术语与**“私”益**（private welfare）和**“公”益**（public welfare）间的相似性，极容易使人们错误地以为私法只服务于特定个人的利益，而惟有公法才服务于公益。〔83〕然而，哈耶克却认为，所谓只有公法旨在服务于“公益”的观点，只是在“公”于一特定隘狭的意义上被解释成那些与政府组织方面相关的利益而不被解释为“一般福利”（general welfare）的同义词的时候才能成立，因此那种认为只有公法才服务于“一般福利”而私法只保护个人私益且次位于和渊源于公法的观点，实乃是对真相的完全颠倒。〔84〕为此，哈耶克明确指出，“那种以为只有那些以刻意的方式实现共同目的的行动才有助益于公共需求的观点，实是一种错误的观点。事实的真相毋宁是，对于每个人来说，从而也是对于普遍利益来说，自生自发的社会秩序为我们所提供的东西，要比政府组织所能够提供的大多数特定服务更为重要”[85]，因为整个私法制度并不只是为了实现个人的利益，而且亦将经由保障个人利益而增进整个社会的一般利益。[86]

四、哈耶克对“社会秩序规则二元观”的建构

一如我在上文所指出的，哈耶克立基于从知到无知的知识观的转换而逐渐展开的有关社会秩序的分类学和行动结构与规则系统两分框架的建构，使他最终确立起了研究社会秩序的“规则范式”。这一“规则”研究范式的确立，与前述哈耶克对“自然与社会”二元论和“社会秩序规则一元论”的批判相结合，显然为他在建构法律理论的过程中进一步阐明“社会秩序规则二元观”奠定了一种知识上的基础。当然，哈耶克对“社会秩序规则二元观”的阐发不仅是以他对社会秩序的认识为基础的，而且其最终目的也是为了透过对自生自发秩序的捍卫而确立社会秩序的自由主义分类观，正如他所言，“以使个人为了他们自己的目的而自由运用他们自己的知识的抽象规则为基础的自生自发秩序与以命令为基础的组织或安排之间的界分，对于理解自由社会诸原则具有核心的重要性”。[87]

哈耶克指出，社会秩序的型构并不能仅通过社会秩序规则或仅通过行动者个人的目的而实现，而实是行动者在他们应对其即时性环境时遵循某些行为规则的结果，因为“个人行动经整合而成的秩序，并不产生于个人所追求的具体目的，而产生于他们对规则的遵循”[88]；但是，这一事实本身并不能使我们得出这样的结论，即任何性质的行为规则都会导向稳定或整体的社会秩序，因为哈耶克认为一些调整个人行为的规则会使整体秩序的型构变得完全不可能，甚至有可能会导向失序和混乱：“显而易见，社会中也有如此的情况；例如，某种完全常规性的个人行为所可能导致的只是失

序：如果一项规则规定，任何个人都应当努力杀死他所遇到的任何其他人，……那么显而易见，对这一规则的遵循，就完全不可能产生这样一种秩序，其间，个人的活动是以他与其他人的合作为基础的”。[89]因此，我们将首先对这些规则的性质进行追问，一如哈耶克所言，“无论是对社会理论还是对社会政策都具有核心重要性的问题，便是这些规则必须拥有什么样的特性才能使个人的分立行动产生出一种整体秩序。一个社会中的所有个人都会遵循某些规则，其原因是他们的环境以相同的方式展示于他们；他们也会自发遵循一些规则，这是因为这些规则构成了他们共同的文化传统的一部分；但是人们还会被迫遵守另外一些规则，因为，尽管无视这样的规则可能会符合每个个人的利益，然而只有在这些规则为人们普遍遵守的时候，他们的行动得以成功所须依凭的整体秩序才会得以产生”。[90]

这里需要强调指出的是，在哈耶克那里，自由社会的自生自发秩序尽管区别于组织秩序，但却并不对那些**作为行动者的组织**（其中包括最大的组织即政府）予以排斥，而且自生自发的社会秩序在没有某种命令结构的情况下也是无法存续的。然而，这一事实的存在绝不能使我们无视那些使自生自发秩序完全区别于组织或外部秩序的内部规则与外部规则在一些极为重要的方面所存在的差异。应当指出的是，哈耶克在建构法律理论的过程中曾使用过许多不同的术语来指称他所谓的“内部规则”和“外部规则”[91]，然而考虑到他在采用“内部规则”和“外部规则”这两个希腊术语时所给出的具体理由，即“两种独特的规则或规范分别对应于内部秩序或外部秩序，其间的要素必须遵守它们以型构出相应的秩序种类。由于在这里，现代欧洲语言缺乏明确无误地表达这一必要的界分的术语，而且也由于我们已然采用了‘法律’一词或它的相似术语去含混地笼而统之地指称这两种规则或规范，所以我们仍将建议采用希腊术语，至少是雅典人在公元前四和五世纪时的古用法，它们更趋近于表达出这一必要的界分”[92]，而我们在本文的讨论中亦将采用哈耶克的术语。[93]

（一）内部规则与外部规则

所谓内部规则，乃是指社会在长期的文化进化过程中自发形成的规则，亦即哈耶克所谓的严格意义上的法律；它们是指那些“在它们所描述的客观情势中适用于无数未来事例和平等适用于所有的人的普遍的正当行为规则，而不论个人在一特定情形中遵循此一规则所会导致的后果。这些规则经由使每个人或有组织的群体能够知道他们在追求他们目的时可以动用什么手段进而能够防止不同人的行动发生冲突而界分出确获保障的个人领域。这些规则一般被认为是‘抽象的’和独立于个人目的的。它们导致了一平等抽象的和目标独立的自生自发秩序或内部秩序的型构”。[94]当然，哈耶克也相当正视那些根据组织或治理者的意志制定的“外部规则”，然而他却将它们视作一种独特类型的社会秩序规则，且与社会自生自发形成的内部规则正相区别，因为这种独特类型的外部规则“乃意指那种只适用于特定之人或服务于统治者的目的的规则。尽管这种规则仍具有各种程度的一般性，而且也指向各种各样的特定事例，但是它们仍将在不知不觉中从一般意义上的规则转变为特定的命令。它们是运作一个组织或外部秩序所必要的工具”。[95]

众所周知，一个组织在某种程度上也必须依赖某种程度的一般性规则而非仅受特殊命令之约束，但是哈耶克却认为，组织之所以需要遵循某种程度的一般性规则的原因，恰恰可以用来解释一个自生自发秩序为什么能够实现组织秩序所不能实现的结果，因为通过一般性规则来规约和调整个人的行动，能够使个人得以更好地运用组织所不具有的信息或知识。然而，一个组织中的各层行动者只能调适并应对只为他们所知的日益变化的情势，因此为了使行动者能够应对该组织并不知道的各种情势，它所发布的命令通常来讲也会采取某种程度的一般指示的形式而非具体命令。[96]哈耶克颇具洞见力地指出，“组织在这里遇到了任何试图把复杂的人之活动纳入秩序之中的努力所会遇到的问题：组织者肯定会希望个人以合作的方式去运用该组织者自己并不拥有的知识。只是在最为简单的那种组织中，人们才可以想象由单一心智支配所有活动的所有细节。然而，确凿无疑的是，任何人都不曾成功地对复杂社会中所展开的所有活动做到全面且刻意的安排。如果有什么人能够成功地把这样一种复杂的社会完全组织起来，那么该社会也就不再需要运用众多心智，而只需依赖一个心智就足够了；再者，即使真的发生这种情况，这种社会也肯定不是一种极复杂的社会，而只是一种极端原始的社会。……那些能够被纳入这样一种秩序之设计中的事实，只能是那些为这一心智所知道和领悟的事实；再者，由于只有他一个人能够决定采取何种行动并从中获得经验，所以也就不会存在惟一能使心智得以发展的众多心智之互动的状况”。[97]

尽管哈耶克认为组织所遵循的外部规则区别于组织所发布的具体命令，但是他却仍然认为那些支配一组织内部的行动的外部规则是一种只适用于特定之人或服务于统治者的目的的规则，而这主要有两个彼此关联的原因：第一，由于外部规则的存在必定“预先设定存在着一个发布此项命令的人”[98]而且也预设了这样一种状况，即每个个人在一确定的结构中的地位乃是由特定的组织所发布的命令决定的而且每个个人所必须遵循的规则也取决于那个确定他的地位和发布命令的组织对他所规定的特定目的，所以这种外部规则在意图上就不可能是普遍的或是目的独立的，而只能始终依附于组织所分布的相关的具体命令；正是在这个意义上，这类外部规则的作用也只能限于规定组织（包括社会中最大的组织即政府）所指定的职能部门或具体行动者的行动的具体内容以及对这些具体命令未做规定的事项进行调整。第二，哈耶克进而认为，这些组织所发布的具体命令“无一例外地对应当采取的行动做出了规定，从而使命令所指向的那些人根本没有机会运用他们自己的知识或遵从他们自己的倾向。因此，根据这类命令所采取的行动，只服务于发布该命令的人的目的”[99]；也正是在这个意义上，我们可以认为这样的外部规则必定会因具体命令的不同而对该组织的不同成员具有不同的意义，而且更为重要的是，对这些外部规则所做的解释也必须依凭组织命令所规定的具体目的，因为该组织所发布的特定命令如果不分派具体任务和不确定具体目的，那么具有一定抽象程度的外部规则也就不足以告诉该组织中的每个行动者何者是他所必须做的事情。据此，哈耶克认为，组织秩序所服从的外部规则必定在下述方面区别于自生自发秩序赖以为基的内部规则：一是这种外部规则设定了以命令的方式把特定任务、目标或职能赋予该组织中的个人的预设；二是大多数外部规则只能经由依附具体命令而适用于那些仅承担了特定任务或职责的个人或服务于组织之治理者的目的。[100]

与组织秩序所遵循的外部规则构成对照，哈耶克概括地指出[101]，支配内部秩序或自生自发秩序的内部规则必须是目的独立的和必须是同样适用的：即使未必对所有成员都同样适用，至少也要对某一个成员阶层是同样适用的[102]；当然，这些内部规则还必须适用于未知的和不确定的人和事，而且它们也必须由个人根据其各自的知识和目的加以运用；颇为重要的是，个人对它们的适用亦将独立于任何共同的目的，而且个人甚至不需要知道这种目的。这里需要强调指出的是，哈耶克对自生自发秩序所遵循的内部规则与组织秩序所服从的外部规则所做的区分，并不是一种逻辑上的区分，因为这两种规则在某一维度上都处于同一个逻辑范畴之中而与事实相对，一如他所明确指出的，“这些被我们称之为严格意义上的‘法律’的抽象规则，其性质可以通过将其与具体而特定的命令进行比较而得到最充分的揭示。如果我们将‘命令’一词作最宽泛的解释，那么调整人的行动的一般性规则也确实可以被视作是命令。法律及命令都同样区别于对事实的陈述，从而属于同样的逻辑范畴”

[103]；哈耶克进而指出，“由正当行为规则构成的法律具有一个极为独特的品格，它不仅使它被称之为‘内部规则’一事极为可欲，而且还使下述问题变得特别重要，即把它与其他被称之为法律的命令加以明确的区分，所以在发展这类法律时，人们能够明确地认识到它所特有的属性”。[104]因此，本文也将依循哈耶克的这一分析理路，亦即通过对自生自发秩序所遵循的内部规则的特性的探讨来揭示它们与外部规则之间的区别。

一如前述，作为有助益于自生自发秩序的内部规则，它们必定具有某些使它们区别于外部规则的特征，而它们在调整人与人之间的涉他性活动的过程中所具有的否定性、目的独立性和抽象性，便是“那些构成自生自发秩序之基础的正当行为规则所必须的特征”。[105]

第一，哈耶克认为，自生自发秩序所遵循的内部规则“可以被认为是一种指向不确定的任何人的‘一劳永逸’的命令，它乃是对所有时空下的特定境况的抽象，并仅指涉那些可能发生在任何地方及任何时候的情况”。[106]我个人以为，就内部规则所具有的这种**一般且抽象的特性**的具体内涵来看，主要涉及三个主要的方面：在本质上，它们乃是长期性的措施；从指向上来讲，它们所指涉的乃是未知的情形而非任何特定的人、地点和物；再就它们的效力而言，它们必须是前涉性的（prospective），而绝不能是溯及既往的。

这里更需要强调的乃是我们对贯穿于上述具体内涵之中的“抽象”性质本身的理解，它关系到我们对内部规则此一特性的关键内核的把握，也关涉到我们对社会秩序之型构的认识，因为“正是对纯粹抽象的行为规则的遵循，导致了一个社会秩序的型构”。[107]哈耶克指出，“我们在此前业已说明，在正当行为规则逐渐扩展至那些既不具有也不意识到同样的特定目的的人群的过程中，发展出了一种通常被称之为‘抽象’的规则[108]因此，所谓“抽象”特性的关键内核，就在于那种被视为是一种古远的法律程式，即“**规则必须适用于在数量上未知的未来情势**”。[109]按照我个人的理解，内部规则抽象特性的这一关键内核具有着下述两个极为重要的相关意义：一是它揭示了内部规则并不预设一发布者的存在而且也不具体指向一种特定的或具体的行动，或者用哈耶克本人的话来说，“一般性法律与具体命令间的最重要的区别就在于，指导一项特定行动的目标和知识，究竟是由权威者来把握，还是由该行动的实施者和权威者共同来把握”〔110〕；二是内部规则并不预设一发布者的存在而且也不具体指向一种特定的或具体的行动的特性表明，自生自发秩序依赖于其上的这种规则所指向的必定是一种**抽象秩序**，而这种抽象秩序所具有的特定的或具体的内容也是不为任何人所知或所能预知的；再从另一个角度上看，规则所指向的社会秩序越复杂，分立行动的范围亦就愈大，而这又必须由那些并不为指导整体的人所知的情势来决定，相应的协调和调整亦就愈加依赖于抽象性规则而非具体命令。〔111〕因此，在这个意义上讲，通过这种抽象性的内部规则，人们不仅能够使那些为他们所使用的知识在数量上得以最大化，而且也可以使其所追求的目的在数量上得以最大化。正如哈耶克所言，“一个具有一定抽象特征的秩序之所以能够对目标不同的个人都有助益，乃是因为追求不同目标的人们能够接受一个多目标的工具，而这一工具则有助益于每一个人实现其自己的目标”〔112〕，而人们之所以能够接受这种抽象特性的内部规则，或者说人们之所以“能够假定这种规则能够平等地增进每一个人实现其自己目的的机会”，“实是因为我们无力预测采用某一特定规则所会导致的具体结果”。〔113〕

第二，哈耶克经由对内部规则所具有的抽象性质的阐发而认为，这一特性导使了自生自发秩序所遵循的内部规则的第二个特性，即它们是**目的独立的**（end-independent）**而非目的依附的**（end-dependent），因而这种“目的独立”的内部规则也可以被称之为作为“一般性目的的工具”的“正当行为规则”〔114〕，例如哈耶克所指出的，“我们选择‘正当行为规则’一术语来描述那些有助于型构自生自发秩序的目的独立的规则，而与目的依附的组织规则构成对照。前者是指作为‘私法社会’（private law society）之基础的并使开放社会成为可能的内部规则”。[115]内部规则之所以具有这种不依附于特定目的的特性，其主要原因就在于这些规则是从目的关联群体向不存在共同目的的复杂社会的扩展过程中实现的，一如他所指出的，“值得我们注意的是，只有‘目的独立’的‘形式’规则才能通过这个（康德式）标准的审核，因为，由于最早在较小的目的关联群体（‘组织’）中发展起来的规则乃是以渐进的方式扩展至越来越大的群体的，而最终普遍化至适用于一个开放社会的成员之间的关系，这些成员不具有具体的共同目的而且只服从共同的抽象规则，所以它们在不断演化和扩展的过程中必定会摆脱它对所有特定目的的指涉”。[116]显而易见，构成自生自发秩序型构之基础的内部规则所具有的这一“目的独立”的特性，其关键要点乃在于对这种性质的规则的遵循，本身并不能够推进或旨在实现某个特定目的，而只服务于或有助益于人们在尽可能大的范围内追求不尽相同的个人目的。[117]

第三，哈耶克在阐释内部规则的上述特性的含义以后指出，“它们必须变得如此，乃是规则扩展至超过那个能拥有甚或意识到同样的目的的社群的过程所导致的一个必然的结果。……我们已然看到，这导使人们把这些规则局限在对那些有可能伤害他们的涉他性行动的禁止方面，而且这也只能由那些界定其他人不得干涉的个人领域（或有组织的群体的领域）的规则来实现”。[118]正是在这里，我们发现，内部规则的抽象性和目的独立性“乃是与那些经历了一般化过程的规则所具有的某些其他特性紧密相关的，例如，这些规则几乎都是**否定性的**（即它们禁止而非命令一些特定的行动），它们之所以做否定性的规定，乃是为了保护每个个人能按其自己的选择而自由行事的明确的领域，而且人们也可以通过把一般化或普遍化的标准适用于一项特定的规则而确知它是否具有这一特性。我们将努力表明，这些都是那些构成自生自发秩序之基础的正当行为规则的必要的特征。……实际上所有正当行为规则都是否定性的，即它们一般都不会把肯定性的义务强加给任何人，除非他经由其自己的行动而引发了这样的义务；这个特征……已为人们再三指出了，但是却不曾为人们做过系统的考察”。〔119〕

立基于哈耶克对内部规则否定性的讨论，我们可以发现，内部规则的主要功能乃在于明确个人行动的**确获保障的领域**：告诉每个人何种规定是他所能信赖的，何种物质性东西或服务是他可以用来实现他的目的的，以及他所具有的行动范围是什么。但是，这里需要强调指出的是，内部规则的否定性决定了它本身并不会对个人的确获保障的领域进行明确的肯定性规定，而只是有助于使这些规则支配下的个人在行动中根据他与其他人的互动和他所“默会”遵循的外部情势去划定他们自己的确获保障领域的边界。〔120〕因此从另一个视角来看，这种否定性的内部规则在界分个人确获保障的领域时所采取的方式，并不是从肯定的角度出发直接决定什么是个人必须或应当做的，而只是从否定性的角度出发决定什么是个人决不能做的，亦即只是对任何人都不得侵犯个人确获保障领域的诸原则进行规定，一如哈耶克所明确指出的，这些内部规则“永远不能完全决定一项特定的行动，而只能限定所允许的行动种类的范围，并且只能将采取特定行动的决定权交由行动者本人根据他的目的而做出”。〔121〕当然，由于内部规则的功能在于经由消灭某些产生不确定性的渊源而有助于防阻冲突和增进合作，并有助于个人都能够根据他自己的计划和决定行事，所以在某种意义上讲，它们也不可能完全消除不确定性。立基于此，哈耶克反复强调内部规则只能创设某种程度的确定性，即通过对个人所具有的确获保障的私域进行保护并使它们免受其他人的干涉，从而使个人能够视这种确获保障的领域为他自己所控制。〔122〕

（二）内部规则：未阐明的规则与阐明的规则

这里需要强调指出的是，除了上文所述的抽象性、否定性和目的独立性以外，内部规则在哈耶克那里还是一个完整的“规则系统”，它“不仅包括明确阐明的规则（articulated rules），而且也包括尚未阐明的规则（unarticulated rules），它们或者隐含于规则体系之中或者还必须去发现以使分立的规则前后一致”[123]；这里所凸显的乃是哈耶克在内部规则讨论时所强调的又一个极为重要的观点，即关于“**阐明的规则与未阐明的规则**”的论说。[124]所谓“未阐明的规则”，在哈耶克那里，乃是指一种描述性质的规则，亦即并未用语言或文字予以表达的惯常行为的模式，而“阐明的规则”则是形式化了的规范性质的规则，它们不仅描述行为，而且还经由确立适当标准的方式支配行为。[125]毋庸置疑，哈耶克这一重要论说的提出，不仅为我们在一般意义上认识他所主张的“社会秩序规则二元观”提供了一个极具意义的路径，而且也为他本人更为妥切地进入“规则系统”的分析提供了一个知识上的解释进路，并使他能够在“建构主义之谬误”一文中极为明确地指出，这种规则系统包括：“（1）只在事实上为人们所遵循但却从未用语词加以表达的规则；如果我们说‘正义感’或‘语感’，那么我们就是指这种我们有能力适用但却并不明确知道的规则；（2）尽管已为语词所表达但却仍只是表示长久以来在行动中为人们所普遍遵守的东西的规则；以及（3）刻意引进的从而必定以成文形式存在的规则”。[126]

在这个“阐明的规则与未阐明的规则”的论说中，哈耶克揭示出了作为立法结果的“阐明的规则”与那种日益进化且并不为人所完全知道的“未阐明的规则”之间的关系。就此而言，哈耶克明确指出，人的行动从来就不是只以其对已知的某种手段和相应的结果间的因果关系的明确认识作为行动指导的，相反，在绝大多数的情况下是受其知之甚少的那些社会行为规则指导的，而这些规则乃是社会群体在长期的历史实践活动中经由文化进化而积淀下来的为人们普遍接受的规则，换言之，“阐明的规则”并不完全是人之意图的产物，而是在一决非任何人之发明且迄今尚未完全为人所认识的并且还在人能够用文字表达“阐明的规则”之前就指导其思维和行动的规则系统中进行判断和确定的，因此，在哈耶克的论述脉络中，“未阐明的规则”优位于“阐明的规则”，而且“阐明的规则”的存在亦不能替代“未阐明的规则”及其所具有的意义。〔127〕哈耶克的这个重要洞见，不仅意味着作为“未阐明的规则”的法律比作为“阐明的规则”那种为建构论唯理主义者惟一承认的立法和组织化的国家更古老，而且也更意味着立法者和国家的全部权威实际上都源出于此前已然存在的标示着正义观念的未阐明的规则，而且除非得到了那种为人们普遍接受或承认但却常常是未阐明的规则的支援——即在阐明的规则发生无力解决疑难问题的情形时人们所诉诸的那些未阐明的规则，否则即使是阐明的规则也不可能得到完全的适用；而且除非我们正视阐明的规则得以获取其意义所赖以为基的这种未阐明的规则，否则这种阐明的规则得以发展、变更和阐释的整个过程也无从为我们所认识。〔128〕但是这里需要强调指出的是，哈耶克在主张未阐明的规则优位于阐明的规则的前提下还认为，一旦有关某一行为规则的特定阐释为人们所接受，那么这种阐释就会成为变更或修正这些规则的主要手段；因此，阐明的规则与未阐明的规则在发展的过程中也将保持持续的互动．〔129〕

毋庸置疑，哈耶克之所以强调“阐明的规则与未阐明的规则”这个论说中的“未阐明的规则”所具有的重要意义，实乃是因为在现代社会以阐明的规则统合未阐明的规则的语境中，“建构主义者在上述三类规则中倾向于否定前两类规则，而只愿承认其间的第三类规则为有效的规则”。〔130〕正是为了进一步揭示哈耶克此一论说侧重点的意义，我们还有必要对他阐释这个论说的理据进行追问。就哈耶克的社会理论及其知识论的角度来看，我们可以认为他至少提出了三个论辩支持他的这个论说。[131]哈耶克的第一个论辩所立基于的乃是他从"自然的"而非"社会的"自发秩序中得出的推论。在哈耶克看来，自然的自发秩序中的事例"明确表明，那些支配这类自生自发秩序要素的行动的规则，无须是为这些要素'所知'的规则；这些要素只须实际上以这些规则所能描述的方式行事就足够了。因此，我们在这种场合所使用的规则的概念，并不意指这些规则是以明确阐述的（'形诸于文字的'）形式而存在的"。[132]哈耶克的第二个论辩乃渊源于我们上文所述的他关于行动者遵循规则所具有的默会性质的讨论，它试图经由指出人们乃是在不知道或无意识的情形下遵循某些行为规则这个事实而说明"未阐明规则"的论说是可行的。哈耶克指出，在历史的早期，人们并不界分目的导向的命令和规范性命令，当时只有"一种确立起来的做事情的方式，而且关于因果的知识与关于适当的或可允许的行动方式的知识也并不是分离的"[133]，所以他们并不具有那种使他们自己的行动与其所遵循的行为规则相分离进而做出评价的批判性能力。正是在这个意义上，哈耶克认为，他们并不是在有意识的状态下遵循这些规则的。哈耶克的第三个论辩则立基于他在语感（the sense of language）与正义感之间所做的类推。由于哈耶克把语感描述成一种"我们遵循未阐明的规则的能力"，所以他认为我们"没有理由……不把正义感视作这样一种能力，即遵循我们并不知道（亦即我们能够陈述它们意义上的'知道'）的规则的能力"。[134]

经由对"阐明的规则与未阐明的规则"这个论说的阐发和论证，哈耶克达致了两个我个人以为是我们理解哈耶克"社会秩序规则二元观"乃至他的整个法律理论建构的至关重要的命题[135]，它们也大体上构成了哈耶克所宣称的文化"进化与秩序的自发型构这一对孪生观念"[136]的基本内容。第一个命题乃是哈耶克在有限理性或无知观的基础上型构而成的**社会秩序内部规则是人之行动而非人之设计的结果的命题**。[137]这个命题一方面意味着自生自发秩序所遵循的内部规则引导着那些以默会的方式遵循它们但对为什么遵循它们或对它们的内容并不知道的行动者如何采取行动，而在另一方面即认识社会这一更深刻的层面上意味着个人在自生自发秩序或内部秩序中乃是根据他只在某种程度上意识到的秩序规则而采取行动并判断其他人的行动的。第二个命题则是哈耶克从文化进化论出发而确立的“**相互竞争的传统的自然选择命题**”（在这里，“传统”意指调整行为的内部规则与认知规则的整个复合体）。[138]这个进化论的命题意味着自生自发社会秩序或内部秩序的规则系统既不是超验意志的决定亦非人之理性设计的结果，或者说既不是“本能”的取向亦非“唯理”的产物[139]，而是“一个缓慢进化过程的产物，而在这个进化的过程中，更多的经验和知识被纳入它们之中，其程度远远超过了任何一个人所能完全知道者”[140]；当然，我们也可以从哈耶克的下述文字中发现他对这两个紧密相关的命题的集中表述：“在大多数行为规则最初就拥有的上述两项属性中，第一个属性乃是它们在个人的行动中为行动者所遵循，但又不是以阐明的（‘形诸于文字的’或明确的）形式为行动者所知道。这些行为规则会在那种能够被明确描述的行动的常规性中呈现自身，……这些行为规则所具有的第二个属性是，这种规则之所以渐渐为人们所遵循，乃是因为它们实际上给予了那些遵循它们的群体以更具优势的力量，而不是因为这一结果先已为那些受这些规则指导的行动者所知道”。[141]

正是立基于上述的精要分析和讨论，哈耶克最终形成了奠定其“社会秩序规则二元观”的一个极为重要的结论，即与外部秩序相对应的外部规则尽管是人类社会所不能或缺的治理工具，但是**它却不能因此而侵扰甚或替代内部秩序得以生成并得以维续的内部规则**，否则自生自发的内部秩序和植根于其间的个人的行动自由就会蒙受侵犯并遭到扼杀。[142]当然，哈耶克在得出这个重要结论的时候，还从社会分析理路出发给出了另外两个颇为关键的理由：第一，由于现代社会并不是依赖于组织而是似自生自发秩序那般生成发展的，所以现代社会的结构获致了它所拥有的那种程度的复杂性，而且这种程度的复杂性也远远超出了刻意安排的组织所能达致的任何程度。事实上，使这种复杂秩序的发展成为可能的秩序规则，最初也不是根据对这种结果的预期而设计的，只是那些偶然采用了适当的规则的人们在未意图的过程中发展起了复杂的文明并扩展至他者的。因此，“那种因现代社会已变得如此复杂而主张我们必须刻意规划现代社会的观点是极其荒谬的，也是在完全误解了这些发展进程的情况下所造成的结果。不争的事实是：我们之所以能够维续如此之复杂的秩序，所凭靠的并不是操纵或控制社会成员的方法，而只是一种间接的方式，亦即对那些有助益于型构自生自发秩序的规则予以实施和改进的方式”。〔143〕第二，尽管哈耶克认为用那种具有一定抽象程度的外部规则来补充决定一个组织的命令并且把组织视为自生自发秩序的要素都是有道理的，但是他却明确指出用那种依附于具体组织命令的有助于实现那些控制了该组织的人所旨在达致的特定目的的外部规则去“补充”支配自生自发秩序的规则就绝无助益可言了，这一方面是因为那种试图在用外部规则替代内部规则的同时又想尽最大的可能运用其所有成员的分散知识的理性设计，实是一种“鱼和熊掌不能兼得”的状况从而也是完全不可能的；“显而易见，以这种方式将自生自发秩序与组织混合在一起的做法，绝不可能是一种理性的选择”〔144〕；另一方面的原因则是外部秩序所遵循的外部规则所指涉的只是社会中相互依赖行动之系统的一个部分，而绝大多数行动的始动和展开在很大程度上则是由那些只为分立的行动者而不为领导当局所知道的目的和信息所决定或指导的。〔145〕此外，依据此一结论的逻辑展开，哈耶克还在立法手段被现代社会视之为惟一法律制度化形式的情势下对法律制度的基本形式“公法”与“私法”得出了如下的相关结论，即尽管在一个自生自发的现代社会秩序中，公法有必要组织一种能够发挥自生自发秩序更大作用的架构，保护先已存在的自生自发秩序和强制实施自生自发秩序所依据且遵循的部分规则，但是作为组织规则的公法却绝不能因此而渗透和替代作为自生自发秩序所遵循的一部分内部规则的私法。[146]

五、结语：哈耶克法律观点的启示

一如我在开篇所交代的，本文所设定的乃是这样一种论述进路：首先，我们在简短的引论中对本文所采取的论述框架及其理据进行了扼要的讨论；在第二部分，我力图通过对哈耶克为什么或如何从社会理论的阐释转向对法律理论的建构进行追问，进而揭示出了他由自由理论而进入法律理论的建构以完善其社会哲学的内在理路。尔后，我把哈耶克经由知识观的转换和对自生自发秩序与组织秩序的界分而确立的认识和解释社会的“规则范式”设定为探究哈耶克以“社会秩序二元观”和“社会秩序规则二元观”为基础的法律理论的逻辑出发点，进而在第三和第四两个部分对构成哈耶克法律理论的基本洞见进行了探究，其间，我阐发了哈耶克对“自然”与“人为”二元论以及以此二元论为依凭的同质性的“社会一元论”的批判观点，并且揭示了他的批判观点中的独特创见，即他关于“社会一元论”在社会历史进程中赖以实现的制度性机制乃是表现为“社会秩序规则一元观”的用立法统合内部规则或用公法替代私法的一元化实践的深刻洞识。此外，我还从正面对哈耶克经由洞见“人之行动而非设计”的范畴而确立“自然”“人为”和“人之行动而非设计”的三分观以及以此为据的“社会秩序规则二元观”的内在理路进行了分析，并在厘定内部规则与外部规则之性质及其关系的过程中阐发了哈耶克关于社会秩序规则的两个极为重要的理论命题：一是哈耶克在有限理性或无知观的基础上型构而成的社会秩序内部规则是人之行动而非人之设计的结果的命题；二是哈耶克从文化进化论出发而确立的社会秩序规则相互竞争的自然选择命题。最后，我还指出了哈耶克依此分析而达致的一个重要结论，即与外部秩序相对应的外部规则（或公法）尽管是人类社会所不能或缺的治理工具，但是它却不能因此而侵扰甚或替代内部秩序得以生成并得以维续的内部规则（或私法），否则内部秩序和植根于其间的个人的行动自由就会蒙受侵犯并遭到扼杀。

毋庸置疑，对哈耶克法律理论建构之内在理路以及其间的重要观点的分析，其意义绝非仅限于上文所述；我个人以为，它至少还能够使我们从中获致下述相当有意义的启示。

第一，一如前述，哈耶克有关“自然”“人为”和“人之行动而非设计”的现象的三分法不仅对“自然”与“人为”的二元观构成了尖锐的批判，而且还在将这种批判推进至法律现象的认识题域时，揭示出了自笛卡尔式唯理主义以来在法律领域中占支配地位的“社会秩序规则一元论”是如何在把人类社会运作过程中“人之行动而非人之设计的”制度或规则切割出去以后而得以确立的过程和条件。正是在这个意义上，哈耶克所阐发的内部规则与外部规则的“社会秩序规则二元观”，一方面为我们反思那种基本上构成了“现代性图式”之一的视立法为惟一的法律的观点和实践提供了一个颇为重要的维度，进而也为我们进一步追问现代社会在唯理主义意识形态的支配下将原本不可通约的文化传统经由立法一元化而统合起来的那种观点和实践的正当性提供了一个知识基设。但是在另一方面，也是更需要强调的一个方面，即哈耶克提出“社会秩序规则二元观”这个事实本身还为我们在一更深的层面上追究人们为什么将现代社会的这种实践以及支撑它的观点视为当然——而其间究竟与现代社会展开的民族国家建构话语和多数民主（特指立法机构至上）的话语之间存有何种勾连等问题开放出了某种可能性。

第二，哈耶克“社会秩序规则二元观”表明，尽管人们没有充分的理由证明社会秩序的内部规则是自然的，即它们是恒久的事物秩序的一部分或者说它们是恒久地植根于恒定不变的人之本性之中的，但是人们却并不能由此推断说事实上指导人的行为规则必定是人刻意选择或设计的产物，也不能由此推断说人有能力甚或应当通过采用其所决定的任何规则去型构社会。〔147〕哈耶克所批判的这种庸俗化的“非此即彼”的推断谬误，一方面渊源于“自然”与“人为”二分法的谬误，而另一方面则产生于这样一种为人们在唯理主义支配下而视之为当然的谬误观点，即只有那些普遍真实或被实证的东西才能被认为是一客观的事实，而那种为一特定社会所具体拥有但却未经实证的东西则绝不能被认为是客观的事实，进而也不能予以承认。〔148〕据此，哈耶克提出了一个涉及到其哲学层面本体论的转换的核心论辩〔149〕，即凡是实证的东西虽在实证主义的理路中是客观的，然而未经实证的东西则未必不是“客观”的或真实的。哈耶克的这一论辩极为重要，因为它为我们质疑那种在本质上否定人之实践活动及其赖以为据的实践性知识或“默会”知识在社会演化和型构过程中的重大意义提供了知识论上的理据，同时也为我们进一步追问或探究社会制度安排的建构与如何尽我们所能去发挥那些我们尚无能力以文字的形式加以表达但切实支配我们行动的社会秩序规则的作用间的关系这个至关重要的问题提供了一个重要的认识路向。

第三，哈耶克法律理论的阐发，并不旨在建构一种外部规则与内部规则间的二元对立关系，毋宁是旨在明确处理现代社会以外部规则对内部规则的侵扰或替代的问题，或者说是要在参与社会秩序的行动者所遵循的外部规则与内部规则之间设定一共存的边界，尽管这一边界在哈耶克的社会秩序规则的文化进化命题中不仅极难确定，而且也会在选择过程中发生变化。当然，这里的前提问题乃是如何和依凭何种标准划定行动者所遵循的社会秩序规则的性质的问题，因为要确定行动者所遵循的社会秩序规则之性质，本身还要求建构某种标准，而在哈耶克“社会秩序规则二元观”那里则是上文所述的以个人行动自由为旨归的抽象性、否定性和目的独立性标准。正是在这个限定的意义上讲，我个人以为，哈耶克“社会秩序规则二元观”的建构与其“规则”研究范式的相结合，不仅为我们认真思考内部秩序所遵循的内部规则如何分立于组织（包括政府）规则以及人们如何设定各种组织（包括政府）的权力范围及外部规则的适用范围等问题确立了一个极具助益的路径，而且也在更深刻的层面上为我们理解和解释长期困扰学人的“国家行动与自生自发秩序”这个理论问题开放出了某种可能性，因为他的理路明确要求我们在认识到惟有政府才可能将外部规则扩展适用于自生自发秩序的前提下，根据政府在自生自发秩序中行事时所遵循的具体规则之性质对政府行动做具体的分析和探究，而不能仅根据政府是否参与自生自发秩序之型构的行动本身来赞成或反对政府行动。

最后，我还是要指出，本文对哈耶克法律理论所做的讨论，一如本文的标题所示，只是一个导论性的或前提性的评注；实际上，哈耶克的法律理论极为宏大，所涉理论问题也相当繁复，当然不是本文在这里能够一一做出详尽阐释的，例如：哈耶克从“法典法”向“普通法”法治国[150]转换的过程和意义、哈耶克在法律有效性的问题上既反对唯理主义自然法又彻底批判法律实证主义[151]、哈耶克法治原则的一般性究竟是“形式的”抑或是“实质的”等问题。无论如何，我相信不同的读者根据各自的立场和问题意识，一定能够在阅读哈耶克这部著作和理解他的法律理论的时候读出更多的意义。

注　释：

* 正当我从研究哈耶克的社会理论和知识观转向对他的法律理论的研究过程中，中国大百科全书出版社和本书原译者张守东邀我为哈耶克《法律、立法与自由》中

译本作序，而原译者张守东和李静冰以及出版社更是为了保证和提高译文质量而邀请我作为译者对原译文进行全面的修正和校订，我经过认真的考虑后接受了这两项沉重但极有意义的任务。原译者的工作是努力的，而我则是出于感谢出版社和原译者对我的真诚期望而不敢有任何懈怠和马虎，四译其稿，终于完成了这项工作。无论如何，这是一项合作的译事；但是，译序和定稿译文中所存在的任何问题，当由作为定稿者的我全部承担。需要说明的是，本代译序中的一部分内容是以我接受的“北京大学中国经济研究中心”1998-1999年度客座研究员项目（“哈耶克法律理论的研究”）为基础的，而本项研究的最终论文定稿则请参见北京大学《中外法学》2000年第一期。最后，我想再一次对张守东和李静冰，特别是中国大百科全书出版社的杜晓光表示感谢，因为是他们给了我一个重新精读哈耶克这部伟大著作的机会。

〔1〕弗里德利希·冯·哈耶克1899年5月8日出生于奥地利维也纳一个自然科学世家。第一次世界大战结束以后，哈耶克就读于维也纳大学，并于1921年获法学博士学位，1923年又获政治（社会）学博士学位。他于1927年至1931年担任奥地利经济研究所（Austrian Institute for Economic Research）所长。1931年初，哈耶克受邀前往伦敦经济学院访问，并发表系列经济学专题演讲，同年末受聘为伦敦大学经济学和统计学Tooke讲座教授；1938年归化英国，并于1944年当选为英国皇家学院院士。1950年，哈耶克接受邀请前往美国芝加哥大学，担任社会与道德科学教授一职，并成为该校“社会思想委员会”成员。1962年，他回到欧洲，担任西德弗莱堡大学经济政策教授直至1967年退休；同年回到他自己的祖国奥地利，担任萨尔茨堡大学名誉教授。除了一生所出版的大量极为重要的论著之外（请参见我为此译本所编写的一个有关哈耶克研究的参考文献），哈耶克还曾于1947年4月发起成立了著名的自由国际学社即“朝圣山学社”并担任了该学社的首任主席；而于1974年因学术的贡献而与冈纳·缪尔达尔（Karl Gunnar Myrdal）一起赢得了诺贝尔经济学奖。关于哈耶克生平的论述，请参见Fritz Machlup，“Hayek’s Contribution to Economics”，in Fritz Machlup，ed.*Essays on Hayek*，Routledge & Kegan Paul，1977，pp. 13-60；更重要的文献，请参见S. Kresge and L. Wenar，ed. *Hayek on Hayek*：*An Autobiographical Dialogue*，London and New York：Routledge，1994。

〔2〕这里需要指出的是，在1979年以后，哈耶克实际上在他好友的再三要求下还于1988年出版了*The Fatal Conceit*：*The Errors of Socialism*一书；但是，这本书并不是一本系统的理论著作，而是一份直接论辩的宣言；再者，该书只是由W. W. Bartley，Ⅲ所做的一个编辑本，部分内容并没有得到发表，只是在《哈耶克全集》（第十卷）中得到了收录。当然，指出这一点，我绝无意说哈耶克的这本*The Fatal Conceit*：*The Errors of Socialism*不重要，但是我们还是不得不承认，该书中的观点基本上只是对他此前论点的重申。

〔3〕Hayek，“Kinds of Rationalism”，in *Studies in Philosophy*，*Politics and Economics*，Routledge & Kegan Paul，1967，pp. 91-92.

〔4〕这里需要指出的是，哈耶克本人之所以在《法律、立法与自由》第一卷的

序言中只提到1967年出版的《哲学、政治学和经济学的研究》一本论文集，例如他指出，“如果有读者急切想知道本卷论辩在后两卷中的展开过程，那么他在阅读本卷的同时也可以参阅我在构思这本书的漫长岁月中所发表的一系列预备性研究论文，并从中获致某种提示。这些预备性研究论文，部分收录在我的《哲学、政治学和经济学的研究》一书之中”，这完全是因为第一卷出版的时间是1973年，而《哲学、政治学、经济学和观念史的新研究》的论文集只是在1978年才得以面世，所以在1973年的时候他不可能让读者去参阅1978年出版的论文集。但是，我们在今天研究《法律、立法与自由》三卷本时，当然应当同时参阅这两本论文集了。

〔5〕Hayek，*Law*，*Legislation and Liberty*：*Rules and Order*（Ⅰ），The University of Chicago Press，1973，p. 48.

〔6〕Hayek，*Studies in Philosophy*，*Politics and Economics*，Routledge & Kegan Paul，1967，p. 166.

〔7〕Hayek，*Law*，*Legislation and Liberty*：*The Political Order of a Free People*（Ⅲ），1979，p. 152.

〔8〕同上，p. 162。

〔9〕关于哈耶克所主张的“进化论理性主义”，乃是在与他所批判的“建构论唯理主义”的对照中凸显其自身特征的。首先需要指出的是，哈耶克对建构论唯理主义的批判，早年可见之于他所撰写的“知识在社会中的运用”（1945），“个人主义：真与伪”（1946）和*The Counter-Revolution of Science*：*Studies on the Abuse of Reason*（1952）等论著；然而最为集中的论述则是他于1970年撰写的“建构主义的谬误”一文。哈耶克认为这两个理论传统区别极大：“一为经验的且非系统的自由理论传统，另一为思辩的及唯理主义的自由理论传统。前者立基于对自生自发发展的但却未被完全理解的各种传统和制度所做的解释，而后者则旨在建构一种乌托邦”（哈耶克，《自由秩序原理》，邓正来译，三联书店1997年版，第61-62页）；而这两种完全不同的思想进路则导致了J. L. Talmon所言的实际上完全不同的结论：一派“主张有机的、缓进的和并不完全意识的发展，而另一派则主张教条式的周全规划；前者主张试错程序，后者则主张一种只有经强制方能有效的模式”（J. L. Talmon，*The Origins of Totalitarian Democracy*，London，1952，p. 71）。关于这两种不同的理论传统在关于社会秩序的一些基本命题方面所存在的冲突，可以概括为：“建构论的唯理主义传统所提出的命题之一是人生来就具有智识的和道德的秉赋，而这种秉赋能够使人根据审慎思考而型构文明，并宣称‘所有的社会制度都是，而且应当是，审慎思考之设计的产物’。然而，进化论理性主义者则明确指出，文明乃是经由不断试错、日益积累而艰难获致的结果，或者说它是经验的总和。因此，他们的命题可以表述为，文明于偶然之中获致的种种成就，实乃是人的行动的非意图的结果，而非一般人所想象的条理井然的智识或设计的产物”，参见拙著《自由与秩序》，江西教育出版社1998年版．第15-16页。

这里还要表明的是，除了苏格兰启蒙思想的渊源以外，哈耶克自由主义思想在这个方面还受到了奥地利经济学派主观价值理论代表人物门格尔的重要影响，一如他在晚些时候所指出的，在门格尔的著述中，“有关制度自生自发的观念，比我阅读过的任何其他著作都阐述得更加精彩”（参见 S. Kresge & L. Wenar，*Hayek on Hayek*，London：Routledge，1994，pp. 13-14）；实际上，哈耶克的“无知观”也受到了门格尔的影响，因为门格尔早在《经济学和社会学诸问题》（*Problems of Economics and Sociology*，由 L. Schneider 撰写译本导论，由 F. J. Nock 翻译，并由 Urbana 于 1963 年出版）一书中就论及了行动者的无知问题，一如 Schneider 在该书的译序中所指出的，“正是哈耶克花费了最大力气运用了门格尔这一独特的洞见”，并且解释了为什么在某些情势下“无知”比“知”更有效的问题（参见同上，p. 16）。

〔10〕参见拙文，“哈耶克社会理论的研究”，载《自由与秩序》，江西教育出版社 1998 年版，第 10-17 页。

〔11〕参见哈耶克：《个人主义与经济秩序》，贾湛等译，北京经济学院出版社 1991 年版，第 6-15 页；又请参见拙文，“哈耶克社会理论的研究”，载《自由与秩序》，江西教育出版社 1998 年版，第 51-56 页。

〔12〕当然，哈耶克也用 endogenous order 来指“自生自发的秩序”，而用 exoenous order 来指“组织秩序”，参见 Hayek，*Law*，*Legislation and Liberty*：*Rules and Order*（I），The University of Chicago Press，1973，pp. 35-37。这里需要指出的是，哈耶克在术语方面的一些变化。除了 cosmos（内部秩序）和 taxis（外部秩序）术语以外，哈耶克还在研究中使用了“内部规则”（nomos）和“外部规则”（thesis）等一系列专门术语；当然，这种做法的目的是为了使所用的术语更加精确。但是需要强调的是，哈耶克在 1979 年以后出版的《法律、立法与自由》第三卷中，却放弃了这种做法，正如他本人所承认的那样，“我颇感抱歉的是，我自己没有勇气一以贯之地使用我在先前所建议采用的其他一些新词，例如：‘cosmos’，‘taxis’，‘nomos’，‘thesis’，‘catallaxy’和‘demarchy’。然而，因此而在阐述中丧失的精确性，很可能会因它们易于理解而得到补偿”。因此，请读者在阅读本文的时候注意这个方面的问题。

〔13〕哈耶克在 1973 年出版的 *Law*，*Legislation and Liberty*：*Rules and Order*（I）一书中第二章以“cosmos”和“taxis”为名并对这两种秩序做了比较详尽的讨论（pp. 35-54）；另参见我对这两种秩序所做的讨论：《自由与秩序》，江西教育出版社 1998 年版，第 17-21 页。

〔14〕请参见拙文，“哈耶克社会理论的研究”，载《自由与秩序》，江西教育出版社 1998 年版，尤其是其间的第二部分“哈耶克的社会理论：规则系统与行动结构”，第 21-41 页。

〔15〕Hayek，*Studies in Philosophy*，*Politics and Economics*，Routledge & Kegan Paul，1967，p. 71.

〔16〕请参见拙文，“哈耶克社会理论的研究”，载《自由与秩序》，江西教育出

版社 1998 年版，尤其是其间的第二部分“哈耶克的社会理论：规则系统与行动结构”，第 76 页。

〔17〕Hayek，*Law*，*Legislation and Liberty*：*Rules and Order*（Ⅰ），The University of Chicago Press，1973，p. 10.

〔18〕Hayek，*Studies in Philosophy*，*Politics and Economics*，Routledge & Kegan Paul，1967，p. 67.

〔19〕Hayek，*Law*，*Legislation and Liberty*：*Rules and Order*（Ⅰ），The University of Chicago Press，1973，p. 44.

〔20〕所谓“文化进化”，乃是指社会行为规则的文化进化；我曾经就此问题指出，“行动的有序结构与其所依据的那些规则系统，在哈耶克看来，都是‘人之行动而非人之设计的结果’，然而他同时又强调指出，这些相似性并不能做无限的扩大，因为行动结构的生成依据规则，而规则的文化进化则否。哈耶克的这一论式向我们揭示了两种不同的‘看不见的手’的进化过程：一种进化方式乃是在一规定的环境中展开的，或者说，这种进化过程的结果乃是在受到制约的意义上被决定的。这就是作为自发社会秩序的行动结构的进化方式；因此这一方式的一个特征在于它是在明确可辨的规则基础限制下发生的，而且是一永久循环的过程，而它的另一个特征则在于它是否定性的：它规定了何者不能存在，而不是何者能存在。另一种进化方式乃是在非规定的环境中发生的，或者说，这种进化过程的结果由于不存在规定的条件而在很大程度上是不确定的。这就是作为自发社会秩序的道德、法律以及其他规则系统的进化发展方式；这一方式的特征在于它不遵循任何‘进化之法则’”，参见拙著：《自由与秩序》，江西教育出版社 1998 年版，第 31-32 页；又请参见 V. Vanberg，“Spontaneous Market Order and Social Rules：A Critical Examination of F. A. Hayek’s Theory of Culture Evolution，” in J. C. Wood and R. N. Woods，ed.，*F. A. Hayek*：*Critical Assessments*（Ⅲ），London and New York：Routledge，1991，pp. 177-201。

〔21〕我将哈耶克建构其自由主义社会理论的核心目的或者说是“哈耶克的终身问题”确定为对“自生自发秩序”做理论上的捍卫，简而言之有两个原因：第一，“自生自发秩序”既构成了哈耶克进行反思的出发点也构成了他的理论的最终成就，一如他本人所概述的，“这导使我达致，在我个人的学术发展中，我进行所有反思的出发点，而且……达致了我所认为的一幅关于自生自发秩序之性质的全新图景”（Hayek，*Studies in Philosophy*，*Politics and Economics*，Routledge & Kegan Paul，1967，pp. 91-92.）；第二，我认为（见拙著《自由与秩序》，江西教育出版社 1998 年版，第 76-77 页）那种以为哈耶克只是在 20 世纪 50 年代方从迈克·博兰尼的观点中征引了“自生自发秩序”观念的观点是极具误导性的。实际上，哈耶克早在 1933 年在伦敦经济学院发表的教授就职演说中就对人们所承继的复杂的和非设计的社会机制的“自生自发”性质进行了讨论；所以 G.C.Roche 指出，“在很大程度上我们要感谢哈耶克的洞见，是他使我们现在认识到了自由与社会组织的密切关系以及

自由与法治的密切关系”，因为“‘自生自发的秩序’概念是哈耶克最伟大的发现，亦是其法学和经济学的根本原理”（G. C. Roche，“The Relevance of F. A. Hayek”，in *Essays on Hayek*，ed.，F. Machlup，Routledge & Kegan Paul，1977，p. 10）。

〔22〕哈耶克：《不幸的观念：社会主义的谬误》，刘戟锋等译，东方出版社1991年版，第106页。

〔23〕参见拙文，“知与无知的知识观”，载《自由与秩序》，江西教育出版社1998年版，第85-86页。

〔24〕同上，第69-139页。

〔25〕参见拙著《自由与秩序》，江西教育出版社1998年版，第29-41页和第131-138页；而关于哈耶克所确立的这一“规则”研究范式，我们还需要指出的是，在1960年以前，哈耶克极少使用“规则”（rule）这个术语。事实上，他在《感觉秩序》（*Sensory Order*，1952）一书中就是试图不用“规则”这个术语来讨论认知心理学的问题；只是在1960年出版的《自由秩序原理》一书中，他才开始大量使用这个术语，但却很少对这个术语进行限定。此后，他开始对此进行限定，称之为“行动规则”（rules of action），而到1967年，他又用“行为规则”（rules of conduct）替代了这个术语，并在其后的著述中一直使用这个术语。显而易见，这个问题绝非只是一个语义学的问题，因为从他于1967年所发表的论文“关于行为规则系统之进化问题的评注”（Notes on the Evolution of Systems of Rules of Gonduct）的副标题“个人行为规则与社会经济行动秩序之间的互相作用”（The Interplay between Rules of Individual Conduct and the Social Order of Actions）来判断，我们可以发现他经由对此一术语的征用而达致了对“个人行动者遵循的行为规则”与由此而产生的“社会行动秩序或整体秩序”的明确界分，请参见T. Lawson，“Realism and Hayek：a Case of Continuous Transformation”，转引自S. Fleetwood，*Hayek's Political Economy*：*The socioeconomics of order*，London and New York：Routledge，1995，pp. 83-84。

〔26〕Hayek，*Studies in Philosophy*，*Politics and Economics*，Routledge & Kegan Paul，1967，p. 92.

〔27〕哈耶克，《自由秩序原理》，邓正来译，三联书店1997年版，第184页。

〔28〕参见拙文，“知与无知的知识观”，载《自由与秩序》，江西教育出版社1998年版，第127-135页。

〔29〕Hayek，*New Studies in Philosophy*，*Politics*，*Economics and the History of Ideas*，Routledge & Kegan Paul，1978，p. 8；Hayek，*Law*，*Legislation and Liberty*：*Rules and Order*（Ⅰ），The University of Chicago Press，1973，p. 11.

〔30〕参见拙著：《自由与秩序》，江西教育出版社1998年版，第131-133页。

〔31〕哈耶克，《自由秩序原理》，邓正来译，三联书店1997年版，第11-15页。

〔32〕G.Dietze，“Hayek on the Rule of Law”，in Fritz Machlup，ed. Essays on Hayek，Routledge & Kegan Paul，1977，p. 108.

〔33〕Hayek，*The Road to Serfdom*，London and Chicago，1944，题页引文。

〔34〕Hayek,“Die Ursachen der standigen Gefanrdung der Freiheit”, in Franz Bohm, F. Lutz, F. Meyer, eds. , Ordo, Ⅻ(1961), pp. 105, 107-109; 转引自 G. Dietze,“Hayek on the Rule of Law”, in Fritz Machlup, ed. *Essays on Hayek*, Routledge & Kegan Paul, 1977, p. 111.

〔35〕哈耶克,《自由秩序原理》,邓正来译,三联书店 1997 年版,第 81 页。

〔36〕同上,第 30 页和第 32-33 页。

〔37〕Hayek, *Law*, *Legislation and Liberty*: *Rules and Order*(Ⅰ), The University of Chicago Press, 1973, p. 56.

〔38〕参见哈耶克,《自由秩序原理》,邓正来译,三联书店 1997 年版,第 2-3 章。

〔39〕同上,第 6 页;当然,与此相关的一个概念也极为重要,即预期(expectation);囿于篇幅,我不可能在这里做出详尽讨论,但是请参见哈耶克的观点:“预期的最大化的一致,将通过对确受保护的领域的界分而得以实现”, Hayek, *Law*, *Legislation and Liberty*: *Rules and Order*(Ⅰ), The University of Chicago Press, 1973, p. 106。

〔40〕哈耶克,《自由秩序原理》,邓正来译,三联书店 1997 年版,第 5 页。

〔41〕同上,第 4 页。尤请注意的是,我们应当着重思考哈耶克在 1960 年《自由秩序原理》与其在 1973 年《法律、立法与自由》第一卷中对自由的界定之间所存在的关系或差异以及其间所可能具有的意义;一如我们所知,哈耶克在 1960 年指出,“本书乃是对一种人的状态的探究;在此状态中,一些人对另一些人所施以的强制,在社会中被减至最小可能之限度。在本书中,我们将把此一状态称之为自由的状态”;然而,哈耶克却在 1973 年采用了这样一种论式,即“在自由的状态下,每个人都能够运用自己的知识去实现自己的目的”。

〔42〕同上。

〔43〕Hayek, *Law*, *Legislation and Liberty*: *The Mirage of Social Justice*(Ⅱ), The University of Chicago Press, 1976, p. 37.

〔44〕哈耶克,《自由秩序原理》,邓正来译,三联书店 1997 年版,第 172 页。

〔45〕Hayek, *Law*, *Legislation and Liberty*: *Rules and Order*(Ⅰ), The University of Chicago Press, 1973, pp. 106-111.

〔46〕哈耶克,《自由秩序原理》,邓正来译,三联书店 1997 年版,第 172 页。

〔47〕同上,第 173 页。

〔48〕同上,第 173 页。

〔49〕Hayek, *Law*, *Legislation and Liberty*: *Rules and Order*(Ⅰ), The University of Chicago Press, 1973, p. 107.

〔50〕同上,pp. 55-56。

〔51〕哈耶克,《自由秩序原理》,邓正来译,三联书店 1997 年版,p. 148。

〔52〕Hayek, *Law*, *Legislation and Liberty*: *Rules and Order*(Ⅰ), The University of Chicago Press, 1973, p. 62.

〔53〕同上，pp. 51-52。

〔54〕哈耶克，《自由秩序原理》，邓正来译，三联书店 1997 年版，第 263 页。关于这个问题，又请参见 Lord Radeliffe 的观点，“我们是否已经到了这样一个时代，即我们必须为‘制定法’（statute law）寻找另一个名称，而不再称其为，‘法律’（law）？我们或许可以称其为‘依附法’（para-law），甚或‘次级法’（sub-law）”，见 Lord Radeliffe，*Law and the Democratic State*，Holdsworth Lecture，Birmingham：University of Birmingham，1955，p. 4。

〔55〕Hayek，*Law*，*Legislation and Liberty*：*Rules and Order*（Ⅰ），The University of Chicago Press，1973，p. 48.

〔56〕关于“自然的”与“人为的”现象的二分观，请参见 Hayek，*Studies in Philosophy*，*Politics and Economics*，Routledge & Kegan Paul，1967，p. 96；Hayek，*Law*，*Legislation and Liberty*：*Rules and Order*（Ⅰ），The University of Chicago Press，1973，pp. 20-22；Hayek，*Law*，*Legislation and Liberty*：*The Mirage of Social Justice*（Ⅱ），The University of Chicago Press，1976，p. 59；更请参见汪子嵩等著，《希腊哲学史》（第二卷）第四章“Physis 和 Nomos”，人民出版社 1993 年版，第 202-245 页；以及陈康：《论希腊哲学》，商务印书馆 1995 年版。

〔57〕参见哈耶克在“人之行动而非人之设计的结果”一文中所明确阐明的观点：“这种观点是误导的，因为这两个术语使下述做法成为可能，即把大量且独特的现象都归属于这两个术语之下……。这两个术语既可以被用来描述独立于人之行动的现象与人之行动之结果间的区别，亦可以被用于描述某些出现而非人之设计的东西与某些作为人之设计结果的东西间的界分“，见 Hayek，*Studies in Philosophy*，*Politics and Economics*，Routledge & Kegan Paul，1967，pp. 96-97。

〔58〕参见 Hayek，*New Studies in Philosophy*，*Politics*，*Economics and the History of Ideas*，Routledge & Kegan Paul，1978，pp. 4-5。

〔59〕参见 Hayek，*Studies in Philosophy*，*Politics and Economics*，Routledge & Kegan Paul，1967，p. 96。

〔60〕哈耶克，“个人主义：真与伪”，载《个人主义与经济秩序》，贾湛等译，北京经济学院出版社 1991 年版，第 24 页。

〔61〕参见 Hayek，*Studies in Philosophy*，*Politics and Economics*，Routledge & Kegan Paul，1967，p. 97。

〔62〕同上，pp. 96-99. 关于哈耶克独具创见的“三分观”，尽管与科学哲学家卡尔·波普尔（Sir Karl Raimund Popper）的“三个世界”理论不尽相同，但是我认为读者却可以在将他们的观点进行对照阅读的过程中获益颇多，参见卡尔·波普尔：《历史主义贫困论》，何林等译，中国社会科学出版社 1998 年版。

〔63〕本文关于唯理主义经由“自然与人为”二分观而达致的“自然与社会”二元论的真正谋划乃在于建构出一种对社会施以控制的支配关系的“一元论的社会观”的论述，在哈耶克的社会理论和法律理论的脉络中具有极为重要的意义，而其

间的意义则可以见之于哈耶克一以贯之地对“社会”这个实体化和同质化概念在唯理主义理路支配下被运用于解释社会现象的谬误的彻底批判；关于哈耶克对“社会”这个概念及其所导引的“社会正义”观念的批判，最为集中的论述请参见哈耶克所撰“泛灵论词汇与混乱的‘社会’概念”，载《不幸的观念：社会主义的谬误》，刘戟锋等译，东方出版社 1991 年版，第 159-169 页；正是在这里，哈耶克极具创见地提出了需要把“社会正义”观念与“社会权力”结合起来加以思考的深刻洞见。

〔64〕这里需要指出的是，在哈耶克那里，“自然法”这一术语的误导性一如“实在法”的术语一样也渊源极深，因为在两千多年中，古希腊人所提出的“自然的”与“人造的”二分观几乎在未受质疑的情况下一直支配着人们的思维方式并且还深深地植根于人们所使用的法律语言之中，而当下大多数欧洲语言中的“自然法”和“实在法”的术语都渊源于这两个术语，因为“在公元 2 世纪，拉丁语语法学家 Aulus Gellius 曾用 naturalis 和 positivus 这两个术语来翻译 physei 和 thesis 这两个希腊术语；而正是在此一翻译的基础上，大多数欧洲语言也都演化出了用以描述两种法律（即‘自然法’［natural law］和‘实在法’［positive law］——邓注）的类似词汇”，参见 Hayek，*Law*，*Legislation and Liberty*：*Rules and Order*（Ⅰ），The University of Chicago Press，1973，p. 20。

〔65〕本文所论虽然涉及到“多数民主”，但是并不旨在反对“民主”，而只是试图指出“多数民主”在推进“议会至上”以及由此引发的“作为立法的法律至上”的观念和实践等方面的作用。

〔66〕一如前述，所谓“前唯理主义的自然法理论”，大体上是指 17 世纪以前的自然法理论；这个问题无疑是一个极为重要的问题，尤其是其间所关涉到的关于“前唯理主义的自然法理论”与“唯理主义自然法理论传统”间关系的问题。尽管哈耶克对此没有做详尽的讨论，但我还是认为这是一个极为重要且相当繁复的重大理论问题，因为这两种传统的转换实际上关涉到现代性以及与其紧密相关的现代图式的建构过程，也隐含着它们所支配并与之互动的现代社会的文化和制度的建构过程，进而也就更牵涉到我们在当下如何认识和理解现代性的问题。

〔67〕Hayek，*New Studies in Philosophy*，*Politics*，*Economics and the History of Ideas*，Routledge & Kegan Paul，1978，p. 5.

〔68〕Hayek，*Studies in Philosophy*，*Politics and Economics*，Routledge & Kegan Paul，1967，p. 97.

〔69〕参见同上，p. 99；Hayek，*Law*，*Legislation and Liberty*：*Rules and Order*（Ⅰ），The University of Chicago Press，1973，p. 20.

〔70〕哈耶克，《自由秩序原理》，邓正来译，三联书店 1997 年版，第 65 页。

〔71〕这里涉及到哈耶克意义上的“知识”含义。W. Butos 曾经对哈耶克的知识含义做过较为明确的总结，即哈耶克头脑中的那种知识，要比那些被纳入主流经济学模式的典型知识宽泛得多：除了价格、数量和价格预期以外，它还意指可为个

人所运用的各种各样的实践性知识，以及那些在很大程度上是关于行为的一般性规则、传统和社会习俗的默会知识（参见 W. Butos，“Hayek and General Equilibrium Analysis”，*Southern Economic Journal*，52，1985，October，p. 340）。当然，在我看来，J. Gray的评价更为确切：“我们可以说，哈耶克的著述表明他把吉尔伯特·赖尔（Gibert Ryle）所谓的‘知道如何’、迈克·博兰尼（Michael Polanyi）所谓的‘默会知识’、迈克·奥克萧特（Michael Oakeshott）所谓的‘传统知识’等都视作我们所有知识的渊源。正是在这个意义上——认为知识的品格在根本上是实践性的——我们可以说哈耶克赞同这样一个命题，即实践在人类知识的建构过程中具有首要性。这并不意味着哈耶克对理论建构事业的轻视，而是他把我们对实践性知识的理论重构视作必然不是全涉的”（J. N. Gray，*Hayek on Liberty*，Oxford，1984，p. 14；吉尔伯特·赖尔所谓的“知道如何”的知识，则请参见 Gilbert Ryle，“Knowing How and Knowing That,” *Proceedings of the Aristotelian Society*，46 [1945-6]：pp. 1-16；迈克·博兰尼所谓的“默会知识”的观点，请参见 M. Polanyi，*Personal Knowledge*，London：Routledge & Kegan Paul，1958，以及 *The Tacit Dimension*，London：Routledge & Kegan Paul，1966；而迈克·奥克萧特所谓的“传统知识”的观点，请参见 M. Oakeshott，*Rationalism in Politics*，London：Methuen，1962；再请参见我关于这个问题的详尽讨论：《自由与秩序》，江西教育出版社 1998 年版，第 126-130 页）。

〔72〕Hayek，*New Studies in Philosophy*，*Politics*，*Economics and the History of Ideas*，Routledge & Kegan Paul，1978，p. 11.

〔73〕参见 Hayek，*Studies in Philosophy*，*Politics and Economics*，Routledge & Kegan Paul，1967，pp. 99-100；Hayek，*Law*，*Legislation and Liberty*：*Rules and Order*（Ⅰ），The University of Chicago Press，1973，pp. 24-25.

〔74〕Hayek，*Law*，*Legislation and Liberty*：*Rules and Order*（Ⅰ），The University of Chicago Press，1973，pp. 73-74.

〔75〕“主权者意志”或“先验的理性设计”为基础的法理学主流理论，在这里主要是指“法律实证主义”和“自然法传统”。我之所以认为哈耶克对它们的质疑构成了对它们的根本挑战，实是因为这些主流法律理论陷于它们之间的论战之中，而都不承认理性不及者为法律，而正是在这个限定的意义上，哈耶克的下述观点就具有了极为重要的挑战性：“我们在这里所捍卫的法律的进化论研究进路，因此不仅与法律实证主义毫无勾连，而且也与唯理主义的自然法理论毫无关系。它不仅反对把法律解释为一超自然力量的建构，而且也反对把法律解释为任何人之心智的刻意建构”，见 Hayek，*Law*，*Legislation and Liberty*：*The Mirage of Social Justice*（Ⅱ），The University of Chicago Press，1976，p. 60。

〔76〕这里需要指出的是，哈耶克在对公法与私法做界分的过程中把“刑法”置于私法而非公法之名下，所遵循的实是盎格鲁 - 萨克逊普通法系占支配地位的作法，而与欧洲大陆法系的作法相对，请参见 Hayek，*Law*，*Legislation and Liberty*：*Rules and Order*（Ⅰ），The University of Chicago Press，1973，p. 132。

〔77〕同上，p. 132；此外，哈耶克还特别指出，“牢记下述事实是极富启示意义的，即‘内部规则’意义上的法律观念（即并非源于任何人之具体意志且在具体案件中适用而不考虑结果的抽象规则：这是一种可以被‘发现’而且也不是为了特定可预见的目的所制定的法律）乃是与只存在于诸如古罗马和现代英国这样的国家中的个人自由理想同时存在和相维续的；在这样的国家中，私法的发展是以判例法为基础而不是以制定法为基础的，即私法的发展乃是操握于法官或律师之手，而不为立法者所控制”；而且作为判例法制度的一个后果，立基于先例的法律必定是由具有普遍意图且目的独立的抽象的内部规则构成的，而这种意图则是法官和律师经由认知和发现的努力而从先前积淀下来的判例中获致的，也因此，在哈耶克那里，“是传统上的作为内部规则的法律观，构成了诸如法治、法律统治和权力分立这些理想的基础”，见 Hayek，*New Studies in Philosophy*，*Politics*，*Economics and the History of Ideas*，Routledge & Kegan Paul，1978，pp. 76-80.

〔78〕Hayek，*Law*，*Legislation and Liberty*：*Rules and Order*（Ⅰ），The University of Chicago Press，1973，pp. 134-138.

〔79〕参见霍伊，《自由主义政治哲学》，刘锋译，三联书店 1992 年版，第 126-130 页；又参见 Hayek，*Law*，*Legislation and Liberty*：*Rules and Order*（Ⅰ），The University of Chicago Press，1973，pp. 124-125。

〔80〕Hayek，*New Studies in Philosophy*，*Politics*，*Economics and the History of Ideas*，Routledge & Kegan Paul，1978，pp. 81-82.

〔81〕Hayek，*Law*，*Legislation and Liberty*：*The Mirage of Social Justice*（Ⅱ），The University of Chicago Press，1976，p. 46.

〔82〕Hayek，*New Studies in Philosophy*，*Politics*，*Economics and the History of Ideas*，Routledge & Kegan Paul，1978，p. 78.

〔83〕哈耶克甚至认为，古罗马对私法和公法所做的定义也趋于如斯的解释，即私法所关注的是个人的利益，而公法则旨在罗马民族的福利，参见 Hayek，*Law*，*Legislation and Liberty*：*Rules and Order*（Ⅰ），The University of Chicago Press，1973，p. 132。

〔84〕同上，p. 133。

〔85〕同上，p. 133。

〔86〕同上，p. 132。

〔87〕Hayek，*Studies in Philosophy*，*Politics and Economics*，Routledge & Kegan Paul，1967，pp. 162-163.

〔88〕Hayek，*New Studies in Philosophy*，*Politics*，*Economics and the History of Ideas*，Routledge & Kegan Paul，1978，p. 84.

〔89〕Hayek，*Law*，*Legislation and Liberty*：*Rules and Order*（Ⅰ），The University of Chicago Press，1973，p. 44. 此外，哈耶克在早些时候也指出，“我们无须否认，甚至一般性的、抽象的且平等适用于所有人的规则，也可能会对自由构

成严苛的限制”，见哈耶克，《自由秩序原理》，邓正来译，三联书店 1997 年版，第 192 页。

〔90〕Hayek，*Law*，*Legislation and Liberty*：*Rules and Order*（Ⅰ），The University of Chicago Press，1973，p. 45.

〔91〕哈耶克除了使用“内部规则”（nomos）和“外部规则”（thesis）的术语以外，还常常在不同层面使用其他成对的术语：如“自由的法律”与“立法”或“私法”与“公法”；当然他也经常用“正当行为规则”和“一般性行为规则”等术语意指“内部规则”。

〔92〕Hayek，*New Studies in Philosophy*，*Politics*，*Economics and the History of Ideas*，Routledge & Kegan Paul，1978，p. 76.

〔93〕尽管本文主要采用哈耶克的“内部规则”和“外部规则”的术语，但是需要指出的是，我在正文中也会保留我征引哈耶克的文字中的“正当行为规则”一术语，而它实际上仍意指“内部规则”。

〔94〕Hayek，*New Studies in Philosophy*，*Politics*，*Economics and the History of Ideas*，Routledge & Kegan Paul，1978，p. 77.

〔95〕同上，p. 77。

〔96〕参见 Hayek，*Law*，*Legislation and Liberty*：*Rules and Order*（Ⅰ），The University of Chicago Press，1973，pp. 48-49。

〔97〕同上，p. 49。

〔98〕例如哈耶克指出，“每个人都遵循的一般性规则，与命令本身并不相同，因为它未必预先设定存在着一个发布此项规则的人”，见哈耶克，《自由秩序原理》，邓正来译，三联书店 1997 年版，第 185 页；而关于政府是“组织”的问题，哈耶克指出，“家庭、农场、工厂、商号、公司和各种团体，以及包括政府在内的所有制度或机构，都是组织”，见 Hayek，*Law*，*Legislation and Liberty*：*Rules and Order*（Ⅰ），The University of Chicago Press，1973，p. 46。

〔99〕同上，第 186 页。

〔100〕参见 Hayek，*New Studies in Philosophy*，*Politics*，*Economics and the History of Ideas*，Routledge & Kegan Paul，1978，pp. 77-78。

〔101〕参见 Hayek，*Law*，*Legislation and Liberty*：*Rules and Order*（Ⅰ），The University of Chicago Press，1973，p. 50。

〔102〕关于内部规则平等适用的原则问题的讨论，参见霍伊，《自由主义政治哲学》，刘锋译，三联书店 1992 年版，第 141-143 页。

〔103〕哈耶克，《自由秩序原理》，邓正来译，三联书店 1997 年版，第 185 页。

〔104〕Hayek，*Law*，*Legislation and Liberty*：*The Mirage of Social Justice*（Ⅱ），The University of Chicago Press，1976，p. 34.

〔105〕参见同上，p. 36。

〔106〕哈耶克，《自由秩序原理》，邓正来译，三联书店 1997 年版，第 185 页。

此外，哈耶克还指出，“在这里，我们只想强调这种内部规则所具有的一个独特的属性……。由那些支配个人涉及彼此的行为的目的独立的规则所构成的法律，乃旨在适用于在数量上未知的未来事例，而且还能够通过对每个人确受保护的领域（a protected domain）的界定而使一种个人能够制定可行的计划的行动秩序得以型构自身。这些规则通常被称之为抽象的行为规则……。我们想在这里阐明的特定要点是，这些像普通法那样生成于司法过程的法律必定是抽象的——这是在那种由统治者的命令所创造的法律未必是抽象的意义上所讲的”，请参见 Hayek，*Law*，*Legislation and Liberty*：*Rules and Order*（Ⅰ），The University of Chicago Press，1973，pp. 85-86。

〔107〕Hayek，*Law*，*Legislation and Liberty*：*Rules and Order*（Ⅰ），The University of Chicago Press，1973，p. 44.

〔108〕Hayek，*Law*，*Legislation and Liberty*：*The Mirage of Social Justice*（Ⅱ），The University of Chicago Press，1976，p. 35.

〔109〕同上，p. 35。

〔110〕哈耶克，《自由秩序原理》，邓正来译，三联书店 1997 年版，第 186 页。

〔111〕这里显然涉及到哈耶克关于法律目的的讨论。值得注意的是，哈耶克一方面强调法律服务于一个目的，而另一方面又强调说他所谓的法律目的不同于其他主张目的为法律核心特征之论者的观点。哈耶克指出：“就法律的‘目的’所存在的上述两种不同的观念，在法律哲学历史上可谓是极为凸显。从伊曼纽尔·康德对正当行为规则‘无目的’性的强调，到边沁和耶林（Ihering）等功利主义者视目的为法律核心特征的观点，目的这个概念所具有的含混性始终都是导致观点分歧和冲突的持续根源。如果‘目的’指的是特定（行动的具体且可预见的结果，那么边沁的特定论功利主义）（the particularistic utilitarianism）就肯定错了。但是，如果我们把这样一种旨向纳入‘目的’的含义之中，即旨在实现一些条件，而这些条件则有助益于形成那种特定内容无从预见的抽象秩序，那么康德对于法律目的的否定，只有就某项规则被适用于某个特定情势而论才是合理的，但是对于整个规则系统来说，康德对法律目的的否定则肯定是没有道理的。然而，休谟则强调指出，我们应当关注整个法律系统的功能，而无须考虑具体效用；休谟的这个洞见当使此后的论者不再受困于这种混淆”，参见 Hayek，*Law*，*Legislation and Liberty*：*Rules and Order*（Ⅰ），The University of Chicago Press，1973，p. 113。

〔112〕Hayek，*Law*，*Legislation and Liberty*：*The Mirage of Social Justice*（Ⅱ），The University of Chicago Press，1976，p. 4.

〔113〕同上，p. 4。

〔114〕同上，p. 21。

〔115〕同上，p. 31。

〔116〕Hayek，*Studies in Philosophy*，*Politics and Economics*，Routledge & Kegan Paul，1967，p. 168. 此外，哈耶克还认为“内部规则”所具有的这一“目的

独立性”，最为明确地得到了休谟的阐发，并在此后得到了康德最为系统的论述。关于休谟的观点，可以参见 D. Hume，“An enquiry concerning the principles of Morals”，in *Essays*，*Moral*，*Political*，*and Literary*，ed.，T. H. Green and T. H. Grose，London，1875，vol. Ⅱ，p. 237（转引自 Hayek，*Law*，*Legislation and Liberty*：*Rules and Order*（Ⅰ），The University of Chicago Press，1973，p. 113）；而关于康德的观点，最精彩的分析则可以参见 Mary Gregor，*Laws of Freedom*，Oxford，1963.

〔117〕参见 Hayek，*Law*，*Legislation and Liberty*：*The Mirage of Social Justice*（Ⅱ），The University of Chicago Press，1976，p. 123。

〔118〕同上，pp. 36-37. 关于内部规则的否定性问题，哈耶克在讨论内部规则的正义观的时候更是明确地指出了这一否定特性的核心要点：“第一，正义只能在适用于人的行动的时候才具有意义，而不适用于任何事态…… ；第二，正义规则在本质上具有禁令的性质，或换言之，非正义乃是真正的基本概念，而且正当行为规则的目标就是防阻非正当的行动；第三，所欲防阻的非正义乃是对一个人的同胞的确获保障的领域的侵犯，而这个领域就是经由这些正当行为规则而确定的；第四，这些本身为否定性的正当行为规则可以通过把同样具有否定性的普遍适用性标准持续适用于一个社会所继受的任何这类规则而得到发展”，见 Hayek，*Studies in Philosophy*，*Politics and Economics*，Routledge & Kegan Paul，1967，p. 166；而关于哈耶克对这四项基本的正义要点的更为详尽的讨论，请参见同上，pp. 167-168。

〔119〕Hayek，*Law*，*Legislation and Liberty*：*The Mirage of Social Justice*（Ⅱ），The University of Chicago Press，1976，pp. 35-36. 但是哈耶克也指出，只有极少的内部规则不是否定性的，例如在公海上救险的义务以及父母对子女的责任等，参见同上，p. 36。

〔120〕这个问题极为重要，因为它涉及到哈耶克反对权利论证方式所赖以为基的先验论的观点。哈耶克指出，“我们在日常生活中经常会遇到这样的问题：究竟哪些权项应当被归入我们所称之为‘产权’的这种权利束之中……，哪些其他权利应当被归入确获保障的领域之中…… ；但是需要指出的是，就所有这类问题的解决而言，只有经验能够表明何者是最为适宜的安排。对这种权利所做的任何特定界说，根本不存在什么‘自然的或天赋的’品格”，见哈耶克，《自由秩序原理》，邓正来译，三联书店 1997 年版，第 197 页。

〔121〕Hayek，*Law*，*Legislation and Liberty*：*The Mirage of Social Justice*（Ⅱ），The University of Chicago Press，1976，p. 37.

〔122〕参见同上，p. 38. 关于这个问题，哈耶克还指出，“法律所提供的只是一些人们依据它们就有可能从特定的事实中确认出某些特定的东西究竟属于何人的规则。法律所关注的并不是特定东西归属于的那个特定的人究竟是谁，而只是使人们有可能确认个人在法律规则所划定的限度内的行动所决定的那些边界，但是值得指出的是，这些法律规则的特定内容则是由诸多其他情势所决定的……。法律规则的目的，只是为了通过划定边界而尽可能地防阻不同个人间的行动发生互相干扰；它

们本身并不能确定，从而也不可能关注不同的个人所会得到的结果究竟是什么”，参见 Hayek，*Law*，*Legislation and Liberty*：*Rules and Order*（Ⅰ），The University of Chicago Press，1973，p. 108。

〔123〕Hayek，*Law*，*Legislation and Liberty*：*The Mirage of Social Justice*（Ⅱ），The University of Chicago Press，1976，pp. 158-159n.4.

〔124〕哈耶克在“政治思想中的语言混乱”一文的第三节“A Digression on Articulated and Non-articulated Rules”中对这个论说做了详尽的阐释，并且明确指出，对“未阐明的规则与阐明的规则”进行界分，要比法理学中通常为人们所熟知的对“成文法与不成文法”的界分和对“习惯法与制定法”的界分重要得多，因为“不成文法”或“习惯法”常常是以一种明确阐明了的文字规则形式传演下来的，所以它们与“成文法”在行动者“知道”它们的意义上的差别，就显然没有“阐明的规则”与“未阐明的规则”之间的区别那么大，参见 Hayek，*New Studies in Philosophy*，*Politics*，*Economics and the History of Ideas*，Routledge & Kegan Paul，1978，pp. 81-82；又请参见 Hayek，*Law*，*Legislation and Liberty*：*Rules and Order*（Ⅰ），The University of Chicago Press，1973，p. 165，n. 16。

〔125〕参见 Hayek，*New Studies in Philosophy*，*Politics*，*Economics and the History of Ideas*，Routledge & Kegan Paul，1978，pp. 81-82。

〔126〕同上，pp. 8-9。

〔127〕哈耶克关于“未阐明的规则”优位于“阐明的规则”的论说，依我个人对他的知识观的研究所见，实乃源出于他的知识观中“默会知识”优位于“理论知识”的观点并且是以此为基础的，并且是经由把这一默会知识首位性的命题与他在1960年发表的《自由秩序原理》和1962年发表的更为重要的“规则、认知和可知性”（Rules，Perception and Intelligibility）这篇著名论文中开始创建的“无知观”结合起来而把探究的范围扩大到了诸如工作活动、文化传统、制度或社会行为规则等这样一些社会活动题域的；关于这个问题的详尽讨论，请参见拙著，《自由与秩序》，江西教育出版社1998年版，第105-138页。

〔128〕参见 Hayek，*New Studies in Philosophy*，*Politics*，*Economics and the History of Ideas*，Routledge & Kegan Paul，1978，pp. 81-82。

〔129〕参见同上，p. 81. 值得注意的是，尽管哈耶克明确主张“未阐明的规则”优位于“阐明的规则”，但是他并不因此而认为应当放弃立法，一如他在讨论 Bruno Leoni 的观点时所指出的，“即使是在现代社会，法律的发展也需要依赖司法先例和学理解释这个渐进过程；关于此一主张的理由，已故的 Bruno Leoni 在其所著 *Freedom and the Law*（Princeton，1961）一书中做了极有说服力的阐释。但是，虽说他的论辩对于那种深信只有立法才能够或应当改变法律的极为盛行的正统观念的人来说，是一服有效的解毒剂，但是它却未能使我相信，甚至在他主要关注的私法领域里，我们也能够完全否弃立法”（Hayek，*Law*，*Legislation and Liberty*：*Rules and Order*（Ⅰ），The University of Chicago Press，1973，p. 168，n. 35）；因为“以此方式

演化生成的法律都具有某些可欲的特性的事实，并不能证明它将永远是善法，甚或也无法证明它的某些规则就可能不是非常恶的规则。因此，它也就不意味着我们能够完全否弃立法”（同上，P. 88）；而关于普通法之所以需要立法加以修正的更为具体的理由，还可以参见同上，PP. 88-89。

〔130〕Hayek，*New Studies in Philosophy*，*Politics*，*Economics and the History of Ideas*，Routledge & Kegan Paul，1978，p. 9.

〔131〕关于哈耶克所提出的支持“阐明的规则与未阐明的规则”之论说的三个论辩，可以参见 Hayek，*Law*，*Legislation and Liberty*：*Rules and Order*（Ⅰ），The University of Chicago Press，1973，pp. 43-46；R. Kley，Hayek's Social and Political Thought，Oxford：Clarendon Press，1994，pp. 70-73。

〔132〕Hayek，*Law*，*Legislation and Liberty*：*Rules and Order*（Ⅰ），The University of Chicago Press，1973，p. 43；关于这个问题，又请参见哈耶克在《自由秩序原理》中所做的阐释，“在动物界，也存在着一定程度的秩序，以防止动物在觅食的过程中发生太多的争斗或彼此干扰的情况；这种秩序常常产生于下述事实，即个别动物在远离其兽穴时，往往不愿与其他动物争斗。结果，当两个动物在某个中间地带相遇时，其中的一只野兽通常会在没有进行真正的力量角斗之前就跑开。据此可见，属于每个动物的领域并不是经由具体边界的划定来确定的，而是通过对一项规则的遵守来确定的；当然，这种规则并非为每只野兽所明确知道，只是为其在行动中所遵循而已。这一例证表明，甚至这样的无意识习惯也涉及到某种抽象的问题”，见哈耶克，《自由秩序原理》，邓正来译，三联书店 1997 年版，第 184 页。

〔133〕同上，p. 18。

〔134〕Hayek，*Studies in Philosophy*，*Politics and Economics*，Routledge & Kegan Paul，1967，p. 45；例如哈耶克在“Rules，Perception and Intelligibility”的著名论文中就给出了这么一个极富启发意义的例证，“那些并不知道语法规则但却说出符合语法的话的孩子，不仅能够理解其他人经由遵循语法规则而表达出来的各种意思，而且还有能力对其他人的言谈中所存在的语法错误进行纠正”，同上，1967，p. 45。

〔135〕关于哈耶克所达致的这两个理论命题对于我们理解他的法律理论的意义，我们也可以从 N. Barry 的评论文字中见出：“哈耶克在过去二十多年关于社会哲学的论述，主要集中在法律理论方面。他对法律的性质进行了阐释，并将法律哲学与其思想的其他方面结合了起来，最为典型的便是社会科学的方法论与正义理论。哈耶克这些研究的最终目的乃是要把法律现象正确地置于一个自由社会得以存在的必要条件的语境之中”，见 N. Barry，*Hayek's Social and Political Philosophy*，London：Macmillan，1979，p. 76。

〔136〕Hayek，*Law*，*Legislation and Liberty*：*Rules and Order*（Ⅰ），The University of Chicago Press，1973，p. 23.

〔137〕参见 Hayek，*Studies in Philosophy*，*Politics and Economics*，Routledge&

Kegan Paul，1967，pp. 96-97. 哈耶克指出，“至此，我们的论辩完全是立基于下述不争的假设之上的，即我们在事实上无力阐释全部支配我们观念和行动的规则。我们还必须考虑这样一个问题，即人们是否可以想象我们应当有能力以语言的方式描述所有（或者至少是我们喜欢的任何一项）规则，或者心智活动是否必须始终受某些我们在原则上无力阐释的规则的指导。如果结果表明人们基本上不可能陈述或传播支配我们行动的全部规则……，那么这就意味着我们可能的明确知识的内在限度，而且尤其意味着充分解释我们自己的复杂心智的不可能性”（同上，P. 60）；哈耶克甚至还指出，“一般而言，人不仅对于自己为什么要使用某种形式之工具而不使用他种形式之工具是无知的，而且对于自己在多大程度上依赖于此一行动方式而不是他种行动方式亦是无知的。人对于其努力的成功在多大程度上决定于他所遵循的连他自己都没意识到的那种习惯，通常也是无知的”（哈耶克，《自由秩序原理》，邓正来译，三联书店 1997 年版，第 26 页）；可见，哈耶克在这里所确立的乃是行动者在选择遵循社会行为规则方面的无知的观点。关于这个问题的详尽讨论，请参见拙著《自由与秩序》，江西教育出版社 1998 年版，第 30-31 页。

〔138〕参见 Hayek，*Law*，*Legislation and Liberty*：*The Mirage of Social Justice*（Ⅱ），The University of Chicago Press，1976，p. 11. 又请参见拙著《自由与秩序》，江西教育出版社 1998 年版，第 32-40 页。

〔139〕一如布坎南（James Buchanan）所指出的，哈耶克乃是一个文化进化论者；他认为，文化进化业已形成或产生了非本能行为的抽象规则，人们一直依靠这些抽象规则生活，但却并不理解这些规则。这些规则显然反对人的本能倾向，但是人们依据个人理性也无力评价和理解这些规则的作用方式，参见布坎南，《自由、市场与国家》，平新乔等译，上海三联书店 1989 年版，第 115 页；同时又请参见哈耶克:《不幸的观念：社会主义的谬误》，刘戟锋等译，东方出版社 1991 年版，第 24 页。

〔140〕Hayek，*Studies in Philosophy*，*Politics and Economics*，Routledge&Kegan Paul，1967，p. 92.

〔141〕Hayek，*Law*，*Legislation and Liberty*：*Rules and Order*（Ⅰ），The University of Chicago Press，1973，p. 19. 我在《自由与秩序》一书（第 35 页）中也指出，“更加具体地说，这些规则之所以得到发展，一是‘因为实施它们的群体更为成功并取代了其他群体’（Hayek，同上，p. 18.）；二是因为这些群体‘比其他群体更繁荣并发展起来’（Hayek，*Law*，*Legislation and Liberty*：*The Political Order of a Free People*（Ⅲ），1979，p. 161.）；三是‘因为它们使那些实施它们的群体能够繁衍生殖更成功并包容群体外的人’（哈耶克:《不幸的观念：社会主义的谬误》，刘戟锋等译，东方出版社 1991 年版，第 16 页）。因此，对较为有效的规则的采纳，并不产生于人的理性选择，而是‘通过选择的过程演化生成于他们所生活的社会之中’

（Hayek，*Law*，*Legislation and Liberty*：*The Mirage of Social Justice*（Ⅱ），The University of Chicago Press，1976，p. 11.）；哈耶克甚至指出，‘我们几乎不能被认

为是选择了它们；毋宁说，是这些约束选择了我们。它们使我们能够得以生存'（哈耶克：《不幸的观念：社会主义的谬误》，刘戟锋等译，东方出版社 1991 年版，第 12-13 页）"。

〔142〕参见 Hayek，*Law*，*Legislation and Liberty*：*Rules and Order*（Ⅰ），The University of Chicago Press，1973，pp. 48-53。

〔143〕同上，pp. 50-51。

〔144〕同上，p. 51。

〔145〕参见同上，pp. 51-52. 特别需要强调的是，哈耶克指出，"一个群体中的整个行动秩序，远不只是个人行动中可遵循的常规性的总和，而且也不能化约成这些常规性"（Hayek，*Studies in Philosophy*，*Politics and Economics*，Routledge & Kegan Paul，1967，p. 71），因为"对于整体之存在的至关重要的那些关系的存在，并不能由部分间的互动得到完全的说明，而只能由它们与个别部分和整体构成的那个外部世界之间的互动给出说明"（同上）。

〔146〕参见 Hayek，*New Studies in Philosophy*，*Politics*，*Economics and the History of Ideas*，Routledge & Kegan Paul，1978，pp. 81-82。

〔147〕参见 Hayek，*Law*，*Legislation and Liberty*：*The Mirage of Social Justice*（Ⅱ），The University of Chicago Press，1976，pp. 59-60。

〔148〕参见同上，p. 60. 哈耶克还指出，"那些型构社会秩序的观点和意见，以及由此而产生的社会秩序本身，都不依赖于任何人的决定，而且常常也不可能为任何具体意志行为所变更；在这个意义上讲，它们必须被认为是一种客观存在的事实"（同上，p. 60）；而且那些并不是由人之设计所创制的而是人之行动形成的规则或模式，也因此是客观给定的，而"这意味着那些努力发现'自然'（即非设计）给定的东西的人，要比那些坚持认为所有法律都是由人之刻意的意志所确定的人，更加趋近真相，进而也就更'科学'"，见 Hayek，*Studies in Philosophy*，*Politics and Economics*，Routledge&Kegan Paul，1967，p. 103。

〔149〕关于哈耶克这一涉及到哲学本体论的转换，我曾经在"知与无知的知识观"一文中指出，"这种最终可以表述为从自生自发秩序只是由人与人之间的互动构成的命题向自生自发秩序毋宁是由此基础上的人与其外部世界的互动关系构成的命题的转换，还在更深的层面上表现出 Fleetwood 所尖锐指出的哈耶克社会理论在哲学本体论层面的根本转换，亦即从早期的以行动者观念构成社会世界的主观主义本体论向社会行为规则乃是客观存在的实体性本体论的转换（参见 S. Fleetwood，*Hayek's Political Economy*：*The socio-economics of order*，London and New York：Routledge，1995，pp. 1-20.）。这是因为一旦哈耶克认识到了行动者能够在无知的状况下协调他们的行动并形成社会秩序，那么他实际上也就在更深的一个层面上预设了某种独立于行动者的知识但却切实影响或支配行动者之行动的社会行为规则亦即哈耶克所谓的'一般性的抽象规则'的存在"；参见拙著：《自由与秩序》，江西教育出版社 1998 年版，第 86 页。

〔150〕关于哈耶克的法治观问题，极为繁复，其间至少经历了从1960年《自由秩序原理》一书中所确立的形式原则和“法典法”法治观向此后所谓的形式与实质相结合的一般性原则和“普通法”法治观的转化过程，为此英国当代自由主义哲学家J. Gray称哈耶克的法治观为“普通法法治国”（a common-law Rechtsstaat）理论（请参见John Gray，*Hayek on Liberty*，Oxford，1984，p. 69）；而关于哈耶克“普通法法治国”的观点，这里可以套用经济学家Arthur Shenfield在哈耶克获得1974年诺贝尔经济学奖时对他的“法治观”所做的较为简明的讨论，他认为哈耶克的“法治观”阐发了四个基本命题：“第一，作为社会之经纬的种种制度源出于人之行动而非源出于人之设计；因此，尝试去设计社会的努力会致命伤害社会的健康发展。第二，在一个自由的社会中，法律基本上是被发现的而非被创制的；因此，法律通常来讲并不只是统治者的意志，而不论统治者是君王还是民主的多数。第三，法治不仅是自由社会的首要且根本的原则，而且也依赖于上述两个条件之上。第四，法治要求平等地对待所有的人，但是它却不仅不要求以人为的方式迫使人平等，而且认为这种人为平等的努力会摧毁法治”，见Arthur Shenfield，“Fricedrich A. Hayek：Nobel Prizewinner”，in F. Machlup，ed.，*Essays on Hayek*，Routledge & Kegan Paul，1977，p. 176。

再者，需要指出的是，哈耶克法治观这一极为重要的转化，在部分上是由Bruno Leoni于1961年出版的批判哈耶克1955年开罗演讲中的法治观的*Freedom and the Law*一书（Los Angeles：Nash Publishing，1961）促成的。就我对哈耶克论著的阅读和研究结果表明，哈耶克在1960年以后出版的所有论著中没有文字表明他是在Leoni这部著作的影响下改变其观点的，但是值得我们注意的是，在1962年4月4日致Leoni的信函中，哈耶克却明确指出，他不仅为Leoni《自由与法律》一书的出版感到高兴，而且该书也给予了他以新的观点；哈耶克在简略讨论了这些观点以后甚至指出，他希望在一本关于《法律、立法与自由》的“小书”（a little pamphlet）中提出这些问题（参见Hayek to Leoni，4 April，1962，in *Hayek archive*，Hoover Institution，77-8 和 Leoni to Hayek，8 May，1963，in *Hayek archive*，Hoover Institution，77-9）。关于Leoni所撰的*Freedom and the Law*一书对哈耶克法治观点的影响，也请参见John Gray，*Hayek on Liberty*，Oxford，1984，p. 68-69；T. G. Palmer，“Freedom and the Law：A Comment on Profess or Aranson's Article”，*Harvard Journal of Law and Public Policy*，11（3），summer，1988，p. 716，n. 121；Jeremy Shearmur，*Hayek and After*：*Hayekian Liberalism as a Research Programme*，London：Routledge，1996，pp. 87-92。

〔151〕一般论者特别容易根据法律理论中的典型界分方式，因哈耶克的法律理论反对法律实证主义而将它归入自然法理论传统之中；这显然是在忽略了哈耶克对自然法理论所做的批判的情势下所达致的观点。为了说明这个问题，我在这里仅征引哈耶克本人的一段申明，“我们在这里所捍卫的法律的进化论研究进路，因此不仅与法律实证主义毫无勾连，而且也与唯理主义的自然法理论毫无关系。它不仅

反对把法律解释为一超自然力量的建构，而且也反对把法律解释为任何人之心智的刻意建构。这种进路因此在任何意义上都不居于法律实证主义与大多数自然法理论之间，而是在一个维度上与任何一者都不相同，再者，这个维度还与自然法理论与法律实证主义彼此之不同的那个维度也不相同”（Hayek，*Law*，*Legislation and Liberty*：*The Mirage of Social Justice*（Ⅱ），The University of Chicago Press，1976，p. 60）；此外，我们还需要指出的是，哈耶克甚至认为法律实证主义是一种“意识形态”，为此他在1976年的著作中专门开辟一节以“法律实证主义的意识形态”为题对这个问题做了详尽的讨论，请参见 Hayek，*Law*，*Legislation and Liberty*：*The Mirage of Social Justice*（Ⅱ），The University of Chicago Press，1976，pp. 44-47；再者，哈耶克所批判的自然法实际上是指17世纪占据支配地位的“唯理主义自然法理论传统”，而非一般意义上的自然法；关于这个问题，也请参见本文注释〔75〕。

序　言

我认为，把“法律、立法与自由”这个总标题所指称的庞大主题分成三卷来讨论会方便一些，而“规则与秩序”（*Rules and Order*）便是其中的第一卷。按照本书“导论”中所勾勒的总体撰写规划，本书第二卷将讨论“社会正义的幻象”（*The Mirage of Social Justice*），第三卷则探究“自由社会的政治秩序”（*The Political Order of a Free People*）。由于第二卷和第三卷的草稿已经写成，所以我希望能够在不久的将来便杀青它们。如果有读者急于知道本卷论辩在后两卷中的展开过程，那么他在阅读本卷的同时也可以参阅我在构思本书的漫长岁月中所发表的一系列预备性研究论文，并从中获致某种提示。这些预备性研究论文，部分收录在我于 1967 年出版的《哲学、政治学和经济学的研究》（*Studies in Philosophy*，*Politics and Economics*，London and Chicago，1967）论文集之中，而更为完整的文献则请参见我于 1969 年出版的德文版论著 *Freiburger Studien*（Tübingen，1969）。

在这里，要列举出在我撰写这部著作的十年时间里用各种方式帮助过我的每一个人，并向他们表示谢意，是不太可能的。但是，我却必须向芝加哥大学的埃德温·麦克莱伦（Edwin McClellan）教授致以特别的谢意。一如前此一般，他又一次不厌其烦地对本书的文字进行了润色并使我的阐述变得更为可读，而这实是我本人的能力所不及的。对于他所做的此一极富同情心的工作，我表示深深的感谢；不过，应当附加说明的是，由于在他对我的草稿润色之后，我又对文稿做了进一步的修改，所以，本书定稿中可能存在的任何缺陷都应当由我本人负责而绝不应当由他来负责。

导　论

> 解决这个问题的方式似乎只有一种：人类的精英须意识到人之心智是有局限的，而此一认识既十分平实又十分深刻，既十分谦卑又十分高贵；据此，西方文明才能顺应于它所具有的不可避免的那些不利条件。
>
> ——G. 费雷罗*

当孟德斯鸠和《美国宪法》的创制者们致力于阐明那个起源于英格兰的限制性宪法（limiting constitution）*的观念[1]的时候，他们实际上也就为自此以降的自由宪政（liberal constitutionalism）奠定了一种可以仿效的模式。他们的目的，主要在于为个人自由提供

---

* 有关 limiting constitution 一术语的翻译，汉语世界一般都根据“有限”政府（limited government）的译法而相应地译作“有限”宪法；尽管在 18-19 世纪，一如哈耶克所指出的，limiting constitution 与 limited constitution 是可以互换使用的（参见本书导论注释〔1〕），但是就我个人对哈耶克自由主义理论的理解，我认为将 1imiting constitution 译作“有限宪法”会引起理解上的混淆或误导，因为该术语的基本含义并不是说“宪法”要受到限制，而是说“宪法”要限制权力，套用哈耶克本人的说法，宪法必须限制政府权力，否则“一种使全知全能的政府成为可能的宪法究竟还具有什么作用呢”（参见本书导论第 2 页）？据此，我们拟采用“限制性宪法”这个译法。——邓注

制度性保障，而他们所信赖的手段则是权力分立（the separation of powers）。然而，就我们所知的立法、司法和行政三权分立的制度来看，权力分立这种手段并没有实现它原本旨在达致的目的，因为各国政府利用宪法手段所摄取的权力，恰恰是孟德斯鸠和《美国宪法》的创制者们认为不能由政府享有的权力。显而易见，人们运用宪法保障个人自由的这一最初尝试失败了。

宪政意指有限政府（limited government）。〔2〕但是，对于宪政的诸项传统论式所做的解释，却使人们有可能把这些宪政论式与一种民主观念调和起来；依照这种民主观念，宪政乃是指一种多数意志（the will of the majority）在任何特定问题上都不受限制的政府形式。〔3〕因此，有论者已然严肃地指出，在现代政府观念中，宪法乃是一种不具有任何地位的过时的残存物。〔4〕的确，一种使全知全能的政府（omnipotent government）成为可能的宪法究竟还具有什么作用呢？难道宪法的作用仅仅在于使政府顺利且有效地运转，而不管它们的目的是什么吗？

在这种情况下，我们对这样一个问题进行追问就显得极为重要了，即如果自由宪政的缔造者们今天还活着，而且在依旧遵循着他们曾追求的目标的同时又掌握着我们业已积累起来的全部经验，那么他们可能会如何行事呢？从已经过去的两百年的历史中，我们应当学到了许多东西，而这些东西乃是那些缔造者们在当时即使殚精竭虑也不可能知道的。在我看来，他们的目标在今天仍是有效的，只是他们的手段已被证明为不再适当，所以我们需要进行制度创新。

在另外一部论著*中，我力图重述并且希望能够在某种程度上

---

* 指哈耶克于1960年出版的 *The Constitution of Liberty* 一书；该书引入汉语世界以后，该书书名的译法极不统一：台湾周德伟等人将其译作《自由的宪章》、刘锋在译霍伊《自由主义政治哲学》一书时将其译作“自由宪法”（三联书店1992年版）、我将其译作《自由秩序原理》（三联书店1997年版）、而杨玉生等人则将其译作《自

成功地廓清传统上的自由宪政原理。[5]但是，只是在完成那部著作以后，我才明确地认识到了那些理想之所以未能始终赢得那些曾发起所有伟大的政治运动的理想主义者的支持的缘由，也才逐渐地洞见到了我们这个时代占支配地位的信念与那些理想不相调和的事实。我现在认为，事态发展至此的原因主要有如下述：第一，人们已不再信奉一种独立于个人利益的正义；因此第二，人们用立法来授权强制，不仅把它用于防止不正当的行动，而且还用它来为特定的人或特定的群体谋求特定的结果；第三，把阐明正当行为规则的任务与指导或管理政府的任务都置于同一个代议机构之手。

我之所以要对《自由秩序原理》一书所讨论过的一般性论题再撰写一部论著，实是因为我认识到，对一个由自由人组成的社会的维续，乃取决于三个根本的洞见，而这三个洞见却从未得到过充分的阐释，从而也是本书三个主要部分所致力于讨论的问题。第一个洞见认为，自我生成演化的（self-generating）或自生自发的（spontaneous）秩序与组织秩序完全不同；而且，它们各自的独特性与支配它们的两种全然不同的规则或法律紧密相关。第二个

由宪章》（中国社会科学出版社 1999 年版）。当然，该书书名的译法不同，不只是翻译择词的问题，而更是对哈耶克自由主义社会理论和知识观的理解问题，而我之所以主张译作《自由秩序原理》，个中的详尽缘由请参见拙文“《自由秩序原理》抑或《自由的宪章》：哈耶克 *The Constitution of Liberty* 书名辨”（载拙著《自由与秩序：哈耶克社会理论的研究》，江西教育出版社 1998 年版）；在这里，我仅征引哈耶克本人在《法律、立法与自由》中所提供的一个说明或解释，以期有助益于读者对此一问题的理解：“如果我早在出版 *The Constitution of Liberty* 一书时就知道我会着手本书所试图进行的研究工作，那么我就会把那部著作的标题留下来，用在现在这部书上。我在当时采用 constitution 一词时，是在该词的广义上使用这个词的，其间我们亦用它来指称人的适宜的状态（the state of fitness of a person）。只是在现在这部书中，我才致力于回答这样一个问题，即什么样的宪法性安排（constitutional arrangements），即法律意义上的宪法性安排，才可能对维护个人自由有最大的助益”（本书导论第 5 页）。因此，我们将在《法律、立法与自由》一书的翻译过程中，继续采用“自由秩序原理”这一译法。——邓注

洞见主张，当下通常所说的“社会的”或分配的正义（“social” or distributive justice），只是在上述两种秩序的后一种即组织秩序中才具有意义；而它在自生自发的秩序中，也就是亚当·斯密所说的“大社会”（the Great Society）或者卡尔·波普尔爵士所谓的“开放社会”（the Open Society）里，则毫无意义且与之完全不相容。第三个洞见则宣称，那种占支配地位的自由民主制度模式，因其间的同一个代议机构既制定正当行为规则又指导或管理政府，而必定导使自由社会的自生自发秩序逐渐转变成一种服务于有组织的利益集团联盟的全权性体制（a totalitarian system）。

一如我所希望指出的，事态的如斯发展并不是民主制度的一种必然结果，而只是那种逐渐被人们与民主制度混为一谈的特定的无限政府（unlimited government）体制所导致的一种后果。如果我的这个观点是正确的，那么代议政府（representative government）这种特定形式就的确具有一种背离它原本旨在实现的理想的内在取向；然而，这种代议政府形式却正盛行于西方世界，而且有许多人也都因错误地把代议政府视作是民主制度的惟一的可能形式而认为它必须得到捍卫。颇难否认的是，自这种民主形式为我们接受始，我们就一步一步地远离了它在此前被认为能够提供最可靠保障的那个个人自由的理想，而且也正趋于堕入一种任何人都不欲求的制度之中。

然而，也有一些迹象表明，无限民主正日呈式微之势，尽管它不会以“休克”的方式猝死，而只会呜咽呜咽地消亡。值得指出的是，有一点已显见无疑，即只有剥夺民主议会所控制的诸项决定权力并将这些权力交给业已确立的有组织的利益集团和受聘于它们的专家，才有可能使人们提出的诸多预期得到实现。正如有的论者所指出的，代议机构的功能已经变成了“动员赞成意见”[6]，换言之，它们的功能已不再是表达它们所代表的那些人的意见，而是操纵或摆布他们的意见。人们迟早会发现，不仅他们不得不听凭新生的既得利益集团的摆布，而且就是作为“供养性国家”（provision-state）

的必然结果而发展起来的庇护性政府（para-government）这种政治机器，也由于阻止社会做出必要的调适而正陷入绝境之中，然而我们知道，在一个日益变化的世界中，要维续现有的生活标准——更不用说提高生活水准了，社会就必须做出这样的调适。需要强调的是，正是人们自己创造的这些制度把人们引入了这样一种绝境之中；当然，人们很可能还得再过一些时日，才会承认这一事实。但是，现在便着手考虑一条解救的途径，则不能说是为时过早。我确信，对此一途径的思考，会要求我们对当下被人们普遍接受的那些信念做出某种重大的修正；可以说，正是我所拥有的这个想法，导使我在这里大胆地进行某种制度上的创新。

如果我早在出版《自由秩序原理》（*The Constitution of Liberty*）一书时就知道我会着手本书所试图进行的研究工作，那么我就会把那部著作的书名留下来，用在现在这部书上。当然，我在当时采用 constitution 一词时，是在该词的广义上使用这个词的，其间我们亦用它来指称一种人的适宜的状态（the state of fitness of a person）。只是在现在这部书中，我才致力于回答这样一个问题，即什么样的宪法性安排（constitutional arrangements），亦即法律意义上的宪法性安排，才可能对维护个人自由有最大的助益。在前一部著作中，我对这个问题只给出了一个线索，然而却很少有人注意到这一点〔7〕；这是因为那本书的任务主要在于陈述现有的各种类型的政府所必须遵循的一些原则，如果它们仍希望维护自由的话。后来我渐渐地认识到，当下所盛行的各种制度不可能使个人自由得到保障；而正是这一认识促使我越来越关注于宪政制度创新的工作；当然，我最初着手这项工作的时候，认为它只是一个极具吸引力但却并不怎么实际的想法，只是当这一乌托邦式的方案渐渐成为一种切实的想法以后，我才最终认识到它就是解决自由宪政的鼻祖们未能解决的难题的惟一方式。

然而，只是在这部著作的第三卷，亦即《自由社会的政治秩序》中，我才会去着手处理宪政设计这个问题。要使一种与业已确立的传统彻底决裂的建议性方案站得住脚，我们就必须对时下流行的信念和那些时至今日仍然为人们言不由衷的一些基本观念的真正意义作一番批判性的再检讨。事实上，没过多久我就发现，要完成我为 20 世纪所从事的这项工作，我必须付出不亚于孟德斯鸠为 18 世纪所做出的努力。在研究思考的过程中，我曾不止一次地对自己在趋近我为自己所确定的目标方面的能力问题丧失信心，而且我相信，我这样说，读者也是不会表示怀疑的。我在这里所说的并不是这样一个事实，即孟德斯鸠不仅是一个学者，而且还是一位伟大的天才著作家，所以任何一位仅仅是学者的人是不可能与他相比的。我所说的毋宁是一个纯粹智识上的棘手问题。这个棘手问题乃是因这样一种情势所致，即在孟德斯鸠的时代，承担这项工作所必须涉足的领域尚未被众多专门学科所分割，但是自那时以来，对于任何一个人来说，哪怕只是试图掌握那些与其研究紧密相关的最为重要的著作，也已经不可能做到了。关于一种适当的社会秩序的问题，虽然人们现在是从经济学、法理学、政治科学、社会学和伦理学等各种不同的角度加以研究的，但是我们必须指出，这个问题却是一个惟有当成一个整体加以研究才能够成功得到认识的问题。这意味着，无论是谁在今天承担这一任务，他都不能妄称自己是所有相关领域中的行家里手，他甚至都不能妄称自己熟知不同学科的论者就此一题域中的各种问题所发表的专业文献。

学科划分所导致的有害结果，在经济学和法学这两门最为古老的学科里，要比在其他学科中表现得更为明显。我们从 18 世纪思想家大卫·休谟和亚当·斯密等论者那里继受了有关自由宪政的基本观念。他们在当时所关注的仍然是他们中的某些人所说的“立法科学”（science of legislation）问题，或者说是政策原则的问题——当然，“政策”（policy）一词在这里是从其最宽泛意义上而言的。可以说，他们对这些问题的关注并不亚于孟德斯鸠。本书的主要论辩之一便是：法律人（lawyer）所研究的正当行为规则服务于一种秩序，而这种秩序的特性则是法律人在很大程度上所不知道的；另一方面，研究这种秩序的论者主要是经济学家，而经济学家反过来也同样对他们所研究的秩序所赖以为基础的行为规则的特性处于无知状态之中。

然而，这方面的问题远非止此，因为把一个曾经属于共通的研究领域分割成诸个专门领域所导致的最为严重的后果，乃是它留下了一个无人涉足的领域，亦即那个有时被称之为“社会哲学”（social philosophy）的含混不清的领域。事实上，这些专门学科间的一些主要分歧，实源出于那些并非为任何一门学科所特有从而也不曾为任何一门学科所系统研究过的问题之间的差异；也正是出于这个原因，这些问题被当成了“哲学的”问题。这常常成为一些论者采取这样一种立场的借口，亦即认为这些问题要么是无须进行理性论证的，要么就是不能够进行理性论证的。然而，事实性解释（factual interpretations）和各种政治立场所完全立基于其上的这些至关重要的问题，实乃是那些能够且必须以事实和逻辑为基础给出回答的问题。因此，这些问题只是在下述意义上才会成为“哲学的”问题，即某些为人们广泛持有但却是错误信奉的信念，乃是受了这样一种哲学传统的影响而产生的，而这种哲学传统却给那些可以明确展开科学探讨的问题设定了一种错误的答案。

我将在本书的第一章中力图表明，某些为人们广泛持有的科学观点和政治观点都是建立在一种独特的有关社会制度之型构的观念之上的，我把这种观念称之为“建构论的唯理主义”（constructivist rationalism）——这种观念假定所有社会制度都是而且应当是刻意设计（deliberate design）的产物。这一“建构论的唯理主义”智识传统，无论是在其事实的结论方面还是在其规范的结论方面，都可以被证明是一种谬误，因为现行的制度并不完全是设计的产物，而如果要使社会秩序完全取决于设计，那就不可能不在同时极大地限制人们对可资运用的知识的利用。需要指出的是，这种错误观念还与另一种与其同样荒谬的观念紧密勾连在一起；这种荒谬的观念居然认为，人之心智乃是一种独立于自然秩序和社会秩序之外的实体，而不是社会制度赖以存续的同一个进化过程的产物。

我经由研究而确信，在我们这个时代，不只是一些科学上的分歧，而且也包括一些最为重要的政治上的（或“意识形态上的”）分歧，在最终的意义上都源出于两种思想流派在某些基本哲学观念上的分歧，而在这两种思想流派之中，其中的一个流派可以被证明是错误的。虽说这两种思想流派通常都被称为理性主义，但是我们还是必须对它们进行界分：一种是进化论的（或者如卡尔·波普尔爵士所称之为的“批判的”）理性主义（evolutionary rationalism），而另一种则是谬误的建构论的（波普尔所谓的“幼稚的”）唯理主义。如果建构论唯理主义能够被证明是以事实上谬误的假设（factually false assumptions）为基础的，那么以这种唯理主义为支撑的一整套科学思想和政治思想体系也将被证明是错误的。

在理论领域中，尤其是法律实证主义和与其紧密相关的那种认为需要一种无限“主权”权力的信念，无论如何都是这样一种谬误。功利主义亦属这样一种谬误，至少那种特定论的功利主义或“行为”功利主义（particularistic or “act” utilitarianism）是这样的；再者，当所谓的“社会学”声称它的目标是“创造人类的未来”〔8〕的时候，或者当它宣称，套用某位论者的话说，“社会主义乃是社会学的逻辑结果或不可避免的结果”〔9〕的时候，我以为，这种社会学中相当多的观点恐怕也都是建构主义的直接产物。一切全权主义的教条（totalitarian doctrines）都属于这种类型，而社会主义也只是其中的一种教条。它们之所以是荒谬的，倒不是因为它们赖以为基础的各种价值，而是因为它们误解了使“大社会”和文明成为可能的那种力量。社会主义者与非社会主义者之间的区别，归根结底在于那些能够以某种科学方法予以解答的纯粹智识问题，而并不在于他们所具有的不同的价值判断方面。在我看来，本书所遵循的思想脉络所得出的最为重要的成就之一，就是提出了这一论断并对它做出了证明。

我还认为，就是这样一种事实性谬误，长期以来一直使政治组织方面的一个最为紧要的问题无法得到解决，亦即在不使另一种“意志”凌驾于其上的条件下，如何对“众意”（popular will）进行限制。一旦我们认识到，大社会的基本秩序不可能完全依凭设计，从而也不能够以特定的可预见的结果为目标，那么我们就会发现，要求所有权力机构都必须遵循公众意见所认可的一般性原则并以此作为所有权力机构获得合法性的条件，就完全可以使所有权力机构的特定意志——包括即时性多数的特定意志（the Particular will of the majority of the moment）——受到有效的限制。

就本书主要关注的这些问题而言，可以说自大卫·休谟和伊曼纽尔·康德以降，有关思想似无进展，因而从诸多方面来看，我们还必须在休谟和康德停下来的地方重新展开我们的分析。正是这两位先哲比那时以来的任何论者都更清楚地认识到了这样一个问题，即价值对于所有理性建构来说乃具有着独立且指导的地位。最后，我在这里还要谈一谈那种以唯科学的谬误（scientific error）来摧毁价值的问题，尽管我只能论及其间的一个微小的方面。我日益认识到，那种以唯科学的谬误来摧毁价值的做法，乃是我们这个时代的大悲剧——它之所以是一个大悲剧，乃是因为唯科学的谬误所趋于否弃的价值，实是我们的一切文明所不可或缺的基础，也是那些转而反对这些价值的科学研究本身所不可或缺的基础。建构主义趋向于把它所无力解释的那些价值一概当成是取决于人之专断的决策、意志行为或纯粹情绪的东西，而不把它们当成是建构主义阐释者视为当然的那些事实的必要条件。建构主义的这一取向已然在很大程度上动摇了文明的基础和科学自身的基础，因为科学也同样是建立在科学手段所无力证明的价值系统之基础上的。

注　释:

* Guglielmo Ferrero，*The Principles of Power*（New York，1942），p. 318. 这段引文的开头是这样写的：“秩序乃是人类所进行的类似于西西弗斯劳作的无休无止的苦役，因为人类始终与它处于一种潜在的冲突状态之中……”

〔1〕在 18 世纪与 19 世纪广泛使用且延用已久的短语是 Limited constitution，但在早期的文献中，偶尔也出现过 Limiting constitution 的用法。

〔2〕参见 K. C. Wheare，*Modern Constitution*，revised edition（Oxford，I960），p. 202：“宪法”背后隐含的原初观念，乃是限制政府的观念，并且也是要求统治者遵守法律与规则的观念”；也请参见 C. H. McIlwain，*Constitutionalism*：*Ancient and Modern*，revised edition（Ithaca，N. Y.，1958）p. 21：“从定义上看，一切立宪政府都是有限政府……宪政具有一个根本的性质：宪政乃是对政府施加的一种法律限制；宪政乃是专横统治的反命题；宪政的对立面是专制政府，即恣意妄为的政府”；C. J. Friedrich，*Constitutional Government and Democracy*（Boston，1941），特别是第 131 页，在那里宪法被定义为“借以有效约束政府行动的程序”。

〔3〕参见 Richard Wollheim，“A Paradox in the theory of democracy”，in Peter Laslett and W. G. Runciman（eds），*Philosophy*，*Politics and Society*，second series（Oxford，1962），p. 72：“现代的民主观念乃是有关这样一种政府模式的观念，在这一模式中，对统治机构未施加任何限制”。

〔4〕参见 Ceorge Burdeau，“Une Survivance：la notion de constitution”，in *L'Evolution du droit Public*，*études offertes à Achille Mestre*（Paris，1956）。

〔5〕参见拙著，*The Constitution of Liberty*（London and Chicago，I960）。

〔6〕参见 Samuel H. Beer，“The British legislature and the problem of mobilizing consent，”in Elke Frank（ed），*Lawmakers in a Changing World*（Englewood Cliffs，N. J.，1966），重印于 B. Crick（ed），*Essays on Reform*（Oxford，1967）。

〔7〕参见拙著，上引书，p. 207 and note 12。

〔8〕Torgny T. Segerstedt，“Wandel der Gesellschaft”，*Bild der Wissenschaft*，vol. vi，May 1969，p. 441.

〔9〕Enrico Ferri，*Annales de L'Institut Internationale de Sociologie*，vol. 1.，1895，p. 166：“Le Socialisme est le point d'arrivée logique et inévitable de la sociologie”.

第一章

理性与进化

〔我希望〕阐明究竟是谁以及在什么背景下发现了使自由国家得以形成的真实的法律。这一发现与那些已经给其他门类的科学提供了一种崭新的方法的观念极为相似。这些观念的称谓有如下述：发展、进化和连续性。〔我也希望〕阐明这一发现是如何解决稳定与变革之关系这个古老问题的，又是以何种方式确定了传统在思想进步方面的权威地位的。

——阿克顿勋爵（John Emerich Edward Dalberg-Acton）*

建构与进化

考察人类活动模式的方法有两种；这两种考察方法在对人类活动模式的解释方面以及在对这样的模式进行刻意改变的可能性方面，会导出全然不同的结论。在这两种方法当中，一种方法是以那些已被证明为荒谬的观念为基础的；由于这些观念在很大的程度上满足了人们的虚荣心，所以具有着极大的影响力，就连那些明知它们是以虚构为基础的但却认为虚构并无危害的人也一直在使用它们。另一种方法则会在某些方面导出一些令人讨厌的结论，以至于没有多少人愿意自始至终地遵奉这一方法，尽管当论者从理论上阐明了它的基本论点以后，很少有人会对这些论点提出质疑。

第一种方法使我们感觉到我们在实现自己的愿望方面拥有着无限的力量，而第二种方法却使我们一方面达致了这样一种洞见，即我们能够刻意创造的东西是颇为有限的，另一方面则使我们认识到了我们现有的某些愿望确实是幻想。然而需要指出的是，人们却因甘愿蒙受上述第一种观点的欺骗而导致了这样一种恶果，即人在事实上限制了自己所能够达致的成就，因为不争的是，只有承认人所可能成就者的限度，人才能够充分运用自己的力量。[1]

第一种观点认为，只要人类制度是为了实现人的目的而刻意设计出来的，那么它们就会有助益于人之目的的实现；这种观点还常常认为，一项制度之存在的事实，恰恰证明了它是为了实现某个目的而被创造出来的；同时它还始终如一地主张，我们应当重新设计社会及其制度，从而使我们的所有行动都完全受已知目的（known purposes）的指导。对于大多数人来说，这些主张几乎都是不证自明的，而且也似乎构成了具有思考能力的人所值得采取的惟一的一种态度。然而值得我们注意的是，这些主张乃是以这样一种信念为基础的，它相信所有有助益的制度都是人之设计的产物，并且认为只有这样的设计才会使或者才能够使这些制度有助益于我们的目的的实现。然而，此一信念却在很大程度上是一种谬误。

就这种观点最初的渊源来看，它乃植根于一种根深蒂固的原始思想的倾向之中，亦即把在现象界发现的一切常规性都用拟人化的方式（anthropomorphically）解释成具有思考能力的人之心智设计出来的结果的那种倾向。但是，正当人类开始努力把自己从这一幼稚的观念中解放出来的时候，这种幼稚的观念却因受到了一种强有力的哲学的支持而又复活了；值得注意的是，把人之心智从谬误的偏见中解放出来的目标一直与这种哲学有着极为紧密的联系，而这一哲学也成了在理性时代（the Age of Reason）占据支配地位的观念。

上述第二种观点则认为，社会的有序性极大地增进了个人行动的有效性，但是社会所具有的这种有序性并不只是因那些为了增进个人行动有效性这个目的而发明或设计出来的制度或惯例（practices）所致，而在很大程度上是由那个起初被称为“增长”（growth）尔后又被称为“进化”（evolution）* 的过程所促成的；在这个过程中，一些惯例一开始是出于其他的原因而被采纳的，甚或

---

* 有关 evolution 这个术语，一般的译法为“进化”或“演化”；一些论者考虑到“进化”这个术语所具有的贬意而不赞同在理解哈耶克的自由主义理论时采用这个术语，而主张采用“演化”的译法。然而需要指出的是，一方面是由于哈耶克认为社会秩序乃是经由简单（低级）向复杂（高级）的进化，另一方面则是由于哈耶克明确认为“达尔文理论的纲领只能在极为有限的意义上被适用于制度和惯例的选择以及个人所具有的那些以文化方式传播或存续的能力的选择等问题，而且将该理论刻板地适用于社会现象的解释也会导致各种严重的扭曲，然而基本的进化观念在这两个领域中却还是一致的”，所以我经由斟酌，还是主张将哈耶克论著中的 evolution 翻译成“进化”。当然，在我们理解哈耶克的“进化”观时，我们至少应

完全是出于偶然的缘故而被采纳的；尔后这些惯例之所以得到维续，乃是因为它们使它们产生于其间的那个群体胜过了其他群体。这种观点自古以来就一直以一种缓慢且渐进的方式不断地发展着，但是在它的发展过程中，一度也几乎被那种更具迷惑力的建构论观点所完全淹没。自这种观点在 18 世纪首次得到系统的阐释始，它就不得不在两个路向上展开斗争：一方面要与原始思维的拟人化取向作斗争，而另一方面则更要与这些幼稚观点从那种新提出的唯理主义哲学中所得到的支持作斗争。然而我们必须承认的是，正是为了应对唯理主义哲学所提出的那些挑战，才使得进化论理性主义论者对进化论的观点做出了明确的阐释。[2]

笛卡尔唯理主义的信条

我们所称之为建构论唯理主义（constructivist rationalism）的基本理念，在伟大的思想家笛卡尔那里得到了最为全面的表述。需要

当注意下述三点：一、哈耶克的进化观与“社会进化论”之间的区别：前者所侧重关注的乃是制度和惯例的选择和个人所具有的那些以文化方式传播或存续的能力的选择，而后者所关注的则是个人的选择和个人与生俱来的能力的选择；二、尽管哈耶克与穆勒都赞同人之生活只是在活动过程中展示其价值的，但是他们的“进化”观或“进步”观又存在着明显的区别：穆勒强调说，这是因为有东西（即幸福或满足）在这种活动过程中得到了展示，而哈耶克却认为活动本身就是价值，或者说，人之生活的价值在于个人所进行的“自由尝试”或“自由学习”的活动之中，在于追求特定目的的过程之中，因此，这种个人自由活动得以可能的状况，就是“进化”的状况；三、也是最为重要的，哈耶克一再强调说，自由的进化状况本身就是可欲的，而不是因为它使人们能够达致的目的状态或目标是可取的；为此，哈耶克追问道，究竟谁能断言由进化而带来的新的事态肯定是一种“较好的状态”或“一定比旧的事态更能满足我们的需求”；而我们之所以无力做此一断言，其原因就在于“我们的希望和目的在进步过程中也会发生种种变化”（《自由秩序原理》，三联书店 1997 年版第 45 页）。——邓注

指出的是，尽管笛卡尔本人并没有从这些基本理念中推论出社会论辩和伦理论辩方面的结论[3]，但是比他略为年长（然而比他寿长）的同时代人托马斯·霍布斯却在这些方面做出了相当详尽的阐释。虽然笛卡尔所直接关注的乃是为判断命题的真假确立标准，然而不可避免的是，这些标准仍被他的追随者用去判断行动的适当性和正当性。“怀疑一切”（radical doubt）的态度使笛卡尔拒绝把任何不能以逻辑的方式从“清晰且独特的”明确前提中推导出来的从而也不可能加以怀疑的东西视作为真实的东西。然而，也正是这种“怀疑一切”的立场，剥夺了所有不能以这种方式得到证明的行为规则的有效性。尽管笛卡尔本人可以经由把这样的行为规则归因于一个全知全能的神的设计而避免剥夺这些行为规则的有效性，但是，在他的追随者当中，却有一些人不再把这种诉诸神之设计的规避方式视作为一种充分的解释，因此对于这些人来说，接受任何一种仅仅立基于传统而且无法依凭理性根据给出充分证明的东西，都只是一种非理性的迷信。把所有那些不能按照他的标准证明为真的东西都一概称之为“纯粹的意见”（mere opinion）而加以拒绝，成了他所发起的运动的支配性特征。

由于理性在笛卡尔那里被界定为根据明确的前提所作的逻辑演绎，所以理性的行动也就仅仅意指那些完全由已知且可证明为真的东西所决定的行动。从这一点出发，人们几乎不可避免地会达致这样一种结论，即只有在这一意义上为真的东西才能导致成功的行动，进而使行动者取得成就的一切东西也就是他所进行的笛卡尔意义上的推理过程的产物。那些并不是以这种方式设计出来的制度和惯例，只是在偶然的情况下才可能是有助益的。上述观点与建构主义对传统、习俗和历史的普遍蔑视一起，构成了笛卡尔式建构主义的典型立场。根据这种立场，人仅凭理性，就能够重构社会。[4]

然而，这种“唯理主义的”认识进路（approach），实际上堕入了早期的拟人化的思维方式之中。这种认识进路重新复活了那种把所有具有文化意义的制度的起源都归结为发明或设计的倾向。道德观念、宗教和法律、语言和书写、货币和市场，都被认为是由某人经由刻意思考而建构出来的；至少它们所具有的各种程度的完备形式被认为是经由某人刻意思考而设计出来的。对历史所作的这种意向论的（intentionalist）或实用主义的（pragmatic）解释[5]，在人们根据社会契约（social contract）型构社会这一观念中得到了最为充分的表达。首先阐发这种观念的是霍布斯，尔后就是卢梭——从许多方面来看，卢梭都是笛卡尔的一个紧密追随者。[6]尽管他们的理论并不总是要对实际发生的事情给出一种历史解释，但是这种理论的一个一以贯之的目的却是要为确定现存的制度是否可以被证明为理性的制度提供一种指南。

正是由于这种哲学观，我们直至今天还普遍偏好于人们“有意识”或“刻意”所为的每一件事情，而且，诸如“非理性的”（irrational）或“理性不及的”（non-rational）* 这样的术语，也经由这种哲学观的阐释而具有了它们在今天所具有的贬义。正因为如此，人们在此前所提出的那些赞同传统或拥护业已确立的制度和惯

---

* 所谓 non-rational，在哈耶克的自由主义理论脉络中，具有着基本的认识进路的意义，他在 60 年代讨论知识问题时也曾采用过 the non-intellectual 的说法。这个术语常常被一些汉语世界的论者同 irrational 一术语混在一起，翻译成“非理性的”；而我们必须指出，这种译法实是对哈耶克理论及其思想渊源的误读所致。哈耶克明确指出，有关人之价值的渊源的二元论——即“理性”（rational）与“本能”那种二元论——实是对事实情形的歪曲；正是在对这种二元论进行批判的过程中，哈耶克经由对苏格兰启蒙运动思想的阐发而认为，真正重要的第三种渊源既非“理性的”、亦非“本能的”，而这就是“理性不及的”（non-rational）；所谓“理性不及的”，首先是指社会进化过程中和人的日常生活中所存在的大量的为个人之理性所不及者；这些因素虽说为个人的理性所不及，但却在人们的生活实践中起着支配性的重要作用。在这些因素当中，有些甚至是人并不理解但却在行动中所实际遵循的一般性规则——套用苏格兰道德哲学家亚当·弗格森的话来说，这就是“人之行动而非人之设计的结果”；更为重要的是，所谓“理性不及的”，在哈耶克的知识进化论看来，还是指那些为无数代人经由各自的特殊知识与特定环境相调适而累积起来的经验和

例的假设（presumption），渐渐变成了贬低或反对这种传统、制度和惯例的假设，而且“意见”（opinion）也最终被认为只是“纯粹的”意见——亦即某种无法经由理性得到证明或判定的东西，从而也不能被视作是人们进行决策所须依凭的一种有效根据。

构成上述信念之基础的乃是这样一种基本假设，即人主要是经由他所拥有的从明确前提中进行逻辑演绎的能力而成功主宰其周遭环境的。然而，此一基本假设却在事实上是错误的，而且任何试图把人的行动局限于可以按这种方式予以证明的范围之内的努力，也只会使他无法运用诸多能够使其获得成功的最为有效的手段。那种认为我们行动的有效性完全或主要依赖于那种我们能够以文字的方式加以陈述并因此而能够构成三段论推理之明确前提的知识的看法，显然与事实不相符合。毋庸置疑，许多社会制度都是我们成功追求我们有意识的目标所不可或缺的条件，然而这些制度事实上却是那些既不是被发明出来的也不是为了实现任何这类目的而被遵循的习俗、习惯或惯例所形成的结果。在我们生活于其间的社会中，我们之所以能够成功地对我们自己做出调适，而且我们的行动也之所以有着良好的机会去实现它们所指向的目标，不仅是因为我们的同胞受着已知的目的的支配，或者受着手段与目的之间已知的关系的支配，而且是因为他们也受着这样一些规则的约束——而对于这些规则所具有的目的或起源，我们常常是不知道的，甚至对于这些规则的存在，我们也常常是不意识的。

人不仅是一种追求目的（purpose-seeking）的动物，而且在很大程度也是一种遵循规则（rule-following）的动物。[7] 人之所以获得成功，并不是因为他知道他为什么应当遵守那些他实际上所遵守

习惯等因素，因此，我们也不能简单地把这些因素归之为“非理性的”；据此，译者以为将 non-rational 译成“理性不及的”，最为符合哈耶克的自由主义知识进路，但是我们仍需强调指出的是，所谓“理性不及的”，只是相对于作为整体的知识或特定事实而言的。——邓注

的规则，甚至更不是因为他有能力把所有这些规则形诸于文字，而是因为他的思维和行动受着这样一些规则的调整——这些规则是在他生活于其间的社会中经由一种选择过程而演化出来的，从而它们也是世世代代的经验的产物。

我们的事实性知识的永恒局限

建构论的认识进路会导向错误的结论，乃是因下述事实所致：人的行动之所以在很大程度上获得成功（不只是在原始阶段是如此，而且在文明阶段也许就更是如此了），实乃是因为人的行动既适应于他所知道的特定事实，而且也适应于他所不知道甚至不可能知道的大量其他的事实。人对其周遭的一般环境所做的这种成功调适，是他经由遵守这样一些规则而实现的，而这些规则并不是出于人的设计而且人也往往并不明确知道它们，尽管他能够在行动的过程中尊重它们。换言之，我们对我们的环境的调适，不仅在于（甚至还不是主要在于）我们对因果关系的洞见，而且也在于我们的行动受着这样一些规则的支配——这些规则与我们生活于其间的那种环境相适应，也就是说，这些规则适应于我们并不意识但却决定着我们成功行动之模式的环境。

笛卡尔意义上的那种完全的行动理性，要求行动者对所有相关的事实拥有完全的知识。如果一个设计师或工程师要把物质材料组织起来以产生所意图的结果，那么他就需要掌握所有相关的资料并拥有足够的力量以控制或操纵这些物质材料。但是，在社会中，行动的成功却取决于远比任何人所能够知道的多得多的特定事实。因此，我们的整个文明的基础是，而且也必定是，我们**相信**诸多我们不能够**知道**其在笛卡尔的意义上究竟是否为真的事实。

据此，我们必须提请读者在阅读本书的时候要牢记这样一个事实，即每个人对于大多数决定着各个社会成员的行动的特定事实，都处于一种必然的且无从救济的无知（the necessary and irremediable ignorance）状态之中。乍一看来，这似乎是一个极为明显且不容争辩的事实，以至于不值得提请读者注意，更无须加以证明。然而，问题并非如此简单，因为在我看来，不反复强调这个事实，只会导致这样一个结果，即它极容易被人们所遗忘。这个事实之所以容易被遗忘，主要是因为它是一个给我们造成了极大不便的事实：它不仅使我们解释并从智识上影响社会进程的努力更为艰难，而且也给我们对这些社会进程的所为或所言设定了严格的限制。因此，这里也就存在着一个巨大的诱惑，诱惑我们从这样一个假设出发，即我们知道充分解释或控制社会进程所必须的每一个事实。这一暂时性的假设常常被认为是某种不会导致什么后果的东西，因为人们可以在此后的思考过程中将它忽略不计，同时也不会对他们所达致的结论造成重大的影响。然而，人们对于深嵌于大社会秩序之中的大多数特定事实所处于的上述那种必然无知的状态，乃是我们认识社会秩序这个核心问题的根源；再者，上述借以把这种必然无知问题暂时搁置一旁的错误假设，在大多数情形中也从来没有被明确地放弃过，只是容易忘记而已。正是在这种错误假设的基础上，论辩的继续展开，实际上是在无视前述无知问题的情形下完成的，仿佛无知问题毫无重要意义可言。

然而，我们对于那些决定社会进程的大多数特定事实的无从救济的无知，正是大部分社会制度之所以采取了它们实际具有的那种形式的原因之所在。如果我们所说的是这样一个社会，其间，观察者或该社会的任何一个成员都知道该社会中的所有的特定事实，那么我们所说的这种社会就肯定是一种与曾经存在过的任何社会都完全不同的社会——我们在自己的社会中所发现的绝大部分东西，都不会，也不可能，在这样一种社会中存在，而如果这种社会真的出现过，那么它所具有的特征也是我们无法想象的。

我在早些时候出版的《自由秩序原理》[8]一书中，已就我们对于具体事实所处于的必然无知的状态所具有的重要性进行了较为详尽的讨论，因此在本书中，我将主要通过在全部论述展开之前首先论及这个问题的方式来强调它所具有的核心地位。但是，仍有几个要点需要我们在这里进行重述或阐释。首先，我所说的每个人都具有的这种无从救治的无知（the incurable ignorance），乃是一种对某人所知或将为某人所知并由此而会影响到整个社会结构的特定事实的无知。人之活动的这种结构会持续不断地调整自己，以与千百万计的从整体上不为任何个人所知道的事实相调适，并且通过与这些事实相调适的过程而发挥自己的作用。这种适应或调适过程的重要意义在经济领域中最为凸显，而且也首先是在这一领域中得到强调的。正如某个论者所指出的，“一个非社会主义社会的经济生活乃是由各个企业和家庭之间许许多多交往或流通关系构成的。我们可以就这些交往或流通关系确立某些原则，却永远也不可能观察到所有的交往或流通关系”。[9]我们关于我们对制度的无知在经济领域中所具有的重要意义的洞见，以及我们关于我们所学会的克服这种无知的方法的洞见，实际上是我们在本书中把它们系统地适用于一个更为广泛的领域的出发点。[10]本书的一个主要论点认为，支配我们行动的大部分行为规则，以及从这种常规性中所生成的大多数制度，都是对一种“不可能性”（the impossibility）进行调适的产物；这种不可能性指的是，任何一个人都不可能有意识地考虑到所有渗入社会秩序中的特定事实。特别需要指出的是，正义的可能性恰恰是以我们的事实性知识（factul knowledge）所具有的这种必然局限为基础的，也因此，所有那些习惯于根据全知全能这个假设进行论辩的建构主义者都无法洞见到正义的本质。当然，关于这个问题，我们还将在本书的其他章节中做进一步的讨论。

再者，我们还必须在这里对这个基本事实的另一个后果予以强调，即只有在原始社会的小群体里，成员之间的合作才能够在很大程度上依赖于这样一个事实：原始社会的成员在任何时候都会或多或少地知道相同的特定情势。在这种群体中，一些聪明人也许较善于解释即刻领会到的情势，或者较善于记住那些发生在不为他人所知的遥远的地方的事情；但是，个人在日常生活中所遇到的具体事件对于所有的人来说却是极为相似的，而且他们会因他们所知道的事件以及他们所追求的目标大致相同而一起共事。

在大社会（Great Society）[11]或开放社会（Open Society）中，情势就完全不同了。在这种社会中，千百万人都在发生互动，而且我们所知道的那种文明也正是在这里得到了发展。经济学长期以来一直都在强调这一情势中所存在的“**劳动分工**”问题。但是，经济学却很少强调**知识**分立性的问题，同时也很少强调这样一个事实，即每一个社会成员都只能拥有为所有社会成员所掌握的知识中的一小部分，从而每个社会成员对于社会运行所依凭的大多数事实也都处于无知的状态。然而需要指出的是，构成一切先进文明之独特特征的东西，正是下述两个因素：一是对那种比任何一个人所能掌握的更多的知识的利用；二是这样一个事实，即每个人都在一具有内在一致性的结构中活动，而这个结构所具有的大多数决定因素则是他所不知道的。

的确，在文明社会中，个人之所以有能力追求更多的目的，而不只是满足他最为紧迫的物质需求，与其说是因为他能够获得更多的知识，还不如说是因为他能够从其他人所掌握的知识那里获得更多的益处。的确，一个“文明的”个人可能极为无知，甚至比许多野蛮人更无知，但是他却仍然可以从他所在的文明中获得极大的益处。

建构论唯理主义者在此一方面所犯的典型错误是，他们趋向于把他们的论辩建立在所谓的“**笼而统之的幻想**”（synoptic delusion）基础之上，也就是建立在这样一种虚构的基础之上，即某个人知道所有相关的事实，而且他有可能根据这种关于特定事实的知识而建构出一种可欲的社会秩序。有时候，我们可以从那些充满热情的人士在赞美刻意计划的社会时所使用的那些动人且幼稚的语词中发见这种幻想；比如，他们中有一位人士就是这样，居然梦想着发展出一种“同时性思维的技艺”（the art of simultaneous thinking），亦即一种同时处理大量相关现象的能力，并且把这些现象的质与量两个方面的属性同时纳入一幅图式之中的能力”。[12]这些人似乎完全没有意识到，这一梦想从根本上把人们在努力理解或型构社会秩序的过程中都会提出的核心问题切割掉了，而这个核心问题就是：我们没有能力把深嵌于社会秩序之中的所有资料或数据都收集起来，并把它们拼凑成一个可探知的整体。所有因建构论唯理主义这一知识进路中所产生的“如此井然有序、如此明晰可见、且如此易懂”[13]的漂亮计划而被它们迷惑住的人们，实是前述“笼而统之的幻想”的牺牲品，而且他们也忘记了这样一个事实，即这些计划之所以具有表面上的明确性，实是因这些计划的提出者根本无视那些他们不知道的事实所致。

事实性知识与科学

现代人已经变得极不愿意承认这样一个事实，即他们在知识上的构成性局限（constitutional limitations）实是他们不可能经由理性而建构社会整体的一个永恒的障碍。现代人之所以不愿意承认这个事实，主要是因为他们无限信赖科学所具有的力量。有关科学知识迅猛发展的信息如此之多，以至于人们渐渐感到，所有知识上的局限都注定会很快消失。然而，这种信心却是以一种对科学的使命和力量的误解为基础的，亦就是以一种错误的信念为基础的，而这种错误的信念以为，科学乃是一种探明或确定特定事实的方法，而且科学技术的进步也能够使人们探明并操纵他们可能需要的所有特定事实。

在某种意义上讲，那种认为我们的文明乃立基于对无知的征服的观点，无疑是一种老生常谈。然而，我们对这种观点太熟悉了，所以反而会使我们不易看到此一观点中所隐含的一个最为重要的面相，即我们的文明实乃是以我们都从我们并不拥有的知识中受益这个事实为基础的。的确，文明帮助我们克服个人知识局限性的方法之一便是对无知的征服，但是其具体做法却不是使他获取更多的知识，而是使他能够利用那些广泛分散于个人之中的知识。我们所关注的知识的局限性，因此不是科学能够克服的那种局限性。与那种普遍盛行的观点相反，科学并不是由有关特定事实的知识构成的；再者，在关涉到极为复杂的现象的情形中，科学的力量也同样会因为它事实上不可能探明所有的特定事实而受到限制；然而，如果科学理论想使我们拥有预见具体事件的力量的话，那么我们就必须知道所有上述的特定事实。有关物理世界相对简单的现象的研究业已证明，我们有可能把现象之间的决定性关系表述为几个能够在特定情势中轻而易举便予以探明的变量的函数；因此，那些研究相对简单现象的学科取得了惊人的进步。需要指出的是，这方面的研究也使人们产生了一种幻想，以为在较为复杂的现象世界中，人们也能够很快地取得与之相同的成果。但是，无论是科学还是任何为我们所知道的技术[14]，都不可能使我们克服这样一个事实性困难，即任何个人心智，从而任何一项接受刻意指导的行动，都不可能通盘考虑到所有的特定事实；尽管这些事实是一些人所知道的，但是作为一个整体，这些事实又是任何特定的个人所不知道的。

诚然，就解释并预测特定事件的努力而言，科学在相对简单的现象领域中（或在至少可以将其大体分离成相对简单的“封闭系统”的领域中）所做的探究是十分成功的，但是在把它的理论适用于极为复杂的现象的过程中，科学也遭遇到了同样的障碍，即它在事实方面所存在的无知。在某些领域，科学已经确立了一些重要的理论，它们使我们洞见到了某些现象的一般特征，但是它们却永远不可能使我们拥有预见特定事件的能力，也不可能就特定事件给出一种充分的解释——这完全是由于我们决不可能知道所有的特定事实所致，而依照那些科学理论，我们只有知道所有的特定事实，才能够达致如此这般的具体结论或充分解释。就此而言，最好的例证乃是达尔文主义的（或新达尔文主义的）生物有机体进化论（theory of the evolution of biological organisms）。如果这种进化论有可能探明以往那些对特定形式的（优胜劣汰）选择过程产生影响的特定事实，那么它就可以为现存的有机体结构提供一个全涉性的解释；与此同理，如果这种进化论有可能探知所有在未来某段时间内会对这些选择过程产生影响的特定事实，那么它就应当能够使我们预见到未来的发展。但是需要强调指出的是，我们永远也不可能完成上述两项任务，因为科学并不具有探明它欲完成此一使命所必须掌握的所有特定事实的手段。

关于科学的目标和力量，还存在着另一个与前述谬误相关的错误看法。在我看来，现在论及这个问题，颇为重要。这种错误看法认为，科学所关注的只是实然的东西，而不是任何或然的东西。但是，科学的价值在很大程度上却正在于告诉我们：如果某些事实发生了变化并与现在的事实不尽相同，那么会发生什么情况。所有理论科学的陈述都会采取这样的形式，即“如果……那么……”，而且在多数情况下，只有在我们纳入“如果”从句中的那些条件与实际存在的条件不同的时候，这些科学陈述才会具有意义。

上述错误看法也许在政治科学中导致了最为严重的后果，因为在政治科学中，这种错误观点成了人们严肃考虑真正重要的问题的绊脚石；再者，这种认为科学只是对被观察到的事实加以汇集的错误观点，还致使人们把研究限定为对实然的探明（the ascertainment of what is）。然而一如前述，**所有**科学的首要价值都在于告诉我们：如果一些条件在某些方面与现在的条件不尽相同的话，那么会导致什么样的后果。

越来越多的社会科学家都把他们的研究局限于对社会系统某个部分中实际存在的东西进行讨论。但是，这一事实并不会使他们的研究结果更具实在性，而只会使他们的研究结果在很大程度上与大多数有关未来的决策毫无干系。富有成效的社会科学必定在很大程度上是一种有关“非实然”（what is not）的研究，即对可能性世界的假设模式进行建构：如果某些可变更的条件发生了变化，那么上述的可能性世界就有可能存在。我们之所以需要一种科学理论，主要是期望它告诉我们：如果某些条件发生了变化而与此前的它们完全不同，那么会导致什么样的结果。所有科学知识都不是有关特定事实的知识，而是有关假设的知识，只是这些假设至今还未被系统化的反驳所证伪罢了。

心智与社会的共同进化：规则的作用

建构论唯理主义的错误与笛卡尔式的二元论紧密相关，也就是说，它与那种关于心智实体独立存在的观念密切相关；这种观念认为，心智实体独立存在于自然秩序之外，而这一实体使得从一开始就拥有这种心智的人类能够设计出他们生活于其间的社会制度和文化制度。当然，事实并非如此，因为人之心智乃是人们对他们生活于其间的自然环境和社会环境所作的一种调适；此外，人之心智还是在与那些决定着社会结构的制度发生持续互动的过程中得到发展的。心智是它演化发展于其间但却并不是它所创制的社会环境的产物，然而它反过来也会对这些社会制度和文化制度发生作用并修正这些制度。心智是人在社会中生活和发展所带来的结果，也是人获致那些增进了他所在的群体繁衍生存下去的机会的习惯和惯例所带来的结果。那种认为一个已然充分发达的心智设计了那些使社会生活成为可能的制度的观点，实是与我们所知道的一切有关人类进化的情势相悖的。

人生成于其间的文化传统，乃是由一系列惯例或行为规则之复合体构成的：这些惯例或行为规则之所以胜出并得以盛行，是因为它们使一些人获得了成功；但是需要指出的是，它们之所以在最初被人们所采纳，并不是因为人们先已知道了它们会产生他们所欲求的结果。一如我们所知，人先行而后思，而不是先懂而后行。当然，我们在这里所说的"懂"（understanding），归根结底是指人以那种有助益于他生存繁衍下去的行动模式来应对其环境的能力。这可以说是行为主义（behaviourism）和实用主义（pragmatism）中所仅有的那点道理。然而，行为主义和实用主义太过粗暴地简化了行动模式与外部环境间所存在的那些具有决定性意义的关系，从而使它们在很大程度上变成了人们理解这些关系的障碍而不是帮手。

"从经验中学习"（learning from experience），在人类中就像在动物中一样，主要不是一个推理的过程，而是一个遵循、传播、传递和发展那些因成功而胜出并盛行的惯例的过程——这些惯例之所以获得成功，往往不是因为它们给予了行动者个人以任何一种可识别的益处，而是因为它们增加了该行动者所属于的那个群体的生存机会。[15]这一演化发展过程的结果，首先不是明确阐明的知识，而是一种虽能够根据规则加以描述、但个人却无力用文字予以陈述而只是能够在实践中予以尊重的知识。因此，与其说是心智创造了规则，不如说心智是由行动规则构成的。这种行动规则的复合体并不是由心智创造的，但却支配着个人的行动，因为个人按照这些规则行动，证明要比与其竞争的个人或群体的行动更为成功。[16]

最初，在一个人为了达致某一特定结果而必须遵循的惯例与一个人应当遵循的惯例之间，并不存在任何区别。当时只存在一种业已确立的做事方式，而且在有关因果关系的知识与有关适当的或许可的行动方式的知识之间，也不存在任何界分。有关世界的知识，在当时亦就是有关在某些类型的情势中一个人必须做什么或不得做什么的知识。再者，在避免危险方面，知道自己决不能做什么与知道自己为了达致一个特定的结果而必须做什么，是同样重要的。

因此，这些行为规则并不是作为实现某个已知目的的公认条件而发展起来的，而是因遵循这些规则的群体取得了较大的成功并取代了其他的群体而演化发展起来的。这些行为规则在人类生存的环境中使较多的遵循这些规则的群体或个人生存了下来。人们在一个只是部分为他们所知的世界中试图获得成功，实是一个难题，然而他们却可以经由遵循那些极有助益于他们但他们本人并不**知道**而且也不可能**知道**它们是否是笛卡尔意义上的那种真的规则来解决这个难题。

支配人之行为并使人之行为变得明智的这些规则有两种属性；这里需要指出的是，我们之所以不得不在本书的讨论过程中自始至终地对这些规则所具有的这两种属性予以强调，实是因为建构论者的认识进路明确地认为遵守这样的规则不可能是理性的。当然，在发达社会里，只有一部分规则属于这种类型；然而我们想要强调的只是，即使在这样的发达社会中，它们的秩序在一定程度上也是依凭这样的规则而形成的。

在大多数行为规则最初就拥有的上述两项属性中，第一个属性乃是它们在个人的行动中为行动者所遵循，但又不是以阐明的（“形诸于文字的”或明确的）形式为行动者所知道。这些行为规则会在那种能够被明确描述的行动的常规性中凸显自身，但是这种行动的常规性却并不是行动者能够以这种方式陈述这些规则的结果。这些行为规则所具有的第二个属性是，这种规则之所以渐渐为人们所遵循，乃是因为它们实际上给予了那些遵循它们的群体以更具优势的力量，而不是因为这一结果先已为那些受这些规则指导的行动者所知道。尽管这样的规则实是因人们遵循它们所产生的某些后果而渐渐为人们普遍接受的，但是人们却并不是旨在达致那些后果——亦即行动者无须知道那些后果——而遵循它们的。

当然，我们不可能在这里就这样一个棘手的问题给出详尽的阐释，即尽管那些确立范例的人们和那些效仿他们的人们都不可能明确地意识到他们所严格遵循的规则的存在，但他们又是如何能够通过范例和模仿（或“经由类推”）的方式来互相学习这样一些往往是高度抽象的行为规则的呢？就这个棘手的问题而言，我们最为熟悉的乃是孩子们学习语言的情形，比方说他们有能力准确地说出他们以前从未听到过的极为复杂的语句〔17〕；然而，这一难题也可见之于诸如礼仪、道德和法律这样一些领域，更可以见之于大多数技艺的方面，其间，我们受着那些我们知道如何遵循但却无力陈述的规则的指导。

此处的关键在于，在一特定的文化中成长起来的每一个人，都会在自己的身上发现规则的影子，甚或会发现他是依规则行事的——而且也能够以同样的方式辨识出他人的行动是否符合各种各样的规则。当然，这并不能够证明行为规则是“人性”中一个永恒的或不可变更的成分，也同样不能证明它们是天生就存在的，而只能够证明它们是文化传统的一个部分；当然，这种文化传统很可能是相当恒定的，尤其考虑到这些行为规则没有以文字的方式予以阐明从而也未受到探讨或有意识的考察，这种传统就更具恒定性了。

“自然的”与“人为的”二分法谬误

对我们所关注的上述问题的讨论，长期以来一直因人们普遍接受古希腊人所提出的一种极具误导性的二分观而受到了阻碍，而且我们至今都还未能从这种二分观所导致的混乱结果中摆脱出来。这就是对人们用现代术语所表达的“自然的”（natural）与“人为的”（artificial）现象所作的界分。最早用以描述这些现象的希腊术语——似乎是由公元前5世纪的智者们首先提出的——乃是*physei*，意指“依本性”或“发乎自然”（by nature），而与之相对的则是下述两个术语：一个是 *nomó*，最好译为“据约定”（by convention），另一个乃是 th*esei*，其大意是指“据审慎刻意的决定”（by deliberate decision）。[18]用两个含义不尽相同的术语来表示此一二分观中的“人为的”部分，实际上埋下了自那时以来就一直困扰着这一讨论的混乱之根。希腊智者所意指的这种界分，既可以指独立存在之物与人之**行动**之结果的东西之间的界分，同时亦可以指独立于人之**设计**的东西与人之设计之结果的东西之间的界分。未能对这两种含义做出明确的界分，导致了这样一种状况，其间某一论者可以因某一种**特定**现象是人之行动的结果而把它视作是人为的现象，而另一论者则也可以因这个同样的现象显然不是人之设计的结果而把它描述成是自然的现象。直到 18 世纪，诸如伯纳德·孟德维尔（Bernard Mandeville）和大卫·休谟这样的思想家才明确指出，这里还存在着另一个范畴的现象，然而这种现象在前述的二分观中不是被划入“自然的”范畴就是被归为“人为的”范畴——这取决于论者在上述两种定义中所遵循的是哪一种定义；因此，这种现象应当被归属于一种独特的第三类现象，亦即后来被亚当·弗格森（Adam Ferguson）称之为“人之行动而非人之设计的结果”（the result of human action but not of human design）的那种现象。[19]它们是那种需要提出一种独特的理论体系加以解释的现象；后来，这些现象真的成了理论社会科学的研究对象。

但是，在两千多年的岁月中，由古希腊人所提出的这种二分观在几无受到质疑的情况下一直支配着人们的思想，且深深地植根于人们所使用的概念和语言之中。在公元二世纪，拉丁语语法学家 Aulus Gellius 曾用 *naturalis* 和 *positivus* 这两个术语来翻译 *physei* 和 *thesei* 这两个希腊术语；而正是在此一翻译的基础上，大多数欧洲语言也都演化出了用以描述两种法律的类似词汇。[20]

晚些时候，亦即在中世纪经院哲学家对这些问题所作的讨论中，出现了一种颇有希望的取向，因为这一取向导使这些经院哲学家基本上洞见到了一种居间性的现象范畴，亦即“人之行动而非人之设计的结果。”在12世纪，经院哲学家当中的一些论者已经开始把所有不是人之发明或刻意创造出来的东西都归为 *naturalis* 之下[21]；而且随着时间的推移，论者们也越来越清楚地认识到许多社会现象都属于此一范畴。的确，在最后一批经院哲学家即16世纪的西班牙耶稣会士对社会问题所做的讨论中，*naturalis* 成了一个描述那些并不是由人之意志刻意构造出来的社会现象的专门术语。例如，Luis Molina 在他所撰的一部著作中就做过这样的解释；他指出，人们之所以采用“自然价格”（natural price）这个术语，乃是因为“它源于事物本身，而与法律和律令无关；但是，它也依赖于许许多多可以改变它的情势，比如人们的情绪和人们对不同用途的估计，它甚至还往往是人们一时奇想和即时快乐的结果”。[22]的确，我们的这些先辈们“乃是在对人类的无知和可错性具有强烈印象的情况下采取行动”并进行思考的[23]，比如，他们论辩说，一种商品可以公平买卖所依凭的那种精准的“数学价格”（mathematical price），只有上帝才知道，因为这种价格所依赖的情势要远远多于任何所能知道者，因此，“公正的价格”（just price）就必须留待市场去决定。[24]

然而，进化论进路的上述端绪，却在16和17世纪因建构论唯理主义的兴起而被淹没了。结果，“理性”（reason）和“自然法”（natural law）这两个术语的含义完全改变了。“理性”的含义原先包含着这样一种意思，即心智具有一种辨识或界分善恶的能力，也就是对何者符合业已确立的规则与何者不符合这些规则做出界分的能力[25]；然而，它的意思后来却变了，仅意指一种从明确的前提中进行演绎并据此建构这种规则的能力。另一方面，自然法的观念也因此变成了一种“理性法”（law of reason）的观念，进而成了一种与它的原意正好相反的观念。毋庸置疑，格劳秀斯（Hugo de Groot）及其追随者[26]所阐发的这种新的唯理主义自然法（rationalist law of nature），实与那些反对自然法的实证主义者分享着同样一种观念，即他们双方都认为所有的法律都是根据理性创造出来的，或者至少是可以根据理性而得到充分证明的。他们双方只是在这样一种认识上存有区别，即格劳秀斯及其追随者假定法律可以用逻辑的方法从先验的前提中推导出来，而实证主义者则认为法律是一刻意的构造——而这种构造所立基于的乃是人们关于法律对实现可欲的目的所会产生的影响的经验性知识。

进化论认识进路的兴起

自笛卡尔哲学在这些问题上深陷拟人化思维而不能自拔以后，伯纳德·孟德维尔和大卫·休谟则开启了一个新的认识视角。他们俩人所受到的影响和启示，很可能是英国的普通法传统，其是马休·黑尔（Matthew Hale）所详尽阐释的那种普通法传统，而非自然法传统。[27]当时，人们已日益认识到，人际关系中所形成的常规模式，并不是因人之行动的有意识的目的所致，而这就给当时的人们提出了一个问题；但是这个问题的解决，则有赖于一个系统化的社会理论的阐发。这一需求在18世纪下半叶因亚当·斯密和亚当·弗格森所领导的苏格兰伦理哲学家在经济学领域中做出的努力而得到了满足。当然，这种努力对政治理论所产生的影响，也由伟大的先知埃德蒙·伯克做出了极为精彩的阐释，然而颇为遗憾的是，我们却未能从他的论著中发见一个系统化的理论。但是，当此一进化论的认识进路在英格兰因那种以边沁的功利主义[28]形式出现的建构主义的扩张而又一次蒙受挫折的时候，它却在欧洲大陆从语言学和法学的“历史学派”（historical schools）[29]那里获得了新的活力。继苏格兰哲学家所做的开创性的努力之后，那种对社会现象采取进化论的认识进路，主要是通过威廉·冯·洪堡

（Wilhelm von Humboldt）和 F. C. 冯·萨维尼的努力而在德国得到了系统的发展。囿于种种原因，我们不可能在这里对此一进展在语言学中所取得的成就做出讨论，尽管在一个相当长的时间里，语言学可以说是除经济学以外惟一发展出了一种系统化理论的领域；此外需要强调的是，法律理论自罗马时代以降就一直受着语法学家所提出的观念的重大影响，但是这种影响的程度却未能得到应有的关注和理解。〔30〕在社会科学诸学科中，正是经由萨维尼的追随者亨利·梅因爵士〔31〕所做的努力，这种进化论的认识进路才得以重新植入英国的思想传统之中。再者，经由奥地利经济学派创始人卡尔·门格尔在 1883 年对社会科学的各种研究方法所做的伟大的研究，有关制度的自发型构以及这种型构的遗传性特征等问题在所有社会科学学科中所具有的核心地位，才在欧洲大陆得到了最为充分的重申。晚近，就推进这一思想传统而言，成就最为丰富的当推文化人类学，至少这个理论学派中的一些代表人物充分意识到了进化论传统的重要意义。〔32〕

由于进化的观念将在我们的整个讨论中都起到核心的作用，所以我们极有必要就这个观念的各种误解予以澄清，因为正是这些误解致使当下的一些研究社会的学者在使用这个观念时极感踌躇。第一种误解错误地认为进化观念乃是社会科学从生物学那里移植来的一个观念。然而事实却恰恰与此相反，再者，即使查尔斯·达尔文有能力把他在很大程度上从社会科学中习得的一个概念成功地运用到生物学之中，这也并不会使这个概念在它原生的社会科学领域里的重要意义有所减少。正是对语言和道德、法律和货币这样一些社会型构物的讨论，才致使（规则）进化与秩序的自生自发型构这一对孪生观念最终在 18 世纪得到了极为明确的阐发，并且为达尔文及其同时代人提供了一些能够被他们适用于生物进化研究的智识工具。18 世纪的那些道德哲学家和历史法学派与历史语言学派完全可以被称为达尔文（Charles Robert Darwin）之前的达尔文主义者

（Darwinians），一如19世纪的某些语言学家真的自称是达尔文之前的达尔文主义者那样。[33]

如果一个19世纪的社会理论家需要达尔文来教他进化的观念，那么这个理论家显然是名不副实的。颇为遗憾的是，某些论者真的如此，他们甚至还提出了一些以“社会达尔文主义”为名的观点，然而正是这些观点要对自那时以来社会科学家不再信任进化观念的现象负责。当然，选择过程在导使社会制度得以型构的文化传承（cultural transmission）中发挥作用的方式，与这种选择过程在天生的生物特性的选择及其经生理学上的遗传而得以传承的方面发挥作用的方式之间，存在着重要的差异。“社会达尔文主义”的错误在于：它所侧重关注的乃是个人的选择而不是制度和惯例的选择，它所关注的乃是个人所具有的遗传能力的选择而不是个人所具有的那些以文化方式传播或存续的能力的选择。但是需要指出的是，尽管达尔文理论的纲领只能在极为有限的意义上被适用于制度和惯例的选择以及个人所具有的那些以文化方式传播或存续的能力的选择等问题，而且将这种理论刻板地适用于社会现象的解释也会导致各种严重的扭曲，然而基本的进化观念在上述两个领域中却还是一致的。

第二个使社会进化理论信誉扫地的严重的错误认识，乃是那种认为进化理论是由“进化规律”（laws of evolution）构成的观点。此一观点至多在law这个术语的特殊意义上才是有道理的，但是，这个观点在下述意义上却显然是错误的，即一如人们时常认为的那样，law乃是对进化进程所必须经过的某些特定阶段的必然序列（a necessary sequence）以及人们能够依凭推断而从这种必然的序列中得出有关进化的未来进程的预言所做的一种表述。然而，严格意义上的进化理论只对一个过程提供解释，而这个过程的结果将取决于无数的特定事实，其数量之大实是我们无法从整体上知道的；因此，这种进化理论也是无力提供有关未来的预言的。这样，我们只能限于对“原则进行解释”，或者只对进化过程所遵循的抽象模式做出预测。[34]

宣称由观察而推导出来的有关整个进化的规律，实际上与解释进化过程的正统进化理论毫无干系。这些所谓的进化规律实是从孔德（Isidore Marie Auguste Francois Xavier Comte）、黑格尔（G. W. F. Hegel）和马克思所主张的完全不同于进化理论的那种“历史发展决定论”（historicism）的观念以及他们所信奉的整体认识进路（holistic approach）中推导出来的；这些所谓的规律宣称进化必须依某种前定的（predetermined）路线发展。尽管我们必须承认，“进化”这个术语的原初含义所意指的是已然包含在胚胎中的潜力所进行的“展开”过程，但是，生物进化论与社会进化论借以解释不同的复杂结构之显现的那个过程，却并不意指这样一种前后相继的特定步骤或阶段的连续展开。对于某些人来说，进化这个概念所意指的乃是一个有机体或一项社会制度的发展所必须经历的前定“阶段”的必然序列，因此，他们堂而皇之地拒斥了上述只对过程提供解释的进化观念，因为这种进化观念在他们看来是没有科学依据的。

至此，我们还须简要论及这样一个问题，即人们不仅试图用进化观念对行为规则的兴起进行解释，而且还试图把这个观念作为规范性的伦理科学基础，但是他们频频做出的这些努力，在正统的进化理论中也是无所依凭的；换言之，他们所做出的这些努力只属于把观察到的趋势当作“进化规律”的推测，而这些“进化规律”却是未经证明或毫无根据的。我们之所以要在这里指出这一点，乃是因为某些肯定懂得正统进化理论的卓越的生物学家也在种种误导下做出了上述那种断言。[35]然而，我们在这里的关注点只是要表明：第一，在像人类学、伦理学、也包括法学这样的学科中，对进化观念的种种滥用，实是因它们对进化理论之性质的错误认识所致；当然，它们对进化观念的这种滥用也使人们一度否定并放弃了进化观念。第二，如果我们在正确的意义上理解进化观念，那么我们就仍有理由认为，社会理论所必须探究的那些复杂且自生自发型构的结构，只能被理解为一种进化过程的结果，因此在这里，“遗传因素与理论科学的理念是不可分割的”。[36]

建构主义在流行思潮中的存续

要对建构论谬误在过去三百年中究竟在多大程度上左右了许多最具独立性且最富勇气的思想家的态度一事做出充分估计，是十分困难的。思想家们拒绝承认人们从宗教上对传统的道德规则和法律规则的有效性渊源（the source of validity）及根据所给出的解释，导致了他们对这些规则本身的否弃，因为这些规则不能被人们以理性的方式所证明。在这三百年的岁月中，许多著名思想家的名声，正是来自于他们在以这样的方式“解放”人之思想的过程中所取得的成就。我们在这里只能用相当随意的方式挑选几个独特的事例来说明这个问题。[37]

在这些最为知名的人物当中有伏尔泰（François-Marie Arouet）。他在我们主要关注的问题上所持的观点，可见之于他的这样一句名言：“如果你想要好的法律，那么就烧掉你现有的法律，并去制定新的法律”。[38]就此而言，卢梭甚至发挥了更大的影响；有论者极为明确地指出了他的观点[39]：

> 除了活着的人的意志所创制的法律以外，根本就不存在任何其他的法律——这是他与包括基督教观点在内的许多观点的最大悖逆之处；这也是他在政治理论中做出的最重要的断言……他的所言所为，就是要摧毁人们对他们生活于其间的社会中的正义所抱持的信心。他的所言所为具有着十足的革命性。

卢梭实现上述目的所依凭的方式，乃是要求“社会”公正，似乎社会是一个有思想能力的存在。

那种拒绝承认任何没有以理性方式加以证明或“未使每个个人都清楚和明白的”[40]行为规则具有约束力的观点，成了19世纪一个反复出现的论题。就此一态度言，我们在这里可以举出两个范例。在19世纪初期，亚历山大·赫尔岑（Alexander Herzen）论辩说：“你想要一本规则手册，可是我认为，一个人到了一定的年龄以后，他就应当为他仍旧不得不使用这种规则手册而感到羞耻，（因为）真正自由的人会创制自己的道德规范”。[41]其次，一个卓越的当代实证主义哲学家也以一种与赫尔岑十分相似的口吻说道，“我们绝不可以去规则中寻求理性的力量，因为这些规则本是理性对我们的想象力发出的指令；因此，我们必须去那种可以把我们从任何经由经验和传统而束缚我们的规则中解放出来的能力当中探寻理性的力量。”[42]

就我们这个时代的思想家而言，凯恩斯勋爵（John Maynard Keynes）可以说是对这种思想状态做出最佳描述的一个代表。他的观点可见之于他发表的一篇题为“我的早期信仰”（My early beliefs）[43]的演说辞中。在1938年，他这样评论三十五年以前亦即他二十岁时他自己和他的朋友们的思想状况：

> 当时，我们根本就不承认我们对遵守一般性规则负有个人义务。我们认为自己有权利根据每一个个别情势本身的是非曲直对它进行评判，并且认为自己具有成功做到这一点所需要的智慧、经验和自制力。这是我们当时信念中非常重要的一部分；当然，我们持有这种信念的方式是极为粗暴且极富侵略性的，因此对于外部世界来说，这是我们所拥有的最为明显的、也是最危险的特征。我们也完全不承认习惯性道德规范、惯例和传统智慧。这就是说，我们是严格意义上的非道德论者……对于那些需要服从或遵守的道德义务和内在约束力，我们也一概不予承认。面对上帝，我们竟宣称我们是裁定自己事务的法官。

在这段评论文字以后，凯恩斯又补充道，“就我本人而言，要改变这种信念，可以说为时已晚。我现在还是，而且将来也会是一个非道德论者”。

对于任何一个在第一次世界大战以前成长起来的人来说，这在当时显然不是布卢姆茨伯里派（Bloomsbury Group，亦即伦敦文人学士集中的文教区中的一个群体）所特有的一种态度，而是一种非常普遍的态度，在当时最活跃且最具独立精神的思想家当中也有许多人持此种态度。

我们的拟人化语言

只要我们对在指称社会现象时不得不使用的诸多术语的含义做一番考察，就会发现，建构论或意向论的错误解释已深深地渗透进了我们认识社会现象的思维方式之中。的确，我们在这本书中所必须反对的大多数谬误，已深深植根于我们的语言之中，所以对这些既有术语的使用几乎不可避免地会使对此毫无警惕性的人士得出错误的结论。我们不得不使用的这种语言乃是在数千年的岁月中发展起来的，但是需要强调指出的是，这个历时数千年的过程，正是一个人们只能够把秩序设想成设计的产物以及把他们在现象界发现的任何秩序一概视作是一个有人格的设计者（a personal designer）之杰作的证据的过程。我们因此可以说，所有可以被我们用来描述这类有序结构或这些结构的作用的术语，实际上都附载着这样一种暗示，即一个有人格的行动者创造了这些结构。据此，这些术语往往会导向错误的结论。

在某种程度上讲，所有科学语汇也都会蒙遭与社会现象语汇相同的厄运。自然科学与生物学或社会理论一样，也不得不使用那些具有拟人化根源（anthropomorphic origin）的术语。但是，物理学家在论及“力量”或“惰性”或在论及一个物体对另一个物体“acting”（“作为”）的时候，他们乃是在人们普遍理解的专门意义上使用这些术语的，所以不大可能会误导他人。但是要说社会在“acting”（“作为”），即刻就会使人们幻想出诸多极具误导性的联想。

我们将笼而统之地把这种倾向称之为“拟人化取向”（anthropomorphism），尽管该术语并不完全准确。为了做到更加准确，我们应当对一种较为原始的态度与一种较为复杂的解释做出界分；较为原始的态度，乃是指经由赋予诸如社会这样的实体以心智而把它们**人格化**（personifies）的取向，并可以被明确地称之为**拟人化取向**或**泛灵论**（animism）；而所谓较为复杂的解释，则是指把这些实体的秩序及其作用归因于某个独特的行动者的**设计**，并可以被较为准确地称之为**意向论**（intentionalism）或**人为论**（artificialism）[44]，或者一如我们在本书中所称之为的**建构论**（constructivism）。然而，这两种倾向却以一种多少有点不为人所觉察的方式相互重合，所以就我们的讨论而言，我们将把这两种取向统称为“拟人化取向”，而不再对它们做更为精准的界分。

由于在我们所关注的自生自发秩序的讨论中，可使用的全部词汇实际上都具有这种极具误导性的含义，所以我们在一定程度上必须以武断的方式确定我们将在严格的非拟人化意义上使用哪些术语，在我们只想意指意图或设计的时候又使用哪些术语。然而，为了明确起见，就许多语词而言，我们要么会用它们来指称刻意建构的结果，要么会用它们来指称那些以自生自发方式形成的结果，但绝不会用它们同时来指称这两种结果；这是一条基本原则。然而，一如“秩序”这个词的情形那样，有时我们仍有必要在一中性的意义上使用这个术语，使之包含自生自发秩序与“组织”或“安排”这两重含义。“组织”与“安排”这两个术语，我们将只用来指称设计的结果；这两个术语说明了这样一个事实，即要找到一些始终只指称设计的术语，常常就像要找到一些根本不含设计之意的术语一样极为困难。生物学家通常会不加思索地谈论“组织”而不含设计之意，但是如果他说一个有机体不仅有组织而且就是一个组织，或者说一个有机体是被组织起来的，那就有点奇怪了。鉴于“组织”这个术语在现代政治思想发展中所起到的作用以及现代“组织理论”所赋予它的含义，我们似乎有理由在当下的语境中把它的含义加以限定，只指称设计的结果。

由于一种人造的秩序与因其构成要素之行动的常规性而自我形成的秩序之间的区别，乃是我们在下一章中将讨论的主题，所以此处不赘。除此之外，我们还将在本书第二卷中较为详尽地讨论“社会的”（social）* 这个不起眼的术语所具有的几乎不可避免的含混特征；这是因为这个术语特别不易把握，所以人们在使用它的时候往往会把它的含混语义带进使用它的绝大多数场景中去。

我们还会发现时下盛行着这样一些观念，比如，社会“作为”（acts），或社会“对待”“奖赏”和“酬劳”人们，或社会“评价”“拥有”和“控制”物品或服务，社会对某事“负有责任”或“有过错”，或社会有一个“意志”或“目的”，社会可以是“公正的”或“不公正的”，或经济“分配”或“配置”资源；所有这些概念都意味着对语词做意向论或建构论的错误解释：尽管这些语词可以被用来指称另外的意思，但是它们却不可避免地会导致这些语词的使用者得出不合理的结论。一如我们所见，这些混淆已深深地植根于一些极有影响力的思想流派的基本观念之中，而这些流派则

---

* 哈耶克对这一拟人化术语即“社会的”（social）术语的分析，在哈耶克的社会理论和法律理论的脉络中具有极为重要的意义，而其间的意义则可以见之于哈耶克一以贯之地对“社会”这个实体化和同质化概念在唯理主义理论支配下被运用于解释社会现象的谬误的彻底批判。关于哈耶克对“社会”概念及其所导引的“社会正义”观念的批判，除了本书以外，最为集中的论述还请参见哈耶克所撰“泛灵论词汇与混乱的‘社会’概念”，载《不幸的观念：社会主义的谬误》，刘戟锋等译，东方出版社 1991 年版，第 159-169 页；正是在这里，哈耶克极具创见地提出了需要把“社会正义”观念与“社会权力”结合起来加以思考的深刻洞见。——邓注

完全服膺于这样一个信念，即所有的规则或法律一定是由某人发明出来的或明确同意的。只有当人们错误地假定所有的正当行为规则都是某人刻意制定出来的时候，下述的诡辩才会貌似合理：一切立法权都必定是专断的，或必定始终存在着一个使所有的法律得以产生的终级性的“主权”似的权力渊源。政治理论中长期存在的许多棘手问题以及深刻影响着政治制度进化的许多观念，实际上都是这种含混造成的。这一点尤其可以适用于法律理论中的那个传统，亦即法律实证主义（legal positivism）传统，尽管法律理论比任何其他理论都更为自豪地以为自己已经完全摆脱了拟人化观点的影响。论者们就此所做的研究表明，法律实证主义完全是以建构论之谬误为基础的。法律实证主义确实是唯理主义建构论的主要分支之一：它在完全接受人“制造了”自己所有文化和制度的观点的前提下，炮制出了这样一个谎言，即所有的法律都是某人意志的产物。

此外还有一个术语，即“功能”（function）；该术语所具有的含混性也同样搞乱了社会理论，尤其是一些实证主义的法律理论，因此有必要在这里对它做一些简要的讨论。就探讨生物有机体与自生自发社会秩序都具有的自我维续结构（self-maintaining structures）来说，“功能”这个术语几乎是一个不可或缺的术语。在行动要素根本不知道自己的行动服务于何种目的的情况下，仍可以产生这样一种功能。但是，实证主义传统所特有的那种拟人化思维却使它得出了一个奇怪的论点：根据一项制度行使一种功能的观点，实证主义居然推出了这样一个结论，即履行某种功能的人在履行此一功能时必定受着另一个人的意志的指导。据此，根据私有产权制度履行维续自生自发社会秩序的功能这个真实的洞见，实证主义也导出了这样一种观点，即为了维续自生自发的社会秩序，就需要有一种具有某种权威的指导权力——这种观点甚至还在一些国家根据实证主义的论断而制定的宪法中得到了明文的规定。

理性与抽象

笛卡尔传统中那些被我们称之为建构论的方面，也往往被称为唯理主义（rationalism），*而这极容易导致误解。例如，人们已经习惯于把那些批判建构论的早期论者，尤其是伯纳德·孟德维尔和大卫·休谟等人，称之为“反唯理主义者”（anti-rationalists）〔45〕；然而这一看法中却隐含了这样一层意思，即这些“反唯理主义者”对于最为有效地运用理性的关注，远不及那些特别名副其实的唯理主义者。然而，事实却并非如此，因为所谓的反唯理主义者坚持认为，为了尽可能有效地运用理性，要求人们拥有这样两个洞见：一是对有意识理性的力量所具有的限度的洞见，二是对我们从自己无

---

* 英语 rationalist 及其相应名词 rationalism，汉语世界一般译作“理性主义者”和“理性主义”，并无不妥；然而，由于哈耶克的自由主义理论对主要源出于欧陆“理性主义”的批判，由于哈耶克的自由主义理论强调自生自发的发展，由于哈耶克的知识观还强调人的必然无知或“理性不及”之认识进路，又由于中文词“理性主义”所具有的某种一般性（或中性）色彩，这一切都易于使人们误以为哈耶克的自由主义理论是一种非理性主义的理论，至少是一种趋向于贬斥理性的理论（东方出版社 1991 年出版哈耶克《不幸的观念——社会主义的谬误》中译本，此译本的“出版说明”中就这样认为，“在哈耶克看来，社会主义理想是抬高理性、滥用理性的结果，所以，贬低理性的地位就成了哈耶克的立论基础。……《不幸的观念》这本书自始至终，就是在通过贬斥人类的理性来为现有的资本主义制度辩护……”）。这里值得我们注意的是，哈耶克的自由主义理论既不是一种非理性主义的理论，亦不是一种旨在贬斥理性的理论。哈氏理论所反对的只是“理性主义”的万能论和建基于其上的“设计”社会发展的欲求，以及“理性主义”能主宰自身的论点和立基于其上的对理性不及的因素和人之必然的无知的否认取向。因此，在我看来，哈耶克的自由主义理论乃是一种确当强调理性的理论，对理性毫无贬斥的含义。套用哈耶克自己的话说，“……如果有必要对理性之用途寻求确当的限度，那么发现这些限度本身就是一项极为重要的且极为棘手的运用理性的工作。……如果说我们在这里的侧重点始终在于理性的限度方面，那么我们的意思就一定不是说理性根本不具有任何重要的建设性使命”（参见《自由秩序原理》第四章第十节）。因此，为了更加凸显哈耶克所反对的那种理性主义的特征，本书译文将 rationalist 和 rationalism 译作“唯理主义者”和“唯理主义”——邓注

意识的过程中所获得的助益的洞见；这两种洞见正是建构论唯理主义所无法达致的。因此，如果唯理主义所欲求的是尽可能有效地运用理性，那么我本人就是一个唯理主义者。然而，如果唯理主义这个术语意味着有意识的理性应当决定每项特定的行动，那么我就不是一个唯理主义者，而且在我看来，这种唯理主义恰恰是极不理性的。毋庸置疑，理性的使命之一，就是要确定理性控制的范围或限度，或者是要确定理性应当在多大程度上依赖于它所不能完全控制的其他力量。因此，就此一问题而言，较为妥当的做法是不对“唯理主义”与“反唯理主义”进行界分，而是对建构论的唯理主义与进化论的理性主义进行界分，或者套用卡尔·波普尔的说法，对幼稚的唯理主义（a naive rationalism）与批判的理性主义（a critical rationalism）进行界分。

与“唯理主义”一词所具有的不确定含义紧密相关，人们在对“唯理主义”所特有的“抽象”的态度方面也普遍持有不尽相同的看法。“唯理主义”甚至还经常被用来描述那种对抽象的过分迷恋。然而，建构论唯理主义的典型特征却毋宁在于它不赞成抽象——亦即它不承认抽象概念是为了应对我们的心智不能够充分把握具体事物的复杂性而必须使用的一种工具。与其不同，进化论的理性主义则认为抽象概念乃是心智所不可或缺的工具，因为正是这一工具使心智得以应对它所不能充分理解的实在者（reality）。这一点乃与这样一个事实联系在一起，即在建构论者那里，“抽象性”被认为是只有有意识的思想或有意识的概念才具有的一种特性，然而，事实却绝非如此，因为“抽象性”乃是所有早在其表现为有意识的思想或为人们用语言加以表述之前就决定着人之行动的过程所具有的一种特性。当某种**类型**（a type）的情势使一个人**倾向**于（disposition）做出某种特定**模式**（pattern）的回应的时候，那种被称之为“抽象的”基本关系就已然存在了。毋庸置疑，一个中枢神经系统所特有的能力完全在于这样一个事实，即特定的刺激并不会直接引发特定的反应，而只有某些类型的刺激才可能使人们产生趋向于采取某些类型的行动的特定倾向，再者，也只有许多这样的倾向的重合（superimposition）才能够确定将要采取的特定的行动。我曾在另一篇论文中[46]把这种现象称之为“抽象的首位性”（primacy of the abstract）；当然，本书的讨论也将自始至终以这种“抽象首位性”为前设。

因此，抽象性在这里将不仅被视为所有的（有意识或无意识的）思想过程（mental processes）都多少拥有的一种特征，而且还将被视为是人所具有的使其在他知之甚少的世界里成功地进行活动的能力的基础——亦即对他就其环境中的大多数特定事实所处于的无知状态的一种调适。我们对支配我们行动的规则进行强调，主要的目的就在于揭示出所有思想过程的抽象特性所具有的核心重要地位。

这样看来，抽象并不是心智以逻辑推理的方式从它对实在的认知中产生出来的某种东西，而是心智运作所依凭的范畴的一种属性——换言之，抽象并不是心智的产物，而是构成心智的东西。我们从来就不是也不可能是在充分考虑了某一特定情势中的所有特定事实以后才行事的，而始终是在把此一特定情势中的某些只具相关性的方面挑选出来加以考虑的情况下行事的；值得注意的是，即使是这种选择，也不是依凭有意识的选择或刻意的挑选而完成的，相反，它所凭靠的恰恰是我们并不刻意控制的机制。

至此，或可以明确指出的是，我们反复强调我们许多行动都具有的这种理性不及的（non-rational）特性，并不是要贬低或批判这种行动的方式，恰恰相反，是要揭示出这种行动方式得以成功所依凭的诸项原因之一；再者，对此一特性的强调，也并不旨在表明我们应当尽全力去理解为什么要做我们所做的事情，而是要指出我们不可能完全理解为什么要做我们所做的事情；当然，我们还可以明确指出的是，我们之所以能够运用如此之多的经验，并不是因为我们拥有这种经验，而是因为，虽然我们不知道这种经验，但是它们却已然融入了那些指导着我们行动的思想图式（the schemata of thought）之中。

关于我们所采取的上述立场，存在着两种可能的误解，对此我们必须努力予以廓清。其中的一种误解源出于这样一个事实，即人们常常把由我们并不意识的规则所指导的行动视作是“本能的”（instinctive）或“直觉的”（intuitive）行动。这两个语词并没有多大的负面意义，但是也有例外的情形，因为这两个语词，尤其是“直觉的”这个术语，一般意指对特定的和相对具体的东西的认知，然而，我们在这里所关注的则是那些确使人们所采取的行动具有极为一般或抽象的特性能力。一如通常的用法所表明的，“直觉的”这个术语意指一种我们在行动中遵循的抽象规则并不具有的属性，因此，我们最好还是在这里避免使用这个术语。

对我们的立场所存在的另一种可能的误解则是这样一个看法，即我们对调整行动的许多规则所具有的意识不及的特征（non-conscious character）的强调，乃是与那种有关无意识的（unconscious）或潜意识（subconscious）的心智观念勾连在一起，而这一观念则是精神分析或“深度心理学”（depth-psychology）理论的基础。但是需要强调指出的是，尽管这两种观点在某种程度上讲都旨在解释同一种现象，然而它们实际上却是截然不同的两种观点。有论者认为，无意识的心智与有意识的心智之间的区别仅仅在于前者是无意识的，而在所有的其他方面，无意识的心智则与有意识的心智一样，也以理性的和追求目的的方式运作着。因此，我们不能使用这样一种有关无意识心智的观念，而且我们在事实上也把它视作一种毫无根据的错误观念。无论是设定这样一个神秘的实体（即无意识的心智），还是把所有作为一种结果的秩序所具有的属性都归因于那些不尽相同但却共同产生了我们称之为心智的倾向或规则，都是徒劳无益的。就此而言，精神分析理论只是炮制出了另一个幽灵，而它反过来则被认为支配着笛卡尔二元论“机器中的那个幽灵”（the ghost in the machine）。[47]

为何建构论唯理主义的极端形式总是导致对理性的反叛

在结束这一导论性的章节时，我们有必要对下述现象作一些考察；尽管这一现象超出了本书的讨论范围，但是我们认为，有关这个问题的讨论，对于理解本书所直接关注的问题会具有相当重要的意义。我们所指的乃是这样一个事实，即根本不知道有意识的理性之适用限度的建构论唯理主义，在历史上一次又一次地导致了对理性的反叛。的确，这种结果一点都不奇怪，而且几乎是不可避免的，因为在这个发展过程中，对理性力量的高估，会经由人们幻想的破灭而导使他们对抽象理性的指导作用做出强烈的反抗，进而导使他们对特定意志的力量给予盲目的吹捧。

导使建构论唯理主义者趋于崇拜意志的幻想，是以这样一种信念为基础的，即理性能够超越抽象王国（the realm of the abstract），而且理性仅凭自身的力量就能够决定特定行动的可欲性问题。然而，理性永远只有在与那种特定的且理性不及的驱动力相结合的情况下，才能够决定人们的所做所为，再者，它的功能从根本上说也是对情绪进行约束，或对其他因素所驱使的行动做方向上的把关。一旦我们试图把建构论唯理主义者所持的这种幻想——亦即理性仅凭自身的力量就能够告诉我们所应当做的事情，从而所有具有理性的人也都应当能够作为一个组织的成员而加入到追求共同目的的奋斗行列之中——付诸实施，那么它即刻便会破灭。但是需要指出的是，那种试图用我们的理性把整个社会变成一个由理性指导或控制的机器的欲求并没有彻底泯灭，而且为了实现这一欲求，有的人甚至还把那些并不能经由理性证明而只是根据某些人的意志而决定的共同目的强加给所有的人。

唯理主义对理性的反叛（如果可以称其为反叛的话），通常都是对思想的抽象性所进行的反叛。它不承认一切思想都必定保有着不同程度的抽象性，从而永远不可能仅凭其自身的力量就完全决定特定的行动。理性仅仅是一种戒规，亦即对成功行动之可能性的限度所达致的一种洞见，因此它往往只是告诉我们何者不能做。这种戒规之所以是必要的，完全是因为我们的智识无力把握实在的全部复杂性所致。尽管运用抽象这个工具扩大了我们能够从**智识上**把握的现象的范围，但是要做到这一点，就要限制我们能够预见我们行动之结果的范围，进而把我们能够根据偏好构造这个世界的程度也限定在某些一般性特征层面。因此，自由主义主张，对整体社会秩序的刻意控制必须限定在对一些一般性规则的实施方面，因为这些规则对于一个自生自发秩序的型构来说是必要的，尽管这种型构的细节是我们所不能预见的。

关于自由主义与有关抽象思维只具有限力量的洞见这二者之间的联系，也许没有人比黑格尔看得更清楚了。黑格尔是一个极端的唯理主义者（ultra-rationalist），他的理论后来成了大多数现代非理性主义和全权主义的源头。黑格尔指出，“信奉抽象的观点就是**自由主义**，但是具体的观点始终会优于自由主义，因为自由主义在反对具体观点的斗争中始终落败”。[48]黑格尔的这个论断实际上真实地描述了这样一个事实，即我们还没有成熟到足以使自己时刻受到理性之严格戒律的制约，而且我们也时常会因一时冲动而打破理性的约束。

因此，对抽象的依赖，并不是对我们理性力量高估所导致的结果，而是对其有限力量的洞见所产生的结果。其实，正是对理性力量高估，才导使人们反对服从抽象的规则。建构论唯理主义之所以拒不承认需要对理性进行规戒，实是因为它自欺欺人地认为理性能够直接把握所有的特定细节；再者，建构论唯理主义之所以由此而更偏好于具体者而非抽象者，亦即更偏好于特定者而非一般者，乃是因为它的信奉者并没有认识到他们因此在多大程度上限制了理性真正能够控制的范围。理性的狂妄在这样一些人的身上凸显无疑，这些人竟然相信自己无须借助于抽象就可以完全把握具体者，进而可以肯定的方式把握或左右社会进程。那种试图根据个人的想象来重建社会的欲求，自霍布斯以降就一直支配着唯理主义的政治理论，而且还把只有个人或刻意创建的组织才能拥有的属性强加给了大社会。这一欲求不仅要求他们自身成为理性者，而且还力图使所有人都成为理性者。尽管我们必须努力使社会成为在我们喜欢生活于其间的那种意义上的好社会，但是我们却无力使社会成为在它会按道德行事的意义上的好社会。把有意识行动的标准适用于个人行动所产生的那些非意图的且真正具有社会意义的后果之上，是毫无意义的；如果要使这种适用具有意义，那么别无他途，就只有扼杀那些非意图的后果，而这将意味着扼杀所有被我们称之为文化的东西。

大社会及其使之成为可能的文明，都是人之日益增长的传播抽象思想的能力的产物；当我们说人们所共有的东西乃是他们的理性的时候，我们所意指的实是他们同样具有的进行抽象思考的能力。人们在运用这种能力的时候，在很大程度上并不明确知道那些指导他们行动的抽象规则；而且他们也并不完全理解他们之所以受这些抽象规则指导的原因。这导致了这样一种状况，其间，对于人们意识到的理性所具有的那些力量的高估，只会使人们蔑视真正使理性获致如此强大力量的因素，亦即它所具有的抽象特性。抽象这一工具有助于我的理性达致这样一种境界，这种境界是它在力图把握所有细节的情况下所不可能达到的。正是由于未能认识到这一点，才使得一大批对抽象理性（abstract reason）怀有敌意的哲学流派应运而生——这就是那些关于具体性的哲学流派、关于“生命”的哲学流派和关于“存在”的哲学流派，它们都大肆鼓吹情绪、特定者和本能者，而且也随时准备去支持诸如种族情绪、民族情绪、阶级情绪这样一些情绪。

因此，建构论唯理主义在努力使所有的东西都受制于理性控制的过程中，在偏好具体者并拒绝服从抽象规则的戒律的过程中，渐渐与非理性主义携手联合起来了。我们需要强调指出的是，只有在为那些必定是理性不及的特定目的服务的过程中，建构才是可能的；再者，如果这种目的不是一开始就存在，那么任何理性的论辩都不可能就此达成一致的意见。

注　释：

* Lord Acton，*The History of Freedom and Other Essays*（London，1907），p. 58. 我们将在这一导论性的章节中所讨论的大多数问题，已在我所发表的一系列预备性研究论文中得到了较为详尽的考察，而其间的大多数论文已在拙著 *Studies in Philosophy*，*Politics and Economics*（London and Chicago，1967）（以下简称为 *S. P. P. E.*）中重印；尤请参见该论文集中的 chapters 2-6 以及我于 1966 年所做的演讲：Dr Bernard Mandeville，in *Proceedings of the British Academy*，lii（London，1967），and *The Confusion of Language in Political Theory*（London，1968）.

〔1〕任何断定某件事情不可能的说法，在今天，都会受到人们的嘲笑；而且人们还会举出大量的事例来证明甚至连科学家都曾认为不可能的事情却在后来成了可能的事情；而这两种态度完全可以说是当下的一种时尚。但是无论如何，科学知识的一切进步，最终都在于对某些事件的不可能性所做的洞见。数理学家 Edmund Whittaker 爵士曾把这种状况称之为“无能原理”（impotence principle），而卡尔·波普尔爵士也系统地提出了一种观念，认为所有科学定律在根本上都是由禁令构成的，也就是由一些宣称某事不可能发生的断言构成的；尤请参见 Karl Popper，*The Logic of Scientific Discovery*（London，1954）。

〔2〕关于伯纳德·孟德维尔在这一方面所起的作用，参见我以他为题所作的演讲；参见本章的星号注释。

〔3〕Alfred Espinas 在其所著 *Descartes et la morale*，2 vols（Paris，1925）一书中，尤其是在第二卷的开篇，对那种就笛卡尔认识进路所作的最为广泛的诠释在道德问题和政治问题方面的意义进行了详尽且明确的讨论。关于笛卡尔式的唯理主义对整个法国启蒙运动所起到的支配作用，可参见 G.de Rugiero，*History of European*

Liberalism，R. G. Collingwood 译（London，1927），p. 21 以及下文：

“在 18 世纪，几乎所有较高和中等文化程度的解释者，都属于笛卡尔学派；其中包括科学家……和社会改革者，他们把历史谴责成运用和滥用非理性的博物馆，并力图重构整个社会制度；当然，他们当中还包括法律专家，而在这些法律专家的眼中，法律是，而且也必须是一个可以从少量普适且不正自明的原则中推导出来的体系。”

另请参见 H. J. Laski，*Studies in Law and Politics*（London and New Haven，1922），p. 20：

“（对于伏尔泰和孟德斯鸠等人来说）理性主义究竟意味着什么呢？从根本上来说，它意味着把笛卡尔主义的原则运用于对人类事务的解释的努力。理性主义把那种对根深蒂固的常识所作的不可否认的证明视作当然的前提，并且从这些前提中以逻辑的方式推导出它们所隐含的结论。所有的哲学家都相信，不论在何处，这种常识都将导出相同的结论：Ferney 的哲人所认为的，就是北京或美洲森林中的人士所认为的。”

〔4〕对于这种态度，笛卡尔本人是这样表达的，亦即他在其所著 *Discours de la méthode* 一书第二部分的开篇所说的：“斯巴达的伟大并不在于它所拥有的法律中的每项特定规则的卓越，……而在于这样一个事实，即这些由一个人所制定的法律规则，全都趋向于一个单一的目的。”最为典型的是，这个观点得到了一个 18 世纪统治者的运用；关于这个问题，请参见普鲁士弗里德里希二世（Friedrich II）所做的一段陈述。弗里德里希二世主张，如果牛顿（Isaac Newton）不得不与莱布尼茨（G. W. Leibniz）和笛卡尔合作，那么他就不可能设计出他的万有引力体系；同理，如果政治体制不是单个人的心智的产物，那么它也不可能把自己创造出来并维续下去。这段陈述转引自 G. Küntzel 所著的 *Die Politischen Testamente der Hohenzollern*（Leipzig，1920）一书（vol 2，p. 64）。

〔5〕就此而言，“pragmatic”（实用的）主要是 Carl Menger 在较早的时候所使用的一个表达法，参见他所著的 *Untersuchungen über die Methoden der Socialwissenschaften*（Leipzig，1882）；该书由 F. J. Nock 译为 *Problems of Economics and Sociology*，并由 Louis Schneider（Urbana，Ill.，1963）为此译本撰写了导论。可以说，该书是早些时候对这些问题处理得最好的一部著作。

〔6〕关于笛卡尔对卢梭的决定性影响，参见 H. Michel，*L' Idée de L'état*（Paris，1896），p. 66（其间还包括对早期论者的观点的引证）；A. Schatz，*L' Individualisme économique et social*（Paris，1907），p. 40 以次；R. Derathé，*Le Rationalisme de Jean-Jacques Rousseau*（Paris，1948）；并请参见 R. A. Palmer，*The Age of Democratic Revolution*（Princeton，1959 and 1964），vol I，p. 114；他在该书中做出了极有见地的评论，他指出，对于卢梭来说，“除了活着的人的意志所创制的法律以外，根本就不存在任

何其他的法律——这是他（卢梭）与包括基督教观点在内的许多观点的最大悖逆之处；这也是他在政治理论中做出的最重要的断言。”

〔7〕尤请参见 R. S. Peters，*The Concept of Motivation*（London，1959），p. 5：

> “人是一种遵循规则的动物。他的行动并不是简单地指向目的；他们也遵循社会准则和惯例，而且人也与计算机不同，因为他是因知道规则和目标而行事的。例如，我们把某些品性归于人，如诚实、信用、细心和吝啬等。这些术语，与抱负、饥饿、社会欲求一样，并不意指一个人所意欲追求的那类目标；它们毋宁是指他施于他自身行为的那类规章，而不论他的目标为何。”

〔8〕参见拙著，*The Constitution of Liberty*（《自由秩序原理》，London and Chicago，1960），尤请参见 ch. 2。

〔9〕J. A. Schumpeter，*History of Economic Analysis*（New York，1954），p. 241.

〔10〕参见我就“Economics and knowledge”（“经济学与知识”，1936）与“The use of knowledge in society”（“知识在社会中的运用”，1945）所发表的演讲，这两份演讲辞均重印在拙著之中：*Individualism and Economic Order*（《个人主义与经济秩序》，London and Chicago，1948）。

〔11〕当然，“大社会”这个表述在 18 世纪时已为人们所熟悉；就此而言，可参见 Richard Cumberland，*A Treatise on the Law of Nature*，London，1727，ch. 8，section 9，亦可参见亚当·斯密以及卢梭的著作。在现代，该表述则是经由 Graham Wallas 的使用而重新得到了人们广泛采用的，当时他曾把这个术语用作他的一本书的书名即 *The Great Society*（London and New York，1920）。在本书中，我们也将频繁地使用这个术语，而其意义与我们所使用的卡尔·波普尔爵士的“开放社会”一词的含义相同。虽然美国政府曾把“大社会”用作一项政治口号，但是它很可能并没有因此而变得不适当。

〔12〕Lewis Mumford 在为 F. Mackenzie（ed），*Planned Society*（New York，1937）一书所撰写的导论中（p. vii）指出，“我们仍然不得不培育 Patrik Geddes 有时称之为‘同时性思维的技艺’：亦即一种同时处理大量相关现象的能力，并且把这些现象的质与量两个方面的属性同时纳入一幅图式之中的能力。”

〔13〕Jane Jocobs，*The Death and Life of Great American Cities*（New York，1961）.

〔14〕也许时下对计算机的盲目热衷使得我们有必要指出，无论它们整理输入进去的事实的能力有多大，它们都无助于我们探明或确认这些事实。

〔15〕参见 A. M. Carr-Saunders，*The Population Problem*：*A Study in Human Evolution*（Oxford，1922），p. 223：

> “人与人群因其奉行的习俗而接受自然的选择，恰如他们因其精神与生理特

征而受到选择。在相邻群体之间的无休无止的争斗中，那些遵循最有利的习俗的群体要比那些奉行不那么有利的习俗的群体更具优势。最有益处的习俗乃是那些把群体内的人数限制在一可欲的数量之内的习俗，而且人们也不难理解个中的原因——一旦这三项习俗（堕胎、杀婴、禁欲）中的任何一项习俗得到确立，那么，通过一个自然选择的过程，人们就渐渐会在遵循该习俗的过程中产生一个接近可欲人数的群体。”

关于这个基本观念的极为明确的阐释，可见之于 W.K.Clifford 所撰写的两篇论文，即“On the scientific basis of morals”（1873）和“Right and wrong：the scientific ground of their distinction”（1875）；这两篇论文均重印在他的 *Lectures and Essays*（London，1879）论文集的第二卷中，尤其是 pp. 112-21 和 169-72。就此而言，我们只能在这里征引其间最有关联的文字段落：

“我们现在知道，手段对于目的（end）的适应，可以经由两种方式达致：一是经由自然选择的过程；二是经由一种智识的力量，根据这种智识，一种关于目的的意象或观念乃先于手段的运用。在上述两种情形中，适应的存在，可经由目的的必要性或效用而得到说明。然而在我看来，在这两种情形中，以及在此后可能会为人所知的任何其他情形中，用 purpose一词指称某些手段为之适应的目的，都是较为方便的，除非根据目的的必要性对这种适应进行说明。关于“终极原因”这个术语，如果要保留的话，只能在该术语的广义上加以使用，而人们也似乎不存在什么反对意见。因此，‘设计’一词可以用来指称那种经由智识而进行适应的特殊情形。这样我们就可以说，由于自然选择过程已得到了理解，所以 purpose 已不再是指给接受指令的人们的 design，除了人的力量有可能是独立的那些情况以外〔p. 117〕。从整体上说，这样一些部族生存下来了，其间，良知所允准的乃是那些趋向于完善人作为公民之品格的行动，从而也是那些有助于部族之存续的行动。因此，正是个人的道德良知，才是纯粹直觉的，尽管它们是以部族经验为基础的：良知并不提供理由〔p. 119〕。我们关于正确与错误的感觉，乃源出于那种我们所能够观察的秩序〔p. 121〕。”

〔16〕参见 A. M. Carr-Saunders 前引书第 302 页：“精神品格所适应的乃是整个传统的（有别于自然的）环境。人最终是依社会组织的需求而被选择的，并且随着传统在量上的增加，也是依照吸收传统的能力而被选择的”。也请参见 Peter Farb, *Man's Rise to Civilization*（New York，1968），P. 13：

“在形成各种各样生活方式的过程中，社会并不做有意识的选择。相反，它们只是做无意识的适应或调适。这里需要指出的是，并不是所有的社会都会得到相同系列的外部条件，也不是所有的社会在这些选择出现时都处于同样的阶段。出于各种各样的缘由，某些社会会以一定的方式去适应各种条件，某些社会会以另外的方式去适应它们，而还有一些社会则根本就不去适应它们。适应并不是一种有意识的选择，而且那些组成社会的人也并不十分理解他们自己的所作所为；他们所知道的只是某个特定的选择会发挥作用，即使这种选择对外人来说显得极为古怪。”

进一步的文献，请参见 Alexander Alland，Jr，*Evolution and Human Behavior*（New York，1967）。

〔17〕这一关键的洞见，早先由 Adam Ferguson 在其所著 *Principles of Moral and Political Science*（Edinburgh，1792）一书中进行了讨论。在现代，这个观点则是由 Otto Jespersen 在其所著 *Language*，*Its Nature*，*Development and Origin*（London，1922）一书中（p. 130）首次做出强调的。Adam Ferguson 在他的著作的第一卷第 7 页这样写道，“表述中优美的类推，乃是与人的天分相适合的；而语法规则正是建立在这种类推之上的。孩子们往往会受到类推的误导，甚至在日常的做法实际上与类推相背离的地方，他们仍遵循类推。因此，当一个小男孩被问及他是如何得到他的玩具的时候，他就会说‘父亲给他买的’。”

〔18〕参见 F. Heinimann，*Nomos and Physis*（Basel，1945）；John Burnet，“Law and nature in Greek ethics”，*International Journal of Ethics*，vii，1893，and *Early Greek Philosophy*，fourth edition（London，1930），p. 9；尤请参见 Karl R. Popper，*The Open Society and Its Enemies*（London and Princeton，1945 and later），especially ch. 5。

〔19〕Adam Ferguson，*An Essay on the History of Civil Society*（London，1767），p. 187：“民族偶然发现了制度，而这些制度的确是人之行动的结果，而不是任何人设计的制品。”在为 Ferguson 这本书最新版本（Edinburgh，1966）所撰写的导论中，Duncan Forbes 指出（见该书第 xxiv 页）：

“弗格森就像斯密、米勒（Millar）以及其他论者一样（但与休谟不同，完全否弃了‘立法者与开国者’的说法，而涂尔干（Durkheim）也认为，‘立法者与开国者’乃是一种迷信，而且这种迷信要比任何其他东西都更为严重地妨碍了社会科学的发展；然而，颇为遗憾的是，我们甚至在孟德斯鸠那里都可以发现这样一种迷信。……立法者这一神话是在 18 世纪时因各种各样的缘故而兴盛起来的，而摧毁这一神话，或许是苏格兰启蒙运动时的社会科学最具有原创性、最具胆识的成就。”

〔20〕参见 Sten Gagnèr，*Studien zur Ideengeschichte der Gesetzgebung*（Uppsala，1960），pp. 208 及 242。因此，在法律实证主义与自然法理论之间的争论中所牵涉到的全部含混之处，看来都可以直接追溯至我们在这里所讨论的这一错误的二分法。

〔21〕同上，p. 231；对 Guillaume de Conches 及其他的观点的讨论，请参见：“Et est positiva que est ab hominibus inventa ut suspensio latronis. Naturalis vero que non est homine inventa”。

〔22〕Louis Molina，*De iustitia et iure*（Cologne，1596-1600），tom. 11，disp. 347，no. 3：“naturale dicitur，quoniam et ipsis rebus，seclusa quacumque humana lege et decreto consurgit，dependetur tamen eb multiis circumstantiis，quibus variatur，atque ab hominum affectu，ac aesimatione，Comparatione diversum usum，interdum pro solo hominum beneplacito et arbitrio”。而关于 Molina，可参见 Wilhelm Weber，*Wirtschaftsethik am Vorabend des liberalismus*（Münster，1959）；以及 W. S. Joyce，“The econcxnics of Louis Molinan”（1948），未发表博士论文，Harvard University。

〔23〕Edmund Burke，*Reflections on the Revolution in France*，in *Works*（London，1808）vol. 5，p. 437.

〔24〕Johannes de Lugo，*Disputationum de iustitia et iure tomus secundus*（Lyon，1642），disp. 26，section 4，No. 40：“incertiutdo ergo nostra circa pretium iustum Mathematicum…provenit ex Deo，quod non sciamus detetminare”；亦请参见 Joseph Hoffner，*Wirtschaftsethik und Monopole im fünfzehnten und sechzehnten Jahrhundert*（Jena，1941），pp. 114-15.

〔25〕就像约翰·洛克所理解的那样。参见他的 *Essays on the Law of Nature*（1676）一书，ed W. von Leyden（Oxford，1954）：

> “所谓理性，……我并不认为它在此处的含义是指那种构成了思想之链以及推论证据的领悟能力，而是指一些明确的行动原则，正是从这些原则的基础上，产生了所有的德性以及对于确当养育道德所必要的一切东西。……理性与其说是确立并宣告这种自然法，倒不如说是在探寻并发现自然法。……理性与其说是自然法的制定者，倒不如说是自然法的解释者。”

〔26〕参见 Joseph Kohler，“Die spanische Naturrechtslehre des 16. und 17. Jahrhunderts”，*Archiv für Rechts–und Wirtschaftsphilosophie*，x，1916-1917，特别是 p. 235；尤请参见 A. P. D' Entreves，*Natural Law*（London，1951）pp. 51 以次，以及在第 56 页对“我们是如何突然间面对有意识地把市民社会（civil society）解释成该社会的组成者经由刻意的意志行为而达致的结果的教条”所做的评论。亦可参见 John C. H. Wu，“Natural law and our common law”，*Fordham Law Review*，xxiii，1954，21-2：“现代社会所盛行的那些思辩的、唯理主义的自然法哲学都背离了经院传统的正途。……它们在很大的程度上是从几何学出发的。”

〔27〕有关 Matthew Hale，请参见 J. G. A. Pocock，*The Ancient Constitution and the Feudal Law*（Cambridge，1957），ch. 7。

〔28〕参见 J. M. Guyau 所做的极为重要的评论：*La Morale Anglaise Contemporaine*

（Paris，1879），p. 5：

> “边沁的弟子们把他们的老师与笛卡尔作了比较。笛卡尔曾经指出，‘给我物质和运动，我就能创造世界’；但是笛卡尔在这里所指的仅仅是物理世界，它是一件没有生命、没有感觉的作品……而边沁则指出，‘给我人的情感、欢乐和痛苦、悲伤和愉快，我就能够创造一个道德世界。我不仅能够创造出正义，还能够创造出慷慨、爱国主义、博爱精神和一切纯洁且崇高的、可爱或高尚的品德。’”

〔29〕有关埃德蒙·伯克通过汉诺威学者 Ernst Brandes 和 A. W. Rehberg 而对德国历史学派形成的间接影响，参见 H. Ahrens，*Die Rechtsphilosophie oder das Naturrecht*，fourth edition（Vienna，1852），p. 64，first French edition（Paris，1838），p. 54；更为晚近的文献，则请参见 Gunnar Rexius，“Studien zur Staatslehre der historischen Schule”，*Historische Zeitschrifi*，cvii，1911；Frieda Braun，*The Genesis of German Conservatism*（Princeton，1966）。

〔30〕参见 Peter Stein，*Regulae Iuris*（Edinburgh，1966），ch. 3。

〔31〕参见 Paul Vinogradoff，*The Teaching of Sir Henry Maine*（London，1904），p. 8：“他〔梅因〕主要是在德国历史法学派的指导下展开法律研究的；而德国历史法学派则是围绕着萨维尼与艾希霍恩（Eichhorn）而形成的。《古代法》中对遗嘱、契约、占有等问题所做的专题讨论，无疑显示了他对萨维尼与普赫塔（Georg Friedrich Puchta）的研究的追随。”

〔32〕有关社会人类学从 18 世纪与 19 世纪的社会哲学家及法律哲学家中发源的情况，请参见 E. E. Evans-Pritchard，*Social Anthropology*（London，1915），p. 23；以及Max Gluckman，*Politics*，*Law and Ritual in Tribal Society*（New York，1965），p. 17。

〔33〕此一方面的新近研究，请参见 J. W. Burrow，*Evolution and Society*：*A Study in Victorian Social Theory*（Cambridge，1966）；Bentley Glass（ed），*Forerunners of Darwin*（Baltimore，1959）；M. Banton（ed），*Darwinism and the Study of Society*（London，1961）；Betty J. Meggers（editor for the Anthropological Society of Washington），*Evolution and Anthropology*：*A Centennial Appraisal*（Washington，1959）；以及 C. C. Gillispie，*Genesis and Geology*（Cambridge，Mass.，1951），此外，有关大卫·休谟对查尔斯·达尔文的祖父伊拉斯谟斯·达尔文（Erasmus Darwin）所产生的影响，请参见 H. F. Osborn 所撰写的 *From the Greeks to Darwin*，second edition（New York，1929），p. 217；F. C. Haber in Bentley Glass（ed），上引书，p. 251。进化论的三个独立发现者查尔斯·达尔文、阿尔弗雷德·罗素·华莱士（Alfred Russel Wallace）、赫伯特·斯宾塞（Herbert Spencer），都得到了社会理论的启示；关于这一事实，亦可参见 J. Arthur Thompson，“Darwin’s Predecessors” in A. C. Seward（ed）

Darwin and Modern Science（Cambridge，1909），p. 19；有关达尔文，请参见 E. Radl，*Geschichte der Biologischen Theorien*，Ⅱ（Leipzig，1909），p. 121。

亦可参见 C. S. Peirce，"Evolutionary love"（1893），重印于他的 *Collected Papers*，edited by C. Hartshorn and P. Weiss（Cambridge，Mass.，1935），vol 6，p. 293："达尔文的《物种起源》一书仅仅是把政治 - 经济上的进步观扩展到了动物与植物生活的整个领域而已。" Simon N. Patten 极为精彩地总结了这一方面的全部论点，请参见他的著作 *The Development of English Thought*（New York，1899），p. xxiii："正如亚当·斯密首先是经济学家、其次才是道德学家那样，达尔文则首先是生物学家、其次才是经济学家"。Fredrick Pollock 爵士的两段著名文字也值得我们在这里加以引用；其中的第一段出自 *Oxford Lectures and Other Discourses*（London，1890），p. 41：

> "进化论无非是一种被应用于自然事实之中的历史方法，而这种历史方法则不外乎是一种被应用于人类社会与制度之中的进化论。当查尔斯·达尔文创立自然历史哲学（因为对于一种把关于有机自然界的知识从一系列特定事实转化成一个连续的整体的观念来说，它也应得到'自然历史哲学'这一名称）的时候，他是以一种与伟大的国际法专家相同的精神进行工作的，而且他的目的也与这些国际法专家的目标相同。当然，这些国际法专家并不关注达尔文研究的领域，正如达尔文也不怎么关注他们的领域一样。这些国际法专家们乃是在耐心地研究历史事实的过程中，为严谨且理性的政治哲学和法律哲学奠定基础。我们对萨维尼的关注还不够，或者说，我们给予他的尊重还不够。我们了解而且也尊重我们国家的伯克，但是对他怎么尊重也不会过分。萨维尼或伯克都是达尔文之前的达尔文主义者。在某种程度上讲，我们也可以这样看待伟大的法国人孟德斯鸠，然而他所具有的难以匹敌而又光辉灿烂的才华却被整整一代形式主义者遮蔽了。"

Fredrick Pollock 爵士的第二段文字则出自于他所著的 *Essays in the Law*（London，1922），p. 11："《古代法》与《物种起源》的的确确是同一个智识运动不同分支的结果——亦就是我们将其与进化一词相联系的那个运动。"

语言学家 August Schleicher 也曾以这样的方式表达过"达尔文之前的达尔文主义者"这个说法；请参见他的著作 *Die Darwinsche Theorie und die Sprachwissenschaft*（Weimar，1867）；也并可参见 Max Müller，"Darwin's Philosophy of Language"，*Fraser's Magazine*，vii，1873，662。

〔34〕的确令人颇感担忧的是，在社会人类学方面，进化论的某些最为热心的鼓吹者，比如 Leslie A.White 的弟子们；他们通过把合理且"具体的"进化与上面所论的那种被他们称之为"普遍的"进化结合起来，而可能会再一次使复活了的进化论认识进路名誉扫地：尤可参见 M. D. Sahins 和 E. R. Service，*Evolution and Culture*（Ann Arbor，Mich.，1960）。

〔35〕参见 C. H. Waddington，*The Ethical Animal*（London，1960）; T. H. Huxley and Julian Huxley，*Evolution and Ethics 1893-1943*（London，1947）; J. Needham，*Time*：*The Refreshing River*（London，1943）; and A. G. N. Flew，*Evolutionary Ethics*（London，1967）。

〔36〕Carl Menger，*Problems of Economics and Sociology*，edited by Louis Schneider（Urbana，Ill.，1963），p. 95.

〔37〕就这一传统的源头而言，人们很可能应当提到斯宾诺莎以及他所撰写的 *Ethics*（Everyman edition，p. 187）一书中经常被引证的一句话，即“自由人就是只按理性的命令生活的人”。

〔38〕伏尔泰，*Dictionnaire Philosophique*（《哲学辞典》），参见“法律”篇，in *Oeuvres completes de Voltaire*，edited by Hachette，tom. xviii，p. 432：“如果你想要好的法律，那么就烧掉你现有的法律，并去制定新的法律。”

〔39〕R. A. Palmer，*The Age of Democratic Revolution*，vol. 1（Princeton，1959），p. 114.

〔40〕Edmund Burke，“A vindication of natural society”，Preface in *Works*（London，1808），p. 7.

〔41〕Alexander Herzen，*From the Other Shore*，edited by I. Berlin（London，1956），pp. 28 and 141.

〔42〕Hans Reichenbach，*The Rise of Scientific Philosophy*（Berkeley，Calif.，1951），p. 141.

〔43〕转引自 John Maynard Keynes，*Two Memoirs*（London，1949），p. 97。

〔44〕参见 J. Piaget，*The Child's Conception of the World*（London，1929），p. 359：“孩子们首先会到处寻找目的，然后才会去关注把目的界分为事物自身的目的（泛灵论）与事物之创造者的目的（人为论）”。

〔45〕就像我自己在过去追随先前的论者时所做的那样。有关我为什么现在认为这一表述极具误导性，请参见我的演讲辞“Kinds of rationalism”，载于 *S. P. P. E*。

〔46〕参见拙论文，“The Primacy of the abstract” in A. Koestler and J. R. Smithies（eds），*Beyond Reductionism*（London，1969）。

〔47〕参见 Gilbert Ryle，*The Concept of Mind*（London，1949）.

〔48〕参见 G. W. F. Hegel，*Philosophie der Weltgeschichte*，ed G. Lasson，third edition（Leipzig，1930），重印于 *Gesellschaft*，*Staat*，*Geschichte*，edited by F. Bülow（Leipzig，no date），p. 317：“那种信奉抽象的观点就是自由主义，但是具体的观点始终会优于自由主义，因为自由主义在反对具体观点的斗争中始终落败”。在 Hegel 的 *Werke*（Berlin，1937），vol. 9 中的 *Vorlesungen über die Philosophie der Geschichte* 的相应位置，或在 *Jubilaumsausgabe*（Stuttgart，1928，vol. Ⅱ，pp. 556-7）的相同地方，却没有这段话。

第二章

内部秩序与外部秩序

制度中的人……似乎在想象，他能够像在棋盘上随意摆布不同的棋子一样，轻而易举地安排一个大社会中的不同成员。他没有考虑到，棋盘上的棋子，除了手指强加给它们的移动原则以外，没有任何其他原则；但是，在人类社会这个巨大的棋盘上，每一个人都有着他自己的运动原则，而且这些原则还与立法机构可能强加给他的运动原则完全不同。如果这两种原则恰好相吻合并趋于同一个方向，那么人类社会中的人与人之间的竞技或生活（game）就会顺利且和谐地进化下去，而且极有可能是幸福的和成功的。如果这两种原则相反或对立，那么人类社会中的人与人之间的生活就会以悲惨的方式持续下去，而且这种社会也肯定会始终处于最为失序的状态之中。

——亚当·斯密*

秩序之概念

在本章的讨论中，我们将转而关注秩序这个核心概念（the concept of order），尤其要探究两种秩序之间的区别——我们将暂时把这两种秩序称之为“人造的”（made）秩序与“增长的”（grown）秩序。* 就讨论任何一种复杂现象来说，秩序都是一个不可或缺的概念，或者说，在复杂现象的讨论中，秩序概念肯定会在很大程度上发挥规律概念（the concept of law）在分析较为简单的现象中所发挥的那种作用。[1] 在我看来，“秩序”乃是我们描述复杂现象最为妥适的术语，尽管“系统”（system）、“结构”（structure）或“模式”（pattern）等术语偶尔也可以用来替代“秩序”一词。当然，“秩序”这一术语在社会科学各学科中已沿用了很长时间[2]，但是晚近却遭到了论者们的普遍拒用；这种情况的发生，主要有下述两个原因：一是该术语的含义相当含混，二是该术语常常与各种威权主义

---

* 一如哈耶克本人所言，《法律、立法与自由》的撰写和出版持续了将近十七年的时间，而期间一定会发生某些变化；这里我们仅指出哈耶克在术语方面的一些变化。除了本章中的 cosmos（内部秩序）和 taxis（外部秩序）术语以外，哈耶克还在本卷中使用了“内部规则”（nomos）和“外部规则”（thesis）等一系列专门术语；当然，这种做法的目的是为了使所用的术语更加精确。但是需要强调的是，哈耶克在六年以后出版的第三卷中，却放弃了这种做法，正如他本人所承认的那样，“我颇感抱歉的是，我自己没有勇气一以贯之地使用我在先前所建议采用的其他一些新词，例如：‘cosmos’，‘taxis’，‘nomos’，‘thesis’，‘catallaxy’和‘demarchy’。然而，因此而在阐述中丧失的精确性，很可能会因它们易于理解而得到补偿”。因此，请读者在阅读和理解哈耶克这部三卷本的时候注意这方面的问题。——邓注

的观点（authoritarian views）存有关系。然而，必须承认的是，撇开这个术语，我们就无法进行讨论；当然，我们在采用这个术语时还须采取一些措施以使该术语免遭误解：一是严格界定我们使用这个术语时它所意指的一般含义，二是明确界分这种秩序得以从中产生的两种不同方式。

所谓“秩序”，我们将一以贯之地意指**这样一种事态，其间，无数各种各样的要素之间的相互关系是极为密切的，所以我们可以从我们对整体中的某个空间部分或某个时间部分**（some spatial or temporal part）**所作的了解中学会对其余部分作出正确的预期，或者至少是学会作出颇有希望被证明为正确的预期**。[3]显而易见，就此意义而言，每个社会都必定拥有一种秩序，而且这种秩序也往往是在未经刻意创造的情况下存在的。正如一位杰出的社会人类学家所指出的，“显然，在社会生活中存有某种秩序、某种一致性和某种恒久性。如果社会生活中不存在这样一种有序性的东西，那么任何人都不可能有能力做好自己的事情或满足自己最基本的需求。”[4]

我们是社会的成员，而且我们大多数需求的满足也都是依赖于同他人的多种形式的合作得以实现的。据此，如果我们想有效地追求自己的目标，那么显而易见，我们就必须依赖于我们对其他人的行动所做的预期与他们实际上的所作所为之间的一致性，因为我们的计划正是以我们对其他人的行动所做的那种预期为基础的。在那些决定不同个人行动的意图与预期之间所存在的这种吻合，正是秩序在社会生活中显现的一种形式；而我们所直接关注的问题，正是这样一种秩序是如何产生出来的。就这个问题而言，人们因受拟人化思维习惯的影响而不可避免地会做出一个相当草率的回答，即这种秩序肯定是某个具有思考能力的心智设计出来的。[5]再者，由于秩序已经在相当普遍的程度上被解释成了这样一种由某人做出的刻意**安排**，所以秩序这个概念在大多数主张自由的人士那里蒙遭冷落，然而却在相当的程度上为一些威权主义者所青睐。根据这一解释，在社会中，秩序必须以一种命令与服从的关系为基础，或者以整个社会的等级结构（a hierarchical structure）为基础；因此，在命令与服从的关系或等级结构中，优位者的意志，最终会成为某个最高权力机构的意志，决定着每个个人所必须做的事情。

然而，秩序概念所具有的这种威权主义涵义，却完全源出于这样一种信念，即只有系统外的或"源于外部的"（exogenously）力量才能够创造秩序。因此，这一涵义并不能适用于从内部确立起来的[6]或"源于内部的"（endogenously）一种均衡，正如一般市场理论所努力解释的那种均衡。这种类型的自生自发秩序（spontaneous order），从许多方面来看都具有着一种不同于人造的秩序所具有的属性。

秩序的两种渊源

对各种自生自发秩序的研究，长期以来一直是经济学的特有使命，尽管生物学从其诞生起也一直在关注我们称之为有机体的特殊类型的自生自发秩序。只是到了晚近时期，自然科学才发展出了一种以控制论（cybernetics）为名的专门学科，这门学科也关注那种所谓的自组织系统或自我生成系统（self-or-ganizing or self-generating systems）的秩序。[7]

这种自生自发的秩序有别于另一种由某人通过把一系列要素各置其位且指导或控制其运动方式而确立起来的秩序。这一区别对于理解社会进程以及对于制定各种社会政策来说都是至关重要的。实际上，有好几个术语都可以被用来分别指称这两种秩序。我们把"人造的秩序"称之为一种源于外部的秩序或安排，但是这种人造的秩序也可以被称之为一种建构（a construction）或一种人为的秩序，而特别是在我们必须去探讨一种受指导的社会秩序的时候，它甚至还可以被称为一个**组织**。另一方面，我们把“增长的秩序”称为一种自我生成的或源于内部的秩序，但是这种秩序最为合适的英语称谓则是**自生自发秩序**。古希腊人较为幸运，因为他们有独特且不同的单个术语来分别指称这两种秩序，即用 taxis（外部秩序）来指称人造的秩序，例如一种战争秩序〔8〕，而用 kosmos（内部秩序）来指称增长的秩序，其原意是指“一个城邦或一个共同体中的正当秩序”。〔9〕当然，我们间或也会用这些专门的希腊术语来指称这两种秩序。

我们可以毫不夸张地说，社会理论始于——并且拥有一种对象，只是因为——这样一种发现，即人类社会中存在种种有序的结构，但它们是许多人的行动的产物，而不是人之设计的结果。在某些领域，这一发现已得到了人们的普遍接受。尽管人们曾一度认为，甚至语言和道德也是由过去的某个天才“发明出来的”，但是现在所有的人都已认识到它们是进化过程的产物，而该过程的结果则不是任何人能够预见的或设计的。然而在其他领域，仍有许多人以怀疑的眼光看待这种主张，即众多人之间的互动模式能够显示出一种并非任何人刻意创造的秩序；特别是在经济领域，一些批评者仍在对亚当·斯密“看不见的手”（invisible hand）的说法进行不可思议的嘲弄，但是需要指出的是，亚当·斯密是依照他那个时代的语言风格，用“看不见的手”这个说法去描述人们是如何被引导去“实现那些并非出于其意图的目的的。”〔10〕如果义愤填膺的改革者仍然抱怨经济事态的混乱，以为它毫无秩序可言，那么这在一方面是因为他们未能认识到一种并非刻意创造的秩序，而在另一方面则是因为他们认为一种秩序所旨在实现的是某种具体目的，然而正如我们将在下文中所见的那样，一种自生自发的秩序旨在实现的并不是特定目的。

我们拟在下文（见本书第二卷第十章）讨论预期与计划之间的吻合是如何达致的；这种吻合正是市场秩序所具有的特征，也是我们从该秩序中获得的利益的性质所具有的特征。然而，我们眼下所关注的只是这样两个问题：一是要揭示出人类社会中确实存在着一种并非由人创造的秩序；二是要阐明这个事实之所以较难为人们所接受的原因。我认为，主要原因是，诸如市场这样的秩序并不会主动进入我们的意识之中，而必须凭靠我们的智力对之进行探索。我们不可能用肉眼看到，也不可能经由直觉而认知到这种由颇具意义的行动构成的秩序，而只能够经由对不同要素之间所存在的各种关系的探索而从心智上对它加以重构。自生自发秩序的这个特征可以被概括为：它是一种抽象的而非具体的秩序。

自生自发秩序的鉴别性特征

人们习惯于把秩序与人造秩序或外部秩序等而视之，然而这种思考方式导致了一个结果，即他们趋向于把某些刻意安排（deliberate arrangements）通常具有的并在某种意义上必然具有的特征强加给所有秩序。这种人造秩序是相对**简单**的，换言之，这种秩序只具有该秩序的创造者能够审视且把握的那种较低的复杂程度；它们在前述意义上（亦即在它们的存在可以依凭观察而为人们直觉认知的意义上）往往是**具体的**；最后，由于这种人造的秩序是刻意创造出来的，所以它们始终是（或一度是）服务于**该秩序创造者的目的的**。需要指出的是，所有上述特征都未必是一种自生自发的秩序或内部秩序所拥有的。自生自发秩序的复杂程度并不止于人之心智所能把握的程度。自生自发秩序的存在无须为我们的感官能力所及，因为它有可能是以那些只能被我们从心智上加以重构的纯粹的**抽象**关系为基础的。再者，由于自生自发秩序不是被创造出来的，所以我们没有理由说它**有一个特定的目的**，尽管这种秩序之存在的意识对于我们成功地追求各种各样的目的来说也许有着极为重要的意义。

自生自发的秩序未必都是复杂的，但是与刻意的人为安排不同，它们有可能达致任何一种复杂程度。我们的一个主要论点认为，含括了远远多于人脑所能探明或操纵的特定事实的极为复杂的秩序，只有通过那些能够导使自生自发秩序得以型构的力量推进，才可能实现。

自生自发秩序也未必是我们所称之为抽象的秩序，然而它们却常常是由只能根据抽象特性加以界定的要素之间的抽象关系构成的，也正因为如此，人们不可能经由直觉而认知到这种秩序；再者，除非人们所依据的是一种对它们特征进行解释的理论，否则人们也不可能认识它们。这种秩序的抽象特性之所以具有重要意义，乃立基于这样一个事实，即尽管这种秩序所包含的所有特定要素乃至这些要素的数量发生了变化，它们仍会存续下去。维续这样一种抽象秩序所须做的，就是对某种特定关系结构加以维护，或者使某一特定种类（但数量是可变的）的要素继续以一种特定方式发生关系。

然而，更为重要的还是自生自发秩序与目的这一概念之间所存在的那种关系。由于这样一种秩序并不是由一个外在的能动者所创造的，所以这种秩序本身也就不可能具有目的，尽管目的的存在对于那些在该秩序内部活动的个人是极具助益的。但是在另一个意义上，如果“目的”在这里仅指这些要素的行动趋向于确保该秩序的维续或恢复的话，我们也可以说这种秩序是以它的要素所采取的有目的的行动为基础的。把此一意义上的“有目的的”术语当作生物学家所称的一种“目的论的速记”（teleological shorthand）来使用，是无可非议的，只要我们不是用它来意指对要素目的的意识，而仅指要素业已获得的那种有助益于维续该秩序的行为常规性——这是因为按照一定方式行事的要素与并不以一定方式行事的要素相比，可能会在由此形成的秩序中拥有更大的存续机会。然而，总的来说，在这种情况下最好还是避免使用“目的”这个术语，而代之以“功能”这一术语。

自然界的自生自发秩序

扼要讨论一下我们在自然界发现的某些自生自发秩序的特征，一定会颇具启发意义，因为自生自发秩序的某些特有属性在自然界表现得最为清晰。在物理世界，存在着许多复杂秩序的实例；就这种复杂秩序而言，我们只能运用那些趋向于导使这些秩序之型构的已知力量来促成它们，而永远也不可能凭靠刻意把每个要素都置于恰当位置的方式来实现它们。通过把所有单个原子都置于其恰当的位置之中以使它们形成一个晶体或使它们形成一种以构成一有机化合物的苯环为基础的系统，是不可能的。但是，我们却能够创造一些条件，以使每个原子在这样的条件下按这种方式自行安排或自行组合。

我们需要追问的是，在这些实例中，究竟是什么因素决定着即将形成的晶体或化合物的一般特征的同时，又决定着它们内部的任何一个要素的具体位置呢？这里的关键点在于，诸要素的行为常规性虽能决定由此形成的秩序的一般特征，但却无法决定该秩序具体表现形式的所有细节。由此形成的抽象秩序表现自身的特定方式，除了取决于支配要素的行动规则以外，还取决于各要素所占据的初始位置，甚至还要取决于每一个要素在该秩序的形成过程中所回应的即时环境中的所有特定情势。换言之，这种秩序始终是对大量特定事实所做的一种调适，而这些事实形成的整体，则没有人能完全弄清。

我们应当指出的是，不仅当所有要素都遵循同样的规则并且它们不同的行动都只取决于各个要素之间不同的相对位置的时候，而且——正如在化合物的事例中所发生的情形——当不同种类的要素在某种程度上遵循不同的规则而行事的时候，都会产生一种常规性的模式。不论上述两种情况中发生哪一种，我们所能够预测的都只是自我型构秩序的一般特征，而不是任何一种特定要素在相对于任何其他要素的情况下所占据的特定位置。

物理现象中的另一个例子，从某些方面来讲更具启示意义。在一项尽人皆知的教学实验中，我们可以发现，一张纸上的铁屑会顺着纸下移动的磁铁的某种磁力路线而自行排列起来。在这项实验中，我们所能够预测的只是那些自行聚在一起的铁屑所形成的各种链的一般形状，然而却不可能预测这些链会在界定磁场的无数曲线的谱系中究竟会按哪条路线自行排列。这将取决于每一颗铁屑的位置、方向、重量、粗糙程度或光滑程度，还将取决于此项实验中所使用的纸张表面所具有的不规则情形。因此，从磁铁发出的磁力以及从每一铁屑中发出的力都将与其环境发生互动，从而产生一个独特的有关一般模式的实例：尽管这一实例的一般特征将取决于已知的规律，但是它的具体样式却取决于我们不能完全探明的特定情势。

在社会中，对自生自发秩序的依赖既扩展了也限制了我们的控制力

一种自生自发的秩序源出于若干个别要素对一些情势的调适，这些情势所直接影响的只是这些要素中的一部分，而且它们作为一个整体也无须为任何个人所知道，所以这种秩序的复杂性可以扩展至任何人的心智都不可能完全理解的程度。因此，一旦我们从物理世界转向诸如我们在生命、心智和社会等领域中所遭遇的一些“组织化程度较高的”或从根本上来说极为复杂的现象，那么自生自发秩序这个概念就变得特别重要了。在这里，我们不得不对一种“增长的”且具有一定复杂程度的结构做一番探讨；当然，这些社会结

构之所以具有且能够具有这种程度的复杂性，完全是因为它们是由自生自发的有序化力量（spontaneous ordering forces）产生出来的。因此，在我们力图解释这些结构，以及试图影响它们的特征的过程中，这些结构向我们提出了特殊的难题。由于我们至多只能够知道构成这些结构的各种各样的要素所遵循的规则，而无法知道所有的个别要素，也不可能知道每一个要素所面对的所有特定情势，所以我们的知识也就只能及至自我型构之秩序的一般特征。一如在人类社会中那样，即使在我们至少有能力改变诸要素所遵循的某些行为规则的情况下，我们据此而能够影响的也只是由此形成的秩序的一般特征，而绝非它的细节。

这意味着，尽管对自生自发有序化力量的运用能够使我们促成一种我们永远也不可能在智识上加以把握或刻意安排的高度复杂（即要素数量极大、种类繁多、条件差别极大）的秩序的形成，但是与我们对一种经由安排而产生的秩序之细节所具有的控制力相比较，我们对上述那种复杂秩序的细节控制力仍旧要弱得多。在自生自发秩序的情形中，我们可以通过确定一些形成秩序的因素来确定它们的抽象特征，但是我们却不得不把具体细节留给我们并不知道的情势去决定。因此，通过对自生自发有序化力量的依赖，我们能够扩展我们可以促使其形成的那种秩序的范围，但是我们所能够做的也只此而已，这完全是因为决定其特定表现样式的情势比我们所能知道的要多——再者，在社会秩序的情形中，这样一种秩序会运用每个社会成员所具有的分立的知识，而这种知识绝不可能为个别心智所完全掌握，也不可能受制于一个心智所展开的那些刻意协调或调适的过程。

因此，与我们能够对一种人造秩序或外部秩序所施以的控制力相比较，我们对扩展的且较为复杂的秩序所能施以的控制力要弱得多。对于扩展秩序的许多方面，我们实际上根本就无力控制，或者说，如果我们不干涉——并在相当程度上妨碍——那些产生自生自发秩序的力量，那么我们甚至毫无改变它们的可能。换言之，如果我们不扰乱整个秩序，那么我们试图左右或改变个别要素的特定位置或特定个人之间及群体之间的关系的欲求，就根本不可能得到满足。就此而言，我们对一个具体安排或外部秩序所拥有的支配力量，在自生自发秩序的情形中就不再具有了，因为就自生自发秩序而言，我们所知道的且能够施以影响的只是它的抽象方面。

这里需要强调的是，在两个不同方面，秩序可以被认为是一个程度问题。一系列物体或事件所确立的秩序是否良好，完全取决于我们能够学会预测的要素之特性（或者要素之间的关系）的多少。就此而言，不同秩序可能以下述一种或两种方式而相互区别开来：第一，有序性（orderliness）所关涉的可能只是要素间为数极少的关系，或者是要素间为数极多的关系；第二，如此界定的常规性可能会得到全部或近乎全部实例的确认，或者被发现只存在于多数实例之中，进而使我们只能在一定程度上预测它是否会出现。在上述第一组情势中，我们可以预测的只是由此形成的结构所具有的少数特征，但却有很大的把握；这样一种秩序会很有限，但仍然可能是完善的。在前述第二组情势中，我们有可能预测更多的东西，但只有一定程度的把握。知晓关于一种秩序之存在的知识，无论如何都是有助益的，即使这种秩序只以前一种方式存在或以上述两种方式存在；再者，对自生自发的有序性力量的依赖也是可取的，甚或是不可或缺的，尽管一个系统趋向于的秩序，事实上只是在相当不完善的意义上达致的。尤其需要指出的是，市场秩序通常只能确使人们所预期的关系在一定程度上得到实现，但是无论如何，它依旧是使如此之多的依赖于分散知识（dispersed knowledge）的活动能够被有效地整合进一个秩序之中的不二法门。

自生自发秩序源出于其要素对某些行为规则的遵循

我们已指出，自生自发秩序的形成是它们的要素在应对即时性环境的过程中遵循某些规则所产生的结果。我们之所以还需要对这些规则的性质做更为充分的探讨，部分原因是“规则”（rule）这个词易于被用来意指某些错误的观念，而另一部分原因则是那些决定一种自生自发秩序的规则，在某些重要方面与调整一种组织秩序或外部秩序所需要的规则相区别。

首先，我们在前文给出的物理世界中的自生自发秩序实例极富启示性，因为它们明确表明，支配这类自生自发秩序要素的行动规则，无须是为这些要素“所知”的规则；这些要素只须实际上以这些规则所能描述的方式行事就足够了。因此，我们在这种场合所使用的规则概念，* 并不意指这些规则是以明确阐述的（“形诸于文字的”）形式而存在的，只意味着人们有可能发现个人在行动中事实上所遵循的规则。为了强调这一点，我们偶而也采用“常规性”（regularity）的说法而不是规则，但是，常规性所意指的当然是要素按照规则行事。

这一意义上的规则乃是在那些遵循它们的要素并不明确知道它

---

* 我们需要指出的是，在1960年以前，哈耶克极少使用“规则”（rule）这个术语。事实上，他在《感觉秩序》（Sensory Order，1952）一书中就试图不用“规则”这个术语来讨论认知心理学的问题；只是在1960年出版的《自由秩序原理》一书中，他才开始大量使用这个术语，但也很少对这个术语进行限定。自此以后，他才开始对这个术语进行限定，称其为“行动规则”（rules of action），而到1967年，他又采用了“行为规则”（rules of conduct）这个术语，并在其后的著述中一直交替使用这两个术语。显而易见，这个问题绝非只是一个语义学的问题，因为从他于1967年所发表的论文“关于行为规则系统之进化问题的评注”（Notes on the Evolution of Systems of Rules of Conduct）的副标题“个人行为规则与社会经济行动秩序之间的互相作用”（The Interplay between Rules of Individual Conduct and the Social Order of Actions）来判断，我们可以发现他经由对此一术语的征用而达致了对“个人行动者遵循的行为规则”与由此而产生的“社会行动秩序或整体秩序”的明确界分。——邓注

们的情况下存在并发挥作用的；规则的这一特点也同样适用于诸多支配着人之行动并据此决定着一个自生自发社会秩序的规则。从人能够用文字陈述规则的意义上看，人当然不知道所有指导其行动的规则。至少在原始人的社会里——与动物世界几乎没有多大差别，社会生活结构是由那些仅以事实上为人们所遵守的方式而存在的行为规则所决定的。只是当个人智力开始在很大程度上区别于原始人智力的时候，人们才有必要以这样一种形式来表述这些规则，因为依据此一形式，这些规则能够得到传播并可以被明确地传授、违反规则的行为也能够得到纠正，而且人们就适当行为的不同见解也能够得到裁定。尽管人类在没有他们所遵循的法律的情况下是无法生存的，但是，人类却的确在没有他们所“知道”的法律的情况下生活了千百万年；所谓“知道”，在这里是指他们能够阐明这些法律。

然而，就这个问题而言，更重要的意义是，在个人行为中，并不是每一种常规性都一定会产生整体秩序。此外，显而易见的是，某些支配个人行为的规则还会使一种整体秩序的形成成为完全不可能的事情。因此，我们的问题在于，何种行为规则会产生一种社会秩序，而特定的规则又会产生何种秩序。

要素之行为规则并不产生秩序的经典例证可见之于物理科学：热力学第二定律或熵之定律（the law of entropy）；根据此定律，气体分子以匀速沿直线运动的趋向会产生一种为人们称之为“完全失序”（perfect disorder）的状态。显而易见，社会中也有这种情况；例如，某种完全常规性的个人行为可能导致的只有失序：如果一项规则规定，任何个人都应当努力杀死他所遇到的任何其他人，或者，任何个人在看见其他人时都应当立即逃走，那么显而易见，对这一规则的遵循，就完全不可能产生这样一种秩序，即在这种秩序中，个人的活动是以他与其他人的合作为基础的。

因此，只有当那些引导个人以一种使社会生活成为可能的方式行事，并且规则是经由选择的过程而演化出来的时候，社会才可能存在。我们应当牢记，为了实现这个目的，选择会在不同类型的社会之间展开，亦即在它们各自秩序之特性的指导下展开，但是我们也应当同样牢记，支撑这种秩序的特性是个人的特性，即他们在遵循整个群体的行动秩序时，所赖以为基础的某些行为规则方面的倾向。

换言之，在一种社会秩序中，每个个人所应对的特定情势乃是那些为他所知道的情势。但是，只有当个人遵循的是会产生一种整体秩序的规则时，个人对特定情势所作的应对才会产生一种整体秩序。如果他们所遵循的规则都是这样一些会产生秩序的规则，那么即使他们各自的行为之间只具有极为有限的相似性，也足以产生一种整体秩序。这样一种秩序会始终对无数不同的情势做出调适；然而需要指出的是，这些情势乃是全体社会成员所知道的，但是这些情势作为一个整体，却是任何一个社会成员所不知道的。这未必意味着不同的人会在相似的情势中做完全同样的事情；它仅仅意味着，对于这样一种整体秩序的型构来说，从某些方面看，所有个人都必须遵循某些明确的规则或者他们的行动都必须被限定在一定范围之内。换句话说，为了确使某种明确的整体秩序得以形成，个人对他们周遭的各种事件所做的调适或应对就必须具有相似性，当然只须在某些抽象方面保有这种相似性就足够了。

因此，无论是对社会理论还是对社会政策都具有核心重要性的问题，便是这些规则必须拥有什么样的特性才能使个人的独立行动产生出一种整体秩序。一个社会中的所有个人都会遵循某些规则，原因是他们的环境以相同的方式展示于他们；他们也会自发遵循一些规则，是因为这些规则构成了他们共同的文化传统的一部分；但是人们还会被迫遵守另外一些规则，因为，尽管无视这样的规则可能会符合每个个人的利益，然而只有在这些规则为人们普遍遵守的时候，他们的行动得以成功所须依凭的整体秩序才会得以产生。

一如我们所知，在以交换为基础的现代社会，个人行为中所具有的一种极为重要的常规性，乃源出于大多数个人所处于的为挣一份收入而工作的境况所具有的那种相似性；这意味着，他们通常都愿意从自己的辛劳工作中获得较大而不是较小的回报；再者，这也常常意味着，如果取得回报的前景得到改观，那么他们就会在此一特定方向上做出更大的努力。因此，要使这样的社会具有某种秩序，人们就至少要在相当频繁的程度上普遍遵循上述规则。但是，大多数人会遵循这项规则的事实还不能够完全确定由此产生的秩序特征，仅此事实本身也肯定不足以使秩序具有一种有助益的特征。为了使由此形成的秩序具有一种有助益的特性，人们还必须遵循某些约定性的规则（conventional rules）；值得注意的是，这些规则并不是人们对因果关系洞见的结果，也不是他们所欲求的结果，而是一种规范性的规则，亦即告诉人们何者应当做或何者不应当做的规则。

我们拟在下文中对人们事实上所遵循的各种规则与由此而形成的行动秩序之间的确切关系做更为详尽的讨论。在对这种关系所做的讨论中，我们的关注点将主要集中在法律规则上面：由于我们能够刻意地改变这种规则，所以它们成了我们影响那个因遵循规则而形成的秩序的主要工具。而现在，我们则必须首先明确这样一个问题，即尽管自生自发秩序立基于其上的规则也可能是自生自发形成的，但是实际情况却未必始终如此。毋庸置疑，一种秩序之所以最初是以自生自发方式形成的，是因为个人所遵循的规则并不是刻意制定的产物，而是自生自发形成的结果，但是需要强调指出的是，人们逐渐学会了如何改进这些规则；因此，人们至少可以想象，自生自发秩序的形成是完全以刻意制定的规则为基础的。我们必须把由遵循规则而产生的秩序所具有的自生自发特性与这种秩序立基其上的规则所具有的自生自发性起源区别开来；再者，一种不得不被称之为自生自发的秩序，也可能是以完全刻意设计出来的规则为基础的。当然，就我们所熟悉的这种社会而言，在人们所实际遵循的规则中，只有一部分是刻意设计的产物，如一部分法律规则（但是即使是法律规则，它们也不都是刻意设计的产物），而大多数道德规则和习俗却是自生自发的产物。

即便是那种以人造规则为基础的秩序，也可能会具有自生自发的特征。这可以见之于下述事实，即这种秩序的特定表现形式将始终取决于诸多情势，而这些情势则是那些规则的设计者所不知道也不可能知道的。此外，这种秩序的特定内容还将取决于一些具体情势，而这些情势则是仅为那些遵循规则并把它们适用于特定事实的个人所知道的情势；当然，这些特定事实也只有这些个人所知道。正是经由这些个人所具有的关于规则和特定事实这两个方面的知识，这些规则和特定事实才能确定由此形成的秩序特性。

自生自发的社会秩序是由个人和组织构成的

在任何一个规模较大的群体中，人们之间的合作都始终是以自生自发秩序和刻意建构的组织为基础的。毋庸置疑，对于诸多内容明确的任务来说，组织是促使我们进行有效合作的最有力量的手段，因为它能够使作为结果的秩序更符合我们的愿望；然而，在另一些情形中，亦即在我们因所需考虑的情势太过复杂而必须依赖那些有助益于自生自发秩序力量的情形中，我们对这种秩序的特定内容所拥有的控制力量则必定会受到限制。

一般来讲，上述两种秩序会共存于任何一个复杂社会之中，而不论其复杂程度如何。然而，这一事实并不意味着我们可以用我们所喜欢的任何一种方式把这两种秩序混为一谈。我们在所有的自由社会所发现这样一个事实：尽管一些群体会为了实现某些特定目的而组织起来，但是所有这些独立的组织和个人所从事的活动之间的协调，是由那些有助益于自生自发秩序的力量所促成的。家庭、农场、工厂、商行、公司和各种结社团体，以及包括政府在内的一切公共机构，都是组织，但是反过来它们又会被整合进一种更为宽泛的自生自发秩序之中。用“社会”（society）这一术语来描述这一自生自发的整体秩序是颇为可取的，因为这可以使我们将它与所有存在于其间的规模较小的组织群体区别开来，还可以使我们将它与一些规模较小的且多少有些独立的群体区别开来，比如说游牧部落、部族或氏族，因为这些群体的成员至少在某些方面是为了实现共同的目的而在一个核心的指导下行事的。在某些情形下，同一个这样的群体，有时候（比如在从事大多数日常事务的时候）会作为一种自生自发的秩序发挥作用，而这种秩序是在遵循约定性规则而无须服从命令的情形下得到维护的，但是在另一些时刻（比如在狩猎、迁移或打仗的时候），它则会作为一个组织而按照头领的指导意志行事。

我们称之为“社会”的自生自发秩序，也无须具有一个组织所通常具有的明确边界。在一个联系较为松散的但是所涉却较为宽泛的秩序中，往往会有一个或者好几个由联系较为紧密的个人组成的核心，这些核心在该秩序中占据着重要地位。大社会中的这些特定的“社会”可能会因空间上的毗邻而产生，也可能因一些其他会使其成员产生较密切关系的特殊情势而产生。这类不尽相同的部分性社会（partial societies）往往存在着重合的现象，而且每个个人除了作为大社会的一个成员以外，还可能是众多其他自生自发的次级秩序（spontaneous suborders）或这种部分性社会中的成员，也同样可能是存在于极为宽泛的大社会之中的各种组织的成员。

在大社会内部的各种组织中，有一种组织通常占据着一个极为特殊的位置，这就是我们所说的政府。尽管我们可以想象，如果为型构被称之为社会的自生自发秩序所必需的最少量规则，在没有一个组织机构强制实施的情况下仍能够得到人们的遵循，那么这种秩序便可以在没有政府的情况下存在，但是，在大多数场合，为了确使那些规则得到遵守，我们称之为政府的那种组织是不可或缺的。

政府的这一特殊功能有点像工厂维修队的功能，因为它的目的并不在于提供任何特定的服务项目或公民消费的产品，而在于确使调整产品生产和服务提供的机制得以正常运转。一般而言，这个机制为之服务的目的，是由那些操作该机制各个部分的人所决定的，最终也是由那些购买其产品的人所决定的。

这里需要指出的是，个人会运用这种工作性结构（operating structure）为自己的目的服务；然而，负责保证这种工作性结构正常运转的政府，除了担当着强制实施该秩序赖以为基础的规则的任务以外，通常还应当提供自生自发秩序所不能充分提供的其他服务。政府所具有的这两种分立功能一般都没有得到明确界分；然而，正如我们将在下文中所见的那样，对政府在实施行为规则方面所具有的强制功能，与它在只须管理那些由其支配的资源方面所具有的服务功能之间做出界分，具有着根本的重要意义。当政府实施其服务功能的时候，它只是许多组织中的一个组织，而且就像其他组织一样，它只是自生自发的整体秩序中的一部分，而当它实施其强制功能的时候，它则是在为维续这个整体秩序提供一项基本的条件。

在英语中，根据“社会”（society）与“政府”（government）这两个术语间的区别来探讨上述两种类型的秩序不仅是可能的，而且长期以来人们也是这样做的。由于我们在这里所关注的只是一个国家（country）中的问题，所以在探讨这些问题的时候，我们没有必要引入“国家”（state）这个具有形而上意义的术语。在很大程度上讲，正是在欧洲大陆思想的影响下、尤其是在黑格尔思想的重大影响下，人们才在以往一百年中广泛地接受了在说

“政府”更为合适且更为准确的地方而代之以“国家”(最好用大写“S”，即写作 State)的做法。然而，实施法律或推行一项政策的机构却始终是政府组织；而且在用“政府”已经足够的地方又把“国家”这一术语扯进来，并不会有助于问题的澄清。当用“国家”而不是用“政府”与“社会”相对照并以此方式来表示前者是一个组织而后者是一自生自发秩序的时候，它就更具误导性了。

自生自发秩序的规则与组织的规则

我们的一个主要论点认为，尽管自生自发秩序与组织会始终共存，但是这两种秩序的原则仍不能以我们所希望的任何方式混淆起来。如果这一点尚未得到人们较为普遍的理解，那实是因下述事实所致：为了确定这两种秩序，我们必须依凭规则，然而这两种不同的秩序所要求的规则种类之间所存在的重要区别却还没有得到人们的普遍认识。

在某种程度上讲，每个组织也必须依凭规则而非仅受具体命令之约束。组织需要遵循规则的理由，实是与使一个自生自发秩序必须只依凭规则的理由完全相同：根据规则而非具体命令来指导个人的行动，有可能使任何人都无法从整体上拥有的知识得到运用。在任何一个组织里，只要其成员不是组织者的纯粹工具，那么，该组织经由命令所确定的就只能是每个成员所应履行的职能、所应达到的目的、以及应予采用的方法所具有的某些一般特征，而必须把所有的细节都交由个人，根据他们各自的知识和技术去决定。

组织在这里遇到了任何试图把复杂的人之活动纳入秩序之中的努力所会遇到的问题：组织者肯定会希望个人以合作的方式去运用该组织者自己并不拥有的知识。只是在最为简单的那种组织中，人们才可以想象由单一心智支配所有活动的所有细节。然而，确凿无疑的是，任何人都不曾成功地对复杂社会中展开的所有活动做到全面且刻意的安排。如果有什么人能够成功地把这样一种复杂的社会完全组织起来，那么该社会也就不再需要运用众多心智，而只需依赖一个心智就足够了；再者，即使真的发生这种情况，这种社会也肯定不是一种极复杂的社会，而只是一种极端原始的社会——而那个以其知识和意志决定每件事情的心智，也很快就会变得极端原始。这是因为那些能够被纳入这样一种秩序设计中的事实，只能是那些为这一心智所知道和领悟的事实；再者，由于只有他一个人能够决定采取何种行动并从中获得经验，所以也就不会存在惟一能使心智得以发展的众多心智之互动的状况。

那些支配一个组织内部的行动规则，有着一个显著的特征，即它们必定是履行组织所分派任务的规则。它们的预设是，每个个人在一个确定结构中的位置乃是由命令所决定的，此外，每个个人必须遵循的规则，不仅取决于他在该结构中所占据的位置，而且也取决于发号施令的权力机构为他所规定的特定目的。因此，这些规则所调整的只是政府任命的职能机构或执行机构的行动细节。

据此，组织的规则必定依附于命令，而且只能调整命令所未规定的事项。对于组织内部的不同成员来讲，规则会根据他们各自被分派的不同角色而有所不同，而且人们也必须根据组织命令所确定的特定目的来解释这些规则。在这样的组织中，如果特定命令不分派职责，也不确定所应追求的目的，那么完全抽象的规则就不足以告诉每个个人什么是他所必须做的事情。

与组织的规则构成对照，支配自生自发秩序的规则必定是目的独立的（independent of purpose）和平等适用的：即使未必对所有成员都适用，至少也要对整个成员阶层适用。一如我们将在下文中所见的那样，它们必须是那些适用于在数量上未知的和不确定的人和事的规则。它们也必须由个人根据其各自的知识和目的加以适用；再者，个人对它们的适用亦将独立于任何共同的目的，而且个人甚至无须知道这种目的。

用我们所采纳的术语来说，这意味着自生自发秩序立基于其上的一般性法律规则（the general rules of law）所旨在实现的乃是一种抽象秩序（an abstract order），而该秩序所具有的特定的或具体的内容则是任何人所不知道的，也是任何人所不能预见的；然而，那些支配一个组织的命令和规则所服务的则是那些控制着此一组织的人所旨在达到的特定结果。规则所旨在维续的秩序复杂程度越高，那些必须由指导全局的人所不知道的情势来决定的分立行动范围就会越大，而且控制也就会越发依赖于规则而不是具体命令。一如我们所知，在最为复杂的组织类型里，由最高权力机构发布的命令所决定的只是具体职责的分派或一般目标的确定，然而这些职责的履行却只能由相应的规则加以调整。当然，这些规则对于分派给特定人士的职责来说，至少在某种程度上讲是相当具体的。政府，作为一种组织，必须致力于实现一系列严格限定的且明确无误的具体目的；只有当我们从这个规模最大的组织（即政府）转向整个社会的整体秩序时，我们才会发现一种完全依凭规则且在性质上完全是自生自发的秩序。

正是由于现代社会结构并不依赖于组织而是作为一种自生自发的秩序演化发展起来的，所以它才达致了它所拥有的这种复杂程度，而且它所达致的这一复杂程度也远远超过了刻意建构的组织所能够达致的任何复杂程度。当然，那些使这种复杂秩序的发展成为可能的规则，事实上在最初的时候并不是根据人们对这一结果所做的预期而设计出来的；真实的情况毋宁是，那些因偶然的缘故而采纳了妥适规则的人们发展出了一种复杂的文明，此后这种文明又不断扩展到了其他族群。因此，那种因现代社会已变得如此复杂而主张我们必须刻意规划现代社会的观点是极其荒谬的，也是在完全误解了这些发展进程情况下所造成的结果。不争的事实是：我们之所以能够维续如此复杂的秩序，所凭靠的并不是操纵或控制社会成员的方法，而只是一种间接方式，亦即对那些有助益于型构自生自发秩序的规则予以实施和改进的方式。

一如我们所见，人们不仅完全不可能在以组织替代自生自发秩序的同时，又欲求尽可能地运用其成员所掌握的分散知识，而且也完全不可能在以直接命令的方式干涉自生自发秩序的同时，又达致对这种秩序的改进或矫正。显而易见，以这种方式将自生自发秩序与组织混合在一起的做法，绝不可能是一种理性的选择。尽管用依附性规则（subsidiary rules）来补充那些支配一个组织的命令，并且把组织视作自生自发秩序的要素，都是不无道理的，但是，用孤立且辅助性的命令来补充那些支配自生自发秩序的规则绝不可能有任何助益，因为在这些孤立且辅助性的命令所涉及的活动中，人们的行动原本是由一般行为规则所指导的。这就是反对“干预”或“干涉”市场秩序之论辩的要旨所在。这些要求自生自发秩序中的成员采取具体行动的孤立的命令，之所以绝不可能改进而注定只能扰乱这一秩序，是因为这样的命令所指涉的只是相互依赖行动之系统的一部分，而大多数这种相互依赖的行动是由只为诸行动者所知而不为管理机构所知的信息和目的所指导或决定的。自生自发秩序源出于每个要素对作用于它的一切因素所做的平衡以及每个要素对彼此间的一切行动所做的协调，然而，如果这些行动中有一部分由另一个机构依据不同的知识并为了实现不同的目的来决定，那么上述平衡就会遭到破坏。

因此，那种反对“干预”的一般论辩认为，尽管我们能够经由修正自生自发秩序赖以为基础的一般性规则而努力改进这种秩序，而且也能够用各种组织的努力来促成这种结果，但是我们却不可能以发布具体命令的方式来改进这种结果，因为具体命令会完全扼杀其成员用自己的知识去实现自己目的的可能性。

基于上文的讨论，我们还将在本书的其他章节中始终关注这样两个问题：一是这种规则是如何为两种全然不同的法律观念提供典范的；二是这种状况又是如何使那些运用同一个“法律”（law）术语的论者实际上却是在意指完全不同的东西。在历史长河中，这两个问题在下述两种观点间的冲突中可以说是最为凸显：一些论者认为法律与自由不可分离，〔11〕而另一些论者则认为法律与自由是不可调和的。我们在古希腊人和西塞罗〔12〕经中世纪〔13〕到约翰·洛克、大卫·休谟、伊曼纽尔·康德等古典自由主义者〔14〕以及苏格兰道德哲学家、直至19世纪及20世纪的许多美国政治家〔15〕的历史发展过程中发现了一个伟大的传统：对于他们来说，法律与自由相互依存而不可分离；然而，对于托马斯·霍布斯、杰里米·边沁〔16〕、众多法国思想家〔17〕和现代法律实证主义者来说，法律则必然意味着对自由的侵犯。在这么多伟大思想家之间所存在的这一明显冲突，并不意味着他们达致了相反的结论，而只意味着他们是在不同意义上使用着“法律”（law）这个术语。

关于“有机体”与“组织”这两个术语

本章所考察的两种秩序间的区别在过去已被人们做了相当普遍的讨论，然而我们还是有必要在这里对其间所涉及的一些术语再做几点评论。自19世纪初叶始，“有机体”（organism）与“组织”（organization）这两个术语就一直被频繁地用于指称两种不同类型的秩序。由于我们反对采用“有机体”这个术语而主张在特定意义上使用“组织”这个术语，所以对这两个术语的历史做一些讨论也许是颇为必要的。

自古以来，人们就一直用有机体来类比自生自发的社会秩序，这可以说是极为自然的，因为在那个时候，有机体是惟一一种尽人皆知的自生自发秩序。有机体的确是一种自生自发的秩序，而且它本身也显示出了其他自生自发秩序的许多特征。因此，从有机体论中借用诸如“增长”（growth）、“适应或调适”（adaptation）和“功能”（function）这样一些术语的做法，在当时也是颇为盛行的。然而需要指出的是，有机体乃是一种非常特殊的自生自发秩序，因为它还拥有一些未必属于所有其他自生自发秩序的特性；因此，用有机体来类比所有自生自发的社会秩序，与其说是一种帮助，还不如说是极具误导性。〔18〕

把有机体与自生自发社会秩序区别开来的首要特性在于：在一个有机体中，大多数个别要素都占据着固定位置，至少当该有机体成熟的时候，这些要素就会一直占据它们已获得的位置。一般而言，有机体在一定程度上是一种恒定系统，它们由一定数量的要素组成，尽管其间某些要素可能会被相等的新要素所取代，但是它们作为一个整体却会维续一种经由感观而易认知的空间秩序（an order in space）。因此，套用我们所采纳的术语来说，与自生自发社会秩序相比较，有机体是一种较为具体的秩序；因为就自生自发社会秩序而言，即使是要素总量发生了变化，而且个别要素也改变了它们的位置，但是该自生自发秩序仍会得到维续。有机体秩序所具有的这种相对意义上的具体特性，可以从下面这个事实中反映出来，即它们作为独特的整体存在，可以经由感官直接认知到，但是抽象的自生自发社会结构秩序，通常只能经由心智而重构。

把社会解释成一个有机体的观点，几乎不可避免地会被用来支持等级制的观点和威权主义的观点，然而更具一般性的自生自发秩序观念却并不支持这两种观点。的确，自 Menenius Agrippa 在罗马平民首次分裂的事件中用有机体这个隐喻来论证一个特定群体所拥有的特权为正当以来，人们为了达到相似的目的，也肯定无数次地使用了这种隐喻法。有论者认为，应当根据特定要素所具有的独特的“功能”来分派它们所应占据的固定位置；而另有论者认为，与自生自发的社会结构所具有的抽象特性相比较，生物结构具有更为具体的确定性；这两种观点已明确表明，有机体的观念在社会理论方面的价值是值得怀疑的。此外，当有机体的观念被解释成一种人造秩序或外部秩序时，它被滥用的程度甚至远远超过了“秩序”这个术语本身；再者，这个观念还被不断地用来捍卫一种等级秩序、“等级”的必然性以及命令与服从的关系，甚至还被用来捍卫特定个人所具有的既得地位；正是由于所有上述原因，有机体这个观念也就当然变成了一个颇具疑问的观念。

另一方面，“组织”这个术语的使用，只是相对晚近的事情。该术语在19世纪时主要是作为“有机体”这个术语的对应词而存在的：人们常常把它与“有机体”术语放在一起来表达我们在前文所讨论的“人造秩序”与“自生自发秩序”之间的那种区别〔19〕；当然，我们在这里仍将用“组织”这个术语来指称一种人造秩序或外部秩序。“组织”这个术语似乎只是在法国大革命时代才得到普遍使用的；康德在论及这个术语时曾经指出，“在最近展开的那个把一个伟大民族重构成一个伟大国家的过程中，**组织**一词被频繁地而且相当妥适地用来指称地方行政机构乃至整个国家”。〔20〕这个术语后来成了拿破仑时代〔21〕的精神特征，并成为现代社会主义的主要奠基人圣西门主义者（the Saint Simonians）和社会学家奥古斯特·孔德〔22〕之“重构社会”（reconstruction of society）计划中的核心观念。在“社会主义”一术语得到普遍使用之前，“组织整个社会”（organization of society as a whole）的说法，实际上是当时的人们用以指称我们现在称之为社会主义的东西的一种公认方式。〔23〕这个术语在当时所具有的核心作用，尤其是它对于19世纪早期的法国思想所具有的作用，已为当时颇为年轻的欧内斯特·勒南（Ernest Renan）所明确领悟到了，他在1849年甚至把“科学组织人类”（a scientific organization of mankind）的理想视作是表述“现代科学及其勇敢但却合理的宏大抱负的最为时髦的一个术语。”〔24〕

在英语中，“组织”这一术语大约是在1790年才得到普遍使用的；当时，这个术语乃是人们在表达“为实现一明确的目的而做的系统安排”之意时所使用的专门术语。[25]但是，德国人却以一种特有的热忱采纳了这个术语；在他们那里，这个术语很快变成了一个指称一种特殊能力的术语，而他们则坚信自己在这一能力上优于其他民族。后来，这个问题甚至导致了法国学者与德国学者之间的敌对：在第一次世界大战期间，他们打了一场有点滑稽的跨越战线的笔墨官司，就两个民族中何者更有理由声称拥有组织之秘诀的问题大动干戈。[26]

在本书把“组织”这个术语的含义限定为一种人造秩序或外部秩序的过程中，我们所遵循的乃是它在社会学、尤其是以“组织理论”（organization theory）[27]而闻名的理论中所形成的那种普遍用法。此一意义上的组织观念，是对人之智力的力量的发现所产生的一个自然结果，尤其是建构论唯理主义的一般态度所导致的一个自然结果。在很长一段时间里，组织似乎成了人们能够刻意达致一种有助益于实现人之目的的秩序的惟一手段；当然，组织也确实是人们达到某些已知的且可预见的结果所可诉诸的一种明智而强有力的方法。但是需要强调指出的是，正如组织的发展是建构论所达致的诸多伟大成就之一，对组织之局限性的无视也同样是建构论所具有的最为严重的缺陷之一。建构论所忽视的是这样两个问题：第一，能够指导一个组织心智的成长，以及组织在其间得以发挥作用的更为宽泛的秩序的成长，都依赖于它们本身对那些不可预见的情势的调适；第二，超越个人心智之能力的惟一可能性，就在于对那些创造了自生自发秩序的超人格的“自组织”力量（super-personal “self-or-ganizing” forces）的依赖。

注　释：

* Adam Smith, *The Theory of Moral Sentiments*（London, 1759）, Part6, ch. 2, 倒数第二段。值得指出的是，这一段文字中包含了我们将不得不在整个这本书中使用的某些基本概念和术语；那个把“大社会”的自生自发秩序视之为与对要素进行刻意“安排”相对照的观念；对要素内部的规则（“运动原则”）与立法强加于要素的那些规则之间的“吻合”与“对立”进行界分；以及把社会过程解释成一种“竞技或生活”：当两种规则相协调时，这种竞技或生活会顺利地进行下去；而当这两种规则相冲突时，这种竞技或生活就会造成“失序”。

〔1〕参见我的论文“The theory of complex phenomena”，载拙著：*Studies in Philosophy*, *Politics and Economics*（London and Chicago, 1967，以下简称 *S. P. P. E*）。实际上，我之所以重新采用“秩序”（order）这个令人讨厌的术语，最初完全是出于方法论上的考虑。亦可参见拙著：*The Counter-Revolution of Science*（Chicago, 1952）, p. 39：“如果社会现象除了经由刻意而被设计出来以外，就不会显现出秩序，那么，有关社会的理论科学也就的确毫无立足之地了，而且一如人们时常主张的那样，所存在的也就只是心理学上的问题了。”在最近的讨论中，论者也时常在我使用“秩序”（order）一术语的那种意义上使用“系统”（system）一术语，然而在我看来，“秩序”（order）仍不失为一个较为可取的术语。

〔2〕人们在政治理论中之所以通用秩序这个概念，其渊源似乎可以回溯到圣·奥古斯丁（Saint Augustine），尤请参见他的对话 Ordo，载于 J. P. Migne（ed）*Patrologiae cursus completus sec. lat.* 32/47（Paris, 1861-2），德文版 *Die Ordnung*, trans. C. J. Peel, fourth edition（Paderborn, 1966）。

〔3〕参见 L. S. Stebbing, *A Modern Introduction to Logic*（London, 1933）, p. 228：“当我们知道一系列要素是如何得到安排的，我们也就有了推论的基础。”另请参见 Immanuel Kant, *Werke*（Akademie Ausgabe）, *Nach–lass*, vol 6, p. 669：“秩序就是彼此依法律所进行的合作”。

〔4〕参见 E. E. Evans-Pritchard, *Social Anthropology*（London, 1951）, p. 49；亦可参见该书第 19 页：

> “显而易见，在社会生活中，肯定存在着一致性和常规性的东西，而且社会也必定拥有着某种秩序，否则社会的成员就不可能生活在一起。完全是由于人们知道在各种各样的生活环境中其他人期望他们采取什么行为、又知道自己预期其他人采取哪些种类的行为，也完全是由于人们会依照规则协调彼此的行为并只遵循价值观念的指引，所以每个人或所有的人才能够干好自己的事情。人们之所以能够做出预测、预料事件、并与他们的同胞和睦相处，乃是因为每个社会都有一种我们可以称之为系统或结构的形式或模式；而社会成员正是在这

种模式中，以及在与这种模式相符合的情况下，过自己生活的。”

〔5〕参见 L. S. Stebbing，上引书，p. 229：“在人们工作的场合，秩序最为明显”。

〔6〕参见 J. Ortega y Gasset，*Mirabeau o el politico*（1927），in *Obras Completas*（Madrid，1947），vol. 3，p. 603：“Orden no es una presión que desde fuera se ejerce sobra la sociedad，sin un equilibrio que se suscita en su interior。”

〔7〕参见 H. von Foerster and G. W. Zopf，Jr（eds）*Principles of Self-Organization*（NewYork，1962）. 有关亚当·斯密预见到了控制论的主要概念的情况，可参见 G. Hardin，*Nature and Man's Fate*（New York，1961），p. 54；and Dorothy Emmet，*Function*，*Purpose and Powers*（London，1958），p. 90。

〔8〕参见 H. Kuhn，“Ordnung im Werden und Zerfall”，in H. Kuhn and F. Wiedmann（eds），*Das Problem der Ordnung*（Sechster Deustscher Kongress Für Philosophic，Munich，1960，publ. Meisenheim am Glan，1962），尤其是 p. 17。

〔9〕参见 Werner Jaeger，*Paideia*：*The Ideals of Greek Culture*，trans. G. Highet，vol. 1，second edition（New York，1945），p. 110；有关“米利都的阿那克西曼德把 *diké* 的概念从城邦的社会生活转向自然领域……乃是哲学上的内部秩序观的雏型：因为 diké 一词的原意是指一个国家或一个社会中的确当秩序”；另见该书第 179 页：“这样，宇宙机械论者的内部秩序（cosmos），通过思想上的一种奇怪的倒退，反而成了人类社会中的 eunomia 模式。”也可参见同一作者的“Praise of law”，in P. Sayre（ed），*Interpretations of Modern Legal Philosophies*：*Essays in Honor of Roscoe Pound*（New York，1947），尤其是 p. 358：

> “以此方式得到‘论证’的世界，可以确当地以另一个取自社会秩序中的术语来指称它，即‘内部秩序’（cosmos）；该术语最早出现在爱奥尼亚哲学家的语言之中；经由采取这一步骤并将 diké：的规则扩展至整个实在世界，他们明确地揭示出了希腊法律思想的实质；他们也据此表明，希腊法律思想是以正义与存在之间的关系为基础的。”

另见上引书第 361 页：“城邦〔the *Polis*〕赖以为基础的乃是法律。这样的法律并不只是律令，而是内部规则（nomos）；内部规则的原初含义所意指的乃是所有为有关正确与错误方面的‘活’习俗所尊重的规则”；又见该书第 365 页对这样一个事实的论述，即甚至在古希腊人对法律的信念崩溃的阶段，“内部规则（nomos）与内部秩序（cosmos）之性质之间的严格关系也没有受到普遍的质疑”。

然而，亚里士多德却把内部规则（nomos）与外部秩序（taxis）而不是与内部秩序（kosmos）联系起来，请参见 *Politics*，1287a，18，尤其是 1326a，30：*ho te gar nomos taxis tis esti*。对于亚里士多德来说，源自内部规则（nomos）的秩序会超出秩序的安排者所能了解的范围，是最不可思议的事情，“因为在战争中谁将来命令或指挥他的那些自高自大的群众呢？或者说，谁会作它的传令使者呢？除非他有 Stentor（荷马叙事诗 *Iliad* 中声音宏亮的传令使者）的肺活量。”在这样的人群中创造秩序，对亚里士多德来说，乃是一项只有诸神才能完成的任务。在其他的场合（*Ethics*，IX，x，§3），他甚至辩称说，一个拥有十万人的国家，亦即一个拥有十万人的有序的社会，是不可能存在的。

〔10〕Adam Smith，*Wealth of Nations*，edited by E. Cannan，vol. 1，p. 421.

〔11〕参见 G. Sartori，*Democratic Theory*（Detroit，1962），p. 306：

> “西方人在两千五百年的岁月中，一直都在法律中寻求自由……。〔然而〕人们普遍对于用法律保护自由这种做法所具有的价值进行的怀疑，却没有得到否证。事态之所以发展至此，其原因乃在于我们的法律观念发生了变化；因此，法律不再能向我们提供它在过去确实给我们提供过的那种保护了。”

〔12〕参见 Philo of Alexandria，*Quod omnis probus liber sit*，452，45，Loeb edition，vol. Ⅸ，p. 36：“*hosoi de meta nomou zosin*，*eleuterio*.”有关古希腊的自由，尤可参见 Max Pohlenz，*The Idea of Freedom in Greek Life and Thought*（Dordrecht，1962）. 关于西塞罗以及古罗马人的自由观念的一般文献，请参见 U. von Lütow，*Blüte und Verfall der romischen Freiheit*（Berlin，1953）；Theo Mayer-Maly，“Rechtsgeschichte der Freiheitsidee in Antike und Mittelater”，*Osterreichische Zeitschrift für offentliches Recht*，N. F. Ⅵ，1956；and G. Crifo，“Su alcuni aspetti della libertàin Roma”，*Aechivio Giuridico ‘Filippo Serafini’*，sesta serie，xxiii，1958。

〔13〕参见 R. W. Southern，*The Making of the Middle Ages*（New Haven，1953），p. 107 以次：

> “对那些不是由规则支配而是由意志支配的东西的仇恨，在中世纪达到了很深的程度。……人们在自由上达到的程度越高，受法律支配的行动领域也就越为宽泛，进而受意志支配的行动范围也就越小。……法律并不是自由的敌人；相反，自由的范围则是由各种各样在我们的时代缓慢演进的法律所描述出来的。……无论是上层人士，还是下层人士，都是通过坚持扩大他们所遵循的规则数量来寻求自由的。……只有当自由的质量是通过与骑士、市民、贵族的地位联系在一起而得到阐明的时候，自由的质量才能得到人们的观察、分析和评估。……自由乃是法律的造物，而法律则是行动中的理性；正是理性创造了人，一如我们应当指出的那样，理性也终于人自身。无论是约翰王的暴政，还是魔鬼的暴政，都是法律缺席的表现。”

〔14〕其中最为著名的人物也许是 Adam Ferguson，请参见他的 *Principles of Moral and Political Science*（Edinburgh，1792），vol. 2，p. 258 以次：

“自由（liberty or freedom），一如该术语的起源所意指的那样，并不是对一切约束的豁免，而毋宁是最为有效地对一个自由国家中的所有成员施以每一项公正的约束，而不论他们是执政者还是臣民。

惟有在公正的约束之下，每个人才是安全的，并且也不可能受到侵犯：无论是他的人身自由、财产自由，还是他的无害行为的自由，都不会受到侵犯。……建立一个公正而有效的政府，是市民社会的所有条件中，对自由最具根本性的条件：即如果每个人所置身于其间的政府强大到了足以保护他的地步，那么人们就可以确当地说他是自由的，而与此同时，这个政府还须受到充分的约束与限制，以防止它对这种权力的滥用。”

〔15〕据说 Daniel Webster 就说过这样的话，即“自由乃是法律的造物，它与得到授权的放任自由截然不同，因为这种放任自由会践踏权利”；据信 Charles Evans Hughes 也说过这样的话，即“自由与法律乃不可分割且紧密相伴”。上个世纪有许多大陆法学家都说过类似的话，例如 Charles Beudant, *Le Droit individuel et l'état*（Paris，1891），p. 5：“法律，从其最广泛的意义上讲，就是自由的科学。”此外，还有 Karl Binding，他在某一论著中辩称，“法律就是关于人之自由的秩序”。

〔16〕参见 J. Bentham，“Principles of the civil code”，in *Theory of Legislation*，edited by C. K. Ogden（London，1931），p. 98：“除非以牺牲自由为代价，否则就不可能制定法律”。又请见 *Deontology*（London and Edinburgh，1834），vol. 2，p. 59：

“没有几个术语比自由及其衍生语义更可恶的了。如果它的含义不是指纯粹的奇思怪想和教条主义，那么它指的就是好政府；如果好政府曾有好运在公众心目中占据着自由所一直占据着的那个位置的话，那么，那些玷污并阻碍了政治改革的罪行与蠢行，也就不大可能发生了。自由的一般定义——亦即自由是指做法律并不禁止的一切事情的权利——表明，在日常言说或写作的时候，人们在用词时是极其粗心大意的；这是因为，如果法律是恶法，那么自由会变成什么东西呢？如果法律是善法，那么自由的价值又在哪里呢？善法都有一个明确的且可以理解的含义；这些法律都是通过显然合适的手段而追求显然有益的目的的。”

〔17〕就此而言，可以参见 Jean Salvaire *Autoritéet liberté*（Montpellier，1932），p. 65 以次，他论辩道，“自由的完全实现，事实上，无非就是法律的完全取消。……法律与自由是相互排斥的”。

〔18〕Edmund Burke，“Letter to W. Elliot”（1795），in *Works*（London，1808），vol. 7，p. 366：

“在自然机体与政治机构之间所做的这些类比，尽管有时可以用来作为说明论据的事例，但是却无法为自身提供论据。在一种貌似有理的哲学的幌子之下，这些类比却当我们国家因紧急状况而召唤人们作出努力的时候，常常被有些人用来为那种因懒惰和怯懦而造成的绝望寻找借口，并且也常常被用来为自己没有尽心尽力寻找托辞。”

〔19〕对“有机体”与“组织”进行对比的典型用法，请参见 Adolf Wagner，*Grundlegung der politischen Okonomie*，*I. Grundlagen der Volk-swirtschaft*（Leipzig，1876），§ § 149 and 299。

〔20〕参见 Immanuel Kant，*Kritik der Urteilskraft*（Berlin，1790），Part 2，section1，§ 65n.：“因此，在最近展开的把一个伟大的民族重构成一个伟大的国家的过程中，组织一词被频繁地而且相当妥适地用来指称地方行政机构乃至整个国家”。

〔21〕参见 H. Balzac，*Autre étude de femme*，in *La Comédie Humaine*，Pleiade edition，vol. 3，p. 226：“例如，组织是帝国时代的用词，它笼罩了整个拿破仑时代。”

〔22〕例如，可参见由 H. de Saint Simon 与 Auguste Comte 编辑的杂志，而这本杂志的名称就是 *Organisateur*；该杂志重印于 *Oeuvres de Saint Simon et d'Enfantin*（Paris，1865-78），vol. 20，尤其是 p. 220；在这里，该书的宗旨被描述为“给 19 世纪烙上组织的印记”。

〔23〕尤请参见 Louis Blanc，*Organization du travail*（Paris，1839），以及 H. Ahrens，*Rechtsphilosophie*，fourth edition（Vienna，1852）；有关“组织”是共产主义者和社会主义者的咒语的论述，亦可参见 Francis Lieber，“Anglican and Gallican liberty”（1848），in *Miscellaneous Writings*（Philadel phia，1881），vol 2，p. 385：

> “法国天主教的自由观期望从组织中得到一切东西，而英国国教的自由观则倾向于发展。这一事实解释了为什么我们看到制度的改进与扩展在法国是如此之小；但是，当人们试图改进制度的时候，（在法国就意味着）完全消除先已存在的事物状态——意味着一切重头来过——亦即对最重要的基本原则进行重新探讨。”

〔24〕参见 Ernest Renan，*L'Avenir de la Science*（1890），in *Oeuvres complètes*（Paris，1949），vol. 3，p. 757：“科学地组织人类，乃是现代科学的胜利；而这就是科学所具有的宏大且合理的抱负。”

〔25〕参见 *Shorter Oxford Dictionary*；然而，“组织”（organization）这一词条表明，约翰·洛克早就使用过这个术语。

〔26〕Jean Labadie（ed），*L'Allemagne*，*a-t-elle le secret de l'organisation*?（Paris，1916）.

〔27〕参见 Dwight Waldo，“Organization theory：an elephantine problem”，*Public Administration Review*，xxx，1961，而且重印于 *General Systems*，*Yearbook of the Society for General System Research*，Ⅶ 1962，该年鉴的前一卷收录了一系列有关组织理论的文章，这一选编极有助益。

第三章

原则与权宜

反复重申基本原则，对于维护自由之赐福来说是绝对必要的。

——北卡罗莱纳州宪法*

个人目标与集体利益

本书的命题认为，一种允许所有的人运用自己的知识去实现自己的目的且只受普遍适用的正当行为规则（rules of just conduct）约束的自由状态，有可能为他们实现他们自己的目的提供最佳条件；此一命题还认为，只有当权力当局，包括人民之多数的权力当局，在行使强制性权力方面受社会共同体所信奉的一般性原则限制的时候，这样一种系统才有可能得到实现并得以维续。个人自由，无论它存在于何处，在很大程度上都是人们普遍尊重一些原则结果，尽管这些原则从未在宪法性文献中得到充分阐释。自由之所以在如此之长的历史中得以被维护，实乃是因为这些为人们默会且隐约认知到的原则始终支配着公众意见。然而需要指出的是，西方国家在力图保护个人自由且使之免遭政府侵犯的过程中所诉诸的各种制度，当被移植到传统未占支配地位的国度里时，则往往会显得力不从心。再者，这些制度也未能提供充分的防范措施来抵御种种新诉求的影响，即使在西方诸民族中，这些新诉求在今天也常常比较为悠久的观念更具影响力——但是不容置疑的是，正是这些较为悠久的观念使得自由时代的到来具有了现实可能性，而且西方诸民族也正是在自由时代获致它们当下的地位的。

然而，我不打算在这里对“自由”，这一术语做较为详尽的定义，也不试图对我们如此重视或强调个人自由的理据展开讨论，因为我已在 1960 年出版的《自由秩序原理》一书中[1]对这些问题做了专门且详尽的探究*。但是我认为，我应当就赞同采用简明的论式而不采用亚当·斯密的经典警句来描述这种自由状态的取向做一些简要的交代。我的论式指出，在自由状态下，每个人都能够运用自己的知识去实现自己的目的；而斯密的警句则宣称，"只要不违犯公正的法律，那么人人就都有完全的自由以自己的方式追求自己的利益。"〔2〕我之所以倾向于做这样的选择，乃是因为斯密的论式毫无必要但却颇为遗憾地将主张个人自由的论辩与利己主义（egotism）或自私自利勾连在一起了，尽管他的意图并非如此。然而需要指出的是，追求自己个人目标的自由，无论是对于彻底的利他主义者（altruist）还是对于极端自私的人，至少都具有同等重要的意义。利他主义作为一种美德，当然不会预设一个人必须遵循另一个人的意志。但是，那种极度虚伪的利他主义却表现出这样一种欲求，即力图使其他人为"利他主义者"认为重要的目的效力。

我们无须在这里赘述一个不争的事实，即只有当一个人依照一项前后一贯的计划并作为众多人之协调努力的一部分而行事的时

---

* 哈耶克在《自由秩序原理》一书中专门讨论了原始意义的自由与其他意义的自由（即政治自由、内在自由和力量或能力意义上的自由）之间的关系及差异，亦考察了否定性自由与自由权项间的关系。就这个问题而言，至少需要我们注意三点：一是在哈耶克那里，freedom与liberty两术语并无区别，因此他在行文时亦经常交替使用这两个术语。二是liberty与liberties的区别，前者为哈耶克意义上的自由，亦即否定性自由，而复数形式的后者，则意指各项自由权；它们之间的区别在于：否定性自由指除规则禁止者以外一切都许可，而肯定性自由则指除规则许可者以外一切都禁止。此外，在哈耶克看来，自由并不因为法律将其规定成权利而具有意义，同样，自由的某些方面亦不能作为权利问题加以主张。第三，也是最为重要的，我们应当着重思考的则是哈耶克在1960年《自由秩序原理》与其在1973年《法律、立法与自由》第一卷中对自由的界定之间所存在的关系或差异，以及其间所可能具有的意义；一如我们所知，哈耶克在1960年指出，"本书是对一种人的状态的探究；在此状态中，一些人对另一些人所施以的强制，在社会中被减至最小可能之限度。在本书中，我们将把此一状态称之为自由的状态"；然而，哈耶克却在1973年采用了这样一种论式，即"在自由的状态下，每个人都能够运用自己的知识去实现自己的目的"。——邓注

候，他的努力对他人所具有的有助益的影响才会凸显出来；再者，孤立的个人想有所作为以克服那些深深影响他的棘手问题，也常常是极为困难的。但是在这里，我们却需要强调指出，为了追求自己的目的，个人能够参加（或创建）使他能够参与多人协调行动的组织，实际上也是他自由的一部分。尽管利他主义者的某些目的只有凭靠集体行动才能够达到，但是纯粹自私的目的却也常常可以经由集体行动而实现。无论是在利他主义与集体行动之间，还是在利己主义与个人行动之间，都不存在必然的联系。

只有遵循原则才能维续自由，而奉行权宜之策则会摧毁自由

一如我们所见，文明的助益性是以运用多于任何刻意安排的协调行动所能运用的知识为基础的；而基于此洞见，我们可以进一步认为，我们并不能够通过把那些可欲的特定要素堆积在一起而建构出一个可欲的社会。尽管所有有益的改进在很大程度上讲都必定是以点滴的方式取得的，但是需要指出的是，如果这些分立的步骤不为前后一贯的原则体系所指导，那么其结果就仍可能是对个人自由的一种压制。

事态之所以会发展至此，个中原因极为简单，即使这一原因还未得到人们的普遍理解。由于自由的价值在于它为不曾预见的和不可预测的行动提供机会，所以我们也鲜能知道对自由施以特定限制究竟会使我们失去什么。任何这种限制，亦即除了实施一般性规则以外的任何强制措施，其目的都在于实现某种可预见的特定结果，所以因这种限制而未能成就的东西则往往是不为人所知的。对市场秩序施以干预会产生的直接后果，在大多数情况下都是即时且明确可见的，但是其较为间接且影响深远的后果却在很大程度上是未知的，因而也会被人们所忽略。[3] 此外，我们也绝不可能意识到以这

种干预方式实现特定结果所须付出的全部代价。

依此而论，当我们仅根据每个问题表面上的是非曲直来判断它的时候，我们就会始终高估中央指导所具有的益处。我们的选择往往是在某个已知且明确的收益，与阻止不确定的任何人（unknown persons）做出某种不知有益与否的行动的纯粹或然性之间展开的。如果自由与强制之间的选择因此而被看作是一个权宜问题[4]，那么自由就注定会在几乎所有场合都被牺牲掉。由于在某个特定情势中我们很难知道允许人们做出自己的选择将会导致何种后果，所以在每一情势中仅根据可预见的特定后果进行决策，就必定会一步一步地摧毁自由。在对自由施以的限制性措施中，绝大多数措施很可能都是根据下述理由予以辩解的，即我们并不知道这些限制性措施会造成什么样的具体损失。

早在19世纪，一些极为重要的自由主义思想家就已经充分认识到了这样一个道理，即只有当自由被视作是一项不得因特定益处而予以牺牲的最高原则时，自由才能够得到维续；他们中的一位思想家甚至把自由主义描述为"一系列原则的体系"。[5]当然，他们所提出的有关"政治经济学所看到的问题与看不到的问题"的告诫[6]以及有关"与实用主义代表人物之意图相悖的实用主义不可避免地会导向社会主义"的告诫[7]的真正要旨，也恰恰在此。

然而需要指出的是，所有上述告诫都被当成了耳旁风；与此同时，逐渐放弃原则的趋向以及在过去一百年中日益形成的从实用出发进行决策和行事的趋向[8]，则成了制定社会政策和经济政策方面最为重要的创新之一。那种主张我们应当为了在更大程度上把握我们自己的命运而否弃所有原则或"主义"（isms）的观点，在今天甚至被宣称为我们这个时代的新智慧。一些论者主张，在履行任何一项任务的时候，人们都应当运用最适合于解决个中问题的"社会技术"（social techniques），而不为任何教条的信念所束缚，因为这种方式乃是理性和科学时代最值得推崇的惟一一种行事方式。[9]"意识形态”（ideologies），即一系列原则，在相当普遍的程度上已不再为人们所欢迎，一如它们在诸如拿破仑一世那样野心勃勃的独裁者在卡尔·马克思那里不受欢迎一般。

如果我没有理解错的话，现代社会所盛行的对“意识形态”或对所有一般性原则或各种“主义”的蔑视，实是“丢掉幻想”（disillusioned）的社会主义者所具有的典型态度。这些社会主义者由于自己所拥有的意识形态中存在着种种内在矛盾，所以他们被迫抛弃了这种意识形态；然而，他们竟据此得出结论认为，所有的意识形态也都必定是错误的，而且为了达致理性，人们在行事时也必须否弃意识形态。他们甚至还认为，人们在行事时，不仅能够只受他们有意识接受的明确的特定目的的指引，而且也能够因人们无力证明所有普遍的价值对于特定可欲之结果的助益性而拒绝接受那些价值（或者只受马克斯·韦伯所谓的“目的理性”[purposive rationality] 的指引），但是，所有这些都是不可能做到的。尽管意识形态是某种不能被“证明的”（或不能被证明为真的）东西，但是它却很可能是这样一种东西，即我们对它的普遍接受，实乃是我们为之奋斗的绝大多数特定目标的不可或缺的条件。

有一种古老的观点认为，一个人如果不以所处的系统为参照系就开始干预自生自发秩序，那么就不存在一个可行的终点；因此，人们必须在可供选择的系统之间进行选择。但是，那些自封为现代“实在论”的论者却根本无视这个观点，而且还得意地宣称，根据实验的且“科学的”方式行事，他们能够成功地以一点一滴的方式拼凑出一个可欲的秩序，而具体方法就是为每一个特定且可欲的结果选择一种由科学向他们表明的达致该结果最为适当的手段。

由于反对这种行事方式的告诫往往被误解，一如我的一部早期著作即《通向奴役之路》（*The Road to Serfdom*）所被误解的那样，我在这里仍有必要再对这些告诫的意图做些简要讨论。我在《通向奴役之路》[10]一书中所论辩的，当然不是说只要我们在无论多么微小的程度上背离了我所认为的自由社会诸原则，我们就将不可避免地步上通向全权体制的道路。我的论点毋宁是说（套用较为日常的语言来说），“要是你不修正你的原则，你就会倒霉。”值得注意的是，根据一般的理解，这往往被认为是一个必然的过程，而一旦我们启动了这一过程，我们就再也无力对它进行控制了；然而，我的观点却只旨在表明这样两个问题：第一，原则对于决策所具有的重要性几乎没有得到人们的理解；第二，人们完全忽略了一个基本的事实，即经由我们的政治行动，我们无意中使人们接受了一些原则，而这些原则又使人们采取进一步的行动成为必要。

那些不切实际且自认为具有现代性的现代“实在论者”所忽视的是这样一个事实，即他们所主张的东西，正是大多数西方国家在以往两三个世代中所做的事情，因此他们的主张必须对当下的政治状况负责。自由原则时代的终结，完全可以追溯到八十多年以前，那时 W. S. Jevons 宣称，在经济政策和社会政策方面，“我们绝不能制定一成不变的刚性规则，而必须根据每个问题的是非曲直去具体地处理相关问题。”〔11〕而仅在十年以后，赫伯特·斯宾塞就已经以这样的方式来谈论这个问题了，即“占支配地位的政治学派对于所有旨在对即时性权宜之策施以限制的教条”或者各种以“抽象原则”为主旨的教条“都表示了彻底的蔑视”。〔12〕

就当下的情势来看，对政治活动支配了如此之久的“实在论”观点，并没有产生这种观点的主张者所欲求的那些结果。我们非但没能更好地主宰我们自己的命运，反而发现自己事实上不得不常常趋向于那条并非我们刻意选择的道路，而且还必须面对那个采取进一步行动的“不可避免的必然性”的问题：这些所谓的“必然性”虽说绝不是我们所意图的，但却是我们此前所做所为的结果。

政策的“必然性”一般都是此前所采取的措施的后果

人们常常论辩说，采取某些政治措施是不可避免的；然而这个观点却有一种极为荒谬的双重性。当发展趋势令采用此一论辩的人深感满意时，这种论辩就会被他们接受下来，并被用来为他们所采取的行动作辩护。但是，当发展趋势发生了不可欲的转向时，他们却又轻蔑地拒绝人们所提出的一种观点，即这种发展转向并不是我们控制力量所不及的情势所导致的结果，而是我们此前所做出的决策的必然后果。此外，现代人一般也都不赞同这样一种观点，即我们没有充分的自由去选择我们希望的社会所拥有的任何一种特征组合，也没有自由把这些特征拼凑成一个可行的整体；这就是说，我们绝不可能像拼图一样，通过把我们最喜欢的各个部分挑选出来而建构出一种可欲的社会秩序；再者，诸多极具善意的措施也可能会派生出一系列未预见到的且又不可欲的后果。当然，现代人之所以反对这种观点，是因为他们所接受的教育告诉他们，他们所创造的东西，也是他们能够随意改变以使其符合他们意愿的东西，反之，他们能够改变的东西，则也必定是他们先已创造出来的东西。然而，他们却尚未习知这样一个道理，即这个幼稚的信念实乃源出于我们此前讨论过的“人造的”（made）这个术语所具有的含混性。

当然，使某些措施看似不可避免的主要情势，实际上往往是我们此前采取的行动以及我们于当下所持有的意见所导致的结果。政策所具有的大多数“必然性”（necessities），都是我们自己造成的。以我现在的高龄，使我得以不止一次地被年长于我的人告知，我就他们的政策所预测的某些后果绝不会发生，而后来，当这些后果真的发生时，一些比我年轻的人又告诉我说，这些后果原本就是不可避免的，而且也与人们此前实际上所做的那些事情无关。

我们之所以不可能经由把我们所喜欢的那些要素拼凑在一起而获致一个协调一致的整体，是因为在一个自生自发秩序的内部，任何一种特定安排的适当性都将取决于除它以外的所有其他安排，而且我们对此一安排所做的任何具体改动也很少能告知我们它在一种不同情势中会发生的运行情况。一项实验所能够告知我们的，只是一种创新是否适合一个给定的框架。但是，指望我们能够通过对个别问题特定解决方法所做的随机实验且又不遵循指导原则而建构出一种协调一致的社会秩序，则纯属妄想。诚然，经验从整体上告诉了我们有关不同社会制度和经济制度之效率的大量情况，但是一个像现代社会这样复杂的秩序，既不可能作为一个整体加以设计，也不可能以那种不考虑其他诸部分而孤立地型构每一个部分的方式加以设计，而只能通过在整个进化过程中持之一贯地遵循某些一般性原则加以设计。

这并不意味着这些“原则”必定会采取阐明的规则（articulated rules）的形式。当这些原则只是表现为一种理性不及的定见（亦即一种关于某些事情“不可做”的一般感觉）的时候，它们常常是更为有效的行动指南；一旦这些原则得到了明确的陈述，人们就会开始琢磨它们的正确性和有效性了。在 18 世纪，不喜欢思考一般性原则的英国人，很可能是出于这个原因而比法国人更为坚定地接受有关可以采取何种政治行动的强势意见（strong opinions）的指导，尽管法国人在试图发现并采纳一般性原则方面费心良苦。一旦本能上的确定性（the instinctive certainty）丧失了，那么，除了寻求正确地陈述此前以默会方式为人们所知道的规则以外，就再也没有其他方法可以重新确立这样的指导了；当然，本能上的确定性之所以丧失，其原因也许就是人们未能成功地把他们此前以“直觉的方式”所遵循的原则形诸于文字。

因此，人们有可能产生这样一种印象，即在 17 世纪和 18 世纪，英国人是以其“屡经挫折而终能对付”（muddling through）的天赋及其“妥协的本领”，而得以在甚少讨论原则的情况下成功建构起一个可行的体制；法国人虽说在明确假设和清楚阐释方面做出了倾力的关注，却未能够做到这一点。但是我们仍需要指出的是，这种认识是极具误导性的，因为真实的情况毋宁是，尽管英国人很少谈论原则，但我们却可以肯定地说，他们受着原则的指导；而法国人对基本原则的思辩，本身就妨碍了他们对任何一套原则的坚定信奉。

重视行动之可预见而非可能的后果所具有的危险

维续自由体制之所以如此困难，完全是因为它要求坚定且不断地否弃那些为了确保特定结果而似乎必须采取的措施，否弃那些措施的理由主要有两个：一是它们与一般性规则之间存在冲突；二是我们往往并不知道在特定情势下不遵循这种一般性规则会付出何种代价。因此，对自由的成功捍卫，必须是以坚守原则为基础的，绝不能向权宜之策做任何让步，即使在除了已知的有益影响以外无力表明对自由的侵犯所会导致某种特定且有害结果的情势下，亦须如此行事。只有当自由被公认为是一项在适用于特定情势时亦无须证明的一般性原则时，自由才会占据优位之势。因此，那些指责古典自由主义太过教条化的观点，实在是一种误解。在我看来，古典自由主义的缺陷并不是它在坚守原则方面太顽固不化，而是它缺乏足够明确的原则以提供清晰的指导，还在于它常常表现为只接受政府的传统职能而反对政府新承担的所有职能。一如我们所知，只有当人们接受了明确的原则时，才有可能保持首尾一致性。但是颇为遗憾的是，19 世纪的自由主义者所使用的自由概念在许多方面都极为含混，因而也无从为人们的行动提供明确指导。

如果人们不坚定信奉明确的原则，就必定会对个人自由施以某些限制，而这些限制在他们看来是对一种公认恶行所做的最为简单且最为直接的救济。对原则信念的丧失以及对权宜之策的偏好，在某种意义上讲是下述事实的结果，即我们已不再拥有任何能够以理性的方式加以捍卫的原则了。一度为人们所接受的仅凭经验行事的方法（rules of thumb），并不足以确定何者在自由体制里是被允许的或何者是不能被允许的。再者，我们甚至已找不到一个为人们普遍理解的称谓来指称一种状态，这种状态就连“自由体制”一术语也只能在相当含混的意义上加以描述。当然，无论是“资本主义”还是“自由放任”，也都无法精准地描述这种状态；此外，一如我们所知，这两个术语在自由体制的敌人那里要比在它的捍卫者那里得到了更多的青睐。“资本主义”这一术语仅仅对于自由体制在一特定历史阶段所获得的部分实现来说是妥适的，但它却始终存在着误导的一面，因为它所意指的是一种主要有助益于资本者（capitalists）的体制，而事实上，资本主义却是一种给企业施加戒律的体制：企业经理们会因这种戒律而感到恼火，而且每个人都会试图规避这种戒律的约束。“自由放任”从来都只是一种仅凭经验行事的方法。诚然，“自由放任”表达了对滥用政府权力做法的抗议，但它本身却从未提出过一个人们能够赖以确定政府之确当职能的标准。在很大程度上讲，“自由企业”或“市场经济”这样的术语亦无能为力，因为它们并不能够明确界定个人的自由领域（the free sphere of the individual）。“法律下的自由（liberty under the law）这个表述，曾一度比任何其他表述都更好地表达了这种状态的基本要点，但是后来也因为这个表述中的“自由”和“法律”两个术语不再具有明确含义而变得无甚意义了。此外，惟一一个在过去为人们普遍接受而又为人们正确理解的术语，即“自由主义”，也已“作为一种崇高但却言不由衷的赞誉之词而为自由主义这一理想的反对者所盗用了”。[13]

一般读者也许没有充分意识到我们的实践已偏离了上述术语所表达的理想有多远。尽管法律人（lawyer）或政治科学家一眼就会看出我所要倡导的乃是一种在很大程度上已然不存而且也从未彻底实现过的理想，但是，大多数人却很可能认为某种与这种理想相类似的东西仍在支配着公共事务。正是由于我们偏离自由主义之理想的程度远远超过了大多数人所能意识到的程度，而且也正是由于这种偏离会因其本身的势头而使一个自由社会堕落成一个全权社会（除非这一发展趋势即刻就得到制止），所以我们必须重新对那些指导我们政治行动的一般性原则进行探讨。我们在今天之所以还是自由的，是因为某些传统但很快就会消失的定见阻碍了这种进程的顺利推进，然而由我们自己酿成的那些变化的内在逻辑却正是凭借这一进程而在一个日益扩大的领域中凸显自身。在目前的思想状况下，全权体制（totalitarianism）的最终胜利，实际上只是那些在智识领域中早已占据支配地位的观念对于传统主义者的抵制（traditionalist resistance）的最终胜利。

伪实在论与构想乌托邦所须具备的勇气

需要指出的是，我们还在方法论上获致了这样一个洞见，即在复杂的自生自发秩序的情形中，我们所能够确定的永远只是这些自生自发秩序之运行所赖以为基础的一般性原则，或者说，我们绝不可能预见此一环境中的任何事件所会引发的特定变化。就政策而言，这个方法论上的洞见具有着极为深远的意义。它意味着：首先，在我们依凭自生自发之有序化力量的情况下，我们往往不可能预见种种特定变化，正是经由这些变化，我们才可能对业已变化的外部环境做出必要的调适；其次，我们有时候甚至无力认识被打破了的“均衡”或“平衡”是以何种方式得以恢复的。我们对自生自发秩序之机制在解决这个“问题”——如果我们想维续这种整体秩序而不使它分崩离析，那么我们就必须解决这个问题——时所诉诸的方法处于无知状态之中，然而就是这种无知，常常会造成一种恐慌并促使人们要求政府为恢复被打破的平衡而采取行动。

我们还需要指出的是，人们之所以要求采取刻意的控制措施，往往是因为他们对自生自发整体秩序之特征所获得的一知半解所致。只要贸易平衡（或者任何一种特定商品之供求关系的平衡）在被打破之后又以自生自发的方式调整了自身，那么人们就不会再去追问这种调整得以实现的方式了。但是，一旦他们意识到了不断做出这种调整和再调整的必要性，那么他们就会感到有必要让某人去专门负责落实这些调整和再调整的工作。经济学家从他们关于自生自发秩序之图式的性质出发，只能以下述那种自信的断言来打消人们的种种忧虑，即只要我们不去干预自生自发的力量，我们所需要的新平衡就一定会以其自身的方式得到确立。但是，由于经济学家一般都不能够精准地预测这种自我调整的发生方式，所以他们的断言也就不怎么能够令人信服。

然而，当人们有可能预见自生自发力量可能恢复被打破的平衡的方式时，情势则会变得更糟。对不可预见之事件进行调适所具有的必要性，始终意味着某人将要受到伤害、某人的预期将会落空、或者某人的努力将会受挫；而所有这一切都会使人们要求以刻意指导的方式来实现这种必要的调整，而这种要求在实践中则必定意味着由权力机构来决定谁应当受到伤害的问题。此外，这种做法常常还会导致这样一个结果，即只要必要的调整能够被人们预见到，那么它们就会受到阻碍。

科学能够为政策指导所提供有助益的洞见，乃是对自生自发秩序之一般性质的理解，而不是有关某一具体情势之特定细节的任何知识，因为科学没有也不可能拥有这样的知识。有关科学在解决我们的政治任务的方面极具助益性的正确认识，在 19 世纪时基本上是众所周知的；然而，这种正确认识却在后来被一种新趋向遮蔽了。这一趋向源出于当下盛行的对科学方法之性质的误解：即科学是经由对那些特定的被观察到的事实汇集而构成的；就一般科学而言，这种认识是错误的，而当我们必须处理的是复杂自生自发秩序的各个组成部分时，这种认识就更具误导性了。由于这样一种秩序之任何一部分中的各种事件都是彼此独立的，而且这种抽象秩序并不具有能够根据个别属性加以识别的反复出现的具体组成部分，所以试图经由观察而在它的任何组成部分中发现常规性，都必定是徒劳的。在这个题域中，惟一能够宣称自己具有科学地位的理论，是那种有关整体秩序的理论（the theory of the order as a whole）；再者，这样一种理论（尽管它亦须接受事实的检验）绝不可能经由观察而以归纳的方式建构起来，只能够通过构造一些心智模式的方式加以建构；当然，这些心智模式是以那些可观察到的要素作为其内容的。

短视的科学观专注于研究特定事实，因为只有这些特定事实才是可以从经验中观察到的；更有甚者，这种科学观的鼓吹者还夸耀自己根本不受那种只有通过他们称之为“抽象思辩”（abstract speculation）的方式才能获致的有关整体秩序观点的指导。毋庸置疑，这样一种短视的科学观根本不可能提高我们型构一种可欲秩序的能力，反而在事实上使我们丧失了达致成功行动所须依凭的所有有效指导。这种伪“实在论”（the spurious “realism”）自欺欺人地认为它根本就不需要任何有关整体秩序之性质观点的指导，只致力于探究那些用以实现特定结果的具体“技术”；实际上，这种伪“实在论”是极度非实在的。尤其当这种态度——正如它所频繁导致的——导致人们根据特定措施在特定政治舆论氛围中的“可行性”（practicability）来判断它们的可取性（advisability）的时候，它所具有的作用就只能是把我们进一步推向一种绝境。毋庸置疑，这种绝境必定是那些趋于摧毁整体秩序的前后相继之措施的最终结果；当然，这些措施的鼓吹者在实施它们的同时，实际上也以一种默示的方式承认了这种整体秩序的存在。

无须否认的是，整体秩序这种指导模式（the guiding model）

在某种程度上讲始终都是一种乌托邦；因为当下的情势只是对它的一种趋近，但却依旧相距遥远，而且许多人士也都认为它是完全不切实际的。然而，只有凭靠坚定地信奉这种观念，即一种具有内在自恰性的模式能够经由一以贯之地适用相同原则而得以实现，人们才能确立起某种有助益于一运行良好的自生自发秩序的有效框架。亚当·斯密曾经认为，“的确，期望自由贸易会在大不列颠得到完全恢复，就如期望一个‘大洋国’（Oceana）或乌托邦会在大不列颠得到实现一样荒唐。”〔14〕然而，仅在他讲这番话的七十年以后，自由贸易却实现了，而且在很大程度上讲，这实是他的工作所促成的。

乌托邦，一如意识形态，在今天是一个贬意词；而且事实也是如此，即大多数乌托邦都旨在以激进的方式对社会进行重新设计，且深陷于那些致使它们不可能得到实现的内在矛盾的困境之中。但是，一幅可能无法完全实现的社会理想图景，或者一种应予实现的整体秩序指导性观念，无论如何都不只是任何理性政策所不可或缺的先决条件，而且也是科学能够为解决实际政策问题所做的主要贡献。

法律人在政治进化中的作用

现代社会进行刻意变革的主要工具是立法（legislation）。但是，无论我们事先对每一单独立法法案考虑得多么周全，我们都绝不可能随心所欲地对整个法律系统（legal system as a whole）进行全面的重新设计，或者说，我们绝不可能依照一个自恰一致的设计方案对它做一番彻头彻尾的改造。法律制定必然是一个持续不断的过程；在这个过程中，每一个步骤都会对我们下一步所能够或所必须做的事情产生一些我们在当时无法预料到的后果。一个法律系统的各个组成部分与其说是依照一种全涉性的整体观而进行彼此协调的，倒不如说是通过前后相继地把一般性原则适用于特定的问题而逐步达致彼此协调的——这里所说的一般性原则，甚至常常不是以明确的方式为人们所知的，而只是隐含于人们所采取的那些具体措施之中。对于那些以为有可能依照一个自恰一致的计划对大社会中所有具体活动做出刻意安排的人来说，下述事实当是一种催其清醒的警钟：即使对于整体秩序中的一部分（如法律系统）来说，人们也无力证明他们有可能对它做出全面的刻意设计。在很大程度上讲，法律的变化过程也许最为清楚地表明了支配性观念促成一种持续不断变化过程的方式，亦即依此方式产生的那些措施，实是任何人在一开始都未曾欲求或不曾预见到的措施，是人们在一定时候认为不可避免的措施。在这个过程中，所采取的每一个步骤都是由这样一些问题决定的，即在人们把此前做出的判决所确立的（或蕴含于其间的）一些原则适用于他们在当时不曾预料到的情势时所发生的那些问题。这些由“法律的内在驱动力”（inner dynamics of the law）所引发的种种变化，从整体上来说，绝对不是任何人意志的产物；而关于这一点，实无特别神秘之处可言。

在这个过程中，单个的法律人（lawyer），与其说是一个有意识的开创者，不如说必定只是一个“不意识”的工具（an unwitting tool），因为他只是他本人在整体上认识不到的一系列事件中的一个环节。不论他是作为一个法官还是作为一部制定法（a statute）的起草人，一般观念之框架（亦即我们必须使他的判决或决策与之相符的那个一般性观念框架），对他来说都是给定的，因此他的任务也就是适用这些一般性的法律原则，而不是对它们进行质疑。不论他如何关注他的判决或决策在未来的意义，他都只能在所有其他为人们所公认的、因而对他来说也是给定的法律原则架构中对这些意义进行判断。当然，事情本应当如此，因为法律人努力使整个法律系统保持自恰一致性，实是他进行法律思考和公正判决的实质之所在。

人们常常认为，法律人*的职业偏好是保守的。[15]在某些情势中，亦即当某些基本法律原则已为人们接受了很长一段时间的时候，这些原则的确会支配整个法律系统、支配该法律系统的一般精神、并支配此一系统内部的每一项法律规则及法律规则的每一次适用。在这样的情势中，法律系统就会保有巨大的内在稳定性。当一个法律人不得不对一项与法律系统中的其他规则不相符合的规则进行解释或予以适用的时候，他都必须努力修正该项规则，以使它与其他规则协调起来。因此，作为整体的法律从业者群体偶尔也可能会在事实上背弃立法者的意图，这不是因为他们不尊重法律，相反，这实是因为他们的技术导使他们优先考虑法律系统中仍具支配地位的部分，而且还使他们经由把一个异常要素转化成一个与整个法律系统相和谐的要素而使它融入该法律系统之中。

然而，当一种与绝大部分现行法律不相符合的一般法律哲学于晚近占据支配地位以后，情势就完全不同了。同样的法律人，经由同样的习惯和技术（而且一般来讲也是不意识的），现在却变成了一股革命的力量：这一力量在彻底变革现行法律的方面极具效力，

---

* 英语 lawyer 一词，在哈耶克的论述中指涉相当繁复：他不仅用它来指称“法官”“立法者”“律师”，也用它来指涉“法律知识分子”（或“法学家”）；但是需要指出的是，哈耶克在使用该术语的过程中，更强调的是它所具有的“法官”（尤其是普通法法官）的含义；这是因为在哈耶克那里，正是通过法官的日常实践（亦即依据整个法律系统的“否定性标准”、经由运用司法经验以及类推手段，对某项一般性规则在特定案件中的适用或对其进行重新解释和修正），那种使自生自发秩序所赖以为基础的一般性法律系统才得到维续和进化。然而，考虑到立法者、法律学家等在哈耶克那里也有可能是自生自发社会秩序之进化过程的一个环节，所以显而易见的是，将 lawyer 翻译成“法官”不能充分地传达哈耶克的意思。因此，本书将该术语笼统地译作“法律人”，以含括上述与法律系统维续或进化紧密相关的不同人士。当然，考虑到一些论者认为中国的“法律人”不是知识分子，所以为了避免混淆，我们在这里强调指出，哈耶克的“法律人”（lawyer）一术语明确包括法律知识分子在内。——邓注

一如他们以往全力维续这些法律一般。可见，在一种情势下会致使法律稳定不变的那些力量，却会在另一种情势中趋于加速法律的变化，直至把整个法律系统改造到任何人都不可能预见或欲求的地步。然而值得注意的是，有关这个过程是导致整个法律系统趋向于一种新均衡还是使它趋于解体的问题，将取决于新提出的法律哲学的性质。

我们生活于其间的就是这样一个依凭内在力量对法律进行变革的时代，所以我们认为，如果那些在当下指导此一法律变革过程的原则被允许按照它们的逻辑发展下去，那么那个为我们所知道的作为个人自由之主要保障的法律就注定会消失。由于法律人都是实施其他人所提出的一般性观念的工具，所以他们在组织规则观念的支配下也就变成了一种迫使个人服务于统治者之目的的机构工具，而不再是实施正义原则的工具。有关法律功能的新观点对法律思想的支配已经到了相当严重的地步，亦即只要这些观点再持续适用下去，那么个人行为规则的整个系统就会被改造成一个组织规则系统。

的确，上述种种发展趋势引起了众多依旧主要关注那种有时被称之为“法律人的法律”（lawyer’s law）规则的职业法律人担忧；所谓“法律人的法律”，亦就是一度被视为**惟一**法律的正当行为规则。但是颇为遗憾的是，法理学中的领导权，在上文所描述的那个发展过程中，已然从私法从业者（practitioners of private law）那里旁落到了公法法律人的手中，结果，现今那些支配包括私法在内的所有法律之发展的哲学前设，几乎全是由那些主要关注公法或政府组织规则的人士提出来的。

现代法律的发展在很大程度上是由错误的经济学支配的

需要指出的是，如果我们为了这一事态而过多地责备法律人，而不论及经济学家所应承担的责任，将是不公正的。一如我们所知，如果从事实际工作的法律人只适用他们所习得的，而且他们有责任一以贯之予以适用的那些一般性法律原则，那么一般来讲，他们已经是很好地履行他们的职责了。只是在法律理论中，亦即在对那些一般性原则的表述和阐释中，有关一般性法律原则与一个可行的行动秩序之间的关系才会产生。对于一般性原则的表述和阐释来说，如果要在可供选择的原则之间作出明智的选择，那么对这种行动秩序的理解就会变得至关重要。然而，在过去两三个世代中，指导法律哲学的恰恰不是对这种行动秩序之特征的理解，而毋宁是对它的误解。

可以肯定地说，至少在大卫·休谟和亚当·斯密（他们同时也是法律哲学家）的时代以后，经济学家对法律规则系统之重要意义的认识就再也没有得到发展，尽管他们的论辩以一种默会的方式预设了法律规则系统的存在。他们不仅没有以一种能够对法律理论家极有助益的形式来阐释他们对自生自发秩序的认识，反而极可能与那些法律人一样，在不知不觉中对整个社会秩序从自生自发状态转向组织状态一事出力甚多。

只要我们对法律人就法律的特性在过去一百年中经历的巨大变化所做的一般解释进行考察，前述的个中道理也就昭然若揭了。无论是在英国法律文献还是在美国法律文献中，亦无论是在法国法律文献还是在德国法律文献中，我们都可以发现那种把所谓的经济必然性（economic necessities）视作是导使法律特性发生如此变化的原因的观点。对于经济学家来说，阅读法律人对法律变化之原因所给出的解释，多少是一种会令他们伤感的经验，因为他们发现其前辈的一切罪恶也已降临到他们头上。对现代法律发展所给出的各种解释，充满了有关“不可逆的强迫性力量”（irreversible compelling forces）和“不可避免的趋势”（inevitable tendencies）的说法或征引，而这些力量和趋势则被认为是对法律进行特定变革提出的不可回避的要求。有关“所有的现代民主制度”采取了这种或那种措施的事实，竟也被征引来作为人们采取这些变化措施的明智性或必要性的证据。

这些解释都千篇一律地认定曾经存在过一个**自由放任**（laissez-faire）的时期，而在这个时期中，人们在改进法律框架以使市场的运行更具助益或对市场的结果予以救济方面，好像根本就没有做过努力。此外，这些解释也都几无例外地把它们的论辩建立在认为自由企业运作向来都不利于体力劳动者的奇谈怪论的基础之上，并且还声称，正是“早期的资本主义”或“自由主义”导致了工人阶级物质生活水平的下降。这一神话尽管与事实完全不相符合[16]，但却构成了我们这个时代民间传说的一部分。然而，实际情况却是，作为自由市场之发展的结果，体力劳动的报酬在过去一百五十年间得到了史无前例的提高。从另一个角度来看，大多数当代法律哲学论著也都充满了陈词滥调，它们或大肆宣称竞争具有自我毁灭的趋向，或大谈特谈现代世界所日益增进的复杂程度创造了对“计划”的需求。这些陈词滥调实乃是三四十年前迷恋“计划”之高潮时期的产物，因为在那个时期，计划得到了人们的普遍接受，然而它所具有的全权主义意蕴却尚未得到明确的认识。

就传播这种错误的经济学而言，在过去一百年当中，是否还存在比老一代法律人对年轻一代法律人所给予的那种教导更具效力的方式，的确是颇令人怀疑的。老一代法律人教导他们说，无论做什么，原本都“是必然的”；或者说，正是如此这般的情势使得采取某些措施成了“不可避免的”。把立法机构对某个问题做出决策的事实视作该项决策属明智之举的证明，似乎成了法律人的一种思维习惯。然而，这意味着，有关他们的努力是有益的还是有害的这个问题，将取决于指导他们的先例是明智的还是愚蠢的；此外，这也意味着，他们虽有可能使昔日的智慧得以存续下去，但也同样有可能使以往的错误得以存续下去。如果他们把可观察到的发展趋势接受为对他们的命令，那么他们虽有可能成为一种新秩序的有意识的创造者，但也同样有可能成为一种十足的工具，而那些为他们所不理解的变化则正是经由作为这种工具的他们而产生出来的。在这种境况下，我们极有必要在法律科学以外的其他学科中寻求判断发展趋势之可欲性的标准。

需要指出的是，上述说法并不意味着，我们仅凭经济学就能够提供那些应当用来指导立法的原则——尽管经济观念不可避免地会产生影响，但是人们也必定会因此而希望这样的影响来自于好的经济学而不是源出于有关经济发展神话和传说的大杂烩；颇为遗憾的是，这种神话和传说的大杂烩正在支配着当下的法律思想。我们的论点是，那些指导法律发展的原则和前设（preconceptions），就其部分而言，不可避免地源自于法律之外；此外，也只有当这些原则和前设是以一种正确的观念为基础时，它们才会是有助益的——我们在这里所说的正确观念，所指的是有关大社会中的各种活动，如何才能有效地形成秩序这个问题的正确观念。

法律人在社会进化中的作用以及决定他们行动的那种方式，实是下述这个具有根本重要性的真实情势的最佳例证：即不论我们喜欢与否，那些决定社会进化的决定性因素都将始终是高度抽象的，而且也往往是人们在意识不及的状态下持有的，有关何为确当而非有关特定目的或具体诉求的观念。与其说是人们有意识追求的目标，不如说是他们对可允许方法的意见，决定了他们将要做的事情，而且也决定了谁有权做这些事情。这就是研究社会事务最伟大的学者们反复重申的但却始终为人们所忽略的重要观点，即“尽管人们在很大程度上受利益支配，但是即使是利益本身，以及所有的人类事务，也完全是由**意见**支配的。”[17]

这样的论点大都遭到了注重实践人士的极度不信任，而且也在很大程度上为居于支配地位的政治思想学派所忽略；他们不相信，被他们轻蔑地贬之为意识形态的论点，对于那些自以为不受此种论点束缚的人所具有的支配力量，甚至要比对那些有意识接受它的人的支配力量更大。然而需要强调的是，在那些必定会对研究社会制度之进化的论者产生重大影响的因素当中，最具影响的是这样一个事实，即决定这些社会制度的关键因素，绝不是那些有关它们即时性后果的善意或恶意，而是裁定特定问题所赖以为基础的一般性前设。

当然，抽象观念之所以具有力量，在很大程度上是因为这样一个事实，即这些抽象观念并不是作为理论而为人们有意识持有的，而是被大多数人当成不证自明的且视作默会性前设（tacit presuppositions）的真理来接受的。然而，思想观念所具有的这种支配性力量却很少得到人们的承认，这在很大程度上是因为人们在主张这种观点时所采取的方式往往过于简单，例如，他们有时会宣称某个伟大的人有权要求一代又一代的人接受某些特定的观念。但是实际上，究竟哪些观念将占据支配地位——人们在绝大多数情势下根本就不会意识到它们的存在——乃取决于一个我们极难加以概括、甚至无力经由回顾而予以重构的缓慢且极为繁复的过程。当我们不得不承认下述事实的时候，我们肯定是相当沮丧的，即我们当下的决策是由人们在很早以前就提出的一些观念所决定的，而这些观念是人们在一个极为久远且偏僻的专门研究领域中提出的，它们不仅是一般公众所不知道的，而且就是那些最早阐发它们的人也不知道它们会导致什么样的后果；特别是当此后影响具体决策的因素不是对新事实的发现，而是某个一般性哲学观念的时候，我们就会感到更加沮丧了。不仅是“凡夫俗子们”，而且也包括那些专门领域中的专家，都是在不加反思且笼而统之的情况下接受这些观点的；他们之所以如此行事，完全是因为这些观点碰巧是“现代的”

观点罢了。

我们必须认识到，这个世界上许多最有害的行动根源，常常不是那些恶人，而是那些品格高尚的理想主义者；更有甚者，即使是全权主义这种野蛮状态的基础，也是由那些高尚且善意但却从不承认自己酿成的后果的学者奠定的。[18]真实的情况是，特别是在法律领域，某些具有指导意义的哲学前设已然促成了这样一种局面，其间，一些善意的理论家或法律理论家竟然构设出了所有有关全权秩序的基本观念；然而，这些理论家直至今日仍在许多国家中受着高度赞扬，即使在自由的国度里亦是如此。

然而，我们在这里所关注的，与其说是过去，不如说是当下。尽管全权主义政权在西方世界垮台了，但是它们的基本观念却仍然在理论领域中不断扩大着它们的影响范围；这些观念的影响达到了极高的程度，以至于要把法律系统完全改变成一个全权主义的法律系统的话，如今所需要的就只是把这些已在理论领域中占据支配地位的观念落实到实践中去。

此种局面可以最为明确地见之于德国，因为德国不仅在很大程度上为世界其他各国提供了那些导致全权主义政权之确立的哲学观念，而且也是最早屈服于并堕落为由理论领域提出的那些观念所促成全权体制的国家之一。尽管德国的老百姓极可能经由自己的亲身经历而彻底肃清了任何倾向于全权主义之明确形式的意识，但是那些基本哲学观念却只是退回到了理论领域，并潜伏于那些严肃且极受尊重的学者心中：除非他们及时地质疑并否弃这些观念，否则它们就会随时冒出来再次控制或左右发展之进程。

就有关社会秩序之性质的哲学观念对法律发展产生影响的方式而言，卡尔·施密特（Carl Schmitt）的理论可以说是此一方面最为凸显的例证或最为明确的陈述。施密特早在希特勒执政之前，就已经把他的可怕的智能全都用到了打击各种形式的自由主义的方面[19]；后来他成了希特勒的主要法律辩护者之一，而且在今天的德国法律哲学家和公法学家中仍有着巨大的影响力；再者，他所独有的那些术语不仅得到了德国社会主义者毫不犹豫的使用，而且也得到了保守主义哲学家的信奉和采用。卡尔·施密特的核心信念认为，一如他最后阐释的那样，法律经由一个由立法当局意志来裁定特定问题的"决定性的"阶段，逐渐从自由传统这种"规范性"思想提升到了一种"具体秩序之型构"（a "concrete order formation"）的观念；当然，这个发展过程涉及到"一种再解释，亦即把内部规则（nomos）的理想重新解释成一种意指某一具体秩序或共同体的整全性法律观念"。〔20〕换言之，法律不再由那些抽象规则构成，而是要成为安排或组织的工具；就抽象规则而言，它们能够经由对个人行动之范围的限定而使个人自由行动对自生自发秩序的型构成为可能，就组织的工具来讲，它们是迫使个人服务于具体的目的。因此，在这种思潮中，那些自组织的社会力量和法律在构造秩序的机制中所具有的作用，已不再可能为人们所理解；而所有前述的法律发展状况，正是这种施密特式的思潮所导致的一个不可避免的结果。

注　释：

* 北卡罗莱纳州宪法。这个观点很可能出自 David Hume 所撰写的 *Essays*，*in Works* Ⅲ，p. 482："马基雅维利（Niccolò Machiavelli）说，政府必须时常被带回到它的初始原则那里去加以评判"。本章的一个较早文本发表在 *Towards Liberty*，*Essays in Honor of Ludwig von Mises*（Menlo Park，Calif.，1971）一书中，vol. I。

〔1〕参见拙著，*The Constitution of Liberty*（London and Chicago，1960）。

〔2〕Adam Smith，*Wealth of Nations*，edited by E. Carman（London，1930）. vol. 2，p. 184；亦请参见 John Locke，*Second Treatise on Government*，edited by P. Laslett（Cambridge，1960），section 22："自由的含义所意指的是，在规则未做规定的场合，能够按照一个人自己的意志做一切事情"。

〔3〕参见 A. V. Dicey，*Lectures on the Relation between Law and Public Opinion during the*

Nineteenth Century（London，1914），p. 257：

> “国家进行干涉、特别是以立法的形式进行干涉所具有的有益效果，乃是直接的、即时性的、也可以说是明显的，而这种干涉的恶果则是渐进的和间接的，并且是我们所看不到的。……因此，多数人几乎必然会以某种过分的偏好来看待政府干涉。这种天生的偏好只能经由一个给定的社会里所存在的赞同个人自由的假定或定见而予以抵制；而这就是有关放任自由（laissez-faire）的假定。”

与此相似，E. Küng 在其所著 *Der Interventionismus*（Bern，1941，p. 360）一书中也指出，“大多数经济措施和政治措施所具有的良好且可欲的效果，都会在它们实施以后很快就表现出来；而这些措施有时候所具有的长期且负面的效果则会在很久以后才表现出来。”

〔4〕一如约翰·杜威（John Dewey）对美国知识分子所做的极具深远影响的说教；就此而言，可参见他的论文“Force and coercion”，*International Journal of Ethics*，xvi，1916，特别是 p. 362：“不论强力的使用是否得到了正当性的论证……实质上都是一个达到目的的手段是否有效（包括经济）的问题”。

〔5〕Benjamin Constant，“De l’arbitraire”，in *Oeuvres politiques*，*edited by* C. Louandre（Paris，1874），pp. 71-2.

〔6〕Frederic Bastiat，*Ce qu’ on voit et ce qu’ on ne voit pas en economie politique*（Paris，1850），该论著的英文版可见于他的 *Selected Essays in Political Economy*，edited by G. B. de Huszar（Princeton，1964）；而这乃是他最后一篇、也是他最精彩的一篇论著。

〔7〕Carl Menger，*Problems of Economics and Sociology*，edited by L. Schneider（Urbana，1ll.，1963）.

〔8〕参见 W. Y. Elliott，*The Pragmatic Revolt in Politics*（New York，1928）.

〔9〕有关这些问题，尤请参见 R. A. Dahl and Charles Lindblom，*Politics*，*Economics*，*and Welfare*（New York，1953），pp. 3-18，e. g. p. 16：“在西方世界，理性行动的核心是技术而不是‘主义’。无论是社会主义还是资本主义都死了。”而这恰恰是我们随波逐流的原因之所在。

〔10〕London and Chicago，1944.

〔11〕参见 W. S. Jevons 所撰 *The State in Relation to Labor*（London，1882）一书的序言。

〔12〕Herbert Spencer，*Justice*：*Being Part* IV *of the Principles of Ethics*（London，1891），p. 44.

〔13〕J. A. Schumpeter，*History of Economic Analysis*（New York，1954），p. 394.

〔14〕Adam Smith，上引书，vol. I，p. 435。

〔15〕例如，可参见 Max Weber，*On Law in Economy and Society*，edited by Max Rheinstein（Cambridge，Mass.，1954），p. 298。

〔16〕参见由我本人编辑和多位作者分别参加撰写的论文集，*Capitalism and the Historians*，（London and Chicago，1953）。

〔17〕David Hume，*Essays*，in *Works* Ⅲ，p. 125，并请将此段文字与拙著 *The Constitution of Liberty* 第 113 页与第六章第 14 个注解所引用的 J. S. Mill 和 Lord Keynes 的两段话做一比较。现在也许还可以再加上一段由 G. Mazzini 所说的一段相似的话；我看到有人征引了这段话，但却没有注明出处："观念支配着世界及其事件。一场革命乃是一种观念从理论到实践所经历的演变。无论人们怎么说，反正物质利益从未引起过、而且也永远不会引起一场革命。"

〔18〕因此，即使拙著 *The Road to Serfdom* "很少把别的谬误归于我的论敌，而只是把智识上的谬误归于我的论敌"，那么，这也不像 J. A. Schumpeter 在对拙著所作评论（参见 *Journal of Political Economy*，xiv，1946）中善意指出的那样，这是我"过分礼貌"了，而毋宁是因为我对何者是决定性因素所持的深刻信念。

〔19〕作为卡尔·施密特的一个追随者，George Dahm 在评论施密特的 *Drei Arten des rechtswissenschaftlichen Denkens*（Hamburg，1934）著作时，在 *Zeitschrift für die gesamte Staatswissenschaft*，xcv，1935，p. 181 中写道，所有施密特的著作"从一开始起就指向某种特定目的，亦即否弃并打破自由法治国家，并使之变成立法国家"。对施密特论著的最适当的评价，乃是由 Johannes Huizinga 做出的，请参见他的著作 *Homo Ludens*（1944），英译本（London，1947），p. 209：

> "就施密特对敌我原则所持的那种残忍且可悲的执迷而言，我不知道还有什么东西比这更悲惨、更深地悖离了人之理性的了。他的那种不近人情的想法，甚至在形式逻辑上都站不住脚。这是因为重要的并不是战争而是和平。……惟有超越这种可笑的敌我关系，人类才会过上有尊严的生活。施密特的那种'严肃'性，只会使我们回到野蛮状态去。"

〔20〕参见 Carl Schmitt，上引书，p. 11 以次。

第四章

变化中的法律概念

从规则中不能推论出何谓正义，相反，规则渊源于我们关于何谓正义的知识。

——尤里乌斯·保罗*

法律先于立法

立法，即以审慎刻意的方式制定法律，已被论者确当地描述为人类所有发明中充满最严重后果的发明之一，其影响甚至比火的发现和火药的发明还要深远。[1]然而，法律本身却从来不是像立法那样被“发明”出来的，因此与法律不同，立法的发明在人类历史上要相对晚一些。立法这种发明赋予了人类一种威力无比的工具——它是人类为了实现某种善所需要的工具，但是人类却还没有学会控制它，并确使它不产生大恶。立法向人类开放了诸多全新的可能性，并赋予人类一种支配自己命运的新的力量观或权力观。然而，那些关于谁应当拥有这种权力的讨论，却在很大程度上遮蔽了一个更为基本的问题，即这种权力应当扩展至多大范围。只要我们还以为这种权力只有被坏人操纵时才会产生恶果，那就可以肯定地说，它仍是一种极度危险的权力。[2]

在强制性行为规则意义上的法律，无疑是与社会相伴而生的；因为只有服从共同的规则，个人才可能在社会中与其他个人和平共处。[3]早在人类语言发展到能够被人们用来发布一般性命令之前，个人便只有在遵循某个群体规则的前提下，才会被接纳为该群体的一员。在某种意义上讲，这样的规则也许还不为人所知道且有待发现，因为从“知道如何”(knowing how) *行事[4]或者从能够辨识他

---

* 有关“知道如何”(knowing how) 的洞见，在我看来极为重要，因为它构成了哈耶克自由主义理论从“知”到“无知”知识观的转换过程中的一个至关重要的

人行为是否符合公认的惯例，到能够用文字陈述这类规则，仍有很长的路要走。但是需要指出的是，尽管当时的人们已经普遍认识到，发现并陈述那些已为人们公认的规则（或详尽阐释那些一旦为人们所遵循便会被认可的规则）是一项需要特殊智慧的任务，然而却还没有人认为法律是人们可以任意创制的东西。

直至今天，我们仍然运用同一个术语即“Law”（法律或规律）来同时指称下述两种规则：一是那些支配自然界的恒定不变的规则，二是那些支配人之行为的规则；当然，这种做法绝对不是偶然的。无论是自然界的规律还是人类社会的法律，最初都被认为是某种独立于人之意志而存在的东西。虽然原始思维的拟人化取向往往会使当时的人们把这两种 law 都归之于某种超自然力量的造物，但是它们却仍然被奉为永恒的真理：人只能努力发现它们，而不能改变它们。

但是对于现代人来说，有关支配人之行动的所有法律都是立法

阶段，亦即构成哈耶克社会理论建构过程的承前启后的阶段，而最能够表现这个阶段特征的，便是哈耶克在受到吉尔伯特·赖尔的影响下所初步提出的这个“知道如何”的观点，或迈克·博兰尼意义上的“默会知识”（tacit knowledge）的观点（请参见 M. Polanyi，Personal Knowledge，London：Routledge & Kegan Paul，1958，以及 The Tacit Dimension，London：Routledge & Kegan Paul，1966）。根据我个人的研读，哈耶克乃是在 1952 年发表《感觉秩序》时第一次通过明确征引赖尔“知道如何”与“知道那个”（knowing that）的知识二分法（即他在 1945 年亚里士多德哲学学会所发表的《知道如何与知道那个》的主席演讲，请参见 Gilbert Ryle，“Knowing How and Knowing That，” Proceedings of the Aristotelian Society，46，1945-6：pp. 1-16）而论及“默会知识”问题的，并且由此提出了他的社会理论中一个相当重要的命题，亦即默会知识相对于其他知识的首位性命题。这个命题的提出，使哈耶克达致了这样两个论断：一是“明确”或“有意识”的知识（即“知道那个”的知识）乃植根于最初由文化传统形成的“知道如何”的默会知识之中；二是知识在本质上是实践性的知识，进而我们知道的要比我们能用语言表达的多。有关这方面的详尽讨论，请参见拙文“知与无知的知识观：哈耶克社会理论的再研究”，载拙著《自由与秩序：哈耶克社会理论的研究》，江西教育出版社 1998 年版，第 69-139 页。——邓注

的产物的观点，其正确性却似乎是不言而喻的，因此，那种关于法律先于法律制定（law-making）或立法的论辩便在很大程度上具有了一种吊诡的性质。然而，毋庸置疑的是，早在人类想到自己能够制定或改变法律之前，法律已然存在很长一段时间了。那种认为人类能够制定或改变法律的观点的出现，不太可能早于古希腊时代，甚至就在那个时代，这种观点也因其他思想的发展而被淹没了；直到中世纪晚期，这一观点才重新凸显出来，并且逐渐赢得了较为广泛的赞同。[5]这种信念在当下所盛行的形式乃是所有的法律都是、能够是、也应当是立法者随心所欲发明的产物；但是，这种观点在事实上却是一种谬误，亦即我们在前文中所讨论的建构论唯理主义的一个谬种。

一如我们下文中所见的那样，认为所有法律都是立法者意志产物的整个法律实证主义（legal positivism）观点，就是建构论所特有的那种意向论谬误（the intentionalist fallacy）的一个结果。它深陷于那些“人类制度设计理论”之中；而一如我们所知，这些设计理论与我们关于法律和大多数其他社会制度之进化过程的知识是完全不相融合的。

我们关于前人类社会和原始人类社会的知识，使我们就法律起源和决定因素等问题揭示出了一种完全不同于人类制度设计理论所设定的认识路径，因为那些人类制度设计理论把立法者的意志视作是法律的起源。尽管实证主义教条还与关于我们法律历史的知识大相抵触，但是严格意义上的法律史却是在一个极晚的进化阶段才开始的，所以我们很难澄清它们的真正起源。有一种错误的观点假设，人依凭其智慧业已设计出了或完全有可能设计出整个法律规范系统或道德规范系统；而如果我们希望把自己从这一假设所具有的无所不在的影响中解放出来，那么我们就应当首先对原始社会生活甚至前人类社会生活起源做一番考察。

就此而言，社会理论当可以从两门新兴学科即生态学和文化人类学那里学到许多东西；这两门学科从许多方面来讲都是以18世纪的苏格兰道德哲学家最早提出的社会理论为基础的。在法律领域，这两门新兴学科更是进一步证实了爱德华·科克、马休·黑尔、大卫·休谟、埃德蒙·伯克、F.C.冯·萨维尼、H.S.梅因和J.C.卡特的进化论观点，而完全与弗兰西斯·培根、托马斯·霍布斯、杰里米·边沁、约翰·奥斯丁的唯理主义建构论或从保罗·拉班到汉斯·凯尔森那些德国实证主义法学家的观点相反对。

生态学和文化人类学的启示

有关行为的比较研究已为人们揭示和廓清法律进化的问题奠定了十分重要的基础，其要点可以表述如下：首先，这种研究业已表明，早在行为规则能够被人用文字加以表述以前，个人就已经学会了遵循（并实施）这些规则；其次，这些规则之所以能够渐渐形成，是因为它们使整个群体的活动构成了一种秩序；尽管这种秩序是个人行动之常规性的结果，但是我们还是必须把它与其所遵循的那些规则明确地区别开来，因为正是这种作为结果的行动秩序所具有的功效，将决定那些遵循某些行为规则的群体是否会胜出而存续下去。[6]

一如我们所知，人类在大约一百万年的岁月里都是生活在由共同行为规则凝聚而成的群体之中的，而人类正是在这个进程中完成了演化成人的过程并培育出了人的理性和语言；再者，理性和语言的最初用途之一必定是用来传播和实施这些业已确立的规则的；鉴于这两个事实，我们极有必要在讨论这些行为规则逐渐被形诸于文字的问题之前，首先对那些只在事实上为人们所遵循的规则之进化问题进行探究。我们竟然在进化水平极低级的动物中也发现了那种以极为复杂的行为规则系统为基础的社会秩序。尽管在这些较低级的进化水平上，大多数规则很可能都是先天的（或经由遗传而传播的），且极少的规则是习得的（或经由“文化”而传播的），但是对于我们此处的讨论来说，这种差异则是无甚要紧的。现在可以十分肯定的是，就高级脊椎动物而言，学习在传播这些规则方面起着十分重要的作用，因此，新的规则可以在较大的群体之间得到迅速的传播，并使分立的群体产生独特的“文化”传统。[7]但是同样毋庸置疑的是，人类不仅一直受着习得规则（learned rules）的指导，而且至今还受着某些先天性规则（innate rules）的指导。需要指出的是，我们在这里主要关注的是习得规则和它们的传播方式；但是在探讨行为规则与作为结果的整个行动秩序间的相互关系问题的时候，我们所必须处理的究竟是习得规则还是先天性规则，或者（一如通常的情况那样）这两种规则是否会产生相互作用，可以说都是无关紧要的。

有关行为的比较研究表明，在许多动物社会中，优胜劣汰的进化（selective evolution）过程已然形成了受这样一些行为规则支配的高度仪式化的行为模式，它们能够减少暴力和其他耗力过大的调适方法，从而确保一种和平的秩序。这种秩序往往是以那种对地盘范围或“产权”所做的界分为基础的，而这种界分的作用不仅在于消除不必要的争斗，甚至还在于以“预防性的”手段替代“抑制性的”手段来控制自身数量的增长，比如说它可以采取这样一种方式，即未占据地盘的雄性动物不得进行交配与繁殖。我们还频繁地发现，在高级动物的复杂秩序中，只有最强壮的雄性动物才能够进行生殖繁衍。有一位研究动物社会的论者曾论及淡水小龙虾的“财产所有权的精微体制”以及维护这一体制的礼仪性演示[8]；而另一位论者则在结束他关于知更鸟争斗的描述时指出，“胜利并不属于强者，而属于正义的一方——正义的一方当然是产权所有者”[9]；至关紧要的是，没有任何一个研究有关动物社会的文献的论者会在看到上述两种说法时认为它们只是一种隐喻性的表述。

正是通过上述诸项研究，迷人的动物世界才一点一点地展示在了我们的眼前。[10]然而，我们在这里不可能再举更多的例子来说明这个问题，而必须把关注重点转向对那些与生活在由各种规则支配的群体中的人紧密相关问题的讨论，亦即人在逐渐培育理性和语言并运用它们来传播和实施这些规则的过程中所产生的那些问题。就此而言，我们只要认识到下面这个事实就足够了：人类社会的确存在着这样一些规则，它们不仅承担着一种为维续某群体所必需的功能，而且也得到了有效的传播和实施，尽管它们从来就不是“发明出来的”，从来就没有形诸于文字，也从来不具有一种为任何人所知道的“目的”。

此一意义上的规则，意味着以某种特定的方式作为或不作为的偏好或倾向，它呈现于我们所谓的惯例[11]或习俗之中；因此，这样的规则是行动的决定因素之一，需要指出的是，这种规则未必呈现于每个单项行动中，而只会存在于大多数行动中。任何一项这样的规则在发挥它的作用时，都一定会与其他的规则或倾向并与特定的驱动力相结合，而且还常常会与它们发生竞争；再者，一项规则是否会在一个特定的情势中胜出，将取决于它所指向的那种倾向所具有的力量以及同时也在发挥作用的其他倾向或驱动力所具有的力量。在即时性欲求与那种固有的规则或抑制力量之间常常会发生冲突，而这一点已在对动物的观察中得到了明证。[12]

这里必须予以特别强调的是，高级动物所具有的这些偏好或倾向往往会具有一种高度一般的或高度抽象的特性，亦即是说，它们所指向的是一类范围极为宽泛的行动，尽管这些行动在细节上可能会极不相同。在这个意义上讲，它们肯定会比极不成熟的语言所能表达的任何东西都更为抽象。为了理解那些长期被遵循的规则逐渐得到阐释或阐明的过程，我们必须牢记这样一个事实，即抽象远非语言的产物，因为它们早在心智发展出语言之前就已经为心智所获致了。[13]因此，这些既支配行动又支配思想的规则的起源和功能的问题，是一个与它们如何被人们渐渐地以文字的方式予以阐明的问题完全不同的问题。毋庸置疑的是，即使在今天，那些以文字的方式得到阐明而且能够经由语言而传播的规则，也只是那个支配着人（作为一种社会存在）之行动的整个规则系统的一部分。举例而言，我本人就怀疑是否有人曾成功地阐明过“公平竞技”（fair play）这个说法中所隐含的全部规则。

阐释或阐明惯例的过程

立基于上文的讨论，我们可以得出结论说，即使是一个部落的头人或酋长为维续秩序而做出的最早的刻意努力，也必须被视作是发生在一个给定规则框架内的事情，尽管这些规则只是作为一种“知道如何”（knowledge how）行事的知识、而不是作为那种可以用如此这般的术语予以表明的“知道那个”（knowledge that）的知识而存在的。语言当然有可能在很久以前就被用来传播这些规则，但它也只是作为一种手段，用以表明特定情势中所要求的或所禁止的特定行动。正如学习语言本身的过程那样，个人不得不通过模仿那些符合语法规则的特定行动来学习依照语法规则运用语言。只要语言的发展还不足以表达一般性规则，就不存在任何能够传播这些规则的其他方法。但是需要指出的是，尽管一般性规则在这一阶段并不是以阐明的形式存在的，然而它们却无论如何在它们支配行动这个意义上存在着。那些最早尝试以文字方式来表达一般性规则的人并没有发明新规则，而只是努力表达他们早已熟悉的东西。[14]

尽管以上所述对大多数人来说仍是极为陌生的，但是有关语言往往不足以表达心智在决定采取何种行动时完全能够考虑到的因素的事实，或者，有关我们常常不能够用文字来传播我们完全知道如何实践的东西的事实，却在诸多领域已为人们明确认识到了。[15]这种情况与这样一个事实紧密联系在一起，即支配行动的规则常常要比语言尚能表达的任何东西更一般且更抽象。这种抽象规则是通过模仿特定的行动而习得的，因为通过模仿，个人“经由类推”而获得了在其他场合根据同样原则行事的能力，尽管他根本无力把这些原则当作原则加以陈述。

就我们的讨论而言，这意味着，不仅在原始部落中，而且在较为发达的社会中，酋长或统治者都会用他的权力去实现两个颇为不同的目的：第一，他会用他的权力去传播或实施他认为业已确立的行为规则，尽管他有可能并不怎么知道这些规则之所以重要的原因，也可能不知道做什么事情须取决于人们对这些规则的遵循；第二，他也会用他的权力去发布命令，要求人们采取在他看来对于实现特定目所必要的行动。人们始终拥有自己的活动范围，而只要个人遵循这些为人们所公认的规则，酋长或统治者就不得干涉个人所拥有的活动领域，但是在某些特定场合，比如狩猎、迁徙或战争的场合，酋长或统治者就不得不以命令的方式来指示或要求个人采取特定的行动。

上述两种用以实施权力的方式所具有的不同特征，甚至在较为原始的社会里也会呈现在这样一个事实之中，即在前述第一种情况下，这种权力的合法性可以被质疑，而在第二种情况下，其合法性则不得质疑；这是因为酋长或头领要求采取特定行为的权利取决于人们对某一相应规则的普遍承认，而他对一次联合行动的参与者所发布的指令则取决于他的行动计划以及为他所知道而未必为他人所知道的特定情势。可能正是对上述第一种类型命令做出正当性论证所具有的必要性，才导使人们努力去阐释或阐明这种命令所旨在实施的那些规则*。用文字来表达规则所具有的这种必要性，还可能会在需要酋长或头领去解决纠纷的情况下产生。把业已确立的惯例或习俗明确表达为一项成文的规则，其目的乃在于求得人们对该项规则之存在的同意，而不在于制定一项新规则；这种做法只能够对人们在实践中明确知道的东西做一种不充分的且只是部分的表达。

把确立已久的惯例用文字逐步加以阐明的过程，必定是一个缓慢且复杂的过程。[16]人们最初在用文字表达大多数人于实践中遵循的惯例方面所做出的那些相当笨拙的尝试，一般来讲，甚至在仅仅表达个人在决定其行动时切实考虑到的因素方面都无法取得成功。因此，这些未阐明的规则（the unarticulated rules）总是要比文字程式所能成功表达的东西包含有更多或更少的内容。另一方面，阐明规则的努力也常常会因“直觉的”知识无法为某一特定问题提供明确答案而成为必要。因此，阐明规则的过程有时也会在实际上（尽管是非意图地）生产出新的规则。但是，阐明的规则（the articulated rules）却不会因此而完全替代未阐明的规则，而只能在一个尚未阐明的规则框架内发挥作用并得到理解。

尽管阐明先已存在规则过程会常常导致这些规则系统内部的变化，但是这却不会影响人们所持有的这样一种信念，即那些阐释

---

* 哈耶克对“未阐明的规则”（unarticulated rules）与“阐明的规则”（articulated rules）所做的界分，以及有关“未阐明的规则”优位于“阐明的规则”的论说，依我个人对他知识观的研究所见，实乃源出于他的知识观中“知道如何”的默会知识优位于“知道那个”的理论知识的观点并且是以此为基础的，更是经由把这一默会知识首位性的命题与他在1960年发表的《自由秩序原理》和1962年发表的更为重要的“规则，认知和可知性”（Rules，Perception and Intelligibility）这篇著名论文中开始创建的“无知观”结合起来而把探究的范围扩大到了诸如工作活动、文化传统、制度或社会行为规则等这样一些社会活动题域的。值得注意的是，尽管哈耶克明确主张“未阐明的规则”优位于“阐明的规则”，但是他并不因此而认为应当放弃立法，因为“以此方式演化生成的法律具有某些可欲的特性的事实，并不能证明它将永远是善法甚或不能证明它的某些规则就可能不是非常恶的规则。所以这意味着我们并不能完全放弃立法”。——邓注

规则的人所做的不过是发现和表达业已存在的规则，而且他们也只有权如此行事。尽管作为一种易犯错误的动物，人在担当这一任务的时候常常会误入歧途，但是他们在这个过程中却没有随意选择的自由。因此，这项任务被认为是一项发现某种业已存在的规则的任务，而不是一项创造新规则的任务，尽管如此努力的结果可能会创造出某种在以前并不存在的规则。

以上所述即使在下述场合中仍是有道理的，即那些被要求对纠纷进行裁决的人被迫对人们在此前并不依其行事的规则给出阐释的场合；毫无疑问，事实也往往如此。这些人所关注的不仅是一个规则系统，而且也包括那个因遵循这些规则而形成的行动秩序：这个秩序乃是人们在一个持续不断的进化过程中发现的，而且对这个秩序的维续也需要人们遵循某些特定规则。显而易见，要维续那个所有公认规则都旨在为之服务的现存行动秩序，还需要有某种其他规则以解决这些公认的规则未能提供答案的纠纷。在这个意义上讲，一种从任何角度来说都还不存在的规则，仍有可能“隐含于”现存规则的系统之中：这倒不是说它可以用逻辑的方式从现存的规则中推导出来，而毋宁是说，如果其他规则要达到它们的目标，就还需要有一种附加规则（an additional rule）做支援。

事实性规则与规范性规则

在我们必须处理未阐明的规则的场合，一种在阐明的规则方面原本似是极为清楚且明显的区别则会变得不再那么清楚了，有时甚至还可能无法对它们做出界分。认识到这一点具有相当重要的意义，因为这就是描述性规则（descriptive rules）与规范性规则（normative rules）之间的区别：前者宣称事件（包括人之行动）的某些序列会有规则地重现，而后者所陈述的则是这些序列“应当”

发生。从人们在意识完全不及的状态下遵循这种未阐明的规则到人们用文字把它们表达出来的渐变过程中，很难说上述区别究竟是在哪个特定阶段开始具有意义的。一种阻止一个人或一只动物采取某种特定行动但却为他或它所完全不意识的先天性抑制力量，是否是一种“规范”（norm）呢？或者说，这种抑制力量究竟在什么情况下才能被视为一项“规范”呢？这些情况至少包括：一、一个观察者能够看到一种欲求与一种抑制力量发生冲突的方式（这种情况颇类似于康拉德·洛伦茨［Konrad Lorenz］所描写的狼的事例：他在描写狼的态度时这样写道，“你可以看出它很想咬它的对手露出来的喉咙，但是它恰恰不能这样做”〔17〕）；二、这种抑制力量在一种特定的驱动力与“人不应当做这样的事情”这种感觉之间构成了一种有意识的冲突；三、这种感觉被形诸于文字（即“我不应当”）但却依旧只适用于表达者本人；四、这种感觉虽还未被阐明为一项成文规则，但却为该群体中的所有成员所共有并致使他们在这种感觉遭违反时做出反对的表示甚或采取阻止和惩罚的做法；五、这种感觉被一个公认的权力机构所实施或被它用文字的方式规定下来。

人们一般认为，通常被认为是“规范”所具有的、并致使规范归属于一个不同于事实陈述的话语范畴的具体特征，只属于阐明的规则，而且只是在阐明的规则的情况下，人们才可能提出有关他们是否应当遵守这些规则的问题。如果这种规则只是在事实上（无论是始终一致还是在大多数场合）为人们所遵守，而且对这种规则的遵守也只能根据事实性行为加以确认，那么它们就会与描述性规则毫无差异；它们的意义在于它们是行动的决定因素之一，亦即一种我们可以从所遵循的东西当中推知其作用的倾向或抑制力量。如果这种倾向或抑制力量是由一项阐明的规则所产生的，那么它对事实性行为的影响仍然只是一个事实而已。对于观察者来说，指导一个群体中个人行动的规范，是他所认识到的事件之决定因素中的一部分，而且也是使他能够解释他所发现的整个行动秩序的一部分。

当然，这并没有改变这样一种情况，即我们语言构造的那种规定性使我们不可能从一个只含有事实描述的陈述中有效地推断出一个有关应然的陈述。但是需要强调指出的是，从上述情况中推出的结论，并不都是确信无疑的，因为它所表明的只是人们不可能仅从一个事实陈述中推出有关确当的、可欲的或权宜的行动的陈述，也根本不可能从中推出是否应当采取行动的任何决定。只有当某个目的在被认为是可欲的同时，其论辩又采取“如果你想要这个，你就必须做那个”的形式，人们才能够从有关实然的陈述中推出有关应然的陈述。但是，一旦人们把这样一种有关可欲目的的假设包含在相关前提之中，那么他们就可以从这些前提中推导出各种规范性规则了。

对于原始人的心智来说，在能够达致某一特定结果的惟一方式与应当达致这一结果的方式之间是不存在任何明确界分的。有关因果的知识与有关行为规则的知识，也没有能够得到界分，因为当时只存在一种有关人们为了达致任何结果而必须采取的**惟一**行动方式的知识。对于学习加法或乘法的孩子来说，应当采取的方式也就是获得被预期结果的惟一方式。只是当他发现，除了人们教给他的那些方式以外，还有其他方式可以使他得到他所欲求的结果时，有关事实的知识与该群体中业已确立的行为规则之间才有可能发生冲突。

在一切有目的的行动与规范指导的行动之间的区别，只存在于下述情形之中：就我们通常所认为的那些有目的的行动而言，我们假设行动者知道其行动的目的，而在规范指导的行动方面，行动者之所以把一种行事方式视为是实现某个预期结果的可能方式，而把另一种方式视为是不可能方式的原因，往往是他本人所不知道的。然而，把一种行动视作是确当的而把另一种行动看成是不确当的，同样是一个对何者更为有效的问题进行选择的过程所导致的结果，不论它是产生个人所欲求结果的特定行动所造成的后果，还是有助于或无助于整个群体之正常运行的行动所导致的后果。因此，一个群体中的所有成员之所以在做某些特定的事情时都采取某种特定的方式，往往不是因为只有依此方式，他们才能够实现他们所意图的结果，而毋宁是因为他们只有依此方式行事，那个使个人行动有可能取得成功的群体秩序才会得到维续。该群体之所以得以存续，也许只是因为它的成员发展并传播了一些使该群体在整体上比其他群体更富成效的做事方式；但是需要强调指出的是，他们之所以依照特定方式来做特定事情的原因，则是该群体中的任何一个成员所无须知道的。

在某个特定人群之中存在着规范是一个事实；这一点当然不曾为人们否认过，受到质疑的只是这样一种观点，即人们可以从规范在事实上为人们所遵守这个情势中得出结论说，这些规范应当得到遵守。当然，只有当人们以默会的方式假设他们欲求其群体继续存在下去时，上述结论才是可能的。换言之，如果该群体的继续存在被认为是可欲的，甚或该群体作为一个实体且以一定的秩序在未来的存续也被预设成一个事实，那么人们就可以得出结论说，某些行为规则（未必是现在得到遵守的所有规则）必须得到该群体成员的遵守。〔18〕

早期的法律

我们现在应当比较容易理解我们之所以能够在所有早期文明中发现一种诸如“米堤亚人（Medes）和波斯人所具有的恒定不变之法”这样的法律原因了，也应当比较容易理解所有早期的“法律给予”（law-giving）之所以都致力于记载那种被认为是不可更改之给定的法律从而使人们知道该项法律的原因了。当时，一个“立法者”可以努力祛除他认为法律中所存在的讹误，也可以努力使法律恢复其原始的纯正，但是却没有人认为他能够制定新的法律。就此而言，法律史家们一致认为，所有著名的早期“法律给予者”（law-givers），从 Ur-Nammu[19]和汉谟拉比到梭伦、Lykugus 以及《罗马十二表法》（the Roman Twelve Tables）的作者们，其意图都不在创制新的法律，而只是要陈述法律是什么及其始终是什么。[20]

但是需要强调的是，即使任何人都无权或无意改变法律，而且先行存在的法律被认为是善法，那也不意味着法律没有得到发展。它所意指的实际上只是法律所发生的变化并不是立法者之意图或设计的结果。如果一个统治者的权力在很大程度上是以这样一种预期为基础的，即他所实施的乃是一种被认为独立于他而确立的法律，那么对于这个统治者来说，这种法律与其说是一项实现其目的的手段，还不如说常常是他在力图刻意组织政府方面的一个障碍。正是在统治者不得直接控制的臣民活动中，一般来讲主要是在这些臣民与外人的交互关系中，新的规则才会在统治者所实施的法律以外得到发展，而由统治者所实施的法律则趋于在严格符合它原意的情形下保持不变。

因此，那种能够产生一种自生自发秩序且目的独立的行为规则（the purpose-independent rules）的发展，常常会与统治者的目标相冲突，因为这些统治者倾向于把这些普遍行为规则所管辖的领域变成一个严格意义上的组织。我们必须把首要侧重点置于万民法（*ius gentium*）、商事法和港口与集市的惯例之中，以探寻法律进化进程中的那些最终使开放社会成为可能的步骤。也许有人会这样认为，即普遍行为规则的发展并不是始于有组织的部落社会之内，而是始于最早的无言交易（silent barter）事件：当时，某个原始人把他的一些物品放在其部落的边界上，并期望回报的物品也能以相似的方式被放在这个地方，这样就产生了一种新的习俗。不论这种观点是否正确，有一点则是显而不争的，即绝不是通过统治者发布的指令，而是经由个人预期能够立基于其上的那些习俗的发展，一般性行为规则才渐渐得到了人们的接受。

古代传统与中世纪的传统

虽然那种认为法律是一刻意的人之意志产物的观点，最早是在古希腊得到充分发展的，但是这种观点对当时实际政治实践的影响却相当有限。有论者指出，对于处在民主制度巅峰状态下的古雅典人来说，“只根据公民大会的一项律令去改变法律，在任何时候都是不合法的。提出这一律令的人应当对那项众所周知的‘对非法行为的指控’负责；如果法院确认了这一点，那么该项律令就会被取消，而且还要在当年内对他提起诉讼并处以重刑”。〔21〕对基本的正当行为规则即“内部规则”进行修正，只能通过一个极为复杂的程序而展开，而且这个程序的实施还有赖于一个经由专门选举而产生的机构，即 nomothetae。然而，我们在雅典民主制度中也发现了“享有主权”的人民所具有的不受约束的意志与法治传统（the tradition of the rule of law）之间发生的最早冲突〔22〕；亚里士多德之所以转而反对雅典所实施的这种民主制度，甚至认为它无权被称之为一种宪政，主要原因就是雅典公民大会常常拒绝接受法律的约束。〔23〕正是在这一时期的讨论中，我们发现了人们在界分法律与统治者特定意志方面所做出的最早的持之不懈的努力。

对所有西方法律都产生了极为深刻影响的罗马法，就更不是刻意立法的产物了。就像所有其他早期的法律一样，罗马法也是在这样一个时代形成的，当时，“法律和各种社会生活制度被认为一直存在着，而且也没有人会追问它们的起源。那种认为法律可以由人创造出来的观点，对于远古时期的人来说是极为陌生的”。〔24〕那种认为“所有的法律都必须以立法为基础的观点”，只不过是“后来较为先进时代的人们所具有的幼稚想法”。〔25〕实际上，查士丁尼

（Iustinianus I）最终完成的法律汇纂所赖以为基础的古罗马私法，几乎完全是法律人（jurists）发现法律的产物，而且也只在很小程度上才是立法的产物[26]。经由一个与此后英国普通法的发展过程极为相似的过程，古罗马私法这样一个法律系统通过法律人对那些居于支配地位的正义观念的阐释而不是通过立法的方式渐渐发展起来了。[27]当然，古罗马私法的这一发展过程与英国普通法的发展过程也存在区别，其主要区别就在于：在古罗马私法的发展过程中，起决定性作用的是法律学者（the *jurisconsults*）所提供的意见，而不是法官所做的判决。只是在古罗马私法发展过程的最后阶段，即在拜占庭时期而非罗马时期，而且是在古希腊思维方式的影响下，这一发展过程的成果才在查士丁尼皇帝领导下编纂成了法律汇编；但是颇为遗憾的是，查士丁尼的这项成就却在日后被错误地视为是统治者所创造的并反映了统治者"意志"的法律的模式。

然而，在13世纪西欧重新发现亚里士多德《政治学》（*Politics*）一书并在15世纪接受查士丁尼法典以前，西欧诸国可以说又经历了另一个持续了将近一千年的阶段；在这个阶段中，法律再一次被视为是某种独立于人之意志而被给定的东西，亦即某种有待发现而非创制的东西；也正是在这个近千年的岁月中，那种认为法律可以被刻意创造出来或刻意改变的观点几乎变成了一种渎神观念。就这个已为许多早期论者[28]注意到的态度而言，弗里茨·克恩（Fritz Kern）给出了一个相当经典的描述，而我们的最佳方法则是比较详尽地征引他的主要结论[29]：

> 一旦发生了一个没有有效的法律可被援引的案件，法定者或判决者（doomsmen）就会带着这样一种信念去制定新的法律，即他们所制定的实是先行存在的善法——这种法律的确不是以明确的方式传至他们的，而只是以一种默会的方式存在着。因此，他们并没有创造法律，因为他们只是"发现"法

律。法庭所做的任何一项特定判决，对于中世纪的人来说，无论如何都是与该社会的立法活动分不开的；然而在我们看来，这种判决只是从一项一般性的业已确立的法律规则那里做出的一个特定推论。无论是在法庭做出特定判决的情形中，还是在社会立法活动的情况中，人们只是发现了一种隐而不显但是已然存在的法律，而不是创造出了一种全新的法律。在中世纪，根本就不存在"首次适用一条法律规则"这种事情。法律是古已有之的；所谓新法律乃是一种语词矛盾，因为新法律要么是从古老的法律中以明确的或默示的方式推导出来的，要么就是与古老的法律相冲突的——就此而言，此时的新法律便是不合法的。那个基本观念一如既往、毫无改变：古老的法律是真正的法律，而真正的法律就是古老的法律。因此，从中世纪的观点来看，制定新法律是根本不可能的，而且所有的立法与法律改革也只是对那些蒙遭违反的善的古老法律的恢复。

自 13 世纪以降，主要是在欧洲大陆，人们有关立法的认识经历了一个缓慢且渐进的发展过程，而最终被确认为是一种统治者刻意且不受约束的意志行为。这一思想发展的历史太长、也太繁复，因此我们不可能在这里对之详加讨论。对这个思想进程所做的详尽研究业已表明，此一思想进程的展开与君主专制政体（absolute monarchy）的兴起有着紧密的勾连，因为正是在那个时候形成了种种在此后支配民主诉求的观念。[30] 与此一思想发展进程同时展开的，则是人们在实践中不断地把这种制定新正当行为规则的新型权力融入统治者一直行使的较为古老的权力——亦即他们组织和控制政府机器的权力——之中，直到把这两种权力融为一体，变成一种难分难解的、最终被称之为"立法"权的东西。

当时，对这个思想发展进程的主要抵制力量，来自于"自然法"（law of nature）的传统。一如我们所知，西班牙晚期经院哲学家把“自然的”这个术语当作一个专门术语，用以描述那些绝非“发明出来的”或绝非刻意设计出来的东西，而且，这些东西是在应对情势之需要的过程中演化出来的。但是需要指出的是，即使是这个自然法传统，也因人们在17世纪时将“自然法”渐渐理解成“自然理性”之设计（design of “natural reason”）而失去了它原本具有的那种抵制力量。

惟一一个成功守成了中世纪的传统并将现代法律下的自由（liberty under the law）观念建立在中世纪所获致的诸“自由权项”（liberties）之上的国家乃是英国。英国之所以能够达致这项成就，在一定程度上是因为这样一个事实，即英国在当时没有全盘接受晚期罗马法律以及与之相伴随的视法律为某个统治者之创造物的观念；但在更大程度上则可能是因为另一个事实，即英国普通法论者提出了一些极为重要的观念，它们多少有些类似于自然法传统的观念，但又没有用自然法学派所具有的那些极具误导性的术语予以表达。然而，“在16世纪和17世纪初期，英国的政治结构与欧洲大陆国家的政治结构尚无根本区别，只是那时的英国人似乎还没有肯定英国是否要像欧洲大陆国家那样发展成一个高度集权的君主专制制度。”〔31〕阻止英国在此后像欧洲大陆国家那样发展的力量，就是那个根深蒂固的普通法传统，因为英国人当时认为普通法并不是任何个人意志的产物，而毋宁是对一切权力（包括国王的权力）的一种限制——爱德华·科克就是为了捍卫这一传统而与詹姆士一世（James I）和弗朗西斯·培根展开斗争的，而马休·黑尔于17世纪末在反对托马斯·霍布斯的过程中所精彩重述的也正是这个传统。〔32〕

因此，令18世纪其他欧洲国家的人民羡慕不已的英国人所享有的那种自由，并不像英国人自己最先相信并在后来由孟德斯鸠告诉全世界的那样，原本是立法机关与行政机关进行分权的产物，而毋宁是这样一个事实的结果，即支配法院审判的法律是普通法，亦即一种独立于任何个人意志、既约束独立的法院又为这些法院所发展的法律；对于普通法，议会很少会加以干预，即使做出了干预，其目的也主要是为了澄清某一法律系统内的疑点。人们甚至可以这样认为，权力分立制度之所以在英国得到确立，并不是因为仅有“立法机关”立法，而恰恰是因为它不立法：这是因为在英国，法律是由那些独立于指导和支配政府的权力——亦即被错误地称之为“立法机关”的法院决定的。

从习俗和先例中产生的法律所具有的独特属性

对法律进化过程的理解达致了一个极为重要的洞见，即从此一进化过程中生成的规则必定会拥有某些为统治者所发明或设计的法律可能会拥有但却未必会拥有的属性，而且只有当这些法律的制定所仿效的是那些从阐释先已存在惯例的过程中所形成的规则时，它们才可能拥有这些属性。鉴于本章论题的局限，我们只能在下一章的文字中详尽描述以进化方式形成的法律所特有的全部特征，并且指出这种法律已为政治哲学家长期以来所认为的严格意义上的法律提供了评断标准；而这些严格意义上的法律，其含义已隐含于诸如“法治”或“法律主宰”（reign of law）、“法律下的政府”或“权力分立”这样的表述之中。在这里，我们只想强调这种内部规则所特有的一个属性，而对于它所具有的其他属性，我们只做一些极为简要的论述，以便为后面的讨论做些铺垫。由那些支配个人行为（即涉及他人的行为）的目的独立的规则所构成的法律，不仅旨在适用于无数未来事例，而且还能够通过对每个人确受保护的领域（a protected domain）的界定而使一种行动秩序得以型构自身，其间，个人能够制定出可行的计划。这些规则通常被称之为抽象行为规则；当然，抽象行为规则这个定义是不充分的，然而为了讨论便利，我们先暂时使用一下这个定义。当然，我们借用这个定义，主要是想阐明一个关键点，即这些像普通法一样生成于司法过程的法律必定是抽象的——这当然是在由统治者命令所创造的法律未必是抽象意义上所讲的。

这种认为以先例为基础的法律要比成文规则所表达的法律更抽象的论点，由于与人们广泛持有的一个观点（欧洲大陆法律人要比盎格鲁-撒克逊法律人更广泛地接受了这个观点）相悖，所以需要给出更为详尽的论证。关于这个论点的核心要义，在很大程度上讲，最佳阐释乃是由18世纪伟大的法官曼斯菲尔德勋爵在他的一段名言中做出的；他强调指出，普通法"并不是由特定案例组成的，而是由一些一般性原则构成的，当然，这些原则从那些案例中得到了证明和解释。"〔33〕这段名言的意思是说，普通法法官所必须具有的技能当中包括了这样一种能力，即他们要有能力从那些指导他们的先例中推导出能够被适用于新案件的具有普遍意义的规则。

普通法法官的主要关注点必定是一项交易中的各方当事人所可能合理形成的预期，亦即当事人根据一种不断展开的行动秩序所赖以为基础的一般性惯例而形成的那些预期。在裁定哪些预期在这一意义上是合理的过程中，普通法法官所能够考虑的只是那些实际上决定当事人之预期的惯例（习俗或规则）以及那些假设已为当事人所知道的事实。再者，这些当事人之所以能够在一个从某些方面来讲必定是独一无二的情势中形成共同的预期，只是因为他们都是根据被认为是合适的行为标准来解释这一情势的，而这种合适的行为标准则未必是以一种阐明的规则的形式为他们所知道的。

被认为在以往诸多相似的情势中指导人们预期的规则，必定在下述两个意义上是抽象的：一是它们所指涉的是无数的相关情势，二是不论对这些规则的适用现在看来会导致何种特定后果，它们都是可以适用的。在法官被要求对某个案件进行审判以前，该纠纷的当事人已然实施了追求他们各自目的的行动，并且多半是在任何权力机构所不知道的情势中实施这些行动的；再者，那些指导着他们的行动、而其间的一方当事人又未能实现的预期，实是以他们认为业已确立的惯例为依据的。法官的职责就是要告诉他们那些本应当指导他们预期的惯例，当然，这并不是因为有人在这种惯例指导他们以前早已告诉了他们这种惯例就是规则，而是因为这是他们本应知道的业已确立的惯例。法官在这个时候绝不可能考虑这样的问题，即事实上所采取的某一行动，从某种更高的层面来看，究竟是权宜的，还是有助益于权力机构所欲求的某个特定结果的，而只能考虑这个有争议的行动是否符合公认的规则。法官所能关注的惟一公益，就是要求人们对个人能够合理信赖的规则予以遵循。法官并不关注当事本人在很大程度上必定不知道的任何隐而未宣的目的，尽管某人希望这些规则能有助益于这种目的的实现；再者，即使在特定情势中，适用这些规则的已知后果在法官看来是完全不可欲的，他们也不得不适用它们。[34] 在履行这项职责的时候，一如普通法法官所时常强调的那样，法官不得考虑统治者的任何愿望或任何"国家理由"（reasons of state）。那种必须用来指导法官审判的知识，并不是任何有关整个社会在特定时刻所提出的要求的知识，而只能是有关持续展开的社会秩序所赖以为基础的一般性原则所提出的要求的知识。

人们一般认为，为了在那些指导普通法法官的先例中界分出相关性的东西与偶然性的东西，就有必要阐明规则；而正是这种持续不断的必要性使这些法官养成了一种发现一般性原则的能力，然而，那些依赖被视为无所不涉的规则大全而进行审判的法官，却很难获得这种能力。在没有现成的一般性原则可适用的情况下，构造抽象规则的能力当然会不断地得到发挥，而机械地运用文字程式则会扼杀这种能力。普通法法官肯定会充分意识到，文字始终只是对其前任的法官想要阐明的东西所做的一种不完善的表达。

如果说立法者的命令在今天也常常采取了那些从司法过程中产生的抽象规则形式，那是因为它们的型构仿效了抽象规则的模式。

但是，任何一个旨在组织其臣民的活动以实现某些明确且可预见结果的统治者，极少是通过制定一些旨在平等地支配每个人行动的普遍性规则而达致他的目的的。一如我们所知，为了实施这种普遍性规则，统治者就得像普通法法官那样对自己加以约束，亦即在一定程度上加以自我克制；但是我们不可能指望一个惯于发布具体命令且常常用即时性需求指导其决定的人会进行自我克制；再者，某个一心想获得特定结果的人也不可能发明出抽象规则。正是由于需要维续一种并非任何人所创造的但却会被某些类型的行动所破坏的行动秩序，才使得我们有必要对那些必须予以制止的行为类型进行界定。

自发生成的法律为什么需要立法对它加以纠正

一如前述，所有生成于阐明行为规则之努力过程中的法律，都必定具有一些未必为立法者所发布的命令所具有的可欲特性；然而，这个事实并不意味着这样的法律在其他方面就不可能朝极不可欲的方向发展，也不意味着在发生这种情况的时候，以刻意审慎的立法对其进行纠正就不是惟一可行的方法。鉴于各种原因，自生自发的发展过程有可能会陷入一种困境，而这种困境则是它仅凭自身力量所不能摆脱的，或者说，至少不是它能够很快加以克服的。判例法（case-law）的发展在某些方面讲乃是一种单行道：当它在一个方向上得到了相当程度的发展时，即使人们明确认识到前此一些判决所具有的某些涵义是极不可欲的，它也往往不可能再顺着原来的方向退回去了。因此，以此方式演化生成的法律都具有某些可欲特性的事实，并不能证明它将永远是善法，甚或也无法证明它的某些规则就可能不是非常恶的规则；进而，这也就意味着我们并不能够完全否弃立法。〔35〕

我们之所以不能完全否弃立法，还有一些其他的原因。其中的一个原因是，法律发展的司法过程（the process of judicial development of law）必定是渐进的，而且也可能被证明为发展得太慢，以至于不可能使法律对全新的情势做出可欲且迅疾的调适。然而，最为重要的原因则可能是，由司法判决来扭转那个业已发生且在后来被认为具有不可欲之后果或者被认为是根本错误的发展趋势，不仅是困难的，而且也是不可欲的。如果法官使人们依此前的判决而产生的合理预期落空，那么他就显然不是在履行他的职责。虽然法官可以经由裁定那些真正的疑难问题来发展法律，但是他却不可能真的改变法律，或者说，在一项规则业已稳固确立的场合，他至多只能以极为渐进的方式来改变它；虽然法官有可能明确认识到了另一项规则会更好或更公正，但是要把这项规则适用于那些在一项不同的规则被视为有效的情况下所发生的交易，则显然是不公正的。在这样的情形中，可行的做法应当是使一项新规则在其实施以前就广为人知；而只有把一项仅在未来才会适用的新规则加以颁布，才能使它广为人知。如果需要对法律施行真正的变革，那么只有当新法律在它被适用之前就广为人知时，它才可能确当地履行所有法律应予履行的适当功能，亦即指导人们预期的功能。

对特定规则施以如此彻底变革的必要性，可能因各种情况所致。这可能是因为人们认识到，以往的某种发展是建立在错误的基础之上的，或者，这种发展所产生的结果后来被认为是不公正的。但是，最为常见的原因则很可能是，某项法律的发展掌握在某个特定阶级的成员手中，而他们的传统观点则促使他们把那些不可能满足更为普遍的正义要求的规则视作为正义。毋庸置疑，在一些法律领域中，比如在有关奴隶与主人之关系[36]、地主与佃农之关系、债权人与债务人之关系方面的法律领域中，以及在现代社会中，在有组织的商人与其顾客之关系方面的法律领域中，这些规则的型构在很大程度上都是根据上述关系中一方当事人的观点及其特定利益而完成的——尤其在前述有关奴隶与主人及地主与佃农这两个事例中，亦即几乎完全由其间的一方群体供养法官的情势下，就更是如此了。然而，一如我们所见，这并不像凯尔森所说的那样，“正义乃是一种非理性的理想”，而且“从理性的认知角度来看，所存在的只是人之利益以及利益间的冲突”[37]；我们至少可以指出，当“利益”所意指的并不只是特定的目标而是不同规则为不同的社会成员所提供的长远机会时，类似于凯尔森上述断言的观点就是错误的。一如可以从凯尔森的上述断言中得出的结论那样，也有论者认为，某一规则对一个特定群体的公认的偏袒，只有通过使它偏袒于另一个群体的方式才能得到纠正；然而在我们看来，这种推论更是大错特错了，因为当人们认识到某些直至今天仍为人们所接受的规则依照更为一般的正义原则乃是不公正时，所需要加以修正的很可能不只是个别规则，而且也包括业已确立的判例法系统中的某些组成部分。显而易见，这项任务实乃是那些根据现存先例对特定案件所做的判决力所不及的。

立法机构的起源

在历史的长河中，我们很难断定人们究竟是从哪个时刻开始把刻意变革法律（亦即我们意义上的那种法律）的权力明确授予权力机构的。但是确信无疑的是，有权制定一种不同类型的法律（即政府组织规则）的权力机构却始终存在，而且也正是这些现行的公法制定者因人们对修正正当行为规则之必要性的认识而逐渐获得了变革这些规则的权力。由于那些正当行为规则不得不由政府组织加以实施，所以人们也就自然而然地以为，那些决定这种组织的人也应当能够决定它所须实施的那些规则。

因此，立法权——亦即决定政府规则意义上的权力，早在人们认识到需要有一种权力来改变普遍正当行为规则之前就已经存在了。那些担当着实施某项特定法律以及组织防务与各种服务活动任务的统治者，早就意识到了为其官员或下属机构制定规则的必要性，而且他们也不曾对这些规则究竟是行政规则还是附属于实施正义之职责的规则的问题做出界分。但是，一个统治者会发现，宣称组织规则也具有普遍的正当行为规则所具有的尊严，对他是有利的。

然而，如果制定政府组织规则的任务长期以来一直被认为是该组织首脑所享有的"特权"，那么有关由代议机构（representative body）或法定机构（constituted body）批准或同意他的措施的需求，则往往是因人们认为统治者本人应当受制于业已确立的法律而产生的。再者，当统治者不得不以一种未曾得到业已确立的规则所明确规定的形式运用强制权力的时候，正如他在为了治理的目的而征收费用或动员劳力的情形中那样，他就必须确使自己至少得到较有权势的臣民的支持。然而，就此而言，要确定统治者寻求他们的支持究竟只是让他们来证明何者是业已确立的法律，还是要他们批准一项被认为是实现某个特定目的所必需的特定征税办法或措施，则往往是很困难的。

因此，把早期代议机构视作为后来理论家在论述中所意指的那种"立法机构"，是极具误导性的。当时，那些代议机构所首要关注的并不是正当行为规则或内部规则。正如 F. W. 梅特兰（Maitland F. W.）所解释的那样[38]：

> 我们越是往前追溯我们的历史，我们就越是不可能在国家的各种功能之间做出严格的界分：同一机构既是一个立法委员会，又是一个政府委员会，还是一个法庭……。在过去相当长的一段时间中，政治理论家都坚持要对立法与政府的其他职能做出界分，当然，这一界分是颇为重要的，尽管要精准地做

出这一界分，并不总是轻而易举的。但是，似乎有必要指出的是，一项制定法的力量绝不会局限于法学家或政治哲学家所认为的那个立法范围；这是因为他所要类分的一大批制定法，与其说是法律（*leges*），倒毋宁说是特权（*privilegia*）；制定法所规定的并不是一般性规则，而只是针对一个特定案件的。

正是与政府组织的规则相勾连，刻意制定“法律”才成了一个为人们所熟知的日常之事；政府所承担的每一项新使命或政府结构的每一次变化，都需要有一些新规则对它进行组织实施。因此，早在任何人设想以制定新规则的方法来改变业已确立的正当行为规则之前，制定新规则就已经是一个为人们所接受的事实了。但是值得注意的是，当人们萌发了要采取这种措施的想法以后，他们就不可避免地会把这项任务委托给一个权力机构去实施，而这个机构就是一直在制定另一种法律的而且也常常被要求对何者是业已确立的正当行为规则做出证明的那个机构。

效忠与主权

从立法是法律的惟一渊源这个论点中演化出了两个观念，它们不仅在现代社会渐渐被人们当成了一种不证自明的道理，而且还对政治发展产生了巨大影响，尽管这两个观念完全是从早期拟人化谬误植根于其间的那种错误的建构论推导出来的。其中的第一个观念认为，一定存在着一个至高无上的立法者（a supreme legislator），而且他的权力也是不能加以限制的，因为不这样的话，就需要有一个更高的立法者，如此循环往复，就会无穷无尽。第二个观念则宣称，那个至高无上的立法者所制定的任何东西都是法律，而且也只有反映他意志的东西才是法律。

这种认为至高无上的立法者必然拥有无限之意志（unlimited will）的观念，自培根、霍布斯和奥斯丁始，就一直被认为是有关绝对权力（先是君主的绝对权力、尔后是民主议会的绝对权力）之正当性的一个无可辩驳的论证。实际上，只有当法律这个术语被限于意指那些指导一个组织所采取的刻意且一致行动的规则时，上述观念才有可能是不证自明的或无可辩驳的。但是需要指出的是，对法律做这样的解释，只会把那种原本在内部规则意义上意指对一切权力进行设限的法律，变成一种运用权力的工具。

人们是否能够对至高无上的立法机构的权力进行有效限制呢？法律实证主义对这个问题做了否定的回答。但是，只有当所有的法律真的都始终是立法者刻意“意志”的产物，而且除了另一种同样的“意志”以外任何其他东西都不可能有效地限制这种立法权力时，法律实证主义的上述回答才有可能令人信服。然而需要指出的是，立法者的权力所始终赖以为基础的那种东西，却必须与其在处理即时性特定问题时的意志行为明确区别开来，因此，这种立法权力也能够受到它本身得以产生的那种渊源的限制。这种渊源便是一种占支配地位的意见（opinion），即有关立法者被授予的只是规定何者是确当的权力的意见；就此而言，这种意见所指涉的并不是某项规则的特定内容，而是任何正当行为规则都必须具备的一般属性。因此，立法者的这种权力所立基于的乃是一种有关他所制定的法律应当拥有某些属性的共同意见，而且也只有当他的意志表示（will’s expression）拥有那些属性时，他的意志才能够获得这种意见的支持。当然，我们会在下文再对意志与意见（will and opinion）之间的区别做较为详尽的讨论；而我们在这里只需指出这样一个限定也就足够了：我们将用“意见”这个术语——与特定问题上的意志行为相区别——来指称这样一种共同倾向，即趋向于根据意志行为是否具备那些持有特定意见的人士所通常无力列举的那些属性，来赞同某些特定的意志行为并反对其他意志行为的那种倾向。只要立法者的决定满足了人们的预期（亦即须具备上述属性），那么就其决定的特定内容而言，他将是自由的，而且在这个意义上讲，他还将是"至高无上的"或"享有主权的"。但是，这种主权（sovereignty）所赖以为基础的效忠（allegiance），却取决于该主权者是否满足了人们就那些规则的一般性特征所提出的预期，而一旦主权者没有满足这种预期，那么对这种主权的效忠也就会随之不存。在这个意义上讲，一如大卫·休谟明确指出的那样，一切权力都以意见为基础，并受意见的限制。[39]

有关一切权力都以此意义上的意见为基础的洞见，不仅适用于独裁者的权力，而且也同样适用于任何其他形式的权力。正如独裁者本人在任何时候都再清楚不过的那样，一旦失去了公众意见的支持，即便是最强大的独裁制度也会土崩瓦解。这也正是独裁者为什么如此热衷于通过控制其权力范围内的信息而操纵人们意见的原因之所在。

因此，要对立法机构的权力作出有效的限制，并不需要另一个能够在立法机构之上施以一致行动的有组织的权力机构；换言之，这种限制可以经由一种意见来实现，因为这种意见能够表明，在立法机构所发布的命令当中，只有某些命令才能被视为是法律。这种意见所关注的并不是立法机构所做决策的特定内容，而只是立法者旨在颁布且人们惟一愿意给予支持的那类规则的一般属性。这种意见的力量，并不是以这种意见的持有者是否具有采取一致行动的能力为基础的，因为它只是一种拒绝给予支持的否定性力量（negative power）——而这种支持则是立法者的权力所最终依凭的基础。

当立法者服从一般性规则的时候，这种意见会要求人们无条件地服从他，而当立法者命令人们采取特定行动时，这种意见则会要求人们拒绝服从他；这里并不存在任何矛盾。再者，立法者的一项特定决策是否可以被承认为一项有效的法律，也未必只取决于该项决策是否是以一种法定方式做出的，还须取决于它是否是由一项普遍的正当行为规则构成的。

因此，我们在逻辑上并不能必然地得出这样的结论，即终极性权力（ultimate power）必定是一种全知全能的无限权力。实际上，不论在什么地方，所谓的终极性权力（亦即使人们产生了效忠的那种意见），都是一种有限的权力，尽管它反过来又限制着所有立法者的权力。因此，这种终极性权力乃是一种否定性的权力，但是作为一种拒绝给予效忠的权力，它却限制着所有的肯定性权力（positive power）。在一个所有权力都以意见为基础的自由社会里，这种终极性权力并不直接决定任何事情，但却能够经由界定肯定性权力的实施方式而对所有肯定性权力进行控制。

如果某个可以被用来确定一项特定的决策是否能够成为一项法律的标准得到了明确表述，那么对一切有组织的权力尤其是对立法者的权力所施以的上述约束，当然就能够更有效且更迅速地发挥作用。但是，长期以来，对立法机构所施以的种种实际性限制，却甚少以文字的方式得到过表达。因此，努力对这些限制做出阐释，将是我们的任务之一。

注　释：

* 尤里乌斯·保罗，公元 3 世纪罗马法学家，这段文字可见于 *Digests* 50. 17. I. 亦请参见 12 世纪法律评注学家 Franciscus Accursius 对 *Digests*，1. i. i. 所做的评注（pr.9）：“est autem ius a iustitia，sicut a matre sua，ergo prius fuit iustitia quam ius.” 关于本章所要讨论的整个复杂问题，请参见 Peter Stein，*Regulae Iuris*（Edinburgh，1966），特别是 p. 20：“*Les* 最初乃是对 ius 的表达”。

〔1〕Bernhard Rehfeld，*Die Wurzeln des Rechts*（Berlin，1951），p. 67：

“立法现象的出现，……意味着人类历史上一种艺术的发明，即规定合法与不合法的艺术。在此之前，人们认为，法律是不能制定的，而法律只能作为某种本来就存在的东西来加以适用。根据这种观念，立法作为一种发明，就可能产生某种严重的后果，与火的发现或火药的发明所具有的那种严重后果一样。这是因为，越加强立法，人类的命运就会越依赖于法律。”

〔2〕这种幻想乃是我们这个时代许多思想家的特征。凯恩斯勋爵在 1944 年 6 月 28 日写给我的信中就曾表达过这种幻想。在 R. F. Harrod，*The Life of John Maynard Keynes*（London，1951）一书中（p. 436）征引了凯恩斯的这封信。凯恩斯在这封信中是这样评论我所撰写的 *The Road to Serfdom* 一书的，即“在一个思想与感觉都正确的社会中，即使是危险的行为也会安然无事；而如果危险的行为是那些思想与感觉都错误的人干的，那么其恶果就会不堪收拾。”

〔3〕David Hume，*Treatise* Ⅱ，p. 306：

“但是，尽管人们有可能维护一个没有政府的小型且未开化的社会，但是他们却不可能在没有正义或法律（justice）的情况下维护任何一种社会；所谓正义或法律，亦即对财物占有的稳定、根据同意的转让、允诺的践履这三项基本法律的遵循。它们因此是先于政府而存在的。”

亦请参见 Adam Ferguson，*Principles of Moral and Political Science*（Edinburgh，1792），vol. I. p. 262：

“就人而言，协作与约定的首要目标，并不是建立社会，而是要完善他天生就被置于其间的社会；并不是确立隶属关系，而是要矫正那些对业已确立的隶属关系的滥用：政治天才们所运作的这种社会，并不像诗人所形容的那样，是一盘散沙的东西，是有待音乐的魅力或哲学的课程而使其聚集在一起的彼此处于孤立状态的东西；相反，他们是一种接近于政治行为可以施以影响的且凭纯粹的本能而聚集在一起的人群；人们被置于父子、贵贱（如果不是贫富）之类的从属关系或其他偶然性的从属关系之中，尽管这种关系有可能不是初始的差别关系。这种关系实际上构成了强权与依附之间的关系，而根据这种关系，少数支配着多数，部分胜过了整体。”

另请参见 Carl Menger，*Problems of Economics and Sociology*（Urbana，I 11.，1963），尤其是 p. 227：

“因此可以肯定的是，就其最初的形式而言，国家法（national law）并不是一项契约的结果，也不是以确保公共福利为目的而进行思考所造成的结果。的确，法律对于国家来说，也不像历史法学派所断言的那样，是给定的；相反，法律先于国家而出现。诚然，法律是把一块土地上的人们组成一个民族并建立成一个国家组织的最为强大的纽带之一。”

〔4〕参见 Gilbert Ryle，“Knowing how and knowing that”，*Proceedings of the Aristotelian Society*，1945-6，and *The Concept of Mind*（London，1949），ch. 2；又参见拙文：“Rules，perception and intelligibility”，*Proceedings of the British Academy*，xlviii，1962，重印于我的论文集：*Studies in Philosophy*，*Politics and Economics*（London，and Chicago，1967）。

〔5〕参见 Sten Gagnèr，*Studien zur Ideengeschichte der Gesetzgebung*（Uppsala，1960）；Alan Gewirt，*Marsilius of Padua*，*Defender of Peace*（New York，1951 and 1956）；and T. F. T. Plucknett，*Statutes and their Interpretation in the First Half of the Fourteenth Century*（Cambridge，1922）。

〔6〕参见拙文：“Notes on the evolution of rules of conduct”，in *S. P. P. E.*。

〔7〕在同种但却彼此独立的动物群体中，发展出了不同的“文化”传统；这方面材料最为详尽、也得到了最为充分的研究的实例，乃是日本猕猴的例子。在晚近的一个时期，由于人工垦植范围的不断扩大，日本猕猴也被分割成了生活在不同地方的群体；然而没过多久，各个猕猴群体就获得了明显不同的文化特征。有关这个问题，也请参见 J. E. Frisch，“Research on primate behavior in Japan”，*American Anthropologist*，1xi，1959；F. Imanishi，“Social behavior in Japanese monkeys：‘Macaca fuscata’，” *Psychologia*，I. 1957；and S. Kawamura，“The process of sub-cultural propagation among Japanese macaques”，in C. H. Southwick（ed），*Primate Social Behavior*（Princeton，1963）。

〔8〕V. C. Wynne-Edwards，*Animal Dispersion in Relation to Social Behavior*（Edinburgh，1966），p. 456；也请参见该书 p. 12：

> “用一块土地本身而不再用这块土地上实际生长的食物作为生存竞争的目标，以便使每个个体或家族单位拥有自己可资利用的资源，乃是（动物）有可能具备的最为简单且最直接的自我控制（成员数量的）习俗。……在后面几章里，我们将用大量的篇幅来研究几乎是无限多样的限制成员数量分布密度的因素。……刚刚讨论过的觅食区域问题足够具体了。……我们可以发现，抽象目标乃是群居动物所具有的一个特别显著的特征。”

另见该书 p. 190：

> “就人类而言，在这一方面也没有多少新东西，除了复杂程度以外；所有约定性行为，原本都是社会性的和道德性的行为；并且，为防止成员分布的密度超过最合适的程度而演化出来的初级习俗体系，不仅源出于最低级的脊椎动物，而且在无脊椎动物中也得到了相当稳固的确立。因此，这样的习俗远非人

类所独有的属性。”

〔9〕David Lack，*The Life of the Robin*，revised edition（London，1946），p. 35.

〔10〕除了 Konrad Z. Lorenz 与 N. Tinbergen 所撰写的名著以外，另请参见 I. Eibl-Eibesfeldt，*Grundlagen der vergleichenden Verhaltens ——forschung——Ethologie*（Munich，1967）；and Robert Ardrey，*The Territorial Imperative*（New York，1966）。

〔11〕参见 J. Rawls，“Justice as fairness”，*Philosophical Review*，1xvii，195。

〔12〕例如，可参见 Konrad Z. Lorenz 在其著作 *King Solomon's Ring*（London and New York，1952，p. 188）中所做的描述；而这段文字，我们将在本章的后面段落中加以引证。

〔13〕请参见拙文：“The Primacy of the abstract，” in A. Koestler and J. R. Smithies（eds）*Beyond Reductionism：New Perspectives in the Life Sciences*（London，1969）.

〔14〕参见 Noam Chomsky 的著作，尤其是 *Current Issues in Linguistic Theory*（The Hague，1966）；and Kenneth L. Pike，*Language in Relation to a Unified Theory of the Structure of Human Behavior*（The Hague，1967）。

〔15〕参见 Michael Polanyi，*Personal Knowledge*（London and Chicago，1958），尤其是 chs. 5 and 6 关于“Skills”和“Articulation”所做的讨论，并请参见拙文：“Rules，perception and intelligibility” in *S. P. P. E.*。

〔16〕我们或许应当明确指出的是，在阐明的规则与未阐明的规则之间的那种区别，与成文法与不成文法之间所存在的为人们较为熟知的那种区别，并不是一回事——无论是在这些术语的字面意思上，还是在“制定法”（statute law）有时被描述成与普通法（common law）相对照的成文法（written law）的意义上，都不是一回事。这是因为口头流传下来的不成文法（unwritten law），很可能是得到充分阐明的（articulated）规则，而且也常常是阐明的规则。然而，像普通法体系这样的法律系统，却允许人们考虑那些尚未阐明的规则——最初，这样的规则常常是由一个想表达那种被他视作是现存法律的东西的法官将其形诸于文字的。

〔17〕Konrad Z. Lorenz，上引书，p. 188。

〔18〕参见我的演讲辞：*Die Irrtümer des Konstruktivismus und die Grundlagen legitimer Kritik gesellschaftlicher Gebilde*（Munich and Salzburg，1970），pp. 24 以次。

〔19〕参见 S. N. Kramer，*History Begins at Sumer*（New York，1952），p. 52。

〔20〕当然，这并没有妨碍后人们因这些人编纂过那种法律而把他们视作是那种法律的制定者。参见 John Burnet，“Law and nature in Greek ethics”，in *International Journal of Ethics*，vii，1897，p. 332：

> “但是，由一个著名的‘法律给予者’（law-giver，比如像 Zalenkos 或 Charondas、Lykurgus 或 Solon 这样的人）所编纂的一部法典，却并不能使这样的法典按这种方式被认为是恒久事物秩序的一部分。这种法典显然是‘制定出来的’，并

因此而从 φγστs（希腊语词）的角度来看，完全是人为的和专断的。据此，法典看来是被制定出来的，否则就根本无法存在。曾经亲眼见过法律制定过程的一代人难免会问，所有的道德规则难道不是都以与此相同的方式被‘制定出来的’吗？”

〔21〕A. H. M. Jones，*Athenian Democracy*（Oxford，1957），p. 52.

〔22〕参见 Lord Acton，*History of Freedom*（London，1907），p. 12：

“在一个令人难忘的场合，集会的雅典人竟宣称，阻止他们做他们自己选择做的任何事情，都是邪恶的；既存的任何力量，都不能约束他们，而且他们做出决议认为：没有任何义务能够约束他们，而且他们也不受任何不是他们自己制定的法律约束。正是经由这一方式，得到解放的雅典人成了暴君。”

〔23〕Aristotle，*Politics*，IV，iv，4，1292a，Loeb edition，p. 305：“这种说法不失为一种合理的批判：这样一种民主制度根本就不是一种宪政（a constitution）；法律不占据支配地位的地方，就没有宪政可言，因为法律应当支配所有的事情，而执政人员只能控制特定事情，而且我们应当视此为宪政政府（constitutional government）。如果民主制度真的是诸种宪政中的一种类型，那么显而易见的是，这样一种万事以议会决议予以决定的组织，甚至连确当意义上的民主制度都不是，因为一项经投票而形成的决议不可能成为一项普遍的规则。”

〔24〕Max Kaser，*Romische Rechtsgeschichte*（Gottingen，1950），p. 54.

〔25〕上引书。亦请参见 Max Rheinstein，“Process and change in the cultural spectrum coincident with expansion：government and law”，in C. H. Kraeling and R. M. Adams（eds），*City Invincible*（Chicago，1960），p. 117：

“那种认为有效的行为规范可以通过立法而得到确立的观点，乃是希腊和罗马历史晚期阶段所特有的观念；然而在西欧诸国，直至罗马法的重新发现和君主专制确立以后，这个观念才占据了支配地位。有关所有法律都是主权者的命令的主张，乃是法国大革命的民主思想所引发的一个设定，亦即所有的法律都必须由那些经适当程序当选的人民代表来制定。然而，这并不是对现实情况所做的真实描述，而对于盎格鲁-撒克逊普通法国家里的情况，就更不真实了。”

关于古罗马的情况，尤可参见 Theodor Mommsen，*Abriss des romischen Staatsrechts*（Leipzig，1893），p. 319：“执政者除了与平民团协商和根据业已存在的法律秩序以外，不能完全自由地进行决策。法律秩序被认为是永恒的且不可变更的，它既不是由（古罗马的）公众议事会制定的，也不是依附于执政者的意志的”。

〔26〕Peter Stein，上引书，p. 20：在私法问题的方面，古罗马人一般都不会诉

诸立法手段”。

〔27〕参见 W. W. Buckland and A. D. McNair，*Roman Law and Common Law*（Cambridge，1936）。

〔28〕除了我在拙著 *The Constitution of Liberty*（London and Chicago，1960，p. 163 以及 notes 5 and 6）征引过的论者及其论著以外，另请参见 R. Sohm，*Frankische Reichs–und Gerichtsverfassung*（Weimar，1871），p. 102，“私法是德国法律的法律。私法是民族习惯法，立法权并不存在于国家主权之中。” J. E. A. Jolliffe，*The Constitutional History of Medieval England from the English Settlement to 1485*，second edition（London，1947），p. 334：

> “在 13 世纪以前，那个认为社会乃在继受的法律构架中存续的早期观念，一直剥夺了国王作为立法者的身份，并把 *commune consilium* 也严格限定在对习俗的承认，且只允许它以法令的形式参与对权利和程序的调整。毫无疑问，13 世纪以后发生了重大的变革，但是，这些变革却是以一种遮蔽它们作为立法变革这个真正本质的方式而实现的。”

Jolliffe 为这段文字所做的注解指出，Bracton 认为只有 *legem in melius convertire* 才是许可的，而 *legem mutare* 则是不许可的。相似的结论可见之于 F. Fichtenau 所撰写的 *Arenga*，*Spatantike und Mittelalter im Spiegel von Urkundenformeln*（Grax and Cologne，1957）一书之中，他在该书中指出（p. 178）：“Fruher war dem Herrscher allein das lege custodire aufgegeben gewesen. Recht und Gesetz standen ja uber ihm und das Neue musste stets im Alten seine Begrundung finden.”

〔29〕Fritz Kern，*Kingship and Law in the Middle Ages*，trans. S. B. Chrimes（London，1939），p. 151；G. Barraclough，*Law Quarterly Review*，lvi，1940，p. 76，他在这里把 Fritz Kern 的这部著作描述为“两部出色的论著”之一，“其结论虽然可以再加以修正或做出限定，但却可以肯定地说，它们是永远不会受到质疑的”。

〔30〕尤请参见 Sten Gagnèr，上引书。

〔31〕我已找不到这段话的出处，但是我相信这段话出自 F. W. Mait-land 的著作。亦请参见 A. V. Dicey，*Law of the Constitution*，ninth edition（London，1939），p. 370：

> “完全从法律角度看问题的法律家，倾向于做出这样的论断，即在像 Bacon 和 Wentworth 这样的政治家作为一方与 Coke 或 Eliot 这样的政治家作为另一方之间争论的真正焦点是，像欧洲大陆那样的强势行政制度是否也应当在英国得到永久性地建立。”

〔32〕参见 W. S. Holdsworth，*A History of English Law*，vol. 5（London，1924），p. 439：

“正是在 Coke 的论著中，这个观念（亦即普通法至上的观念）以及其他一些中世纪的观念获得了它们的现代形式；因而在很大程度上也是在他的论著的影响下，这些中世纪的观念变成了我们现代法律的一部分。即使它们对我们现代法律的某些部分的影响还没有完全尽如人意，那么我们仍需要牢记的是，正是它们使英国人不再受一种允许使用拷打的刑事程序的折磨，而且也是它们为英国和全世界维护了法治这一宪政原则。”

〔33〕转引自 W. S. Holdsworth，*Some Lessons from Legal History*（London，1928），p. 18。

〔34〕参见 David Hume，*Essays*（London，1875），vol. 2，p. 274：

“所有调整财产权的自然法和私法都是一般性的，它们只关注案件中的某些基本的情势，而不会考虑相关人士的声望、地位以及人际关系的问题，也不会考虑这些法律在任何特定案件中的适用所会导致的任何特定后果。如果一个人是因过错而获得（亦即因没有充分的资格而获得）某些财产，那么，即使他是善意，这些法律也会毫不犹豫地把他的这些财产全部剥夺掉；甚至还会把这些财产给予一个已经积累起巨额资产的自私自利的吝啬鬼。公共利益要求用一般且确定的规则对财产进行调整；而且，尽管这些规则是作为最有助于公共利益这一共同的目的而被人们采纳的，但是它们却不可能消除所有特定的苦难，也不可能使每一个案件都产生有益的后果。如果整个计划或整个架构乃是支撑市民社会所不可或缺的，如果善也因此而在一般意义上大大压倒了恶，那也就足够了。”

〔35〕即使是在现代社会，法律的发展也需要依赖司法先例和学理解释这个渐进过程；关于此一主张的理由，已故的 BrunoLeoni 在其所著 *Liberty and the Law*（Princeton，1961）一书中做了极有说服力的阐释。但是，虽说他的论辩对于那种深信只有立法才能够或应当改变法律的极为盛行的正统观念的人来说，是一服有效的解毒剂，但是它却未能使我相信，甚至在他主要关注的私法领域里，我们也能够完全否弃立法。

〔36〕参见 W. S. Jevons，*The State in Relation to Labor*（London，1882），p. 33：“我们（从英国议会 650 年的立法史中）所得到的重大教训是，有关劳工的立法几乎始终是一种阶级立法（class-legislation）。这种阶级立法乃是某个占据支配地位的群体在一个地位较低的阶级开始提出令人烦恼的诉求时对其所采取的一种压制手段。”

〔37〕H. Kelsen，*What is Justice*？（Berkeley，Calif.，1957）. p. 21.

〔38〕F. W. Maitland，*Constitutional History of England*（Cambridge，1908），p. 382.

〔39〕参见 David Hume，上引书，vol. I.，p. 125：“尽管人们在很大程度上是受利益支配的，但是甚至利益本身，以及所有的人类事务，都是完全受意见支配的。”

第五章

内部规则：自由的法律

埃弗罗斯（Ephorus）对克里特（Crete）宪法所做的描述，也许充分道出了该宪法所含有的最为重要的规定。他指出，该立法者似乎当然地认为，自由是一个国家所具有的最高的善，而且也只是基于这个理由，他才规定财产明确地归那些拥有它的人所有；相反，在奴隶制的条件下，一切都归统治者所有，而被统治者则一无所有。

——斯特拉伯（Strabo）*

法官的职责

现在，我们必须努力对那些源出于法官裁决纠纷之过程，且一直是立法者竭力效仿的模式的正当行为规则的独特属性做出更为详尽的阐释。有论者业已指出，个人自由的理想似乎主要是在法官造的法律（judge-made law）居支配地位的民族中得到了相当程度的实现，至少在很长一段时间内是如此。我们认为，这可以归因于这样一种情势，即法官造的法律必然拥有着立法者的律令未必拥有的某些特定属性，而且也只有当立法者以法官造的法律为其效仿的模式时，他所发布的律令才可能拥有这些属性。在本章的讨论中，我们拟对被政治理论家们一直视为是**惟一的法律**所具有的独特属性进行探究；所谓惟一的法律，也就是法律人的法律（lawyer's law），古希腊人的 *nomos* 和古罗马人的 *ius*〔1〕（这在欧洲的其他语言中则被称之为 *droit*，*Recht*，或 *diritto*，而与 *loi*，*Gesetz*〔2〕或 *Legge* 相区别）；与这种惟一的法律构成对照的，则是我们将在下一章中所要讨论的那些构成立法机构核心关注点的政府组织规则。

只要我们牢记法官的职责乃在于对妨碍或侵扰秩序的行为进行矫正，而这种秩序并不是任何人创造的，也不是以那些被告知必须做什么的个人为基础的，那么，法官不得不适用且努力阐明并加以改进的那些规则所具有的独特属性，就会得到最好的理解。在大多数情况下，当有争议的行动发生的时候，任何权力机构都不可能知道相关个人做了什么事情或者他们为什么这样行事。正是在这个意义上讲，法官乃是自生自发秩序中的一种制度。法官将始终发现，这样一种秩序乃是作为一个不断展开过程的一种属性而存在的，在这个过程中，个人之所以能够成功地实现他们各自的计划，是因为他们可以就其同胞的行动形成一些极有机会得到兑现的预期。

为了理解上述洞见所具有的深远意义，我们有必要使自己从这样一种错误观念中彻底解放出来，即先有社会，尔后社会为自己立法。[3]这个错误观念乃是建构论唯理主义的基点；而正是这种发端于笛卡尔和霍布斯、后经卢梭及边沁、直至当代法律实证主义的建构论唯理主义，始终使论者们无法洞见到法律与政府之间的真实关系。我们认为，只是由于个人遵循某些共同规则，一群人才能够在那些被我们称之为社会的有序关系中生活在一起。因此，如果我们把法律源出于权力这个似是而非且为人们广泛持有的观念颠倒过来，进而认为所有权力都源出于法律——这当然不是在法律指定权力的意义上而言的，而是在权力因（也只有当）它实施了一种被认为独立于它而存在，并以人们就公正问题广泛持有的意见为基础的法律，而征得人们的服从的意义上所讲的——那么我们就很可能会更趋近真实的情况。据此我们可以说，并不是所有法律都是立法的产物；倒是立法的权力预设了对某些共同规则的认可；再者，这些构成立法权力之基础的规则，还对这种权力构成了限制。除非一个群体的成员已持有一些比较吻合的意见，否则该群体便不可能就阐明的规则达成共识。因此，意见之间的这种吻合必定先于人们就阐明的正当行为规则形成明确共识，尽管这不是人们就特定行动目的所达成的共识。这是因为在一般价值上存有分歧的人们，偶尔也可能就实现特定且具体的目的达成共识，并为实现这些目的进行有效的合作。但是，对特定目的所达成的这种共识，却永远不足以形成那种被我们称之为社会的恒久秩序。

如果我们考察一下那些拥有共同正义观念然而却没有共同政府的群体间所发生的情势，自发形成的法律特征就昭然若揭了。那些因遵循共同行为规则而聚合在一起、却并不拥有一个为实施这些规则而刻意建构起来的组织的群体，当然是始终存在的。这样一种事态在我们所认为的领土国家（territorial state）层面也许从来就不是很普遍的，但是毋庸置疑的是，它常常存在于诸如商人群体或因绅士式友善性规则而联系在一起的群体之中。

我们是否应当把在这些群体中可以经由意见并通过驱逐违反它们的人而得到有效实施的规则称之为“法律”，乃是一个术语的问题，也是一个权宜的问题。[4]就我们现在的讨论而言，我们所关注的乃是任何在行动中受到尊重的规则，而不只是由一个专门为实施规则之目的而创建的组织所实施的那种规则。正是对规则的实际遵守，构成了行动秩序得以型构的条件；而这些规则是否需要加以实施，或者它们是如何得到实施的，只是一个次要问题。人们在事实上对某些规则的遵循，无疑要先于任何刻意的实施行动。因此，我们绝不能把这些规则得以产生的原因与那些使它们的实施成为必要的原因混为一谈。那些决意把它们混为一谈的人，也许从来就没有充分理解过这些规则所履行的功能。但是，如果要使社会秩序存续下去，人们就必须发展出一些有效传播它们的方式以及常常还包括一些实施它们的方法（虽然这二者可能是一回事）。然而，这些规则是否需要加以实施，除了需要考虑它们得不到遵守所会导致的后果这个因素以外，还取决于另外一些情况。只要我们所关注的是遵守这些规则的结果，那么这些规则是否因其描述了个人所知道的惟一一种能够实现某些目的的方法而为他们所遵守，或者说，是否是某种压力抑或是对制裁的恐惧而使他们没有以不同的方式行事，就都是无关紧要的。就此而言，仅是意识到某种行动可能太过残暴以至于他自己同胞会无法容忍的那种感觉，与我们可以在先进的法律体系中发现的经由常规程序来实施规则的做法，具有着几乎同样重大的意义。至此，对于我们来说重要的，正是在人们始终试图确保并改进业已得到遵守的规则系统的努力过程中，那个被人们认为是法律机器（the apparatus of law）的东西得到了发展。

这样的法律也可以经由仲裁人或与他们地位相似的人所做出的努力而得到逐步阐明；这些人被要求去解决纠纷，但却无权支配他们必须加以判决的行动。他们所必须裁定的问题，并不是当事人是否遵守了什么人的意志，而是这些当事人的行动是否符合其他当事人合理形成的预期；这些人的预期之所以说是合理形成的，是因为它们符合该群体成员的日常行为所依据的惯例。惯例在这里的意义在于，它们产生了那些指导人们行动的预期；因此，那些被认为具有约束力的东西，乃是每个人都确信会得到遵守从而成为大多数活动得以成功的条件的惯例。[5]对这些惯例所确保的预期予以兑现，绝不是任何人意志的产物，也不取决于任何人的愿望或有关人员的特定身份。如果人们有必要诉诸公正的法官，那么这也是因为他们期望这样一位公正的法官来判决一个属于在任何地方和任何时候都可能会发生的案件，进而期望他会以一种能够满足任何一个他个人并不认识的人在被置于相同情势时都会产生的预期方式审判此案。

如何区别法官的任务与一个组织领导的任务

即使在法官不得不去发现那些在此前不曾得到表述甚或从未得到遵循的规则的情势下，法官的任务也将完全区别于一个组织的领导所承担的任务，因为这种组织的领导为了达到特定的结果而不得不对应予采取的行动进行决策。对于一个惯于组织人们采取特定行动的人来说，如果没有法官作为榜样，那么他就很可能不会想到以一种平等适用于该群体所有成员（而不论他们所承担的任务是什么）的规则的方式去发布他的命令。因此，任何有权发布命令的权力机构，都不可能发展出法官所发展出的法律，因为法官所发展的那种法律乃是一些能够适用于任何一个发现自己处于可用抽象方式加以界定的位置上的人的规则。那种认为人之意图应当关注于为无数未来事例制定规则的观点，预设了一种为原始人鲜能把握的有意识抽象的本领。独立于任何特定结果的抽象规则，乃是某种必须加以发现的普遍盛行的东西，而不是心智能够刻意创造的某种东西。如果说我们在今天因为太过熟悉那种抽象规则意义上的法律观念而信以为真地认为我们也必定能够以刻意的方式制定这种法律，那么这也是无数代法官努力用文字表达人们在行动中所学会遵循的规则的结果。此外，在这种历经数代人的努力过程中，法官还不得不创造一种能够使这些规则得到表达的语言。

法官所持有的这种独特的态度，因而源出于这样一个事实，即他们所关注的并不是任何权力机构要求人们在一特定情势中所采取的行动，而是私人有“合法”理由（legitimate reasons）所预期的东西。所谓“合法”，在这里所指的是私人在该社会中采取的大多数行动所依凭的那种预期。因此，规则的目的就必定是促进个人预期间的协调或吻合，因为个人计划的成功，所依凭的正是这些预期间的吻合或协调。

如果一个统治者派法官去维护社会秩序，那么他这样做的目的，通常来讲，并不是让法官去维续他所创造的秩序，也不是让法官去检查他的命令是否得到了贯彻，而是让法官去恢复一种他甚至不可能知道其特征的秩序。与监督者或监察者不同，法官无须监察统治者的命令是否得到了贯彻，也无须检查每个人是否履行了他们各自被委派的职责。尽管法官有可能是由一个更高的权力机构任命的，但是他的职责却不是实施那个权力机构的意志，而是解决那些可能会破坏现行秩序的纠纷；法官所关注的是该权力机构一无所知的特定事件，以及那些对权力机构有关行动者应当采取何种行动的特定命令一无所知的人所采取的行动。

因此，“在法律的初始阶段，维护社会秩序不仅是法律（亦即法律人的法律）的目的，也是它惟一目的”。[6]法官所实施的规则，只是在它们维护社会秩序并确使人们的劳作安排始终不受干扰的意义上才符合委派法官的统治者的利益。这些规则与某人要求个人所做的事情毫无关系，而只与它们禁止任何人采取的某些种类的行动有关。这些规则所指涉的乃是一种并非任何人创造但却切实存在的不断展开的秩序的某些先决条件。

司法的目的在于维护一种不断展开的行动秩序

一如前述，法官所发现的并予以适用的规则的目的，乃在于维护一种现存的行动秩序；这个论点意味着我们有可能对这些规则与作为遵循这些规则之结果的秩序做出界分。这些规则与作为遵循这些规则之结果的秩序之所以不同，是因为这样一个事实，即只有某些个人行为规则才会产生一种整体秩序，而其他一些行为规则则不可能产生这种整体秩序。如果个人的分立行动（separate actions）要产生一种整体秩序，那么所要求的就不仅是个人行动之间不发生不必要的相互干涉，而且在这样一些方面，亦即在个人行动的成功取决于其他人所做出的某种相配合的行动方面，至少也要有良好的机会使他们的行动得以达成这种协调或吻合。但是，所有规则在此一方面所能实现的，就是使人们较为容易地发现合作者并形成那种协调；实际上，抽象规则并不能够确使这种状况永远发生。

这种规则之所以趋于发展下去，是因为那些出于偶然的原因而采纳了有助于形成一项较为有效的行动秩序的规则的群体，会比其他并不具有如此有效之秩序的群体更成功。[7] 当然，会得到传播的规则，乃是那些支配了存在于不同群体之中并使其间的一些群体比其他群体更强大的惯例或习惯的规则。再者，某些规则也会经由较为成功地指导那些涉及到其他独立行事的人的预期而居于支配地位。的确，某些规则的优越性在很大程度上会凸显于这样一个事实之中，即它们不仅会在一个封闭的群体内部创造出一个有效秩序，而且也会在那些邂逅相遇且彼此并不相识的人们之间创造出这种有效秩序。因此与命令不同，即使在那些并不追求一种共同目的的人群里，这些行为规则也可以创造出一种秩序。所有的人都遵守规则，对于每个人来说都是极为重要的，因为个人目的的实现正依赖于此，尽管人们的各自目的有可能完全不同。

只要每个人都依照规则行事，那么他们就没有必要明确地意识到这些规则。只要他们**知道如何**依照这些规则行事，也就足够了，而**无须知道**这些规则形诸于文字的确切内容。但是需要指出的是，只是在频繁重现的情形中，他们“知道如何行事”的知识才会为他们提供切实可靠的指导，而在较为罕见的情形中，他们对于什么样的预期是合法的问题就没有上述那种直觉意义上的把握了。只是在这些较为罕见的情形中，如果要维续社会秩序并防止纠纷，才有必要求诸于那些被认为对业已确立的规则具有更多知识的人。这是因为这些被要求对纠纷进行裁定的人常常会发现，有必要对那些存有不同看法的规则做出阐释并把它们表述得更为精确一些，有时候甚至还有必要在缺乏公认规则的情势中提供新的规则。

显而易见，以文字方式阐明规则的目的，首先就是为了征得人们对它们在一特定场合的适用认可。就此而言，人们往往不可能对下述两种阐释做出界分：一是对那些到目前为止只是作为惯例存在的规则所作的阐释，二是对那些在以前从未被奉行、但是一旦得到陈述便会被大多数人视为合理而加以接受的规则所做的陈述。但是，无论是在上述哪一种情况中，法官都不得随心所欲地宣告他所喜欢的规则。他所要宣告的规则，必须是能够填补已为人们接受的规则系统中所存在的明显漏洞的规则，而填补的方式则须有助于维护并完善既有规则使之成为可能的那种行动秩序。〔8〕

在某些情形中，一个法官的所作所为不仅是阐明并适用那些业已稳固确立的惯例，而且还要在人们对业已确立的习俗所要求的东西存有真正疑问的场合、进而在诉讼当事人之间发生诚信纠纷的场合阐明并适用那些业已确立的惯例。如果我们对上述情形做认真的考虑，那么这种思考对于我们理解这种规则系统经由司法而得到发展的过程就会具有重大的启示意义。在业已确立的法律确实存有漏洞的那些场合，只有当某人负有责任去发现一项一经陈述便会被视为确当规则的时候，一项新的规则才有可能得到确立。

因此，尽管正当行为规则就像它们使之成为可能的行动秩序一样，最初都是自生自发的产物，但是它们的不断完善却需要法官（或其他熟谙法律的人士）做出刻意审慎的努力，因为他们可以通过制定新的规则来改进现存的规则系统。的确，如果没有法官做出的这种刻意努力，我们甚至可以说，如果没有立法者偶尔做出干预，以把法律从它的逐渐进化过程所可能导向的死胡同中解救出来，又如果没有他们去处理全新的问题，那么一如我们所知的那种法律就绝不可能得到充分的发展。然而，依然不争的是，规则系统作为一个整体，其结构并不是法官或立法者设计的产物，而是这样一个进化过程的结果，亦即习俗的自生自发演进与法官和立法者对既有系统中的细节所做的刻意改善始终处于互动之中的那个进化过程。需要指出的是，上述自生自发演进与刻意改善这两个因素中的任何一个因素都必须在对方提供的条件下发挥作用，以有助益于型构一个事实上的行动秩序，而这个行动秩序的特定内容除了取决于法律规则以外还将始终取决于各种其他情势。任何一个法律系统在整体上都不是被设计出来的，即使是人们在法典编纂方面所做的各种尝试，也只不过是把现存的法律系统化而已，并在这样做的过程中，对它加以补充或消除其间不一致的内容。

我们因此可以说，法官所须解决的常常是这样一种疑难问题，即对于这种疑难问题，确实会存有不止一种解决方法，但是在大多数情况下，即便是要找到一种能够符合它必须予以满足的所有条件的解决方法，也是极为困难的。因此，法官的使命乃是一种智识使命，而不是另一种使命——其间，法官的个人情绪或个人偏好、法官对当事人一方所处困境的同情、或者法官对特定目标所具有的重要性的看法等因素都可能影响他的判决。法官持有着一个明确的目标，尽管不是一个特定的具体目的，亦即通过制定一项能够防止业已发生的冲突再次重演的行为规则来逐渐改进某个特定的行动秩序。在努力履行这项使命的时候，法官必须始终在一个给定的他所必须接受的规则系统内活动，而且还必须把整个规则系统致力于的目标所要求的具体规则融入该系统之中。

“涉他人的行动”与预期的保护

法官对某个案件的受理，意味着一场纠纷必定已经发生了，而且法官通常也不关注命令与服从之间的关系，因此，只有那些影响到他人的个人行动，或者一如习惯上所描述的那样，只有“涉他人的行动”（*operationes quae sunt ad alterum*）[9]，才会引发对法律规则的阐释或制定。我们很快就会在下文中对如何界定“涉他人的行动”（actions towards others）这个棘手的问题展开讨论，而现在我们只想指出，那些显然不属于这类“涉他人的行动”的行动（比如一个人在他的家里单独采取的行动，甚或几个人之间自愿进行的合作——如果这种合作所采取的方式显然不会影响或损害他人），绝不可能成为法官所关注的行为规则所调整的对象。这一点极为重要，因为它回答了一个常常使研究这些问题的学者深感困扰的难题：即使是那些最为一般且最为抽象的规则也仍然可能对个人自由构成严重且不必要的限制。[10]的确，某些一般性规则，比如那些要求人们尊奉宗教的一般性规则，就可以被认为是对人身自由的最为严重的侵犯。然而，事实却是：这种规则并不是限制“涉他人的行动”的规则，或者一如本书所给出的定义那样，它们并不是界定个人确获保障的领域（a protected domain of individuals）的规则。至少在人们不相信整个群体会因个人罪恶而蒙遭一超自然力量惩罚的地方，我们可以认为，是根本不可能从限制个人涉及他人的行为中、进而从纠纷的解决过程中产生上述那种对人身自由构成严重侵犯的规则的。〔11〕

但是，何谓"涉他人的行动"呢？而行为规则又能够在多大程度上防止这种涉他人的行动之间的冲突呢？显而易见，法律不可能禁止所有那些会损害他人的行动，而这不仅是因为任何人都不可能预见一项行动的全部后果，而且也是因为新的情势提示某些人对计划所做的大部分修改都可能不利于其他一些人。在一个变动不居的社会中，法律能够对预期所提供的保护，始终只是对部分预期而不是全部预期的保护。再者，故意对他人造成的某种损害，对于维续一种自生自发秩序来说，甚至还是必要的：法律并不禁止人们开办一个新的企业，哪怕在这样做的时候就已经料到它会导使另一个企业的失败。因此，正当行为规则的任务就只能是告知人们，他们可以依凭哪些预期，而又不能够依凭哪些预期。

这种规则的发展显然是在法律规则与预期之持续不断的互动过程中展开的：虽然新规则的制定乃旨在保护既有的预期，但是每一项新规则的制定也都会产生新的预期。〔12〕由于为人们普遍持有的预期中有一些始终会彼此冲突，所以法官也不得不持续不断地去确定哪些预期应被视为合法的预期，并在这个过程中为新的预期提供基础。在一定程度上讲，这始终是一个实验过程，因为法官（立法者亦是如此）绝不可能预见到他所确立的规则所会产生的全部后果，也往往无力减少预期发生冲突的根源。因此，任何旨在解决一种冲突的新规则，都完全可以被证明为在另一点上引发了新冲突，因为一项新规则的确立始终会对那种仅凭法律自身的力量并不足以完全确定的行动秩序产生影响。然而，只有根据规则对那种行动秩序所产生的影响，人们才能够判断这些规则是否确当；当然，人们也只有通过试错的方式（trial and error），才能够发现这些规则对行动秩序所具有的影响。

只有一部分预期能够在一个动态的行动秩序中得到保护

在保护预期的过程中，人们会发现，并不是所有预期都能够经由一般性规则而得到保护的，而且也只有在一部分预期蒙遭故意挫败的情势下，才有可能最大限度地增进使尽可能多的预期得到满足的机会。此外，这还意味着，要防阻所有损害他人的行动不仅是不可能的，而且也是不可欲的；换言之，只有防阻某些种类的损害行动才是可能的或可欲的。停止资助并因此而使那些曾经享有此项资助的人的原本有把握的预期落空，就被认为是完全合法的。因此，法律所旨在防阻的一个人对另一个人所施以的损害，并不是所有损害，而只是那种致使法律规定为合法的预期落空的损害。惟有通过这种方式，才能使“不得损害他人”成为一项对那些能够根据自己的知识去追求自己目标的人具有实质意义的规则。因此，能够为每个人所提供的保障，并不是确使他在追求自己目标的过程中不受任何其他人的干涉，而只是确使他在这个过程中不会受到其他人经由运用某些特定手段而施以的那种干涉。

在一个变动不居且因而使某些个人始终能够发现新事实的外部环境中，如果我们希望这些人能够运用这些新获得的知识，那么欲保护所有的预期就显然是不可能的。如果个人被禁止在获悉新事实时调整自己的行动计划以适应这些事实，那么这只会降低而不是提高确定性。事实上，我们的许多预期之所以能够得到实现，完全是因为其他人不断根据新知识而调整他们的计划所致。如果我们对特定人的行动的所有预期都得到了保护，那么所有上述调整就会受到阻碍，然而在变动不居的情势中，正是根据新知识所做的这种调整，才能使某人为我们提供我们所期望的东西。因此，究竟哪些预期应当受到保护，必须取决于我们如何才能使预期的实现在整体上得到最大化。

要求个人继续做他们以前一直做的事情，肯定无法实现上文所述的那种最大化。在我们生活于其间的这个世界上，某些事实一定是不确定的。因此，在这样一个世界上，只有当我们允许每个人根据他以其他人肯定无法预见的方式习得的东西做出调整的时候，我们才能够达致某种程度的稳定性，进而才能对所有人的活动所具有的整体结果做出一定程度的预测。正是通过这种不断改变细节的方式，我们才能够维续一个抽象的整体秩序；而在这个秩序中，我们能够从我们所见所知的东西中就我们应当预期什么的问题得出比较可靠的推论。

我们需要追问的是，如果要求每个人继续做其他人习惯于预期他所做的事情，那么这将导致什么样的后果呢？只须对这个问题略加思考，我们就能够认识到，这种做法会迅速导致整个秩序的崩溃。如果每个人都努力遵循这样的指令，那么其中的一些人即刻就会发现，从自然法则的角度上讲，这样做是不可能的，因为某些情势已经发生了变化。但是，这些人因未能满足其他人的预期而导致的结果，反过来又会把其他人置于相似的位置上，从而这种结果的影响也就会扩展至越来越多的人。（附带说一句，这一点正是全盘计划的系统易于崩溃的原因之一。）要维持一个复杂生产系统的整体结果，其前提条件就是必须使该系统中的要素在行动方面具有极大的灵活性或适应性，再者，也只有通过一系列不可预见的点滴变化，才能够在很大程度上对整体结果做出预测。

我们还将在下文（即本书第二卷中的第十章）中更加详尽地讨论这样一种“表观悖论”（the apparent paradox），即在市场中，正是经由故意使一些预期蒙遭挫败，才使得预期在整体上得到了切实有效的满足。这就是“负反馈”（negative feedback）原则发生作用的方式。为了使读者不致对这个原则产生一种误解，我们在这里需要补充指出的是，有关整体秩序会比单个事实表现出更大的常规性的事实，与那些有可能从统计学所处理的要素的随机运动中产生的概率无关，因为个体行动乃是一种有系统的相互调适的产物。

我们直接的关注点在于阐明这样一个问题，即这种以某些预期为基础的行动秩序，在人们努力确使他们的预期得到实现以前，在某种程度上讲，就始终是作为一个事实而存在的。现存的行动秩序首先是一个人们所依凭或信赖的事实（fact），只是在人们发现他们必须依凭这种行动秩序才能成功地追求自己的目标时，该行动秩序才会成为一个他们急切维护的价值（value）。我们之所以倾向于把它称为一个价值而非一个目的（end），是因为它是所有的人都想加以维护的一个条件，尽管没有人曾意图以刻意的方式构造它。尽管所有的人都意识到他们的机会有赖于他们对一种秩序的维护，但是极为可能的情况是：任何人都没有能力对这个秩序的特性做出描述。之所以会发生这种情况，是因为人们无法根据任何特定的可观察到的事实来界定该秩序，而只有根据那个经由细节或点滴变化而得到维续的抽象关系系统才能界定这个秩序。正如我们在前文中所指出的那样，这种行动秩序并不是某种可见的或可以感觉到的东西，而是某种只能够从心智上加以重构的东西。

然而，尽管有人认为这种秩序的存在只在于人们对规则的服从，而且事实也的确如此：对规则的遵循实乃是确保秩序所必须的条件，但是我们也已经看到，并不是所有的规则都能够确保这种秩序的。业已确立的规则是否会在任何特定的情势中都导使一个整体秩序的型构，更主要的是取决于这些规则的特定内容。对不确当规则的遵循，完全有可能成为失序的原因；此外值得我们注意的是，还存在着一些可以想见的显然无法把个人行动整合进整体秩序之中的个人行为规则。

因此，正当行为规则致力于服务的那些“价值”，并不是人们希望予以推进的现存事实性秩序所含有的细节，而是它所具有的抽象特征，因为他们发现，这些抽象特征才是人们有效追求无数不尽相同且不可预见的目的的条件。正当行为规则的目的在于确保我们社会中的整体秩序所具有的某些抽象特征，因为我们希望社会中的这个整体秩序能够在较高程度上保有这些特征。我们努力维续此一秩序的方式，便是对我们最初发现的那些构成当下行动之基础的规则加以改进。换言之，这些规则首先是一种事实性事态的属性；由于这种属性并不是任何人刻意创造的产物，所以也就没有目的可言，但是，在我们开始理解这些规则对我们成功地实施我们的各种行动所具有的重要性以后，我们就会努力去改进它们。

当然，尽管规范确实不可能从那些仅含有事实的前提中推导出来，但是这并不意味着，接受一些旨在达致某种结果的规范，就不会在一些特定事实性情势中要求我们接受其他规范，这是因为在这些情势中，那些已被接受的规范所有助益于的目的，只有在某些其他规范也同时得到遵守的时候才能够获致正当性的论证。因此，如果我们毫不置疑地接受了一个特定的规范系统，而且发现在某个特定的事实性情形中，不借助于一些补充性规则的帮助，该系统就无法达致它旨在实现的结果，那么这些补充性规则就是那些业已确立的规则的必要条件，尽管前者并不能以逻辑的方式从后者中推导出来。由于这些补充性规则的存在，往往是以默会的方式为人们所知道的，所以认为某些新事实的出现会使某些新规范成为必要的观点至少不是完全错误的，尽管算不得十分准确。

行为规则系统与事实性的行动秩序（factual order of actions）之间所存在的上述互动关系会导致这样一个重要后果，即一种根本不考虑它所旨在实现的事实性秩序且纯属规范性质的法律科学是毫无存在根据的。一项新规范是否能够被融入某一现行的规范系统之中，并不是一个纯粹逻辑的问题，而往往是这样一个问题，即在现存的事实性情势中，该项新规范是否会产生一种使不同行动和谐共存的秩序。这种境况乃源出于这样一个事实，即抽象行为规则只有与特定情势相结合，才能够确定特定的行动。因此，判断一项新规范是否能被融入现行系统的标准，就可能是一种事实性标准（a factual test）；再者，尽管一项新规范在逻辑上可能与那些已得到公认的规则完全相符，但是，如果在某些特定的情势中，该项新规范所准许的乃是与现行规范所许可的其他行动相冲突的行动，那么它就仍可以被证明为与业已确立的规则系统相冲突。那种把法律视作一种纯粹的“规范科学”（a pure “science of norms”）的笛卡尔式观点或“几何学的”法律观之所以具有如此之大的误导性，原因也正在于此；而这种纯粹“规范科学”的法律观认为，所有的法律规则都是从明确的前提中推导出来的。一如我们所见，即使从这种“规范科学”的法律观所宣称的要使司法判决更具预测性这个直接的目标来看，它也注定是要失败的。显而易见，我们不可能在撇开事实的情况下，仅根据规范是否能够被融入其他规范这一点来判断这些规范；因为这些规范所许可的行动是否彼此相容，恰恰是由事实决定的。

这就是在整个法理学（jurisprudence）历史中始终以征引“事物之本性”（*the natura rerum* 或 *Natur der Sache*）的形式而表现出来的基本洞见。[13] 我们可以在 O. W. 霍姆斯（Holmes）那段经常为人们所引证的文字中发现这个洞见，一如他所言，“法律的生命向来不是逻辑，而是经验”[14]；我们也可以在诸如“社会生活的迫切需要”[15]、法律所指涉的不同行动间的“相容性”[16]或“和谐性”[17]这样的表述中发现这个洞见。

预期间最大限度的吻合是经由对确受保障领域的界分而达致的

人们之所以很难理解行为规则会有助于增进预期的确定性，主要是因为这些行为规则在发挥这种作用时所采取的方法，并不是对一种特定具体事态加以确定，而只是对一个使社会成员能够从他们所知道的特定事实中推演出极有可能是正确预期的抽象秩序进行确定。这就是行为规则在这样一个世界中所能实现的一切：在这个世界上，一如我们所知，一些事实乃是以一种为人们不可预见的方式发生变化的，而且秩序的实现也是通过那些在意识到新的事实时便根据这些新的事实调整自己行动的个人来完成的。这样一种整体秩序会持续不断地做出自我调适，以适应外部变化并为人们进行预测提供依据。然而，在这个整体秩序中所能保持不变的东西只能是一个抽象关系的系统，而不是该系统的特定要素。这就意味着，每一种变化都必定会使某些预期落空，然而，正是这种使某些预期落空的变化本身又会造成这样一种情势，即形成正确预期的机会会变得越来越大。

显而易见，人们只有通过保护一部分而不是全部的预期才能够达致这样一种状态，因此，此处的核心问题便在于，为了使预期在总体上实现的可能性达到最大化，必须确保哪些预期。这意味着要对法律所必须保护的那些“合法的”预期（“legitimate” expectations）与法律必须使它们落空的那些预期做出明确界分。然而，在界定一系列应受法律保护的预期并因而减少人们的行动对彼此意图的干扰方面，迄今为止，人类只发现了一种方法，即通过确定（更确切地说，就是经由把规则适用于具体事实的方式而使人们能够识别出）只有特定个人可获准处置而任何其他人都不得干涉的一系列物品的方法而为每个个人界分出所允许的行动范围。每个人为了实现自己的目的需要支配特定的物品，而某些规则有可能确定这一切，只有当平等适用于这些规则时，才能够确定每个人不受其他人干涉的行动范围。换言之，这里所需要的是那些在每时每刻都能够对每个人确受保障的领域之边界加以确定，并因此能够对**“你的”**和**“我的”**（*meum* and the *tuum*）做出界分的规则。

人们关于“有好篱笆就有好邻居”的认识[18]，亦即只有在明确划定人们各自的自由行动领域之边界的基础上人们才能够在互不冲突的情况下运用自己的知识去追求自己目标的认识，是所有已知文明赖以发展的基础。财产权（property），就该术语的广义而言，不仅包括物质的东西，而且也（一如约翰·洛克所界定的那样）包括每个个人的“生命、自由和财产”。这一意义上的财产权，是人类在面对如何于实现个人自由的同时又不致互相冲突这个问题时，迄今为止发现的惟一一种解决方法。法律、自由和财产权，乃是一种密不可分的三位一体。这是因为任何普遍行为规则意义上的法律，都是通过制定那些使每个人都能够确知他的自由活动范围的规则来确定自由领域边界的。

这个观点在很长一段时间中一直被认为是不证自明且无须证明的。正如本章开篇所征引的那段文字所表明的，这个观点不仅得到了古希腊人的明确理解，而且也同样得到了从密尔顿[19]和霍布斯[20]经孟德斯鸠[21]再到边沁[22]的自由政治思想传统的诸位奠基人的明确理解，更在晚些时候得到了 H. S. 梅因[23]和阿克顿勋爵的重申。[24]只是到了较为晚近的时候，这个观点才受到了社会主义建构论认识进路的质疑，并在下述错误观念的影响下受到了挑战，即财产权是在人类历史较晚阶段被“发明出来的”，而在此前所存在的只是一个原始共产主义的早期形态。但是需要指出的是，这个神话已遭到了人类学研究的彻底批驳。[25]现在我们已经完全清楚：第一，甚至在最原始的文化兴起之前，对财产权的承认就已经发生了；第二，我们称之为文明的东西，肯定都是在自生自发的行动秩序基础上发展起来的，而这个秩序正是经由对个人或群体确受保障的领域

（protected domains of individuals or groups）进行界分才成为可能的。尽管我们这个时代的社会主义思想成功地把上述洞见当成了意识形态所激励的观念而大加质疑，但是正如我们在此一领域中所获得的任何其他真理一样，这个洞见也完全可以被证明为一种科学真理。

在对这个问题做进一步的探讨之前，我们仍有必要对人们在法律规则与特定个人之财产权的关系问题上所存在的一种普遍误解予以澄清。人们一般都认为，正当行为规则的目的就是要把属于某人的归于某人（*suum cuique tribuere*）；然而这个经典论式常常被解释成：法律仅凭自身的力量就能够把特定的东西分配给特定的个人。当然，法律根本就不具有这种功能，因为法律所提供的只是一些人们依据它们就有可能从特定事实中确认出某些特定的东西究竟属于何人的规则。法律所关注的并不是特定东西归属于的那个特定的人究竟是谁，而只是使人们有可能确认出，由个人在法律规则划定的限度内的行动所决定的那些边界，但是值得指出的是，有关这些边界的特定内容则是由诸多其他情势决定的。此外，这一经典论式也不能像某些论者有时所做的解释那样，被解释成某种指称“分配正义”（distributive justice）的观念，或者，被解释成某种旨在实现一种能够在不考虑其实现方式的情况下被描述为公正的或不公正的事物状态或分配方式的东西。法律规则的目的，只是为了通过划定边界而尽可能地防阻不同个人间的行动发生互相干涉或干扰；它们仅凭自身的力量并不能够确定、从而也不可能关注不同的个人所会得到的结果究竟是什么。

据此，只有通过对每个人确获保障的领域加以界定的方式，法律才能够确定它所要调整的那些“涉他人的行动”，而且法律对“损害他人”的行动所设定的一般性禁令也才能够获得一种确切的含义。只有在这样一种社会中，即每个个人都可以运用他们关于变动不居之情势的知识去不断地修正或调整他们的目的，预期的最大确定性才可能达致；然而，预期所具有的这种最大程度的确定性是由这样一些规则予以保障的，它们告之每个人，在上述情势中，哪些是其他人不得加以改变的，以及哪些是他本人不得加以改变的。

究竟在哪里划定边界才最为有效呢？这是一个极为棘手的问题；对此，我们当然还没有发现全部的最后答案。财产权的观念当然不是从天而降的。我们也不曾完全成功地经由界分个人领域而使财产所有者在他进行决策时按我们的期望把一切后果（也只是那些后果）都考虑周全。在我们努力改进那些界分原则的过程中，我们所能够依凭的只是那个作为不断展开的秩序之基础的业已确立的规则系统，而这个不断展开的秩序则是由财产权制度所维续的。由于我们还只是刚刚开始理解边界之划定所具有的作用，所以追问下述问题仍会具有重大意义：第一，就特定情势而言，所划定的边界位置是否正确；第二，从变化了的情势来看，一项业已确立的规则是否仍然适当。然而，究竟应在哪里划界的问题，通常不是一个能够以专断方式予以确定的问题。如果新的问题是因情势变化而造成的，而且在以往并不涉及有关谁拥有某一特定权利的问题因而没有人主张或拥有该项权利的场合引发了划界的问题，那么有关的任务就是要发现一种有助于我们实现一般性目标的解决方法；当然，这个一般性目标必须与我们视之为当然的其他规则所服务于的目标相吻合。比如，现行系统的基本原理会明确要求把电力也纳入财产权的概念中，尽管业已确立的规则会把它划入有形物品的范畴之中。有时候，正如在电磁波事例中那样，任何一种空间边界的划定都无法提供一种有效的解决方法，从而需要去发现一些全新的观念以解决如何配置对这些物品的控制权的问题。在诸如可移动的物品（moveable objects，即法律中的“动产”chattels）这样的情形中，所有者对其财产所做的处分或使用而引发的结果，一般来讲，的确只会影响到他本人而不会影响到其他任何人；因此只有在这种情形中，所有权才能包括以他所喜欢的任何方式使用或滥用该物品的权利。再者，也只有当某项物品的所有者对该项物品的特定使用所带来的利益与损害都局限于该所有者所关注的领域时，排他性控制（exclusive control）的观念才能对这个问题做出充分的回答。一旦我们从动产领域转向对不动产（real estate）问题的思考，情势就完全不同了，因为一如我们所知，在不动产领域中，“相邻效应”（neighborhood effects）等问题会使划定确当“边界”的问题变得更为棘手。

我们将在此后的章节中进一步探究从上述情势中所导出的一系列其他问题，例如：首先，正当行为规则在根本上是否定性的，因为它们所旨在的只是防阻非正义；其次，正当行为规则是经由持续不断地把同属否定性的相容性标准（test of compatibility）适用于我们继受的法律系统而得到发展的；最后，通过持续不断地适用这个标准，我们就能够指望趋近正义，尽管我们无力最终实现正义。当然，我们在后文就上述问题做进一步探究的时候，并不是从法官造的法律所必然具有的属性角度出发的，而是从自由的法律所应当具有从而应当在刻意立法的过程中予以遵守的属性角度出发的。

此外，我们也只有在此后的章节中再对下述问题进行论证，即被称之为可获得商品与服务之总和最大化的东西，乃是所有法律都旨在促进的预期相合的过程所产生的一种偶然的但也是极为可欲的负产品。当然，我们在此后的论证过程中还将看到，只有当法律所旨在实现的是一种使预期间有可能达致彼此相合的状态时，它才可能有助于形成一种以广泛且自生自发的劳动分工为基础的秩序，而我们物质财富的不断丰富和增加则正是以这种分工秩序为依凭的。

有关价值影响事实的一般性问题

我们已经反复强调指出，首先，正当行为规则的重要性源出于这样一个事实，即对这些价值（values）的遵循会促使形成某些复杂的事实性结构（factual structures）；其次，在这个意义上讲，重要的事实乃是以一些价值的普遍盛行为条件的，但是需要强调指出的是，人们之所以信奉这些价值，并不是因为他们意识到了如此行事所会产生的事实性后果。由于这层关系甚少有人认识到，所以我们极有必要对它的重要意义做一番更为详尽的讨论。

人们往往忽略的是，从某些为人们所信奉的价值中所产生的那些事实，并不是指导某些个人行动的价值所附着于其上的那些事实，而是一种含括了许多个人行动的模式，亦即个人行动者甚至都意识不到的而且也肯定不是他们行动目标的那种模式。但是，维续这种因信奉价值而形成的秩序或模式——亦即任何人都不曾以它为目的然而它的存在却会渐渐地被视作成功追求众多其他目标的条件的秩序或模式——反过来也会被认为是一种价值。我们对这种秩序的界定，所依据的并不是支配个人行为的规则，而是遵循规则所会产生的预期之间的相吻合。但是，如果这样一种事实性状态最终被人们认为是一种价值，那么这将意味着，只有当人们在其行动中还受着一些其他价值（即行为规则）的指导时，上述那种价值才能够实现；当然，这里所说的其他价值，对于个人行动者来说，由于他们意识不到它们的功能，所以它们必定表现为终极性的价值（ultimate values）。据此我们可以说，由此而形成的秩序乃是一种价值，而它则是遵循其他价值所导致的一种非意图的且未知的结果。

上述情况导致了这样一个后果，即为人们普遍遵循的不同价值有时会发生冲突，或者，一种为人们所接受的价值也许会要求人们接受另一种价值，而这并不是因为这两种价值之间存有什么逻辑关系，而是经由一些事实而实现的——就这些事实而言，它们并不是这些价值所要达到的目标，而是这些价值在人们行动中受到尊重时所产生的非意图的后果。据此，我们常常会发现诸多不同的价值会经由它们所产生的事实性情势而变得相依相赖，尽管行动者也许意识不到价值之间所存在的这样一种关系，即只有当我们信奉了某个其他价值时，我们才能够实现这个价值。因此，我们所认为的文明，乃取决于这样一种事实性情势，即不同个人的诸多行动计划因彼此间极为协调而使它们能够在大多数场合都得到实现；然而反过来，则只有当个人把私有财产权当作一种价值来接受的时候，上述情势方能实现。在我们学会对那些由规则加以界定的个人行为的常规性与人们因遵循某些种类的规则而产生的整体秩序进行明确界分以前，上述那种关系是不太可能得到理解的。

人们对价值在这里所具有的作用的认识，常常因人们用“习惯”或“惯例”这样一些事实性术语替代“价值”这个述语而受到了妨碍。然而，在解释一种整体秩序之形成的过程中，我们却根本不能用一种对个人行为中可观察到的常规性所做的陈述去替代一种有关指导个人行动价值的认识，因为我们事实上没有能力把指导行动的价值完全化约成一系列可观察到的行动。由一个价值所指导的行为之所以能够得到我们的承认，只是因为我们认识到了这个价值。例如，“尊重他人财产权的习惯”，只有在我们知道财产权规则的时候才能够为我们所遵循；此外，虽说我们可以从观察到的行为中重构财产权规则，但是这种重构工作所包含的始终不会只是对特定行为的描述。

价值与事实之间的这种复杂关系，为那些研究复杂的社会结构的社会科学家造成了某些众所周知的棘手问题，因为他们所研究的这些社会结构只是因组成这些结构的个人持有某些价值而得以存在的。就社会科学家把他们所研究的整体结构视为当然来看，他们实际上也以默会的方式设定了这样一个预设，即这种整体结构赖以为基础的那些价值将继续为人们所信奉。当他们所研究的社会并不是他们所生活的社会时，这个预设也许就毫无意义了，因为一如社会人类学家所做的研究那样，这些社会人类学家既不希望影响他们所研究的那个社会的成员，也不指望这些社会成员会重视他们所讨论的问题及其观点。但是，对于那些被要求就如何在一个特定社会里达到某些特定目标的问题提供建议的社会科学家来说，情势就完全不同了。在为修正或改进这样一种秩序而提出的任何建议中，这些社会科学家都不得不接受使该秩序得以存在的那些不可或缺的价值，因为一方面力图改进该秩序的某个特定部分，而另一方面又建议采纳一些可能会摧毁整个秩序赖以为基础的那些价值的手段，这两种做法显然是相悖的。因此，这些社会科学家将不得不根据那些包含有价值的前提进行论证；再者，如果这些社会科学家是在根据这种含有价值的前提进行论证的过程中得出含有价值的结论的，那么他们的论证就不会有逻辑上的漏洞。

法律的“目的”

关于法律有助于自生自发行动秩序的形成或者说法律乃是这种秩序之形成的必要条件的洞见，曾经为诸多法律哲学理论以含混不清的方式做过一些表述；但是，如果不借助于社会理论（尤其是经济学）为这种秩序所提供的解释，那么这个洞见就只能是一种极难得到准确阐释的观念。我们发现，有关法律“旨”在（“aimed” at）实现某种事实性情势的观点，或者只有当某些行为规则得到普遍遵守时某种事实性事态才会出现的观点，早就有论者做出过表述，尤其可见之于晚期经院哲学家视法律由“事物的本性”所决定的法律观。一如我们先已论及的，这种观点在根本上所主张的乃是这样一种信念，即法律是一门“经验的”或“实验的”科学（empirical or expermental science）。但是，任何人都不可能预见到一种抽象秩序的具体表现形式，而且任何人也不可能准确地界定出构成该抽象秩序之决定因素的特性；因此，这种把抽象秩序视作一个目标的观点，就会与被大多数人视之为理性行动之确当目标的东西大相径庭。维续一个恒久的抽象关系系统，或者说维续一种内容变动不居的内部秩序，实与人们通常根据刻意行动的目的、目标或旨向所理解的东西不相一致。

一如我们所知，就通常意义上的目的即对某个特定且可预见的事件的期待而言，法律确实不服务于任何特定的单个目的，而只服务于不同个人的无数的不同目的。法律只为那些在整体上并不为任何人所知道的众多的不同目的提供手段。因此，就目的的一般意义而言，法律并不是实现任何特定单个目的的一种手段，而只是成功追求大多数目的的一个条件。在所有服务于多种目的（multi-purpose）的工具当中，法律很可能是继语言之后又一个有助益于人类实现种类最为繁多的目的的工具。法律肯定不是为了实现某一已知目的而创制出来的，而毋宁是因为它能够使那些依据它而行事的人更为有效地追求他们各自的目的而逐渐发展起来的。

尽管人们一般都能够充分地意识到，法律规则在某种意义上乃是维护“秩序”的必要条件，但是他们却趋向于把这种秩序与服从规则等而视之，而认识不到规则乃是以一种与此不同的方式而服务于秩序的，也就是那种使不同人的行动达成某种相应和关系的方式。

关于法律的“目的”所存在的上述两种不同的观念，在法律哲学历史上可谓是极为凸显。从伊曼纽尔·康德对正当行为规则“无目的”性的强调[26]，到边沁和耶林（Ihering）等功利主义者视目的为法律核心特征的观点，目的这个概念所具有的含混性始终都是导致人们观点分歧和冲突的根源。如果“目的”指的是特定行动所具有的具体且可预见的结果，那么边沁的特定论功利主义（the particularistic utilitarianism）就肯定错了。但是，如果我们把这样一种旨向纳入“目的”的含义之中，即旨在实现一些有助益于形成那种无从预见其特定内容的抽象秩序的条件，那么康德对于法律目的的否定，只有就某项规则被适用于某个特定情势而论才是合理的，但是对于整个规则系统来说，康德对法律目的的否定则肯定是没有道理的。然而，休谟强调指出，我们应当关注整个法律系统的功能，而无须考虑它们的具体结果；休谟的这个洞见当能够使此后的论者不再受困于这种混淆。休谟的这个核心洞见完全含括在他对这样一个事实的强调之中，即“利益……源出于整套纲领或制度……亦即仅仅产生于特定情势对一般性规则的遵循……而无须考虑……从对这些法律的确认中所可能产生的任何特定后果”。〔27〕

显而易见，只有当人们明确地认识到行动秩序是一种区别于那些有助于这种秩序之型构的规则的事实性事态之时，人们才能理解这样**一种抽象秩序之所以能够成为行为规则之目的的缘由**。对这种关系的理解，因此是理解法律的一项必要条件。但是，解释这种因果关系的使命却在现代交给了一门曾经与法律研究完全相脱离而此后又甚少为一般法律人所知道的学科去承担；而且它所研究的法律也与经济理论研究者所知道的法律不尽相同。经济学者关于市场产生了一种自生自发秩序的论辩，在过去遭到了大多数法律人的质疑，甚或被他们视为是一种神话。尽管这种自生自发秩序的存在，在今天已被社会主义经济学家和所有其他的经济学家所承认，但是大多数建构论唯理主义者却拒绝承认存在着这样一种秩序；唯理主义者的这种做法使大多数非职业经济学者都无法认识到这个洞见，而这种洞见却是人们理解法律与人之行动秩序间关系的根本之所在。如果没有这样一种仍被嘲讽者嘲笑为“看不见的手”的洞见，那么正当行为规则的功能就的确是无从理解的，而且法律人也鲜有认识此一功能的。所幸的是，这种洞见并不是法律人从事日常工作时所必须的。只是在法律哲学领域——就法律哲学指导司法和立法而言，对法律之功能缺乏这样一种认识就显得极为重要了。由于缺乏上述洞见，所以人们往往会对法律做出这样一种解释，亦即法律乃是为了实现特定目的的一种组织工具；当然，这种解释对于一种法律亦即公法来说是极有道理的，然而它却完全不适用于内部规则或法律人的法律。再者，这种解释的盛行，还构成了致使自由社会的自生自发秩序逐渐向全权性组织秩序转化的一个主要原因。

这一不幸的状况根本没有因法律学在现代社会与社会学（与经济学不同，社会学已深得一些法学家的青睐）的结合而得到救济，因为这一结合的结果只是导使法律人把他们的关注点集中在特定措施的具体结果方面，而未能指向法律规则与整体秩序之间的关系。我们只有从整体社会秩序的理论中，而不是从社会学的描述性分支学科中，才能够发现对法律与社会秩序间关系的洞见。再者，由于科学在法律人那里只意味着对特定事实的确定，而不是对整体社会秩序的认识，所以要求法律学与社会科学进行合作的一浪高过一浪的诉求，至今仍未有多大成效。从描述性的社会学研究中，我们固然可以轻而易举地获得某些特定事实的知识，但是，欲领悟正当行为规则所为之服务的那种整体秩序，却还要求我们掌握一门绝非一朝一夕便能获得的复杂理论。人们一般认为，社会科学乃是从观察有限的群体中得出的一种归纳性概括体系，一如大多数经验社会学所采取的做法；然而需要强调指出的是，这样一种社会科学对于理解法律的功能来说却是无甚助益的。

当然，以上所论并不意味着，正当行为规则所为之服务的那种整体社会秩序，只是一个经济学的问题。但是，到目前为止，只有经济学发展出了一种适合于处理自生自发抽象秩序的理论手段；而且这种理论手段也只是在眼下才渐渐地被用于解释除市场以外的其他秩序的。这里需要指出的是，市场秩序很可能是惟一一种日渐扩展至整个人类社会领域的全涉性秩序（comprehensive order）。因此无论如何，市场秩序必定是我们在本书中所能够做出充分考虑的惟一的一种秩序。

对法律的阐释与司法判决的可预见性

立基于上文的讨论，我们可以说，法官应当加以维续的抽象秩序，并不是一种特定事态，而是一种过程的常规性（the regularity of a process）；当然，这种过程的常规性乃是以受到保护而不受他人干涉的行动者的某些预期为基础的。法官应当以一种在一般意义上与人们视为公正的标准相符合的方式进行审判，但是，法官有时候又不得不把某种看似公正却使合法预期落空的东西判定为不公正的东西。在审判的过程中，法官不得不推出他的结论，但却不是仅从明确的前提中推出结论，而是从一种“情境逻辑”（situational logic）中推出结论；当然，这种情境逻辑是以现存行动秩序所提出的要求为其基础的，而这种行动秩序既是非设计的结果，同时又是法官所必须视之为当然的所有规则的基础。虽然法官的出发点是那些以业已确立的规则为基础的预期，但他还是常常不得不对那些为行动者以同样诚信的态度所持有，且同样为公认规则所认可但却彼此冲突的预期做出裁定，以确定究竟何者应被视为是合法的预期。经验往往表明，在新的情势中，那些为人们所接受的规则会使人们产生彼此冲突的预期。尽管法官在这样的情势中不可能从已知的规则中得到任何指导，但是他依然不能随心所欲地以他喜欢的任何方式进行审判。如果判决不能以逻辑的方式从既有规则中推演出来，那么它仍必须与现行规则系统保持一致，亦即是说，它服务的行动秩序必须是这些现行规则所服务于的那个秩序。如果法官发现，诉讼当事人之一方在形成其预期时所依凭的一项规则是错误的——尽管它已被人们广泛接受，而且一旦得到表述，甚至还会获得普遍认可，那么，这是因为该法官发现这项规则在某些情势中与一些以其他规则为基础的预期之间发生了冲突。“我们在过去都认为这是一项公正的规则，但现在却证明它是不公正的”；这是一个极有意义的陈述，因为它描述了这样一种经验，其间，我们关于一项特定规则是否公正的认识，显然不只是一个“意见”或“感觉”的问题，而是一个取决于我们为之努力的现行秩序所提出的要求的问题——当然，在新的情势中，这种秩序只有在人们修正了一项旧规则或增加了一项新规则时才能够得到维护。在这样一种情势中，诉讼当事人之一方所依凭的规则甚或双方所遵循的规则之所以必须加以修正，并不是因为在特定案件中适用它们会导致棘手的问题，也不是因为在特定情势中适用它们所引起的某种其他后果是不可欲的，而是因为这些规则已被证明是不足以防阻冲突的。

如果法官在这种情势中因规定而只能够做出那些可以按逻辑的方式从业已阐明的规则系统中推演出来的判决，那么他就往往无力以一种与整个规则系统之功能相符合的方式对一个案件做出判决。这一点极为重要，因为它使一个讨论颇多却并无结论的问题凸显了出来：人们一般认为，在所有的法律规则都以成文的方式或法典的方式加以制定而且法官也只限于适用已成为成文法的规则的系统中，法律会具有更大的确定性（certainty）。除此之外，整个法典化运动也始终都是受这样一种信念所指导的，即把法律编纂成法典可以增进司法判决的可预见性（predictability）。就我本人的情形而言，即使我在普通法（common law）世界有着三十多年的生活经验，但是这段经验仍不足以使我纠正这种根深蒂固的偏见，而只是在我重新回到大陆法（civil law）的氛围以后，这才使我真正开始认真地质疑这种偏见。尽管立法手段肯定能够增进法律在特定问题上的确定性，但是我现在却相信，如果对立法这一优长的承认使人们导出了这样一个要求，即**只有**以这种方式被表述成制定法的东西才应当具有法律效力，那么承认立法的这一优长就一定是得不偿失的。在我个人看来，如果法官也受人们普遍持有的公正观点的约束，那么，即使在司法判决得不到法律条文支撑的情形中，这些司法判决事实上也要比法官只能从被表述为成文法的公认信念中所推导出的判决更具预见性。

有关法官能够或应当毫无例外地以一种逻辑的方式从明确前提中推导出他的判决的观点，一直都是而且也必定是一种虚构，因为事实上法官从来就不是以这种方式审判的。正如有论者确当指出的那样，“法官所具有的训练有素的直觉会使他不断得出正确的结论，尽管他很难就这些结论给出无懈可击的法律理由”。[28]与此不同的另一种观点则是建构论唯理主义的典型产物，它认为所有规则都是刻意制定出来的，从而也就能够得到完全的表达。意味深长的是，这种观点只出现在18世纪且与刑法有关[29]；而当时在刑法领域中，居于支配地位的合法诉求就是对法官的权力进行限制，迫使他们只能适用那些被明确无误表达成法律的东西。但是需要注意的是，即使是贝卡利亚（C. Beccaria）借以表达这个观点的论式“法无明文不为罪”（*nulla poena sine lege*），也未必就是法治（the rule of law）*的一部分，只要该论式中的“法”所指的只是立法者所颁布的成文规则，而不是意指那些一经形诸于文字其约束力即刻便会得到普遍认可的规则。具有典型意义的是，英国的普通法从未在法律只是立法者所颁布的成文规则的意义上[30]接受过“法无明文不为罪”这一原则，而始终是在法律是一经形诸于文字便会得到普遍认可的规则的意义上接受这一原则的。在英国，人们直到今天仍然把这样一个古老的信念视作是法律的一个部分，即有关人类社会中存在着一种从未被形诸于文字但却被认为能够得到每个人遵守的规则的信念。

---

* 这里需要强调的是，the rule by law（依法而治）和 the rule of law（法治）在中文世界的翻译中，很少加以区别，常常都通译成“法治”；然而这两个术语在西方法理学和政治理论中有着很大的区别，必须加以明辨。更需要指出的是，阐明或揭示这一区别，恰恰是哈耶克所撰这部《法律、立法与自由》（三卷本）的核心任务之一。简而言之，the rule by law 所主张的是统治必须依照法律而进行，而不能依照个人的自由裁量而进行；但是 the rule by law 并不回答所依之法律的内容应当为何的问题，而这个问题恰恰是 the rule of law 所追问的核心问题，故本书译文将 the rule by law 译作“依法而治”，而将 the rule of law 译作“法治”。——邓注

然而，不论人们如何看待在刑事方面要求法官只限于适用成文法的可欲性问题——在刑事领域中，这样做的目的主要在于保护被告而且宁肯让有罪者逃脱惩罚也不能让无辜者蒙遭冤案——反正在法官必须对诉讼当事人进行公平裁决的场合，人们是没有理由主张上述那种限制法官的做法的。这是因为在这种必须公平对待不同当事人的情形中，要求法官必须仅从成文法中推论出他的判决，而且至多只允许法官用不成文的原则去填补明显的漏洞，只会使法律的确定性降低而非增大。依我看来，司法判决震惊公共舆论并与一般性预期相背离的大多数情势，都是因为法官认为他不得不墨守成文法的条文，且不敢背离（以法律的明确陈述作为前提的）三段论推论的结果所致。从数量有限的明确前提中做逻辑演绎，始终意味着对法律的“字面形式”而不是对法律的“精神实质”的遵循。但是，以为每个人都必定能够预见到在某一不可预见的事实性情势中因适用那些业已阐明的基本原则而产生的后果的看法，显然只是一种幻想。今天，这样一个事实很可能已得到了人们的普遍承认，即没有一部法典是没有漏洞的。我们从此一洞见中所能推出的结论，似乎不只是法官必须经由诉诸未阐明原则来填补这些漏洞，而且也包括，即使是在那些业经阐明的规则似乎给出了明确无误的答案时，只要它们与一般的正义感相冲突，那么法官就应当可以在他能够发现某种不成文规则的情况下自由地修正他的结论，前提是这种不成文规则不仅要能够为他的这种修正提供正当性理由，而且一经阐明就很可能会得到人们的普遍认可。

就此而论，甚至约翰·洛克有关自由社会的所有法律都必须是事先“颁布的”或“宣告的”论点，似乎也是建构论那种把所有的法律都视为刻意创造之物的观点的产物，因为他的论点意味着，经由把法官职能限于对业已阐明的规则的适用，我们便能够增进法官判决的可预见性；然而，这却是错误的。事先所颁布的或宣告的法律，往往只是对原则所做的一种极不完善的表述，而人们在行动中对这些原则的尊重更甚于他们用文字对它们的表达。只有当某人相信所有法律都是立法者意志的表示，且也一直是由立法者发明的，而不是对一个不断扩展的秩序所需求的原则进行的表述时，预先的宣告才有可能成为人们认识法律的一个不可或缺的条件。的确，法官在改进法律方面所做的努力，可能只有很小一部分得到了其他人的认可，除非这些人发现他们在某种意义上已然“知道”的东西在这些法官所做的改进法规的努力中得到了表达。

法官只服务于自生自发秩序

认为法官能够通过审判特定案件而逐渐趋近一种最有助益于形成一有效行动秩序的行为规则系统的论点，在人们认识到这个过程实际上是与所有智识进化过程相同的一种过程时，就会变得更有道理了。正如在所有其他领域里那样，我们在法律这个领域中所取得的进步，也是通过我们在既有思想系统内活动并努力施以一点一滴的修正或“内在的批评”（immanent criticism）以使整个行为规则系统在内部更趋一致，而且也与这些规则所适用的那些事实更相符合而完成的。这种“内在的批评”实是思想进化的主要手段，而对这个思想进化过程进行理解，则是那种区别于建构论（或幼稚）唯理主义的进化论（或批判）理性主义的特有目标。

换言之，法官所旨在服务或努力维护并改进的，乃是一种并非任何人设计的不断展开的秩序；这种秩序是在权力机构并不知道的情况下且往往与该机构的意志相悖的情形下自我形成的；它的扩展会超出任何人以刻意的方式加以组织的范围；它也不是以服务于任何人之意志的个人为基础的，而是以这些个人彼此调适的预期为依凭的。法官之所以被要求进行干预，乃是因为那些确使这些预期达成吻合的规则并不总是能够得到人们的遵守，甚或在得到人们遵守的情形下也会因其内容含混而不足以或不适于防阻冲突。一如前述，在新的情势下，业已确立的规则是不充分的；由于这种新的情势会不断发生，所以经由恰当地界分所许可的行动范围来防阻冲突并增进行动间的相容性，必定是一项永无止境的使命，而要担当这一使命，就不仅需要适用业已确立的规则，而且还需要对维护该行动秩序所须的新规则做出阐释。然而，在法官运用他们只能从此前判决的裁决理由（*ratio decidendi*）中所提炼出来的一些“原则”来努力应对新问题——这种做法能使这些尚未成熟的规则（亦就是前述的“原则”）得到发展并在新情势中产生可欲的结果——的过程中，无论是法官还是有关当事人，除了知道这些规则的作用在于帮助个人在较多情势中成功地形成预期这个事实以外，都无须知道因遵循上述规则而形成的整体秩序性质是什么，亦无须知道它们所服务的“社会利益”是什么。

因此，法官的工作乃是在社会对自生自发秩序赖以形成的各种情势不断进行调适的过程中展开的，换言之，法官的工作是这个进化过程的一部分。法官参与这个进化选择过程的方式，就是坚决采纳那些（正如那些在以往很好地发挥了作用的规则一样）更有可能使人们的预期相吻合而不是相冲突的规则。法官正是通过这种方式变成了这个秩序的一部分。但是需要指出的是，即使当法官在履行此一职能而创造新规则时，他也不是一种新秩序的创造者，而只是一个努力维续并改善某一既存秩序正常运行的侍者。除此以外，法官经由努力所导致的结果，也是那些“人之行动而非人之设计的产物”中的一个典型事例，其间，经由无数代人实验而获致的经验，包含了比任何个人所能掌握的更多的知识。

法官也许会犯错误、也许会在探寻现行秩序之基础所要求的规则时失败、也许会因其对所受理之案件的特定结果的偏好而受到误导，但是所有这一切都无法改变这样一个事实，即法官所要解决的问题在大多数场合常常只有一种正确解决方法；就此而论，这乃是一种他的“意志”或他的情绪性反应无法立足于其间的任务。即使法官常常是依凭其“直觉”而非三段论推理而采取正确解决方法的，这也不意味着，在确定结果的过程中，决定性的因素是情感因素而不是理性因素；这种情况与科学家的工作颇为类似，因为科学家通常也是先凭直觉提出正确假说的，而且也只能在提出这些假说以后才尝试对它们进行检验。与大多数其他智识工作一样，法官的工作也不是从数量有限的前提中作逻辑推演，而是对他经由部分意识到的步骤而达致的假说进行检验。但是需要强调的是，尽管法官可以不知道究竟是什么东西促使他最初想到某种特定判决是正确的，但是只有当他能够以理性的方式使他想到的判决经受住其他人对此提出的各种反对意见时，他才能做出或坚持他的这个判决。

然而，即使法官的职能在于维续并改进一个不断展开的行动秩序，而且还必须从这个行动秩序中寻求他行事的标准，那也不意味着他的目标就是维持特定人之间的那种关系现状（*status quo*）。相反，他为之服务的这种行动秩序的基本特性恰恰在于，只有通过对细节的不断改变或点滴变化，这种行动秩序才能得到维续；因此，法官所关注的只是那种必须在细节变动不居情形下加以维护的抽象关系。这样一种抽象关系的系统，并不是一个勾连单个要素的恒定网络，而是一个具有变动不居之特定内容的网络。虽然对于法官来说，一种现存状况往往可以提供正确的推断，但是，他的任务是既要维护现存的状况，也要有助于变化。法官所关注的是一种只有通过不断改变特定人状况的方式才能得到维护的动态秩序。

但是需要指出的是，尽管法官的职能并不在于维护某种特定的现状，但是他却要努力维护现存秩序立基于其上的原则。的确，法官的任务只有在自生自发的且抽象的行动秩序内部才具有意义，比如市场形成的行动秩序。因此，法官肯定是保守的，当然这只是在下述意义上而言的，即他不能致力于任何一种不是由个人行为规则决定的而是由权力机构特定目的决定的秩序。法官不能关注特定的人或特定的群体的需求，不能关注“国家理由”（reasons of state）或“政府的意志”，也不能关注一种行动秩序可能应予服务的特定目的。在任何一个必须根据个人行动对组织所旨在实现的特定目的的助益性来判断个人行动的组织内部，法官是没有存在余地的。

社会主义者对私有财产权制度的抨击，已经酿成了这样一种广泛流传的信念，即在私有财产权制度中，法官被要求捍卫的那种秩序，乃是一种服务于特定利益或利益群体的秩序。但是，分立财产权制度（the system of several property）存在的正当性理由，却并不是财产权所有人的利益。这种制度既有助益于现时拥有财产权的人的利益，同样也有助益于现时不享有财产权的人的利益，因为只是凭靠财产权制度，现代文明立基于其上的整个行动秩序才有可能得到发展。

许多人都很难想象法官所服务的是一种现存但却始终有缺陷的而且也并不意在为特定利益服务的抽象秩序；然而，只要我们想一想下述两种情况，这个难题也就迎刃而解了：第一，只有这种秩序所具有的上述抽象特征，才能作为个人在不可预见的未来情势中进行决策的基础，它们仅凭自身力量就能够决定一种秩序是否能够持久；第二，因此这些抽象特征本身便能够成为大社会成员们的一个真正的共同利益，但是需要指出的是，这些成员并不追求任何特定共同目的，他们所欲求的只是那些有助于他们追求他们各自目的的适当手段。因此，在创制法律的过程中，法官所能关注的只是改进一种行动秩序所具有的那些抽象且持久的特征；当然，这个行动秩序对于法官来说是给定的，再者，这种秩序实是通过改变或修正其细节之间的关系而维护自身的，而与此同时这些关系之间的某些关系（或一种更高级秩序的关系）也得到了维续。在这个语境中，“抽象的”与“持久的”这两个术语的含义大体上是相似的，因为从法官必须持有的长远眼光来看，他所能考虑的只是他制定的规则在未来可能产生的无数情势中所具有的结果。

小　结

我们可以通过描述从司法过程中生成的法律所必然具有的那些属性的方式来小结一下本章的观点。这种法律由这样一些规则所构成：一、这些规则所调整的是人们的涉他性行为；二、它们适用于无数的未来情势；三、它们所含有的乃是旨在划定每个人（或组织起来的人群）的确受保障领域之边界的禁令。每一项这种性质的规则都意在永久适用，尽管人们仍须依照对它与其他规则的互动所做的更为详尽的洞察而对这种规则进行修正；再者，只有作为相互矫正之规则系统中的一部分，该项规则才是有效的。这些规则只有通过人们对它们的普遍适用，才有可能达到它们所意图的那个确使抽象行动秩序得以型构的结果，而它们在特定情势中的适用也因此不能被认为具有着一个区别于整个规则系统之目的的具体目的。

这种正当行为规则系统是经由一以贯之或系统地适用一种否定性正义标准（a negative test of justice）* 并将那些不符合这个标准的规则予以废除或加以修正的方式而得到发展的；我们拟在本书第二卷第八章中对正当行为规则的这种发展方式做进一步的探讨。然而，我们下一步的任务则是要对这种正当行为规则所不能

---

* 关于正当行为规则的否定性问题，极为重要，然而此处的讨论并不详尽；有兴趣的读者还可以参见哈耶克在讨论正当行为规则的正义观的时候所做的阐释，因为它更明确地指出了这一否定特性的核心要点："第一，正义只能在适用于人的行动的时候才具有意义，而不适用于任何事态……；第二，正义规则在本质上具有禁令的性质，或换言之，非正义乃是真正的基本概念，而且正当行为规则的目标就是防阻非正义的行动；第三，所欲防阻的那种非正义乃是对一个人的同胞之确获保障的领域的侵犯，而这个领域就是经由这些正当行为规则而确定的；第四，这些本身属于否定性的正当行为规则，可以通过把同样具有否定性的普遍适用性标准持续适用于一个社会所继受的任何这类规则而得到发展"，请参见哈耶克：Studies in Philosophy，Politics and Economics，Routledge & Kegan Paul，1967，p. 166；而关于哈耶克对这四项基本的正义要点的更为详尽的讨论，也请参见该书，pp. 167-168。——邓注

实现的东西以及为组织之目的所需要的规则在哪些方面与这种正当行为规则不同这两个问题展开讨论。我们将会看到，为组织之目的所需要的规则肯定是由立法机关为了组织政府而刻意制定出来的，而制定这种规则也构成了当下各国立法机关的首要任务；因此，它们在本质上不可能为那些指导并限制法官造法之权力的因素所约束。

最后，生成于司法过程之中的正当行为规则，亦即本章所讨论的内部规则或自由的法律，与我们拟在下一章中探讨的由权力机构制定的组织规则（rules of organization）之间的区别，表现为这样一个事实，即前者源出于并非人之创造的自生自发秩序的情势，而后者则有助于刻意建构一个为具体目的服务的组织。此外，正当行为规则在下述两种意义上都是**"被发现的"**：一、它们只表述业已得到遵守的惯例；二、如果以业已确立的规则为基础的秩序想要顺利且有效地运行的话，那么人们就会发现正当行为规则是这些业已确立的规则所必需的补充物。如果自生自发行动秩序的存在并没有为法官设定独特的职责，从而也没有使人们确当地把正当行为规则视作是某种独立于某个特定个人意志而存在的东西，那么它们就绝不可能被发现；与正当行为规则不同，旨在实现特定结果的组织规则是组织者用随心所欲的方式创造出来的。

注　释：

* Strabo，*Geography*，10，4，16，in the Loeb edition by H. L. Jones，vol. 5，p. 145. 尽管 Strabo 生活在我们这个纪元的初始阶段，但是他所征引的 Ephorus of Kyme 所生活的年代却大约是公元前 400- 前 300 年，而且他的著作也只有一些残篇被保存了下来。

〔1〕就此而言，读者可以参见公元 4 世纪的语法学家 Servius 的论述（转引自 P. Stein，*Regulae Iuris*，Edinburgh，1966，p. 109）："ius generale est，sed lex est species，ius ad non scriptum pertinet，leges ad ius scriptum”. 曾有论者根据某种理由（by Alvaro d'Ors，*De la Guerra*，*de la Paz*，Madrid，1954，p. 160，转引自 Carl Schmitt. *Verfassungsrechtliche Aufsatze*，Berlin，1958，p. 427）而指出，西塞罗用 *lex* 而没有用 *ius* 来翻译希腊词 *nomos*，是一个大不幸。有关西塞罗使用 *lex*- 词的情况，尤可参见 *De legibus*，Ⅱ，vvi，Loeb edition by C. W. Keyes（London，1929），pp. 384-6："Est lex iustorum iniustorumque distinctio … nec vero iam aliam esse ullam legem puto nonmodo habendam，sed ne appellandum quidem。"

〔2〕参见 H. Triepel 在其所著 *Festgabe der Berliner juristischen Fakultatfür W. Kahl*（Tübingen，1923）一书中（p. 93）常被征引的一句话："上帝不是法律（Gesetz），上帝只是正义（Recht），而正义是在法律之上的"。

〔3〕参见本书第 4 章注释 3 所征引的 David Hume，Adam Ferguson and Carl Menger 论著中的观点。

〔4〕参见 H. L. A. Hart，*The Concept of Law*（Oxford，1961）。

〔5〕参见 James Coolidge Carter，*Law*，*Its Origin*，*Growth and Function*（New York and London，1907），p. 59："一个人对另一个人的一切指控，不论是民事的指控还是刑事的指控，都源出于这样一个事实，即某人所做的某件事情有悖于指控者对所应当做的事情的预期"。亦请参见该书 p. 331：

> "从一开始就支配人之行动的那项伟大的一般性规则，即人之行动必须符合合理预期的规则，仍不失为一项科学的规则。所有符合这项规则的行为方式，都是彼此相吻合的，而且还会成为公认的惯例。所有与该项规则不符的行为，都被认为是恶习。因此，习俗体系趋向于成为一个和谐的系统。"

遗憾的是，这部重要著作没有得到它应当得到的赞誉；而对这部著作的评论，请参见 M. J. Gronson，"The juridical evolutionism of James Coolidge Carter"，*University of Toronto Law Journal*，1953。

〔6〕Roscoe Pound，*Jurisprudence*，vol. I（New York，1959），p. 371.

〔7〕由于我们往往不得不使用"一个群体胜出其他群体"的说法，所以我们应当强调指出，这未必是指力量冲突中的那种胜利，甚或也未必是指这样一个群体的成员会取代其他群体中的成员。较有可能的情况是，一个群体的成功会把其他群体中的成员吸引过去，并因此而使他们融入这个更有吸引力的群体之中。有时候，成功的群体会成为一个特定社会中的最为优等的阶层，因此，该社会的所有其他成员都会去仿效这个群体的行为。但是，在所有上述情形中，较为成功的群体的成员往往不知道他们的成功究竟源出于他们自己所具有的哪种特性，而且他们修养这种特性也并不是因为他们知道哪些事情的成功须依赖于此一特性。

〔8〕许多早期的自然法理论家大致上都能洞见到法律规则与法律规则为之服务的行动秩序之间的这种关系。参见 Roscoe Pound，*Interpretations of Legal History*

（New York，1923），p. 5：

“事实上，以自然法理论为依据的法学家、法学教科书撰写者、法官或立法者，都是通过参照当时当地的理想化的社会秩序的图式、并参照从此一理想化秩序的角度所形成的关于法律目标的观念，来权衡各种情势和努力解决各种问题的。……与此相应，社会秩序的理想也被视作终极性的实在，而法律制度、法律规则以及法律论说则不过是对它的反映或表述。”

然而需要指出的是，中世纪的人们对社会秩序的认识，在很大程度上依旧是一种有关不同的个人或阶级所处的特定地位的观念，只有一些晚期的西班牙经院学者才大体达致了一种抽象秩序的观念，而这种抽象秩序则是以那种对所有的人都一致适用的统一法律为基础的。

〔9〕关于晚期西班牙经院学者使用这个术语的情况，请参见 C. von Kaltenbom, *Die Vorlaufer des Hugo Grotius*（Leipzig，1848），p. 146. 然而，把正义严格限于“涉他人的行为”的观念，却至少可以回溯至亚里士多德，参见他的论著：*Nicomachean Ethics*，V，i，15-20，Loeb edition，pp. 256-9。

〔10〕这是对我在拙著 *The Constitution of Liberty*（London and Chicago，1960）中处理这一论题的方式所提出的一个合理的批评；我希望我在本书中所采取的讨论方式能够使那些指出上述缺陷的批评家感到满意；在这些批评家当中，有 Lord Robbins（*Economica*，February，1961），J. C. Rees（*Philosophy*，38，1963）and R.Hamowy（*The New Individualist Review*，I（I），1961）。

〔11〕当然，这一点也隐含在康德（以及斯宾塞）的论式中，而这一论式指出，“他人所享有的平等自由”（equal liberty of others）乃是用法律限制自由的惟一合法根据。关于这个问题的全面讨论，请参见 John Rawls，*A Theory of Justice*（Oxford，1972）。

〔12〕参见 P. A. Freund，“Social justice and the law”，in R. B. Brandt（ed），*Social Justice*（New York，1962），p. 96：“在较为一般的意义上讲，合理的预期与其说是法律的产物，不如说是法律的根据。”

〔13〕Heinrich Dernburg，*Pandekten*，second edition（Berlin，1888），p. 85：“生活是不断发展的，它包括自身的尺度和秩序；而存在于秩序之中的东西，人们称之为事物的本性。大多数法律思想家在缺乏某种确定的法规作指导或在法律本身不完整或不明确的时候，往往会诉诸这种事物的本性。”

〔14〕参见 O. W. Holmes，Jr *The Common.Law*（New York，1963），p. 7：

“法律的生命向来不是逻辑，而是经验。人们当时感受到的必要性、盛行的道德理论和政治理论、公共政策的确立（无论是明言的还是无意识的）、甚至法官与他们的同胞共有的偏见，在决定人们应当受到支配的规则时，具有着比逻辑推论更大的作用。法律承载着一个民族在诸多世纪中发展变化的历史，因此，我们不能把它当成只含有公式或系定理的数学书来对待。”

亦请参见 Roscoe pound，*Law and Morals*（Chapel Hill，N. C.，1926），P. 97：“法律所关注的问题，就是要使有自由意志的人们彼此之间不发生冲突。这样，法律对人们的调整，就是要使每个人以一种与所有其他人的自由相一致的方式来行使他自己的自由，因为所有其他人也都应当一视同仁地被视作是目的本身。”

〔15〕Paul Van der Eycken，*Méthode positive de l'interprétation juridique*（Brussels and Paris，1907），p. 401：

“从前，人们把法律看作是立法者有意识的意志的产物。今天，人们却在法律之中看到了一种自然的力量。但是，如果人们能够用‘自然’来形容法律的话，那么一如我们所指出的，它的含义与过去的‘自然法’一术语所表达的意义完全不同。‘自然’这个修饰定语意味着，自然像理性的一个因素一样，向我们传递了一些原则，而大量的法典条款只是对这些原则的应用。这个说法在当下还表明，法律产生于事物之间所存在的事实性关系。像这些关系本身一样，自然的法律永远有效。立法者对于这种自然的法律只具有一些零散的意识；他通过他所颁布的规定来表达这种意识。当需要确定这些规定的意思时，应该到哪里去寻找呢？当然要到它的本源去找；而这个本源就是社会生活的要求：在这里人们能够在最大程度上发现法律的含义。同样，当需要填补法律的空白时，我们也不应当根据逻辑的推理，而应当从需要中寻求解决答案。”

〔16〕C. Perelman and L. Olbrechts-Tyteca，*La Nouvelle Rhétorique-traité de l'argumentation*（Paris，1958），vol. I，pp. 264-70，尤其是 §46：*Contradiction et Incompatibilité and §47：Procédés permettant d'éviter un incompatibilité*；我们在这里只能引用其中少数意义重大的段落（p. 263）：

不相容性要么取决于事物的性质，要么取决于人的决定。数个道德的或司法的规定、法律条款或宗教规定在一定情形中的应用，都可能产生不相容性。然而，两个命题间的矛盾假设了这样一种形式：至少在一个体系的内部，概念的含义是统一的；而不相容性却总是与一些偶然的情形有关，这些偶然情形是由自然规律和个别事件组成的；而人之决定便出自这些个别事件。

与此相似，亦请参见 Charles P. Curtis，“A better theory of legal interpretation”，*Vanderbilt Law Review*，iii，1949，p. 423：“最为重要的标准就是与所有其他的法律相一致。这个契约或那个遗嘱，只是我们整个法律当中极小的一部分，正像这个或那个制定法也只是法律中的较小一部分一样；而且，尽管正义女神有更大的目标，但是法律所寄予期望的德行却是一致性。”

〔17〕参见 Jürgen von Kempski，“Bemerkungen zum Begriff der Gerechtigkeit”，*Studium Generate*，xii，1959，并重印于该作者的 *Recht und Politik*（Stuttgart，1965），p. 51：我们可以由此宣称，私法行为基本上是关于行为的契约性原则”；以及同一作者的 *Grundlagen zu einer Struktur-theorie des Rechts*，in *Abhandlungen der Geistes- und Sozialwissenschaftlichen Klasse der Akademie der Wissenschaften und Literatur in Mainz*，1961，No. 2，p. 90：“人们可以追问，如果行为是以契约形式在人们之间形成的，那么行为必须符合什么样的前提条件呢？也就是说，我们所考虑的秩序只能是，在世界上，行为不能相互冲突。”

〔18〕引自 Robert Frost 的诗：“Mending Wall”。

〔19〕John Milton，*The Tenure of Kings and Magistrates*，in *Works*，edited by R. Fletcher（London，1838），p. 27：“一切自由的根基都在于处置并妥善经营上帝给予他们的土地这一权力，就像家长处置并妥善经营他们自己的财产一样。”

〔20〕Thomas Hobbes，*The Leviathan*（London，1651），p. 91.

〔21〕Montesquieu，*The Spirit of the Laws*，XVI，chapter15.

〔22〕J. Bentham，*The Theory of Legislation*，edited by C. K. Ogden（London，1931），p. 113：“财产权与法律共生共亡。”

〔23〕Sir Henry Maine，*Village Communities*（London，1880），p. 230：“任何人都不能在抨击分立财产权的同时，又随随便便地说自己珍重人类文明。分立财产权与人类文明这二者的历史密不可分。”

〔24〕Lord Acton，*The History of Freedom*（London，1907），p. 297：“厌恶私有财产权制度的人，完全丧失了自由的首要因素。”

〔25〕参见 A. I. Hallwell，“Nature and function of property as a social institution”，*Journal of Legal and Political Sociology*，i，1943，p. 134：

> “我们的论点是，某种形式的财产权事实上不仅仅是普遍的，而且还是为个人在基本经济过程中的角色进行定位所依凭的一个基本因素。因此，从我们的这个论点来看，有一点极为重要，即 18 世纪的思想家完全懂得财产权的根本重要性，尽管他们的推理是建立在与我们不同的基础之上的。”

亦请参见 H. I. Hogbin，*Law and Order in Polynesia*（London，1934），p. 77 以次；另请参见由 B. Malinowski 为该书所撰写的导论（见该书 p. xli），以及他所撰写的著作：*Freedom and Civilization*（London，1944），pp. 132-3.

〔26〕尤请参见 Immanuel Kant，*Metaphysik der Sitten*，in Werke（Akademie Ausgabe）vol. 6，pp. 382 and 396；and Mary J. Gregor，*Laws of Freedom*（Oxford，1963）.

〔27〕David Hume，*Euquiry Concerning the Principles of Morals*，in Essays

(London，1875)，vol. 2，p. 273.

〔28〕Roscoe Pound，“The theory of judicial decision”，*Harvard Law Review*. ix，1936，p. 52.

〔29〕对这一观点所做的最有影响的论述，很可能是由 C. Beccaria 在其所著 *On Crimes and Punishment*（1764）一书中做出的，trans，by H. Paolucci (New York，1963)，p. 15：“法官对任何案件都必须做出完全的三段论推理；而在这种三段论推理中，大前提必须是一般性法律，小前提是某项行动是否符合该项一般性法律，而结论则是自由或惩罚”。

〔30〕参见 Sir Alfred Denning，*Freedom under the Law* (London，1949)。

第六章

外部规则：立法的法律

法官所奉行的标准是：一致性、平等性和可预见性；而立法者所奉行的标准则是：公平分享、社会功利和平等分配。

——保罗·A·弗罗因德*

立法发端于确立组织规则的必要性

虽然在政治理论中，立法在传统上一直被视作是立法机构的首要职能，但是立法机构的起源及其主要关注的问题却与我们在前一章中所讨论的狭义上的**法律**无甚关系。对于现代议会之母（the Mother of Parliaments）即英国立法机构来说，就更是如此了；英国立法机构诞生于这样一个国度，在这里，要比在其他地方更为长久的岁月中，正当行为规则亦即普通法*一直被认为是独立于政治权

---

* 这里需要强调的是普通法（common law）观念在哈耶克法治观型构过程中的重要作用，因为它涉及到哈耶克从1960年《自由秩序原理》一书中所确立的形式原则和"法典法"法治观向此后（尤其是本书）所谓的形式与实质相结合的一般性原则和"普通法"法治观的转化，为此英国当代自由主义哲学家J. Gray甚至称哈耶克的法治观为"普通法法治国"（a common - law Rechtsstaat）的理论。当然，我们也需要指出，哈耶克法治观这一极为重要的转化，在部分上是由Bruno Leoni于1961年出版的批判哈耶克1955年开罗演讲中的法治观的*Freedom and the Law*一书（Los Angeles：Nash Publishing，1961）促成的。就我对哈耶克论著的阅读和研究表明，哈耶克在1960年以后出版的所有论著（包括《法律、立法与自由》一书）中没有明确文字说明他是在Leoni这部著作的影响下改变其观点的。但是值得注意的是，在1962年4月4日致Leoni的信函中，哈耶克却明确指出，他不仅为Leoni《自由与法律》一书的出版感到高兴，而且该书也给予了他以新的观点；哈耶克在简略讨论了这些观点以后甚至指出，他希望在一本关于《法律、立法与自由》的"小书"（a little pamphlet）中提出并阐发这些问题（参见Hayek to Leoni，4 April，1962，in Hayek archive，Hoover Institution，77 - 8和Leoni to Hayek，8 May，1963，in Hayek archive，Hoover Institution，77-9）。关于Leoni所撰的Freedom and the Law一书对哈耶克法治观点的影响，也请参见John Gray，Hayek on Liberty，Oxford，1984，p. 68 - 69；T. G. Palmer，"Freedom and the Law：A Comment on Professor Aranson's Article"，Harvard Journal of Law and Public Policy，11（3），summer，1988，p. 716，n. 121；Jeremy Shearmur，Hayek and After：Hayekian Liberalism as a Research Programme，London：Routledge，1996，pp. 87-92；因此，读者在阅读哈耶克《法律、立法与自由》一书时，也可参读Leoni《自由与法律》一书。——邓注

力机构而存在的。迟至17世纪，人们对于议会是否能够制定与普通法不相一致的法律这个问题仍然持有疑问。[1]我们所谓的立法机构的主要关注点始终是控制并管理政府[2]，也就是对一个组织进行指导——而确使正当行为规则得到遵守，只是这个组织的目标之一。

一如我们所见，正当行为规则无须是刻意制定的，尽管人们渐渐学会了以刻意的方式改进或改变它们。与此相对照，政府则是一个刻意的人为发明物；然而，除了最为简单且最为原始的政府形式以外，政府本身也不能完全由统治者的**特定**命令加以操纵。统治者建立组织的目的乃是为了维护社会秩序和抵御外敌，并逐步为人们提供越来越多的其他服务。随着这种组织变得越来越不同于那种含括了所有公民私人活动的更具包容性的社会，它也就要求拥有属于它自己的独特规则，并用它们来确定它自己的结构、目标和职能。然而，这些支配政府机器的规则却必然会具有一种不同于整个自生自发社会秩序立基于其上的那些普遍的正当行为规则所具有的特征。政府机器所需要的规则就是组织规则；它们的目标有如下述：一、实现特定的目的；二、对那些规定了应当完成某事或应当实现特定结果的肯定性命令（positive orders）进行补充；三、为实现这些目的而建立各种使政府得以有效运转的机构。这种组织规则附属于那些指定了应予追求的目的并为不同机构规定了各种任务的特定命令。它们在某个特定情势中的适用，不仅要取决于特定机构所承担的特定任务，而且还要取决于政府的即时性目的。除此之外，这些组织规则还必须建构一个有关命令的等级体系，并根据这个等级体系来确定不同的办事机构的职责以及它们各自享有的自由裁量权（discretion）的范围。

即使是对于一个除了实施正当行为规则以外不承担任何其他任务的组织来说，以上所论也是适用的。甚至在这样一种组织当中，即应当由它加以实施的正当行为规则在其间被认为是给定的组织当中，也还需要有另一套规则来支配它的运转。在这个意义上讲，有关程序的法律和有关建立法院组织的法律都是由组织规则构成的，而不是由正当行为规则组成的。虽说这类组织规则的目的也是为了确保正义，而且在其发展的早期阶段甚至还是为了实现一种有待“发现的”正义（从而对于实现正义来说，处于早期发展阶段的这些组织规则或许要比那些已被明确阐明的正当行为规则更重要），但是从逻辑上来讲，它们仍然有别于正当行为规则。

但是，就那种专为实施正义而建立起来的组织而言，如果说人们在通常的情况下还很难对那些界定正当行为的规则与那些调整这种行为之实施的规则做出明确的界分——再者，如果说正当行为规则也可能确实被界定为只是那些经由某种特定的程序才得以发现的规则——那么，就政府机构逐渐承担起来的其他服务项目而言，显而易见的是，这些服务活动就必须受另一种规则的支配：这种规则所调整的是政府机构对于受托的物质资源和人力资源所拥有的那些权力，但是它们却并不赋予这些政府机构以支配公民私人的权力。

即便是一个享有专制权力的统治者，如果不制定一些一般性规则去处理细小且具体的事务，也是不可能以那种事无具细的方式统揽一切的。然而，统治者的权力范围通常来讲并不是无限的，而是由人们就他的权力所持有的普遍意见决定的。由于统治者有责任进行实施的法律被认为是一劳永逸给定的，所以，主要是在他所享有的其他权力范围及适用方面，他常常发现有必要寻求那些代表公民的机构的认同与支持。

因此，甚至当内部规则被认为是给定的并或多或少是不可改变的时候，统治者也常常需要为采取某些特殊措施而得到授权，这是因为他想在实施这些措施时得到他的臣民的合作。在这些特殊措施当中，最重要的可能是税收措施，而且也正是由于统治者需要赢得人们对征税的认同，议会机构应运而生了。[3]因此，为了这个目的而建立起来的代议机构的首要关注点，从一开始就是政府的事务，而不是制定狭义上的法律，尽管这些代议机构也可能被要求对业已公认的正当行为规则进行确认。然而需要指出的是，由于实施法律被认为是政府的首要任务，所以支配政府活动的所有规则也就渐渐自然而然地被冠以同样的称谓——即“法律”。上述“合二为一”的发展趋向很可能得到了政府的推波助澜，因为政府也往往欲求把**法律**所必须获得的尊严和尊重同样地赋予它的组织规则。

法律与制定法：法律的实施与命令的执行

在英语当中，没有任何一个术语能够明确地、毫不含混地把一种由权力机构制定、“确定”或“设定”的命令与在人们并不知道其渊源的情况下便为他们普遍认可的规则区别开来。有时候我们会说“颁布法”（enactment），但是“制定法”（statute）这个更为人们熟悉的术语又常常被用来指称那些包含着多少有些一般性的规则的颁布法。[4]因此，在本书的讨论过程中，凡是在我们需要采用一个精准的术语对此加以描述的时候，我们往往会征用一个希腊词thesis（即“外部规则”）来描述这种“被确定的”法律。

由于所有立法机关的主要活动都始终是对政府加以指导，所以一般来讲，“对于法律人的法律（lawyer's law），英国议会确实既无时间也无兴趣”。[5]如果这种做法的结果只是使法律人的法律为立法机关所忽视并且把它的发展工作交给了法院，那原本也是无关宏旨的。但是事实并非如此，因为这种做法实际上常常会使法律人的法律在议会裁定政府措施从而也是在服务于特定目的的过程中被附带地、甚至还是漫不经心地被改变了。立法机构对那些牵涉到内部规则所调整的问题所做的任何裁定，都会改变或取代那种内部法律，至少对于正在受理的案件是如此。作为一个治理或支配性机构，立法机构不受任何法律的约束，而且它对特定问题所做的决定也与一般性规则具有同等的效力，并将取代任何一项这样的现存规则。

代议机构（representative assemblies）所通过的绝大多数决议，当然并不确立正当行为规则，而只是指导政府所采取的措施。在过去，实际情况很可能一直都是这样的。〔6〕在1901年，人们是这样谈论英国立法的，“在每年度的制定法汇编中，有十分之九的内容是关于行政法的；而对过去四个世纪以来的General Acts的内容进行分析，我们也很可能会发现相似的比例”。〔7〕

只要我们考虑一下“法律”在下述两种情形中所意指的东西之间存有多大区别，那么在用以指称内部规则的“法律”与用来表示从立法中产生的所有其他外部规则的“法律”之间所存在的含义差别，就会极为明确地凸显出来。一项行为规则不可能像人们落实一项命令那样被“贯彻”或“执行”。一个人可以遵循一项行为规则，也可以强迫人们服从该项规则；但是，一项行为规则的作用却只在于限定许可行动的范围，而且通常也不决定一项特定的行动；它所规定的内容是永远未完成的，亦即是说，它始终是一项施于所有人常设性义务（a standing obligation）。不论何时，只要我们说“贯彻一项法律”，那么我们在这里所说的“法律”，就不是意指一项内部规则，而是一项外部规则，亦即指定某人做特定事情的外部规则。因此，颁布必须加以“执行”的法律的“立法者”与那些必须执行这些法律的人之间的关系，完全不同于规定正当行为规则的立法者与必须遵守这些规则的人之间的关系；上述第一种规则只对我们称之为政府的组织成员有约束力，而第二种规则则会限定所有社会成员的许可行动范围。适用法律并指导法律实施的法官，并不是在行政官员贯彻一项措施的意义上“执行”法律的，也不是在行政部门（the executive）必须落实法官判决的意义上“执行”法律的。

立法机构通过的一项制定法（即外部规则）**也许会**具有一项内部规则所具有的全部属性，而且，如果一项制定法刻意仿效内部规则，那么它就极有可能会具备这些属性。但是需要指出的是，这种制定法却**未必**具备这些属性，而且在需要立法的大多数情形中它也不可能具有这种特性。在本章的讨论中，我们将只对那些并不是正当行为规则的颁布法或外部规则内容做进一步的探究。正如法律实证主义者始终强调的那样，能够被纳入一项制定法之中的东西，的确是没有限制的。然而，尽管这种"法律"必须由那些受托执行它的人来执行，但是它却并不能因此而成为正当行为规则意义上的法律。

立法与权力分立理论

从"法律"一词具有的含混性中所产生的种种混淆，在对权力分立（the separation of powers）*原则所展开的最早讨论中就已经存在了。在这些讨论中，当论者提到"立法"时，最初似乎完全是指制定普遍的正当行为规则。但是，这种正当行为规则显然不是由行政机关予以"贯彻"的，而是由法院在受理特定案件时把它们适用于这些讼案之中的；行政机关必须予以贯彻的是法院的判决。只有就第二种意义上的法律而言，即就并不确立普遍行为规则但却向政府发号施令的颁布法而言，"行政机关"才必须贯彻立法机关的决议。因此，在这里，"执行"（execution）并不是执行一项规则（这

---

* the separation of powers，汉语世界一般译作"分权"；然而，从政治实践的角度来看，由于政治制度的发展要求将中央政府经由各种途径所获得的一部分权力下放至地方政府机构，特别是考虑到目前中国学者在中国改革的过程中把中央机构将权力下放至地方机构的做法亦称作"分权"（the decentralization of powers）；从政治理论的角度来看，政治学者自近代主张"the separation of powers"以来，所阐发的主要不是有关权力机构自上而下配置权力的问题，而毋宁是这些权力在不同机构之间彼此独立的意义；因此，一是为了避免混淆，二是为了更准确地译出 the separation of powers 此一术语所侧重的各项权力彼此独立的意义，我们在本书中将把此一术语通译为"权力分立"。——邓注

是毫无意义的），而是执行由“立法机关”发布的命令。

从历史上看，“立法机关”这个术语与权力分立理论有着极为紧密的关系，似乎也只是在论者最初提出权力分立这个理论以后，该术语才得到了广泛的使用。即使在今天，我们还常常可以听到这样一种说法，即权力分立理论乃是因孟德斯鸠错误地解释了他那个时代的英国宪政而产生的；这种说法当然是错误的。尽管当时英国实际施行的宪政确实与权力分立原则不相符合，但是毋庸置疑的是，这个原则却在当时支配着英国的政治意见〔8〕，而且早在17世纪的大论战中就已逐步得到了人们的认可。就我们的讨论而言，关键之处在于，甚至在17世纪的那些讨论中，人们就已经明确地认识到：把立法视为一种独特的活动实际上预设了一种独立的法律定义，而且如果把立法机关所规定的一切东西都称为法律，那么立法这个术语也就毫无意义了。这个观点渐渐变得越来越明确，有论者甚至把它表述为：“不仅要用一般形式来表达法律，而且还必须把立法机关的活动限定在制定法律范围之内，而不得干涉特定案件的审理工作”。〔9〕1647年的《首项人民公约》（*First Agreement of the People*）就明确地规定道，“在所有制定出来的或有待制定的法律当中，每个人都受着同样的约束，而且，不论一个人的职位、财产、身份、地位、出身或住地如何，他都不能从其他人所服从的普通诉讼程序中得到豁免”。〔10〕再者，在一份有关1653年《政府约法》（*the Instrument of Government*）的“官方辩护书”（official defence）中，权力分立也被描述成“自由和良善政府的大秘诀”。〔11〕虽然在17世纪，人们试图把这一观念融入立宪政府（constitutional government）之中的各种努力都未能获得成功，但是这个观念还是得到了越来越多人的认可，就是约翰·洛克的观点也显然受到了此一观念的影响，他指出：“立法权力机构应**以一种特定的方式**行事，……（而且）那些操握此种权力的人士只应当制定一般性规则。他们应根据所颁布的业已确立的规则进行治理，而不得在特定案件中因事因人而异”。[12]就是这个观点在18世纪成了英国的一种公认观念，而孟德斯鸠正是由此一观念而导出了他对英国宪政的解释。只是到了19世纪，这个信念才被动摇了，因为当时所盛行的哲学激进论者（Philosophical Radicals）的观点，尤其是边沁对一种全知全能的立法机关的诉求[13]，使得詹姆斯·穆勒（James Mill）把**法律下的政府**（a government under the law）这个理想替换成了**由人民议会控制的政府**（a government controlled by a popular assembly）这个理想，而根据他的这个理想，政府可以随心所欲地实施人民议会批准的任何特定行动。[14]

代议机构的政府职能

立基于前述的讨论，我们可以说，如果我们不想受“立法机关”这个术语的误导，我们就必须牢记，这个术语不过是作为代议**政府**（representative *government*）的工具而产生的一种礼仪性称谓。显而易见，现代立法机关乃源出于这样一些机构，它们早在人们认为有可能刻意制定正当行为规则之前就已经存在了，而且，这种刻意制定正当行为规则的任务只是后来才委托给了那些在传统上担当着与此极为不同的任务的机构的。“立法机关”这个名词事实上是在17世纪中叶以后才出现的；需要指出的是，当时人们用这个术语来指称既有的“被任命的机构”（constituted bodies，即P. A.帕尔默所采用的那个极有助益的术语[15]），究竟是因为他们隐约认识到了权力分立观念所致，还是由于他们做出的把主张有权控制政府机构的任务限于制定一般性法律的努力未获成功所致，似可存疑。但是，不论真实情形究竟如何，这些机构事实上却从未受到过这样的限制，因此，“立法机关”也就变成了一个仅仅指称主要旨在指导或控制政府的代议机关的称谓。

人们为把那些“立法机关”的任务限于制定狭义上的法律而做出的为数极少的尝试，也是注定要失败的，因为这种做法就是要把实际存在的惟一代议机构的任务限定在制定一般性规则的范围内，而同时也就是要剥夺它们对大多数政府活动的控制权。这种努力的典范可见之于拿破仑一世的一段陈述：[16]

> 不可能有人比我更尊重立法权的独立性了：但是立法并不意味着掌控财政、批评行政或包揽在英国由议会所承担的99%的事情。立法机关应当立法，亦即依照科学的法理学原理构造善法，但是它必须尊重行政机关的独立性，一如它欲求自己的独立性受到尊重一样。

对立法机关之职能的这种看法，当然与孟德斯鸠的权力分立观点相符合；这种观点也符合拿破仑的意图，因为它能够把实际存在的惟一人民代议机构的权力限定在制定一般性的正当行为规则的范围内，进而剥夺这种机构对政府的所有控制权。出于同样的缘由，这个观点也得到了其他一些人的青睐，比如G. W. F. 黑格尔[17]、和较为晚近的W. 哈斯巴赫。[18]但是，这个缘由却使这个观点无法得到任何主张人民政府或民主政府（popular or democratie government）的人士的接受。需要指出的是，这些人士似乎只是出于另一个原因才感到运用“立法机关”这个称谓是颇具吸引力的，具体言之，这个原因就是此一称谓能够使他们为一个居于支配地位的政府机构（governmental body）要求一种无限的或“主权的”权力，但是依照传统观点，这种权力只能为制定狭义法律的机构所拥有。据此方式，政府机构——其主要活动应当受到法律的约束——只须把它们的命令称之为“法律”，便能够任意发号施令了。

然而，我们必须认识到，如果人们想要的是人民政府或代议政府的话，那么，实际存在的惟一代议机构就不可能受到权力分立理想施于严格意义上的立法机关的那种约束。这种约束或限制未必意味着（但人们实际上却是这样认为的），行使政府权力的代议机构除了受它自己制定的规则的制约以外可以不受任何其他法律的制约。实际上，这种约束或限制原本意味着，在履行纯粹的政府职能（governmental function）时，代议机构要受到另一个机构所制定的一般性法律的限制，而不论该机构是否同是代议机构或民主机构，其最高权力乃源出于它对普遍行为规则的服从。在政府的下层机构中，我们实际上拥有着各种各样的地区性或地方性代议机构，它们在行动过程中都受着它们不能改变的一般性规则的制约；据此，我们没有理由认为指导政府的最高级别代议机构就不应当服从这样的规则。的确，只有通过这样的方式，有关“法律下的政府”的理想才能够得到实现。

至此，我想在继续主要论辩之前，先对“政府”（government）这个概念所具有的某种含混性做一简要讨论，因为这对于理解下面的问题会有所帮助。尽管“政府”这个术语所涉及的极为广泛的活动在任何一个有序社会中都是极为必要的或颇为可欲的，但是它所具有的某些次要含义则不利于法律下的自由（freedom under the law）这个理想的实现。正如我们所见，“政府”一术语中含有两种不同从而必须加以区别的任务：一方面是实施普遍的正当行为规则，而另一方面则是指导或管理那些为了给公民提供各种服务而建立起来的组织。

正是在涉及上述第二类活动的情况中，“政府”这个术语（该词的动词 governing 则更是如此）有着极具误导性的涵义。由一个政府来实施法律并指导或管理提供诸多其他服务的组织，无疑是极为必要的；但是，在通常情况下，这种必要性却并不意味着公民私人也有必要在下述意义上受到支配，即在政府为提供服务而管理那些交由它负责的人力资源和物质资源的那种意义上受到支配。今天，人们常常会说政府“在管理国家”，就好像整个社会是由政府掌控的一个组织似的。然而，真正需要由政府提供的却主要是这样一些条件，亦即为了使无数个人和组织能够顺利地为彼此提供服务而需要由政府提供的那些条件。这些由社会成员以自生自发方式展开的有序活动，即便是在政府所掌控的全部活动都暂时停止的情况下，也肯定能够并且会继续进行下去。当然，在许多现代国家里，政府已然攫取了控制为数极多的基本服务的权力，尤其是在交通与通迅领域方面的控制权，以至于经济生活在政府控制的所有活动都停止的情况下会即刻瘫痪。但是，情势之所以变得如此，并不是因为这些服务只能由政府提供，而是因为政府夺取了提供这些服务的排他性权利。

私法与公法

普遍正当行为规则与政府组织规则之间的区别，同私法（private law）与公法（public law）之间的区别密切相关，有时候前者还明显等同于后者。[19]综上所述，我们可以用这样一句话来概括：经由立法之方法而制定出来的法律主要是公法。然而，人们就如何准确地划定区别私法与公法之界限的问题却并未达成一般意义上的共识。再者，现代发展的趋势更经由下述两种方式而使它们之间的区别变得越发模糊不清了：一种方式是使政府机构免受一般性正当行为规则的约束，而另一种方式则是使个人和私人组织的行为受特殊的以目的为导向的规则（purpose-directed rules）的约束，甚或受行政机构所发布的特殊命令或特殊许可的约束。在过去的一百年里，主要是在为所谓的“社会”目标服务的过程中，正当行为规则与为组织政府服务活动而制定的规则之间的区别一步一步地被遮蔽了。

考虑到本书的宗旨，我们将在此后的讨论中把私法与公法之间的这种区别视之为正当行为规则与组织规则之间的区别（而且在这样做的时候，我们还将把刑法置于私法范畴之中而不是公法范畴之中；这种划分法与主流的盎格鲁-撒克逊的做法相一致，而与欧洲大陆的做法相反对）。然而，我们必须指出的是，“私”法与“公”法这两个众人皆知的术语也极具误导性，因为它们与私人利益（private welfare）和公共利益（public welfare）之间的相似性，很容易使人们错误地认为，私法只服务于特定的个人利益，而惟有公法服务于普遍利益。甚至古罗马的定义也趋于给出这样一种解释，因为根据古罗马的定义，私法所旨在实现的是个人利益，而公法所旨在实现的则是罗马民族的福祉。[20]然而，只有在一特殊的狭义上解释“公共”这个术语（亦即把它解释为政府组织所关注的东西），当“公共利益”不被理解成与普遍利益（general welfare）同义、而只适用于政府组织所直接关注的那些特定目标时，那种认为惟有公法旨在实现公共利益的观点才是正确的。

认为惟有公法服务于普遍利益、私法只保护个人私利的观点，乃是对是非的完全颠倒，因为以为只有以刻意方式实现共同目的的行动才有助益于公共需求的观点，实是一种错误的观点。事实真相毋宁是，对于每个人来说，也是对于普遍利益来说，自生自发社会秩序为我们所提供的东西，要比政府组织所能够提供的大多数特定服务更为重要，只有政府组织经由实施正当行为规则而为我们提供的安全是个例外。如果政府只限于经由实施正当为规则而为人们提供安全保障，那么一个极为繁荣且和平的社会便是可以想象的；而且在很长一段时间中，尤其是在中世纪，*utilitas publica* 这一术语确实也只是意指经由实施正当行为规则所保障的和平与正义。然而，事实毋宁是，作为政府组织之法律的公法要求它所适用的那些人以刻意的方式为公共利益服务，而私法则允许个人去追求他们各自的目的，并只是通过限定个人行动的方式而使他们最终都有助益于普遍的利益。

政府组织的法律，并不是这样一种意义上的法律，即这些规则对何种行为在一般情形中是正确的问题予以界定，而是由那些规定了政府之特定官员或机构所必须做的事情的命令构成的。在我看来，把这种法律称之为政府规章或政府细则（the regulations or by-laws of government），可能更为恰当。这种法律的目的乃在于授权特定机构采取特定行动以实现明确规定的目的，当然，这种法律为此还给这些机构规定了一些特定手段。但是在一个自由社会中，这种法律所规定的那些手段并不包括公民个人。这些政府组织规章之所以在今天被广泛地视作是一种与正当行为规则相同的规则，实是因这样一种情势所致，即制定这些政府组织规章的权力机构，同时也拥有着制定正当行为规则的权力。它们之所以被称为“法律”，是因为某些人力主使这些规则与普遍的正当行为规则享有同样的尊严和尊重。依此方式，政府机构得以要求所有公民服从那些旨在实现其具体目的的特定命令。

就应予制定的规则之性质而言，组织特定服务的任务会产生的观念，必然与为自生自发秩序之基础提供规则的任务会产生的观念截然不同。然而，正是由前一种任务所形成的那种态度，最终支配了人们对立法目的的认识。由于人们在刻意建构规则方面所关注的主要是组织规则，所以对一般立法原则进行思考的任务，也就几乎完全落入了公法法律人（public lawyers）之手；这里需要指出的是，这些所谓的公法法律人实际上就是组织方面的专家，他们往往对“法律人的法律”（lawyer’s law）不屑一顾，所以人们往往不愿意把这些人称之为法律人（lawyers）。在现代社会中，正是这些人几乎完全支配了法律哲学，也正是这些人，通过为所有的法律思想提供概念框架（the conceptual framwork）并通过他们对司法判决的影响，而深深地影响了私法。法理学，尤其是欧洲大陆的法理学，也已被那些把法律主要视为公法且把秩序完全视为组织的公法法律人完全掌控；这个事实不仅是法律实证主义（它在私法领域中毫无意义可言）得势的主要原因，而且也是隐含于法律实证主义之中的社会主义意识形态和全权主义意识形态得势的主要原因。

宪法性法律

首先，宪法性法律（constitutional law 或 the laws of the constitution）中所含有的所有那些分配并限制政府权力的规则，都属于我们在习惯上称之为“法律”但实际上却是组织规则而非正当行为规则的那些规则。人们通常都把这些规则视作是“最高级”的法律类型，享有一种特殊的尊严，或者说，与其他法律相比较，它们应享有更多的尊崇。需要指出的是，尽管人们可以诉诸一些历史事件来解释这个问题，但是，更为确当的做法则是把它们视作一种旨在确使**自生自发的法律**得到遵循的上层架构（superstructure），而不是像论者们通常所做的那样，把它们视作所有其他法律的渊源。

人们之所以赋予宪法性法律以一种特殊的尊严和根本大法的属性，其原因在于：由于人们必须就它们达成正式共识，所以也就要求人们做出一种特殊的努力，以赋予它们以自生自发的法律久已享有的那种权威和尊严。一如我们所知，在近代，宪法性法律通常是作为长期斗争的结果且在付出高昂代价以后才得以实现的。因此，人们认为它们是有意识协议的结果；当然，这里还存在着另外两个原因：一是它们结束了长期战争，二是人们常常以庄严的方式宣誓要遵循它们：如果有人违反构成它们的原则，就会引发局部冲突甚至内战。此外，这些宪法性法律往往还是最早把平等的公民权利赋予当时仍在受压迫的人数众多的阶级的文献。

然而，所有这一切都无法改变这样一个事实，即一部宪法，从根本上来说，是建立在一先行存在的法律系统之上的一种上层架构，其目的在于用组织的手段实施那个法律系统。尽管这种宪法一旦得到确立便似乎获得了逻辑上的“首位性”（primary）[21]，亦即由此以后其他规则须从该宪法中获致其权威性，但是需要指出的是，该宪法的意图乃在于支持这些先它而存在的规则。宪法创造了一种工具，以确保法律和秩序，且为提供其他服务创制了一系列机构，但是它本身却并不界定何谓法律或何谓正义。有论者确当地指出，“公法易逝，而私法长存”[22]；事实也确是如此。即使是在因革命或征服而致使整个政府结构发生变化时，大多数正当行为规则，亦即私法和刑法，却会依旧有效——即使是在那些主要因欲求改变部分正当行为规则而导致革命的场合，亦是如此。然而，事实之所以如此，实乃是因为一个新政府只有凭靠满足人们的一般预期，才能够获得其臣民的效忠，并由此而获得“合法性”。

甚至当一部宪法（在确定政府不同机构的权力时）限制立法议会本身的权力——正如我认为每一部宪法都应当这样做而且早期的宪法也意图如此行事一样——的时候，当该宪法为了实现这个目的而界定一项法律得以有效所须具备的形式特征时，这种对正当行为规则所做的界定本身，也不是一项正当行为规则。它只是构成了 H. L. A. 哈特（H. L. A. Hart）所说的“识别规则”（a rule of recognition）[23]，亦即一种能够使法院确认特定规则是否具备这些特性的规则；但是，它本身却不是一项正当行为规则。再者，单靠识别规则所做出的这种界定，也不能赋予先行存在的法律以有效性。它只是为法官提供一种指南，但是就像所有其他试图阐明那些支撑着现存规范系统的观念的努力那样，它也会被证明为是不充分的，而且法官也可能不得不超越（或限制）它所使用的语词的字面含义。

在公法诸种法律当中，人们在否认宪法性法律具有正当行为规则的属性方面，可以说遇到了最为强烈的抵制。我们认为，宪法性法律并不是我们视正当行为规则为法律那种意义上的法律；但是，对于大多数研究宪法的论者来说，我们的这个论点简直是荒谬绝伦的，因此不值得加以考虑。的确，正是这个原因使得那次试图对下述两种法律做出明确界分的持续时间最长且最为彻底的努力，亦即 19 世纪后半叶在德国展开的那次对当时被称为“实质性的”（或“实体的”）法律（law in the “material” or “substantive” sense）与纯粹“形式”意义上的法律（law in the merely “formal” sense）进行界分的努力，未能达致任何结果；这是因为参与那场讨论的论者们都无法使自己接受在他们看来是不可避免的但又被他们断定是荒谬的结论，即根据任何一种合理的界分原则，宪法性法律都必须被划入纯粹形式意义的法律之中而不是实质意义的法律之中。[24]

财政立法

正当行为规则与其他立法规则之间的区别表现得最为凸显的领域，是代议机构进行“立法”的最早的那个领域，亦即财政立法领域（financial legislation）；因此，人们也正是在这个领域中早早认识到了涉及财政的“政治法律”（political laws）乃是某种不同于“司法法律”（juridical laws）的东西。在这个领域中，人们确实需要对授权支出与确定不同的个人和不同的群体承担税额的方式进行界分，这一点极为重要，尽管很棘手。但是，有一点却是颇为明显的，即从总体上来看，政府的一项预算实际上就是某个组织的一项行动计划，因为它把做特定事情的权力赋予了特定的机构，而不是对正当行为规则做的一种陈述。事实上，一项预算的大部分内容，就它所涉及的开支项目来看，根本就不会含有任何规则[25]，而只会包含一些指令：它们所涉及的乃是政府掌握的资源应予达致的目的和应予采取的使用方式。即使是那些曾在 19 世纪竭力宣称公法具有他们所谓的“实质意义的法律”的特征的德国学者，也不得不在这里止步，而且只得承认政府预算无论如何无法被归在“实质意义的法律”的名目之下。批准这样一种政府行动计划的代议机构，显然不是在人们所理解的立法机关的意义上（比如根据权力分立观念所理解的那种立法机关的意义上）作为立法机关行事的，而是作为向行政机关发布它必须予以执行的命令的最高政府机构行事的。

这并不是说，在所有那些由“立法机关”的指令所支配的行动中，政府就不应当以某种与其他任何个人或机构所采取的相同的方式去服从一般性的正当行为规则；当然，这更不意味着，我们不应当要求政府去尊重由正当行为规则所界定的私域（private domains）。有人认为，政府所发布的指令，由于也被称为法律，所以可以取代或修正那些适用于所有人的一般性规则；毋庸置疑，正是这种观点是我们应当通过明确界分两种“法律”而予以防阻的主要危险。如果我们从预算的开支维度转向它的岁入维度来看，上述问题就凸显出来了。对某个特定年度经由税收而筹集的整个岁入所做的决定，仍然是一个须受特定情势支配的特定决定——尽管我们切实知道，多数个体愿意承担的税额是否可以强加给不愿承担此一税额的少数个体的情势，或者如何在不同的个人和群体当中分配一给定的总税额的情势，都会引发有关正义的问题。正是在这里，个人的义务也应当由一般性规则来支配，而不论所确定的特定支出数额有多大；这就是说，个人义务确实应当由一般性规则来决定，而这些规则对于必须决定开支问题的人来说，则应当是给定且不得更改的。我们对先行确定开支尔后再考虑由谁来承担税额的制度太过熟悉了，以至于我们很难认识到，这种制度与那个把一切强制都限于实施正当行为规则的基本原则之间存在着多么严重的冲突。

行政法与警察权力

然而，一如我们所知，在所谓的公法当中，最大的部分是由行政法（administrative law）构成的；所谓行政法，是指调整各种政府机构之活动的规则。仅就这些规则致力于确定政府机构借以使用由它们支配的人力资源和物质资源的方式来看，它们显然是组织规则，而且与任何庞大组织都会需要的那些规则极为相似。它们之所以具有特殊意义，只是因为它们所指向适用的那些人对公众负有说明的义务。然而值得我们注意的是，“行政法”这个术语，还被人们在另外两种意义上加以使用。

首先，该术语被人们用来指称那些由行政机构制定的规章，而这些规章不仅对这些机构的官员具有约束力，而且也对那些与这些机构打交道的公民个人有约束力。显而易见，这类规章对于决定如何使用由政府为公民所提供的各种服务或设施来讲，是极为必要的，但是它们却往往会超出这个范围，并对那些界分私域的一般性规则构成补充。在对这些一般性规则进行补充时，行政规章构成了委托立法（delegated legislation）；而且人们可能有充分的理由把一部分这样的规则交由地区性或地方性机构去决定。有关这种规则的制定权是应当只委托给代议机构还是也可以委托给行政机构的问题，虽说极为重要，但是却与我们这里的讨论无甚关系。与我们此处讨论相关的只是这样一个问题，即在行使此种权力时，“行政立法”（administrative legislation）也应当受到与一般性立法机关享有的真正的立法权所应当受到的同样的限制。

其次，“行政法”这个术语还被人们进一步用来指称“对人和对财产进行支配的行政权力”，但是这些权力并不是由普遍正当行为规则构成的，而是旨在实现特定且可预见的结果，从而也就必然地涉及到差别待遇和自由裁量（discrimination and discretion）的问题。正是这种意义上的行政法与“法律下的自由”的观念发生了冲突。然而，在英语世界的法律传统中，人们在过去一般都持有这样一种假定，即在与公民个人打交道的过程中，行政当局与任何公民个人一样，也受一般性法律（普通法或制定法）规则的约束，而且也受普通法院的管辖。只是就上述那种旨在实现特定且可预见结果的行政法而言，亦即就不同于适用政府机构与公民间关系的法律的行政法而言，A. V. 戴雪甚至到本世纪初还能够宣称，这种行政法在大不列颠是不存在的〔26〕——尽管早在戴雪说这番话的二十年以前，一些外国论者就已经撰写出了有关我们前述的那种既约束行政官员又约束公民个人的行政规章之意义上的英国行政法的长篇论著了。〔27〕

随着政府向公民提供的服务日益增多，人们也显然越来越需要调整这些服务之使用的规章。政府在为人们提供公共道路和其他公共场所方面的行为，是无法通过划定个人领域的方式加以调整的，而只有通过一些由各种有关如何方便使用这些公共场所的因素所决定的规则才能得到调整。尽管为人们使用这些公众设施而制定的规则，也要服从正义的要求（主要是指它们应当对每个人都平等适用），但是它们并不旨在实现正义。政府在制定这些规则的时候必须是公正的，然而应当遵循这些规则的人则无须是公正的。因此，要求我们靠左行驶或靠右行驶的“交通规则”（the rule of the road），虽说经常被人们作为一般性规则的例证而加以征引，然而它们却并不是真正的正当行为规则的范例。〔28〕就像其他有关公共设施之使用的规则一样，这种交通规则也应当对每个人都平等适用，或者，至少要保障每个使用者都能够获得同等的益处；但是需要指出的是，这种规则并不界定正当行为。

为人们使用公共场所或制度性设施而制定的这些规章，乃是一些旨在实现特定结果的规则；如果这些规章意在为“普遍利益”服务，那么它们就不应当以造福特定群体的利益为目标。当然，它们也可以要求给予政府机构以具体指导的权力，而这可以显见于交通规则的情形。当警察被赋予权力以采取某些为维护公共秩序所必需的措施时，这在根本上是指确使公共场所行为有序的权力——因为在这些公共场所中，个人不能够享有他在私域中所能确获保障的那么多自由；例如，为了确保交通畅通无阻，就可能需要警察采取特别措施。现在，人们一般都赋予了政府（大多数情况下是指地方政府）以维护公共设施正常运转的职责，但是它所采取的方式则必须是那种能够使公众最为有效地使用它们以实现其各自目的的方式。

然而，人们在这个问题上却始终存在着一种倾向，即他们不仅趋向于把“公共场所”（public places）解释成政府为公众所提供的设施，而且也解释成公众聚合的任何场所，即使它们是为了商业目的而开办的：如百货大楼、工厂、剧院、体育场馆等等。尽管毋庸置疑的是，人们需要有一般性规则来确保这些场所的使用者的安全与健康，但是，由此断言为了实现这个目的就需要有一种自由裁量的“警察权力”（a discretionary police power），却并不是显见不争的。举例而言，只要法治这个基本理想仍然受到尊重，那么，“英国工厂立法（British Factory Legislation）就仍有可能在实践中完全依赖一般性规则（尽管在很大程度上讲，它们是以行政规章的形式加以制定的）”。[29]这一点可以说极为重要。

政策性“措施”

一如我们所知，在政府所致力于提供的那些特定服务当中，大多数服务项目都在晚近渐渐地被人们视作是经济系统的“基础结构”（infrastructure）；在这种场合，有关这种服务往往旨在达致特定结果的事实，引发了诸多棘手的问题。这种类型的特定行动通常都被称之为政策性“措施”（measures of policy；特别需要指出的是，欧洲大陆的论者所采用的相对应的术语是 *mesures* 或 *Massnahmen*）；当然，我们在“政策性措施”这个小标题下对上述棘手问题中的某些问题展开讨论，也是相当方便易行的。一如某个论者所确当指出的，此处的要点在于，绝不可能存在像法律面前人人平等（equality before the law）那样的“措施面前人人平等”（equality before a measure）。[30]此一要点意指的是，绝大多数这种措施都是“有旨向的”，这就是说，尽管这些措施的效用不可能被限定在那些愿意为它们所提供的服务付酬的人身上，但是，它们仍旧只是对某个多少能够被明确辨别出来的群体有利，而不是平等地有利于每一个公民。政府所提供的大多数服务，除了实施正当行为规则以外，很可能都属于这类政策性措施。这些政策性措施所引发的问题，只能够通过把大多数这种服务都交给地方政府或为具体目的而设立的地区性特别行政机构（诸如水利委员会这类机构）去管理的方式而得到部分解决。

用公共资金来支付只对一部分出资者有利的服务所需的费用，通常只有在其他人认识到他们自己的其他要求也会以同样方式得到满足时，才会得到他们的同意，因为只有这样，承担的费用与得到的利益之间才可能达致大体的平衡。在讨论如何提供受益人大致可以确定的服务的过程中，特定利益群体常常会发生冲突，而且也只有凭靠妥协才可能达致协议——这种情况与我们讨论旨在实现抽象秩序的一般性行为规则时所发生的情况颇为不同；这是因为：这种抽象秩序的益处在很大程度上是不可预见的。因此，极为重要的是，那些负责这些事务的权力机构，即便是民主机构或代议机构，也应当在决定特定服务时受一般性行为规则的约束，而不得“因事态的演化而随时改写游戏规则”。[31]

所谓行政措施（administrative measures），我们通常所指的是那种为可以辨别的群体提供某些服务而支配或运用特定资源的措施。在这个意义上讲，建立学校或卫生服务系统、为特定的行业或职业提供财政资助或其他援助、或者对诸如政府经由垄断货币发行而拥有的那些手段的运用，都是政策性措施。显而易见，就这种政策性措施而言，在提供一些供不确定的任何人为了未知目的而使用的设施与提供一些以期对特定群体有助益的设施这二者之间的区别，便成了一种程度上的区别：当然，在这两个极端的类型之间，还存在着许多居间性的状态。毋庸置疑，如果政府成了许多基本服务的排他性提供者，那么它就能够通过确定这些服务的特征以及提供这些服务的条件的方式而对市场秩序的实质性内容施以巨大影响。因此，这里的重要问题在于：应当对“公共部门”的规模进行限制，并要求政府对它所提供的各种服务进行协调，从而使这些服务对特定群体所具有的影响无法成为可预见的东西。一如我们将在下文中所见的那样，出于同样的原因，还有另一个问题也极为重要，即除了实施正当行为规则以外，政府在为人们提供任何一种服务方面都不享有**排他性**权力，因而也不得在有可能通过市场提供服务的情形下阻止其他机构提供与之同样的服务，尽管这些服务在过去也许不可能由市场提供。

通过“社会”立法把私法转换成公法

如果说，在过去一百年的岁月中，有关强制在自由社会中只能用于确使人们服从普遍正当行为规则这项原则已被否弃，那么，这也主要是为了实现被称为“社会的”目的而造成的。然而，这里所使用的“社会的”（social）一词，却涵盖了各种概念，所以必须仔细加以甄别。

首先，这个术语主要是指取消由过去制定的法律所确定的差别待遇或歧视，当然，这些差别待遇或歧视之所以得到确立，实是因为地主、雇主、债权人等群体曾对这种法律的制定施加过较大的影响。然而，这并不意味着，惟一的替代方式就只是转而偏袒在过去受到不公平待遇的阶级；这也不意味着，法律根据同样的原则对双方当事人一视同仁的“中间性”立场（a “mean” position）就一定不存在。这种意义上的平等待遇，与把这种一般性规则适用于某种特定情形，是否会导致某些较有利于一个群体的**结果**的问题毫无干系，这是因为正义并不关注各种交易的结果，而只关注交易本身是否公平。正当行为规则无法改变这样一个事实，即在双方的行为都完全正当的情况下，某些国家中较低的劳动生产率会导致这样一种局面，其间，所有人经由就业而得到的工资待遇会非常低（而与此同时，资本回报则会非常高），再者，也只有通过使某些人根本找不到工作的手段，才能确使其他人得到较高的工资。

我们还将在下文中看到，此种情境中的正义只能意味着在没有欺骗、欺诈或暴力的情况下由自由市场所确定的工资或价格；而且也只能意味着，在这个使我们能够有意义地讨论公正的工资或价格的惟一意义上讲，一项完全公正的交易也许确实会使交易一方从中获益极少，而使另一方从中获益极多。古典自由主义（classical liberalism）以这样一种信念为基础，即社会中存在着可以被人们发现的具有普遍适用性的正当行为原则，而且不论它们的适用对特定群体会产生什么影响，它们都可以被认为是公正的。

其次，“社会立法”（social legislation）也可以意指政府为某些不幸的少数群体（亦即那些弱者或那些无法自食其力的人）提供一些对他们来说具有特殊重要性的服务。的确，一个健全的社会会决定为某些少数群体提供这种由政府担当的服务——当然，这种做法或者是基于道德，或者是作为一种保障性措施以应对那种有可能影响任何人的偶然事件。虽说提供这样的服务增加了征税的必要性，但是这些税款却可以根据统一原则加以征收；除此之外，就这些得到人们认同的公共目标所需的费用而设定的纳税义务，也可以根据一般性行为规则的观念进行确认。然而需要强调指出的是，这丝毫都不会使公民个人成为行政的对象，因为公民个人在履行其上述义务的过程中仍然可以为了实现自己的目标而自由地运用自己的知识，而不必为一个组织的目的服务。

然而，还有第三种“社会的”立法。这种立法的目的在于把私人活动导向特定目的并有利于特定群体。正是受“社会正义”之幻想（the will-o-the-wisp）的激励而做出的这些努力，使得目的独立的正当行为规则（或私法规则）一步一步地变成了目的依附的（purpose-dependent）组织规则（或公法规则）。对“社会正义”（social justice）的这种追求，使得政府有必要把公民及其财产当成行政的对象，旨在使特定群体确获特定的结果。如果立法的目的是使特定劳工群体获得较高的工资，或使小农场主获得较高的收入，或使城市贫民得到较好的居住条件，那么通过改进一般性行为规则的方式是不可能实现上述目的的。

这种趋向于法律“社会化”（“socialization” of the law）的努力，于数个世代之中，在大多数西方国家里一直在不断地发生，甚至毁损了普遍行为规则所特有的属性，即在同样的规则面前人人平等。这种社会立法的历史，以 Sozialpolitik 的名义发端于上一个世纪的德国，尔后传播到欧洲大陆和英国，而在本世纪也传播到了美国；然而，我们却无法在这里对这一历史进程做比较详尽的讨论。可以指出的是，在这个历史进程中，那些为了特定阶层的利益而制定特殊规则的重大事件主要包括：1906 年的《英国劳资纠纷法案》（English Trade Disputes Act）——它赋予了工会以独享的特权[32]，以及美国最高法院在罗斯福新政时期的较早阶段所做的判决——这些判决承认立法机构在“保卫人民的根本利益”方面拥有无限的权力[33]，而这实际上是说，只要是为了实现立法机关认为有助益的任何目的，该立法机关便可以制定它所喜欢的任何法律。

然而，此一发展进程走得最远而且其后果得到人们最彻底的接受并得到明确承认的国家，依然是其发源地即德国。在德国，有相当多的人早就认识到，对这些社会目标的追求，隐含着公法对私法的逐渐取代。再者，法律领域中的社会主义思想领袖也确曾公开宣称，旨在协调个人活动的私法将会逐渐被一种确定从属关系的公法所取代，而且“对于一种社会的法律秩序来说，私法只应当被认为是一个仅具暂时性质的且日益缩小的个人能动领域，它暂时还残存于无所不涉的公法领域之中。”[34]在德国，此一发展进程还受到了另一种延续下来的传统的大力促进；该传统在“主权和政权”（Hoheit and Herrschaft）之神秘性的基础上认为，政府权力从根本上讲是不受约束的；当然，这个传统还可见之于这样一些观念，例如：公民乃是行政的对象，而且行政法“是专门调整行政国家与它在活动中所遇到的臣民间关系的法律”[35]；尽管在当时的西方世界，这些观念在很大程度上仍是难以理喻的。

关注政府的立法机关所具有的偏见

所有上述会引发的问题，将构成我们在本书第二卷中主要关注的问题。在这里，我们只能对它们做一简要的讨论，以揭示出把制定正当行为规则与指导政府机构混为一谈的做法为什么趋于逐渐把自生自发社会秩序转变成组织的诸种原因。毋庸置疑，关注组织问题的议会成员会产生的思想倾向，与主要关注真正意义上的立法问题的议会成员的态度会截然不同。而对于这个问题，我们在这里也只能做一些初步的评论。

关注组织问题的议会，不可避免地会越来越认为自己是一个不仅为独立运行的秩序提供某些服务、而且也像人们管理工厂或任何其他组织那样“管理国家”的机构。由于这种议会有权安排所有的事情，所以它也就不能拒绝为任何事情承担责任。没有哪种特定的不满被认为是不能消除的；而由于在每个特定事例中，就单个事例而言，议会一般都能够对有关不满或不平做出救济，所以人们也就自然而然地以为它能够同时消除所有的不满或不平。然而，事实却与此相反，因为要消除大多数特定个人或群体的不满或不平，惟有通过会在别的什么地方产生新的不满或不平的措施才能够实现。

一位资深的英国工党议员曾把政客的责任说成是根除一切不满之源。[36]为了达到这个目的，政客当然就需要经由一种任何一套一般性行为规则都无法决定的方式而对所有特定的事情做出安排。但是，不满未必就是合法的不满，而且不满的存在也并不证明政客就可以消除每个人的不满之源。事实上，不满极可能是因那些任何人都不可能根据普遍接受的原则予以防阻或改变的情势而引发的。有一种观点认为，政府的目的就在于满足绝大多数人所拥有的所有特定愿望，因此，人们也就不用对这种代议机构为实现此一目的而可能使用的手段做任何限制。但是需要强调指出的是，这种观点必定会导向这样一种社会状况，其间，代议机构会根据一种事无巨细的计划来命令或支配所有特定行动；当然，代议机构所依凭的这种事无巨细的计划，乃是一种先经由多数内部的讨价还价而达成、尔后便作为应予实现的“共同目标”而强加给所有人的计划。

注　释：

* Paul A. Freund，“Social justice and the law”，in R. Brandt（ed）. *Social Justice*（Englewood Cliffs，N. J.，1962），p. 94，以及该作者所发表的论文集：*On Law and Justice*（Cambridge，Mass.，1968），p. 83。请比较 J. W. Hurst，*Law and Social Process in U. S. History*（Ann Arbor，Mich. ，1960），p. 5：“尽管有论者持极为不同的观点，但是支配我们的主要观点则向来是：运用法律去配置资源，以便在我们看到某些有益的东西有待通过影响或改变生活条件的方式来实现的时候，就积极地去影响或改变生活条件。……法律在这里是指一种组织活动，有助于人们在满足人之需求的稀缺资源方面做出选择并实施这种选择。”

有关本章标题中的术语 *thesis*（相应的德语词是 Satzung），请参见 John Burnet，“Law and nature in Greek Ethics”，*Internation Journal of Ethics*，vii，1897，p. 332；在这篇文章中，他指出，与 *nomos* 相对照，*thesis* 的意思“既可以意指制定法律，亦可以意指采纳这样制定出来的法律；因此，thesis 不仅包含了有关原始立法者的理论的萌芽，也包含了众所周知的社会契约论的雏形”；而 *nomos* 的意思最早则是意指“运用”（use）。

〔1〕参见 Edward Coke 在“Dr.Bonham's case”中所做的精彩陈述，8Rep. 118a（1610）：“我们的记录表明，在许多案件中，普通法对议会法案都施以了限制，有时候还把这些议会法案裁定为完全无效的东西：因为只要议会的法案与普通法上的权利和理性相违背，或者当人们极不愿意或不可能对它加以实施的时候，那么普通法就要对它进行限制，并可以裁定这样的法案无效”。对这一案例的意义所进行的讨论，参见 C. H. McIlwain，*The High Court of Parliament*（New Haven，1910）；T. F. T. Plucknett，“Bonham's case and judicial review”，*Harvard Law Review*，xl，1926-7；and S. E. Thome，“Bonham's case”，*Law Quarterly Review*，liv，1938。甚至迟至 1766 年，William Pitt 仍能在下议院做如此的论辩（*Parliamentary History of England*，London，1813，vol. 6，co1. 195）：“有许多事情是议会所不能做的。它既不能使自己成为行政机构，也不能处理由国王管辖的公务。它不能剥夺任何人的财产，就像在圈地的过程中那样，在未经审问的情况下，即便是最卑微的村民的财产，它也不能剥夺。”

〔2〕参见 J. C. Carter，*Law*，*Its Origin*，*Growth*，*and Function*（New York and London，1907），p. 115：“在立法出现的时候，它的范围起初与公法的范围几乎是重合的，而私法的范围则很少被立法所触及。”

〔3〕参见 Courtenay Ilbert，*Legislative Methods and Forms*（Oxford，1901），p. 208：“英国的立法机构原先并不是为了立法而是为了财政的事务而建构起来的。它的首要职能并不是制定法律，而是批准拨款事项。”

〔4〕参见 J. C. Gray，*Nature and Sources of Law*，second edition（New York，1921），p. 161：“一项制定法（statute）就是一项一般性规则（rule）；而立法机构所作的要求一个镇向 Timothy Coggan 支付一百美元的一项决议（resolution），则不是一项制定法。”

〔5〕Courtenay Ilbert，上引书，p. 213。

〔6〕参见 J. C. Carter，上引书，p. 116：

> “我们在大量制定法规汇编中发现，其中大量的规定尽管是以法律形式出现的，但是它们并不是真正意义上的法律。这些规定所涉及的是为维护国家的公共事业提供拨款，用于建设收容所、医院、校舍以及各种各样的其他公共设施。它们不过是国家参与商业活动的记录。国家乃是一个庞大的公益公司，它从事着大量的商业活动，而为此所做的规定，虽然采取了法律的形式，却与会议记录或普通公司有关它们行动的记录并没有本质的差异……。从实质上看，整个庞大的立法体系，主要局限在公法方面；而它对私法的影响则是间接的或微弱的，其目的也只在于使不成文的习惯法能够得到更容易且更为确定的实施。”

亦可参见 Walter Bagehot，*The English Constitution*（1967），World's Classics edition

（Oxford，1928），p. 10："立法机构名义上是在立法，然而事实上，它却发现自己的首要任务乃在于建立并维续行政机关"；另见该书 p. 119：

> "的确，有大量的立法，用法理学的标准术语来说，根本就不是立法。一项法律乃是一项可以适用于许多案件的一般性命令；而充斥在制定法规汇编之中并困扰着议会各专门委员会的'专项法案'却只能适用于一个事例。这些议会专门委员会并不制定调整所有铁路之建造事务的一般性规则，而只是制定某一条铁路应从此处修至彼处的规定；再者，这些规则对于任何其他交易也不会产生任何影响。"

〔7〕Courtenay Ilbert，上引书，p. 6，亦请参见该书 p. 209 以次：

> "每当法理学著作的论者撰写法律的时候，每当职业法律人谈及法律的时候，他们主要关注的那种法律，乃是见之于 Justinian 的《法学阶梯》或《拿破仑民法典》或《德意志新民法典》中的法律，也就是说，是那种与有关契约、侵权、财产、亲属关系或继承相关的法律，或者是与犯罪问题相关的法律规则——就像在一部刑法典中可发现的那样。这些法律也包括程序法律，或者套用边沁的术语来说，亦即'有关程序'（adjective）的法律：只有根据这样的程序法律，实体法律规则才能得到法院的实施。所有上述法律部门构成了也许可以被称之为'法律人'的法律的东西。"

〔8〕参见 M. J. C. Vile，*Constitutionalism and the Separation of Powers*（Oxford，1967）；and W. B. Gwyn，*The Meaning of the Separation of Powers*，*Tulane Studies in Political Science*，IX（New Orleans，1965）；Gwyn 指出，权力分立的观念乃是受着三种完全不同的思考角度的激励而得到阐发的，而他把它们称为法治论辩、说明责任论辩、效率论辩。法治的论辩要求立法机构只能通过平等地约束每个人并约束政府的正当行为规则；说明责任的论辩旨在使那些在事实上必定运作政府的少数人向代议议会负责；而效率的论辩则要求向政府授予采取行动的权力，因为议会本身不可能有效地展开行动。显而易见，只是在上述第二项与第三项论辩的基础上，议会才会关注政府事务，但也只是起监督或控制的作用而已。

〔9〕M. J. C. Vile，上引书，p. 44。

〔10〕*The First Agreement of the People of* 28 *October* 1647，in S. R. Gardiner，*History of the Great Civil War*，new edition（London，1898），vol.3，p. 392.

〔11〕Marchamont Nedham，*A True Case of the Common Wealth*（London，1654），转引自 M. J. C. Vile，上引书，p. 10；Vile 在这本书中，把那本发表于 1654 年的著作称之为对 *Instrument of Government of* 1653 的"官方辩护书"。

〔12〕M. J. C. Vile，上引书，p. 63："立法权本身也受到限定，即它只能践履它

自己的适当职能。约翰·洛克认为，立法权力机构要按一种特定的方式行事，……而那些操握这一权力的人只应当制定一般性规则。他们当根据业已颁布的既定规则进行调整活动，而不得因事而异。”亦请参见该书，pp. 214 and 217。

〔13〕J. Bentham，*Constitutional Code*，in Works，IX，119：

> “为什么要使立法成为全能的呢？……因为这样能够使立法更好地赋予最高立法者的意志以效力，并能够使它更好地增进国民的福利与安全，……因为在诸如当下这样的一部宪法中，立法所禁止的那种惯例，包含着一切可以想象的罪恶。因此，对立法施加任何限制，都是与普遍幸福原则相冲突的。”

〔14〕关于詹姆斯·穆勒在这一方面的作用，请参见 M. J. C. Vile，上引书，p. 217。

〔15〕Robert A. Palmer，*The Age of Democratic Revolution*，vol. I,（Princeton，1959）.

〔16〕这段文字转引自 J. Seeley，*Introduction to Political Science*（London，1896），p. 216，但是我在业已出版的拿破仑书信集中却没有找到这段话。

〔17〕G. W. F. Hegel，*Philosophie der Weltgeschichte*（转引自 F. Bülow 所编 *Gesellschaft*，*Staat*，*Geschichte*，Leipzig，1931，p. 321 中的摘录）：

> “法国的第一部宪法包含有绝对的法律原则。这部宪法实际上是王权的体现；在国家的最高层是国王，国王和他的部长们统治着国家；立法机构只制定法律。但这部宪法内部充满了矛盾；因为它规定，所有的行政权力都必须向立法机构负责：国家预算、战争与和平、召集武装力量等都属于立法机构的权力。但国家预算根据其概念并不是法律，因为它每年都要重复进行，制定预算的权力机构是政府权力机构……。政府设置在议院之中，就像在英国，政府设置在议会中一样。”

〔18〕W. Hasbach，*Die moderne Demokratie*（Jena，1912），pp. 17 and 167.

〔19〕参见 J. C. Carter，上引书，p. 234：“以这种方式制定出来的立法命令，要求人们做某些专门的事情。因此，这样的立法命令乃是政府机器的一部分，但是它们却与那些支配人们彼此相关的日常行为的规则极为不同。为了与私法相区别，上述立法命令被恰当地称之为公法。”亦请参见 J. Walter Jones，*Historical Introduction to the Theory of Law*（Oxford，1956），p. 146：

> “例如，有论者认为，国家的实质在于掌握最高权力。公法由于与国家休戚相关，所以明显表现出强力（force）所特有的特性，进而使秩序或常规性所具有的特征被完全遮蔽了——而这种秩序或常规性的特征在法律人所主要关注的

规则中则极为明显。结果，公法与私法之间的差异变成了种类上的而不是程度上的差异——亦即变成了强力与规则之间的差异。公法根本不再是法律了，或者说，至少不再是与私法同一意义上的那种法律了。

在这种观点的相反一端，则是那些主要关注一种独立公法科学的法律人。他们不得不承认，要否认那些集合在一起而成为私法的规则所应得的法律之名，为时已晚，但是他们却根本不认为组成公法的那些规则与强力之间所存在的关系乃是它们比私法低一等的证明，相反，他们认为这是公法所具有的一种内在优越性的标志。……因此，公法与私法之间的区别变成了隶属关系与合作关系之间的一种区别。”

W. Burkhardt 对那种由组织规则构成的宪法性法律与那种由行为规则组成的私法，做出了最为明确的界分。参见他的著作：*Einführung in die Rechtswissenschaftsecond edition*（Zurich，1948），尤其是 p. 137：

“在关于公法和私法问题上相互对立的两个观点，首先是基于法律规定上的基本的不同点：实体法或行为法规定行为人应该做什么或不应该做什么；程序法或组织法规则规定，怎样，即通过谁或以什么样的程序来处理问题。行为法规是确定的，可以适用并可以强制执行的。因此，对第一种法（实体法），我们称之为行为规范，而对第二种（程序法），则称之为程序规范或者（在广义上）称之为宪法规范。人们也称第一种规范为实体法规范，第二种为程序法规范……。第一种规范规定法律的内容，规定符合法律的行为；第二种规范则规定行为的效力。”

Burkhardt 的上述界分，主要得到了一些瑞士法律家的接受；尤可参见 Hans Nawiaski，*Allgemeine Rechtslehre als System der rechtlichen Grundbegriffe*（Zürich，1948），p. 265，and C. Du Pasquier，*Introduction á la théorie générale et la philosophie du droit*，third edition（Neuchatel，1948），p. 49。

然而，读者亦可参见 H. L. A. Hart，*The Concept of Law*（Oxford，1961），P. 78：

“根据一种类型的规则——这种类型的规则完全可以被视为是基本的或首要的规则，人们被要求从事某些行为或不从事某些行为，而不论他们愿意与否。另一种类型的规则则在某种意义上是依附或辅助基本规则的，或者对于首要规则来说是次要的规则；这是因为这种次要的规则规定，人们可以通过做某些事或说某些事而引进新的首要规则，可以取消或修正旧有的首要规则，或者以各种方式确定首要规则的适用范围或控制它们的适用范围。”

亦请参见 Lon L. Fuller，*The Morality of Law*（New Haven，1964），p. 63：“今天

有一种强烈的倾向，也就是把法律不是等同于行为规则而是等同于一种有关权力或命令的等级体系的那种倾向”；另见该书第 169 页，Fuller 在这里指出，“在通常意义上的适用于公民的行为规则所构成的法律与一般意义上的政府行动之间存在着混淆”。

〔20〕Ulpian，*Digests*，I，1，1，2；他把私法定义为“涉及个人利益的法律”，而把公法定义为“有关罗马国家稳定的法律”。

〔21〕参见 Ernest Barker，*Principles of Social and Political Theory*（Oxford，1951），p. 9：“其中有一些是首要的或宪法性的法律，而有一些则是次要的或普通的法律。”

〔22〕参见 J. E. M. Portalis，*Discours préliminaire du premier projet de code civil*（1801）in *Conference du Code Civil*（Paris，1805），vol. I，p. xiv：“L’experience prouve que les hommes changent plus facilement le domination que de lois”. 亦请参见 H. Huber，*Recht*，*Staat und Gesellschaft*（Bern，1954），P. 5：“公法易逝，私法长存。”然而，颇为遗憾的是，正像托克维尔很久以前所指出的那样，同样真实的是，宪法易逝，而行政法长存。

〔23〕H. L. A. Hart，上引书。

〔24〕在这一方面，德语文献中典型的也是最有影响的，乃是由 A.Haenel 在他的著作 *Studien zum deutschen Staatsrecht*，Ⅱ. *Das Gesetz im formellen und materiellen Sinn*（Leipzig，1888，pp. 225-6）对 E. Seligmann 关于 *Rechtssatz* 的定义所做的批判；而有关 E. Seligmann 对 *Rechtssatz* 所做的定义，见他所著 *Der Begriff des Gesetzes im materiellen und formellen Sinn*（Berlin，1886），p. 63：他把 *Rechtssatz* 定义为一种规则，因为“这将会排除宪法的基本规则”。的确，事实也正是如此，而且对于美国宪法的创制者们来说，如果当时有人认为，他们所创制的宪法意在优越于普通法中所含有的正当行为规则，那么他们很可能会感到恐惧的。

〔25〕尤请参见 Johannes Heckel，“Einrichtung und rechtliche Bedeutung des Reichshaushaltgesetzes”，*Handbuch des deutschen Staatsrechtes*（Tübingen，1932），vol.2，p. 390。

〔26〕A. V. Dicey，*Lectures on the Relation between Law and Public Opinion in England during the Nineteenth Century*（London，1903）.

〔27〕Rudolf Gneist，*Das englische Verwaltungsrecht der Gegenwart*（Berlin，1883）.

〔28〕尤请参见 Walter Lippmann，*An Inquiry into the Principles of a Good Society*（Boston，1937）。

〔29〕参见 E. Freund，*Administrative Powers over Persons and Property*（Chicago，1928），p. 98。

〔30〕Carl Schmitt，“Legalitat und legitimitat”（1932），重印于 *Verfassungsrechtliche Aufsatze*（Berlin，1958），p. 16。

〔31〕Hans J. Morgenthau，*The Purpose of American Politics*（New York，1960），

p. 281："在我们这个时代，国家除了仍旧是裁判者以外，它还成了最强有力的参赛者；此外，为了确使结果得到实现，它还会随着自身情况的发展，而改写竞赛规则"。

〔32〕参见 Paul Vinogradoff，*Custom and Right*（Oslo，1925），p. 10：

> "1906 年英国的《劳资纠纷和解条例》赋予了工会一种免除根据工会代理人的民事侵权行为而提出的指控的权力；这一豁免公然违背了代理法（the law of agency），而且也违背了根据 1883 年英国的 *Statutory Orders* 而制定的有关由高级职员代表公司的法律。造成法律如此之混乱的原因，乃是立法机关决意要使工会在与雇主的斗争中处于有利地位。"

亦可参见拙著 *The Constitution of Liberty*（London and Chicago，1960，p. 504，note. 3）中所引证的 A. V. Dicey，J. A. Schumpeter 和 Lord MacDermott 所做的相关评论。

〔33〕*Home Building and Loan Ass.*v.*Blaisdell*，290 U. S. 398，434，444，1934；根据该案的判决，州"有权保卫人民的根本利益"，并有权为此目的而防止人们"通过曲解［合同］条款来扼杀各州保护自己根本利益的能力"。

〔34〕Gustav Radbruch，"Vom individualistischen Recht zum sozialen Recht"（1930），重印于 *Der Mensch im Recht*（Gottingen，1957），p. 40：

> "对一个以个人主义为中心的法律秩序来说，公法仅仅把国家作为保护的一小部分，它主要围绕着私法和私有权而运行；相反，在一个奉行社会本位的法律秩序中，私法的地位就显得有限，它和无所不包的公法相比，个人因素所起的作用越来越小。"

〔35〕Otto Mayer，*Deutsches Verwaltungsrecht*，vol. I. second edition（Munich and Leipzig，1924），p. 14：行政法是带有服从性特点的。"

〔36〕C. A. R. Crosland，*The Future of Socialism*（London，1956），p. 205.

纵横百家

让 学 术 亲 近 大 众

法律、立法与自由 II

[第二卷] 社会正义的幻象

[英] 弗里德利希·冯·哈耶克 著
邓正来 张守东 李静冰 译

Hayek

中国大百科全书出版社

外国法律文库

法律、立法与自由（第二卷）

F. A. Hayek

LAW, LEGISLATION AND LIBERTY

图字：01-2021-7205

图书在版编目（CIP）数据

法律、立法与自由．Ⅱ/（英）弗里德利希·冯·哈耶克著；邓正来等译．—2版．—北京：中国大百科全书出版社，2021.6

ISBN 978-7-5202-0984-7

Ⅰ．①法… Ⅱ．①弗… ②邓… Ⅲ．①立法—法的理论 Ⅳ．①D901

中国版本图书馆 CIP 数据核字（2021）第 208925 号

Law, Legislation and Liberty by F. A. Hayek
ISBN: 978-0-415-52229-8
First published in one volume with correction and revised preface in 1982 by Routledge and Kegan Paul Ltd.
First published in the Routledge Classics 2013
Published 2019 by Routledge
Routledge is an imprint of the Taylor & Francis Group, an informa business

出版人 刘国辉
策划人 曾 辉 蒋 祚
责任编辑 帖慧祯 蒋 祚
责任印制 魏 婷
封面设计 今亮後聲 HOPESOUND 2580590616@qq.com
出版发行 中国大百科全书出版社
社　　址 北京阜成门北大街 17 号　**邮政编码** 100037
电　　话 010-88390969
网　　址 http://www.ecph.com.cn
印　　刷 中煤（北京）印务有限公司
开　　本 880 毫米 ×1230 毫米 1/32
印　　张 30.125
字　　数 920 千字
印　　次 2022 年 1 月第 2 版 2022 年 7 月第 3 次印刷
书　　号 ISBN 978-7-5202-0984-7
定　　价 258.00 元（全三册）

本书如有印装质量问题，可与出版社联系调换。

在一个自由社会中，国家并不通过行政的手段管理人们的事务，而只是通过法律调整人们的私性活动。

——Walter Lippmann，*An Inquiry into the Principles of a Good Society*（Boston，1937，p. 267）

《法律、立法与自由》
全三卷总目

外国法律文库序

研究哈耶克法律理论的一个前提性评注

——《法律、立法与自由》代译序＼邓正来

第一卷　规则与秩序

序　言

导　论

第一章　理性与进化

第二章　内部秩序与外部秩序

第三章　原则与权宜

第四章　变化中的法律概念

第五章　内部规则：自由的法律

第六章　外部规则：立法的法律

主题索引

人名索引

哈耶克研究参考文献

第二卷　社会正义的幻象

序　言
第七章　普遍利益与特定目的
第八章　正义的探求
第九章　社会正义或分配正义
第九章　补遗　正义与个人权利
第十章　市场秩序或偶合秩序
第十一章　抽象规则的规训与部落社会的情绪

第三卷　自由社会的政治秩序

序　言
第十二章　多数意见与当代民主
第十三章　民主权力的分立
第十四章　公共部门与私营部门
第十五章　政府政策与市场
第十六章　民主理想的破灭：简要重述
第十七章　一种宪法模式
第十八章　权力的遏制与政治的去中心化
跋　　文　人类价值的三个渊源

主题索引
人名索引
哈耶克研究参考文献
译后附言

目 录

第二卷 社会正义的幻象

003 序 言

第七章 普遍利益与特定目的

008 在自由社会中，普遍利益主要在于促进个人追求未知的个人目的
013 普遍利益与集体产品
016 规则与无知
020 抽象规则在大多数特定事实不为人知的世界里具有行动指南的意义
022 意志与意见、目的与价值、命令与规则以及其他一些术语的问题
026 抽象规则因有助于未知的特定目的而具有终极价值的作用
029 功利主义的建构论谬误

037　只有在某个给定的行为规则系统内才可能对行为规则做出有效的批判或改进
042　“一般化”与“普遍性”检测
044　规则的作用与规则的长期适用

第八章　正义的探求

052　正义是人之行为的一种属性
055　正义与法律
057　正当行为规则一般都是对不正当行为的禁令
062　正当行为规则和检测它们正义与否的标准都是否定性的
067　对不正义进行检测的否定性的标准所具有的重要意义
070　法律实证主义的意识形态
075　“纯粹法律理论”
086　法律与道德
090　“自然法”
093　法律与主权

第九章　社会正义或分配正义

112　社会正义的概念
115　社会正义对公众想象力的征服
119　正义概念对自生自发过程之结果的不适用性
122　经济竞赛的基本原理认为：在经济竞赛中，正义者只可能是参与者的行为而不可能是竞赛的结果
127　信奉酬报正义的必然性
129　不存在“对社会的价值”
134　“社会的”含义之辨析

136 社会正义与平等
142 “机会平等”
143 社会正义与法律下的自由
147 社会正义的空间范围
151 要求对不喜欢的工作进行补偿
153 因丧失既有地位而产生的怨恨
157 小 结

第九章　补遗　正义与个人权利

第十章　市场秩序或偶合秩序

182 市场秩序的性质
184 自由社会是一种不存在共同的特定目的序列的多元社会
188 大社会虽说不是一种单一经济，但主要是由那些一般意义上的经济关系聚合而成的
191 自由人组成的社会的政策目标只能是一种抽象秩序，不可能是预知结果的最大化
193 偶合秩序之竞赛
199 在判断人们对业已变化的情势所做的调适时，用新地位与旧地位进行比较的做法是极不恰当的
203 正当行为规则所保护的只是物权领域而不是市场价值
204 预期的应合是经由某些预期的落空促成的
206 抽象的正当行为规则所能够决定的只是机遇而不是特定结果
209 具体命令对偶合秩序的“干预”造成了失序且绝对不可能是正义的
211 法律的目的应当是平等地改进所有人的机遇

214　好社会是随机挑出的任何人都可能获得尽可能多的机遇的社会

第十一章　抽象规则的规训与部落社会的情绪

222　追求无法企及的目标会阻碍我们实现可能达到的目标
223　部落组织思维之复活的若干原因
224　受道德激励的努力所造成的不道德后果
226　社会正义在大社会中是一种破坏性力量
230　从关注最不幸者到保护既得利益者
233　试图“纠正”市场秩序的努力会导致市场秩序的毁灭
235　对抽象规则之规训的反叛
236　开放社会的道德与封闭社会的道德
241　效忠感与正义感之间的长期冲突
242　开放社会中的小群体
245　自愿结社的重要性

第二卷

社会正义的幻象

序　言

我原以为，完成本书第二卷的文稿并不需要很长的时间，但是后来发生了好几件事情，使得第二卷的出版时间延误了。最重要的一件事情便是我对本卷初稿所处理的那个构成本卷书名之论题的核心章节的原稿不太满意。在本卷的初稿中，我就这个论题撰写了篇幅庞大的一章，其间，我力图用大量的实例来说明那些被宣称为社会正义（social justice）之要求的事例不可能是正义的，因为个中的基本考虑（人们很难把这种考虑称作是一项原则）根本就不可能得到普遍适用。当时，我急于想证明的主要是这样一个论点，即人们永远不可能就社会正义所要求的东西达成共识，而且任何试图根据被认为是正义所要求的东西来确定报酬的做法都会使市场失灵。然而，现在我已确信，那些经常使用社会正义这个说法的人，就连他们自己都不知道这个说法的意思是什么；他们实际上只是把这个说法当作一种断言加以使用的——亦即是那种无须给出理由或做出论证便能够得到正当性证明的主张。

在我早年致力于对社会正义这个概念进行批判的研究过程中，我始终都有一种无的放矢的感觉；最后，我试图像每个人在遇到这种情况时所应当采取的做法那样，先想方设法把支撑社会正义这个理想的理据视作是正确的。只是在如此尝试以后，我才真正地意识到社会正义这个皇帝原来没有穿衣服；这就是说，社会正义根本就是一个空洞无物、毫无意义的术语。就像汉斯·克里斯琴·安徒生（Hans Christian Andersen）童话中的那个男孩所说的那样，我“什么也没有看到，因为那里什么也没有”。我越是努力给它下一个明确的定义，它就越是捉摸不定而无从把握——毋庸否认，在遇到那些被证明无法根据某项一般性规则（亦即那种为正义观念所要求的一般性规则）加以证明的特定情势的时候，我们常常会在直觉上体验到这种愤怒。尽管证明一种观念为谬误是极为困难的，但是坦率而言，要做到这一点就更为困难了，即从正面直接证明那个对于许多人来说含有一种准宗教信念且被人们普遍使用的说法（比如社会正义这种说法）不仅在事实上是空洞无物的，而且也仅仅是在暗示我们应当赞同某个特定群体所提出的要求而已。

基于这种情况，我认为，仅仅指出那些试图实现社会正义的特定努力不会奏效这一点是远远不够的，所以我还必须对这样一个问题做出解释，即社会正义这种说法本身就是毫无意义的，而且使用这种说法的人，如果不是愚昧，那就肯定是在欺骗。坦率而言，如果一个人不得已必须反对一种为我们这个社会中那些常常被视为最优秀的人士所坚定信奉的迷信，又如果一个人不得已必须反对一种几乎成了我们这个时代新宗教的信念（正是在这里，旧宗教的许多牧师找到了他们的避难所）或一种成了评断好人的公认标准的信念，那么对于他来说，这肯定不是什么高兴的事情。但是我还是要指出，社会正义这个信念在当下所具有的普遍性，与人们在过去普遍相信巫术或点金石（philosopher's stone）的情形一样，都不能证明其目标的实在性。尽管人们长期以来一直把分配正义观念（conception of distributive justice）理解成个人行为的一种属性（现在常常被视作是社会正义的同义语），但是就是这个为人们信奉已久的观念，也不能够证明分配正义这个观念与市场中所产生的各种状况有任何相关性。我真诚地认为，如果我能够使我的同胞为再次使用这个空洞的咒语而感到羞耻的话，那么这就是我在力所能及的情况下为他们提供的最大服务。至少我认为自己有责任竭尽全力把人们从社会正义这个梦魇的支配下解救出来，因为这个梦魇正在把人们的善良情感变成一种摧毁自由文明一切价值的工具；当然，我的这种努力有可能使我冒犯或开罪许多人，这些人所具有的强烈的道德感原本是我非常尊敬的。

所有上述情势都使得现在改定的这个核心章节在某些方面与本卷的其他章节略显不同，因为这些章节的全部要点早在六七年以前就已经完成了。从一个方面来讲，由于我无力以肯定的方式对社会正义做出证明，所以我的责任便在于按照公平的原则要求那些使用这个术语的人来承担举证责任（burden of proof）；从另一个方面来看，我在重新撰写这个核心章节的时候，已不再享有获得大量图书资料的便利条件了——我在准备撰写本卷第一稿的时候，是享有这个便利条件的；因此，我在重写这个核心章节的时候，未能像我在撰写本卷其他章节时做出的努力那样，系统地考虑此一题域中那些新近出版的文献。然而还是有一个例外，因为我在当时认为，我应当就我的立场与新近出版的一部重要著作（亦即约翰·罗尔斯［John Rawls］于1972年出版的《正义论》［*A Theory of Justice*］）之间的区别做出论证，而就是这么一个想法也成了延误本卷完稿的一个因素。但是需要指出的是，在慎重考虑之后，我最终还是得出了这样一个结论，即我原本想就约翰·罗尔斯《正义论》一书所做的讨论，并不会对我想在本卷中探讨的问题有直接的帮助，因为在我看来，我与罗尔斯之间的差异至多是一种措词上的差异，而不是一种实质上的差异。尽管读者的第一印象也许与我的这个看法不尽相同，但是我在本卷第一百页处所征引的罗尔斯的一段陈述，在我看来，恰恰表明了我们俩人就我所认为的基本要点的看法是一致的。事实上，正如我在为那段文字所做的注释中指出的那样，我认为罗尔斯有关这个核心问题的观点遭到了人们的普遍误解。

尽管本书第三卷的草稿已大体完成，但是我再也不敢奢望它很快就能面世了（我倒是希望当我再去整理那部旧手稿的时候，我会发现自己的思想在这段时间中又有了实质性的发展）。但是，我仍会竭尽全力，在我晚年身体状况所许可的情况下，尽早杀青本书的最后一卷，以飨读者。

第七章

普遍利益与特定目的

显而易见，如果人们从一种特殊**利益**的角度……来调整他们的行为——不论这种特殊利益是公共利益还是私人利益，他们都会使自己陷入永无止境的混乱之中，还会致使政府治理（government）在很大程度上失效。每个人的私人利益都是不同的；尽管公共利益本身始终是同一的，但是它成了产生巨大纷争的根源，因为不同的人对它持有不同的看法。……如果我们在把特定的财物分派给特定的人的时候遵循同一种利益，那么我们就会使我们的目的落空，并使这种混乱状态永远得不到解决，而这种混乱状态正是那种一般性规则所旨在防止出现的现象。因此，在对涉及财产占有之稳定的自然法进行修正的过程中，我们必须从一般性规则出发，并根据普遍利益来调整我们自己的行为。

——大卫·休谟*

在自由社会中，普遍利益主要在于促进个人追求未知的个人目的

只有在实现普遍利益或公共利益所必需的时候，才能允许对个人施以强制；此乃自由传统的一项基本原则。尽管对政府权力之正当目的（legitimate objects）所具有的普遍的、共同的或公共的特性（general or common or public character）[1]进行强调，其目的显然在于反对政府把权力用于实现特定的利益，但是人们使用的那些不尽相同的术语所具有的含混性，却使他们有可能把几乎任何一种利益都称为普遍利益（general interest），还有可能使许许多多的人为他们丝毫不感兴趣的目的费心费力。共同利益或公共利益（common welfare or public good）这两个术语直到今天仍是最难给出明确定义的概念，因此，由统治集团的利益所指向的几乎任何内容，都有可能被塞到这些概念当中去[2]。

情势之所以发展至此，主要的原因很可能是：人们似乎自然而然地认为，公共利益在某种意义上讲必定是所有私人利益（private interests）的总和[3]；如何把所有私人利益聚合起来的问题，似乎又是一个无法解决的难题。然而不争的是，在个人可以为实现自己的目的而自由地运用自己的知识的大社会（Great Society）中，政府旨在达致的普遍利益不可能由分立的个人所得到的特定满足的总和构成，道理很简单，因为作为决定因素的那些情势，决不可能是政府或任何其他人所完全知道的。即使在现代的福利社会里，大众所具有的绝大多数且最为重要的日常需求也是经由一系列进程的展

开而得到满足的，对于这些进程的细节，政府并不知道，也不可能知道。因此，人们要求政府予以提供的那些最为重要的公共产品（public goods），并不是对任何特定需求的直接满足，而是对某些条件的保障，从而使个人和较小的群体在这些条件下得以享有较有利的机会以满足彼此的需求。

我们决不能把公众的主要关注点引向特定且已知的需求，必须将其指向那些维护自生自发秩序（spontaneous order）所需要的条件，因为这种自生自发秩序能够使个人以权力当局所不知道的各种方式满足自己的需求；我们可以说，在过去，亦即在人类历史的大部分时间里，这个问题都得到了很好的理解。众所周知，斯多噶学派和西塞罗的思想在很大程度上构成了现代自由理想的基础；在这些古代先哲看来公益事业（public utility）与正义是一回事；后来，中世纪的论者也曾频繁地援用公益事业（utilitas publica）这个术语，当时，该术语的含义从一般意义上讲也只是维护治安和正义；即使对于像詹姆斯·哈林顿（James Harrington）这样的17世纪的论者来说，“公共利益……也只是那种排除了一切偏私或私利的公共权利和正义（common right and justice）”，也就等于是“法律的绝对统治而非人的绝对统治”（empire of laws and not of men）。[4]

在这里，我们所关注的只是这样一个问题，即那些有益于普遍利益的个人行为规则，是应当旨在实现某些已知且特定的结果，还是只能够致力于创造一些有可能增进每个人追求自己目的的机会的条件。一如前述，不同的个人所追求的特定目的，必定在很大程度上是那些制定规则或实施规则的人所不知道的；除了此一不争的事实以外，即便是满足每一种私人欲求的问题，也不是普遍利益的组成部分。大社会的秩序确实是而且也必须是以某些尝试在非设计的状况下不断蒙遭挫折为基础的——人们本不应该进行这些尝试或做出这类努力，但是对于自由的人来说，只有经过这些努力或尝试的失败才能使他们不再做类似的努力。就情势的变化会使社会结构发生某些变化成为必要这一点而言，可能会出现这样的情况：一方面，为了普遍利益，社会结构应当根据这些情势的变化进行调整；另一方面，某些个人的利益会始终要求社会结构不得发生这样的变化。在每个个人考查他所知道的事实对他是否有用的过程中，放弃错误的做法与采纳公认的较为成功的手段的做法，可以说有着同等重要的意义。此外，在选择适当规则的时候，我们也不能用这样一种方式作为我们的指导，即把每一组可供选择的规则所具有的特定且可预见的有利效果与特定且可预见的不利效果相权衡，然后再从中挑选出会产生最大助益之净结果的那组规则；因为我们知道，采用这一组规则而不采用另一组规则，给特定的人所造成的影响，大多是不可预见的。我们所能够加以权衡的并不是特定人的利益，而是利益的种类（kinds of interests）；即使当我们为了实现这个目的把不同的利益划分成具有不同重要程度的利益种类的时候，我们也不能以这些利益对于那些与此直接相关的人所具有的重要性为依据，应当以这些利益对于人们是否能够成功地追求某些有助于维护整体秩序的特定利益所具有的重要性为依凭。

再者，人们也不可能就大多数特定目的达成共识，因为除了那些追求这些特定目的的人以外，其他的人并不了解这些目的（如果人们知道他们有关特定利益的决策会造成的最终影响，那么他们就更不可能达成这类共识了）；但是，人们在很大程度上有可能因他们并不知道某些手段究竟会服务于哪些特定目的而就这些手段达成共识。一如我们所知，在大社会中，社会成员一般都互不相识，所以他们不可能就他们各自的目的所具有的相对重要性达成任何共识。如果人们必须就应当优先考虑哪些特定利益的问题达成共识，那么不同利益群体之间就会失去和谐，并发生公开的冲突。在大社会中，人们之所以有可能保有和平和达成共识，实是因为个人不必就目的达成共识，只须就那些有助于各种各样目的的实现且能够有助于每个人实现自己的目的的手段达成共识。事实上，人们之所以有可能将一种和平的秩序从那些能够就特定目的达成一致意见的小群体，扩展至那些不可能就特定目的达成共识的大社会成员之中，就是因为人们发现了一种只要求他们就手段而非目的达成共识的合作方法。

人们早在过去就已经发现，那种惟有通过某些抽象特征才能够得到界定的秩序，会有助于人们追求不同的目的；正是这一发现，使那些追求全然不同目的的人认识到有必要就某些可能有助于每个人的“多种目的之工具”（multi-purpose instruments）达成共识。人们之所以有可能达成这种共识，实乃是因这样一个事实所致，即这种共识产生的特定结果是无法预见的。正是由于我们无力预见采用某项特定规则会产生的实际结果，我们才能够假定它会平等地增进每个人的机会。因此，正是对于未来结果的无知，才使得人们有可能就那些作为实现“多种目的之工具”的规则达成共识；这一点已为诸多情势中的实践所认可，其间，人们为了就程序问题达成共识而往往会有意识地使结果处于不可预见的状态：无论何时我们同意抽签，我们实际上都是在刻意地用一种给予不同的当事人以平等机会的做法来替代一种实质性的安排，亦即他们当中谁会从这种安排的结果中获得益处[5]。面对病入膏肓的孩子们，母亲们永远不可能就谁的孩子应当首先得到医生诊治这一点达成共识；但是，我们知道，如果医生能够按照某种会提高其工作效率的常规程序给这些孩子看病的话，那就会对大家都有利；因此，母亲们在知道这个道理以后会很爽快地达成共识，请医生按照工作程序来决定。当我们就这样一种规则达成共识的时候，我们会说，“如果……，那会对我们大家更好一些”；当然，我们讲这句话的意思并不是说，我们肯定这项规则最终会对我们大家都有利，而是想说，就我们现有的知识来看，这项规则给我们大家都提供了一个更好的机会，尽管从最终的结果来看，某些人的处境肯定会更糟——如果他们当时采用的是一项不同的规则，那么这些人的处境会好得多。

因此，大社会中盛行的行为规则，其目的并不在于为特定的人提供特定且可预见的利益，而是作为那些“多种目的之工具”而发挥作用的——这种“多种目的之工具”乃是人们在对某种情势进行调适的过程中发展起来的，因为它们有助于人们应对某种情势。对某种情势所做的这种应对或调适，乃是经由一个过程而发生的，然而这个过程完全不同于另一种做法，因为在后者中，我们有可能会根据一种旨在达到特定且可预见的结果的程序进行决策。因此，这种应对或调适所依凭的基础，并不是对特定需求的预见，而是人们以往获得的经验，它们会把某种情势有可能发生的不同概率告诉人们。人们经由试错方式（trial and error）而获得的这种经验所产生的结果，并不是作为对特定事件的回忆而维续下来的，也不是作为对可能发生的那种情势的确切知识而保持下来的，而是作为一种对遵循某些规则的重要感觉（sense）而维续下来的。人们之所以采用并传播这项规则而非另一项规则，是因为采用该项规则的群体在事实上被证明为更成功或更有效，而不是因为该群体的成员预见到了采纳此项规则所产生的结果。因此，人们所维续或继受的，只是以往的经验对人们选择规则所产生的影响，而不是这些经验本身。

一个准备动身外出徒步旅行的人随身带上一把小刀，显然不是为了某一特定且可预见的用途而准备的，只是对各种可能发生的意外情况而做的准备，或是为了能够应对各种可能发生的情况而做的准备；同理，一个群体发展起来的行为规则，也不是为了实现已知且特定的目的的手段，而是根据以往的经验对我们生活的社会会反复出现的情势所做的应对或调适。就像旅行者出门带上小刀的知识一样，规则中所含有的知识也是有关某种情势所具有的某些一般性特征的知识，而不是有关特定事实的知识。换言之，适当的行为规则并不是从我们会遇到的具体事件的明确知识中发展出来的；这些规则毋宁说是对我们周遭环境的一种应对或调适，亦即对那种由我们发展出来的规则所构成的应对或调适。需要指出的是，虽说是我们发展了这些规则，但是一般来讲，我们无力就我们为什么遵循这些规则的问题给出充分的说明。一如前述，这类规则乃是因采用它们的群体取得了较大的成功而盛传开来的；因此，仅就这一点而言，人们根本就没有必要知道为什么那个群体获得了成功，为什么那个群体的规则后来又得到人们的普遍采纳。事实上，这些规则最初被某个群体采纳的原因，与它们被证明使这个群体强大起来的原因，有可能是相当不同的。再者，尽管我们可以去努力发现一项特定规则在某一特定的规则系统中所具有的功能，也可以去努力判断该项规则践履此一功能的好坏，还可以去尝试对它进行改进，但是我们要做到这一点，就必须始终而且也只能以其他规则组成的并共同决定着该社会行动秩序的整个规则系统作为判断根据。需要强调指出的是，根据理性，我们永远都无法以同样的方式重构整个规则系统，因为我们并不知道整个规则系统之型构过程中的所有经验。因此，整个规则系统决不能被化约成一种为已知目的服务的有意识的构造物，相反，在我们看来，必须被视作是一种经由继承而为人们所接受的指导该社会的价值系统。

在这个意义上讲，个人行为规则为之服务的普遍利益，乃是由那些被我们认为是法律规则之目的的东西构成的，亦即整体的抽象秩序；这种抽象秩序的目的并不在于实现已知且特定的结果，而是作为一种有助于人们追求各种个人目的的工具而被维续下来。

普遍利益与集体产品

对自生自发秩序的维护乃是该社会成员普遍利益得以实现的首要条件，也是我们主要关注的正当行为规则的重要意义之所在，但是，在我们对个人行为规则与利益或福利之间的种种关系做进一步探究之前，我们还必须对普遍利益的另一个要素做一番简要的讨论，这是因为我们必须把这个要素与我们在下文中主要关注的那个要素区别开来。毋庸置疑，有许多种服务都是人们所欲求的，但是这些服务只有在强制筹措所需资金的情形下才能够得到提供，因为一旦提供了这些服务，它们就不可能只为那些准备为此付费的人所独享。然而，一旦有了强制机构，尤其当这种机构获得了强制垄断权的时候，那么显而易见，这种机构也就被赋予了为供应这种集体产品（collective goods）提供手段或资金（means）的责任；当然，所谓集体产品，亦就是经济学家所谓的那些能够向各种群体之所有成员提供的服务。

值得注意的是，尽管存在着这样一个能够满足这类集体产品的机构显然是与普遍利益相符合的，但是这并不意味着，使所有的集体利益都得到满足，会符合整个社会的利益。一如我们所知，如果所有的人发现根据某种互惠对等原则（some principle of reciprocity）而使特定群体的集体利益得到满足，对于他们来说，乃意味着一种大于他们不得不为此承担的税赋的收益，那么只是在这种情势下，一种集体利益才会成为一种普遍利益。虽说对一项特定的集体产品的欲求乃是那些能从中获益的人的一种共同欲求，但是对于决定法律的整个社会来说，这种共同欲求不是一种普遍利益，只有当不同的个人所获得的互惠对等利益达到平衡的时候，这种集体利益才会成为一种普遍利益。但是值得注意的是，一旦人们期望由政府来满足这种特定的集体利益（虽说这并不是真正的普遍利益），那么这就不可避免地会产生这样一种危险，即政府会用这种手段去为特定的利益群体提供服务。人们常常错误地认为，所有的集体利益都是该社会的普遍利益；但是在许多情势中，对某些特定群体之集体利益的满足，实是与社会普遍利益相悖离的。

民选制度（popular institutions）的整个发展史，就是一部反对或防阻某些特定群体滥用政府机器为它们自己谋求集体利益的不断斗争的历史。这场斗争当然没有因眼下所盛行的那种把任何由有组织的利益联盟结成的多数所决定的东西一律界定为普遍利益的趋势而终止。

政府旨在满足特定群体之需求的那种服务性活动，之所以在现代达致了如此这般的支配地位，实乃是因这样一个事实所致，即政客们和公务员们所主要关注的正是这种具有特定旨向的服务，而且也只有通过提供这类服务，政客们才能获得其选民的支持。令人颇感沮丧的是，那种旨在实现真正的普遍利益的服务却很难得到人们的支持，因为任何人都不会感到自己从这种服务中得到了特别的好处，而且也甚少有人知道这种服务会如何影响他们的生活。对于当选的代表来说，他所能操纵的一项具体授权，与他能够平等地为所有的人所提供的任何益处相比较，不仅有着更大的吸引力，还是他谋得权力的一种更为有效的手段。

然而，向特定群体提供集体产品，往往会与社会普遍利益不相符合。一项限制产出的措施，或某种其他的限制性措施，常常会是某个特定行业中的所有成员的一种集体利益，但是满足这种集体利益，肯定会与普遍利益不相符合。

一如我们所知，法律为之服务的全涉性自生自发秩序乃是大多数私人活动得以成功的前提条件，但是对于自生自发秩序所能够满足的基本需求来说，政府在实施正当行为规则以外所能够提供的那些服务，只是些补充性的或辅助性的服务。[6]随着财富的增加和人口密度的提高，政府所提供的这些服务也会在量上得到相应的增加，但是这些服务必须与范围更为广泛的私人活动秩序相符合（当然，政府既不决定也没有能力决定这种秩序）；再者，政府所提供的这些服务，还应当受到私人活动秩序以及法律规则的约束。

显见不争的是，政府在管理它为了提供集体产品之目的而受托支配的那些物质资源的过程中，不仅自身负有要公正行事的责任，而且也不得把自己的职责仅限于要求个人公正行事。在为特定群体提供服务的情势中，通过征税来资助这些服务的正当理由是：只有通过这种做法，我们才能够使那些从这些服务中获益的人为他们的所得支付费用；同理，正义也明确提出了这样一项要求，即每个群体从公共资源中所得到的东西应当与它被要求缴纳的费用大致相当。在这种情势中，多数显然有责任做到公正无偏；此外，我们之所以把这种决策权委托给民主政府或“多数”政府（majority government），也是因为我们希望这种政府更可能为这种意义上的公共利益提供服务。但是，如果我们把普遍利益界定为多数所欲求的任何东西，那么这种做法无疑是对上述理想的歪曲。

囿于本书的篇幅，有关公共财政（public finance）的大多数问题，我们都只能略而不论了；然而，在本书框架所许可的范围内，亦即在本书的第三卷中，我们仍将对那些通常被称之为经济体系中的私营部门（private sector）与公共部门（public sector）之间的关系问题进行检讨。在这里，我们将只对普遍利益中那些由正当个人行为规则所提供服务的方面做进一步的探究；为此，我们有必要先回过头来讨论一下规则的目的问题，当然，我在这里所说的“规则”，乃是指那些为自生自发秩序之型构所必需的个人行为规则，而不是政府组织规则（即公法）。

规则与无知

在展开此项讨论之前，我们必须首先重申本书开篇所强调的那个基本事实，即任何人都不可能知道大社会之整体活动秩序立基于其上的所有的特定事实。智识史上的怪事之一便是：在对行为规则所做的各种讨论中，此一至关重要的事实却一直没有得到论者的充分重视，尽管仅此一项事实本身便足以使这些规则的重要意义为人们所理解。规则乃是我们应对我们所具有的那种构成性无知（constitutional ignorance）的一种手段，因为在那些已就所有不同目的之相对重要性达成共识的全知全能者当中，实是无须有规则的。因此，任何有关道德秩序或法律秩序的讨论，如果对这个事实视而不论，都是无法探及个中核心问题的。

行为规则的功能，就在于克服因我们对那些决定着整体秩序的特定事实的无知而形成的那种障碍；而通过对这两种我们通常一起用来描述自由之条件的说法予以检讨，可以最好地揭示出行为规则的这种工具性功能。我们一般都把这些条件称之为一种状态，其间，每个人都可以用他自己的知识去追求他自己的目的。[7]毋庸置疑，只有当这些个人能够依据他们所拥有的知识来决定他们自己的行动的时候，他们才有可能使那些广泛分散于千千万个个人手中的事实性知识（factual knowledge）得到运用。此外，我们还必须指出的是，只有在这些个人可以自由地决定把自己的知识用于实现何种目的的条件下，他们才能够依据自己的知识来决定采取何种行动。

这是因为在一个不确定的世界里，个人在大多数情况下都无法直接达致某些终极目的，只能旨在获取某些在他们看来将有助于他们实现那些终极目的的手段；而且他们对即时性目的（immediate ends）的选择，也是由他们知道的机会所决定的。当然，这些即时性目的只是实现他们终极目的的手段，但是需要强调的是，他们在某一特定时刻所能够明确决定的也只能是这种即时性目的。一个人为之努力的即时性目的，在绝大多数情势中，都在于获取某些可以被用来满足未知的未来需求的手段——在一个发达的社会里，人们最频繁使用的能够有助于实现其大多数特定目的的普遍手段就是金钱。为了从自己所知道的机会中做出成功的选择，一个人所需要的便是他能够在其有能力提供的替代性服务或有能力生产的商品种类方面而获得的以明确价格形式表现出来的信号。根据他所获得的这种信息，他便能够运用他所拥有的有关其周遭环境之各种情势的知识去选择他的即时性目的，或者去选择从事他可以指望从中获得最好结果的那种工作。一如前述，即时性目的对于个人来说只是他据以实现其终极目的的一种普遍手段；而正是通过上述方式对即时性目的所做的选择，个人才能够运用他所拥有的有关事实的特定知识并服务于其同胞的需求；此外，也正是由于个人有对其活动的目的进行选择的自由，那些分散于整个社会当中的有关特定事实的知识才有可能得到运用。

因此，这种分散性知识（dispersed knowledge）还有可能通过这样一个事实而得到运用，即机会对于不同的个人来说是不尽相同的。正是由于不同的个人在某一特定时刻置身其间的情势不尽相同，又由于这些特定情势中有许多情势只为他们自己知道，这才产生了运用如此之多的分散性知识的机会——这正是自生自发市场秩序所践履的一种功能。因此，那种认为政府能够决定所有人的机会的观点，尤其是认为政府能够确使每个人的机会完全相同的观点，实是与自由社会的基本原则相冲突的。

在任何特定的时刻，每个个人在社会中的地位都是他在以往进行的那种试验性探索过程的一种结果，因为在这个探索的过程中，每个个人或他的前辈都在各自的（物质的或社会的）环境中想方设法提高自己的社会地位；因此，由条件的每一变化所产生的各种机会都有可能被某人所利用。上述所有都是运用广泛分散的事实性知识的基础，而运用这种广泛分散的事实性知识又是一个大社会的流动性和适应性的基础。但是与此同时，这也恰恰是一代人的决策为他们的后代所造成的机会不平等的原因；当然，这种机会的不平等是未经设计的，也是不可避免的。父母在选择生活地点或职业的时候，一般都会考虑这一决定对他们孩子的前程所可能造成的种种影响；这实是人们使人力资源的运用与可预见的未来发展相调适或相适应的一个重要因素。需要指出的是，只要个人可以自由地进行这种决定，那么上述诸项因素就会得到考虑，当然这还需要符合一个条件，即这种决定所具有的风险不仅要由作为决定者的父母所承担，还要由他们的后代所承受。如果他们确信，无论他们迁徙何处或选择何种职业，政府都必须保证他们的孩子获得完全相同的机会，而且不论他们做出了何种决定，他们的孩子也一定能够获得同样的便利条件，那么他们在做上述决定时，就会无视这样一项重要的因素，为了实现普遍利益，这项因素原本是应当指导他们决策的。

在为数众多且分布广泛的人口当中，各个成员的机会实源于种种从当下的角度来看必定属于偶然的情势，也就必定是不尽相同的；因此，这个事实不可避免地会与市场秩序所构成的发现过程（discovery procedure）的有效性紧密相关。实际上，我们只须想一想政府真的做到了完全平等地安排所有人的实质性机会的做法所会导致的那些结果，我们就能够即刻明白，这种做法肯定会把整个系统赖以存在的基本原则摧毁。这是因为：如果政府想成功地使所有人的机会达到完全的平等，那么它就不得不采取更多的行动，不能只满足于确保那些影响个人地位的条件（亦即那些必须取决于政府行动的条件）对所有人完全一致。据此，政府还不得不采取有效的措施以控制所有会影响个人努力之成败的外部条件。反过来看，如果说有人真的有权决定（并因此能够知道）每个个人的机会，那么选择自由（freedom of choice）也就毫无意义可言了。换言之，为了使不同的个人的机会达到实质上的平等（substantively equal），政府就不得不对它并不能直接控制的个人情势之间所存在的那些差异做平等化的处理。即使是在某些为了乐趣而不是为了输赢结果开展的竞技性游戏中，只要政府是为了使不同的个人的机会达到实质上的平等，那么政府也不得不给予某些个人以有利的条件或不利的条件，进而消除这些个人之间所存在的差异。但是，这样做的结果只会使个人不按照整个系统的基本原则行事（因为按照这项原则行事，只会使他觉得不合算或不值得），而我们知道，整个系统的基本原则主张，个人可以充分运用机遇赋予他而非他人的特殊机会。

在并不存在一个统一的有关所有应予考虑的特定事实的知识体系的情况下，整体秩序就只能依凭个人所拥有的并用于实现各自目的的那种知识。一旦我们认识到了这一点，我们也就能够极为明确地认识到：政府在那个过程中的作用决不在于对特定的个人或特定的群体所能达到的特定结果进行决策，只能够对此提供某些一般化的条件，而这些条件对不同的个人究竟会造成什么样的影响是不可预见的。因此，政府可以通过强制人们遵守那些从以往的经验来看最有助于自生自发秩序之型构的抽象行为规则的方式，去增进不确定的任何人成功地追求同样不确定的任何目的的机会。

抽象规则在大多数特定事实不为人知的世界里具有行动指南的意义

一般来讲，我们很少意识到这样一个问题，即在实施大多数行动计划的过程中，我们在很大程度上并不是受有关具体且特定的事实的知识指导，而是受有关在某种情势中何种行为是“合适的”行为的知识指导——我们之所以受这种一般性知识的指导，并不是因为它们是实现某一特定且欲求的结果的手段，而是因为它们是一种限制，亦即对我们在不扰乱构成我们决策之基础的那种秩序的情况下所会采取的行动的一种限制。的确，人们一般都容易忽视这样两个问题：首先，大社会中所有那些真正具有社会性的东西在某种程度上必定是一般且抽象的；其次，这些一般且抽象的东西只会限制而不会完全支配我们的决策。由于我们习惯于把我们所熟知的且众所周知的东西视作是具体且实在的东西，所以我们只有做出某种努力方能认识到，我们与我们的同胞所具有的共同的东西，与其说是一种有关同样的特定事实的知识，不如说是一种有关某种情势所具有的某些一般的且常常是非常抽象特征的知识。

只是在极少的场合，比如说当我们去参观自己国家中某个我们在以前根本就不知道的地方的时候，我们才会极为切实地感受到上述所论的真实性。尽管我们在此前从未见到过生活在那个地方的居民，但是说话**方式**、相貌**特征**、建筑**风格**、耕种**方式**、行为**方式**以及伦理观念和审美观念，都是我们所熟悉的。一般来讲，我们并没有能力对我们所认识到的东西做出界定，而且由于我们是以“直觉”的方式认识到这种东西的，我们也就甚难意识到我们以直觉的方式认识到的那种东西正是那些客体或事件所具有的抽象特征。显见不争的是，大社会成员所共同知道和理解的东西在某种意义上讲必定是一般且抽象的。只有在小规模的“熟人社会”（face-to-face-society）里，亦即在那种人人彼此相识的社会里，社会成员所共同知道和理解的东西才是特定的东西。但是一如前述，社会越大，其成员所拥有的共同知识也越有可能是相关事物或相关行动所具有的抽象特征；再者，在大社会或开放社会中，人们在思维方面的共同要素也几乎是抽象的。因此，指导大社会或开放社会成员的行动并成为这种社会独特文明之显著特性的东西，并不是对特定事物的依恋，而是对盛行于这种社会中的抽象规则的信奉。那种被我们称之为一个**民族的传统**或**国民性**（national character）的东西，乃至那种被我们称之为一个国家的景观所具有的典型的人为特征的东西，都不是特定的东西，而是支配这个民族之行动和认知〔8〕的规则的体现。甚至当这样的传统由具体符号（一处历史遗址、一面国旗、一座象征性的圣殿、一种帝王或领袖的体貌）来表征的时候，这些具体符号所“代表的”也是一般性观念；更为重要的是，这种一般性观念只能被视作是那些界定人们在该社会中什么可做与什么不可做的抽象规则。

人们之所以能够成为同一个文明的成员并能够在一起和平地

生活和工作，实乃是因为在追求他们各自目的的过程中，那种驱使他们努力追求具体结果的金钱力量受着同样的抽象规则的指导和约束。如果说情绪或驱动力告知了人们自己想要的东西，那么约定性规则便会告知他们以何种方式才能得到这种东西以及他们以何种方式才能获得许可去得到这种东西。行动（action）或意志行为（act of will），始终是一个特定的、具体的和个别的事件，指导这种行动或意志行为的共同规则是社会的、一般的和抽象的。尽管从个人在追求相似的东西这个意义上讲有着相似的欲求，但是一般来讲，这些东西本身是一些各不相同的特定事物。个人间关系之所以能够得到协调并能够被融入一个共同且持久的社会模式之中，实是因为他们是根据同样的抽象规则对这些不尽相同的特定情势进行回应的。

意志与意见、目的与价值、命令与规则以及其他一些术语的问题

为了防止冲突，人们必须在他们之间达成某种协议或共识。但是，随着有待在彼此间达成协议或共识的人数范围的扩大，他们也就必定越来越难就应予实现的特定目的达成共识；因此，他们只能越来越就他们愿意生活于其间的那种社会的某些抽象因素达成共识。情势之所以发展至此，实乃是因这样一个事实所致，即社会变得越大，该社会中每个成员所知道的特定事实（或者所共同具有的特定利益）也就会越来越少。那些居住在大都市中心区和阅读都市报刊的人常常会有一种错觉，以为他们新近获悉的发生在世界上的各种事件，在很大程度上与他们的大多数同胞所了解到的那些事件是相同的；但是对于世界上相当大的一部分人来说，甚或对于一个疆土辽阔之国家的不同地区的人们来说，他们所知道的那些特定且

具体的事件，实际上是有很大差别的。值得我们注意的是，以上所论不仅适用于人们所知道的特定事实，同样适用于他们活动的特定目的以及他们所欲求的特定目的。

需要指出的是，尽管个人之间因此很难就具体且特定的行为达成共识，但是，如果他们同属于一种文化或传统，那么他们的**意见**仍有可能在很大程度上是极其相似的——这种意见的相似性实际上就是一种共识，只是这种共识所关注的并不是特定且具体的事件，而是社会生活在不同地点和不同时间都会具有的某些抽象特征。但是，我们试图阐明这个问题的努力，因那些可供我们使用的术语所具有的含混性而变得极为棘手且困难。

众所周知，这个领域中的日常用语，从某些关键词（key terms）来看，可以说是极不准确的，所以在使用这些关键词的时候，我们似乎有必要进行某些特殊的约定（conventions）。当然，我亦须对此加以限定：尽管我认为，我使用这些约定用法表达的含义与相应的日常用语的核心含义非常接近，但是其他人肯定不会一以贯之地在这个意义上使用这些约定用法，而且这些约定用法本身也肯定会含有某些我们必须予以否弃的颇为含混的意思。在这里，我们将以成对比较的方式来探讨那些与本书讨论相关的主要术语，其间，第一对术语是我们始终用以指称一个特定或独特的事件的术语，第二对术语是我们用来描述一般的或抽象的特征的术语。

在这些成对的术语当中，第一对术语十分凸显而且可能具有最为重要的意义，或者说，它们至少是一对因人们无视它们之间的区别而导致了政治理论中最大混淆的术语。这对术语就是**意志**与**意见**（will and opinion）。[9]所谓“意志”，在我们这里只是意指那种旨在达致一特定且具体之结果的旨向，这种旨向与当时已知的特定情势结合在一起，便足以决定采取何种特定的行动。与之相对照，我们将把那种对不同形式的行动或某些种类的行动是否具有可欲性的看法称之为“意见”，这种意见会促使人们根据特定的行为是否符合那种看法表示赞同或不赞同。因此，这种仅指称行事方式的意见，除非与具体的目的相结合，否则就不足以完全决定采取何种特定的行动。一项意志行为所决定的乃是某一特定时刻所做的事情，而一种意见告知我们的只是个人在采取行动时所应遵循的规则。这两个术语之间的区别与下述二者之间的区别紧密相关：一是引发行动的一种特定的**驱动力**（impulse），二是以某种特定方式行事的一种纯粹**倾向**（disposition）。由于意志旨在达致某种特定的结果，所以这个“目的”一旦达到，意志也就终止了；而构成一种持续性倾向的意见，〔10〕则将指导许许多多特定的意志行为。再者，由于一项意志始终旨在达致一个目的，所以，如果我们业已知道一种意见乃是由某种目的所决定的，那么我们就完全有理由对这种意见的真实性进行质疑，亦即我们完全有理由追问它究竟是一种意见还是一项意志。

我们还将以同样的方式对特定的目的（ends）与价值（values）做出界分。所谓特定的目的，意指那种驱使人们采取特定行动的特定的预期结果；所谓特定的价值，依据我们的理解，意指那些根据某些属性而得到界定并被普遍认为是可欲事件的一般性类型。因此，“可欲的”（desirable）这个术语，在这里所意指的含义并不限于某个人在一定场合事实上所欲求采取的一项特定行动，而是指一个人或多个人对于某一**类**事件的持续态度。立基于上述界定，我们将在讨论中采用相应的说法，比如，法律或正当行为规则并不服务于（具体的或特定的）目的，而服务于（抽象的和一般的）价值，亦即对某种类型的秩序加以维护。

在上述成对术语之间的区别与我们在前文中讨论过的“命令”（command）与“规则”（rule）之间的区别这二者之间，也存在着一种密切的关系。命令一般都旨在达致某个特定的结果或某些特定且可预见的结果；此外，与那个发布命令或接受命令的人所知道的特定情势结合在一起，命令还可以决定采取何种特定的行动。相反，规则所指涉的乃是无数的未来事例和无数人的行为，所陈述的也只是任何这样一种行动所应当具有的某些特性。

一如我们所见，遵守规则或信奉共同价值，可以确使某种具有某些抽象特性的行动模式或行动秩序得到型构，但并不足以决定这种行动模式的具体形式，也不足以决定任何特定的事件或结果。

在我们结束对上述术语问题的讨论之前，顺便再对其他一些与本书所关注的问题颇有关联的术语做一简要的说明，也许是极有助益的，因为这些术语在晚近的一段时间里常常被人们用来讨论我们所关注的一些问题。首先，现在有相当多的人都把自由社会描述为一种**多元**社会（pluralistic society）。当然，人们使用这个术语的目的是要表达这样一种意思，即自由社会乃是一种由多种多样的个人目的支配的社会，而且这些个人目的也不是按照那种对社会成员构成约束的特定的等级序列加以排列的。

独立目的的多样性还意味着独立决策中心的多样性，因此人们有时候也把不同类型的社会界分为一元中心社会（monocentric society）与多元中心社会（polycentric society）[11]。这一界分与我们在此前所提出的对组织（taxis）与自生自发秩序（kosmos）所做的界分，可以说有着异曲同工之妙，但是需要强调指出的是，前者那种界分所强调的似乎只是两种秩序之差异的某个特定层面。

最后，需要说明的是，我知道迈克尔·奥克萧特（Michael Oakeshott）教授长期以来也一直在课堂教学中使用 teleocratic（及 teleocracy）与 nomocratic（及 nomocracy）这两个术语来指称我们在上文所述的社会类型的界分。在一个 teleocratic 的秩序中，约束所有社会成员的是同一个目的等级序列（hierarchy of ends），因此这种秩序必定是一种人造的秩序或组织；而一个 nomocratic 的社会会形成一种自生自发秩序。在本书讨论的过程中，更为准确地说，亦即在我们想要强调组织所具有的受目的支配的特征或自生自发秩序所具有的受规则支配的特征的时候，我们偶尔也会援用奥克萧特教授的这些术语。

抽象规则因有助于未知的特定目的而具有终极价值的作用

在人们已经就解决纠纷应予适用的正当行为规则达成共识的情况下，正当行为规则便能够帮助他们解决他们在特定问题上所存在的纠纷，即使纠纷双方对于他们所追求的特定目的的重要性问题并未达成共识。在一场纠纷中，当一方当事人提出了一项在以往案件（亦即那些与当下的问题具有某些相同的抽象特征的案件）中一直为人们所遵守的规则的时候，另一方当事人所能做的就只有援引另一项一经陈述便会被认为是有效的同样适用于此一纠纷的规则——而对于这项规则的援用，还必须使该方当事人能够对那些从上述第一项规则中推论出来的结论做出某种修正。只有当我们能够发现“另一项规则”的时候，或者说，只有当我们能够证明另一方当事人并不会在上述第一项规则所适用的所有情势中都接受该项规则的时候，我们才能够证明那种仅依据上述第一项规则做出的判决是错误的。我们的整个正义观念都是以这样一种信念为基础的，即人们在特定事实方面的观点分歧，可以通过发现某些一经陈述便必定会得到人们赞同的规则而得到解决。尽管我们一般会对某个特定案件的是非曲直各执一词，但是我们常常能够发现，我们在解决这类纠纷所应予适用的一般性规则方面确实存在着共识；如果事实不是如此，那么正义观念本身也就毫无意义了。

这种应予适用的规则（applicable rules）所界定的乃是一些与裁定某一业已发生的行为是否正当紧密相关的特征。一如前述，这种规则一经陈述便会被当作对正当行为的界定而被人们所接受，因此，某一特定案件所具有的不能被归入该项规则之下的所有特征，都无须考虑。这里的关键要点，并不在于该项规则在以前就已经得到了明确的陈述，而在于该项规则一经陈述就会被当作一项一般性规则而为人们所接受。人们对这种一直指导着人们正义观念的规则（这种规则一经陈述就会被人们当作对他们的长期感受的表达而为人们所承认）所做的最初阐释，在很大程度上讲是一种发现，而且与任何科学发现都无甚差异——尽管这种发现，就像科学发现一样，常常只是一种比此前所陈述的任何规则都更趋近于它旨在表达的东西而已。

这种一般性规则渐渐赢得了人们的支持，究竟是因为人们认识到了遵守这些规则能够使他们获得好处，还是因为一些偶然原因而接受了那些使他们更具成效的规则的群体胜过了那些遵守成效较差的规则的群体，就我们眼下的讨论而言，并不具有多大的意义。比这个问题更具重要意义的是这样一个问题，即那些因在多数情势中产生了有益结果而被人们采纳的规则，只有被适用于它们所指涉的所有情势时，才会产生这种有益结果，而不论它们在某个特定情势中的适用是否真的会产生某种有益结果。正如大卫·休谟对正义规则的原理所做的经典性阐释中所指出的那样：[12]

> 单独的法规往往会与公共利益相抵触；它如果孤立地存在，不伴有其他相关法规的话，它本身就可能会危害社会。……单独的法规，仅就其本身来考虑，对私人利益也并不比对公共利益更有助益；……但是，不论单独的法规在多大程度上会与公共利益或私人利益相抵触，毋庸置疑的是，整个法律计划或方案都会大大有助于社会的维系和每个个人的福利，或者说对于这两者是绝对必需的。

解决这个显而易见的悖论的关键当然在于：第一，实施那些抽象规则会有助于维护一种同样抽象但其特定表现形式在很大程度上是不可预见的秩序；第二，只有当人们普遍预期那些规则会在所有的情势中都得到实施的时候，而不论某人所预见到的特定后果究竟为何，这种秩序才会得到维护。这意味着，尽管这些规则最终会有助于特定的（虽然在大多数情况下是未知的）目的，但是，也只有当人们把它们当成终极价值而不是手段——也就是把它们真正当成人人共有的惟一价值且不同于个人特定目的的时候，它们才能够做到这一点。这就是“目的并不能够证明手段为正当”这项原则的含义之所在，也是诸如 *fiat justitia, pereat mundus*（即使世界毁灭，也要行使正义）这样的格言的含义之所在。只有当这些抽象规则得到普遍适用的时候，不论其特定结果为何，这些规则才能够有助于人们永久地维护这种抽象秩序（亦即一种永恒的目的），而这种抽象秩序也会继续有助于个人追求他们各自所具有的暂时且未知的目的。一如我们所知，那些作为共同价值的规则有助于人们对一种秩序的维护，然而这种秩序的存在常常是运用那些规则的人意识不到的。再者，一如前述，在某个特定情势中适用那些规则的结果常常是不可预见的；但是无论我们多么不喜欢这种情势，我们也无法否认这样一个事实，即从一般意义上来讲，我们甚至连所有的直接后果都无法知道，所以我们也就更不可能知道那些在我们无法指望该项规则会被适用于所有未来情势的状态下所会产生的较为间接的后果了。

因此，正当行为规则并不关注如何保护特定利益的问题，但是从另一个方面来看，对任何特定利益的追求必须受正当行为规则的制约。这项规则不仅适用于私人行动，也适用于政府在管理或支配那些旨在满足特定目的的公共财产方面所担当的任务。这就是为什么政府在关注暂时且特定目的时应当服从那些关注恒久且一般目的的法律的原因；这也正是为什么那些承担着详尽阐释和确立正当行为规则之责任的人不应当关注政府所追求的那些暂时且特定目的的原因。

功利主义的建构论谬误

对行为规则的建构论诠释，是广为人知的“功利主义”（utilitarianism）。然而，在更为宽泛的意义上讲，“功利主义”一术语还被用来意指任何对这样的规则和制度在社会结构中的功能所做的批判性检视。就此一宽泛的意义而言，如果一个人不把所有现行的价值都视作是不可置疑的东西，而是随时准备对它们为什么应当被人们所信奉这个问题进行追问，那么他就可以被视作是一个功利主义者。据此，亚里士多德（Aristotle）、托马斯·阿奎那（St Thomas Aquinas）[13]和大卫·休谟（David Hume）[14]，都可以被认为是功利主义者，而本书对行为规则的功能所做的讨论也完全可以被称之为一种功利主义的观点。毋庸置疑，功利主义之所以对敏锐的人士具有吸引力，主要是因这样一个事实所致，即按照这种解释，功利主义实际上含括了对现行规则之妥适性（appropriateness）问题所做的所有的理性检讨。

然而需要指出的是，自 18 世纪末期以降，在道德理论和法律理论中，“功利主义”一直是在一种较为狭窄的意义上被使用的，本书也正在此意义上使用这个术语的。“功利主义”之所以具有这样一种特殊的含义，部分是因功利（utility）一术语自身含义所逐步发生的演化所致。起初，一如“效用”（usefulness）这个术语至今仍能明确表达的含义那样，“功利”一术语所表达的乃是**手段**的一种属性——亦即**手段**所可能具有的潜在用途的属性。某物有用，指的是它能够在可能会出现的情势中有用，而且该物的效用程度还取决于下述两个条件：一是该物得以表明其效用的情势有可能出现，二是该物有可能满足的需求极为重要。

原本意指手段之属性的“功利”一术语，只是在相对较晚的时候，才渐渐被用来指称手段为之服务的不同目的所具有的一种共同属性——当然是一种被认为的共同属性。由于人们认为手段在某种程度上反映了目的的重要性，所以"功利"也就渐渐开始意指目的所具有的某种共同属性，例如与目的相关的快乐（pleasure）或满足（satisfaction）这样的属性。尽管在较早的时候，人们就已经充分认识到，我们必须把我们的大多数努力都指向为实现那些未预见的特定目的提供手段，但是唯理主义者想从已知的终极目的中明确推导出手段的效用，这就给这些目的硬塞进了一个可以计量的共同属性——他们曾把这种共同属性称之为"快乐"或"功利"。

就本书的讨论而言，我们有必要对下述两者做出界分：一是某物对于已知且特定的目的所具有的效用，二是某物对于各种各样被预期会在某种情势中或在可能发生的各种情势中出现的需求所具有的效用。只有在上述第一种情况中，人们才能从特定且可预见的未来用途的重要性当中推论出某物或某种做法的效用，也才能够从某物或某种做法的效用中洞见到特定目的的重要性。然而，在上述第二种情况中，人们却要根据以往的经验来判断这种效用本身，亦即把它当作一种工具性（instrumental property）来判断；所谓工具性，在这里乃是指那种并不依赖特定且已知的目的而是作为一种应对各种可能出现之情势的手段的属性。

杰里米·边沁（Jeremy Bentham）及其学派〔15〕所主张的那种严格意义上的功利主义（strict utilitarianism），在对行为的妥适性进行判断的时候，所依据的乃是对该行为所导致的快乐与痛苦的对比所做的精确计算。由于功利主义者在捍卫他们立场的时候所依凭的乃是两个截然不同且不可通约的论点，所以功利主义解释的不适当性一直被遮蔽了。只是到了晚近，人们才对功利主义所依凭的这两种论点做出了明确的界分；〔16〕然而需要强调指出的是，在这两种论点中，任何一种论点都无法对道德规则或法律规则给出充分的解释。功利主义者在这两种论点之间不断地转换：第一种论点无力对**规则**的存在问题做出解释，也无力解释我们通常所说的道德规则和法律规则，但是第二种论点又注定要假设规则的存在——这是功利主义观点所无法解释的；因此，它也就必须放弃这样一种主张，即整个道德规则系统能够从这些规则已知的“功利”中推论出来。

边沁认为，最大多数人的最大幸福（the greatest happiness of the greatest number）可以经由对快乐与痛苦的计算而得到确定；需要指出的是，他的这个观点乃是以这样一种预设为前提的，即任何一项行动所具有的所有特定且具体的结果都是能够为行动者本人知道的。根据这个逻辑往下推论，他的观点就会达致一种特定论的功利主义或“行为”功利主义（a particularistic or “act” utilitarianism）：这种功利主义会将所有的规则都视之不顾，并根据每项个别行动所具有的已知结果的“功利”来判断该行动。诚然，边沁经由一以贯之地诉诸诸如每一项行动（现在则被解释为某一**种类**的任何行动）都应当具有**在整体上**产生最大限度之快乐的**趋向**这样一些说法而没有使自己得出上述那种推论。但是我们至少可以说，一些边沁的追随者明确地指出，他的论证逻辑必定要求人们得出这样一种观点，即人们应当根据对每项个别行动所具有的已知结果的全面了解来决定是否采取该项行动。我们因此可以发现，享利·西奇威克（Henry Sidgwick）就认为，“在每一种情势中，我们都必须对我们能够预见到的可供选择的不同行为所可能产生的全部快乐与痛苦进行比较，进而采取那个有可能在整体上产生最大快乐的行为”[17]；G. E. 穆尔（G. E. Moore）也认为，“每个行动者都必须始终担负起这样一种责任，即在任何特定的场合中，他都必须对他所能采取的所有行动进行比较，进而做出决定并采取**在整体后果上**具有最大内在价值的行动”[18]。

另一种功利主义的解释乃是“普遍论”的功利主义（a generic utilitarianism），亦即人们于当下所普遍称之为的“规则”功利主义（rule utilitarianism）。这种功利主义观在威廉·佩利（William Paley）那里得到了最为明确的阐释；他提出要求说，**一种**行动，若要得到道德上的认可，“就必须在整体上和长时段中（亦即在它所具有的间接且遥远的以及即时且直接的全部结果方面）都是有利的或适当的；就如人们在计算后果的时候那样，必须把所有的后果都考虑在内，而不论这些后果会以什么样的方式产生或在多么遥远的将来产生”〔19〕。

近年来，论者们就特定论的功利主义（即“行为－功利主义”）与普遍论的功利主义（即“规则－功利主义”）各自利弊的问题所做的广泛讨论业已表明，只有前者才能够声称它在赞同或反对某些行动方面始终是以这些行动所具有的为人们可预见的“功利”效果为根据的，但是与此同时，为了做到这一点，它就必须从人是全知全能这样一个事实性假设出发；然而需要强调指出的是，在现实生活中，这种有关人是全知全能的假设从来就没有实现过，再者，如果这个假设为真，那么它不仅会使我们称之为道德规则和法律规则的存在成为多余，还会使之成为不可解释的东西，更会使它们的存在与这个假设本身相冲突。然而从另一方面来看，任何一种普遍论的功利主义体系或规则－功利主义体系都不可能把所有的规则视作是完全由行动者所知道的那些“功利”决定的，因为任何一项规则的效果不仅取决于人们对该项规则的一贯遵循，还取决于行动者所遵循的其他规则以及所有其他社会成员所遵循的那些规则。因此，对任何一项规则的功利进行判断，始终是以这样两个预设为前提的：第一，某些其他规则被认为是给定的而且也得到了普遍遵守；第二，这些其他规则并不是由任何已知的功利所决定的；因此，在决定任何一项规则之功利的诸因素当中，始终存在着这样一项因素，这就是一些无法根据它们自身的功利而得到证明的其他规则。据此我们可以说，如果人们一以贯之地遵循规则－功利主义，那么这种功利主义就决不可能为整个规则系统提供一个充分的正当性证明，因为要做到这一点，除了特定规则所具有的已知功利以外，它还必须始终以其他决定因素为依凭。

整个功利主义认识进路的困境在于，作为一种承诺要对由一套规则体系构成的现象做出解释的理论，它却要彻底否弃那个使规则成为必要的因素，而这个因素便是我们的无知（ignorance）。的确，始终令我感到困惑不解的是，这么严肃认真且富于才智的论者（毋庸置疑，功利主义者就是一些这样的论者）怎么可能这么不认真考量我们对于大多数特定事实都必然无知（necessary ignorance）这样一个至关重要的事实，又怎么可能会提出一种以人们能够知道他们个别行动的特定结果为预设的理论；然而事实上，功利主义者力图解释的那种作为整体而存在的现象（即行为规则系统），却恰恰是因为人们不可能拥有这种知识而成为可能的。一如前述，规则乃是对我们对于大多数特定情势所具有的这种不可避免的无知（inescapable ignorance）所做的一种应对或调适（正是这些特定情势决定着我们行动的结果），然而功利主义者似乎从来不曾把握到规则所具有的这种重要意义；据此我们可以说，功利主义者完全忽视了"规则指导行动"这种现象的整个基本原理。[20]

人们之所以发展行为规则，并不是因为他们知道某一特定行动会产生的全部后果，恰恰是因为他们不知道这一切。因此，我们所知道的那些道德规则和法律规则具有这样一个最为典型的特征：它们乃是由这样一些规则构成的，亦即不论某一特定行动的已知结果为何，人们都必须遵守的那些规则。至于那些全知全能并能够预见自己行动所具有的全部后果的人应当如何行事的问题，全然不是我们关注的问题。如果人们真的什么都知道，那么他们也就确实不需要规则了——因此，严格意义上的行为－功利主义必定会导向对所有规则的否弃。

就像所有为一般性目的服务的工具一样，规则之所以能够有助于一般性目的的实现，实是因为它们适合于解决那些反复出现且难以对付的情势，从而有助于使那些奉行这些规则的社会成员能够更为有效地追求他们自己的目的——当然这些规则还必须在该社会中普遍盛行。就像人们打造一把刀子或锻造一把锤子一样，人们之所以按照某种形式来制定它们，并不是因为它们可以被用来实现眼下的某个特定目的，而是因为它们被证明以这种形式而不是以其他什么形式才能在各种各样的情势中发挥有益的作用。与此相似，规则也不是为了满足那些可预见的特定需求而制定出来的，而是在一个优胜劣汰的进化过程中存续下来的。赋予规则以具体形式的知识，并不是有关未来特定结果的知识，而是有关某些反复出现且难以对付的情势或任务的知识，和有关为了实现各种各样的终极目的而通常应予达致的居间性结果的知识；再者，大多数这种知识并不是作为对人们所必须准备应对的某些可列举的情势的认识而存在的，也不是作为对人们应予解决的那类问题的重要性的认识而存在的，更不是作为对这些问题得以发生的可能性的认识而存在的，而是作为在某种情势中以某种特定方式行事的一种倾向而存在的。

因此，大多数行为规则并不是经由一个智识过程而从有关事实的知识中推演出来的；相反，它们构成了我们对这些事实所能做出的惟一的调适或应对方式——当然这也是我们至今所能成就的方式。这种有关事实的"知识"，不仅是我们意识不到的，也不会出现在我们的概念性思想（conceptual thought）之中，但是会表现在我们在行动的过程中所遵守的那些规则之中。无论是最早实施这些规则的群体，还是那些模仿遵守这些规则的群体，实际上都无须知道他们的行为为何比其他群体的行为更为成功，也大可不必知道他们的行为为何有助于本群体得以存续下去。

必须强调指出的是，我们赋予遵守特定规则的重要性，并不只是对那些在这些特定规则得到遵守的情况下才能够实现的特定目的所具有的重要性的反映；我们赋予一项规则的重要性，毋宁说是两个截然不同的因素所产生的一个复合结果——实际上我们也很难对这两个因素做分别的讨论。这两个因素就是：特定结果的重要性与特定结果发生的频繁性。在生物进化中，如果没有采取措施以避免某些致命但极少出现的结果，那么这对于物种的存续来说并不会有很大的关系，但是如果那些频繁出现的对个体只造成轻微损害的事件得以避免，便会对物种的存续产生较大的影响；与此相似，从社会进化过程中演化出来的行为规则，也往往只适合于防阻那些频繁出现但对社会秩序只构成微小影响的事由，却不足以防阻那些甚少发生但会导致社会秩序全面崩溃的事由。

因此，那种能够被认为决定着行为规则的惟一“功利”，并不是行动者或任何一个社会成员所知道的功利，只是整个社会所知道的被人格化的“功利”（hypostatized utility）。这样，彻头彻尾的功利主义者便常常会在这种观点的驱使下用一种拟人化的方式把进化的产物解释成设计的产物，还趋于把一种人格化的社会设定为这些规则的制定者。尽管这一点在过去很少为功利主义者所承认，只是在晚近才为一位论者以天真的方式所承认——例如他明确指出，对于功利主义者来说，社会必须被视作是“一种独一无二的伟大人格”〔21〕，但是一如我们在前文所指出的那样，这种拟人化的认识进路乃是所有建构论观点的典型特征，而功利主义只是这种建构论观点的一种特定形式。黑斯廷斯·拉什道尔（Hastings Rashdall）的论点便是这方面的一个例子，它极为扼要地表示出了功利主义所具有的这个基本错误观点；他指出，“所有道德判断在终极意义上都是有关目的之价值的判断”〔22〕。但是事实恰恰与此相反；如果说就特定目的达成共识真的是道德判断的基础，那么我们所知道的道德规则也就毫无存在的必要了。〔23〕

所有行为规则的实质都在于为各种类型的行动**种类**命名，但是它们所依据的并不是它们在特定情势中所具有的那些大多属于未知的结果，而是它们可能产生的但无须为个人所预见的那些结果。特定规则之所以渐渐被我们认为是颇为重要的东西，并不是因为我们在行动的过程中刻意促成的那些结果，而是因为我们的行动对于持续维护一种行动秩序所具有的影响。就像这些规则以间接的方式为之服务的那种秩序一样，这些规则也只是经由那种帮助人们避免各种冲突的间接方式而帮助人们去满足特定需求的——它们之所以对这些冲突确立预防性的规定，乃是因为过去的经验表明它们会在人们正常追求各种目的的过程中不断发生。这些规则的作用并不是要使任何一个特定的行动计划获得成功，而是要对许许多多不同的行动计划进行协调。正是把行为规则解释成旨在实现惟一一套目的的“社会”行动计划的一个部分的那种取向，才致使所有的功利主义理论都具有了一种拟人化的特征。

为了成功地达到自己所设定的目标，功利主义者就不得不做一种化约论（reductionism）的尝试，亦即把所有规则的起源都化约成那种为了实现已知的目的而对手段所做的刻意选择。然而这种尝试只可能取得这样的成功，一如人们可能试图经由追溯几千年来人们在交流方面做出的前后相继的努力所产生的结果而对某种语言的具体特征给出解释一般。行为规则与言说规则（rules of speech）一样，都不是对已知且特定的事实所做的直接调适或应对的结果，而是一个累积过程的产物——当然，在这个累积过程中的任何时候，首要的因素始终都是那个既存的由业已确立的规则所决定的事实性秩序（factual order）。无论如何，只有在这样一种运作大体良好的秩序内部，新的规则才会得到发展；而且在每个阶段，也只有当一项规则作为这样一种运作正常的系统之一部分的时候，人们才能够对该项规则是否具有助益性这个问题做出判断。因此，这种意义上的规则只是在一种运作有效的系统内部才会发挥作用，但是它们本身并没有特定的目的——规则的这种功能不能从它们对特定需求所具有的已知且特定的影响中推演出来，只能从人们对整个结构的理解中推演出来。然而事实上，还没有人能够如此这般地充分理解整个结构，也没有人能够根据有关需求与已知手段之结果的知识而成功地重构一种全新的道德规则系统或法律规则系统。[24]

与大多数工具一样，规则也不是某项行动计划的一个组成部分，毋宁是一种应对某些未知的偶然事件的工具。的确，我们的大部分活动都不是受我们有关这些活动所旨在满足的特定的终级需求的知识所指导的，而是受我们所具有的这样一种欲求所指导的：亦即我们力图积累大量工具和知识的欲求，或者竭力谋取有利地位的欲求，简而言之，也就是积累最广泛意义上的“资本”（capital）的那种欲求，因为我们认为这类资本在我们生活的这个世界上终究会对我们有助益。此外，这种活动确实随着我们智慧的增长而变得越来越盛行。我们之所以不断地进行调适或应对，实际上并不是为了与特定情势相适应，而是为了通过这种方式来增进我们对各种可能发生的情势的调适能力或应对能力。我们的视域（the horizon of our sight）在很大程度上是由手段构成的，而不是由特定的终极目的构成的。

我们当然可以全力追求“最大多数人的最大幸福”，只要我们不自欺欺人地认为：第一，我们能够根据某种计算方式确定这种最大幸福的总量；第二，任何时刻都存在着一种已知的结果总量。因此，规则以及它们为之服务的秩序所能成就的不过是为不确定的任何人增进机会。只要我们竭尽全力为不确定的任何人增进机会，那么我们就能够得到我们所能得到的最多的东西，但是需要指出的是，这肯定不是因为我们已然知道了我们所创造的快乐这种功利的总量。

只有在某个给定的行为规则系统内才可能对行为规则做出有效的批判或改进

由于任何业已确立的行为规则系统都是以我们只是部分知道的经验为基础的，也是以一种我们只是部分理解的方式服务于一种行动秩序的，所以我们不能指望以那种完全重构的整合方式对该规则系统进行改进。如果我们想充分利用那些只是以传统规则的形式传递下来的经验，那么为改进某些特定规则而做的批判和努力，就必须在一给定价值的框架内展开；当然，这个给定价值的框架，就人们力图实现的即时性目的而言，必须被他们视作是一种无须证明便予以接受的东西。这种批判乃是在一个给定的规则系统内部展开的，而且也是根据特定规则在促进型构某种特定的行动秩序的过程中与所有其他为人们所承认的规则是否一致或是否相容（亦即一致性或相容性的原则：consistency or compatibility）来判断这些特定规则的；因此，我们将把这种批判称之为“内在的批判”（immanent criticism）。只要我们承认整个现行的行为规则系统与这个规则系统所会产生的已知且具体的结果之间存在着一种不可化约性（irreducibility），那么上述“内在的批判”就是我们对道德规则或法律规则进行批判性检视的惟一基础。

构成一个系统的不同规则之间所存在的一致性或相容性，主要不是指逻辑上的自洽性（logical consistency）。就此而言，一致性意味着不同的规则服务于同一个抽象的行动秩序，还在这些规则所指涉的情势中防止遵循这些规则的人们发生种种冲突。因此，任何两项规则或更多的规则之间是否一致，部分将取决于有关环境的事实性条件；这就是说，同样的规则足以在一种情势中防止冲突，却不足以在另一种情势中防止冲突。另一方面，所谓规则在逻辑上不自洽，乃是指它们在任何给定的情势中都会对任何一个人的行为提出相互矛盾的要求或禁令；但是，如果说这些在逻辑上不自洽的规则之间存在着一种高低有别的关系，那么它们仍然有可能是相容的；因此，有关何项规则“优于”另一项规则的问题，实是由该规则系统本身决定的。

一切真正的道德问题，都是由规则之间的冲突引发的，其间最为常见的问题则是由不同规则之相对重要性方面的不确定性（uncertainty）所引发的。任何行为规则系统都不是全涉的，因为它不可能为所有的道德问题都给出一个明确无误的答案；再者，不同的规则在相对重要性方面之所以存在不确定性，最为常见的原因很可能是同属一个系统的不同规则间的高低序列并没有得到极为明确的规定。正是由于人们必须不断地去处理业已确立的规则系统并未给出明确答案的那些问题，整个规则系统才得以演进并渐渐变得更为明确了，或者说，整个规则系统才得以更好地与该社会存在于其间的那种情势相适应。

当我们说对规则所做的一切批判都必须是内在批判的时候，我们的意思是说，我们能够据以判断某项特定规则之妥适性的标准将始终是某项我们为了实现即时性目的而必须视之为当然的其他规则。在这个意义上被人们视之为当然的庞大的规则系统，还决定着那些受到质疑的规则也必须予以支持的那种目标；而且一如我们所见，这种目标并不是任何特定的事件，而是对那种由这些规则趋于成功促成的行动秩序的维护或恢复。因此，内在批判的终极性标准并不是规则间的一致性，而是有关规则许可或要求不同的人所采取的行动之间的相容性。

作为传统之产物的规则，不仅应当能够成为批判的对象，而且也应当能够成为批判的标准。乍一看来，上述说法很可能会令人感到迷惑不解；但是，我们并不认为传统本身是神圣的且可以免于批判的，而只是主张，对传统的任何一种产物进行批判，其基础必须始终是该传统的一些其他产物——而这些产物或者是我们不能够或者是我们不想去质疑的东西；换言之，我们主张，一种文化的特定方面只有在该种文化的框架内才能够得到批判性的检视。我们决不能把一个规则系统或整个价值系统化约成一种有意识的建构，必须始终把那种为人们所公认的特定传统作为我们批判某项特定规则的基础。因此，我们始终只能根据整体来对该整体的某个部分进行检视，这个整体正是我们无力完全重构且其大部分内容亦是我们必须不加检讨便予以接受的那个整体。当然，我们也可以用另一种方式来表达这个观点，即我们始终只能够对某个给定整体的某些部分进行修正或改进，但永远不可能对这个整体做出全新的设计。[25]

我们之所以只能如此行事，主要是因为规则系统（指导任何个人行动的规则都必须融于其间的那个系统）不仅包括了支配某个人行动的全部规则，也包括了支配所有其他社会成员行动的规则。有人认为，只要所有的人都采纳某项新建议的规则，那么人们就会达致一个更好的整体结果；但是我们认为，由于任何人都无力做到这一点，所以上述观点乃是无甚意义的。但是，人们也完全可以因某项规则比现行规则系统内业已确立的规则会更少使预期落空而采纳这项规则，并经由引入这项新的规则而使其他人的预期不致落空的可能性得到增加。某人引入的一项新规则，有可能会因为它使其他人的预期较少落空而最终得到人们的普遍遵循；从表面上看，这是一个自相矛盾的结果，因为这种结果乃是与这样一个事实紧密联系在一起的：一方面，那些指导我们行动的预期所指涉的与其说是其他人所会采取的行动，倒不如说是这些行动所具有的结果；另一方面，我们所依凭的规则主要不是规定特定行动的规则，而是约束行动的规则——亦即不是肯定性的规则（positive rules），而是否定性的规则（negative rules）。在某个特定的社会中，很可能会有这样一种习惯，即污水或其他类似的东西从一个人的土地上流到邻居的土地上并对之造成损害是被允许的，因而这种疏忽也会得到人们的容忍，尽管这种事情会一再打破某些人的预期。如果某个人在此后由于为邻居着想而采纳了一项防止污水外流并使其邻居免遭侵害的新规则，那么他所采取的这种与普通习惯不同的行事方式，便会降低人们在制定自己计划时所依凭的那些预期不断落空的频繁度；更有进者，一个人所采纳的这样一项新规则还可能因它比人们一直遵循的那种习惯能够更好地融入业已确立的规则系统而得到人们的普遍遵循。

因此，内在批判的必要性，在很大程度上源于这样一种境况，即任何个人的行动结果实是由那些支配其同胞的行动规则所决定的。“一个人行动的后果”，并不只是一种与那些在某个特定社会中所盛行的规则不相干的物理性事实，在很大程度上是由该社会的其他成员所遵守的那些规则所决定的；即使是在一个人有可能发现一项新规则（亦即那种一经得到人们普遍采纳便有可能对所有的人都更有助益的规则）的情势中，他也必须把其他人事实上所遵守的那些规则置于他考虑的信息基据（date）之中，因为只有依凭这种基据，他才能够得出他所建议采纳的新规则更具助益之特性的论断。这很可能意味着，一个人在一特定的社会中以及在特定的情势中为了达致最佳结果而应当遵守的那项规则，在另一个有着截然不同之普遍规则系统的社会中，未必就是一项最好的规则。这种情势在很大程度上限制了任何个人的私性道德判断（private moral judgment）对业已确立的规则系统所能加以改进的范围；与此同时，这种情势还对这样一个事实做出了解释，即如果一个人往来于不同类型的社会，那么他就有义务在不同的社会中遵守不同的规则。

据此我们可以说，论者们一直在讨论的“道德相对性”（moral relativity）的问题，显然与这样一个事实有关，即所有的道德规则（以及法律规则）都服务于一个任何个人都无力从根本上加以改变的现存的事实性秩序（factual order）；这是因为：第一，如果某个人要改变这样的秩序，那么他就必须改变该社会中其他成员所遵守的那些规则（当然，他们在某种程度上是在一种无意识的情况下或者是纯粹出于习惯而遵守那些规则的）；第二，如果他想创建一个不同类型的健康社会，那么他还必须用任何人都无力创制的其他规则来替代原有的规则。因此，任何一种道德规范的系统，都不可能独立于一个人生活于其间的那种社会秩序而孤立地存在；此外，我们之所以要承担遵守某些规则的责任，在根本上讲也是因为我们从我们生活其间的那种秩序中获得了诸多助益。

例如，有这样一种情势：一个已经不省人事的爱斯基摩老人根据其同胞的道德观并经其本人的同意而在其爱斯基摩人群体开始冬季迁徙时被留下来等死[26]；在这种情况下，我个人认为，救助这样一个老人，在道德上显然是错误的——只有当我认为应当并且自己有能力把他转移到一个我能够且愿意供养他活下去的截然不同的社会的时候，救助这位老人，在我看来，才是在道德上确当的。

那种认为我们的道德责任因我们从建立在某些规则之上的秩序中获得了诸多助益而产生的观点，恰恰是这样一个事实的另一面，即正是对某些共同规则的遵守，才把个人整合进了我们称之为社会的那种秩序之中，而且也只有当一个社会中存在着要求社会成员遵守这类共同规则的某种压力的时候，这样一种社会才能够存续下去。毋庸置疑，从历史上来看，也确实存在这样的情况，即各种各样的部族社会或封闭社会乃是以完全不同的规则系统为基础的。因此，我们在这里所捍卫的只是这样一种观点，即在诸种使开放社会或“人道主义的”社会（humanistic society）成为可能的规则系统中，我们所知道的也只是其中的一种而已，就是我们所知道的这样一种规则系统，无疑也是极不完善的，因而也是可以大大加以改进的；当然，在上述开放的社会或“人道主义的”社会中，每个个人都被视作是一个个人，而不只是某个特定群体的一员；正是在这样的社会中，那种平等适用于所有有责任能力的人的普遍行为规则（universal rules of conduct）才可能得到有效的实施。只有当我们把这样一种普遍秩序当作一个目的接受下来（这即是说，如果我们还想继续沿着自古代斯多噶学派和基督教确立以降就一直是西方文明特有的道路走下去）的时候，我们才能够把这一道德系统当作优越于其他道德系统的东西加以捍卫——与此同时，我们也才能够努力通过持续不断的内在批判去进一步完善这个道德系统。

“一般化”与“普遍性”检测

内在一致性（internal consistency）的检测乃是发展一个行为规则系统的手段；与这种检测紧密相关的问题，通常都是在“一般化”（generalization）或普遍化（universalization）的题域中加以讨论的。实际上，“一项规则是否可能一般化或普遍化”这个作为评断该项规则之妥适性的标准，相当于我们前述的一项标准，即该项规则与业已确立的规则系统或价值系统中的其他规则或其他价值是否具有一致性或相容性。但是，在我们讨论上述两项标准之所以相同的原因之前，我们有必要先扼要地探讨一下“一般化”这个概念在此一语境中的确切含义。所谓“一般化”，通常都被解释成〔27〕与这样一个问题相关，即如果每个人都做某件特定的事情，那么会产生什么后果。但是，绝大多数事情，除了最为基本的日常事务以外，如果每个人都去做的话，定会变得令人讨厌不堪。普遍阻止或禁止某种**类型**的行动的必要性，正如一般性规则一样，源于我们对某种特定类型的行动在特定情势中会产生的后果的无知。就此而言，我们可以考虑这样一个最为简单且最为典型的情势：我们在一般的情况下都会知道某种特定类型的行动常常是有害的，但是，无论是我们（或立法者）还是行动者本人，都无法知道这种特定类型的行动是否在任何特定情势中都是有害的。当我们因此试图去界定我们希望加以避免的那种类型的行动的时候，一般来说，只有当我们以这样一种方式来界定那种行动的时候，我们才会取得成功，即这种界定不仅含括了那种行动在其间会产生有害结果的绝大多数情势，还包括了它在其间并不会产生有害结果的诸多情势。因此，防止这种危害结果的惟一方法就是普遍禁止这种类型的行动，而不论它在某一特定的情势中是否真的会产生有害的结果。进而，这里的关键问题便在于：我们是应当普遍禁止这种类型的行动，还是应当接受它在某些特定情势中所会造成的危害。

一个更具意义的问题是，当人们被问及这样一种一般化是否“可能”（possible），或者被问及某种东西是否“能够”（can）被确立成一项一般性规则的时候，其含义究竟是什么呢？如果我们转而考虑这个问题，那么我们就会发现，上文论及的那种“可能性”，显然不是一种物理上的可能性或不可能性（physical possibility or impossibility），也不是普遍要求人们遵循这样一项规则的实际可能性（practical possibility）。伊曼纽尔·康德（Immanuel Kant）思考这个问题的进路，提出了一种适当的解释，这就是对我们是否能够“想”（want）或“愿”（will）使这样一项规则得到普遍适用这个问题进行追问。我们在这里所考虑的“一般化”所遇到的上述障碍问题，显然本身就是一个道德问题，这也必定意味着它与我们并不准备牺牲的某项其他规则或某个其他价值之间存在着冲突。换言之，对任何一项规则所做的“普遍性”检测，实等同于对某项规则与业已接受的整个规则系统是否相容所做的检测（亦即我们在上文所说的“相容性”标准）——这种检测，一如我们所见，既可能导使我们达致“是”或“否”这样的明确答案，也可能表明：如果规则系统要提供明确指导的话，那么其间的某些规则就必须得到修正，或者按照这些规则的重要性（或优劣程度）被纳入一个等级体系之中，以便在这些规则发生冲突的情况下，我们能够知道应当实施哪项规则，又该放弃哪项规则。

规则的作用与规则的长期适用

事实上，规则是我们所掌握的一种手段，用以应对我们对特定行动之结果的无知；再者，我们赋予这些规则的重要性，不仅是以它们致力于防阻的那些可能会产生的危害的量为判断基础的，也是以（在规则被无视的情况下）危害产生的可能性程度为判断基础的。这两个事实表明，只有当这些规则得到长期遵守的时候，它们的作用才会得到发挥。据此我们可以说，行为规则要有助于一种秩序的型构，必须满足下述两个条件：第一，个人遵守这些规则；第二，个人运用这些规则去实现他们自己的目的，而这些个人的目的在很大程度上则是那些确立这些规则或有权修正这些规则的人所不知道的。正如法律领域中所发生的情势那样，如果权力机构刻意制定了某些行为规则，那么只有当这些规则成为个人计划的依据的时候，它们才会发挥作用。因此，那种经由实施行为规则来维续一种自生自发秩序的做法，必须始终以长远的结果为目标；毋庸置疑，这种行为规则与那些为已知且特定目的服务的组织规则形成了鲜明的对照，因为这样的组织规则从根本上讲必定是以可预见的短期结果为目标的。更有进者，上述两种规则之间的区别还导致了行政官员与法官或法律制定者在视域之间的明显区别：行政官员所关注的必定是特定且已知的结果，而法官或法律制定者所关注的应当是对一种抽象秩序的维护，不论特定且可预见的结果为何。集中关注特定的结果，必定会导致短视，因为只有在短期内，特定结果才是可预见的；此外，对特定结果的关注，还会导致特定利益群体之间或特定利益之间的冲突，这种冲突惟有通过一个权力机构的裁决（即支持一方或另一方的裁决）才能够得到解决。因此，倾力关注可见的短期结果，会一步一步地把整个社会变成一个可操纵的组织。同理，如果我们只埋头于即时性的直接结果，那么从长远的角度来看，牺牲的肯定是自由。因此，一个由“法律支配”的社会（nomocratic society），必须把强制完全用来实施那些有助于一种长远秩序的规则。

我们的观点认为：第一，社会生活中存在着这样一种结构，它所具有的可探知的组成部分并没有被人们理解成有意识的构造之物，甚或它们本身也没有呈现出可辨识的设计方案，就是在这种结构之中，我们也不知道有些特定的事情为什么会发生；因此，与那种刻意建构的组织相比较，上述结构应当是我们成功追求自己目的的一种更有效的基础。第二，有关任何人都不知道变化的原因（因为这些变化所记载的事实，从整体上来说乃是任何人都不知道的）这种现象，对我们来说也是极为有利的。显而易见，我们的上述观点乃是与17世纪以降一直支配着欧洲思想的建构论唯理主义（constructivist rationalism）观念完全相悖的，因此，也惟有伴随着进化论理性主义或批判理性主义（evolutionary or critical rationalism）的传播，上述观点才会被普遍接受，因为进化论理性主义或批判理性主义不仅意识到了理性所具有的力量，也意识到了理性所具有的限度，更认识到了这种理性本身也是社会进化的一个产物。但是另一方面，人们对符合建构论唯理主义者之标准的简单明确之秩序的诉求，必定会把那种更具包容性的秩序摧毁掉，因为这种秩序远不是我们的刻意建构能力所能及者。自由意味着我们在某种程度上已经把自己的命运托付给了我们无力控制的种种力量，这似乎是那些建构论唯理主义者所不能容忍的，因为他们相信人能够主宰自己的命运——就好像文明和理性本身都是人的造物似的。

注　释：

* David Hume, *Treatise*, *Works*, ed. T. H. Green and T. H. Grose（London, 1890）, vol. Ⅱ, p. 318.

〔1〕有关古人所持有的共同或公共事业（或利益）的概念的含义，请参见 A.Steinwenter, " Utilitas publica-utilitas singulorum", *Festschrift Paul Koschaker*（Weimar, 1939）, vol. Ⅰ, and J. Gaudemet, "Utilitas publica", *Revue historique de droit francais et étranger*, 4, série, 29, 1951。在古代，这些概念的对应词在希腊语和拉丁语中得到了广泛的使用。有关这两个概念在中世纪的用法，请参见 W. Merk, "Der Gedanke des gemeinen Besten in der deutschen Staats-und Rechtsentwicklung", *Festschrift für A. Schultze*（Weimar, 1934）。

〔2〕论者们对这个问题进行了广泛的讨论，但是成果不多（主要是在美国展开的）；有关此一讨论的要点，请参见 *Nomos V*, *The Public Interest*, ed., C. J. Friedrich（New York, 1962），同时也请参见该书中所提到的较早的文献。

〔3〕J.Bentham, *An Introduction to the Principles of Morals and Legislation*, new ed.（London, 1823）, vol. I, p. 4："那么，社会的利益是什么呢？——就是组成该社会的各个成员的利益的总和。"

〔4〕James Harrington, *The Prerogative of Popular Government*（1658）in *The Oceana and his Other Works*, ed. J. Toland（London, 1771）, p. 224："公共利益（亦

即共同的权利和正义）可以被称作是法律的绝对统治而非人的绝对统治。”

〔5〕参见 Book of Proverbs，18：18，“抽签可以消除争执，并形成均势”。

〔6〕在这个意义上讲，“辅助性原则”（principle of subsidiarity）在罗马天主教会的教义中也得到了特别的强调。

〔7〕也许我早就应当对这个问题做出解释了，即我为什么倾向于使用“每个人都可以用他自己的知识去追求他自己的目的”这个表达方式，而不采用亚当·斯密提出的那个基本上相同的表达方式，即每个人都应当有自由“以他自己的方式去追求他自己的利益”（*Wealth of Nations*，ed. E. Cannan，London，1904 and later，vol. Ⅱ，p. 43 以及其他文字段落中）。我之所以采取这样的做法，实是因为，对于现代人来说，亚当·斯密的这个说法会让人联想到一种自私的精神（a spirit of selfishness），而他本人可能没有这样的意思，对他的论辩来说，这一点也肯定是无关紧要的。

〔8〕参见拙文：“Rules，Perception，and Intelligibility”，载于 *Proceedings of the British Academy*，XL Ⅷ，1962（London，1963），重印于 *Studies in Philosophy*，*Politics*，*and Economics*（London and Chicago，1967）以及“The Primacy of the Abstract”，载于 A. Koestler and J.R.Smithies（eds），*Beyond Reductionism*（London，1969）。

〔9〕赞同使用“意志”（will）而非“意见”（opinion），似乎只是源自笛卡尔主义的传统，也只是通过卢梭才流行开来的。古希腊人没有受到这种含混所造成的影响；他们之所以没有受到影响，乃是因这样一个事实所致，即古希腊人的语言所提供的惟一与 willing 相对应的词是 boulomai，该词明确意指那种旨在达到一个特定且具体目的的努力（参见 M. Pohlenz，*Der Hellenische Mensch*［Göttingen，1946］，p. 210）。当亚里士多德（*Politics*，1287a）认为“理性”而不是“意志”应当起支配作用的时候，他显然是主张应当由抽象规则而不是由特定目的来支配一切的强制行为。尔后，我们可以在古罗马发现 *voluntas* 与 *habitus animi* 之间的对照，后者是对亚里士多德所采用的 héxis psychès 一术语的翻译。尤请参见下述二者之间的差异：一是西塞罗把正义定义为“iustitia est habitus animi，communi utilitate conservata，suam cuique tribuens dignitatem”（载 *De inventione*，2，53，161）；二是乌尔比安对正义所做的更为知名的表述：“正义就是给每个人以应有权利的稳定且永恒的意志（载 Dig. i，i）。”在整个中世纪以及现代社会早期，*ratio* 与 *voluntas* 之间一直存在着一种对照关系；最后，“专断”（arbitrariness）也被解释成了“stat pro ratione voluntas”。当 C. H. McIlwain 在其所著 *Constitutionalism and the Modern State*（rev. ed.，Ithaca，New York，1947，p. 145）一书中用古老的术语来强调下面这个问题时，他无疑是正确的：“即便是在一个人民当家的国家里（比如说我们相信我们自己的国家就是这样一种国家），法律与意志的问题（law versus will）仍然是一切政治问题中最为重要的问题。”黑格尔（*Grundlinien der Philosophie des Rechts*，para. 258，in Leipzig edn，1911，p. 196）相信是卢梭把意志确立成了国家原则，这一点或许是值得我们注意的。

〔10〕参见 J. Bentham，*Introduction to the Principles of Morals and Legislation*

(London, 1789) ch. XI, sect. I, p. 131 of Oxford 1889 edn:“倾向(disposition)乃是人们为了表述方便而虚构出来的一种实体，以便用它来表达那种被认为永恒存在于人之心智框架中的东西；在人之心智框架中，在一个如此这般的场合，一个人因受如此这般的一个动机的影响而从事一项行动，在他看来，这就是如此这般的一种趋向。”这似乎表明，边沁把这样一种倾向认定为只是心智有意识过程的一个结果，这个有意识过程循环往复地决定着人们以一定的方式采取行动。

〔11〕参见 M. Polanyi, *The Logic of liberty* (London, 1951)。

〔12〕D. Hume, *A Treatise on Human Nature*, *Works*, (London, 1890), vol. II, p. 269。这几句话是从一个很长的段落中摘出来的，这个段落的全部文字都值得我们仔细研读。

〔13〕Thomas Aquinas, *Summa Theologiae*, Ia IIae, p. 95, art. 3:“Finis autem humanae legis est utilitas hominum.”

把所有根据制度的功利(utility)来说明这些制度的存在的作者都称之为功利主义者，是极具误导性的，因为像亚里士多德、西塞罗、托马斯·阿奎那、孟德维尔、亚当·斯密或亚当·弗格森这样的作者在论及功利的时候，似乎都认为这种功利有助于制度进行某种自然的优胜劣汰选择，而无法决定人们对制度的刻意选择。我在前文注〔9〕中征引了西塞罗有关正义的定义:“habitus animi, communi utilitate conservata”，他的这个定义的含义肯定不能从建构论功利主义(constructive utilitarianism)的角度只能从进化论功利主义(sort of evolutionary utilitarianism)的角度去理解。有关现代世界从孟德维尔那里衍生出了这两种传统的情况，请参见我的演讲:“Dr. Bernard Mandeville”, *Proceedings of the British Academy*, vol. 52, pp. 134 以次。

〔14〕有关大卫·休谟对功利(utility)概念的使用，尤请参见他对占有稳定性所做的讨论(*Treatise*, vol, II, pp. 273 以次)；在这个问题的讨论过程中，大卫·休谟论辩道，这些规则“并不是从任何功利或好处中衍生出来的，因为无论是特定的人还是公众，都可以从其对任何特定物品的享用中得到这样的功利或好处……因此我们可以说，一般性规则，亦即占有必须是稳定的这项规则，并不是由特定的判决来适用的，而是由其他的一般性规则来适用的。这些一般性规则必须适用于整个社会，不论是出于怨恨还是为了偏袒，都不得变更这些规则”。我不知道边沁是否(正如 C. W. Everett [*The Education of Jeremy Bentham London*, 1931, p. 47] 所指出的那样)曾经明确说过休谟的功利观念“乃是一个模糊的观念，因为他只是把它当成一个与‘有助于一个目的’的同义词来使用的，而没有论涉与该观念相关的幸福”。如果边沁真的说过这样的话，那么他也就真的理解了功利这个术语的含义。

〔15〕边沁本人很清楚这一智识谱系，也很了解他的建构论认识进路与普通法的进化传统之间的巨大差别；参见他大约在 1776 年写给伏尔泰的信，转引自 C. W. Everett, *The Education of Jeremy Bentham* (London, 1931), pp. 110 以次；在这封

信中，边沁写道，“我与你之间的讨论要比与我的同胞科克爵士以及黑尔和布莱克斯通等人的讨论更频繁……。我的理论完全是以功利（utility）为基础的，就像由爱尔维修（Helvetius）所确立的功利基础一样。贝卡里亚（Beccaria）向来都是 lucerna pedibus，或者，如果你愿意，你还可以把他看成是 manibus meis”。有关大陆唯理主义者的影响，尤其是贝卡里亚和 Maupertius 的影响，请参见 D. Baumgardt，*Bentham and the Ethtics of Today*（Princeton，1952），esp. pp. 85，221-226，特别是该书第 557 页摘引的边沁大约写于 1782 年手稿中的一段文字：“把幸福视作是可以分解为许多（单个）快乐的观念，我得自于爱尔维修；在爱尔维修之前，幸福很难说有什么意义。（这一点直接与西塞罗在 Tusculan disputation 中所确立的学说相反：Tusculan disputation，与西塞罗这位语言大师的其他大多数哲学著作一样，只是一大堆废话而已）把每一种感觉分解成这四种成分并对它们进行分析，进而评估这种感觉的价值，乃是我从贝卡里亚那里得来的观念。”

〔16〕这些研究中的一些最为重要的部分（撰写者为 J. O. Urmson，J. Harrison，John Rawls，J. J. C.Smart，H. J. McCloskey，R. B. Brandt，A. Donagan，B. J. Diggs 和 T. L. S. Sprigge）已被编册成集，而编者是 M. D. Bayles，*Contemporary Utilitarianism*（Garden City，New York，1968）。此外，还应当加上另外两篇文章：J. D. Mabbott，“Interpretations of Mill's ‘Utilitarianism’”，*Philosophical Quarterly*，vol. Ⅵ，1956，以及“Moral Rules”，*Proceedings of the British Academy*，vol. XXXIX，1953；最后，还应当再加上这些著作：R. M. Hare，*Freedom and Reason*（Oxford，1963），J. Hospers，*Human Conduct*（New York，1961），M. G. Singer，*Generalization in Ethics*（London，1963）以及 S. E.Toulmin，*An Examination of the Place of Reason in Ethics*（Cambridge，1950）。晚近出版的两部重要著作，应当可以使这场讨论暂告一个段落了；这两部著作是：David Lyons，*Forms and Limits of Utilitarianism*（Oxford，1965）和 D. H. Hodgson，*Consequences of Utilitarianism*（Oxford，1967）。有关此一讨论更为完整的书目，可见之于 N. Rescher，*Distributive Justice*（New York，1966）。自我完成本章的写作以后，这个核心问题又在 J. J. C. Smart 和 Bernard Williams 共同撰写的 *Utilitarianism*：*For and against*（Cambridge，1973）一书中得到了讨论。我在本章称为“特定论”的功利主义以及现在最频繁地被人们称为“行为－功利主义”的东西，也一直被称为“粗糙的”“极端的”和“直接的”功利主义，而我们称之为“普遍论”功利主义以及更经常地被称为规则－功利主义的东西，也一直被称为“修正的”“限制的”和“间接的”功利主义。

〔17〕Henry Sidgwick，*The Methods of Ethics*（London，1874），p. 425.

〔18〕G. E. Moore，*Ethics*（London，1912），p. 232，但是也请参见他所著的 *Principia Ethica*（Cambridge，1903），p. 162.

〔19〕W. Paley，*The Principles of Moral and Political Philosophy*（1785；London，1824，edn），p. 47，并请参见 John Austin，*The Province of Jurisprudence*（1832；ed. H. L. A. Hart，London，1954），lecture Ⅱ，p. 38：“现在，一个人的行动趋向（指的

是以这种方式被理解的行动趋向），乃是该行动趋向的全部：即包括该行动可能产生的后果的总和，这是就重要的和实质的后果而言的；也包括该行动所具有的遥远的和间接的后果的总和，以及它的直接后果的总和，这是就它的任何后果有可能影响普遍幸福来说的……；我们……必须关注和分析这些后果究竟属于哪类行动。因此，单个行为所可能引起的具体的后果，并不是探讨的对象。"

〔20〕据我个人所知，在有关功利主义的讨论中，最有可能认真对待无知问题的认识进路，可见之于 J. J. C. Smart 所撰写的" Utilitarianism"词条，载于 *Encyclopaedia of philosophy*，vol. Ⅷ，p. 210。

〔21〕John W. Chapman，"Justice and Fairness"，载于 *Nomos* Ⅵ，*Justice*（New York，1964），p. 153："只有当社会被视为许许多多的人而不是像功利主义者那样把社会当作一种独一无二的伟大人格的时候，作为互利互惠的正义才会具有意义。"

〔22〕Hastings Rashdall，*The Theory of Good and Evil*（London，1907），vol. I，p. 184.

〔23〕参见 Gregory Vlastos，"Justice"，载于 *Revue Internationale de la Philosophie*，Ⅺ，1957，p. 338："所有这些人都会加以全力反对的乃是边沁式理论中所具有的这样一种特征，即我们通常所说的'依原则行事'的东西，在这种理论中几乎没有立足之地；边沁式理论居然以为，一个人应当在生活中对每一个行为都进行计算，以确定它是否能够带来幸福。"在同一篇文章中（p. 333），Vlastos 还从 Buller 主教所撰写的 *Dissertation Upon the Nature of Virtue*（an Appendix to *The Analogy of Religion*，1736，reprinted as Appendix to *Five Sermons by Butler*，ed. S. M. Brown，New York，1950）一文中征引了一段极为重要的文字；在这段文字中，Butler 批驳了这样一些作者，他们想象"整个德性就只在于实现这样一个目的，即按照他们的最佳判断去增进人类在当下境况中的幸福"。

〔24〕Theodor Geiger，*Vorstudien zu einer Soziologie des Rechts*（Copenhagen，1947，2nd edn，Darmstadt，1964），p. ⅲ："事实就是这样：制度形成的原因是无法认清的，暂时也只能任其存在。"

〔25〕我相信，这就是 Karl Popper（*The Open Society and its Enemies*，Princeton，1963）所谓"点滴且渐进的社会工程"的含义，但是我不愿意采纳这个表达方式，这是因为"工程"（engineering）这个术语，对我来说，在很大程度上乃是一个以完全了解有关的物理性数据为基础而进行重构的技术问题，但是我们知道，就可行的改进而言，其根本的要点在于进行一种实验性的尝试，以求在并不完全理解整个结构的情况下对该结构的某个部分的运作进行改进。

〔26〕参见 E. Westermarck，*The Origin and Development of Moral Ideas*，vol. I（London，1906），pp. 386 以次以及 399 以次；此后，他又在其所撰写的 *Ethical Relativity*（London，1932，pp. 184ff）一书中对这个观点进行了总结。

〔27〕参见 M. G. Singer，*Generalization in Ethics*（New York，1961）。

第八章

正义的探求

每一项法律规则，都可以被认为是社会为了使它的成员在他们的行动中不致发生冲突而建立起来的一道道屏障或一条条边界。

——P. 维诺格拉多夫[*]

正义是人之行为的一种属性

在前文中，我们选用了“正当行为规则”（rules of just conduct）一术语来指称那些有助于自生自发秩序之型构的“目的独立的”规则（end-independent rules），并以此与那些“目的依附的”（end-dependent）组织规则相对照。前者是内部规则（nomos），内部规则不仅是“私法社会”（private law society）[1]的基础，也是使开放社会得以形成的基础；后者，就其作为法律来说，乃是确定政府组织问题的公法（public law）。然而，我们并不认为，所有事实上有可能为人们所遵循的正当行为规则都应当被视作是法律，我们也不认为，每一条构成正当行为规则系统之一部分的规则，其本身就是一项界定正当行为的规则。就此而言，我们仍不得不对正义与法律（justice and law）间关系这个争论不休的老问题进行检视。这个问题之所以长期以来一直都混淆不清，不仅在于人们认为，立法机构的意志决定着何谓正义的问题，也是因为人们相信，所有能够由立法决策予以决定的事情都必定是一个有关正义的问题。据此，我们将首先探讨正义这个术语在适用性方面所存在的某些常常被人们忽略的限度。

严格地说，惟有人之行为才能被称之为是正义的或不正义的。如果我们把正义与不正义这两个术语适用于一种事态，那么也只有当我们认为某人应当对促成这一事态或允许这一事态发生负有责任的时候，这些术语才会具有意义。一个纯粹的事实，或者一种任何人都无力改变的事态，有可能是好的或坏的，但不是正义的或不正义的。[2]把“正义的”一术语适用于人之行动以外或支配人之行动的规则以外的种种情势，乃是一种范畴性的错误。只有当我们意图谴责一个人格化的造物主的时候，我们把某人患有一种先天性的生理缺陷、染上某种疾病、失去一位亲人等诸如此类的事情说成是“不正义的”，才会具有意义。自然既不可能是正义的，也不可能是不正义的。尽管我们所具有的那种以泛灵论或拟人化方式解释物理世界的根深蒂固的习惯，常常会使我们按照这种方式滥用语词并促使我们去寻找某种代理者来对所有与我们相关的事务进行负责，但是，除非我们相信某人原本能够并应当以不同的方式来安排事务，否则把一种事实性情势描述为正义的或不正义的，都是毫无意义的。

但是，如果说不受人控制的任何东西都不可能是正义的（或道德的），那么使某种东西能够成为正义的东西的诉求，就未必是我们使这种东西受人控制的一个有效理据；这是因为置某种东西于人之控制的做法本身就可能是不正义的或不道德的，至少从另一个人的行动的角度来看是如此。

在某些情势中，促使某种事态的出现也许是一项法律义务或一项道德责任，而这种事态在此后也往往可以被描述为是正义的。然而，在这样的情势中，“正义的”这个术语事实上是指行动而不是结果；只要我们考虑一下“正义的”这个术语只能够适用于个人行动中他自己有能力决定的行动所导致的那些后果，那么这个问题也就十分清楚了。“正义的”这个术语所预设的不仅是那些被认为有责任促成那种事态的人能够切实地做到这一点，还包括他们如此行事时所凭借的手段也是正义的或合乎道德的。

人们力图把不同类型的行动界定为正义的或不正义的，然而需要指出的是，他们在进行界定时所依凭的规则，却有可能是正确的或不正确的。如果一项规则把一种不正义的行动描述为是正义的行动，那么久已确定的做法就是把这项规则宣布为一项不正义的规则。这种做法十分普遍，以致于我们必须把它视作是一种具有正当性的做法接受下来，但是尽管如此，这种做法也不是没有危险的。一如我们所知，有时候我们会说，一条我们都认为是正义的规则，在适用于某一特定情势的时候，却被证明是不正义的；当我们说这个话的时候，我们真正的意思是，不能对我们视之为正义的东西做出充分界定的规则，乃是一项错误的规则，或者说，有关该项规则的文字阐释未能充分地表达出那项指导我们判断的规则。

显而易见，不只是个人的行动，包括许多个人的联合行动或组织所采取的行动，都可能是正义的或不正义的。政府就是这样一种组织，但社会不是。众所周知，社会秩序会受到政府行动的影响，但是，只要社会秩序还保有自生自发秩序的性质，那么该社会进程中所产生的特定结果就不可能是正义的或不正义的。这意味着，政府向个人提出的要求是否正义的问题，必须根据正当行为规则来判定，不能根据这些规则被适用于某一个别情势所产生的特定结果来判定。毋庸置疑，政府在它所采取的每一项行动中都应当保有正义；此外，公众意见的压力也可能会促使政府在尽可能大的范围内遵守它所必须遵守的明确规则，不论它是否想这样做。但是，有关政府所承担的正当职责究竟应当扩展到什么范围的问题，必须取决于它依照统一的规则（uniform rules）而享有的影响不同个人之处境的权限。

因此，只有那些能够由正当行为规则加以决定的人之行动秩序的方面，才会产生有关正义的问题。所谓正义，始终意味着某个人或某些人应当或不应当采取某种行动；这种所谓的“应当”（ought），反过来又预设了对某些规则的承认：这些规则界定了一系列情势，在这些情势中，某种特定的行为是被禁止的，或者是被要求采取的。我们现在知道，一项得到人们承认的规则的“存在”，在此情势中未必就意味着该项规则已通过文字的方式得到了明确的阐释。实际上，它只要求人们能够发现这样一条规则就足够了，这就是那种依据人们事实上所承认的有关正义与否的规则而对不同种类的行为做出界分的规则。

正当行为规则所指涉的乃是影响到其他人的个人行动。在一个自生自发秩序中，每个个人的处境都是由许多其他人的行动造成的一种综合性结果，而且任何人都没有责任或力量能够确使众多人所采取的这些彼此分立的行动对某个特定的人造成一种特定的结果。一个人的处境可能会受到某个其他人的行为的影响，也可能会受到某些其他人的一致行动的影响，但很少会受到其他人的行为的完全支配。因此，在一个自生自发秩序里，那种决定一个人应当具有何种生活状况的规则是根本不可能存在的。一如我们所见，个人行为规则所决定的只是由此形成的秩序所具有的某些抽象特性，而不是它所具有的特定且具体的内容。

当然，人们很容易在某种诱惑的驱使下把一种因每个参与者都以正义（或不是不正义）的方式行事而形成的事态称之为“正义的”；但是，在作为结果的事态并不是个人行动所旨在实现的目的的情况下，正如自生自发秩序中的情势那般，上述观点却是极具误导性的。由于只有人之意志造成的那些情势才能被称作是正义的或不正义的，所以一个自生自发秩序中的特定情势也就不可能是正义的或不正义的：如果“甲所得的多而乙所得的少”这种状况并不是某个人的行动所意图的或可预见的结果，那么这种结果就不能被称作是正义的或不正义的。我们将会在下文中看到，所谓社会正义或分配正义（social or distributive justice）在自生自发秩序中确实是毫无意义的，只在一个组织中才会有意义。

正义与法律

我们既不主张事实上得到社会成员遵守的所有正当行为规则都是法律，也不认为通常被称为法律的所有东西都是由正当行为规则组成的。我们的主张毋宁是，由正当行为规则组成的法律有着一种极为特殊的地位，这个地位不仅使它具有一个独特的称谓（比如说“内部规则”）成为可欲之事，也使得人们把它与其他被称之为法律的命令明确区别开来成为一件极为重要的事情；正是在发展这种法律的过程中，它的典型特征得到了极为明确的凸显。这是因为：只要我们想维护自由社会，我们就只能强制公民遵守那部分由正当行为规则（主要是指私法和刑法）所组成的法律并使它们对公民具有约束力——而不论对政府组织中的成员施以约束的法律是什么。在过去，人们一直认为，法律只服务于正义而非特定利益（或政府的特定目的）；然而我们将会看到，正是人们对这种法律的信念的沦丧，构成了个人自由不断受到侵损的主要原因。

有关一项公认的正当行为规则应当具备何种要件才能被称之为法律这个问题，已经得到了人们的大量讨论，所以我们不打算在这里再对这个问题进行赘述。尽管绝大多数人都不愿意赋予一项通常得到人们遵守但无法加以强制实施的正当行为规则以法律之名，但是拒绝把法律之名赋予这样一些规则（亦即那些经由没有组织但极为有效的社会压力或者通过把破坏一项规则的人驱逐出本群体的做法而得到实施的规则），似乎是极为困难的[3]。从这样一种状态发展到那种被我们视作是成熟的法律系统阶段，显然经历了一个渐进的转换过程；当然，在这种成熟的法律系统中，承担实施和修正这种基本法律（primary law）之职责的乃是刻意创设的组织。支配这些组织的规则显然是公法的一部分，这些规则就像政府本身一样，也是建基于那些基本规则（primary rules）之上的，因为它们的目的就是要使这些基本规则变得更具效力。

需要指出的是，虽然私法和刑法所旨在确立和实施的乃是正当行为规则，并在这一点上与公法构成对照，但是这并不意味着这些法律在其间得以表示的每一项规则本身就是一项正当行为规则，仅仅意味着整个规则系统[4]会有助于人们辨识或确定它们是否是正当行为规则。所有的正当行为规则都必须指涉某些特定的事态；再者，以分立的规则来界定这些为特定的行为规则所必须指涉的事态，与在指涉这样一种事态的每一项规则中都重复这些定义相比较，也往往要更方便一些。虽说正当行为规则所保护的个人领域必须不断地得到指涉，但是用某些规则把这些个人领域的取得、转让、丧失以及界分的方式一劳永逸地确定下来或表述出来，却是十分有益的；当然，这些规则的惟一作用就在于充当正当行为规则的参照条款（points of reference）。在某些条件下，人们可以取得并转让财产、缔结有效契约或遗嘱、取得或丧失其他“权利”或“权力”；然而，所有陈述这些条件的规则，其作用只在于对这些条件进行界定，进而使那些可强制实施的正当行为规则得以依据这些条件而对上述种种行为提供保护。这些规则的目的就是使相关的事态得到识别，并且确使各方当事人在缔结契约时能够互相理解。如果法律对一种交易所规定的方式被当事人忽略了，那么这也不意味着一项正当行为规则被违反了，只意味着某些正当行为规则不会再对这项交易提供保护了，因为只有当这一方式得到遵守的时候，这些正当行为规则才会保护这项交易。像“所有权”（ownership）这样的状态，只有经由指涉它们的正当行为规则才会具有意义；离开那些指涉所有权的正当行为规则，所有权也就根本不存在了。

正当行为规则一般都是对不正当行为的禁令

在正当行为规则向那些并不共享亦未意识到共同特定目的的群体逐步扩展的过程中，有一种通常被称之为抽象规则的类型得到了发展；在本书第一卷（即第五章）的讨论中，我们已然看到了这种抽象规则的发展过程。这里需要指出的是，“抽象的”（abstract）这个术语在被用于逻辑层面的时候，有着它自身的严格含义；因此，只有当这个术语不是在逻辑的意义上加以使用的时候，用它来描述这种类型的规则才是适当的。如果一项规则只适用于那些指纹呈现出一种特定的样式并且可以用代数程式加以界定的人，那么从该术语被用于逻辑意义上讲，这项规则就肯定是一项抽象规则。但是，由于经验告诉我们，每个个人的指纹都是不同的，而且每个个人也都可以根据自己独特的指纹得到识别，所以这样一项逻辑意义上的抽象规则实际上只能适用于一个可以被确认的个人。所谓“抽象的”，其含义可见之于一项经典的法律程式之中：规则必须适用于未知其数的未来情势。〔5〕正是在这里，法律理论发现，我们必须明确承认我们对于特定情势所具有的那种不可避免的无知（inevitable ignorance），尽管我们希望那些了解这些特定情势的人能够利用它们。

我们在上文已经指出，正当行为规则之所以采取指涉未知其数的未来情势的形式，实是与那些业已通过一般化过程的规则所具有的某些其他特征紧密相关的，而这些特征包括：一、在这些规则禁止而非要求采取某些特定种类行动的意义上讲，它们几乎全都是否定性的规则（negative rules）；〔6〕二、这些规则禁止而非要求采取某些特定种类的行动，其目的乃在于对可以确认的领域提供保护——在这些领域中，每个个人都可以自由地按照自己的选择行事；〔7〕三、某项特定的规则是否具有这种特征，能够用一般化或普遍化的标准对其进行检测而获知。我们将努力表明，所有上述特征都是那些构成自生自发秩序之基础的正当行为规则所必须具备的特征，但是它们并不适用于那些构成公法的组线规则。〔8〕

实际上，所有正当行为规则都是否定性的，当然这是在它们通常不向任何个人施加肯定性的义务（positive duties）的意义上所言的，除非个人因自己的行动而承担了这样的义务。论者们一再强调这项特征，而且每次都像是一种新发现似的，但是鲜有论者对这项特征做过系统的探究。〔9〕这一特征适用于绝大多数行为规则，但也不是没有例外；例如，家庭法中的某些规定就对行为人施加了某些义务（比如说子女对父母的义务）：这些义务并非源于一种刻意的行动，而是源于个人在其无力控制的各种情势下被置于其间的那种位置。此外，还有一些更为罕见的情势，其间，根据正当行为规则，一个人因各种情势而被认为与某些其他人处于某种特定的亲密关系之中，并因此对他们负有一项特别具体的义务。需要强调指出的是，英国普通法当中似乎只有一种这样的事例，亦即公海遇险救助的事例。[10]当然，现代立法趋向于走得更远，而且在某些国家中，现代立法甚至还施加了诉讼的肯定性的义务（positive duties of action），即要求一个特定的人在其力所能及的范围内去保护他人的生命[11]。将来，立法也许还会朝着这个方向做进一步的拓展，但是这类肯定性义务仍可能是极为有限的，因为要用一般性规则来明确规定具体由谁去承担这样一项义务，无疑是十分困难的。无论如何，从当前的情势来看，要求采取肯定性行动的正当行为规则仍属罕见的例外情势，它们仅适用于这样一些场合，其间，一些偶然性因素会暂时使人们与某些其他人发生紧密的关系。就本书讨论的宗旨言，我们把所有的正当行为规则都视作是否定性的规则，那也不会有大错。

正当行为规则之所以必须成为否定性的规则，实是因规则不断扩展其适用范围并超出了那种能够共享甚或能够意识到共同目的的生活共同体而造成的一个必然结果[12]。再者，那些“目的独立”的规则（end-independent rules），亦即那些并不受限于遵循特别指定的目的的规则，也完全无力决定一项特定的行动，只能界定出它们所许可的某些行动类型的范围——至于是否采取某项特定的行动，则由行动者本人根据他自己的目的加以决定。一如我们所见，上述情势只能使规则成为禁止人们采取某些有可能侵损他人行动的禁令；我们也已发现，要想禁止侵损他人的行动，惟有凭靠那些对任何其他人都不得干涉的个人领域（或有组织的群体的领域）做出界定的规则方能实现。

此外，我们还发现，正当行为规则不可能禁止所有侵损他人的行动。向某个特定的人买东西或不买东西，以及向某个特定的人提供服务或不提供服务，实是我们所享有的自由中的一个基本组成部分。但是，如果我们决定不买某个人的东西或不为某个人提供服务，再如果那些因此受到影响的人又依赖我们的光顾或我们的服务，那么我们所做的这种决定就有可能会给这些人造成极大的损害；此外，当我们处置属于我们自己的东西的时候，比如说我们花园里的一棵树或我们房屋的外观，我们也可能会使我们的邻居蒙受巨大的情感伤害。因此，正当行为规则不可能保护所有的利益，甚至都不可能保护对某人来说具有重大意义的所有利益，只能够保护那些被称之为“合法的”预期（legitimate expectations）的东西；所谓“合法的”预期，乃是那些由正当行为规则界定的预期，有时也许还是因法律规则的规定而萌发的那些预期。[13]

因此，正当行为规则的主要功能就在于告知每个人：他可以指望什么，他在实现自己目的的时候可以使用哪些东西或哪些服务，以及他可以采取的行动的范围有多大。如果正当行为规则要确使所有的人都享有同等的决策自由，那么它们就不可能对其他人的所作所为做出同样的保证，除非其他人为了他们自己的目的而自愿同意按照某种特定的方式行事。

据此我们可以说，正当行为规则界分确受保障的领域（protected domains）的方式，并不是把特定的东西直接分配给特定的人，而是要使一种从某些明确的事实当中推知特定的东西究竟属于谁的努力成为可能。虽然大卫·休谟和伊曼纽尔·康德[14]早就阐明了这个问题，但是有许多论者依旧以这样一个错误的假设作为他们论辩的基础：“法律为每个人都赋予了一系列完全独特的关涉物质财产使用的自由权项（liberties），而且法律也对每个人施加了一系列独特的关涉财产使用的限制……。对于那些涉及我使用我自己所拥有的财产方面的行为，法律站在我一边，而不会站在其他人一边”[15]。显而易见，这样一种解释完全没有把握住抽象的正当行为规则的目的。

事实上，正当行为规则的作用就在于告知人们，在什么样的条件下，某一行动属于被许可的行动；但是这些规则会把创建个人确获保障的领域的事情交由个人依照这些规则去完成。或者套用法律的话来说，这些规则并不赋予特定的人以权利，只是确立一些人们依据它们便可以获得这种权利的条件。每个人有可能获得的领域，部分取决于他的行动，部分取决于他所无法控制的事实。这些规则的作用只是使每个人都能够从他所能确认的事实中推知他本人确受保护的领域的边界，而这些领域的界分则是他与其他人为他们自己确定的。[16]

由于适用正当行为规则所引起的后果将始终取决于这些规则本身无从决定的一些事实性情势，所以我们不能根据一项规则在某一特定情势中所产生的结果来衡量该项规则的适用是否正义。就此而言，有论者针对约翰·洛克有关竞争之正义问题的观点提出了一个颇为正确的说法：“真正重要的乃是竞争得以展开的方式，而不是竞争的结果”[17]。这个说法不仅在一般意义上可以适用于自由主义的正义观念（liberal conception of justice），也适用于正义在自生自发秩序中所能实现的东西；一个人通过一次正当交易有可能获益颇丰，另一个人通过一次与此相同的正当交易，却有可能失去一切[18]，但是值得我们注意的是，这种情况并不能否定这些交易是正义的。正义所关注的并不是一个自生自发秩序所产生的那些非意图的后果（unintended consequences），因为这些后果并不是任何人所刻意促成的。[19]

因此，正当行为规则的作用只在于下述两个方面：一是有助于防阻冲突；二是有助于人们通过消除某些不确定性的根源来促进合作。但是需要指出的是，由于这些规则旨在使每个人都能够依照他们各自的计划和决策行事，所以它们又不可能完全根除不确定性。正当行为规则只能够在下述范围内创造确定性，即它们保护个人所享有的资源或财产并使之免受他人的干涉，进而使个人能够把这些资源或财产视作是他可以按照自己意图使用的东西。然而，正当行为规则不能够保证个人在使用这些资源或财产的时候获得成功，因为他的成功不仅取决于某些物质性的事实，还取决于他所预期的其他人所采取的行动；例如，正当行为规则就不可能确保他能够以他所预期的价格卖掉他要卖的东西或买到他要买的东西。

正当行为规则和检测它们正义与否的标准都是否定性的

随着规则从目的相关的（end-connected）部族社会（或者叫目的统治）向规则相关的（rule-connected）开放社会（或者称之为规则的统治）的扩展，这些规则必定会一步一步地摆脱它们对具体目的的依附，并且在达致这一标准以后还会渐渐变成抽象的和否定性的规则；因此，那些为大社会制定规则的立法者就必须使他们试图适用于大社会的规则接受普遍性标准的检测。我们所知道的正义观念，亦即根据同样的规则对待每一个人的原则，确实只是以渐进的方式在上述扩展的过程中一步一步地显现出来；尔后，这种正义观念又在我们逐步迈向那种信奉法律面前人人平等之原则的开放社会的过程中成了我们行动的指导。根据规则而不是依凭特定结果来判断人的行动，乃是使开放社会成为可能的一项重大步骤。这也是人类经由种种偶然因素而发现的可供人们用以克服每个个人对大多数特定事实的无知的一种工具——而我们知道，事实上正是这些特定的事实，决定着一个大社会的具体秩序。

因此，正义决不是对那些在某个具体场合中遭遇的利害攸关的特定利益所做的一种平衡，更不是对那些可以确认的阶层的利益所做的一种平衡。当然，正义并不旨在达致一种被认为是正义的特定事态；此外，正义也不关注某一特定行动在事实上所造成的结果。遵守一项正当行为规则，常常会产生一些非意图的后果，但是，如果这些后果是人刻意造成的，那么它们就会被认为是不正义的。再者，对一个自生自发秩序的维续，也常常需要一些变化，然而一如上述，如果这些变化是由人的意志决定的，那么它们就是不正义的。

我们或许在这里应当指出，在一个由全知全能的人所组成的社会里，是没有正义观念存在之余地的；这是因为在这种社会中，每一项行动都必须被断定为达致已知结果的一种手段，而且全知全能的知识本身还预设了人们完全知道不同结果的相对重要性。与所有其他的抽象规则一样，正义也是对我们的无知——亦即我们对特定事实的永恒无知——所做的一种调适或应对，因为我们知道，我们所具有的这种无知乃是任何科学进步所无力完全消除的。正是由于我们缺乏对特定事实的知识，也缺乏对不同个人特定目的之相对重要性的等级序列的知识，大社会的秩序才必须通过遵循抽象且目的独立的规则予以实现。

正当行为规则在向一般性规则（往往也是否定性规则）进化的过程中业已达致的那项标准，其本身就是一项否定性的标准；这项否定性的标准使得人们有必要以一种渐进的方式对这些规则做重新的阐释，以此消除这些规则对那些必须遵守这些规则的人不可能知道的特定事实或特定结果所做的全部指涉。这是因为只有那些目的独立且只指涉那些必须遵守它们的人能够知道或易于辨识的事实的规则，才能够符合这项标准。

因此，正当行为规则并不是由“意志”（will）或“利益”（interest）决定的，也不是由任何与旨在实现特定结果之目的相同的目的所决定的，而是在一个漫长的进化过程中逐渐发展起来的，其间，人们持之一贯地（即乌尔比安所谓的“constans et perpetua voluntas”）[20]在每一代人所继受下来的规则系统当中实施着一致性的检测标准。

那些试图以刻意的方式把某些与那些使开放社会成为可能的规则相同的新规则整合进现行规则系统之中的立法者，就必须使他们提出的这些新规则受制于这样一种否定性的标准的检测。由于立法者只能根据这样一个规则系统开展工作，而且必须在这样一个规则系统内展开工作，又由于立法者承担着一项改进现行行动秩序之功能的任务，所以在一般意义上讲，立法者在制定何种规则方面没有多大选择余地。

持之一贯地适用普遍性这项否定性的标准或者必须承诺普遍适用业已确立的规则，以及努力修正和补充现行规则以便消除它们（或者它们与尚未阐明的但在一般意义上能够得到人们接受的正义规则）之间的一切冲突——所有上述努力都有可能随着时间的推移而最终致使整个规则系统发生彻底的改变。需要指出的是，尽管否定性的标准有助于我们从一组给定的规则中做出选择，也有助于我们对这组规则进行修正，但是它决不可能为我们选择一个全新的规则系统提供一个肯定性的理据。至于这一进化过程究竟始于何种规则系统的问题，与我们这里的讨论并无多大关系（当然，这通常也是我们所不知道的）；而且极可能发生这样的情况：由于某种规则系统在型构大社会的整体秩序方面远比所有其他的规则系统更有效，所以在该系统迈向大社会的变迁过程中所产生的种种优势的影响下，起源极为不同的各种规则系统之间很可能会出现一种相当于生物学家所说的“趋同进化”（convergent evolution）的过程。“人类社会的基本需要”〔21〕，有可能使同一种制度在不同的时间和不同的地点以独立的方式出现，比如说以私有财产权和契约自由为基础的那种制度。依我们所见，无论大社会在哪里产生，实际上都是由这样一种正当行为规则系统促成的，这个系统含括了大卫·休谟所说的“三项基本的自然法：**财物占有的稳定、根据同意的转让、允诺的践履**”〔22〕，或者说，正如一位当代论者对所有当代的私法制度的基本内容所做的总结那样，“契约自由、私有财产权不可侵犯，以及必须对那种因自己的过错而给他人造成的损害承担赔偿责任”[23]。

因此，那些被委以阐明、解释并发展现行正当行为规则系统的人，就必须始终不懈地为解决特定的问题寻求答案，而不得对此强行施加他们所具有的那种不受约束的意志。人们当初之所以选举他们来承担此项任务，实是因为人们相信他们最有可能制定出那些符合一般正义感并能够融入整个现行规则系统中的规则。尽管建构论者对社会制度的起源所做的那种幼稚的解释，趋向于认定法律规则必定是某人之意志的产物，但是事实上这种解释与法律规则的实际发展进程极不相符，也像那种宣称社会起源于社会契约论一样是个十足的神话。那些受托制定规则的人，实际上并没有被授予发明他们自认为合适的任何规则的无限权力。他们之所以当选，就是因为他们表明自己在发现那些能够与其他规则相容，并能够被证明是可行的规则方面有着很高的技能。的确，他们所取得的成就常常会把他们置于这样一种位势之中，这种位势能够使他们在不配再获得这种信任的时候依旧得到信任，甚或能够使他们在丧失这种信任的情况下继续保有他们所掌控的权力。但是，这并不能够改变这样一个事实，即他们的权威源于他们被推定有能力实施公认之秩序所要求的那些规则，并且被推定有能力发现有可能被人们认为是正义的那些规则。一言以蔽之，他们的权威乃是这样一种权威，它源于人们推定他们有能力发现正义，而不是源于人们推定他们有能力创造正义。

因此，发展一个法律系统的使命乃是一项难度极大的智识使命，如果不把某些规则视作给定的规则接受下来，又如果不在由这些给定的规则所决定的系统之中开展这项工作，那么这项使命就不可能得到履行。当然，这项使命乃是一种多少能够得到成功践履的使命，但是通常来讲，它不允许那些受托担当此项使命的人随心所欲地行事。因此，这项使命与其说是像在建造一栋崭新的大厦，毋宁说是更像在寻求真理。在努力梳理和协调未阐明的规则之复合体并在努力把它们纳入明确规则系统的过程中，人们会发现，种种公认的价值之间常常会发生冲突。在某些情势中，人们也确实有必要根据一些更具一般性的规则去否弃某些为人们已然接受的规则。就此而言，真正的指导原则将始终是：正义（也就是普遍适用的规则）必须支配特定的（尽管也可能是人们普遍感受到的）欲求。

尽管我们的正义感在一般的意义上能够为我们提供思考和判断的出发点，但是这种正义感就特定事例告知我们的东西，并不是一种一贯正确的标准或终极性的标准。再者，我们的正义感可能而且也能够被证明是错误的。如果说我们主观上感到某项规则是正义的，那么证明这种感觉之正当性的基据就必须是我们准备承诺普遍地适用该项规则，但是，这并不能够排除这样一种可能性，即我们也许会在日后发现，对于某些情势来讲，如果我们不是先前就承诺要适用该项规则的话，那么我们现在肯定不会再想把这项规则适用于这些情势；此外，在这些情势中，我们甚至还会发现，那项在先前被我们认为是颇为正义的规则，事实上并非如此。据此，我们不得不为了未来的情势而修正那项规则。显而易见，这种直觉性的正义感与我们还想继续维护的那些规则之间所存在的冲突，常常会要求我们对我们自己的意见进行检讨。

我们拟在后文的章节中对业已确认的规则的修正或变更问题做进一步的探讨，因为我们知道，如果正当行为规则要平等地适用于所有的人，那么对于维续整体秩序来说，修正或变更业已确认的规则就是必要之举。在对这个问题的探讨中，我们将会看到，虽说有些结果在我们看来常常是不正义的，但是从它们是所有当事人的正当行动所导致的必然后果这个意义上来讲，这些结果仍然是正义的。因此，从根本上说，在我们生活于其间的那个抽象秩序中（也就是我们文明的大多数优势因其产生的那个抽象秩序中），指导我们行动的正当规范，必须源于我们的智识而非我们的直觉认知。毋庸置疑，我们现在所拥有的道德观点，实乃是以种种源自人类社会于此前进化各阶段的积淀为基础的——这些阶段大体包括：从小群体到组织起来的部落再到更大一些的氏族社群，此后又历经其他一些发展阶段而至大社会。值得我们注意的是，尽管在较晚阶段出现的一些规则或意见实际上预设了对此前阶段的规则或意见的持续性继受，但是其他一些新的要素仍会与那些现在依旧存在的但渊源较早的要素不断发生冲突。

对不正义进行检测的否定性的标准所具有的重要意义

显而易见，我们并不拥有评断正义的肯定性的标准（positive criteria），但是我们确实拥有一些能够告知我们何者是不正义的否定性的标准（negative criteria）；这个事实在下述几个方面都极为重要。这个事实首先意味着，尽管努力消除不正义者并不构成我们建构一个全新的法律系统的充分基础，但是这种努力能够在这样一个方面为我们提供一种适当的指导，亦即在我们为了使现行的法律系统更趋于正义而不断地发展这个法律系统的过程中指导我们。因此，在不断发展规则系统（其间的绝大多数规则乃是社会成员所接受的）的过程中，仍存在着一个检测何为不正义者的"客观"标准（objective test）的问题（这里所谓的"客观"标准，乃是指那种在人与人之间有效的而不是在普遍的意义上有效的标准，因为它只是对于社会中那些接受了绝大多数其他规则的其他成员来说才是有效的）。对不正义所做的这样一种检测（a test of injustice），足以告知我们必须朝哪个方向去发展一个业已确立的法律系统，尽管它还不足以使我们有能力建构一个全新的法律系统。

我们应当在这里指出的是，正是在这样一种否定性的标准的意义上（亦即在推进一个业已确立的法律系统的过程中应当加以适用的那项标准），伊曼纽尔·康德才在他的法律哲学中使用了绝对命令原则（principle of the categorical imperative）。这一点之所以常常被论者所忽略，乃是因为在康德的道德理论中，他似乎是把这项原则当作一个充分的前提加以使用，立基于此一前提之上，人们便可以用演绎法推导出整个道德规则体系。然而，就康德的法律哲学而言，我们可以说，康德完全意识到了他的绝对命令原则所提供的只是正义的必要条件，而非充分条件，或者说，它所提供的只是一种我们所谓的否定性的标准，正是这种否定性的标准能够使我们以渐进的方式一点一点地消除不正义者；因此，这种否定性的标准也就是普遍性标准。此外，康德更是清楚地洞见到，作为达致这一标准的结果，“法律［必须］是从我们的目的中完全抽象出来的；从本质上讲，这种法律乃是否定性的和限制性的原则，并对我们行使自由的行为构成限制”〔24〕。就此而言，我们可以说，康德要比自他以降的绝大多数法律哲学家都有着更为深邃的洞见。

极具重要意义的是，这种把正义规则视作是禁令并受制于一种否定性的标准的观点，与现代科学哲学的发展颇为相似；这是因为现代科学哲学，尤其是卡尔·波普尔（Karl Popper）所阐发的科学哲学，〔25〕不仅把自然规律（laws of nature）视作是禁令，还把持之不懈的证伪（falsification）工作的失败视作是检测自然规律的标准——这项标准最终还能够被证明是对整个系统的内在一致性进行检测的标准。上述法律哲学领域的观点与现代科学哲学领域的观点之所以相似，其原因还在于我们所能够做到的始终只是通过坚持不懈地消除“伪者”（the flase）或“不正义者”而努力趋近真理或正义，却永远不能断言我们已然达致了终极真理或正义。

的确，就像我们不能相信我们所意图的东西或者我们不能把我们所意图的东西视作是真实的东西一样，我们也不能把我们所意图的东西视作是正义的。尽管我们希望人们应当把某种东西视作是正义者的那种欲求有可能会长期压倒我们的理性，但是思想自有其自身的必要性，对于这种必要性，我们的上述欲求则是无能为力的。例如，尽管我有可能以一种错误的推理方式使自己相信某种我希望是正义的东西真的就是正义的，但是它是否真的是正义的东西，显然不是一个意志的问题，而是一个理性的问题。不仅其他人所持的与我相反的观点，会阻止我把事实上不是正义的东西（或者说颇具争议的特定问题在我心中所激起的某种强烈情绪）视作是正义的东西，而且一致性标准所具有的那种必要性也会阻止我这样看问题，因为没有这种一致性，思想就会变得不可能。因此，这就会要求我对自己就某个特定行为是否正义的问题所持的观点进行检测，而检测的标准便是我据以判断这种问题的规则与我同样相信的所有其他规则之间是否具有相容性。

当然，历史上始终存在着另一种观点；这种观点认为，客观的正义标准必定是实证性的标准（positive criteria）。这种观点的影响力很大，但与我们上文所述的观点相反，因为我们知道，古典自由主义赖以确立的基础之一便是对客观正义的信奉。值得指出的是，法律实证主义（legal positivism）确实成功地证明了这样一个问题，即实证性的标准根本不存在，但由此得出了一个错误的结论，即任何一种客观的正义标准也是不可能存在的。实际上，法律实证主义在很大程度上就是一些法律论者对不可能发现任何客观的正义标准这件事情深感绝望的一个产物。〔26〕正是从这种表面上不可能发现任何客观的正义标准的前提出发，法律实证主义才得出结论，认为所有有关正义的问题，都只是一个意志的问题、一个利益的问题或一个情绪的问题。如果这是真的，那么古典自由主义的整个基础也就土崩瓦解了。〔27〕

然而需要强调的是，法律实证主义的上述结论，只能从有关客观的正义标准必定是实证性的标准这样一个明确但错误的假设出发方能达致；这些所谓的实证性的标准，在法律实证主义者那里，就是人们可以用合乎逻辑的方式从中推导出整个正当行为规则系统的前提。但是，如果我们不坚持要求正义的标准必须能够使我们建构起整个全新的正当行为规则系统，只是要求做到不断地把检测不正义者的否定性标准适用于一个继受下来的规则系统（该系统中的大部分规则都是人们普遍接受的）中的部分规则并对它们进行检测，那么我们便可以接受实证主义有关根本不存在实证性正义标准的观点；但是，我们仍然要指出：首先，正当行为规则的进一步发展，并不是一个专断意志的问题，而是一个内在必要性的问题；其次，解决悬而未决的正义问题的方案，乃是逐渐被发现的，而不是以专断的方式被规定下来的。因此，不存在实证性正义标准的事实，并不能使人们把毫无约束的意志视作惟一的替代方案。这意味着，在推进现行规则系统发展的过程中，我们仍必须受到正义的约束，亦即我们必须采取一种特定的方式来发展规则系统；我们还必须以某种特定的方式来修改某些特定的规则以清除不正义者。

法律实证主义已经成了摧毁古典自由主义的一种主要力量，因为古典自由主义预设了一种独特的正义观念，它与那些实现特定结果的权宜之策不涉。因此，像威廉·詹姆斯（William James）〔28〕、约翰·杜威（John Dewey）〔29〕或维尔弗雷多·帕累托（Vilfredo Pareto）〔30〕这样一些论者所主张的其他形式的建构论实用主义（constructivists pragmatism）一样，法律实证主义也是一种根深蒂固的反自由主义的思潮（当然，这里所讲的“自由主义”乃是指该术语的原初含义），甚至还构成了在上一个世代盗用“自由主义”之名而出现的伪自由主义（pseudo-liberalism）的基础。

法律实证主义的意识形态

由于在“法律实证主义”一术语的确切含义方面存在着某种不确定性，当下的一些论者又在好几种不同的意义上使用该术语，〔31〕所以我认为，把探讨“实在法”（positive law）这个术语的原初含义作为检讨这一学说的出发点，将是极有助益的。一如我们所见，“实在法”一术语中隐含有这样的意思，即只有刻意创制的法律才是真正的法律；正是“实在法”这个术语中所存有的这种含义为法律实证主义提供了基本内核，因为法律实证主义的所有其他主张都是以这个基本内核为基础的。

正如我们在上文所指出的那样，[32]“实在的”（positive）这个术语在法律领域中的使用，乃是因拉丁语 positus（即“set down”）或 positivus 的术语对希腊语 thesei 一术语的翻译所致；thesei 所意指的乃是那种由人之意志刻意创造出来的东西，并与那种不是依此方式发明出来的而是自然（physei）生成的东西形成了对照。在现代法律实证主义历史的源头，亦即在托马斯·霍布斯（Thomas Hobbes）所说的“non veritas sed auctoritas facit legem”[33]以及他为法律所下的定义（即法律乃是“拥有立法权的人所发布的命令”[34]）那里，我们可以清楚地发现那种强调所有的法律都是由人之意志刻意创制的产物的观点。当然，此一方面最直白的论述则是由杰里米·边沁（Jeremy Bentham）在其论著中给出的，“整个法律……可以被界分为两个部分，其间的第一部分乃是那些真的由人们制定出来的法律——它们是由那些被普遍认为经确当授权并有权立法的机构制定出来的法律……。这个法律部分可以……被称之为**真实的**法律（亦即真实存在的法律或立法者制定的法律［real law，really existing law，legislator-made law］）；在英国的治理架构中，它已然以**制定**法（statute law）之名著称……。由另一部分法律所做出的安排，……则可以被冠以下述称谓：非真实的法律、并不真正存在的法律、想象的法律、拟制的法律、虚假的法律和法官造的法律（unreal，not really existing，imaginary，fictious，spurious，judge-made law）；在英国的治理架构中，这一部分法律事实上是由**普通法**（common law）和**不成文法**（unwritten law）这些词不达意的、没有特色的、颇不恰当的名称来指称的”[35]。正是从边沁的观点中，约翰·奥斯丁（John Austin）推演出了他的法律观；奥斯丁指出，“所有的法律都是由一个有智性的存在（an intelligent being）制定出来的”，而且“没有立法行为，也就不可能有法律”[36]。法律实证主义的这个核心观点，构成了它在现代登峰造极的表现形式的基础，而这种现代表现形式就是汉斯·凯尔森（Hans Kelsen）所提出的法律实证主义理论；凯尔森的理论主张，“规定人之行为的规范，只能源出于人的意志而非人的理性”[37]。

法律实证主义的这种观点意在宣称，所有法律规则的**内容**始终都是由意志行为刻意制定出来的；实际上，这种观点只是对那种建构主义谬误所做的一种幼稚的表达，这种观点本身也是与事实完全不相符合的。在我们看来，在立法者“决定”何者应为法律的主张当中存在着一个根本的含混之处，这个含混之处有助于法律实证主义者刻意规避某些结论，因为这些结论十分明确地凸显出法律实证主义基本假设的拟制性质。[39]有关立法者决定何者应为法律的主张，可能只意味着立法者指示实施法律的机构必须如何行事以发现何者是法律。在一个成熟的法律制度中，亦即在只有一个组织能够享有实施法律之垄断权的制度中，该组织的领导（也就是今天的立法者）必须以明确的方式对他所建立起来的组织机构发布这类指示。但是，这未必意味着法律的**内容**是由立法者决定的，甚至也不意味着立法者需要知道何为法律的内容。立法者可以指示法院继续适用某项普通法，尽管他对那项普通法的具体内容知之甚少。立法者可以指示法院实施习惯法规则、本地法（native law），或者要求法院遵循诚信原则或衡平原则（good faith or equity）——但是值得我们注意的是，在所有上述事例中，应予实施的那项法律的内容，肯定不是该立法者创制出来的。那种断言在上述事例中法律表示了立法者意志的观点，无疑是对语词的滥用。如果立法者只是告诉法院如何行事以发现法律为何者，那么这种做法本身根本就没有告诉我们该项法律的内容是如何决定的。然而，法律实证主义者似乎相信，当他们证实“立法者告诉法院如何行事以发现法律”这一点在所有成熟的法律制度中为真的时候，他们也就证明了正是立法者的意志决定了法律的内容。我们可以说，几乎所有的法律实证主义教条，都源于此一结论。

显见不争的是，就正当的法律行为规则尤其是私法而言，法律实证主义所谓法律的内容始终是立法者意志之表示的断言，根本就是谬误的。当然，私法史学家，尤其是普通法史学家，已然无数次地指出了这一点。[39]然而值得我们注意的是，法律实证主义的上述断言只是在被适用于那些构成了公法的组织规则的时候才是有道理的；而且极为重要的是，几乎所有杰出的现代法律实证主义者都是公法学者和社会主义者——这些人信奉组织（亦即那些只把秩序视作是组织的人）并完全无视 18 世纪的思想家就正当行为规则能够导使自生自发秩序之型构所提出的全部论辩。

正是为了上述种种的原因，法律实证主义者才想方设法要把正当行为规则与组织规则之间的差别切割掉，并坚持主张所有在当下被称之为法律的东西都具有同样的性质，更认为正义观念与决定何为法律的问题之间不存在任何关系。这些法律实证主义者认为，所谓实证性的正义标准乃是根本不存在的，但是他们由此得出了错误的结论：第一，不可能存在任何客观的正义标准（此外，他们认为正义并不是有关正当行为的问题，而是有关分配正义［distributive justice］的问题）；第二，正如古斯塔夫·拉德布鲁赫（Gustav Radbruch）所明确表达的，“既然没有人能够确定何者为正义者，那么就必须有人来决定何者为合法条者（leagl）”[40]。

在轻而易举地证明他们所主要关注的那部分法律（即政府组织法或公法）与正义无关以后，他们紧接着宣称，通常被称之为法律的东西，包括那些有助于维续自生自发秩序的法律，也都与正义无关。就此而言，他们完全忽视了这样一个事实，即维护一个正常运行的自生自发秩序所需要的规则与支配一个组织的规则有着截然不同的作用。然而，在他们看来，私法的存在毋宁只是一种注定要消失的异常现象；例如，拉德布鲁赫指出，私法显然只是“在无所不涉的公法范围内暂时保有但逐渐消亡的一个自由创制领域”[41]；而对汉斯·凯尔森来讲，“所有真正的法律”都是向官员发布的实施制裁措施的有条件的命令。[42]在法律实证主义者的影响下，我们事实上正在趋近这样一种状态：他们的观点正在变成一种仅凭自身的力量便能应验的预言。

法律实证主义者坚持主张，所有作为一种特定历史发展的结果在今天被**称之为**“法律”的东西，都必定具有同样的性质。他们的这个观点导使他们进一步宣称，理论家必须给“法律”这个术语下一个单一的定义，并涵盖其所适用的所有事例，所有符合这个定义的东西都必须被视作是真实的法律。但是，人们已经为那种被他们视作是“法律秩序”（order of law：这里意指的不是权力机构所强制推进的任何秩序，而是那种因个人遵循普遍的正当行为规则而形成的秩序）的状态奋斗了数个世纪；在这个过程中，“法律”这个术语不仅一直决定着诸如法治、法治国（Rechtsstaat）、权力分立这样一些政治理想的含义，也决定着那个具有更为悠久历史的视法律为保护个人自由的法律观念的含义，并在宪法文献中被用来限制那种有可能妨碍基本权利的做法。经历了上述悠久且繁复的进化过程以后，如果说我们不想胡乱贬斥西方文明发展过程中的任何一项决定因素，那么我们就不能像矮胖子（Humpty Dumpty）或格兰维尔·威廉姆斯（Glanville Williams）教授那样[43]声称：“我所使用的每一个字词，都完全意指我想用它意指的东西分毫不差！”[44]我们至少要认识到，在某些情势中，包括在法律的情势中，“法律”（law）这个术语有着一种非常特定且具体的含义，并区别于它在其他情势中所具有的含义；此外，我们还必须认识到，那个在特定意义上被称之为“法律”的东西，与其他一些同样被称之为“法律”

的陈述，有可能在起源、属性、功能和可能具有的内容等方面极其不同。

然而，那个把法律定义为立法者意志之产物的观点，不只是把立法者意志（而不论其意志的内容为何）的所有表示都纳入了“法律”之中（“法律可以承载任何内容”〔45〕)，还导使法律实证主义者达致了这样一种观点：第一，在被称之为法律的不尽相同的陈述之间，其内容并不构成界分它们的重要尺度；第二，尤为重要的是，正义在任何意义上都不可能成为决定何者在事实上是法律的一个因素，相反，毋宁说是法律决定着何谓正义者。与那个视正义先于法律〔46〕并至少认为部分法律受正义观念之限制的古老传统相反，上述有关立法者乃是正义的创造者的观点确实构成了法律实证主义的最为核心的教条。从托马斯·霍布斯的“任何法律都不可能是不正义的”〔47〕到汉斯·凯尔森的“正义者只是合法条者或合法者的另一种说法”〔48〕，法律实证主义者的努力无不旨在否定这样一种观点，即正义乃是决定何者为法律的一种指导。

“纯粹法律理论”

显而易见，法律实证主义的上述核心论点中还隐含有这样一个主张，即创建法院的立法者不仅会向这些法院指示确认法律的方式，还会创制法律的**内容**；更为重要的是，立法者还可以完全随心所欲地创制法律的内容。在法律实证主义发展的最高阶段，亦即在汉斯·凯尔森所提出的“纯粹法律理论”或“纯粹法学”（pure theory of law）中，由于他在一个不同寻常的特殊意义上坚持不懈地但极具误导性地使用有关术语，法律实证主义的上述主张在他的理论当中也好像变得颇有些道理了；特别需要指出的是，纯粹法学派的追随者对这些术语所具有的这种特殊意义已经习以为常了，所以他们根本就不可能再意识到这种用法中所存在的种种误导性了。

第一，最为重要的是，为了强化“法律”（law）与“规则”（rule）之间的关系，凯尔森先用“规范”（norm）一术语来取代“规则”；尔后，他竟篡改语意，[49]用“规范”一术语来含括他所谓的“单个规范”（individual norms），亦即每一项命令和每一个应然陈述（ought-statement）。第二，凯尔森所使用的“秩序”（order）一术语，并不是指称一种事实性事态（a factual state of affairs），而是指称那些规定了一种特定安排的“规范”[50]，据此，他也就否弃了这样一个洞见，即某些行为规则，而且也仅仅是某些行为规则，会在某些情势中促使一种秩序的形成，正是出于这个原因，才必须把这样一些规则与其他的规则区别开来[51]。第三，凯尔森在讨论规范的时候，把“存在”（existence）一术语当作“有效性”（validity）的同义词来使用（就是说“规范的存在”与“规范的有效”同义），而“有效性”又被他定义为那种可以用逻辑的方式从最高权力者的某种意志行为中或从“基本规范”（basic norm）中推导出来的东西。[52]第四，也是最后一个例子，凯尔森用“创制”（creating）、“确立”（setting）或“设定”（positing）（亦即 erzeugen 或 setzen）等术语来涵盖所有“由人之行为构成的”东西，[53]据此，不仅人之设计的产物，像语法规则或道德规则或礼仪规则这种自生自发演化而成的东西，也都必须被视作是“规定出来的规范，也就是实在的规范（positive norms）”[54]。

如果我们把前述最后两种（亦即上述第三种和第四种）用法结合起来看，我们就可以发现它导致了一种**双重**的含混性（a double ambiguity）。有关一项规范乃是以一种特定的方式产生的断言，不仅有可能意味着该项规则的内容已按照某种详尽规定的特定方式形成了，抑或这样一项现行的规则已按照一种特定的方式被赋予了有效性；而且也有可能意味着，该项规则的内容乃是经由一种理性的过程而被刻意发明出来的，抑或该项规则的内容乃是“人之行动的结果而非人之设计的结果”（亦即“自然的”结果；当然，“自然的”一术语在这里所采用的乃是它在过去的一种含义）。

声称“纯粹法律理论”是一门“规范科学”（normative science），实在是一种不伦不类的说法；然而，对这种说法进行追究或者对“规范科学”一术语进行探究，则会超出本书所设定的讨论范围。[55] 众所周知，“纯粹法律理论”并不是一门有关事实的经验科学（empirical science of fact），至多只能被认为是这样一种科学，亦即在逻辑或数学被认为是科学的那种意义上的科学。“纯粹法律理论”所阐述的，实际上只是它的“法律”定义所产生的一系列后果。“纯粹法律理论”从它的“法律”定义中得出了如下的主张：第一，一项规范的“存在”等于该项规范的“有效”；第二，这种有效性取决于该项规范能否以逻辑的方式从一项假设的“基本规范”中推导出来——尽管该项“基本规范”所归属的整个规范体系的“功效”（efficacy）这个事实性要素，也是以一种从未得到人们满意的解释方式而硬被纳入其理论之中的。对法律概念所做的这样一种定义，被认定是惟一可能的和重要的定义；此外，通过把它的“法律”定义所产生的那些后果称之为“认知”（cognition），“纯粹法律理论”竟声称自己有资格否定任何使用一种较为狭义的或与其有着不同意义的“法律”术语的陈述，或者声称自己有资格认定这些陈述毫无意义。这个观点尤可见之于“纯粹法律理论”所提出的这样一个骇人听闻的主张：人们根本无力对法治（或法律下的政府或“法治国”）处于支配地位的法律体系与不存在法治的法律体系进行界分，因此，每一种法律秩序，甚至包括权力机构拥有完全不受约束之权力的那种法律秩序，都是法治的一个实例。[56]

众所周知，从一个定义中得出的结论，永远不可能告知我们任何有关人们可以在事实世界中观察到的特定客体的任何真实情况。毋庸置疑，那种认为“法律”这个术语只能在那个特定的意义上加以使用而且不同种类的法律之间所存在的差异乃是与一门法律“科学”无关的主张，实是为了达到这样一个明确的目的，即推翻或贬损那个关于强制只有在被用来实施平等适用于所有公民的普遍的正当行为规则的时候才是合法的观念。这个观念长期以来一直指导着立法者和法院的审判工作，正是在这个观念的影响下，自由社会的自生自发秩序才得到了发展。法律实证主义的目的，就是要使那种用强制来为特定目的或任何特殊利益服务的做法变得与那种用强制来维续自生自发秩序之基础的做法一样合法。

事实上，法律实证主义在确定何为法律方面所做的讨论，对我们毫无助益；就此而言，我们可以在有关何为法律这个问题对处理具体案件关系重大的那些场合中（亦即在法官必须确定究竟应当把什么规则适用于某个特定案件的那些场合中），极为明确地认识到这一点。无论何时，只要立法者没有制定那种告知法官如何行事的具体规定（而且一般来讲，法官只是被告知要公正行事），那么，所谓立法者经由授权而赋予法官的判决以“法律效力”（force of law）的事实，就没有告知法官什么样的法律是他应当予以实施的。一如我们所知，法官所受的约束，不仅是某些被立法者明确视作有效的特定规则，还包括一个规则系统的内在要求；当然，这个规则系统作为一个整体，并不是某个人刻意设计的产物，而且这个规则系统中的某些部分甚至从未得到过明确的阐释；此外，尽管这个规则系统趋向于成为内部协调一致的系统，但是事实上从来没有达到过这个目标。显而易见，社会生活中确实存在着这样一种规则系统：尽管它的存在不仅独立于立法者的意志，甚至还独立于立法者的知识，但是它得到了人们的普遍遵守，而且立法者也常常让法官去发现或适用这些规则。这就是下述主张完全合乎法理的要害之所在：该主张认为，法官可以受一种未阐明的法律的约束；由于这种未阐明的法律的具体内容既不是立法者也不是法官本人所决定的，所以这种法律的存在完全独立于立法者和法官，而且法官并不总是能够成功地发现这种法律，因为它只是隐含在整个规则系统以及该规则系统与事实性行动秩序的关系之中，并没有得到明确的规定。同样显见不争的是，法官也会做出错误的判决；尽管这项错误的判决会成为有效（获得“法律效力”）的判决，但是从实质意义上讲，这项判决仍是与法律相悖离的。显而易见，在一项司法判决已然获得“法律效力”但同时又“与法律相悖离”的情势中，法律这个术语乃是在两种必须加以明确界分的不同意义上加以使用的；但是，当人们把法官所确立的“单个规范”视作是与他所违反的规则同类的东西的时候，法律所具有的两种意义便被混淆了。对于法官来说，某项特定的规则是否有效的问题，是不能用逻辑推理的方式从赋予他以实施该项规则的权力的行为中推导出正确答案的，只能通过援引或诉诸那个实际上独立于他的意志也独立于立法者意志的规则系统的内在意蕴来解答。

凯尔森及其追随者坚持用“创制”（creating）这样的术语来描述那个把有效性赋予规则和命令乃至赋予整个规则系统的过程。这里所说的“整个规则系统”的存在，乃是从该术语的一般意义上所言的，亦即它们是已知的且得到遵守的规则；当然，这个规则系统可能早在立法者出现之前就已经存在了，也可能是独立于立法者而存在的，甚至还可能是立法者所不知道的。凯尔森及其追随者的这种做法，导使他们不断地提出一些从他们理论的前提中无法得出的断言。事实上，立法者为之赋予有效性的那个规则系统，从内容上来看，有可能并不是立法者设计的产物，可能是独立于立法者的意志而存在的；再者，立法者也不打算（或者也不会认为自己有能力）用一个全新的规则系统来取代这个业已得到公认的现行规则系统，只会把某些业已得到公认的规则系统视作理所当然的东西接受下来。上述事实造成了一个极为重要的后果，因为它意味着，在立法者想要重述法律的许多场合中，不能他想制定什么规则就制定什么规则，他必须受到给定规则所提出的要求的约束。换言之，**正是人们在一个特定的社会里所实际遵守的整个规则复合系统，决定**

着实施哪一项特定的规则是合理的或决定着哪一项规则是应当实施的。尽管上述两套规则可能部分相同，但是第一套规则含括了一些因得到人们普遍遵守而无须强制实施的规则，第二套规则含括了一些不会为人们自愿遵守的规则；需要强调指出的是，人们对第二套规则中那些他们并不自愿遵守的规则的遵守乃是极为重要的，其原因乃与人们遵守第一套规则的理由相同，因此，那些遵守第一套规则的人有充分的理由要求第二套规则也得到遵守。

当然，在这样的规则被赋予有效性之前，从法律实证主义者的定义来看，它们还不是“规范”或法律，也不是作为法律规范而“存在”的。正是通过这个骗人的把戏，法律实证主义者证明了这些规范是经由立法者的专断意志“创制”出来的。显而易见，这个断言在这里已经被置换成了一个同义反复的论说，这种论说根据其所采纳的定义则是无法反驳的；当然，读者在阅读这一断言时如果不保有警省，就很容易把这个断言套用到这些规则的内容上，但是这种断言实际上不能被指向这些规则的内容的。无论如何，凯尔森本人常常用这种手法来支撑这样一些主张，例如：实在法规则“源于一个由人构成的权力机构的专断意志”〔57〕，“规定人之行为的规范只能源于人的意志而非人的理性”〔58〕，以及“‘实在的’法律所意指的乃是人们在一定时空中采取的行为所创制的一种法律”〔59〕。

反复不断地使用上述说法，最终会使人们产生一种错误的观点，以为决定法律内容的，始终是而且也必定是不受约束的人之意志的行为；而事实也确是如此，那些持这些说法的法律实证主义者就常常屈从于这个错误的观点。然而一如我们所知，“在一个特定场合中究竟应当实施何种规则”这个基本问题往往是无法用逻辑推理的方式从某种意志表示中推论出确切答案的，也不能由一项意志行为加以裁定，只能经由这样一种推理过程而得到解答——根据这种推理过程，人们得以确定出究竟哪项规则在适用于这个特定场合的时候既能够满足普遍化的要求，又不致于同其他得到公认的规则发生冲突。一言以蔽之，法律实证主义者最初提出的那个认为所有有效的法律都是被制定出来的断言，乃是通过把“制定出来的”（set）重新定义为“使其有效的”，又把“使其有效的”（made valid）进一步定义为“实际上由权力机构强制实施的”（in fact enforced by authority）方式而得到实现和转换的。显而易见，这个业经转换的论断已然不是他们最初提出所有有效的法律都是被“制定出来的”的断言时所欲表达的那个意思了；再者，这样一种法律定义也没有把法官从确定何为法律这个必要的问题中解脱出来——它甚至还可能要求法官在竭力确定何为法律的过程中诉诸一种“自然法”（natural law），当然，这种“自然法”虽说有可能是立法者要求法官实施的，但是由独立于立法者的意志而存在（乃指一般意义上的“存在”）的规则所构成的。因此，一种得到公认的程序（亦即人们据以确定应当把何者视作正义者接受下来的程序）的存在，并不能够排除这样一种可能性，即经由这种程序得出的结论有可能还需要有一种普遍盛行的正义观念作为它的支撑——尽管对于大多数有可能产生的问题来说，人们或法官常常会因为立法明确规定了特定的解决方案而无须再去诉诸或援用一般性的正义规则了。

立基于上文的讨论，我们可以说，那种主张人们必须始终根据法律实证主义者的“法律”定义去使用和解释“法律”一词的观点，尤其是那种坚持认为事实上由立法机构制定的两种规则在功能之间的差别不属于法律科学研究范围的观点，就是为了达到这样一个明确的目的，亦即否弃原本对立法者权力所施加的所有限制——当然，对立法者所施加的所有这些限制性措施都源于这样一个假设，即立法者在确定法律内容的时候必须受到实质性的限制，只有在这个意义上立法者才有资格制定法律。换言之，法律实证主义上述观点所旨在反对的乃是这样一项原则（该项原则在约翰·洛克那里得到了最为明确的阐释），即“立法当局乃是一个必须按照某种**特定**方式行事的权力机构……，而那些行使这种权力的人只得制定一般性规则"[60]。

就此而言，法律实证主义实质上就是一种唯社会论的意识形态（ideology of socialism）——如果我们可以用建构主义中最具影响力且最受关注的形式即唯社会论（socialism）来代表建构主义各种表现形式的话——也是一种有关立法者全知全能的意识形态。当然，产生这种意识形态的根源有两个：一是要对社会秩序进行全面控制的欲求，二是以为我们有能力按照我们想要的任何方式对这个社会秩序的方方面面做出刻意安排的信念。

在纯粹法律理论的情势中，这种意识形态的特征可以说是凸显无疑，因为该理论的倡导者狂热地用它来随意斥责其他论者就法律的意义所得出的某些重要结论，并把它们视作是无效的和凭空想象的产物。众所周知，从格劳秀斯经洛克、休谟和边沁直到埃米尔·布鲁纳（Emil Brunner），无数的现代论者都认为，法律既与私人财产权不可分割，同时也是个人自由所不可或缺的条件。实际上，自古以来，人们就已经不断地（即使不是始终一贯地）在这个特定的意义上使用法律这个术语了。需要指出的是，尽管对法律所作的这种理解可以适用于自生自发秩序之型构所必需的那些一般性正当行为规则，然而这种理解显然无法适用于指导一个组织所需要的那些具体命令。但是需要指出的是，对于那些认为立法者的权力不受任何约束的人来说，个人自由却是一个"无可救药"的问题，[61]而且自由在他们那里最终也只能意指社会或共同体的集体自由（collective freedom of the community），即民主。[62]据此，法律实证主义也成了无限民主权力（unlimited powers of democracy）在意识形态方面的主要支撑者。

然而，如果多数之意志不受约束，那么，我们也就只能由这个多数的特定目的来决定何为法律的问题了。"因此"，一如凯尔森所主张的那样，"从理性认知的角度来看，所存在的只是人的利益，以及由此产生的利益之间的冲突。这些冲突得以解决的方式，或者是以牺牲一方的利益来满足另一方的利益，或者是在彼此冲突的利益之间达成一种妥协。因此，人根本就不可能证明任何一种解决方法是正义的”[63]。

一如前述，法律实证主义者有关不存在实证性正义标准的论辩，主要是为了证明这样一个论点，即根本就不可能存在任何能够被用来决定某项法律规则是否有效的客观的正义标准。[64]由此可见，法律实证主义者根本就没有考虑过这样一种可能性，即有可能存在着一种能够使我们否弃或消除某些不正义规范的否定性标准。

然而，从历史上看，正是对正义的追求，才使得一般性规则系统得以生成和演化，这个规则系统反过来又成了日益发展的自生自发秩序的基础和维护者。实际上，为了实现这样一种秩序，正义之理想并不需要决定那些能够被认为是正义的（或至少不是不正义的）规则的具体内容，所需要的只是为我们提供一种能够使我们以渐进的方式一步一步地否弃或取消那些被证明为不正义的规则的否定性标准；当然，一些规则之所以被证明是不正义的，乃是因为在有效性未受质疑的其他规则所组成的系统中，这些规则无法得到普遍化。因此，我们至少可以认为，诸多不尽相同的正当行为规则系统都有可能符合这个否定性标准。事实上，对于何为正义的问题，确实存在着不同的观念，但是这个事实并不能够排除这样一种可能性，即对不正义进行检测的否定性标准，有可能是诸多不尽相同的（尽管不是全部的）正当行为规则系统都能够与之相符合的一种客观的正义标准。对正义理想的追求（就像对真理理想的追求一样），并不预设何为正义（或何为真理）是已知的，只预设了我们知道何者被我们视作是不正义的（或谬误的）。当然，不正义的消除或否弃，只是适当规则的一个必要的决定因素，不是一个充分的决定因素。因此，在我们就某种自然环境所持有的某种特定的知识状态中，我们至少可以做这样的追问：持之一贯地适用这项否定性标准，是否能够像我们所设想的那样产生一个趋同进化（convergent evolution）的过程，最终只有一个这样的规则系统能够完全符合这项标准？我个人认为，就目前的情况来看，这肯定是一个开放的或悬而未决的问题。

我们在这里把凯尔森的纯粹法律理论视作是一种意识形态，并不是要对他的理论施以非难，尽管该理论的捍卫者肯定会认为这就是一种非难。由于每一种社会秩序都是以一种意识形态为基础的，所以论者们对我们能够据以决定何者能够在这样一种秩序中成为适当法律的标准问题所做的每一种陈述，肯定也是一种意识形态。明确指出纯粹法律理论也是这样一种意识形态，可以说是极为重要的；然而，指出这一点之所以极为重要，惟一的原因就是纯粹法律理论的创始人自诩能够“揭开”所有其他法律理论的面纱，使它们现出它们作为意识形态的本来面目，〔65〕并且还妄自尊大地宣称自己业已提出了惟一一种不是意识形态的法律理论。凯尔森所做的这种“意识形态批判”（Ideologie-kritik），甚至还被他的某些信徒视作是他所取得的最伟大的成就之一。〔66〕然而，由于每一种文化秩序都只能经由一种意识形态得到维续，所以凯尔森只是成功地以一种意识形态替代了另一种意识形态而已，他的意识形态是以这样一种预设为基础的，即所有以强力维续的秩序都是同一种秩序，也都配得上法律秩序（order of law）这一称号（与尊严）；然而值得注意的是，“法律秩序”这个术语在此前被人们用来描述一种因保障个人自由而为人们所珍视的特定秩序类型的。尽管在凯尔森的思想体系中，他的断言在同义反复的意义上可以说是真实的，但是他没有权利像他在他的论著中不断强调的那样断言，那些在一种与他的法律定义不同的意义上使用“法律”一术语的其他陈述都是不真实的（关于那些陈述是在不同意义上使用“法律”一术语的问题，凯尔森本人完全知道〔67〕）。实际上，关于“法律”一术语所旨在表达的意思，我们只能从那些在型构我们的社会秩序时使用“法律”这个术语的人所旨在表达的意思那里获知，不能通过赋予它以某种涵盖以往一切用法的含义来定夺。当然，那些人都没有像凯尔森那样用“法律”来指称任何一种使用强力的“社会技术”（social technique），只是用它来指称一种特定的“社会技术”，亦即对运用强力所施以的一种特定的限制性技术，因为他们正是试图通过把这种特定的“社会技术”称之为法律而使它与其他的“社会技术”明确区别开来的。一如我们所知，为了促使自我维系之秩序得以型构而运用那些可以强制实施的一般性规则，与为了实现特定目的而以命令的方式指导一个组织，肯定不是同样的“社会技术”。此外，如果说“法律”一术语因历史发展过程中的种种偶然因素而渐渐被人们同时用来指称上述两种不同的社会技术的话，那么显而易见，论者分析法律的目的肯定不应当是通过坚持主张把法律一词所具有的这些不同用法纳入同一个定义之中而使这个问题变得更加混淆不清。

事实上，人类恰恰是通过不断地追求他们称之为正义的那个理想而以非设计的方式实现社会内部秩序（social cosmos）这样一种自我维系的事实性秩序的；这里需要指出的是，正义这种理想并不会对特定的行为是否正当做出具体且明确的规定，只会要求人们自己去发现那些能够被前后一致地适用于所有人的规则，并要求人们持续不断地对传统规则系统进行修正，以消除某些规则在一般化的过程中所发生的各种冲突。上述事实意味着，惟有参照这种正义理想，人们才有可能理解、解释和改进这个规则系统，甚至才有可能确认该规则系统的特定内容。当人们对法律秩序与专断政制（arbitrary government）进行界分的时候，他们所依凭的正是这种正义理想，因而他们要求他们的法官所遵循的也正是这种正义理想。

显见不争的是，不只是像埃米尔·布鲁纳[68]这种坚决反对法律实证主义的人早已认识到了这个问题，就是像古斯塔夫·拉德布鲁赫[69]这种一直信奉法律实证主义的人最后也承认：正是法律实证主义的盛行，才使得法律的卫士们在专断政制卷土重来的时候变得毫无防范之力。只要这些法律的卫士们经说服而接受了法律实证主义有关每一种国家都是一种法治国家的法律定义，那么他们就别无选择，只能按照凯尔森在回顾往事时所认可的那种观点行事，他认为，“从法律科学的角度来看，纳粹统治之下的法律（Recht）也是法律（Recht）。我们虽说可以对这样一种状况表示遗憾，但是我们不能因此否认它是法律”〔70〕。一点都不错，在当时，正是由于占据支配地位的实证主义观点把法律界定成了这个样子，才使得纳粹统治下的法律也被视作了法律。

我们必须承认，在这个方面，共产主义者（communists）至少要比像凯尔森那样的唯社会论者坦诚得多，这是因为凯尔森之流通过把他们所持有的那种特定的法律定义宣称为惟一正当的法律定义的方式而偷偷地从一种只是法律定义的陈述中推论出了那些似乎是事实的陈述，然而需要指出的是，他们的这种法律定义实际上只是与他们自以为能够驳倒的其他人的观点所预设的那种法律定义略有不同罢了。从另一个方面来看，早期的共产主义法律理论家比较坦诚，因为他们至少还会以公开的方式承认，共产主义意味着“社会主义对任何法律的胜利”以及“法律的逐渐消亡”，因为“在社会主义的社会中，……一切法律都转换成了行政，所有的既定规则亦都转变成了自由裁量和种种基于社会功利的考虑”〔71〕。

法律与道德

一如我们所知，论者们于晚近就法律与道德的关系展开了详尽的讨论。尽管我们不可能在这里对其间所涉及的种种繁复问题一一做出评论，〔72〕但是我们仍有必要对其中的几个要点进行探究；第一个要点便是这个问题与法律实证主义的关系。在我看来，H. L. A. 哈特（H. L. A. Hart）教授的研究从许多方面来讲都可以说是对法律实证主义做出的最为有效的一种批判；正是由于他的这一努力，法律实证主义这一称谓才在当下常常被论者们用来指称“这样一种简明的论点，即从任何意义上讲，法律都未必真的会再生产出或符合某些道德要求”；当然，哈特教授本人也因坚持这个立场而被认为是一个法律实证主义者。〔73〕尽管我完全拒斥我们在前一节中所讨论的法律实证主义的那些论点，但是我个人以为，如果我们仔细推敲或斟酌我们在上文所征引的哈特教授那句话中的每一个字词，那么我实在没有什么理由去反对他的这个论点。当然，法律中的许多规则都是与道德规则没有关系的；再者，即使有一些规则与公认的道德规则相冲突，但是毋庸置疑，它们依旧是有效的法律规则。哈特的这个陈述亦没有排除这样一种可能性，即在某些情势中，法官也有可能不得不去查考或诉诸现行的道德规则以求发现何为法律——这些情势包括：一是公认的法律规则明确诉诸诸如“诚信”这样的道德观念的情势；二是公认的法律规则以默示的方式预设了人们还必须遵守某些在以往无须予以强制实施的其他行为规则——这是因为如果业已阐明的规则要保障它们为之服务的那种秩序，那么这些其他行为规则就必须得到普遍遵守。的确，所有国家的法律都会不断地诉诸普遍盛行的道德信念，可以说比比皆是，但是法官只有根据他对这些道德信念的知识，才能赋予它们以具体内容。

人们普遍对某些问题持有强烈的道德信念，是否本身就构成了人们强制实施这些道德信念的一个正当理由呢？当然，这是一个全然不同的问题。这个问题的答案似乎是：在自生自发秩序中，只有在为了确使个人私域免受他人干涉而必须使用强制的场合，使用强制才是正当的，而在不需要使用强制去保护其他人的场合，则不得使用强制去干涉个人私域。法律服务于一种社会秩序，也就是说，服务于个人之间的关系，但是那些对任何人都不造成影响而只影响实施他们个人的行动不应当受到法律的控制，不论这些行动在多大程度上受着习俗和道德规则的调整。这种个人自由在个人确受保障的领域中以及在个人行动与他人行动的目的并不发生冲突的任何一个场合中有着极为重要的意义，这种重要性主要是以这样一个事实为基础的，亦即在强制实施统一的法律规则不可能是一种实验过程（experimental process）的意义上讲，习俗与道德规则这二者的发展乃是一种实验的过程——在这个过程中，可供人们选择的规则处于彼此竞争的状态，其间较为有效的规则会因遵循它们的群体所取得的成功被其他群体所采纳，并最终有可能为妥适的立法提供典范。当然，这并不是说个人的私性行为不可能在某些方面（尤其是在它对人口繁衍的影响方面）对他们所属的特定群体的未来状况产生非常重要的影响。然而，我们仍可以对这样两个问题进行追问：第一，一个人享有的社会成员资格是否能够使他有权利对同一社会的其他成员的人口繁衍问题予以合法的关注呢？第二，这个问题是否就不会因不同的群体所具有的不同的繁衍能力而得到更好的调整呢（当然，这种繁衍能力实际上是自由的一个结果）？

另一个颇具重要意义的问题是，普遍盛行的道德标准究竟在多大程度上限制着立法者的权力，又在多大程度上限制着公认的法律原则所能够且应当具有的适用范围呢？当这个问题关涉到“应当把同样的规则适用于所有的人”这个构成开放社会之基础的理想时，它的重要性尤为显见。我个人真诚地希望我们能够继续以渐进的方式趋近这个理想，因为在我看来，它实是一种普遍的和平秩序得以实现的不可或缺的条件。然而，令我深感忧虑的是，人们在今天所采取的种种过于急切的措施，只会延误而不会加速这个理想的实现，因为一如我们所知，欲速则不达：如果这种急切的努力把一项原则推进了大众情感尚未准备好给它以支持的地步，那么这种努力就极容易产生一种反作用，进而使得我们在相当长的时间内不可能实现那些较为缓进的努力原本有可能达致的成就。尽管作为一种终极理想，我期盼着国家边界不再成为人们自由迁徙的一种障碍，但是我深信，在我们现在所能够考虑到的任何一个时段内，任何试图实现这种理想的努力只会导致强烈的民族主义情绪的复活，只会使我们从已然达致的成就上倒退回去。无论现代人在多大程度上接受了“应当把同样的规则适用于所有的人”这个理想，他们实际上只是把这个理想适用于那些在他们看来与他们自己相似的人，而且也只是慢慢地学会了把越来越多的人视作是与他们自己相似的人，当然这仍是他们意愿的结果。据此我们可以说，任何立法工作都不可能在加速这个过程的方面有所作为，相反，立法可能会重新激发起那些业已处于低潮的情绪并在很大程度上促使这个过程发生逆转。

然而，我们最后应予重申的一个主要论点却认为，道德规则与法律规则之间的差异，并不是以自生自发秩序发展起来的规则与刻意制定出来的规则之间的差异；这是因为大多数法律规则最初也不是刻意制定出来的。相反，道德规则与法律规则之间的区别，毋宁是受委托的权力机构应当根据公认的实施程序予以适用的那些规则与受委托的权力机构根据这种程序不得适用的那些规则之间的区别；因此，道德规则与法律规则之间确实存在着某种区别，但是，如果强制实施所有公认的行为规则（包括被该社会视作是道德规则的那些规则），那么这种区别就会变得毫无意义。但是，究竟哪些规则应当得到强制实施并因此被认为是法律规则，不仅要取决于权力机构把某些具体规则专门规定为可以强制实施的规则，还由这样一种情势决定，即某些规则群（some groups of rules）之间通常都存在着一种相互依赖或依存的关系，其间，为了实现那些被明确规定为可以强制实施的规则所为之服务的目的（即维续一个日益扩展的整体的行动秩序），人们就必须遵守这些规则群中的每一项规则。既然这些规则是因它们有助于每个人都赖以生存的秩序而强制实施的，那么权力机构就没有理由再去强制实施其他一些虽说得到公认但不是以同样有益的方式影响人际行动秩序（interpersonal order of actions）的规则。

换言之，社会生活中也许存在着这样一些规则，而持续对这些规则的遵守会产生一种事实性的行动秩序；再者，在这些规则当中，有一些规则早就获得了权力机构赋予的法律效力，而另有一些规则只是在事实上为人们所遵守或者说只是隐含在那些业已取得法律效力的规则之中——即只有当这些隐含的或未阐明的规则也得到遵守的时候，那些业已取得法律效力的规则才能够实现它们的目的。因此，赋予某些规则以法律效力，必须被认为是授权法官把那些隐含在这些规则中的规则也当作是有效的规则加以实施，尽管这些隐含的或未阐明的规则在此前从未由立法者或经由法院的适用而得到过专门的确认。

“自然法”

致使法律理论产生混乱不堪之局面的主要根源之一，就是所有反对法律实证主义的理论都被贴上了“自然法”（natural law）这个极具误导性的标签，进而被捆绑在这个称号之下；实际上，在这些理论当中，一些理论除了都反对法律实证主义这一点以外，彼此之间毫无共同之处可言。就目前的情况看，坚持这种错误二分法的论者，主要是一些实证主义者，因为他们所持的建构论的认识进路只能使他们信奉这样一种非此即彼的观点，即法律要么是人之设计的产物，要么就是一种超人智慧所设计的产物。[74]但是，一如我们所见，“自然的”（natural）这个术语在早些时候主要是被用来意指这样一种观点的，即法律并不是任何理性设计的产物，而是进化和自然选择过程的产物，或者说，法律乃是一种非意图的产物（unintended product），我们可以经由学习而理解它的功能，但是它现在所具有的意义有可能与它的初创者的意图完全不同。

因此，我们在本书中所坚持的观点，也可能被法律实证主义者视作是一种自然法的理论。需要强调指出的是，尽管由此一立场提出的解释在过去一直被它的某些捍卫者称作是一种“自然的”解释，然而考虑到“自然的”一术语在当下的用法中所隐含的极大的误导性，我们打算避免使用这个术语。的确，即便是在今天，论者们也是在诸种颇为不同的意义上使用“自然的”（natural）和“自然”（nature）这两个术语的，这正是我们在科学讨论中力主避免使用它们的又一个原因。当我们用“自然”或“自然的”这两个术语来描述外部世界或物质世界的永恒秩序并用这种秩序与那种超自然的（supernatural）东西或人为的（artilicial）东西加以对照的时候，我们所意指的东西，显然不同于我们在用这两个术语来指称某种属于客体之自然属性一部分的东西时所意指的那种东西。[75]在前一种意义上，文化现象显然不是一种自然的现象，但是在后一种意义上，一种特定的文化现象显然是某些文化结构之自然属性的一部分，或者是这些文化结构不可分割的一个组成部分。

当然，我们没有任何理由把正当行为规则说成是这样一种自然的规则：第一，正当行为规则乃是一种外在且恒久的物理秩序中的一部分；第二，它们还是那种永久植根于不可改变之人性中的东西；第三，甚或人之心智的型构也是一成不变的，所以人们必定会采纳那些特定的行为规则。尽管如此，我们仍不能由此得出结论认为，那些实际上指导着人们行动的行为规则必定是人之刻意选择的产物；同理，我们也不能得出结论认为，人们能够经由采纳他们自己所确定的任何规则而构造出一个社会；当然，我们更不能得出结论说，人们不可能在独立于任何人的意志的情况下而习得这些规则——进而在这个意义上讲，它们是不可能“客观”（objective）存在的。人们有时候认为，只有那些普遍为真的东西才能够被认为是一种客观事实，因而为某个特定社会所特有的任何东西都不能被认为是一种客观事实。[76]但是，这种意义上的“客观”，肯定与“客观”一术语所具有的通常意义不相符合。那些型构一个社会之秩序的观点和意见以及由此形成的社会秩序本身，都不取决于任何个人的决定，而且往往也是任何具体的意志行为所不能更改的；正是在这个意义上讲，我们必须把它们视作是一种客观存在的事实。因此，那些并非由人之设计所产生的人之行动的结果，对于我们来说，也完全有可能是客观给定的。

立基于前述所论，我们可以说，本书所捍卫的那种进化论的法律观（以及对所有其他社会制度所抱持的进化论认识进路），既与唯理主义的自然法理论（rationalist theories of natural law）无甚关联，亦与法律实证主义毫无关系。因此，我们所持的那种进化论认识进路，既反对把法律解释成一种超自然力量的构造之物，也反对把法律解释成任何人之心智的刻意建构之物。不论在何种意义上讲，进化论认识进路都不居于法律实证主义与大多数自然法理论之间，而是在一个维度上与它们中的任何一者相区别——当然，这个维度也同法律实证主义与大多数自然法理论相区别的那个维度不尽相同。

纯粹法律理论的倡导者很可能会从方法论上对我们所持的上述进化论立场提出反对意见，也就是说，他们会认为这种立场并不是一种有关“规范”的法律“科学”，只是那种他们所谓的法律社会学（a sociology of law）[77] 囿于本书的论旨，我们不可能在这里对他们的上述反对意见进行详尽的讨论，只能对纯粹法律理论倡导者的这种反对意见做一简要的答复：即使是对某个特定社会中事实上的法律究竟为何的问题进行确认，法律人（无论是法律科学家还是法官）也需要有一种理论，然而这种理论并不能以逻辑的方式从某种拟制的“基本规范”中推导出法律的有效性，只能对这种法律的功能做出阐释；这是因为他们经常不得不去发现的那种法律有可能是一种尚未阐明的规则（当然，这种尚未阐明的规则所具有的作用必须与那种为人们完全接受的法律规则所具有的作用基本相同——这就是说，它们都有助于一种实际存在的自生自发秩序的不断型构）。[78]

法律与主权

众所周知，主权（sovereignty）概念在法律实证主义中起着核心的作用；当然，关于这个概念，我们已在前文（本书第一卷第四章第92-93页）中做了比较详尽的讨论，因而我们没有必要在这里对之再做赘述。然而，我们之所以在这里重新强调这个问题，主要是因为法律实证主义把主权解释成某个最高立法机构所必然拥有的无限权力的那种观点，业已成了支撑人民主权理论（theory of popular sovereignty）或民主立法机关无限权力（unlimited powers of a democratic legislature）理论的一个主要理据。对于那些把法律界定成如此这般以使它的实质性内容取决于立法者的意志行为的法律实证主义者来说，上述观点确实是一种逻辑的必然。如果在这个意义上使用法律这个术语，那么对最高立法机构的权力所施以的种种法律约束在定义上就先已被完全排除在外了。但是，只要立法者的权力并非源于某种拟制的基本规范，而是从人们对立法者有权制定的规则种类所持的普遍意见中推导出来的，那么在并不存在一个更高的能够明确表示意志行为的权力机构施以干预的情况下，立法者所享有的那种权力便完全能够受到限制或约束。

法律实证主义者宣称，所有的法律皆源于立法者的意志；然而，只有当它的这一断言（正如它在凯尔森的理论体系中所指出的那样）不仅意味着法律的有效性源出于某种刻意的意志行为，还意味着法律的内容也同样源于这种意志行为的时候，法律实证主义的论辩逻辑才会具有说服力。但是，事实常常与此相反。一个立法者，在努力维续一种日益扩展的自生自发秩序的过程中，只要还想实现这个目的，那么他就不能随意挑选规则并赋予它们以有效性。立法者的权力之所以不是无限的，乃是因为他的权力是以这样一个事实为基础的，即他使之有效的某些规则不仅被公民们视作是正当的规则，他采纳这些规则的做法本身也必定会对他赋予其他规则以有效性的权力构成限制。

主权概念，就像“国家”（state）概念一样，实是国际法不可或缺的一项工具——尽管我并不能确定，如果我们把这种主权概念视作我们的出发点，我们是否就不会因此使国际法这个观念本身变得毫无意义。但是，如果我们只考虑法律秩序国内属性方面的问题，那么我们就可以说，主权和国家这两个概念实是毫无必要的，因为它们的误导性太强了。事实也确实如此，因为整个宪政史（至少自约翰·洛克以降，乃与自由主义的历史一样），就是一部与法律实证主义的主权概念以及与其紧密相关的全能国家（the omnipotent state）概念的斗争史。

注　释：

* Paul Vinogradoff，*Common-Sense in Law*（London and New York，1914），p. 70. 又参见上引书，pp. 46 以次：

> 这里的问题在于，允许每个人行使自己的意志，须以该意志的行使与其他人行使他们的意志相容为条件……。[法律]乃是为了避免一个人的行动自由与其他人的行动自由发生冲突而对一个人的行动自由施加的一种限制……。一如我们所知，在社会生活中，人们不仅必须避免冲突，还不得不以一切方式建立合作关系；再者，所有这些合作形式所具有的一个共同特征便是对个人意志施以限制以实现一个共同的目的。

另见第 61 页以次：“权利乃是**在法律确立的社会秩序内分派给一个特定意志的行动范围**。这可能是我们所能给权利下的最佳的定义了。”而在 H. G. Hambury（London，1959）所编辑的第三版中，这些文字分别出现在 pp. 51、34 以次和 45。

〔1〕参见 Franz Boehm，“Privatrechtsgesellschaft und Marktwirtschaft”，载于 *Ordo* XVⅡ，1966，pp. 75-151，and “Der Rechtsstaat und der soziale Wohlfahrtsstaat”，载于 *Reden und Schriften*，ed. E. S. Mestmäcker（Karlsruhe，1960），pp. 102 以次。

〔2〕有关把正义解释成一种事实性事态的属性而非人之行动的属性的论述，主要请参见 Hans Kelsen，*What is Justice*？（California，1957）p I：

从首要的意义上讲，正义乃是调整人们相互关系的社会秩序可能具有但并非必然具有的一种属性。只是在次要的意义上讲，正义才是人的一种德行，因为只有当一个人的行为与那些被认为是正义的社会秩序的规范相符合的时候，它才是正义的。……正义是社会的幸福，是由社会秩序保障的幸福。

A. Brecht 也做过相似的论述；参见他的 *Political Theory*（Princeton，1959），p. 146："正义的要求通常都是用某些可欲的事态来表述的，例如，要求建立一种平等或'更为'平等的状态。……即使正义的要求没有用这样的事态来表述，我们也可以把它们转换成这样的事态来理解。"

〔3〕参见 H. L. A. Hart，*The Concept of law*（Oxford，1961），p. 195："禁止人们在并不存在有组织的中央制裁体系的地方适用'法律'一词的原则，是根本不存在的。" Hart 对"首要规则"与有关"承认、修正、判决的次要规则"做了重要的区分：首要规则是"人们被要求去做或不做某些事情，而不论他们是否情愿"（p. 78），次要规则是为了实施行为规则而建立起来的组织规则。尽管这一区分极为重要，但是我仍感到很难把这一区分所取得的进展视作是"从前法律世界（pre-legal world）迈向法律世界的决定性步骤"（p. 91），而且也很难把那种视法律为"强制性的首要规则与次要规则之结合"的观点（p. 91）看作是有益的。

〔4〕有关法律是不是一个"规则系统"的问题，很可能是一个可以无休止争论下去的问题，但是它在很大程度上只是一个术语问题。如果把"规则系统"理解成一系列业已阐明的规则的集合，那么，这种规则系统肯定不会是法律的全部。在一篇题为 Is Law a System of Rules？（载于 R. S. Summers，ed，*Essays in Legal Philosophy*，Oxford and California，1968）的论文中，Ronald M. Dworkin 不仅把"系统"一词与"集合"一词等而视之（p. 52），而且也似乎只把业已阐明的规则接受为规则；这种观点明确表明，按照这种观点解释的规则系统是不完整的，并有待他所称之为的"原则"来补充。（亦请参见 Roscoe Pound，"Why Law Day"，*Harvard Law School Bulletin*，vol. X，no. 3，1958，p. 4："法律之根本且恒久的部分，存在于它的原则——推论的出发点——之中，并不存在于它的规则之中。相对而言，原则维续于恒定，或者说依恒定路线而发展。规则的生命相对来说要短一些。规则并不发展演化，因为它们不是被其他规则所废除就是被其他规则所替代。"）我本人则倾向于用 system 一术语来指称彼此相适并拥有一种等级序列的规则整体；当然，我所说的"规则"，不仅包含业已阐明的规则，也包括那些蕴含于规则体系之中或为了使各个规则协调一致而有待发现的尚未阐明的规则。因此，虽说我完全同意 Dworkin 教授论辩的实质性内容，但是用我的话来说，我更认为法律乃是（业已阐明的与尚未阐明的）规则的一种系统（而不只是一种集合）。

〔5〕从一般的角度来看，这个观念早在 18 世纪的英语文献中就已经出现了，尤其得到了 William Paley 的阐释；他在其所著 *Principles of Moral and Political Philosophy*（1785，new ed.，London，1824），p. 384 中指出："在制定一般性法律的时候……

并不会预见到谁会受到这些法律的影响”；后来，C. K. Allen 又以一种现代形式阐发了这个观念（*Law in the Making*，6th ed.，London，1958，p. 367）：“一项法律规则，就像所有其他的规则一样，旨在对属于同一种类的无数事例确立一种普遍的阐释。”这个观念在我们于上文（第六章注释〔24〕）所论及的那场发生在欧洲大陆（主要是在德国）的讨论中，得到了最为系统的阐释；这场讨论的论题是“实质”意义上的法律与纯粹“形式”意义上的法律之间的区别。此外，在德国，这个观念似乎还经由 Hermann Schulze 的努力得到了确立，请参见他的 *Das Preussische staatsrecht*（Leipzig，1877），vol. Ⅱ，p. 209：“如果法律规则只是作为不可预见之情势的某种逻辑表示，那么，（它只须具有）一般的特征就足够了。”（亦请参见上引书第 205 页中有关早些时候出版的相关论著的参考书目）有关此后出版的论著，尤请参见 Ernst Seligmann，*Der Begriff des Gesetzes im materiellen und formellen Sinn*（Berlin，1886），p. 63：“事实上，实体法是法律的实质性组成部分，它是抽象的，并且是对不可预见之情势的规定。”M. Planiol，*Traité élémentaire de Droit Civil*（12th ed.，Paris，1937），p. 69：“法律永远都是根据无数行为和事实而制定的……它是对于某种出现了无数次的固定的行为方式的强制性规定。”Z. Giacometti，*Die Verfassungsgerichtsbarkeit des schweizerischen Bundesgerichts*（Zürich，1933），p. 99：“抽象地说，一项法律规则乃是对不确定的人和不确定的情势所做的规定”；又参见该论者的 *Allgemeine Lehre des rechtsstaatlichen Verwaltungsrechts*（Zürich，1960），p. 5：“国家行政机构的义务是同一般且抽象的法律规则联系在一起的，这种法律规则只适用于不确定的人和不确定的情势，不对某种特定的情势做具体的规定，也不针对某个特定的人。”W. Burckhardt，*Einführung in die Rechtswissenschaft*（2nd ed.，Zürich，1948），p. 200：“法律所规定的个人义务（相对于公务员的义务）必须是事先对某种不确定的可能性情况的规定。”H. Kelsen，*Reine Rechtslehre*（2nd ed.，Vienna，1960），pp. 362-363：“如果某种规范……适用于不确定的同一种情势，那么一般来说，它便属于一种法律规范，而且从这层关系上看，它和抽象的概念相类似。”Donato Donati，“I caratteri della Legge in senso materiale”，*Rivista di Diritto Publico*，1911（并重印于 Scritti di Diritto Publico，Padua，1961，vol. Ⅱ），单行本 p.11：Questa generalità deve intendersi，non già nel senso，semplicamente，di pluralità，ma in quelle，invece，di universalità. Commando generale，in altre termini，sarebbe，non già quelle che concerme una pluralità di persone o di azioni，vale a dire：non quello che concerne un numero di persone o di azioni determinato o determinabile，ma quello che concerme un numero di persone o di azioni indeterminato e indeterminabile.

〔6〕法律所具备的所有这些狭义上的属性，都已在欧洲大陆有关“实质”意义上的法律与纯粹“形式”意义上的法律之间的区别的广泛讨论中得到了阐释，但是这些属性往往被错误地视作是评断“实质”意义上的法律的任选其一甚至是互不相容的标准。参见 P. Laband，*Staatsrecht des deutschen Reiches*（5th ed.，Tübingen，1911-1914），Ⅱ，pp. 54-56；E. Seligmann，*Der Begriff des Gesetzes im materiellen und formellen Sinn*（Berlin，1886）；A. Haenel，*Studien Zum deutschen Staatsrecht*，vol. Ⅱ：*Gesetz im formellen und materiellen sinne*（Leipzig，1888）；L. Duguit，*Traité de droit constitutional*（2nd ed，Paris，1921）；R. Carré de Malberg，*La Loi*：*Expression de la volonté générale*（Paris，1931）；and Donato Donait，"I caratteri della legge *in senso materiale*"，*Rivista di diritto Publico*，1911，重印于该作者的 *Scritti di Diritto Publico*（Padua，1961）。有关"实质"意义上的法律最有名的定义，很可能是 Georg Jellinek 给出的。参见他所著的 *Gesetz und Verordnung*（Freiburg，1887），p. 240：

Hat ein Gesetz den nachsten Zweck，die Sphare der freien Tatigkeiten von Personlichkeiten gegeneinander abzugrenzen，ist es der sozialen Schrankenziehung halber erlassen，so enthalt es Anordnungen eines Rechtssatzes，ist daher auch ein Gesetz im materiellen Sinn；hat es jedoch einen anderen Zweck，so isteskein materielles，sondern nur ein formelles Gesetz，das seinen Inhalt nach als Anordnung eines Verwaltungsaktes，oder als ein Rechtsspruch sich charakterisiert.

〔7〕除了参见本章开篇所征引的 P. Vinogradoff 的文字以外，尤请参见 F. V. von Savigny，*System des heutigen Römischen Rechts*，vol. I（Berlin，1840），pp. 331-332：

Sollen nun in solcher Beruhrung freie Wesen nebeneinander bestehen，sich gegenseitig fordernd，nicht hemmend，in ihrer Entwicklung，so ist dieses nur moglich durch Anerkennung einer unsichtbaren Grenze，innerhalb welcher das Dasein，und die Wirksamkeit jedes einzelnen einen sichern，freien Raum gewinne. Die Regel，wodurch jene Grenze und durch die dieser freie Raum bestimmt wird，istdas Recht.

亦请参见 P. Laband，*Das Staatsrecht des Deutschen Reiches*（4th ed.，Tübingen，1901），vol. Ⅱ，p. 64；在这里，他认为国家的任务"是通过人类共同生活中个人自由交往而产生的限制和界限来确定的"。J. C. Carter，*Law*，*Its Origin*，*Growth*，*and Function*（New York and London，1907），pp. 133-134："以这种方式形成并得到实施的习俗成了法律的起源。这种限制措施所具有的直接而必然的倾向就是搞清楚个人行动的界限，其间，每个人都可以自由地行事，而不会招致他人的反对。正是在这里，我们发现了法律功能的最早且最简单的形式。"J. Salmond，*Jurisprudence*（10th ed.，by G. Williams，London，1947），p. 62："正义的规则根据人类普遍利益所设定的限制来决定个人自由的领域。在正义的规则按照这样的方式为每个人确定的自由领域的范围内，个人可以自由地根据智慧之箴规来追求自己的利益。"H. Lévy-Ullman，*La Définition du droit*（Paris，1917），p. 165："我们是这样定义法律的：它乃是人或群体愿意做的和不愿意做的事情的界限，在这一界限内，他或他们既不会受到谴责和拘禁，也不会受到强制性牵连。"Danato Donati，"I caratteri della legge in senso materiale"，*Rivista di Diritto Publico*，1911，并重印于他的 *Scritti di Diritto Publico*（Padua，1961），vol. Ⅱ，该文的单行本 p.23：

La funzione del dirritto e infatti sorge e si esplica per la deliminazione delle diverse sfere spettanti a ciascun consociato. La società umana si transforma de società anarchica in società ordinata per questo，che interviene una volontà ordinatrice a determinare la cerchia dell，attività diciascuno：dell'attività lecita come dell'attività doverosa.

〔8〕Adam Smith，*The Theory of Moral Sentiments*（London，1801），Part VI，sect. Ⅱ，introd. vol. Ⅱ，p. 58：

> 每个国家或共同体的智慧，都在竭尽全力运用社会的力量去约束那些受制于权力机构的人，使他们不致伤害彼此或干扰彼此的幸福。这种智慧为达到这个目的而确立的规则，构成了每个特定国家的私法和刑法。

〔9〕对不正义这个主要特征的强调，早期的文字可见之于赫拉克利特的著作（参见 J. Burnet，*Early Greek Philosophy*，4th ed.，London，1930，p. 166），并得到了亚里士多德的明确阐释（*Nicomachean Ethics*，1134a）：“法律为那些彼此之间存有着不正义的人而存在。”在现代，这种观点一再为论者所强调，比如说 La Rochefoucauld，*Maximes*（1665）no. 78：“人们之所以热爱正义，只是因为他们对蒙遭不正义而深感恐惧”；当然，这个观点在大卫·休谟、康德和亚当·斯密那里变得更加明确起来；在他们看来：正当行为规则的作用主要就在于界分并保护个人的领域。L. Bagolini 在其所著的 *La Simpatia nella morale e nel diritto*（Bologna，1952，p. 60）一书中甚至还把处理“ il probleme de diritto e della giustizia del punto di vista del ingiustizia”视作是亚当·斯密思想所独有的一种特征。参见亚当·斯密：*Theory of Moral Sentiments*（1759），part Ⅱ，sect. Ⅱ，chapter I，vol. I，p. l65 of ed. of 1801：“纯粹的正义，在绝大多数场合，不过是一种否定性的德行（a negative virtue），它仅仅阻止我们去伤害我们的邻人。仅仅不去侵害邻人的人身、财产或名誉的人，肯定没有多少肯定性的德行。然而，这种人却遵守了所有被特别称之为正义的规则，还做了与他地位相等的人能够正当地要求他去做的每一件事情，或者说，这种人做了其他平等者能够在他未做的情况下对他进行惩罚的每一件事情。我们往往可以静坐在那里什么也不干便践履所有的正义规则。”另请参见 Adam Ferguson，*Institutes of Moral Philosophy*（Edinburgh，1785），p. 189：“根本的道德律，在其最初适用于人的行动的时候，乃是禁令性的，它禁止人们做错误的事情”；John Millar，*An Historical View of the English*，*Government*（London，1787），转引自 W. C. Lehmann，*John Millar of Glasgow*（Cambridge，1960），p. 340：“正义只要求我不去伤害我的邻人”；与此相似，卢梭在《爱弥尔》（1762，Book Ⅱ）中也指出，“最高尚的道德都是否定性的，它教导我们永远不要对任何人做任何一件坏事”。这种观点似乎还在法律家中得到了广泛的传播，比如 F. C. von Savigny 就在其所著 *System des Heutigen Römischen Rechts*（I，Berlin，1840，p. 332）一书中做如是说：“许多人从相反的观点出发，亦即从不合法的角度出发探寻合法的概念。不合法乃是指个人的自由因其他人的自由而遭到了干涉，这种不合法阻碍人类发展，被视作是一种祸患。”

在 19 世纪，明确阐明这个观点的两个代表人物是哲学家叔本华（Arthur Schopenhauer）和经济学家巴思蒂亚（Frédéric Bastiat），而巴思蒂亚很可能间接地受到了叔本华的影响。参见叔本华 *Parerga und Paralipomena*，Ⅱ，9，“Zur Rechtslchre und Politik”，载于 *Samtliche Werke*，ed. A. Hübscher（Leipzig，1939），vol. Ⅵ，p. 257：“法律的概念就像自由的概念一样，是一种否定意义上的概念，它的内容完全是一种否定。Der Begriff des Unrechts 才是肯定的，并且在广义上和伤害一样，也就是 Laesio。”F. Bastiat，*La Loi*（1850），载 *Oeuvres Complètes*（Paris，1854），vol. Ⅳ，p. 35：“这一点是千真万确的，正如我的一位朋友向我指出的那样，声称法律的目的在于确立正义的支配地位这个说法，严格来说并不确切。我们应当这样来定义：法律的目的乃在于阻止不正义占据支配地位。的确，具有自身存在形式的并不是正义，而是不正义。其间，正义只是在不正义消失的情况下才产生的。”亦请参见 J. S. Mill，*Utilitarianism*（1861，ed. J. Plamenatz，Oxford，1949），p. 206：“正义，就像许多其他的道德特性一样，最好用它的对立物来界定它。”

晚近，在哲学家当中，马克斯·舍勒（Max Scheler）也强调了同样的观点。参见他所著的 *Der Formalismus in der Ethik und die materielle Wertethik*（3rd ed., 1927），p. 212：“法律命令从来就不规定（完全根据原来意思）应当如何（或什么是合法的），相反，它总是规定，不应当如何（或什么是不合法的）。Alles，was innerhalb der Rechtsordnung positiv gesetzt ist，ist reduziert auf pure Rechtsein-und Unrechtseinverhalte，stets ein Unrechtseinverhalt.”亦请参见 Leonhard Nelson，*Die Rechtswissenschaft ohne Recht*，（Leipzig，1917），p.133：关于“对法律的理解……根据这种理解……法律是某种否定的意义，即只是对人们可能产生的肯定性目的的价值进行限制的条件”；另见上引书第 151 页：有关“Einsicht in den negativen（Werte nur beschrankenden）Charakter des Rechts”。

在当代作家中，请读者再参见 L. C. Robbins，*The Theory of Economic Policy*，（London，1952），p. 193：古典的自由党人“仿佛在提议一种劳动分工：国家将规定个人不得做什么，使他们不致彼此妨碍，而公民可以自由地去做国家没有禁止的任何事情。给一方分派了制定形式规则的任务，给另一方分派了采取具体行动的责任”。K. E. Boulding，*The Organisational Revolution*（New York，1953），p. 83：“困难似乎在于‘正义’乃是一个否定性概念；这就是说，并不是正义导致了行动，而是不正义或不满导致了行动”。McGeorge Bundy，“A Lay View of Due Process”，载于 A. E. Sutherland（ed.），*Government under Law*（Harvard，1956），p. 365：“然后，我设想，要最好地理解法律程序，就不能把它理解成一种纯粹且肯定性正义的渊源，相反，我们应当把它理解成对严重过错所做的一种不完善的救济。……或者，也许我们可以认为法律并不是一种本身就是善的东西，而是一种工具；这种工具的价值与其说源于它所肯定规定的东西，不如说源于它所禁止的东西……。人们要求法院所做的，并不是实施正义，而是提供某种保护以阻止重大的不正义。”Bernard Mayo，*Ethics and Moral Life*（London，1958），p. 204：“除了某些明显的例外情势以外，……法律的功能在于防止某些事情的发生。”H. L. A. Hart，*The Concept of Law*（Oxford，1961），p. 190：“法律与道德的共同要求，在很大程度上讲，并不是由应予提供的肯定性服务构成的，而是由忍耐或克制构成的——这些忍耐或克制通常是通过禁令这种否定性形式表达出来的。”Lon L. Fuller，*The Morality of the Law*（Yale，1964），p. 42：“在那些可以被称为社会生活之基本道德的东西中，对他人所负的义务，一般来讲……通常只要求忍耐或克制，或者就像我们所说的那样，在性质上是否定性的。”J. R. Lucas，*The Principles of Politics*（Oxford，1966），p. 130：

> 面对人的不完善性，我们在一定程度上是从程序的角度来阐释法治的，这些程序的目的并不是为了确保绝对的正义得到实现，而是为了防止最糟糕的不正义。在政治哲学中，“披着外衣”的是不正义而不是正义，这是因为，作为会犯错误的人，我们无力事先说出什么样的判决将始终是正义的，再者，由于我们生活在自私的人当中，所以我们也无力始终如一地保证正义将得到实现；据此，从明确性这个角度来考虑，我们采取一种否定性的认识进路，并确定一些程序以避免某些可能产生的不正义现象，而不是去追求各种形式的正义。

有关这个问题的全面讨论，尤请参见 E. N. Cahn，*The Sense of Injustice*（New York，1949）；他把“正义”（pp. 13 以次）定义为“救济或防止那些会引发不正义感的东西的积极过程”。亦请参见 Atkin 勋爵的名言，转引自 A. L. Goodhart 所撰写的 *English Law and the Moral law*（London，1953）p. 95：“你要爱你的邻人；这一规则在法律中变成了：你不得侵害你的邻人。”

〔10〕参见 A. L. Goodhart，*English Law and the Moral Law*（London，1953），p. 100，以及 J. B. Ames，“Law and Morals”，*Harvard Law Review*，XX Ⅱ，1908/1909，p. 112。

〔11〕参见《德国刑法典》1935 年增补的 para. 330c 条款；该项条款规定，要处罚“任何一个在意外事故、共有危险或危难场合不提供救助的人：如果有人需要他的救助而且也能够合理地期望得到他的救助，尤其是，如果他能够这样做而又不至于使他自己蒙遭实质性的危险或不至于使他违反其他重要的义务”。

〔12〕Max Gluckman 在其所著的 *Politics*，*law and Ritual in Tribal Society*（London and Chicago，1965，p. 54）一书中把“互相帮助和彼此支持这项普遍的义务”描述为部族社会尤其是血缘群体的典型特征，缺失这项义务，也正是大社会受到普遍指责的一个方面；当然，这项义务乃是与大社会不相容的，而且否弃这项义务，也是我们为达致一种更为广泛的和平秩序所付出的部分代价。这种义务只有当指向特定且熟识的人的时候才可能存在——虽说在大社会中，这种义务也完全可以是一个人针对其选择的人所尽的一项道德义务，但是人们不可能根据平等适用于所有人的规则而强制实施它。

〔13〕参见 Paul A. Freund，“Social Justice and the Law”，载于 Richard B. Brandt，ed.，*Social Justice*（Englewood Cliffs，New Jersey，1962），p. 96：“在较为一般的意

义上讲，合理的预期乃是法律的基础而非法律的产物，这是因为合理的预期乃是对实在法施行批评的基础，也是处于生成过程中的法律基础。”

〔14〕I. Kant，*Metaphysik der Sitten*，*Rechtslehre*. I. 2，para. 9：“Büirgerliche Verfassung ist hier allein der rechtliche Zustand，durch Welchenjedem das Seine nur gersichert，eigentlich aber nicht ausgemacht oder bestimmt wird. ——Alle Garantie setzt also das Seine von jedem（dem es gesichert wird）schon voraus.”这段文字在 John Ladd 的英译本（*The Metaphysical Elements of Justice*，Indianapolis，1965，p. 65）中是这样表述的：“一部民权宪法只规定确保和保障每个人的财产的司法条件，但是它并不对每个人享有什么财产的问题做切实的规定，而且也不对这个问题进行决定。”

〔15〕R. L. Hale，*Freedom through Law*（California，1952），p.15.

〔16〕惟有经过这样的诠释，乌尔比安的著名原则（Dig. I. I. 10）“Iustitia est constans et perpetua voluntas suum cuique tribuere（正义就是给每个人以其应有权利的稳定且恒久的意志）”，才不至于变成一种同义反复的说法。颇具意味的是，乌尔比安在这段文字中明确地用 *voluntas* 这个术语取代了另一个更为悠久的用以描述心智态度的术语：参见 Cicero，*De Inventione*，Ⅱ，35，160：“Iustitia est habitus animi，communi utilitate conservata，suum cuique tribuens dignitatem.”

〔17〕John W. Chapman，“Justice and Fairness”，*Nomos* Ⅵ，1963，p. 153.

〔18〕D. Hume，*An Enquiry concerning the Principles of Morals*，*Works* Ⅳ，p. 274：

> 所有调整财产权的自然法和私法都是一般性的，它们只关注案件中的某些基本情势，不会考虑相关人士的声望、地位以及人际关系的问题，也不会考虑这些法律在任何特定案件中的适用会导致的任何特定后果。如果一个人因过错而获得（亦即因没有充分的资格而获得）某些财产，那么，即使他是善意的，这些法律也会毫不犹豫地剥夺他的全部财产；甚至还会把这些财产给予一个已经积累起巨额资产的自私自利的吝啬鬼。公共利益要求用一般且确定的规则对财产进行调整；而且，尽管这些规则是作为最有助于公共利益这一共同的目的而被人们采纳的，但是它们不可能消除所有特定的苦难，也不可能使每一个案件都产生有益的后果。如果整个计划或整个架构乃是支撑市民社会所不可或缺的基础，如果善也因此在一般意义上大大压倒了恶，那就足够了。

〔19〕参见 John Rawls，“Constitutional Liberty and the Concept of Justice”，*Nomos* Ⅵ，*Justice*（New York，1962），p.102：

> 换言之，在已知特定的人的要求的情况下，正义的规则并不会把某些对需求之物进行的具体分配方式挑选出来当作正义的分配方式。这项任务因在原则上被人们视作是一种错误的安排而遭到了否弃，此外，这种安排无论如何都不能获得明确答案。更为确切地说，正义的规则所界定的乃是制度安排和联合行动所必须符合的若

干限制性条件——假如要使那些参与其间的人不对这些安排和行动大肆抱怨的话。如果这些限制性条件得到了满足，那么由此而确立的分配方式（无论是怎样的分配方式），都可以被当作是正义的安排（或至少不是不正义的安排）接受下来。

〔20〕参见上文注释〔16〕。

〔21〕参见 D. Hume，*Enquiry*，*Works* Ⅳ，p. 195：“所有这些制度完全都是从人类社会的基本需要中产生的。”

〔22〕D. Hume，*Treatise*，*Works* Ⅱ，p. 293.

〔23〕J. Walter Jones 所描述的 Leon Duguit，参见 Jones 所著的 *Historical Introduction to the Theory of Law*（Oxford，1940），p. 114.

〔24〕见 M. J. Gregor，*Laws of freedom*（London，1964），p. 81；另请参见此段文字前数几段的另一段陈述：“司法之法……只是禁止我们采用某些我们用以实现我们目的的手段，而不论这些目的为何”；并参见 p. 42，她还把康德检测正义法律的否定性标准的特征描述成“只是通过正义法律自身的彻底一致性这一形式条件而对自由施加的限制”。

正是这本出色的著作（*Laws of Freedom*），使我意识到了我的结论与康德的法律哲学是多么接近，但是除了偶尔征引以外，我自学生时代以来从未认真研究过康德的法律哲学。在我阅读 Gregor 小姐所撰写的这本书之前，我未曾认识到的乃是这样两个问题：一是在康德的法律哲学中，他始终是把绝对命令当作否定性标准来使用的；二是康德并没有像他在道德哲学中那样，试图把绝对命令当作演绎过程（经由这个过程，可以推衍出道德规则的实在内容）的一个前提。这使我非常强烈地联想到（尽管我给不出这方面的证据），康德很可能并不像人们普遍认为的那样，先是在道德规范中发现了绝对命令的规则，尔后再把它适用于法律规则，而是相反，他乃是从休谟对法治的讨论中发现了这个基本的观念，尔后再将其适用于道德规范的。需要指出的是，虽然康德对法治理想的发展所做的精彩讨论以及他在讨论中对法律规则之否定性和独立于目的的特性所给予的强调，在我看来乃是他做出的诸项永恒成就之一，但是他试图把法律领域中那个应当用来检测现行规则系统的正义标准转换成一个前提，并通过演绎手段从这个前提推衍出道德规则系统的努力，注定是要失败的。

〔25〕Karl R. Popper，*The Logic of Scientific Discovery*（London，1955），*The Open Society and its Enemies*（esp. 4th ed.，Princeton，1963），以及 *Conjectures and Refutations*（2nd ed，London，1965）.

〔26〕例如，读者可以参见下文注释〔69〕中征引的 G. Radbruch 的文字。

〔27〕对这个发展过程的全面阐释，请参见 John H. Hallowell，*The Decline of Liberalism as an Ideology with Particular Reference to German Politico-Legal Thought*（California，1943）尤其是 pp. 77 和 111 以次。Hallowel 明确地指出了这个发展的进程：19 世纪晚期，德国自由主义法律理论家中的领袖人物因接受法律实证主义而失去了抵制法律实证主义者用纯粹“形式的”法治国（Rechtsstaat）替代“实质的”

法治国的任何可能性，还因与这种从根本上与自由主义不相容的法律实证主义之间存在着种种瓜葛而使自由主义的信誉受到了损失。法律实证主义者认为所有的法律都是立法者刻意创造的产物，还认为立法者只应关注一项立法法案的合宪性而不应该关注他们制定的规则的特性。这个事实还可以在 Carl Schmitt 的早期著作中得到认证，尤请参见他的 *Die geistesgeschichtliche Lage des deutschen Parlamentarismus*（2nd ed.，Munich，1926）p. 26：

> Konstitutionelles und absolutistisches Denkenhaben also an dem Gesetzesberriff ihren Prufstein，aber naturlich an dem，was man in Deutschland seit Laband Gesetz im formellen Sinn nennt und wonach alles，was unter der Mitwirkung der Volksvertretung zustandekommt，Gesetz heisst，sondern an einem nach logischen Merkmalen bestimmten Satz. Das entscheidende Merkmal bleibt immer，ob das Gesetz ein genereller，rationaler Satz ist.，oder Massnahme，konkrete Einzelverfugung，Befehl.

〔28〕William James，*Pragmatism*（new impr.，New York，1940）p. 222：“简而言之，‘真实的’（true）只是我们思考过程中的权宜说法，就像‘正确的’（right）只是我们行事过程中的权宜说法一样。”

〔29〕John Dewey and James Tuft，*Ethics*（New York，1908 and later）；John Dewey，*Human Nature and Conduct*（New York，1922 and later）；and *Liberalism and Social Action*（New York，1963 edn）.

〔30〕Vilfredo Pareto，*The Mind and Society*（London and New York，1935），para. 1210：“当一个人说：‘那件事是不正义的’；他的意思是说，那件事伤害了他的情感，因为他的情感乃根植于他业已习惯了的社会均衡状态之中。”

〔31〕参见 H. L. A. Hart，上引书，p. 253。

〔32〕参见本书第一卷，p. 20。

〔33〕Thomas Hobbes，*Leviathan*，ch. 26，Latin ed.（London，1651），p. 143.

〔34〕Thomas Hobbes，*Dialogue of the Common Laws*（1681），载于 *Works*，vol. Ⅵ，p. 26.

〔35〕Jeremy Bentham，*Constitutional Code*（1827），载于 *Works*，vol. Ⅸ，p. 8 并参见 *The Theory of Legislation*，ed. C. K. Ogden（London，1931），p. 8：“法律一词的初始含义，以及法律这个词的通常含义，都意指……一个立法者的支配性意志。”

〔36〕John Austin，*Lectures on Jurisprudence*，4th ed.（London，1879，vol. I，pp. 88 and 555. 亦请参见 I. C.，p. 773：“政治下属的权利与义务，以及公民个人的权利与义务，都是同一个创造者即主权国家的创造物”；另请参见 *The Province of Jurisprudence Determined*，ed. H. L. A. Hart（London，1954），p. 124：“严格说来，能够以此方式被确当地称之为法律的东西，都是实在法。这是因为它是由它的单个或

集体创造者确定或制定的，或者说它是因它的单个或集体创造者的职位或机构而存在的。”

〔37〕Hans Kelsen，*What is justice*？（California，1967），p. 20. 由于我们将在下文中频繁地论及 Kelsen 的著作，所以我们在下文注释中只用出版年代来代表，即：

1935，“The Pure Theory of Law”，*Law Quarterly Review*，51.

1945，*General Theory of Law and State*（Harvard）.

1957，*What is Justice*？（California）.

1960，*Reine Rechtslehre*，2nd ed.（Vienna）.

〔38〕凯尔森本人也不断地强调指出，“一个人不可能‘欲求’（will）自己所不知道的某种东西”（1949，p. 34，similarly 1957，p. 273），但是后来他还是（就像我们看到的那样）想方设法规避这种事实会给那种粗糙的实证主义造成的困难，他使用的方法就是把立法者的“意志”限定在为一项规则赋予有效性的方面，这样，那个已经把某种东西塞进一条“规范”里的立法者也就不必知道他所“制定的”的法律的内容了。

采取这种方式以规避真实问题的第一个作者，显然是 Thomas Hobbes，请参见 *Leviathan*，ch. XXVI：“立法者之所以是立法者，乃是因为他拥有这样一种权力，即他的权力能够使法律继续成为法律，而不是使法律最初被制定出来。”

〔39〕至少自梅因以来，法律史学家就一直在反对把法律视作主权者的命令的观点。例如，读者可以参见 H. Kantorowicz，*The Definition of law*（Cambridge，1958），p. 35：“如果把法律视作主权者的命令体系，那么法律科学的整个历史，尤其是意大利法律注释学派的工作和德国法律汇纂学派的工作，就会变成一种不可理解的东西了。”

〔40〕又请参见 Gustav Radbruch，*Rechtsphilosophie*（6th ed.，Stuttgart，1963），p. 179：“任何人都不希望将何为正义者及何为正确者的问题确定下来，而且人们也不必对此加以确定。”亦请参见 A. Brecht，*Political Theory*（Princeton，1959），p. 147：“科学……根本就无法确定何种事态是真正正义的事态。人们的意见是有分歧的，而科学则无力以一种绝对的方式对它们做出决断。”

〔41〕Gustav Radbruch，“Vom individualistischen zum sozialen Recht”（1930），重印于 *Der Mensch im Recht*（Göttingen，1957），p. 39：“对于一个社会的法律秩序来说，私法中的个人因素只是在无所不涉的公法范围内暂时保有但逐渐消亡的一个领域。”亦请参见他的 *Rechtsphilosophie*，p. 224：“社会主义将意味着私法完全融于公法之中。”

〔42〕H. A. L. Hart，*The Concept of Law*（Oxford，1961），p. 35，他在这里征引了 H. Kelsen，*General Theory of Law and State*（Harvard，1945），p. 63 中的一段文字：“不得偷盗；偷盗者将受到惩罚。……如果这样的规范存在的话，那么前述第一个规范就蕴含于第二个规范之中，而第二个规范才是惟一的真正规范……。法律是首要规范，它规定惩罚措施。”亦请参见 Kelsen，1957，p. 248，在那里，他把私有

财产权称之为“一种典型的公共功能”，还把“一个‘私人’利益的具体领域”的观念说成是一种“意识形态的”观念。

〔43〕Glanville Williams，“The Controversy concerning the Word ‘law’”，*British Year Book of International Law*，XXII，1945，修订版载于 P. Laslett（ed.），*Philosophy*，*Politics*，*and Society*（Oxford，1956）；and “Language and the Law”，*Law Quarterly Review* LXI and LXII，1945 and 1946.

〔44〕Lewis Carroll，*Through the Looking Glass*，chapter VI.

〔45〕H. Kelsen，“The Pure Theory of Law”，*Harvard Law Review*，LI，1935，p.517：“任何内容，都可以成为法律的内容；任何人的行为都可以作为一项法律规范的内容”；另见 *General Theory of Law and State*，（Harvard，1945），p. 113：“法律规范可以具有任何内容。”

〔46〕参见我在本书第一卷第四章开篇语之注释中所征引的 Paulus 与 Accursius 的文字。

〔47〕Thomas Hobbes，*Leviathan*，Pt I，ch. 13.

〔48〕H. Kelsen，“The Pure Theory of Law”，*Law Quarterly Review*，vol. 50，1934，p. 482.

〔49〕E. Bodenheimer，*Jurisprudence*（Harvard，1962），p. 169，他颇具理由地把这种滥用术语的做法称之为一种语词的矛盾。

〔50〕当然，这种用法长期以来一直是法律的用法，而且经由韦伯的使用使之在社会科学家中也得到了广泛的使用，他对“法律秩序与经济秩序”（该文刊于 *Max Weber of Law in Economy and Society*，ed. Max Rheinstein（Harvard，1954），ch. I，sect. 5；又参见 ch. II . sec. I）间关系所做的极有影响力的讨论，对本书论旨来说，是完全没有用处的，毋宁是一种广泛传播的概念混淆的典型。对于韦伯来说，order 完全是某种“有效的”或“有约束力的”东西，是有待实施或包含在一个法律准则中的东西。换言之，order 对他来说，只是作为组织而存在的，因此，在他的视域中，根本不存在自生自发秩序。与大多数实证主义者或唯社会论者一样，他在这个方面也是按照拟人化的思维方式进行思考的，只知道作为 taxis 的 order，而不知道作为 kosmos 的 order，因此，他把自己有可能探及一门有关社会的科学的真正理论问题的通道给堵上了。

〔51〕请参见 Kelsen，1945，p. 3：“法律乃是人之行为的一种 order，而‘order’则是一个规则体系”；另见该书 p. 98：“一种 order，就是一种规范体系。正是这种 order——或者与此相同的东西，亦即是这种组织——……”；1960，p. 32：“‘Ordnung’意指一种法律体系，这种体系又是因每一项法律都具有自己的效力而构成的”；又见 *Demokratie und sozialismus*（Vienna，1967），p. 100，note：“So wie ja die Jurisprudenz nicht sanderes ist als eine Ordnungslehre.”

至少在一篇论文中，凯尔森对一种“自然的”秩序做出了颇为充分且相当有道理的描述，但是显见不争的是，他确信经由这种描述他已经证明了这种自然秩序所具有的形而上的且非事实的特性。在一篇有关“Die Idee des Naturrechts”（1928），重印于他的*Aufsätze zur Ideologiekritik*，ed. E. Topitsch（Neuwied，1964，p. 75）的论文中，他写道：

> “自然的”秩序所意指的乃是一种并非以人之意愿为基础的秩序（而且这种人的意愿也往往是不完美的），或者说这种秩序不是人的“意志”创造出来的，相反它是自然发展起来的，是从某种客观事实中发展起来的，也就是说，它是从独立于人之主观意愿而存在的客观事实中发展起来的（但是人类对这种客观事实是可以把握和认识的）；这种秩序产生于人类可以再创造的基本原则，但不是从人类思维本身的基本原则中产生的。这些客观事实和基本原则就是“自然”，或者以宗教的拟人化的说法就是“上帝”。

如果“秩序”在这里被解释成一种事实性的行动秩序，“客观的”被解释为**独立于任何个人**意志的给定之物，而“不是人的‘意志’创造出来的”又被解释为不是人之行动而是人之设计的结果，那么，我们在上面征引的凯尔森的这段文字（除了最后一句以外）不仅成了一种从经验上来说有意义的陈述，也成了对自生自发秩序所做的一种实际上真实的陈述。

〔52〕Kelsen，1945，p. 40：“一条法律规范的存在，就是它的有效性之所在。”参见该书pp. 30、155、170，以及他1957年的著作的p. 267：“如果我们说一项规范‘存在’，那么我们实际上是说一项规范有效。”此外，他还在1960年出版的著作中（p. 9）指出：“我们用‘有效’来表示法律的具体存在。”

〔53〕Kelsen，1945，pp. 115-122.

〔54〕Kelsen，1960，p. 9：“通过人之行为而确定的习惯，经由这些习惯形成的规定又通过人之行为变成的法律，由此通过立法形成的主观意义上的法规，就是实在的法规。”

我在下面这样一些句子中，把一些字词标成了黑体字；但是我发现，我们很难相信这些字词在指称赋予一项规则的有效性或确定一项规则的内容方面得到一以贯之的使用：1945，p. 113：“一条规范因它是根据一项明确的规则创制出来的这个事实并且也仅仅因这个事实而成了一项有效的法律规范”；另见该书p. 392：实在法的规则“**源于人之权力机构的专断意志**”；1957，p. 138：“实在法……是由人**创造出来的**”；该书p. 25：**只有当一条规范以某种方式存在**的时候，它才会属于某个特定的法律秩序”；该书p. 251：“习惯法——亦即经由一种具体的方法**创造出来的**法律”；该书p. 289：“被称为‘法律’的社会秩序，力图**促成一定的行为**，亦即促成在**立法者**看来是可欲的行为”；上述这些黑体字所指称的显然是对法律的**内容**的确定；“On the Pure Theory of Law”，*Israel law Review*，I，1966，p. 2：“为了成为‘实在的’法律规范，一条法律规范……就必须被‘创制出来’，这就是说，它必须被表述出来，被确立起来——或者以一种形象化的说法来表述——

被一个人的行为'创造出来"；另见 *Aufsätze zur Ideologiekritik*，ed. E. Topitsch（Neuwied，1965），p. 85："它们是实在意义上的权利规范……因为这些法律规范是以特定的方式制定出来并适用于特定的人。"我承认，我自己完全被下面这句话的意思搞糊涂了，这句话可见之于 *Kant-Festschrift der Internationalen Vereinigung für Rechts-und Wirtschaftsphilosophie*（Berlin，1924），p. 220："Auch das sogenannte Gewohnheitsrecht wird gesetzt，ist 'positiv'，ist Produkt einer Rechtserzeugung，Rechtsschöpfung，wenn auch keiner Rechtssatzung."如果逐字翻译这句话，那么它的意思是说，尽管习惯法是"制定的"，但它不是制定法律的产物。

〔55〕这样一种考察表明，凯尔森有关"寻求发现法律自身的本质"（1957，p. 26）的"科学"观，完全是以卡尔·波普尔所说的"方法论上的本质主义"为基础的，而所谓"方法论上的本质主义"乃是意指"这样一种理论，它认为科学的目的就在于揭示本质并通过定义的方式来描述这些本质"（K. Popper，*The Open Society and its Enemies*，new ed. Princeton，1963，vol. 1，p. 32）。立基于这种"科学"观，凯尔森不仅把那些纯粹由一个定义中引发出来的后果都称之为"认知"，而且认为他的法律定义乃是惟一正当的法律定义，甚至还认为自己有资格把所有在与其定义不同且较为狭窄的意义上使用"法律"一术语的陈述都视作是错误的（或没有意义的）。因此我们可以说，"纯粹法律理论"乃是诸种伪科学中的一种，这些伪科学之所以被认为是无可辩驳的，实是因为它们的所有陈述从定义上讲都是真实的，但是值得我们注意的是，所有这类陈述根本没有告诉我们任何有关事实的东西。据此，凯尔森也没有权利（一如他经常所做的那样）把那些在与其不同的意义上使用法律一术语的陈述都说成是错误的或没有意义的陈述。

〔56〕在凯尔森的整个思想中，他强调次数最多的断言之一就是：每个国家都是一个法治国（*Rechtsstaat*），或者说，法治必定会在每个国家都得到兴盛；读者可以参见他的 *Hauptprobleme der Staatsrechtslehre*（Tübingen，1911），p. 249，*Der soziologische und der juristische Staatsbegriff*（Tübingen，1922），p. 190；1935，p. 486；1960，p. 314.

〔57〕Kelsen，l946，p. 392.

〔58〕Kelsen，1957，p. 20.

〔59〕Kelsen，1957，p. 295.

〔60〕M. J. C. Vile，*Constitutionalism and the Separation of Powers*（Oxford，1967），p. 63，其主要依据是 John Locke，*Second Treatise of Government*，XI，para. 142："他们应该以**正式公布的既定的法律**来进行统治，这些法律不论贫富，不论权贵还是庄稼人，都一视同仁，并不因特殊情况而有出入。"

〔61〕Hans Kelsen，*Vom Wesen und Wert der Demokratie*（Tübingen，1920），p. 10：关于"基本且不可替代的个人自由"这一说法，在该书 1929 年的第二版上变成了"基本且不可能的个人自由"。

〔62〕Kelsen，1957，p. 23："民主，就其本质而言，意味着自由。"

〔63〕Kelsen，1957，pp. 21 以次。从字面上来看，这段陈述与他 1945 年著作 p. 13 中的陈述几乎完全相同。

〔64〕参见 Kelsen 1957 年著作的 p. 295："谁否认这种［即任何实在的］'法律'的正义性，谁断言这样的法律不是'真实的'法律，谁就必须拿出证据来；而这种证据实际上是不可能拿出来的，因为客观的正义标准原本就是不存在的。"

〔65〕例如在" Was ist die Reine Rechtsleher？" in *Demokratie und Rechtsstaat*, *Festschrift für Z. Giacometti*（Zürich，1953），p. 155："Von den vielen in der traditionellen Jurisprudenz vorgetragenen Doktrinen，die die Reine Rechtslehre als politische Ideologien aufgezeigt hat……. "

〔66〕参见编者为 Hans Kelsen，*Aufsätze zur Ideologiekritik*，ed. E. Topitsch（Neuwied，1964）所写的导论。

〔67〕例如在 International Vereinigung für Rechts-und Wirtschaftsphilosophie（Berlin，1924）所编辑的 Kant-Festschrift zu Kant's *200 Geburtstag* 一书中，他在一篇题为"Die Lehre von den drei Gewalten oder Funktionen des staates"的文章中写道（见该书 p. 219）："相反，必须这样来理解，在行政管理学所说的概念中，'法律'仅仅是一般性规定……。对于'法律'，人们想到的要么是一般性的法规，要么是抽象化的法规，仅此而已"；另见 1945，p. 270："'立法'作为一种功能，除了创制一般性法规以外，我们很难做别的理解。"

〔68〕E. Brunner，*Justice and the Social Order*（New York，1945），p. 7："全权性国家乃是法律实证主义在政治上的彻头彻尾的实践。"

〔69〕G. Radbruch，*Rechtsphilosophie*（4th ed. by E. Wolf，Stuttgart，1950），p. 355："这种对法律和法律有效性的理解（我们称之为法律实证主义），使法律工作者无法反对法律的任意性和它在内容上的无法无天状况。结果，法律和权力成了同类，哪里有权力，哪里就是法律。"另见该书 p. 352："法律实证主义事实上有它的理论，即'法律就是法律'的理论，但是这种理论使法律工作者无法反对法律的任意性和它在内容上的无法无天状况；由此出发，法律实证主义仅凭自身的力量不可能解释法律的有效性。于是，法律实证主义宣称，法律的有效性可以通过法律本身具有强制性而能够使法律得到实施这一点得到证明。"

〔70〕Hans Kelsen in *Das Naturrecht in der politischen Theorie*，ed. F. M. Schmoelz（Salzburg，1963），p. 148.

根据这种观点，历史上每个从法律上讲并不独立且服从专制国王的命令从而只能按照一种有悖于普遍公认的正义规则的方式进行判决的法官，仍不得不被说成是在依法行事。纳粹统治下的那些法官，便处在被他们视作是权力的压制之下，也只得服从纳粹的命令；这些法官也许值得我们同情，但是要说他们的行为是受法律支配的，那会产生混淆。

极为典型的是，这个观念就被 H. J. Laski（可能是通过英国的唯社会论法律家——参见拙著 *The Constitution of Liberty*，*chapter 16*，section5）采纳了。参见

Laski, *The State in Theory and Practice* (London, 1934), p. 177:"希特勒德国,与英国或法国一样,从独裁权力是经由法律秩序转交给元首这个意义上讲,都是法治国。"

〔71〕有关参考资料和进一步的征引文字,请参见拙著:*The Constitution of Liberty* (London and Chicago, 1960), P. 240 及其注释;而有关 Kelsen 对这个观点的评论,参见他的 *The Communist Theory of Law* (New York, 1955)。

〔72〕主要与英国的 *Report of the Committee on Homosexual Offences and Prostitution* (London, Cmd 247, 1957) 有关,该项报告以 Wolfenden Report 之名广为人知;另见 Devlin 勋爵在 British Academy Lecture 上所作的题为 "The Enforcement of Morals" 的讲演中对该报告的讨论,该讲演文本载于 *Proceedings of the British Academy*, XLV, 1959 (该讲演亦有单行本)。尤请参见 H. L. A. Hart, *Law, Liberty, and Morality* (Oxford, 1963),以及 Lon L. Fuller, *The Morality of Law* (Yale, 1964)。

〔73〕R. M. Dworkin, "The Model of Rules", *University of Chicago Law Review*, vol. 35, 1967,重印于 Robert S. Summers, *Essays in Legal Philosophy* (Oxford, 1968) .

〔74〕除了由人的心智去发明规则的观念和由一个超人的智者去创造规则的观念以外,哲学实证主义者不可能想到第三种可能性;这个观点在孔德的一句话中表现得非常清楚。参见他的 *Systéme de la Politique Positive* (Paris, 1854), vol. I, p. 356:"实证道德对启示性道德必定具有优越性。"当我们发现凯尔森在 " On the Pure Theory of Law" (*Israel Law Review*, I, 1966, p. 2, note) 一文中做如下断言时,他所表述的乃是与孔德相同的观念;凯尔森断言说,"自然法是——归根结底是——神法,这是因为如果有人设想自然创造法律,那么自然就必定有一种意志,这种意志也只能是上帝的意志——上帝在他创造的自然中显现这种意志"。凯尔森在这里提及的一篇论文甚至更为明确地表明了这个观念,该论文即 "Die Grundlage der Naturrechtslehre", *Österreichische Zeitschrift füröffentliches Recht*, XⅢ, 1963。

〔75〕参见 David Hume, *Treatise* Part Ⅱ, sec. Ⅱ, *Works* Ⅱ, p. 258:

> 在创新是明显且绝对必要的时侯,这种创新也许可以像从初始原理中直接得出的结论一样,被恰当地认为是自然的,亦即是没有受到思考或反思的干预。尽管正义的规则是**人为**的,但它们不是**专断**的。把正义的规则称之为**自然法**也不是一种不恰当的表述,只要我们认为"自然的"乃是任何物种都共有的东西,甚或只要我们用"自然的"这个术语指称那种与物种不可分割的东西。

另请参见 K. R. Popper, *The Open Society and its Enemies* (4th ed., Princeton, 1963), I. pp. 60 以次,尤其是 p. 64:"几乎所有的误解实际上都源于一种根本性的错误认识,亦即那种相信'习俗'意味着'专断'的观念。"

〔76〕例如,可参见 E. Westermarck, *Ethical Relativity* (London, 1932), p. 183:"客观性意味着普世性 (univesality)。"

〔77〕关于这些问题，我们还必须去查阅凯尔森的早期著作，以更好地把握他的法律“科学”观。这些著作包括：*Uber Grenzen juristischer und soziologischer Methode*（Tübingen，1911），*Der soziologische und der juristische Staatsbegriff*（Tübingen，1922）。

〔78〕参见 Maffeo Pantaleoni，*Erotemi di Economia*（Bari，1925），vol. I，p. 112。“Quella disposizione che crea un ordine，è la disposizione giusta；essa è quella che crea un stato di diritto. Ma，la creazione di un ordine，or di un ordinamento，è appunto ciò stesso che esclude il caso，l'arbitrio o il cappricio l'incalcolabile l' insaputo il mutevole senza regola.”亦请参见 Ludwig von Mises，*Theory and History*（Yale，1957），p. 54：“终极性的正义标准有助于维护社会合作”；以及 Max Rheinstein，“The Relations of Morals and Law”，*Journal of Public Law*，I，1952，p. 298：“正义的法律，便是理性告诉我们的那种有助于促进（或者至少不会妨碍）实现并维护一种和平的社会秩序的东西。”

第九章

社会正义或分配正义

无论是从其本身具有的含混性来看，还是从每个个人都自负这个角度来说，品行（merit）一词的不确定性都太大了，所以从中不可能产生任何明确无误的行为规则。

——大卫·休谟*

然而，福利（welfare）却无原则可言，无论是对获得福利的人来说，还是对分配福利的人来说（一个人会把福利配置在这儿，另一个人会把福利配置在那儿），都是如此；这是因为福利取决于意志的实质性内容，意志的实质性内容又取决于特定的事实，从而也就不可能有一项普遍适用的规则存在。

——伊曼纽尔·康德*

社会正义的概念

在上一章的讨论中，我是把正义观念当作所有法律不可或缺的基础和限度加以捍卫的，然而在本章的讨论中，我必须再回过头来对滥用正义这个术语的做法进行批判性的检讨，因为滥用该术语的做法有可能摧毁那种使正义成为个人自由之保障的法律观念。一如我们所知，人们早就把他们在涉及彼此的个人行为方面发展起来的那种正义观念；那种由许多人的行动所产生的综合结果，即使当这些结果是他们不曾预见或从未意图的时候，依旧如此指称；对于这种现象，我们或许已是见怪不怪了。正是通过对正义观念的这种滥用，社会正义（social justice；有时亦称为经济正义［economic justice］）才最终被人们视作是社会“行动”（或者社会给予个人或群体的“待遇”）所应当具有的一种属性。正如原始思想在最初注意到某些常规性的过程的时候通常所做的那样，那些主张社会正义的人在过去也对自生自发的市场秩序所产生的结果做过类似的解释，似乎这些结果都是由某个智者刻意指导或操纵的，或者说，不同的人从这些结果中所获得的特定好处或蒙遭的特定损害都是由刻意的意志行为所决定的，也是能够受到道德规则指导的。据此我们可以说，这样一种社会正义观念，乃是那种拟人化或人格化（personification）认识进路所产生的一个直接后果——当然，所有幼稚的思想都是根据这种拟人化或人格化的认识进路来解释各种自我有序化的过程（self-ordering processes）的。坦率而言，我们至今还没有完全摆脱这些原始思想的影响，有些人甚至还据此对那个比任何刻意建构的人之组织都更能满足人之欲求的非人格过程（impersonal process）提出了这样的要求，即它必须与人们为指导他们各自的行动而逐渐演化出来的那些道德规范相符合；[1]而所有这一切都表明，我们的心智尚未成熟。

值得注意的是，在上述意义上使用社会正义这个术语，只是相对晚近的事情，显然没有超过一百年。早些时候，这个术语只是偶尔被用来描述人们在实施正当行为规则方面有组织的努力，[2]而且直到今天以前，论者们也只是在某些学术讨论的场合中用这个术语来评价现行社会制度所具有的功效。[3]但是需要指出的是，这个术语在当下的公众讨论中被人们普遍使用且不断诉诸的那种意义（亦即本章拟对它进行检讨的那种意义），却在根本上与人们在很久以前就采用的分配正义（distributive justice）那个术语所具有的意义是完全一致的。当然，只是从（也许部分上是因为）约翰·斯图亚特·穆勒在下面这段文字中把社会正义与分配正义这两个术语明确视作同义词以后，上述意义上的正义观念才开始普遍流行开来：

> 社会应当平等地对待所有应当平等地获得这种平等待遇的人，也就是说，社会应当平等地对待所有应当绝对平等地获得这种平等待遇的人。这就是社会正义和分配正义（social and distributive justice）所具有的最高的抽象标准；应当使所有的社会制度以及所有有道德的公民的努力在最大程度上聚合在一起，以达致这一标准；[4]

或者说：

> 每个人都应当得到他所应当获得的东西（不论是善果还是恶果），被人们普遍认为是正义的；然而，每个人应当得到他

所不应得的善果，或者被迫承受他所不应蒙遭的恶果，则被人们普遍认为是不正义的。这也许是一般人的心智所能设想出的正义理念最为清晰且最为有力的形式。由于它关涉“应得者”（desert）这个理念，所以产生了究竟是什么构成了“应得者”这样的问题。[5]

特别需要指出的是，上述两段引文中的第一段文字，乃是穆勒在界分正义所具有的五种含义时对其中的一个含义所做的描述；当然，在这五种含义中，有四种含义关涉正当的个人行为规则，而只有这个含义所界定的是一种事实性的事态——这种事态可以是但未必是人之刻意决策所促成的。然而，穆勒好像完全没有意识到这样一个问题，即这个意义上的正义所指涉的情势与其余四种正义含义所指涉的那些情势完全不同，或者说，这样一种社会正义观念将直接导向彻头彻尾的唯社会论（socialism）。

显而易见，穆勒的上述陈述把社会正义和分配正义与社会按照个人的“应得者”而给予他们的“待遇”联系在一起；当然，他的这些陈述还最为明确地凸显出了社会和分配正义与一般正义之间的区别。与此同时，他的这些陈述也凸显出了他的这个概念之所以空洞无物的原因：对社会正义的诉求并不是向个人而是向社会提出的，然而一如我们所知，社会，从其必须与政府机器相区别的那种严格意义上来看，是不可能为了某个具体目的而采取行动的；因此，对社会正义的诉求亦就变成了这样一种要求，即社会成员应当以一种特定的方式（亦即有可能把整个社会产品的特定份额分派给不同的个人或不同的群体的方式）把自己组织起来。依此逻辑，首要的问题也就变成了人们是否有道德义务服从这样一种权力机构（power），亦即一种能够为了实现某种被视为正义的特定分配模式这个目的而把社会成员的各种努力都协调起来的权力机构。

如果我们把这种权力机构的存在视作理所当然，那么应当如何分配那些能够满足人们需求的可资运用的财富的问题，也就的确会变成一个有关正义的问题——尽管这个问题并不是那种普遍盛行的道德观念所能解答的。按照这个逻辑，甚至作为绝大多数现代社会正义理论家思考出发点的那项假设，似乎也可以得到正当性的证明；他们立基于其上的那项假设认为，社会正义要求赋予每个人以同样的份额，只要对某些问题所做的特殊考虑并不要求不按此项原则行事。[6]但是，就此而言，我们还必须对这样一个前提性的或更为重要的问题进行追问：要求人们服从指导性或支配性权力的做法本身是否合乎道德；所谓指导性或支配性的权力，是指那种为了使个人所得到的利益能够被有意义地认定是正义的利益或不正义的利益而不得不行使的权力。

当然，我们必须承认，如果市场机制配置利益和负担的方式乃是人们刻意向特定的人分配利益和负担所导致的结果，那么这种方式在许多情势中就必须被认为是极不正义的。但是，事实并非如此。人们在市场中获得的份额乃是一个过程的结果，这个过程的结果对于特定人的影响是任何人在这种制度最初出现的时候所无法欲求或无力预见的——此后，人们之所以允许这些制度持续存在，实是因为人们发现这些制度为所有的人或者大多数人满足自己的需求提供了更为广阔的前景。对这样一个过程提出正义的要求，显然是荒谬的；而且，从这样的社会中挑选出某些人并认为他们有资格获得特定的份额，无疑也是不正义的。

社会正义对公众想象力的征服

无论如何，我们都必须承认，对社会正义的诉求，在今天已经变成了政治讨论中使用得最为广泛而且也是最为有效的一种论辩。绝大多数要求政府为了特定群体的利益而采取行动的主张，都是以社会正义的名义提出的，而且如果论者有办法把某个这样的主张弄得好像是社会正义所要求采取的一种措施，那么反对这种主张的意见即刻就会变得软弱无力、不堪一击。人们也许会对某项特定的措施是否是社会正义所要求的问题展开争论，但是有关社会正义乃是应当用来指导政治行动的标准的问题，以及社会正义这个术语有着明确含义的问题，鲜有人质疑过。因此，在今天，很可能没有哪场政治运动或者没有哪个政客不是经由诉诸社会正义来支持他们所倡导的各项特定措施的。

同样，我们也很难否认，对社会正义的诉求，已然在很大的程度上改变了社会秩序，而且还在继续把社会秩序朝着那些主张社会正义的人从来不曾预见的方向扭转。毋庸置疑，社会正义偶尔也会促使或推进法律为所有人提供更为平等的保障，但是对分配正义的诉求是否已使社会变得更正义或者说是否减少了人们的不满，仍是一个必须加以质疑的问题。

当然，社会正义这个术语从一开始就被用来指称唯社会论的一些核心诉求。尽管人们通常界定古典社会主义（classical socialism）都是按照其对生产资料社会化（socialization of the means of production）的要求进行的，但是在当时，这种要求在古典社会主义那里主要被视作是实现正义分配财富的至关重要的一种手段；此外，由于唯社会论者后来发现，财富的再分配在很大程度上（在较少遭到抵制的情况下）可以通过税收（以及由税收所支撑的政府服务性活动）加以实现，而且还常常在实践中搁置了他们早些时候提出的那些要求，所以实现社会正义也就成了他们的首要诺言。我们完全可以这样认为，古典自由主义所旨在实现的社会秩序与眼下正趋形成的社会秩序之间的主要差异在于：前者受正当个人行为原则的支配，后者（亦即那种新社会）旨在满足人们对社会正义的诉求——换言之，前者要求个人采取正当行动，后者越来越把正义之责（duty of justice）置于那些有权向人们发号施令的权力机构的手中。

社会正义的主张之所以会导致这种结果，实是因为从唯社会论者手中逐渐继用此一主张的不只是所有其他的政治运动，也包括了大多数道德说教者和布道者。特别值得注意的是，所有基督教派中的大多数教士似乎也都皈依了社会正义；他们在对某种超自然的天启越来越丧失信念的同时，却好像在一种新的“社会”宗教（a new“social”religion）中找到了一个避难所并得到了慰藉，因为这种新的“社会”宗教以一种人间的正义允诺取代了那种天国的正义允诺；当然，这些教士仍希望自己能够通过这种方式继续行善。罗马天主教会还特别把社会正义这个目标变成了其正式教义的一部分[7]；更值得我们注意的是，大多数基督教牧师之间的竞争方式似乎也发生了变化（亦即看谁能够对这类较具世俗意味的目标做出更多的承诺），而这种竞争方式的变化似乎还为泛基督教改革运动提供了主要的基础。

当然，形形色色的现代威权政府（authoritarian governments）或专制政府也都宣称社会正义是它们的首要目标。我们从安德烈·沙哈罗夫（Andrei Sakharov）先生那里得到可靠的消息称，在俄国，千百万人成了一场“力图以社会正义的口号来掩盖其真面目”的恐怖运动的受害者。

对社会正义的信奉，实际上已经演变成了一个宣泄道德情绪的主要通道，成了好人的显著特征，也成了人们具有道德良知的公认标志。虽说人们偶尔也会无法判断出那些以“社会正义”之名提出的彼此冲突的主张中究竟何者是有效的，但是几乎没有人对社会正义具有明确的含义、描述了一种崇高的理想并切中了现行社会秩序中亟待纠正的重大时弊等问题表示怀疑。我们可以说，如果有人想在卷帙浩繁的文献中就该术语找到一个可以理解的定义，那一定是徒劳的，即使在今天亦复如此；[8]但是令人颇感奇怪的是，无论是普通人还是学者，似乎对这个术语有着一个明确且易懂的含义这一点却依旧毫不怀疑。

然而一如我们所知，人们对一种信念近乎普遍的接受，并不能够证明这个信念就是有效的（valid）甚或是有意义的，就像人们在过去普遍相信妖巫或幽灵也并不能够证明这些莫名其妙的东西就是有效的一样。就社会正义而言，我们所必须处理的实际上只是一种准宗教性质的迷信，因此，如果它只是使那些信奉它的人感到幸福，那么我们就会对它敬而远之，不去打扰它；但是，如果它变成了强制他人的借口，那么我们就必须与它做斗争。再者，当下社会对社会正义的普遍信奉，很可能还对自由文明所具有的大多数其他价值构成了最严重的威胁。

不论爱德华·吉本（Edward Gibbon）的观点是对还是错，反正以下两点是不争的：第一，道德信念和宗教信仰能够摧毁一个文明；第二，在这样的信条占据支配地位的地方，不只是大多数最值得人们珍视的信念，而且也包括那些最受人们尊敬的道德领袖，有时候还包括那些毫无私心的圣徒，都可能对他们认为根本不可能动摇的那些价值构成严重的危害。如果我们想免遭这种威胁的侵害，惟一的法门就是把我们对一个更加美好的世界所抱有的最为宝贵的梦想也置于无情的理性剖析之下。

似乎有很多人都相信，社会正义乃是一种新的道德价值（亦即我们必须把它纳入那些在过去就为人们所承认的道德价值之中的那种新价值），而且这个新的道德价值也是能够被纳入现行道德规则框架之中的。但是，人们没有充分认识到，为了赋予这个主张以意义，他们必须彻底改变社会秩序的整个性质，还必须放弃某些在过去一直支配着该社会秩序的价值。眼下，社会正在一点一点地向着一个根本不同的社会类型发生转变，人们也根本无法意识到这一转变所必定导致的种种结果。当然，正是由于人们相信可以经由此道而实现诸如社会正义这类东西，他们才会把这样一种特殊的权力置于政府之手——亦即政府为了满足越来越多的已学会使用社会正义这块敲门砖来为自己谋利的特殊利益集团的要求而不得不使用的那种权力。

我相信，人们最终会认识到，社会正义只是一种诱惑，它已然诱使人们放弃了许多在过去曾激励文明不断发展的价值——对这种诱惑的沉湎，只是为了满足自己从小群体传统中继受下来的某种欲求，然而这种欲求在自由人组成的大社会里是毫无意义的。颇为遗憾的是，这种含混不清的欲求业已成了激励善良的人们采取行动的最为强大的聚合力之一，但是这种欲求注定会落空，还会酿成足够惨痛的悲剧。毋庸置疑，就像大多数追求某种无法达到的目标的努力一样，追求社会正义的努力会产生极不可欲的后果；尤其需要指出的是，这种努力还趋于把传统道德价值赖以演化扩展的不可或缺的环境给摧毁；而这个不可或缺的环境便是人身自由（personal freedom）。

正义概念对自生自发过程之结果的不适用性

现在，我们有必要对人们在市场秩序中因诉诸社会正义而产生的两个截然不同的问题做出明确的界分。

第一个问题：在一个以市场为基础的经济秩序内部，社会正义这个概念是否具有任何意义。

第二个问题：在（以社会正义的名义或任何其他借口）把某种报酬（remuneration）模式强加给市场秩序的同时，是否还有可能维护市场秩序；当然，这里所说的报酬模式，乃是以掌握着实施此种模式之权力的机构对个人或群体的表现或需求所做的评估为基础的。

对上述两个问题的回答，无疑都是否定的。

然而，正是人们普遍相信社会正义的有效性，才致使所有的当代社会都愈来愈努力把某种报酬模式强加给各自的市场秩序；此外，对社会正义有效性的这种笃信无疑，还具有一种特殊的自我加速或强化的取向：个人或群体的地位越是依附于政府的行动，他们就越会坚持要求政府去实现某种可以得到他们认可的正义分配方案；而政府越是竭尽全力去实现某种前设的可欲的分配模式，他们也就越会把不同的个人和群体的地位置于他们的掌控之中。只要人们对社会正义的这种笃信支配了政治行动，那么这个过程就必定会以一种渐进的方式越来越趋近于一种全权性体制（toaliarian system）。

不过，我们在这里将首先集中讨论“社会正义”这个术语之意义的问题，更准确地说是它不具有意义的问题；只是在讨论了这个问题之后，我们才将对那些把**任何一种**前设的分配模式强加给社会的企图必定对受制于它们的社会结构所造成的各种影响做进一步的讨论。

我们认为，在自由人组成的社会（与任何强制性的组织不同）中，从严格意义上说，社会正义乃是空洞且毫无意义的；然而，这个论点对于大多数人来说可能是难以置信的。看到生活对不同的人是如此的不公，看到应得好报的人受难而卑劣的人得势，难道我们始终没有感到不安吗？当我们意识到某项报酬与某种努力或牺牲相适当的时候，难道我们没有觉得这是合理的吗？难道我们不乐意看到这种结果吗？

在我们动摇社会正义这种确然性的诸项洞见中，最重要的一个洞见认为，对于人之命运的不同，我们也有着同样的经验感受，但是显而易见，这种人之命运的不同是任何人的责任所不能及者，因此，把这种不同说成是不正义，无疑是极为荒唐的。然而，当一个家庭接连遭受灾难而另一个家庭稳步兴旺发达的时候；当一项值得称道的努力因发生某种不可预见的偶然事件而蒙遭挫折的时候；尤其是在许多付出同样巨大努力的人当中，有些人取得了辉煌的成就，而另一些人彻底失败的时候，我们的确会对这种不正义现象大声抱怨。同样，我们也肯定极不愿意看到父母为抚养孩子成人而做出的最值得称道的努力和心血白白浪费，不愿意看到年轻人创业的努力遭到失败，也不愿意看到一个开拓者或一个科学家实施一种精彩想法的努力受到挫折。我们会诅咒并抗议这样的命运，尽管我们并不知道谁应当对此负责，也不知道采取什么样的方式可以避免这样的厄运。

我们对自由人组成的社会在物质财富分配方面所存在的不正义现象，也会有同样的感受。尽管我们不愿意承认这种情势，但是我们把市场的结果当作不正义的东西来抱怨，并不是真的要宣称某个人是不正义的；一如我们所知，即使我们对究竟谁是不正义的这个问题进行追究，实际上也不会有答案。值得我们注意的是，正是在这种情势中，社会变成了一个新的神，如果它不兑现它创生出来的种种预期，那么我们就会向它抱怨并强烈要求它对此进行救济。这是因为在这种情势中，上述蒙遭种种不幸的人根本就没有正当理由去抱怨任何个人或任何合作群体；再者，力图使正当个人行为规则在确使秩序正常运转的同时还能防止上述种种失落或受挫现象，也是根本不可想象的。

隐含在上述种种抱怨中的惟一责备是，我们容忍了这样一种制度，其间，每个人都可以选择自己的职业，因而任何人都不可能有权力和责任确使个人选择的结果与我们的愿望相吻合。这是因为在这样一种每个人都被允许运用各自的知识去实现各自目的的制度中，[9]“社会正义”这个概念必定是空洞且毫无意义的；当然，之所以空洞无意义，实是因为在这种制度中，任何人的意志都不能决定不同人的相对收入，甚或无力阻止这些相对收入在一定程度上还要取决于偶然因素。在一个指令性或“命令性”的经济体中（比如说在军队中），个人是按照命令行事的；因此，社会正义只有在这样一种经济体中才能获得某种意义；也只有在这样一种由中央指导计划的制度中，某种特定的社会正义才可能得到实现。社会正义乃是以这样一种预设为基础的，即人们是受具体的指令指导的，而不是受正当行为规则指导的。毋庸置疑，任何一种正当个人行为规则系统都不可能产生符合任何分配正义之原则的结果，任何个人的自由行动也都不可能产生这样的结果。

我们认为，自由社会的各种过程对不同个人之命运所产生的影响，并不是按照某种公认的正义原则进行分配的结果；显而易见，我们的这个观点没有错。但是，当我们由这个观点得出结论说这些影响是不正义的而且某人须对此负责的时候，我们的观点就错了。在一个自由的社会中，不同的个人和群体的地位并不是任何人设计的结果，也不是可以根据一项普遍适用的原则加以改变的；因此，在这样一个社会中，把人们在报酬方面所存在的差异说成是正义的或不正义的，根本就不可能有任何意义。毋庸置疑，在这种社会中，也会存在各种各样旨在影响特定酬报方案从而完全可以被称为正义的或不正义的个人行动；但是，所谓能够产生一种本身便可以被称之为正义的分配模式的个人行为原则是根本不存在的，个人也不可能知道他必须采取什么行动才能够确使他的同胞得到正当的报酬。

经济竞赛的基本原理认为：在经济竞赛中，正义者只可能是参与者的行为而不可能是竞赛的结果

一如我们在前文中所指出的那样，正义乃是人之行为的一种属性，我们之所以习得了这种属性，是为了确使一种有助益的行动秩序得以形成和维续，我们必须采取某种特定类型的行为。因此，正义这个属性可以被用来指涉人之行动所意图的结果，却不能被用来指称那些并不是由人们刻意促成的情势。正义要求人们在“对待”

另一个人或另一些人的时候，也就是在刻意采取那些会影响到其他人生活状况的行动的时候，必须遵循某些统一的行为规则。由于市场乃是经由非人格的过程而把对商品和服务的支配权划归给特定的人的，所以显而易见，我们根本无法用正义来指称市场所依凭的这种方式；换言之，市场所依凭的这种方式之所以既不可能是正义的，也不可能是不正义的，一是因为它所产生的结果既非刻意造成的，亦非人们所能预见的，二是因为这些结果所依赖的乃是任何人在整体上都不可能知道的大量情势。当然，在市场这种非人格的过程中，个人行为完全有可能是正义的或不正义的；但是需要指出的是，由于个人所采取的完全正义的行动给他人造成的后果既不是他们所意图的，亦不是他们所预见的，所以这些后果也就不会是正义的或不正义的。

事实情势是：为了捍卫那个大大增进了每个人满足自己需求之机会的过程，我们都同意维护并同意实施某些统一的规则，但是我们必须为此承担相应的代价，即所有的个人和群体都得承受蒙遭不应遭受的失败的风险。在人们接受了这种过程以后，不同群体和不同个人的酬报也就不再受任何人刻意支配了。这是人类迄今为止发现的惟一一种能够把分散在千百万人中的广泛信息（information）有效地用于实现所有人的利益的过程；这种过程的运作方式就是确使每个人都享有那种从伦理上讲本身就是可欲的个人自由。当然，这种过程从来就不是“设计”的结果，只是我们以点滴的方式逐渐完善的结果；更准确地说，我们只是在发现了这个过程在其得以形成和发展的那些群体中如何提高了人们的效率和实力以后，才渐渐学会运用并逐渐完善这种过程的。

这个过程，一如亚当·斯密（显而易见，还有在他之前的古代斯多噶派学者）所理解的那样，[10]在所有的重要方面（但是有一点除外，即该过程一般来讲并不只是作为一种娱乐而展开的）都完全类似于一场竞赛（game），也就是一场部分取决于技艺、部分取决于运气的竞赛。我们将在下文中把这种竞赛称之为偶合秩序（catallaxy）的竞赛。像所有的竞赛一样，这种偶合秩序的竞赛也是依循规则展开的——这些规则指导着那些在目的、技艺和知识等方面不尽相同的个人参与者的行动；这种竞赛所导致的一个后果就是：竞赛结果是不可预测的，而且通常来讲总是有赢家和输家。就像在一场竞赛中那样，我们在市场竞赛中完全有理由要求人人公平竞争，也完全有理由要求人人诚实无欺，但是，如果我们要求竞赛结果对每个参与者都保持公平，那么我们的这种要求就会变得极为荒谬，因为我们知道，这种竞赛的结果在某种程度上肯定是由技艺决定的，而在某种程度上又必定是由运气决定的。在那些使某个人的服务对他的同胞具有一定价值的情势当中，或者，在那些使某个人改变他的努力方向成为可欲之事的情势当中，有一些情势既不是人之设计的结果，也不是人们能够预见到的。

囿于种种原因，我们不得不在下一章再回过头来讨论那种实际上由市场竞争构成的发现过程（discovery procedure）的基本原理。但是，我们在这里还是需要扼要地指出下述两个问题：第一，不同的个人和群体在一个力图运用多于任何一个人或机构所能掌握的信息的过程中所获得的那些结果，其本身就必定是不可预测的，而且也常常会与那些决定着他们努力的方向和强度的希望和意图相违背；第二，只有当我们允许负反馈原则（principle of negative feedback）发挥作用——这意味着某些人肯定会蒙遭不该遭受的失望——的时候，我们才能够有效地运用那种广泛分散的知识；当然，亚当·斯密仍是最早洞见这个问题的人士之一。[11]

我们还将在后文中看到，特定的价格或工资，就是不同的群体和个人的收入，对于市场秩序的正常运转之所以极为重要，主要不是因为这些价格会对所有得到这些信号的人产生影响，而是因为这些价格还会对那些认为价格是改变他们努力方向的信号的人产生影响。价格的功能与其说是为人们业已完成的事情提供报酬，不如说是告知人们，为了他们自己的利益也是为了普遍利益，他们**应当**做什么事情。然后，我们还会看到，为了给维续市场秩序所需要的那些运动提供足够多的激励，人们经努力所得的回报与可明确识别的品行（merit）不相吻合的状况，也往往是有必要的；但是应当指出的是，尽管他们已经竭尽全力并尽其所能，然而出于某些他们尚无力知道的原因，他们的努力仍可能无法达到他们合理预期的水平，不过也有可能超出他们合理预期的水平。在自生自发秩序中，某人是否做了“正确的”事情这个问题，不可能总是品行的问题，必须采取这样一种方式来决定，亦即在不考虑相关人士是否应当或是否能够先已知道所需者的情况下来决定这个问题。

总而言之：第一，只有当人们预期得到的工作酬报与他们的服务对那些得到这些服务的同胞所具有的价值相吻合的时候，他们才可能自行决定做什么工作；第二，他们的服务对他们的同胞所具有的这些价值，往往与他们个人的品行或需求毫无关系。人们因品行挣得的报酬，与提示某个人应当做什么事情的信号（价格），无论从他自己的利益来看还是从他同胞的利益来看，都完全是两种不同的东西。能够确使人们得到最优报酬的因素，并不是善良的意图或需求，而是去做事实上最有助于他人的事情（而不论做这种事情的动机为何）。在那些努力攀上埃非尔士峰（Mount Everest，即珠穆朗玛峰）或试图登上月球的人当中，我们所尊敬的也不是那些做出了最大努力的人，而是那些首先取得成功的人。

显而易见，如果我们把上述情势中的结果说成是正义的或不正义的，那是毫无意义的。人们之所以未能普遍认识到这个问题，在一定程度上是因为人们错误地使用了“分配”（distribution）这个术语——在他们那里，“分配”这个术语必定意味着一个人格化的负责分配的机构的存在，正是这个机构的意志或抉择决定着不同的个人或群体的相对地位。[12]事实上，根本就不存在这样一种机构；我们之所以用一个非人格的过程来确定利益的配置，恰恰是因为经由这个过程的运行，我们能够形成一个相对价格和相对报酬的结构：这个结构将决定总产出的构成和规模，这种构成和规模又能确使每个个人因偶然因素或技艺而获得的份额实际上与我们想给他的份额大体相当。

技艺和运气在决定相对收入方面确实很重要，但是如果我们在这里用较长的篇幅对它们所具有的这种相对重要性进行探讨，那定会与本书论旨相脱离。显而易见，技艺和运气所具有的这种重要性，在不同的行业、场所和时间之间，尤其是在竞争程度极高的社会与较不富有企业家进取精神的社会之间，也是极为不同的。我在总体上倾向于认为，在任何一个行业内部，个人的能力与勤奋之间所存在的相应关系，要比人们通常所承认的大一些，但是一个特定行业的所有成员的相对地位与其他人相比较，则会更为频繁地受到那些他们无力控制且无从知道的情势的影响（这也可能是那种被称之为社会不正义［social injustice］的现象而非个人所蒙遭的不幸何以被人们普遍认为是现行秩序所具有的极为严重的缺陷的一个原因）。[13]但是需要指出的是，有关价格机制在总体上会使报酬与技艺和努力趋向符合的观点，并不是我们在这里所要阐释的具有决定性的要点，相反，关键之处在于这样一个论点：即使我们知道运气起着极为重要的作用，即使我们不清楚一些人何以总是在猜测方面比其他人更幸运，我以为我们从下述假设出发思考问题仍是与普遍利益相符合的，即一些人在以往评断赢者的过程中所取得的成功很可能会使他们在未来也效仿这些赢者的做法，因此，激励或促使他们继续进行他们的尝试也是非常值得的。

信奉酬报正义的必然性

有论者巧言善辩地说：第一，只有当人们相信不同的个人在总体上得到了他们应得的东西的时候，他们才会容忍物质地位（material positions）存在重大的不平等现象；第二，人们之所以在事实上支持市场秩序，只是因为（而且也只有当）他们认为报酬上的差异大体上对应品行的差异；第三，对自由社会的维护也预设了这样一种观点，即某种社会正义已然且正在得到实现。[14]然而需要强调的是，市场秩序事实上并非源于这样一些信念，最早也不是以这种方式得到正当性证明的。在中世纪，市场秩序的早期萌芽不仅处于式微的状态，还在某种程度上因权力机构所强设的种种约束措施几乎蒙遭摧毁；实际上，人们还徒劳地做了一千年的努力，以求发现实质正义（substantively just）的价格或工资。当然，人们后来放弃了这方面的努力，晚期的经院学者甚至还认识到了所谓实质正义的价格或工资只是些空洞的口号，于是他们转而告知人们，由市场中各方当事人的正当行为所决定的价格，也就是说在没有欺诈、垄断和暴力的情势下达致的竞争性价格，乃是正义所要求的全部内容。[15]只是在此以后，市场秩序才得到了发展。正是从晚期经院学者的上述传统观念中，约翰·洛克及其同时代的论者们提出了古典自由主义的正义观念，对于这种正义观念来说，有论者正确地指出，惟有“竞争赖以展开的方式，而不是竞争的结果”[16]才可能是正义的或不正义的。

显见不争的是，尤其是在那些在市场秩序中十分成功的人士当中，后来又逐渐培育出了这样一种信念，认为个人成功有着更为强硬的道德正当性基础；当然，只是在天主教道德哲学家认可并详尽阐明市场秩序诸基本原则以后很久，这种信念才在盎格鲁—撒克逊世界中又得到了加尔文派教徒之教义的强大支持。在市场秩序中（或在自由企业的社会里，亦即以极具误导的方式被称之为“资本主义”［capitalism］的社会中），个人相信他们的幸福主要取决于自己的努力和自己的决策；这一点肯定是十分重要的。的确，要使一个人富于活力且使其工作富有成效，最具重要意义的便是他本人拥有这样一种信念，即他是否能够达到他为自己所设定的目标，在很大程度上要靠他自己的努力。因此，这种信念也常常经由教育和支配性公众意见的传播而得到鼓励——在我看来，这种信念一般来讲会极有益于它所盛行于其间的社会中的大多数成员，因为正是通过那些受这种信念指导的人士的努力，该社会中的大多数成员才得以享受诸多重大的物质进步和道德进步。但是值得我们注意的是，这种信念同样会使人们对它的普遍适用性抱持一种过分的自信，而这种过分的自信，对于那些认为他们自己（也许真的）具有同样能力但蒙遭失败的人来说，肯定是一个辛辣的讽刺和严苛的刺激。

特别是在美国，诸如塞缪尔·斯迈尔斯（Samuel Smiles）和霍雷肖·阿尔杰（Horatio Alger）这样的知名著作家，以及后来的社会学家 W. G. 萨姆纳（W. G. Sumner），在为自由企业做辩护时都宣称，自由企业所酬报的总是应得的人士（the deserving）。但是，以这样的方式为自由企业辩护，很可能是一种不幸；更需要指出的是，他们的这种论点似乎还成了公众所理解的捍卫自由企业的惟一论辩，这对于市场秩序的发展前景来说，是个恶兆。这种情势之所以不是什么好兆头，实是因为那种论辩会在很大程度上成为企业家自负自大的基础，这往往会使他们养成一种实际上并不会使他们更受欢迎的自以为道德公正的傲气（an air of self-righteousness）

因此，这是一个实实在在的困境——亦即我们究竟应当如何把握下述两种做法的程度问题：我们是应当鼓励年轻人相信，只要他们真的去努力，他们就会获得成功呢？还是应当向他们强调指出，在市场的过程中必定会发生这样的情势，即某些卑劣的人会取得成功，而某些高尚的人会失败呢？或者说，一如我们所知，有些群体过于相信有能力的人和勤勉的人能够得到相应的报酬并因此会做出大量有助于其他人的事情；就此而论，我们是否应当允许这些群体所持有的这种观点占据支配地位呢？如果社会中没有这样一部分错误的信念，那么大多数人是否还会容忍报酬方面所存在的实际差距呢？当然，这里所讲的报酬差距，实际上是那种只在部分上取决于技艺、部分上取决于运气的报酬差距。

不存在“对社会的价值”

晚期经院学者认为，只有那种在竞争性市场中达致的自然价格（natural price）才能够被认为是正义的价格，因为在竞争性市场中，自然价格并不是由任何人之法律或律令所决定的，而是由如此之多以至于只有上帝才可能事先知道的情势决定的。[17]的确，只是在人们认识到了这个问题以后，中世纪对正义的价格和正义的工资所做的那种徒劳的探求，才最终被放弃。但是，这没能终止人们在此后继续探寻“点金石”（philosophens'stone）的尝试。一如我们所知，这种尝试经由下述两个方面的原因在现代得到了复苏：第一，人们普遍对社会正义提出了诉求；第二，人们在调解或仲裁工资纠纷方面为寻求正义标准所做的长期努力也都夭折了。在将近一个世纪的时间里，许多国家热爱公益的人士一直都在努力发现某些能够用以确定正义工资比率的原则；然而，正如他们当中越来越多的人士所承认的那样，他们在这方面的努力并没有使他们发现任何一项这样的规则。[18]就此而言，多少有点令我们感到惊讶的是，像伍顿夫人（Lady Wootton）这样一位资深仲裁人在承认仲裁者所“试图从事的乃是在道德真空中行使正义这一根本不具可能性的任务”（因为“没有人知道什么是道德真空中的正义”）之后，她竟由此得出结论认为，正义的标准应当通过立法来决定，甚至还明确要求以政治的方式来决定所有的工资和收入问题。[19]实际上，所谓议会能够决定何为正义的观点，可以说是一种最为极端的幻想；当然，我也不想推测说，伍顿夫人真的就想捍卫她上述观点中所隐含的粗暴原则：一切报酬都应当由政治权力机构来决定。

那种认为完全可以把“正义的”和“不正义的”这两个范畴适用于由市场所决定的报酬的观点，还源于另一种看法，即尽管服务各种各样、不尽相同，但是它们都有一个确定的且能够加以确认的“对社会的价值”或“社会价值”（value to society），但是实际报酬常常与这种价值相违背。需要指出的是，甚至一些经济学家有时候也会粗心大意地使用“对社会的价值”这种观念，但是严格说来，“对社会的价值”这种东西根本不存在，而且这种说法中所隐含的不过是与“社会正义”一术语中相同的那种把社会拟人化或人格化的倾向而已。服务只能够对特定的人（或一个组织）有价值，任何特定的服务对于同一个社会中的不同成员也具有极为不同的价值。如果我们不是以这样一种方式来看待服务，那么我们就会把社会视作一个组织（在作为组织的社会里，所有的成员都会被迫去为惟一的一套目的服务），而不会把社会视作一个由自由人组成的自生自发秩序。这种作为组织的社会必定是一种全权性系统，其间，人身自由是不可能存在的。

尽管人们在不加思考的情况下倾向于说“对社会的价值”而不说一个人对其同胞的价值，但是值得注意的是，如果我们将一个向千百万人供应火柴并因此挣得年收入二十万美元的人与一个为数千人贡献大智慧或优雅享受并因此挣得年收入两万美元的人相比较并认定前者“对社会”更具价值，那么从事实上讲，这种说法的误导性就太大了。即使是演奏一首贝多芬的奏鸣曲、展出一幅达·芬奇的画或上演莎士比亚的一出戏，也不存在“对社会的价值”，而只是对那些懂得并欣赏它们的人有价值。再者，如果我们将一个拳击手或一个流行歌手与一个小提琴演奏大师或一个芭蕾舞演员相比较，并且只是因前者向千百万人提供服务而后者向为数相对较少的人提供服务便断言前者“对社会”更具价值，那么我们的这种说法同样是无甚意义的。这里的核心要点并不在于真实的价值是不尽相同的，而在于不同的群体赋予不同服务的价值是不可比较的或不可通约的；实际上，上述种种说法所具有的全部意思仅仅在于：前者与后者相比较，前者事实上从更多的人那里挣得了更多的报酬总额。[20]

不同的人在市场中挣得的收入，一般来讲，并不会与他们的服务对任何一个人所具有的那种相对价值相符合。仅就一组特定的不同商品中的任何一种商品都是由任何一个人消费的这种情况来看，虽然他或她会购买的每一种商品的数量是如此之多，以至于最后购买的商品的相对价值对他们来说会与这种商品的相对价格相符合，但是大量成对成双的商品决不会由同一个人去消费：仅由男性消费的商品的相对价格与仅由女性消费的商品的相对价格并不会与这些商品对任何一个人的相对价值相符合。

因此，个人和群体在市场中所获得的酬报，乃是由他们所提供的那些服务对于那些获得这些服务的人的价值所决定的（或者严格地说，乃是对这些服务的最后需求所决定的，这种需求仍能够经由可得到的供应而获得满足），而不是由某种拟制的“对社会的价值”所决定的。

人们之所以抱怨这种酬报原则“不正义”，还有另一个原因，这就是以这种方式决定的酬报，常常会比鼓励人们（亦即那些得到这些酬报的人）提供那些服务所需要的费用高出许多。这是完全真实的，但是只要所有提供同样服务的人要得到同样的酬报，只要相关服务在价格仍然超过成本的情况下还要继续增加，只要任何一个想以时价来购买或出售这种服务的人有能力做到这一点，那么上述情势就是必要的。这种做法的结果必定如此：几乎所有的边际售卖者所赚到的钱都会超出激励他们提供有关服务所必须承担的成本——正如几乎所有的边际购买者都能够以少于他们准备付的价钱购买到他们所买的东西一般。因此，如果人们认为某人努力去补偿其他人因他们为了他个人的利益而付出的努力和做出的牺牲是正义的，那么市场的酬报就决不可能是这样一种正义。

有关不同的群体对不同服务的酬报会采取不同的态度这一点，偶尔也能够证明，大多数人并不会笼而统之地对其他人的收入比自己的收入高这种现象感到嫉恨，而只会普遍嫉恨那些通过他们并不理解其功能甚或认为其是有害的活动而挣得的收入。我从来没有听说过一般的老百姓会忌妒拳击手或斗牛士、足球偶像或电影明星、爵士歌王所挣得的高额收入——他们甚至还常常极富同感地着迷于这些高收入者所表现出来的穷奢极欲且铺张浪费的做法，而与这些人相比，工业巨头或大财阀的派头则完全可以说是小巫见大巫。只是当大多数人不理解某项活动之功用的时候，而且也常常是因为他们错误地以为这项活动是有害的（亦就是“投机商”[speculator]——这个称谓常常与这样一种信念结合在一起，即只有不诚实的活动才可能挣得这么多收入），尤其是当庞大的收入被用于财富积累的时候（这也源于一种错误的认识，即花掉它们要比用它们去投资会更可欲），人们才会发出强烈的呼吁，并指责这种收入是不正义的。然而，如果所有不尽相同的活动的酬报都取决于多数对它们的价值的评估——或者说，如果这些酬报都取决于任何一个人对该系统有效运转所需要的所有不同活动之重要性的理解或认识的话，那么显而易见，现代大社会这种复杂结构的作用定会丧失殆尽。

上述所论的要点并不在于大众在大多数情势中并不知道某人的活动对于其他人所具有的价值，也不在于必定是大众的偏见决定了政府权力的用途；我们所强调的要点毋宁在于除了市场告知我们的信息以外，我们实际上一无所知。确凿无疑的是，我们对特定活动的评价常常与市场赋予它们的价值不相一致；我们也是通过把这种现象指责为不正义的现象来表达我们这种感受的。一个护士与一个屠夫、一个煤矿工人与一个高级法院法官、一个深海潜水员与下水道清洁工、一个新兴产业的组织者与一个职业赛马骑师、一个税务检查官与一个发明救命药物的人、一个飞机驾驶员与一个数学教授，他们的相对酬报应当是多少呢？如果我们提出这样的问题，那么显而易见，诉诸社会正义根本不可能为我们解决这个问题提供任何帮助；即使我们诉诸社会正义，那它也不过是一种含沙射影的修辞，而它的真正意思则意味着其他人应当同意我们的观点，即使我们对此给不出任何理由。

也许有人会反驳说，尽管他们无法给“社会正义”这个术语下一个确切的定义，但是这未必就能使人们从根本上否定这个术语，因为这种立场有可能与我在前文所论辩过的那种有关正义本身的立场极为相似：我们有可能不知道什么是社会正义（socially just），但是我们颇为清楚地知道什么是社会不正义（socially unjust）；再者，每当我们遭遇社会不正义的现象，我们便予以根除，这样，依凭这种持之以恒的努力，我们就可以逐渐地趋近社会正义。然而，这种反驳的观点并没有为人们摆脱这个问题的基本困境提供一条出路。实际上，根本就不存在一种我们能够据以发现何为社会不正义的判准，这是因为任何人都不可能从事这样一种不正义的行为；此外，在市场秩序中，这样一种个人行为规则也是根本不存在的，即人们只要遵守它们，个人和群体就肯定能够获得在我们看来本身就是正义的地位（以区别于那个据以决定个人和群体之地位的过程），[21]当然，社会正义并不属于一种错误的范畴，而是一种彻头彻尾且毫无意义的胡言，就像“一块道德的石头”这种说法毫无意义一般。

"社会的"含义之辨析

在探寻社会正义之含义的过程中，人们也许会指望经由检视"社会的"（social）这个定语的含义而得到某种帮助；但是，这样的尝试即刻就会使人们陷入混淆的困境之中而无力自拔，因为这种困境与困扰着社会正义本身的困境一样糟糕得不堪收拾。[22]最初，"社会的"这个术语当然有一个明晰的含义（与"民族的""部落的"或"组织的"这样一些构造物相似），意指那种与社会结构和社会活动相称的东西或特征。从这个意义上讲，正义显然是一种社会现象，因此再为"正义"这个名词加上"社会的"定语，肯定是一种烦冗之举，[23]就像我们说"社会的语言"一般烦冗——尽管人们在早些时候偶尔也曾试图用"社会正义"这种说法来界分普遍盛行的正义观点与特定个人或群体所持有的正义观点。

但是，人们在今天使用的社会正义已不是社会规范（social norms）意义上的"社会的"；这就是说，社会正义并不像社会规范那样乃是在社会进化的过程中作为个人行动的惯例而演化发展起来的一种产物，也不是作为社会的产物或社会过程的产物，而是作为一种强加给社会的观念而存在的。正是由于人们用"社会的"一术语去指称整个社会或所有社会成员的利益，"社会的"这个术语才渐渐地获得了一种居支配地位的道德含义。在19个世纪的第三个二十五年中，"社会的"这个术语逐渐得到了人们的普遍使用；当时，人们主要是用它来表达这样一种诉求，亦即要求当时仍居统治地位的阶级给予为数较多的穷人的利益以更多的关注，因为他们的利益在此前并没有得到统治阶级的充分关注。[24]提出这个"社会问题"（social question），乃是为了求诸于上层阶级的良知，进而使他们认识到他们对社会中被忽视的那部分人的利益负有责任——因为直到那时为止，这部分穷人的声音在政府议事机构中还毫无份量可言。正是立基于此，"社会政策"（social policy，或者用当时在这一运动中打头阵的国家的语言来说，也就是 Social-politik）成了当时议事日程中最为重要的内容，也成了所有进步和善良的人们的主要关注点；与此同时，“社会的”这个术语也一步一步地取代了诸如“伦理的”（ethical）这样的术语，甚或还替代了诸如“善”（good）这样的术语。

的确，人们正是经由“社会的”这个观念而诉诸于公众之良知，人们也期望通过此举使他们关注那些不幸的人乃至认识到那些不幸的人也是与他们同一个社会的成员。但是需要强调指出的是，从这样一种诉求出发，“社会的”这个观念渐渐变成了这样一种意思，即“社会”（society）应当对所有社会成员的特定物质地位负责，还有责任确保每个人都得到他所“应得的”东西。这意味着社会的过程应当在刻意的指导下去实现或追求特定的结果，人们还应当经由对社会的人格化思考把社会认作是一个拥有意识心智（conscious mind）并能够在行动中受道德原则指导的主体。[25]正是通过这种指涉的变化，“社会的”亦越来越变成了优异品行的写照，成了好人出众的基本属性，也成了指导公共行动的理想。

尽管上述发展趋势无限地扩大了“社会的”这个术语的适用范围，但没有赋予该术语所必需的新含义。更有进者，这种发展趋势还在很大程度上切割掉了该术语原本具有的那种描述性含义，为此，一些美国社会学家甚至认为有必要创造一个新词即“societal”来取代“社会的”（social）这个术语。事实上，这个发展过程造成了这样一种局面，其间，“社会的”这个术语可以被用来指称几乎所有被公众视作是可欲的行动；与此同时，这个发展过程还导致了这样一种结果，即它致使所有与它相结合的那些术语都失去了它们原有的明确的含义。不只是“社会正义”这个术语，还包括社会民主（social democracy）、社会市场经济（social market economy）[26]或者社会法治国（sozialer Rechtsstaat）等说法，都是这个方面的实例：尽管正义、民主、市场经济或法治国这些术语原本有着十分清晰的含义，但是在加上“社会的”这个形容词以后，它们可以被用来意指人们所喜欢的几乎任何一种东西。毋庸置疑，“社会的”这个术语已成了政治话语（political discourse）之所以混乱不堪的主要根源之一，而且人们也很可能无力再把它改造成一个具有有益用途的术语了。

为了推进某种理想而对语言施以暴行进而肆意曲解语言的做法，显然是不会有尽头的；就社会正义来看，它在晚近产生了全球正义（global justice）这种表达法。全球正义的否定词即全球不正义（global injustice），被美国宗教领袖的一次宗教会议定义为“典型地表现为全球社会范围内在经济、政治、社会、性别、阶级结构和体制等方面的罪恶”〔27〕。上述情势似乎表明，人们在追求善的事业中所坚持的那种信念，与人们在追求任何其他的事业中所坚持的信念相比较，可能会产生更无理据的思想，甚至在智识上也更不诚实。

社会正义与平等

人们在力图赋予社会正义这个概念以意义的时候，最为通常的做法就是诉诸平均主义的一些理据（egalitarian considerations）并坚持这样一种论辩，即在人们所享有的物质利益方面所发生的任何违背平等的做法，都必须得到这些做法为之服务的某种可以辨识的共同利益的正当性支撑。〔28〕然而，这种论辩是以人们所做的这样一种似是而非的类推为基础的——就是把利益分配的情势类推为那种必须由某种机构进行报酬分配的情势：在这种情势中，正义确实会要求分配机构根据某项为人们所公认且普遍适用的规则来决定这些报酬的分配。但是，人们在市场制度中得到的收入（earnings）不具有这样一种功能，尽管人们倾向于把这些收入视作报酬（rewards）。收入的基本原则（如果我们可以用基本原则这个术语来指称这样一种作用的话——这种作用并不是设计出来的，而是因它有助于人们的努力而逐渐发展起来的，尽管人们并不知道它是如何有助于他们的）实际上是要告知人们，只要他们还想维护他们都赖以为基础的那种秩序，那么他们就应当去做什么事情。在市场经济中，如果要使不同的个人努力相应合，那么为不同种类的劳动和其他生产要素所必须支付的价钱，虽说会受到努力、勤奋、技艺、需求等量值的影响，但是决不可能与这些量值中的任何一种量值相符合；而且一如我们所知，某个量值的决定问题，并不取决于任何人的意志或欲求，只取决于任何人都不可能从整体上知道的各种情势；因此，对这种情势是否正义的问题进行追问，也是毫无意义可言的。〔29〕

那种认为收入方面的所有差异都必须以应得者（deserts）方面所存在的某种相应的差异作为正当性支撑的主张，在农民或商人或工匠组成的社会中肯定不会被认为是显见不争的，因为在这样的社会中，人们明确地认识到，成功或失败一部分取决于技艺与勤奋，另一部分还要取决于任何人都可能遭遇的纯粹偶然的事件——尽管我们知道，在这样的社会里，个人也会向上帝或命运女神埋怨命运不公。需要指出的是，尽管人们会对他们的酬报应当在部分上取决于纯粹偶然事件这种现象抱有怨恨，但是事实就是这样：如果市场秩序要做出迅速即刻的调适以应对那些不可避免且无从预见的情势变化，又如果个人要有权决定自己的所作所为，那么人们的酬报就必须在部分上取决于这种纯粹偶然事件。当下所盛行的那种态度只会在这样一种社会中产生，其间，为数众多的人都是作为组织成员进行工作的，而且他们在这样的组织中也是按照规定的工作时间率获取酬报的。这样的社会是不可能把它的成员在所得财富方面的差异问题交由一种有助于指导个人努力方向的非人格机制去运作的，只会把它交由某个应当根据品行（merit）分配个人所得份额的人格化权力机构去处理。

只有当不同的个人或群体的份额以实质平等（material equality）的方式取决于人之刻意决策的情势成了一种必要条件的时候，实质平等这个假设才会成为一个自然而然的出发点。在这个假设已经成为一种不争之事实的社会中，正义确实会提出下述两个要求：第一，对那些满足人之需求的资源或财富的配置，必须根据某项统一的原则（诸如品行原则或需求原则，再或这两项原则相结合的某项原则）加以实施；第二，在所采纳的原则未能证明某种差异为正当的情势中，不同的个人所获得的份额就应当是平等的。就一般情势而言，对实质平等的普遍诉求，很可能是以这样一种信念为基础的，即目前存在的不平等现象乃是某人决策的结果——然而，这种信念在真正的市场秩序中是完全错误的，即使在今天大多数国家所推行的那种高度信奉干涉主义的“混合”型经济（interventionist “mixed” economy）体制里，它的有效性也是极为有限的。值得我们注意的是，这种当今普遍盛行的经济秩序形式之所以获得了“混合”型经济的品格，在很大程度上也是因那些旨在实现种种被认为是“社会正义”所要求的目标而采取的政府措施所致。

然而，当需要在真正的市场秩序与政府运用权力去实施某种实质正义标准的那种经济制度之间进行选择的时候，问题就不再是政府是否应当（以正义的方式或不正义的方式）行使它在任何场合都必须行使的权力，而是政府是否应当拥有并行使那些能够被用来决定不同社会成员之份额的其他权力。当然，我们在这里所说的真正的市场秩序，不会也不可能达致一种与任何实质正义标准（standard of material justice）相符合的分配方式。换言之，对社会正义的诉求，并不只是要求政府在它必须采取的行动中根据统一的规则去遵循某种行动原则，还要求政府从事其他一些活动，并由此承担起一些新的责任——然而，这些活动不是维护法律与秩序所必需的，也不是为市场所不能满足的某些集体需求提供服务所必需的。

这里存在着一个重大的问题，即对平等提出的这项新的诉求，是否就不会与政府在自由社会中必须以平等的方式对所有人实施行为规则的“法律面前人人平等”的原则构成冲突。当然，在政府为了实现其他目的而从事的所有活动中都必须根据同样的规则对待所有公民的情势，与政府为了把不同的公民置于平等（或者较少不平等）的物质地位之中而采取必要的行动之间，存在着很大的差异。显而易见，上述两个目标确实会发生尖锐的冲突。由于不同的人会在政府无力加以改变的许多特性方面存有重大差异，所以要确使这些有着许多不同特性的人获得相同的物质地位，政府就必须以极为不同的方式去对待不同的人。的确，要确使那些在力量、智力、技艺、知识、毅力以及自然环境与社会环境方面极为不同的人获得相同的物质地位，那么显而易见，政府就必须以极为不同的方式对待他们，以便对那些具有不利条件与缺陷的人提供救济——尽管政府无力直接改变这些不利的条件和缺陷。但是另一方面，如果政府在为所有的人提供那些利益的时候遵循绝对平等的原则，那么这种做法显然会导致人们在物质地位上的不平等。

然而，以上所述并不是一个旨在确使公民获得平等的物质地位（或者任何由其决定的物质福利模式）的政府必须以极不平等的方式对待他们的惟一原因，甚至还不是主要的原因。实际上，政府之所以必须以不平等的方式对待其公民，乃是因为在这样一种制度中，政府必须告知人们做什么事情。在这样一种制度中，由于个人所能期望得到的报酬与他们的服务对其他人所具有的价值不相符合，而必须与他们被认为拥有的道德品行相符合，所以这样的报酬也就不再可能成为一种妥适的指示或信号了（亦即如何把他们的努力引向最需要它们的地方的那种指示）。简而言之，一旦报酬变成了这个样子，那么这些报酬也就丧失了它们在市场秩序中原本具有的指导作用，还必定会被指导性权力机构所发布的命令所取代。然而，一个中央计划机构在决定应当如何把任务分派给不同的群体或个人的时候，不得不完全根据权宜或效率来行事，而且为了达到这个目的，政府还不得不把极其不同的责任和义务强加给这些不同的群体或个人。在个人的报酬方面，政府有可能根据统一的规则来对待他们，但是在个人被迫承担的不同种类的工作方面，肯定不是这么回事。一如前述，在为人们分派不同任务的时候，中央计划机构必须接受效率和权宜等原则的指导，而不会接受正义原则或平等原则的指导。在这种情势中，个人为了共同利益而必须承受的极大的不平等，在我们看来，一点都不亚于他们在市场秩序中所必须承受的不平等——只是那些因计划分配而产生的不平等现象并不是由不同个人的不同技艺在一种非人格的过程中的互动所决定的，而是由权力机构做出的那种不容置疑的决策所决定的。

在日益扩大的福利政策领域中，这一点已是显见不争了：一个受托为个人实现特定结果的权力机构，只有在享有那种在本质上属于专断性质的权力的前提下，才可能有能力要求不同的个人去做那些被认为是实现这类特定结果所必需的事情。对大多数人来说，绝对平等仅仅意味着以平等的方式把大众置于某些操纵者他们事务的精英的命令之下。尽管权利的某种平等在有限政府制度中是可能的，还是个人自由的一项基本条件，但是要求物质地位平等的主张惟有经由一个拥有极权的政府方能得到满足。[30]

在自由社会的经济过程中，不同的个人和群体所受到的影响并不是在某项为人们所公认的正义原则的指导下通过分配实现的；我们对这个问题的洞识，当然是对的。然而，当我们由此得出结论说这些影响是不正义的进而某人必须对此负责并应当受到谴责的时候，我们就大错特错了。在自由社会中，不同的个人和群体的地位并不是任何人设计的结果——或者说，在这样一种社会里，他们的地位是不能依照一项具有普遍适用性的原则加以改变的。因此，把这种自由社会中所存在的报酬上的差异说成是正义的或不正义的，实是毫无意义的。毋庸置疑，这种社会中也会存在各种各样的旨在影响特定酬报的个人行动，这些行动也确实可以被认为是不正义的。但是，那些号称能够产生一种本身可以被称之为正义的分配模式的个人行为原则，是根本不存在的；因此，个人也决不可能知道他必须采取什么行动才能够确使他的同胞获得正义的酬报。

我们的整个道德系统乃是一个个人行为规则的系统，而且在大社会中，任何由个人行为规则指导的行为或任何受这类规则指导的个人决策所支配的行为，都不可能为个人产生那些在我们看来是“正义结果”——这里所谓的正义结果，乃是在我们把刻意设计的报酬视作正义的或不正义的报酬这个意义上所言的：这完全是因为在这样一种自由社会中，任何人所拥有的力量或知识都不足以确使那些受他的行动影响的人得到他认为他们应当得到的东西。此外，所有得到保证将按照某项被公认为社会正义的原则而获得酬报的人，也不可能获得决定自己所作所为的权利：那种指示某种工作之迫切性的酬报之所以不可能是这种意义上的正义酬报，实是因为对某种特定工作的需求常常会取决于某些不可预见的偶然因素，换言之，这方面的需求肯定不会取决于那些有能力从事此项工作的人的善意或努力。再者，如果一个权力机构试图通过确定酬报的方式来减少每种行业中被认为必要的从业人员的种类与数量，那么它就不可能使它所确定的这些酬报成为正义的酬报（这即是说，它不可能使这些报酬与有关人士所主张的品行、需求或应得者相符合）；因此，政府只能够通过提供某种必要的条件来吸引或维持每种活动所需要的人数。

"机会平等"

当然，我们亦无须否认，在现行的市场秩序中，不同的个人所得到的结果以及他们所具有的初始机遇（initial chances），常常都是极不相同的，因为这些个人所获得的结果和他们所具有的机遇始终受着他们置身其间的自然环境和社会环境中的各种情势的影响——需要指出的是，这些情势虽是他们无法控制的，但是在许多特定的方面是可以由政府采取某种行动加以改变的。对机会平等（equality of opportunity）的要求或对平等的起始条件（equal starting conditions 或 *Startgerechtigkeit*）的要求，引起了许多大体赞成自由市场秩序的人士的关注，也得到了他们的支持。如果这种要求所指涉的是那些必定会受到政府决策影响的（比如说委任公职等事务）便利条件和机会的话，那么就此而言，这种要求就确实是古典自由主义的核心要点之一，人们一般是用法语"任才能驰骋"（la carriere ouverte aux talents）来表达这个观点的。当然，我们也有颇多理由去赞成政府在平等的基础上为那些尚未具有完全责任能力的未成年人提供教育经费，尽管在我们是否应当允许政府支配这些费用并控制教育这个问题上仍存有巨大的疑问。

但是，所有这一切仍然与创造真正的机会平等相距甚远，即使对于那些拥有相同能力的人来说亦复如此。要达到这个目的，政府就不得不对所有的人置身其间的整个自然环境和人文环境（human environment）进行控制，还不得不努力为每个人提供至少相等的机遇；因此，政府在这一方面的努力越是成功，人们也越有正当理由要求政府必须根据相同的原则去消除种种仍然存在的障碍——或者通过使那些仍处于较为有利地位的人去承担额外的负担以对境况不利的人进行补偿。这种境况将没完没了地持续下去，直至政府切实掌控所有能够影响任何人之生活状况的情势。尽管机会平等这个说法乍一听颇具吸引力，但是一旦这个观念被扩展适用于那些出于某些其他原因而不得不由政府予以提供的便利条件的范围以外，那么机会平等的主张就会变成一种完全虚幻的理想，而且任何一种力图切实实现它的努力，都极易酿成一场恶梦。

社会正义与法律下的自由

那种认为应当根据人们的服务对社会所具有的价值（即应得者或品行）来确定他们的报酬的观点，实际上是以这样一种预设为基础的，即权力机构不仅分配这些报酬，还向个人分派他们得以从中获得报酬的任务。换言之，如果要实现社会正义，那么个人所必须服从的就不只是一般性规则，还包括专门向他们发布的具体命令。要求个人为单一目的系统效力的社会秩序类型乃是组织，而不是那种自生自发的市场秩序；换言之，这种社会秩序类型并不是那种个人因只受一般性正当行为规则的约束而享有自由的系统，而是一种所有的人都受制于权力机构所发布的具体命令的系统。

人们有时候会这样设想，只要改变个人行为规则，便有可能促成社会正义的实现。但是需要指出的是，这种有可能实现社会正义的个人行为规则或原则是不可能存在的，因为我们知道，个人据以支配他们行为的个人行为规则，根本不可能把他们在大社会中活动的综合结果变成一种所谓实质正义的利益分配，也不可能把它变成对特定的人或特定的群体的有利条件与不利条件所做的任何其他的具体且有意的配置。如果人们想通过市场过程去实现**任何一种**特定的分配模式，那么每个生产者不仅必须知道他的努力会对谁有利（或有害），还必须知道受其活动（实际的或潜在的）影响的所有其他人的富裕生活在多大程度上是他们从其他社会成员那里获得服务的结果。正如我们在前文中所指出的那样，适当的行为规则所能够决定的只是那种得以自我型构的活动秩序所具有的形式特征，而不是特定的群体或特定的个人能够从该秩序中得到的具体益处。

我们之所以再一次强调上述这个颇为显见的事实，实是因为大多数人（甚至包括一些杰出的法学家）都认为，用社会正义或分配正义来取代个人正义或交换对等正义（commutative justice），未必会摧毁法律下的个人自由。正如著名的德国法律哲学家古斯塔夫·拉德布鲁赫（Gustav Radbruch）所明确主张的，“社会主义社会也是一种法治国（*Rechsstant*［这即是说，法治将在那种社会中得到实行］），尽管这种法治国并不是由交换对等正义而是由分配正义支配的”[31]。又据某位论者称，在法国，“有人居然提议，应当赋予一些身居高位的行政官员以这样一项常设性的责任，即对国民收入的分配进行‘表态’，就像法官对法律问题进行表态一样”[32]。然而需要指出的是，这种观点忽视了这样一个事实，即要求个人服从行为规则，并不能够实现任何一种具体的分配模式，因为要实现这种特定且前定的结果，还要求人们根据特定时空中的具体情势对所有不尽相同的活动做出刻意的协调。换言之，上述观点不仅在根本上忽视了这样一个事实，即不同的个人乃是根据他们自己的知识并为了实现自己的目的而行事的，这一点恰恰是自由的精髓之所在；更有进者，上述观点还要求：不同的个人在行事时所采取的方式，从发号施令的权力机构的知识来看，必须是实现这个权力机构所选定的目的所要求的那种方式。

因此，唯社会论所旨在实现的那种分配正义乃是与法治不相调和的，也是与法治所旨在保障的那种法律下的自由（freedom under the law）不相容合的。分配正义的规则决不可能是调整平等者之间的行为的规则，必定是调整优者对劣者的行为的规则。尽管一些唯社会论者在很早以前就得出了一个必然结论，即“有关每个案件都必须根据一般的理性原则加以审判的‘成文法基本原则’（fundamental principles of formal law），……只适用于资本主义的竞争阶段”[33]；尽管共产主义者在认真对待唯社会论的情况下也宣称，

"共产主义并不意味着社会主义的法律的胜利，而是意指社会主义对任何法律的胜利，因为伴随着具有敌对利益的阶级被消灭，法律亦将彻底消亡"[34]，然而，就在三十多年以前，当我把这种观点当作讨论唯社会论经济政策之政治结果的核心要点的时候，[35]却激起了一些论者的极大愤慨和强烈抗议。值得注意的是，这个关键要点甚至可见之于拉德布鲁赫的文字之中，比如说，他就曾经在讨论这样一个事实的时候强调指出，从交换对等正义向分配正义的转换意味着公法对私法的逐渐取代，[36]因为公法并不是由指涉私性公民的行为规则组成的，而是由有关公务人员的组织规则组成的。正如拉德布鲁赫所指，公法乃是一种使公民服从权力机构的法律。[37]只有当人们不把法律理解成一般性的正当行为规则而仅仅指称由权力机构发布的任何命令（或者由立法机关对这样的命令所做的任何形式的认可）的时候，那些旨在实现分配正义的措施才有可能被认为是与法治相容合的东西。但是，按照这种方式理解的法律概念只能意指纯粹的合法条性（legality），不再能够为个人自由提供保护——法律的原意却是要对个人自由施以保护。

我们完全有理由认为，在自由社会中，政府也应当以一种确获保障的最低收入的形式（或以一种保证任何人都不会获得低于某一最低收入额的形式）来确使所有的人都得到保护并免遭严重且残酷的剥夺。显而易见，实施这样一种能够使人们免遭极度不幸的保障措施，当然会符合所有人的利益；或者说，人们有可能认为，在组织起来的社会中，帮助那些不能自立或自生的人，乃是每个人都必须承担的一项显见不争的道德义务。只要人们是在市场以外向所有那些出于各种原因而无力在市场中维持基本生计的人提供这样一种统一的最低收入保障，那么这种做法就未必会导致对自由的压制，也不会与法治相冲突。实际上，只有当有关服务的报酬由权力机构决定的时候，或者说，只有当那个指导个人努力方向的非人格的市场机制因此不起作用的时候，我们在上面所关注的那些问题才会发生。

人们因自己从“制度”而不是从特定的人那里蒙遭不正义待遇产生最为强烈的不平之感，也许就是他们因自己被剥夺了其他人所享有的那些发展个人能力的机会而产生的那种不平之感。显而易见，社会环境或自然环境方面的任何差异都可能导致上述状况的发生，至少其中的某些情势是无从避免的。在这类环境差异中，最为重要的差异显然是与家庭制度（institution of the family）紧密相关的。一如我们所知，家庭制度不仅可以满足人们在心理上的强烈需求，还可以在一般意义上作为一种传播重要文化价值的工具发挥作用。毋庸置疑，那些或者被完全剥夺了这方面的有利条件或者在极为不利的条件下成长起来的人，都面临着极为严重的障碍；因此，在亲友和邻里都无能为力的情况下，由某种公共机构尽力去帮助这些不幸的孩子，无疑是极其可欲的。然而需要指出的是，实际上并没有多少人会真的相信（尽管柏拉图真的相信）我们有能力对这方面的不幸做出完全的救济，而且我个人还认为，几乎不会有人据此提出这样的主张：由于任何人都无力确使所有的人获得这项有利条件，所以为了平等起见，人们就应当使那些现在享有这一有利条件的人不再继续享有这项条件。在我看来，即使是那种实质性的平等，也无法对人们在享受能力上的差异以及在倾心于文化氛围方面的那种经验差异做出救济，因为这类能力乃是在适宜的养育环境中逐渐养成的。

当然，社会中还会存在许多其他无从救济的不平等现象：尽管这些不平等现象必定像经济上的不平等现象一样不合理，但是它们不会像经济不平等现象那样引起极大的怨恨；值得我们注意的是，其他的不平等现象之所以不像经济不平等现象那样会引起极大的怨恨，只是因为它们被认为不是人为的结果，也不是那些能够被改变的制度所造成的后果。

社会正义的空间范围

毋庸置疑，在社会正义诉求中所凸显出来的那种道德感，实源于一种较为原始的态度，亦即在较为原始的境况下，个人在对待他所属的小群体的同胞的过程中演化生成的那种态度。在当时的情势，个人向自己所属群体中某个熟识的成员提供帮助，并根据该成员的需要调适自己的行动，完全有可能是一项为人们所公认的责任。这种责任在当时之所以有可能，乃是因为人们认识该成员并了解他所处的境况。然而，在大社会或开放社会中，情势就完全不同了，因为在这样的社会中，每个人的产品和服务在大多数情况下只会有助于他不认识的人。一如我们所知，大社会或开放社会有着较高的生产力，但是这种生产力所赖以为基础的劳动分工远远超过了任何个人所能够察知的范围。正是经由把正当行为规则原本只为小群体熟人间关系所提供的那种保护也同样赋予陌生人乃至外国人，上述那种交易过程才有可能超出较小群体的范围，并且把彼此并不认识的为数众多的人都纳入此一过程之中。

这种把同样的正当行为规则扩大适用于人们与所有其他人的关系的做法，被确当地视作是自由社会所取得的伟大成就之一。通常来讲，人们所不理解的乃是这样一个问题，即这种把同样的规则扩展适用于人们与所有其他人的关系（亦即那种超越了诸如家庭和私人朋友这样一些最为亲密的生活群体的关系）的做法，至少要求人们把他们在对待较小群体其他成员时所实施的某些规则废除。个中的原因是：如果要使对待陌生人或外国人的法律责任与对待同村同镇邻居或居民的法律责任相一致，那么人们就必须把对待同村同镇邻居或居民的法律责任减少至也能够同样适用于陌生人或外国人的程度。毋庸置疑，人们始终希望自己能够属于某个较小的生活群体，也心甘情愿地对自己选择的朋友或伙伴承担较大的道德责任。但是，对某些人所承担的这种道德责任，决不能成为法治这种自由体制中的强制性责任，因为在这种自由体制中，一个人希望对谁承担特殊的道德责任的事宜必须由他本人决定，而不能由法律来决定。一个意在有助于开放社会而且至少在原则上旨在适用于所有其他人的规则系统，其内容必定要比那个适用于小群体的规则系统少一些。

尤其需要指出的是，要对不同成员的适当地位或物质地位的问题达成共识，只有在成员们都熟知彼此活动的性质和重要性的相对较小的群体中才可能实现。即使在这样的小群体中，一个人关于适当地位的意见，也会与他对自己从其他人那里所得到的东西的感受紧密相关，而不只是一个简单地要求某人必须提供适当报酬的问题。一如我们所知，人们往往会理所当然地（尽管也常常只是以一种默认的方式）向那些被认为操握着必要权力的政府机构提出种种实现社会正义的要求。颇值得怀疑的是，除了那些最小的国家以外，我们是否有可能把那些从个人所熟悉的具有特定地方性的境况中推导出来的标准在全国范围内加以适用；但是与此同时，我们可以相当肯定地认为，几乎不会有人愿意把他们趋于在其同胞中所认可的有关某种特定收入的权利也赋予外国人。

近些年来，贫困国家的人民大多生活在苦难之中的事实，确实已促使一些较富有国家的选民同意向这些贫困国家提供某些实质性的物质援助；但是，我们很难说有关正义的考虑在这种援助努力中发挥了重要的作用。实在令人感到怀疑的是，如果竞争的强国不是为了竭力拉拢尽可能多的发展中国家加入它们各自的势力范围，那么它们是否还会向这些国家提供这种实质性的物质援助。此外，值得我们注意的是，那种使这种物质援助成为可能的现代技术之所以能够得到发展，完全是因为当世界上的大多数国家和地区变化甚微或者停滞不前的时候，一些国家仍有能力积累起巨大的财富。

然而，这里的关键要点在于：第一，如果我们把我们的视域扩展至民族国家的限度以外，又如果我们不把我们的视域局限在那个被我们视作是我们的文明的限度之内，那么我们就肯定不会再自欺欺人地以为我们知道何为社会正义了；第二，那些在某些国家中最强烈要求社会正义的群体（比如说工会），往往是那些最先拒绝人们为外国人的利益提出这类要求的群体。如果我们把我们的视域扩展到国际领域，那么我们很快就会发现，根本不存在一个为各国所公认的社会正义标准，或者说，根本不存在任何可以构成这样一种标准之基础的已知原则；但是在一个国家的范围之内，大多数人依旧认为，那种为他们所熟知的以熟人社会为依凭的观念，对于国家政治或政府权力的运用来说，必定有着某种程度的有效性。事实上，在一国的范围内，社会正义已经变成了一种谎言——那些有组织的利益群体的代理人完全学会了如何运用这个谎言去蒙蔽善良的人们以谋取他们自己的利益。

就此而言，我们必须指出的是，在小群体中的可能者与大社会中的可能者之间存在着一种根本差异。在小群体中，个人能够知道他的行动对他的一些同胞所具有的影响，而且小群体中的规则也可以有效地阻止个人以任何方式去伤害他的同胞，甚至还可以要求他采取某些具体的做法去帮助他们。然而在大社会中，一个人的行动对各色人等所产生的众多影响，必定是他本人所不知道的。因此，有可能成为个人行动之指导的东西，决不可能是特定事例中的具体结果，必定只能是那些把各种行动界定成禁止的行动（prohibited actions）或要求的行动（reguired actions）的规则。尤其需要指出的是，大社会中的个人常常不知道谁会从他的行动中获益，也不知道获益的人究竟姓甚名谁，因此也就更不可能知道他的所作所为对其他人是雪中送炭还是锦上添花，既然他不知道谁会受他的行动的影响，那么他也就不可能旨在实现正义的结果。

显见无疑，从小群体向大社会或开放社会的变迁——把任何其他人都视作一个人而不是视作一位熟识的朋友抑或敌人——确实要求缩小我们对所有其他人所承担的责任的范围。

如果要使一个人的法律责任与他对包括陌生人乃至外国人在内的所有人所担负的法律责任完全相同（只有在他自愿承担责任的时候，或者在他处于像父母与子女间那种自然关系的时候，才会承担更多的责任），那么从法律上对他所设定的对邻居和朋友的强制性责任，就不得超过他对陌生人所担负的责任。这就是说，所有以熟人和熟悉个别情势为基础的责任都必须停止实施。因此，把服从某些正当行为规则的义务扩展至较多的人并最终扩及所有人的过程，必定会减少个人对其所属小群体中的同胞所承担的义务。我们所继受的一些道德情操甚或某些先天性的道德情操，在某种程度上讲并不适合于开放社会（亦即一种抽象的社会）；此外，在小群体中有可能存在的而且常常能够满足一种根深蒂固之本能的那种“道德社会主义”（moral socialism），在大社会中也是完全不可能的。那种旨在帮助某个知己朋友的利他行为，在小群体中很可能是十分可欲的，但是在开放社会中未必如此，甚至还可能是有害的（比如说人们会提出同行之间应当避免相互竞争的要求）。[38]

道德规范的发展应当减少人们对其他人所负有的具体义务；乍一看来，这种说法似乎是自相矛盾的，然而，只要你相信那项平等对待所有人的原则（这种平等对待所有人的做法很可能是赢得和平的惟一机会）乃是一项要比那种为显见的苦难提供特别帮助的做法更重要的原则，那么你肯定会对上述说法乐见其成。毋庸置疑，这意味着我们必须用我们的理性洞识去支配我们继受而得的本能。但是需要指出的是，如果要求现代人把那些只适合于部落群体成员的规则同样适用于他们所有的同胞，那么他们在迈向开放社会之际便开始着手的那项巨大的道德冒险事业就会受到极大的威胁。

要求对不喜欢的工作进行补偿

读者很可能会希望我现在便着手对那些经由诉诸社会正义而往往能够得到正当性证明的特定要求做出更为详尽的检讨。但是，一如痛苦的经验所启示我们的那样，这不仅是一项无休无止的工作，还是一项徒劳无益的差事。经过上文的讨论，我想有一点应当很清楚了，即根本不存在切实可行的可以作为市场秩序中分配物质利益之基础的品行标准、应得者标准或需求标准，更不可能存在任何可供人们用来协调这些不尽相同的利益主张的原则。据此，我在这里只考虑下述两种常常会致使人们诉诸社会正义的情势：第一种通常会被论者在理论论辩中加以征引，以证明由市场过程展开的分配是不正义的，尽管人们在实践中并没有对这种市场分配方式采取什么措施；第二种指涉的很可能是诉诸社会正义会导使政府采取行动的那类最频繁发生的情势。

通常被用来证明现行市场秩序之不正义的情势是：那些最不令人喜欢的工作一般也是报酬最低的工作。据此，一些论者指出，在一个正义社会中，那些不得不在地下挖煤或清扫烟囱管道或清理下水道的人，或者那些从事其他非常脏的工作或被人看不起的工作的人，所得的报酬应当大大高过那些从事舒适工作的人。

的确，如果一些人在与其他人有同样能力干其他工作的情况下被上级指派去干那些令人不喜欢的工作，又得不到特别的补偿，那么这种情势肯定是不正义的。又例如，如果在诸如军队这样的组织里，两个有着相同能力的人被指派去干不同的差事，其中一项差事颇有吸引力，另一项差事极令人讨厌，那么正义就会明确要求以某种方式对那个总是干那种令人讨厌之差事的人做出专门的补偿。

然而，当人们通过向任何一个出价最高者出售自己的服务来谋生的时候，情势就完全不同了。在这种情势中，一个特定的人在提供服务时所付出的代价并不是问题之所在，惟一重要的只是他所提供的这些服务对那些得到这些服务的人所具有的（边际）价值。当然，个中的原因不只是不同的人在提供相同种类服务时所付出的代价常常是极为不同的，也在于人们不可能去考虑为什么某些人只能够提供价值低于其他人的服务的问题。但是，那些在较为吸引人的职业中，因智力较低从得到较少报酬的人常常会发现，如果他们去从事其他较为幸运的人所蔑视的那种令人讨厌的工作，那么他们据此挣得的报酬就会多于他们干其他的工作。有关那些能够向买主提供较高价值服务的人可以避免从事令人讨厌的工作的事实，会给那些技艺无甚价值的人提供一些机会，使他们能够挣得多于在其他情况下所能挣得的报酬。

与那些事实上可以提供报酬优厚服务的人相比较，那些不得不为他们的同胞提供价值甚微服务的人，即使为了挣得一点点钱，都可能不得不蒙遭更多的痛苦和付出更多的努力。这种情势可以说是任何一种经济制度所会产生的必然的附带结果，其间，报酬的基础乃是相关服务对使用者所具有的价值，而不是对品行的评估。因此，只要在一种社会秩序中，个人可以自由地选择任何一份他能够找到的工作，而且不会受权力机构的指派去做某项工作，那么上述现象必定会在这种社会秩序中广泛出现。

一如我们所知，有论者主张，地下采煤工、清洁工、屠宰场工人应当得到比那些从事较为惬意工作的人更多的报酬；但是按照我们上文讨论的逻辑，我们可以认为，如果我们要把这种做法视为正义之举，那么我们惟有以这样一种假设作为基础，即这种做法对于激励足够多的人去干这些差事来说乃是必要之举，或者说，他们乃是由某个机构刻意指派去干这些差事的。需要指出的是，尽管在市场秩序中，某个人在一个大多数人以捕鱼为惟一谋生手段（或者妇女以清洗和加工渔产品为生）的渔村中出生成长，也许是不幸的，但是如果把这种情况说成是不正义的，那就毫无意义可言了；这是因为在这种情势中，我们究竟应当认为谁是不正义者呢？尤其当我们考虑到这样一种情况的时候，上述问题就更具意义了：如果这些地方性的机会不曾存在的话，那么我们所说的渔村中的那些人就很可能无法出生；这是因为这种渔村中的大多数人的生存很可能是以那些使得他们的祖先能够生儿育女的机会为基础的。

因丧失既有地位而产生的怨恨

实践中最具影响力的社会正义诉求，很可能不是各种论著所予以充分关注的问题。对所谓社会不正义（social injustice）现象所做的考虑，已然导使权力机构对市场秩序的运行施以了影响最为深远的干预；对这种社会不正义现象的考虑乃是以这样一种观念为基础的，即社会应当为人们提供保护，使他们不至于因其他人所采取的不适当措施而丧失他们既有的物质地位。有位论者认为，“人们有着一种强硬且几乎是普遍的信念：使合法的致富预期受挫乃是不正义的。一旦发生意见分歧，那么究竟哪些预期是合法的这个问题便始终是分歧的焦点”；坦率言之，有关社会正义的上述考虑很可能产生了最为广泛的影响。正如这位论者所说的那样，有人甚至相信，“即使是那些人数最多的阶层想让自己不受巨大且突发之变故的侵损的那种预期，也是合法的”〔39〕。

有论者认为，确立已久的地位会创生这样一种正义的预期，即这种地位可以继续保有下去。值得注意的是，这种观点还常常被人们用来替代那些较具实质意义的社会正义标准。这意味着，只要预期落空并使努力的报酬与付出的代价不相符合，那么这种情况就会被视作是一种不正义，甚至都不需要举证说明那些受到这种影响的人为什么有正当理由要求得到他们所预期的特定收入。换言之，这至少意味着，只要许多人发现他们的收入因他们无法改变或无从预见的情势而减少，那么这种情况就会被普遍视作是一种不正义。

然而需要指出的是，这种经由所谓不当的打击而影响某个群体的不幸现象的频繁发生，乃是市场这种指导机制一个不可分割的组成部分：这正是控制论的负反馈原则得以维续市场秩序的方式。惟有通过这样一些能够揭示某些活动应当减少的变化，所有人做出的努力才能够得到持续不断的调适，并能够与任何个人或任何机构都不可能完全知道的丰富多样的事实情势相适应；也惟有如此，作为大社会繁荣之基础的那种对分散知识的运用才能够得到实现。我们只能以这样一种制度为依凭，其间，只要我们允许不同群体所提供的服务的价值不断发生变化且与其成员的品行完全无关，那么个人就可能在激励之下不断地对他们不知道也不可能完全知道的那些事件做出回应。一些人只有经由痛苦的经验方能发现自己的努力方向搞错了，从而被迫到其他领域去寻找一种有利可图的职业；当然，这种情势乃是作为这样一种过程（亦即维续现有财富水平之基础的那个不断适应变动不居之情势的过程）的一个必要组成部分而存在的。显而易见，上述道理同样适用于另外一种情势，即一些人对其他人得到所谓的“不当得利”颇感怨愤，因为对于这些人来说，他们所得到的结果要比他们有理由预期的要好得多。

人们之所以在既有的收入被减少或完全失去的时候会有一种受到伤害的感觉，在很大程度上是因为这样一种观点使然，即从道德上讲，他们应当得到那份收入，因此，只要他们还像以前那样勤奋和诚实地工作，那么他们就有正当理由继续得到那份收入。但是需要强调的是，这种认为我们在道德上应当得到我们在以往以诚实的方式挣得收入的观点，在很大程度上只是一种幻想。确切地说，只有当某人夺走了我们在遵守竞赛规则的情况下实际所得的东西，我们才可以确当地说这种做法是不正义的。

正是由于在市场这种内部秩序中我们不断地获得我们在任何一种道德意义上（in any moral sense）都不应得到的益处，我们才有义务去承受我们的收入以同样不应当的方式被减少的情势。我们对市场赋予我们的东西所拥有的惟一道德资格，乃是我们通过遵循那些使市场秩序之型构成为可能的规则的方式而赢得的。这些规则意味着：任何人都没有义务为我们提供某项特定的收入，除非有关人士专门签约要践履此事。如果像唯社会论者所建议的那样，剥夺我们从市场中获得的一切“不当所得”（uneamed benefits），那么这种做法一定会使我们丧失文明恩惠于我们的大多数赐物。

对此，人们会回应说（一如人们通常所说的那样），由于我们是从“社会”中获得这些好处的，所以社会也有资格把这些好处分派给那些它认为应当得到这些好处的人。显见不争的是，这种回应是毫无意义的。我们需要再一次强调指出，社会并不是一个行动着的人，而是经由其成员遵循某些抽象规则而形成的一种有序的行动结构。我们从这个行动结构中获得的好处并不是任何人刻意给予我们的，而是社会成员在追求他们各自利益的过程中普遍遵循某些特定规则的结果。当然，在这些规则中包含有这样一项规则，即任何人都不得为了确使自己（或第三人）得到某种特定的收入而向其他人施以强制。因此，这项规则也给我们设定了一项义务，即当市场的结果对我们不利的时候，我们必须接受这些结果。

在我们的社会中，每个人都拥有挣得与其现有收入大体相当的收入的机会，这是大多数个人遵循那些能够使我们的社会秩序得以型构的规则所导致的结果。这种秩序为大多数人提供了成功运用他们技艺的良好前景，但是要在这方面取得成功，还必须取决于那种从个人角度来看必定属于纯粹运气的东西。个人所拥有的大量机会并不是他本人创造的，而是其他人遵循相同竞赛规则的结果。如果一个人要求得到保护以使其长期享有的地位不被其他受到当下新情势之青睐的人所取代，那么这实际上意味着不容许其他人享有他们在当下所处的地位使他们应当获得的那些机会。

因此，对一种既有地位所做的任何保护，都必定是一种不可能授予所有人的特权；此外，如果说这种特权长期以来一直为人们所承认，那么我们便可以说，那些从业已达致的地位出发而在当下要求得到此项特权的人从一开始就不可能得到他们现在拥有并要求予以保护的那种地位。尤其需要指出的是，只要收入的普遍增长（甚或还可能包括维续现有的收入水平）所依赖的是整个活动结构对那些新出现且未曾预料到的情势所做的持续不断的调适——这些情势不仅可以改变还常常会减少某些群体在满足其同胞的需求方面所能做的贡献，那么人们就不可能在收入普遍增长的过程中主张平等分享收入的权利。因此，从正义的角度来看，提出诸如下述这样的要求乃是毫无道理可言的，比如说，美国农场主对“平价”（parity）的要求或任何其他群体对维护他们的相对地位或绝对地位的要求等。

据此我们可以说，满足特定群体提出的这类要求，不仅是不正义的，还是极不正义的，因为这里涉及这样一个问题，即这种做法会使某些人根本无法享受到那些提出这种要求的群体之所以能够得到他们现有地位的种种机会。当然，正是出于这个原因，长期以来能够谋得这种特权的只是某些能够实现这些要求的强有力的组织群体。因此，人们在当今以“社会正义”之名做的许多事情，不仅是不正义的，严格来讲还是高度“反社会的”（unsocial），因为这种做法与保护既得利益毫无二致。一如我们所知，当足够多的人都吵着要求保护他们的既有地位的时候，它便会被视作是一个社会问题，但是值得我们注意的是，它之所以变成一个严重的社会问题，主要是因为这种要求在社会正义的幌子下能够激起公众的同情。正如我们将在本书第三卷中所指出的那样，这种情势在现行的民主制度中实际上是无从避免的，因为拥有无限权力的立法机关正是出于这方面的原因而不得不屈服于某些超大群体所提出的这类要求。当然，这种情势并不能够改变这样一个事实，即把这些措施说成是满足社会正义的措施只不过是一个借口，它们的真正目的在于使特定群体的利益压倒所有人的普遍利益。现在，人们一般都会把一个有组织的群体所提出的每一项要求都视作是一个社会问题，但是这种说法并不正确——更为妥切的说法是，虽说不同个人的长远利益在很大程度上会与普遍利益相符合，但是有组织的群体的利益往往会与普遍利益相冲突。颇为不幸的是，恰恰是有组织的群体的利益，在今天常常被称之为社会的利益。

小 结

本章的基本论点认为，在自由人组成的社会中，其成员可以运用他们自己的知识去实现自己的目的；在这样的社会里，“社会正义”这个术语乃是毫无意义或空洞无物的。尽管如此，但我们的这个论点因其性质本身的缘故无法得到证明。一种否定性的断言是决不可能得到证明的。当然，人们可以举出无数的特定事例来证明这样一个事实，即诉诸社会正义丝毫无助于我们不得不进行的选择。但是，我们只能把我们有关社会正义在自由人组成的社会里毫无意义的论点视作是一种质疑和一种呼吁：前者要求其他人对他们所使用的语词的含义进行反思，后者要求其他人不要使用他们不知其含义的术语。

只有当你假定一个得到如此广泛使用的说法必定具有某种可辨识的含义的时候，你才会努力去证明，试图在自由人组成的社会里将它付诸实施的种种尝试必定会使这种社会无法运转。但是我们知道，把社会正义这种概念适用于社会成员分享物质利益的方式（即由人之意志决定的方式——或由人之意志来决定报酬的做法可以产生一种有活力的市场秩序）在自由人组成的社会中是缺乏基本前提条件的；因此，如果你已经认识到了这个问题，那么你再去证明社会正义这种概念无法实施的努力肯定也是多余之举了。实际上，人们无须证明某种不可能存在的东西是不可能实施的。

我希望阐明的是这样两个问题：第一，“社会正义”这个说法并不是对不太幸运的人所做的一种纯粹善意的表达，尽管大多数人有可能认为它是一种善意的表达；第二，“社会正义”这个说法已经演变成了一种不诚实的暗示：它暗示人们应当同意某个特殊利益集团所提出的要求，尽管它对这个要求给不出任何切实的理由。如果要使政治讨论变得诚实无欺，那么极为必要的一点就是人们应当认识到这个术语乃是一个在智识上声名狼藉的术语——亦即负责任的思想家应当羞于使用的那种蛊惑民心的宣传语词或廉价报刊的煽动符号，这是因为一旦人们认识到了这个术语的空洞性，那么再使用它就是一种不诚实。由于我长期以来一直致力于探寻并揭露社会正义的诉求对我们的道德感所造成的破坏性影响，又由于我一再发现一些卓越的思想家竟也轻率地使用这个说法，[40]所以我对这个术语的感受可以说是深恶痛绝，虽说这种感觉有点过分。当然，我渐渐地感到，也越来越强烈地感觉到，如果说我还能够为我的同胞提供一些服务的话，那么最大的服务就是我可以使他们当中的言说者或撰写者因再次使用“社会正义”这个术语而感到羞愧不堪并无地自容。

在当下的讨论中，继续使用“社会正义”这个术语不仅是不诚实的，还将是始终构成政治讨论混乱的根源，更甚者还会危及人们的道德情感；这一点可见之于下述事实：在不同的时代，总是有一些思想家，其中还包括一些杰出的哲学家，[41]在正确地认识到正义一术语在它现在所具有的支配性含义即“分配（或酬报）正义”（distributive [or retributive] justie）含义上讲是毫无意义的以后，却从这种认识中得出结论认为，正义概念本身就是空洞无物的，并在最终否弃了这个构成自由人组成的社会得以运转之基础的基本道德观念。但是，法院所践履的正是正当行为规则这种意义上的正义，而且正义的原初含义也正是这种意义上的正义；再者，如果要使自由人之间的和平共处成为可能，就必须使人们的行为受到这种意义上的正义的支配。因此我们可以说，对社会正义的诉求确实只是一种试图为那些不仅没有道德正当性还与自由社会的基本原则（即惟有那些能够平等适用于人人的规则才应当得到强制实施的基本原则）相冲突的要求谋得道德认可的诉求，正当行为规则意义上的那种正义则是自由人进行交往所不可或缺的一项条件。

我们的上述讨论还涉及了另一个问题，然而这个问题太过繁复，所以我们不可能在这里对它做系统的检讨；但是，我们至少有必要以简要的方式把这个问题提出来。这个问题就是我们不可能把我们自己喜欢或渴望的道德规范变成普遍的道德规范。为了做到切实可行，道德规范必须满足某些要件，亦即那些我们不可能详尽阐明而只能经由试错的方式（by trial and error）加以发现的要件。这些要件不仅要求规范之间具有一致性或相容性，还要求这些规范所要求的行为之间保持一致性或相容性；此外，这些要件还向整个道德规范系统提出了一个要求，即它必须生产出一种运转良好的秩序，也就是那种能够维续该道德系统所预设的文明制度的秩序。

至于究竟什么是不可行的道德规范系统，我们实是相当陌生的，也肯定不可能在任何地方观察到它们的实际运作情况，因为尝试奉行这类道德规范的社会都会迅即消亡。但是，这样一些道德规范常常得到某些为人们普遍尊重的圣贤的宣扬；再者，我们所能观察到的那些正在衰败的社会，往往是那些听信了这类道德改革家之教诲并且把这些摧毁他们社会的人当作好心人予以尊重的社会。然而更为经常发生的情况是，社会正义的信条所旨在满足的乃是一些更为卑鄙的情感：厌恶经济境况比自己好的人，或者干脆嫉妒经济境况比自己好的人——而嫉妒，一如约翰·斯图亚特·穆勒所说的，乃是“所有情感中最反社会和最恶的情感”〔42〕，这种情感还憎恶巨额财富，并把一些人享有富足而另一些人还没有满足基本需求的情况视作是一种“丑闻”，甚至还把那些与正义毫无关系的东西都统统披上正义的外衣。众所周知，一些人之所以希望剥夺富人的财富，并不是因为他们期望某些更应当得到那些财富的人得到那些财富，而是因为他们认为富人的存在本身就是一种罪恶；我们至少可以说，这些人不仅不可能为他们所提出的要求提供任何道德正当性，还沉浸在一种完全非理性的情绪（irrational passion）之中，并在事实上伤害那些被他们指控为贪婪成性的人。

人们根本不可能对某种不存在的东西提出道德要求，只能对其他人就冒险运用他们自己的资源去创造财富而做出的决定提出道德要求。那些抨击巨额私有财富的人根本就不懂得：财富产生的主要途径，既不是体力劳动，也不是单纯的节约和投资行为，而是如何把资源用于最具生产性用途的方面。毋庸置疑，大多数积累了表现为新型行业工厂等形式的巨额财富的人士，业已通过创造报酬较高的就业机会造福了较多的人；如果这些富人不做这样的安排，而是把他们的剩余财富分给穷人，那么他们显然不可能给这么多人带来持久的益处。有论者认为，在上述情势中，工人们最应当感激的那些人实际上是在干坏事，没有给工人们带去什么好处；然而，这种看法显然是荒谬绝伦的。毋庸置疑，生活中也确实存在着其他一些不那么值得称道的获取巨额财富的方式（当然，我们可以指望通过改进竞赛规则的方式来控制这类敛财的做法），但是最有效和最重要的方式仍是向那些最能提高劳动生产率的领域进行投资——政府在此一方面的无能，可谓是臭名昭著，而这种结果正是非竞争性官僚组织本身所具有的内在原因造成的。

但是需要指出的是，对社会正义的崇拜并不只是经由鼓励那些恶毒且有害的偏见才趋于摧毁真正的道德情感的，因为社会正义，特别是更具平均主义色彩的社会正义，还常常与某些构成自由人组成的社会之基础的基本道德原则相冲突。只要我们认识到下述两个事实，那么，我们在上文所指出的社会正义与某些基本道德原则相冲突的问题也就昭然若揭了：第一，我们应当一视同仁地尊重我们所有的同胞这项要求乃是与我们的整个道德系统是以批准或不批准其他人的行为作为基础这个事实不相调和的；第二，有关每个有行为能力的成年人对他本人和受其赡养者的利益负有主要责任（这意味着他决不可以经由他自己的过错而把自己变成他的朋友或同胞的受赡养者）这项传统要求也是与那个认为社会或政府应当向每个人发放一份恰当的收入的观点不相容的。

尽管这些基本道德原则由于那些趋于摧毁一切道德和个人自由之基础的伪科学潮流在我们这个时代的泛滥受到严重的削弱，但是经由实施任何社会正义之幻想而造成的人们对政府（包括其他人）权力的普遍依赖，必定会摧毁一切道德规范所必须依凭的那种个人决策的自由。[43]事实上，对我们称之为唯社会论的社会正义这个空中楼阁所展开的全面追求，完完全全是以这样一个粗暴的观念为基础的，即应当由政治权力机构来决定不同的个人和群体的物质地位——当然，这个粗暴的观念本身又是经由另一个错误的断言而得到捍卫的，这个断言认为，不同的个人和群体的物质地位必须始终由政治权力机构来决定，唯社会论只是希望把这项权力从特权者那里转交给人数最多的阶级去掌控。然而一如我们所知，在上两个世纪期间得到不断扩展的那种市场秩序所具有的大优长，恰恰在于它能够使任何人都不再享有这种只能以专断方式加以行使的权力。实际上早在此之前，市场秩序就已经在最大的限度上削弱了当时已达到极致的专断权力。然而，社会正义的诱惑再次威胁着要从我们的手中夺走我们在人身自由方面所取得的这项最大的胜利。那些掌握着实施社会正义之权力的人，要不了多久便会通过把社会正义的益处当作对人们授予他们此种权力的回报而酬报给那些支持他们的人，进而巩固他们业已获得的地位，并以此来确使他们继续得到铁杆捍卫者的支持，这种支持肯定会使他们的社会正义观占据支配地位。

在结束这一论题的讨论之前，我想再一次强调指出，认识到“正义”一术语在诸如社会正义、经济正义、分配正义、酬报正义等合成术语中会变得完全空洞无物这个问题，决不应当构成我们把“正义”这个婴儿与那些洗澡水一起倒掉的理由。法院所实施的正义作为正当行为规则的基础无疑是弥足珍贵的，然而它的重要意义远非止此，这是因为在与刻意设计政治制度相关的方面也显然存在着一个真正的正义问题，亦即约翰·罗尔斯（John Rawls）教授在最近所撰写的一部重要著作中所讨论的那个问题。令我感到遗憾和困惑的只是这样一个事实，即在讨论这个问题的时候，罗尔斯竟也采用了“社会正义”这个术语。但是，我与罗尔斯的观点并不存在根本的分歧，因为他在开始讨论那个问题之前就已然承认，把选择具体的制度或选择分配欲求之物的方式这个任务视作是正义的做法，必须“被视作是一种原则性的错误而予以放弃，而且这种做法无论如何也不可能有明确的答案。更为确切地说，正义原则所界定的乃是一些至关重要的限制性条件：如果要使那些涉入制度和联合活动中的人对它们没有怨言，那么这些制度和活动就必须符合这些限制性条件。如果这些限制性条件得到了满足，那么由此做出的分配，不论什么样，都可以被视作是正义（或至少不是不正义的）的分配而为人们所接受”〔44〕。这或多或少就是我在本章的文字中所力图阐明的观点。

注　释：

*第一段引语引自 David Hume，*An Enquiry Concerning the Principles of Morals*，sect. Ⅲ，part Ⅱ，*Works* Ⅳ，p. 187，我们应当在这里给出该段引文的上下文。

> 最明显的想法可能是，向最博大的品行分配最大数量的财产，并给每个人赋予与他想做的善事相称的实力……但是，如果人类实施这样一种法律，那么，无论是从其本身具有的含混性来看，还是从每个人都自负这个角度来说，品行一词的不确定性都太大了，所以从中不可能产生任何明确无误的行为规则；因此，实施这样一种法律的直接后果，必定是社会的全面崩溃。

第二段引语是从康德的著作中翻译过来的（*Der Streit der Fakultäten*，1798，sect. 2，para. 6，note），其原文是："Wohlfahrt aber hat kein Prinzip，weder für den der sie empfängt，noch für den der sie austeilt（der eine setzt sie hierin，der andere darin）；weil es dabei auf das Materiale des Willens ankommt，welches empirisch und so einer allgemeinen Regel unfähig ist."在该文的一个英译本中，这段话的英译与我这里引用的英译有点差别，该英译本是 *Kant's Political Writtings*，ed. H. Reiss，trs. H. B. Nisbett（Cambridge，1970），p. 183，note。

〔1〕参见 P. H. Wicksteed，*The Common Sense of Poltical Economy*（London，1910），p. 184："那种认为伦理上可欲的结果必定是由一种伦理不涉之工具所产生的假设，乃是没有根据可循的。"

〔2〕参见 G. del Vecchio，*Justice*（Edinburgh，1952），p. 37，在 18 世纪，"社会正义"这个说法偶尔也被用来描述人们在一个特定社会中实施正当行为规则，例如 Edward Gibbon，*Decdline and Fall of the Roman Empire*，chapter 41（World's Classics edn，vol. IV，p. 367）。

〔3〕例如 John Rawls，*A Theory of Justice*（Harvard，1971）。

〔4〕John Stuart Mill，*Utilitarianism*（London，1861），chapter 5，p. 92；in H. Plamenatz，ed.，*The English Utilitarians*（Oxford，1949），p. 225.

〔5〕分别见于上引书第 66 页和第 208 页。亦请参见 J. S. Mill 对 F. W. Newman 的评论，*Lectures on Political Economy*，初版于 1851 年的 *Westminster Review* 中，重版于 *Collected Works*，vol. v（Toronto and London，1967），p. 444："贫富差别，显然是不正义的，因为这种差别与应得者之间甚或与努力和松懈之间无甚关系。"另见 J. S. Mill 的 *Principles of Political Economy*，book Ⅱ，ch. 1，§ ed. W. J. Ashley（London，1909），pp. 211 以次："只有当人们基本上可以自己选择自己的工作的时候，按人们所做的工作来分配报酬，才是真正正义的；当报酬取决于力量和能力方面的先天性差异的时候，这种报酬原则本身就是一种不正义，它只会使那些生活状况好的人的生活状况变得更好。"

〔6〕例如，读者可以参见 A. M. Honoré，"Social Justice"载 *McGill Law Journal*，VⅢ，1962，修订版载于 R. S. Summers，ed.，*Essays in Legal Philosophy*（Oxford，1968），p. 62："[在构成社会正义原则的两个主张中]第一个主张认为，所有只被认为是人而不论其行为或选择的人们，对于所有那些（在这里被称为好处）东西——它们乃是人们普遍欲求的而且事实上也是有助于人们改善生活状况的东西——都有权要求得到平等的份额。"

〔7〕尤请参见教皇通谕 *Quadragesimo Anno*（1931）和 *Divini Redemptoris*（1937）以及 Johannes Messner，"Zum Begriff der sozialen Gerechtigkeit"载于 *Die soziale Frage und der Katholizismus*（Paderborn，1931），此文是为纪念教皇通谕 *Rerum Novarum* 四十周年而发表的。

〔8〕"社会正义"这个术语（更准确地说，是该术语在意大利语中的对应词）的

现代含义，似乎是由 Luigi Taparelli-d'Anzeglio 在其所著 *Saggio teoretico di diritto naturale*（Palermo 1840）一书中最早加以使用的；此外，似乎是 Antonio Rosmini-Serbati 所撰 *La costitutione secondo la giustizia sociale*（Milan，1848）一书的出版，才使得该术语的这种现代含义变得广为人知。晚近一些的讨论，可参见 N. W. Willoughby，*Social Justice*（New York，1909）；Stephen Leacock，*The Unsolved Riddle of Social Justice*（London and New York，1920）；John A. Ryan，*Distributive Justice*（New York，1916）；L. T. Hobhouse，*The Elements of Social Justice*（London and NewYork，1922）；T. N. Carver，*Essays in Social Justice*（Harvard，1922）；W. Shields，*Social Justice*，*The History and Meaning of the Term*（Notre Dame Ind. 1941）；Benevuto Donati，"Che cosa è giustizia sociale ？"，*Archivio giuridico*，vol. 134，1947；C. de Pasquier，"La notion de justice sociale"，*Zeitschrift für schweizerisches Recht*，1952；P. Antoine，"Qu-est-ce la justice sociale ？"，*Archives de philosophie*，24，1961；有关这个论题更为全面的参考文献，请参见 G. del Vecchio，上引书，pp. 37-39.

虽然有关社会正义这个论题的作品汗牛充栋，但是当我在大约十年前撰写本章初稿的时候，我却发现，要想发现有关人们究竟在什么意义上使用该术语的任何严肃认真的讨论，仍然是极其困难的。但是，很快就出现了一系列有关这个论题的认真研讨，尤其是我在上文注释〔6〕中所征引的论著以及 R. W. Baldwin，*Social Justice*（Oxford and London，1966），R. Rescher，*Distributive Justice*（Indianapolis，1966）。有关这个论题最为犀利的讨论，可见之于瑞士经济学家 Emil Küng 的德文版著作：*Wirtschaft und Gerechtigkeit*（Tübingen，1967），而 H. B. Acton 的 *The Morals of the Market*（London，1971）一书中则有许多明智的评论，尤其是 p. 71："贫穷与不幸是恶，但不是不正义。" Bertrand de Jouvenel 的 *The Ethics of Redistribution*（Cambridge，1951）著作也很重要，还有他的 *Sovereignty*（London，1957）一书中的某些文字，我们可以在这里征引其间的两段文字；p. 140："现在介绍的正义并不是有关一个人和一个人行动的性质，而是有关事物在社会几何学中的一定构造或安排的性质，不论这种构造或安排是通过什么手段形成的。今天，正义已经变成了某种独立于正义的人而存在的东西了"；p. 164："没有什么论点比这样一种论点更可能激起我们同代人的愤怒了，因为这个论点居然宣称我们不可能建立一种正义的社会秩序。然而，这个论点是以逻辑的方式从我们并不能够轻而易举就阐明的正义观念本身中推导出来的。行使正义就是在分摊份额的时候适用恰当的顺序。但是要为各种各样的资源都确立一种恰当的顺序，则是人的智力所不能企及的。人们有需求要满足，有功劳要酬报，有可能性要实现；即使我们只考虑这三个方面，并且假定——事实并非如此——我们有着极为精准的 *indicia*（记号工具）并可以将它们适用于这三个方面，我们依旧无力在我们采用的这三套 *indicia* 之间做出正确的评估。"

Gustav Schmoller 撰写的曾一度极为著名且极具影响力的论文"Die Gerechtigkeit in der Volkswirtschaft"（载于他的 *Jahrbuch für Volkswirtschaft ect.*，vol. v，1895），

从智识上讲，最令人失望。

〔9〕参见本书第七章注释〔7〕。

〔10〕参见 Adam Smith，*The Theory of Moral Sentiments*（london，1801），vol. Ⅱ，part VII，sect. Ⅱ，ch. I，p. 198："斯多噶学派似乎把人生理解成了一种需要大技艺的竞赛，然而，在这种竞赛中，还混合着机遇或那种被庸俗地理解为机遇的东西。"亦请参见 Adam Ferguson，*Principles of Moral and Political Science*（Edinburgh，1792）vol. I，p. 7："斯多噶学派是根据一种竞赛的图像来设想人生的，在这种竞赛中，参赛者的娱乐和成绩完全在于全神贯注地且精彩地进行比赛，而不论奖金是多还是少。"在一个注释中，Ferguson 还征引了由 Arrian 所保存的 *Discourses of Epictetus*。（book Ⅱ，ch. 5）

〔11〕参见 G. Hardin，*Nature and Man's Fate*（New York，1961），p. 55："亚当·斯密实际上是说，在一个自由的市场中，价格乃是由负反馈机制来调整的。"追求个人利益有助于普遍利益这个备受嘲弄的"奇迹"，变成了这样一种不证自明的观点：如果要使一个秩序中的要素（个人）的行动受他们不可能知道的结果的指导，那么只有当各要素（个人）受激励驱使而对反映那些事件的结果的信号做出反应，这种秩序才可能得到实现。早就为亚当·斯密所熟知的东西，后来又通过科学方式以"自组织系统"之名被重新发现，但是这个重新发现来得太迟了。

〔12〕参见 L. von Mises，*Human Action*（Yale，1949），p. 255 注释："在市场经济的运行中，根本不存在任何可以被恰当地称之为分配的东西。在市场经济中，人们并不是先生产出商品，尔后再分配这些商品。这种情形与社会主义国家的情形不同。"亦请参见 M. R. Rothbard，"Towards a Reconstruction of Utility and Welfare Economics"载于 M. Sennholz（ed.），*On Freedom and Free Enterprise*（New York，1965），p. 231。

〔13〕参见 W. G. Runciman，上引书，p. 274："对社会正义的诉求，乃是代表一个群体的要求；在个人的范畴内，被相对剥夺的人，只能是个人不正义的受害者，如果说他是一种不正义的不平等的受害者的话。"

〔14〕见 Irving Kristol，"When Virtue Loses all Her Loveliness——Some Reflections on Capitalism and 'The Free Society'"，*The Public Interest*，no. 21（1970），重印于该作者的 *On the Democratic Idea in America*（New York，1972），还载于 Daniel Bell 与 Irving Kristol 合编的 *Capitalism Today*（New York，1970）。

〔15〕参见 J. Höffner，*Wirtschaftsethik und Monopole im* 15. *und* 16. *Jahrhundert*（Jena，1941）以及"Der Wettbewerb in der Scholastik"，*Ordo*，V. 1953；另请参见 Max Weber，*On Law in Economy and Society*，ed. Max Rheinstein（Harvard，1954）pp. 295 以次；关于后者，亦请参见 H. M. Robertson，*Aspects on the Rise of Economic Individualism*（Cambridge，1933）以及 B. Groethuysen，*0rigines de l'esprit bourgeois en France*（Paris，1927）。16 世纪末期前，西班牙耶稣会士对正义价格做了最为重要的阐释；关于这一点，尤请参见 L. Molina，*De iustitia et de iure*，vol. 2，*De*

Contractibus (Cologne, 1594), disp. 347, no. 3 and especially disp. 348, no. 3; 在这里，正义的价格被定义为 which will form "quando absque fraude, monopoliis, atque aliis versutiies, communiter res aliqua vendi consuerit pretio in aliqua regione, aut loco, it habendum est pro mensura et regula judicandi pretium iustum rei illius in ea regione"。有关人无力事先确定正义价格的问题，亦请特别参见 Johannes de Salas, *Commentarii in Secundum Secundae D. Thomas de Contractibus* (Lyon, 1617), Tr. de empt. et Vend. IV, n. 6, p. 9: "…… quas exacte comprehendere, et ponderare Deiest, not hominum"; and J. de Lugo, *Disputationes de Iustitia et Iure* (Lyon, 1643), vol. Ⅱ, d. 26, s. 4, n. 40 "pretium iustum matematicum, licet soli Deo notum"。亦请参见 L. Molina，上引书，disp. 365, no. 9 "omnesque rei publicae partes ius habent conscendendi ad gradum superiorem, si cuiusque sors id tulerit, neque cuiquam certus quidam gradus debitur, qui descendere et conscendere possit"。当 H. M. Robertson（上引书，p. 164）写出下面这句话的时候，他实际上并没有夸大其辞："宣称支撑资本主义精神的宗教是耶稣会而不是加尔文教，并不是什么困难的事情。"

〔16〕John W. Chapman, "Justice and Fairness", *Nomos* VI, *Justice* (New York, 1963), p. 153，这种洛克式的观念，甚至还得到了约翰·罗尔斯的维护，至少在罗尔斯的早期论著中是如此；参见 "Constitutional Liberty and the Concept of Justice", *Nomos* VI, *Justice* (New York, 1963), p. 117 注释："如果假定法律和政府都有效地行事，以保持市场具有竞争性，保持资源得到充分的利用，保证财产和财富始终得到广泛的分配，并维持一个合理的社会最低收入标准，那么（只要存在机会平等）由此导致的分配就是正义的或至少不是不正义的。这种状况会在一种正义的制度中得到实现。……一种社会最低收入标准仅仅是一种合理的保障和节俭的形式。"

〔17〕参见上文注释〔15〕所征引的文字。

〔18〕参见 M. Fogarty, *The Just Wage* (London, 1961)。

〔19〕Barbara Wootton, *The Social Foundation of Wage Policy* (London, 1962), pp. 120 and 162，现在可参见她所撰写的 *Incomes Policy*, *An Inquest and a Proposal* (London, 1974)。

〔20〕我们可以肯定地说，当 Samuel Butler (Hudibras, Ⅱ, I) 写这两句诗的时候，他是正确的：

> 倘问物品值几何，
> 但看卖得多少钱。

〔21〕有关依照品行确定报酬的一般问题，除了我在本章开篇所征引的休谟和康德的文字以外，还可参见拙著 *The Constitution of Liberty* (London and Chicago, 1960) 一书中的第六章；另外亦请参见 Maffeo Pantaleoni, "Latto economico", 载 *Erotemi di Economia* (2 vols, Padua, 1963), vol. I, p. 101:

E tre sono le proposizioni che conviene comprendere bene：

La prima è che il merito è una parola vuota di senso. La seconda è che il concetto di giustizia è un polisenso che si presta a quanti paralogismi si vogliono ex amphibologia. La terza è che la remunerazione non puó essere commisurata da una produttività（marginale）capace di determinazione isolamente，cioè senza la simultanea determinazione della produttività degli altri fattori con i quail entra in una combinazione di complimentarità.

〔22〕关于“社会的”这个术语的历史，请参见 Karl Wasserrab，*Sozial wissenschaft und soziale Frage*（Leipzig，1903）；Leopold von Wiese，*Der Liberalismus in Vergangenheit und Zukunft*（Berlin，1917），and *Sozial*，*Geistig*，*Kulturell*（Cologne，1936）；Waldemar Zimmermann，“Das ‘soziale’ im geschichtlichen Sinnund Begriffswandel”，载于 *Studien zur Soziologie*，*Festgabe für L. von Wiese*（Mainz，1948）；L. H. A. Geck，*Uber des Eindringen des Wortes“sozial”in die deusche Sprache*（Göttingen，1963）；以及 Ruth Grummenerl，“Zur Wortgeschichte von ‘sozial’ bis zur englischen Aufklärung”，此文乃是他为国家语文考试所写的未发表的论文（Bonn，1963），亦请参见拙文“What is ‘social’？ what does it mean？”，该文经修改后的英文版载于拙著 *Studies in Philosophy*，*Politics and Economics*（London and Chicago，1967）。

〔23〕参见 G. del Vecchio，上引书，p. 37。

〔24〕关于这个问题，极具启示性的论述可见之于 Leopold von Wiese，*Der Liberalismus in Vergangenheit und Zukunft*（Berlin，1917），pp. 115 以次。

〔25〕在社会哲学家对这个问题所做的众多讨论中，较为典型的观点可见之于 W. A. Frankena，“The Concept of Social Justice”，载 *Social Justice*，ed. R. B. Brandt（New York，1962），p. 4；他的论辩赖以为凭的基础乃是这样一个假设，即社会会采取行动；但是当这个说法被适用于自生自发秩序的时候，乃是毫无意义的。对社会采取这种拟人化的解释，似乎是功利主义者特别喜欢做的事情，虽然他们并不总是像 J. W. Chapman（我在本书第七章注释〔21〕中征引了他说的话）那样会天真地承认这一点。

〔26〕我对采用这种用法感到遗憾，尽管通过这种用法，我的一些德国朋友（近来也包括一些英国朋友）显然已经成功地使我一直为之辩护的那种社会秩序被更多人的接受。

〔27〕参见“Aspen Consulation on Global Justice”大会所通过的《大会宣言》。这次会议是“美国宗教领袖的一次泛宗教主义会议”，于 1974 年 6 月 4-7 日在科罗拉多州的 Aspen 举行；该会议认为“全球不正义的典型表现为全球社会范围内在经济、政治、社会、性别、阶级结构和体制等方面的罪恶”。*Aspen Institute Quarterly*（New York），No. 7 third quarter，1974，p. 4。

〔28〕尤请参见 A. M. Honoré，上引书。这种论点认为，在一个大社会中，如果甲拥有的比乙多，甲就需要有道德理由的支撑，就好像这是某种人为结果似的。实际上，我们只须考虑下述两个要点：一是为了防止甲拥有的比乙多，我们必须拥

有极为精细且复杂的政府机构；二是这种机构必须拥有权力去指导和操纵所有公民的工作，并有权掌控他们工作的所有产品；那么，上述论点的荒谬性也就昭然若揭了。

〔29〕在少数几个明确洞见到这一点并将其观点公开发表出来的现代哲学家当中，有一位名叫 R. C. Collingwood。参见他的论文“Economics as a philosophical science”，*Ethics* 36，1926，esp. p. 74：“正义的价格，正义的工资，正义的利率，原本就是一种语词矛盾。一个人应当从他的商品和劳动中得到多少报酬的问题，乃是一个毫无意义的问题。”

〔30〕如果说有什么事实是所有认真研究平等诉求的学者所共同承认的报酬，那么，这个事实就是：实质平等与自由是不相容的。参见 A. de Tocqueville，*Democracy in America*，book Ⅱ，ch. I（New York，edn 1946，vol. II，p. 87）；民主社会“要求自由中的平等，而如果它们不能得到这种平等的话，那么它们仍然会要求奴役中的平等”；William S. Sorley，*The Moral Life and the Moral Worth*（Cambridge，1911），p. 110：“惟有通过不断地干涉自由，才能得到平等”；更为晚近的文献，请参见 Gerhard Leibholz，“Die Bedrohung der Freiheit durch die Macht der Gesetzgeber”，载 *Freiheit der Persönlichkeit*（Stuttgart，1958），p. 80：“自由必然会引发不平等，平等则必然会导致不自由”；所有上述文字都只是我从我的笔记中顺手拈来的一些实例。然而，一些声称自己是自由的热情支持者的人士，仍在不断地吵嚷着要求实质平等。

〔31〕Gustav Radbruch，*Rechtsphilosophie*（Stuttgart，1956），p. 87：“社会主义国家也可以成为法治国家，但是，一个以平等为基础的国家要由一种分配平等的安排来支配”。

〔32〕见 M. Duverger，*The ldea of Politics*（Indianapolis，1966），p. 201。

〔33〕Karl Mannheim，*Man and Society in an Age of Reconstruction*（London，1940），p . 180.

〔34〕P. J. Stuchka（苏联最高法院院长）in *Encycloperdia of State and Law*（in Russian，Moscow，1927），转引自 V. Gsovski，*Soviet Civil Law*（Ann Arbor，Michigan，1948），I，p. 70，苏联论者 E. Paschukanis 最持之一贯地阐发了社会主义制度下法律会消亡的观念。Karl Korsch 在 *Archiv sozialistischer Literatur*，Ⅲ（Frankfurt，1966）中把 Paschukanis 的著作称作是惟一持之一贯地阐发了马克思学说的著作。

〔35〕拙著 *The Road to Serfdom*（London and Chicago，1944），chapter IV。有关法律家对该书的核心论题所做的讨论，请参见 W. Friedmann，*The Planned State and the Rude of Law*（Melbourne，1948），重刊于该作者的 *Law and Social Change in Contemporary Britain*（London，1951）；Hans Kelsen，“The Foundations of Democracy”，*Ethics* 66，1955；Roscoe Pound，“The Rule of Law and the Modern Welfare State”，*Vanderbilt Law Review*，7，1953；Harry W. Jones，“The Rule of Law and the Modern Welfare State”，*Columbia Law Review*，68，1958；A. L. Goodhart，“The Rule of Law and Absolute Sovereignty”，*University of Pennsylvania Law Review*，106，1958。

〔36〕G. Radbruch，上引书，p. 126。

〔37〕Roscoe Pound 在他为 R. H. Graves 的 *Status in the Common Law*，（London，1953，p. XI）一书写的导论中，简明扼要地总结了 Radbruch 对这些问题的认识。他说，Radbruch 的出发点是交换对等正义与分配正义的区别。交换对等正义是一种矫正性的正义，它把从一个人那里拿走的东西返还给他，或者向他提供一种实质性的替代品；分配正义并不对现有的物品做平等的分配，而是依据一套价值方案分配现有的物品。因此，在协调性的法律与命令性的法律之间存在着一种差别。前者通过与赔偿相类似的手段来确保利益，而且把所有的个人都视作是平等的；后者则依据它的价值尺度而偏好某些人或某些人的利益。Radbruch 说，公法是一种命令性的法律，它命令个人服从公共利益，但不是服从其他隶属于那些公共利益的个人所具有的利益。

〔38〕参见 Bertrand de Jouvenel，*Sovereignty*（Chicago，1957），p. 136：

> 小社会作为人最早生活于其间的社会环境，对人有着无限的吸引力；人无疑会想到小社会去寻求力量；但是……任何试图把小社会的特征嫁接到大社会上去的努力，都是乌托邦式的，还会导向专制。只要我们认识到这个问题，那么以下的问题也就明确了：随着社会关系变得越来越广泛且更为多样化，那种被认为是相互信赖的公共善（common good），就不能用小型且封闭的社会模式所鼓励的那些方法来寻求；这是因为在这种情势中，小型且封闭的社会模式只会把人引入根本的歧途之中。

〔39〕Edwin Cannan，*The History of Local Rates in England*，2nd edn（London，1912），p. 162.

〔40〕尽管一些思想糊涂的社会哲学研究者谈论社会正义对我来说已是习以为常的事情了，但是当我发现像历史学家 Peter Geyl（*Encounters in History*，London，1963，p. 358）这样卓越的思想家竟也毫不思考地使用“社会正义”这个术语的时候，我还是感到极为痛心的。J. M. Keynes（*The Economic Consequences of Mr. Churchill*，*London*，*1925*，*Collected Writings*，vol. IX，p. 223）也曾毫不犹豫地写道：“从社会正义的角度来看，没有任何理由降低矿工的工资。”

〔41〕例如，这可以参见 Walter Kaufmann，*Without Guilt and Justice*（New York 1973）。在正确地拒斥了分配正义和酬报正义（retributive Justice）的观念以后，他居然相信这必定能够使他彻底否定整个正义概念。然而，如果人们知道早已发生的下述事件的话，那么我相信人们便不会再为 Kaufmann 的观点感到惊讶了。这个事件就是：*The Times*（London）就 Josef Pieper 所著 *Justice* 一书的英译本的出版（London，1957）曾发表了这样一篇严肃的重要评论（1957 年 3 月 1 日）；该评论指出，“我们大概可以这么说，就正义观念会继续影响政治思想而言，这种正义观念已经变成，‘分配正义’的含义；再者，除了在法律和习俗中——比如说在普通法的

准则中——还隐含有交换对等正义的观念以外（但是一如我们所知，这些法律和习俗乃是因十足的保守主义被保存下来的），交换对等正义的观念一般来讲已经不再影响我们的思考了”。某些当代社会哲学家确实是用未经证明的假定来论辩这个问题的，即通过把“正义”界定成只含有分配正义的方式来讨论整个正义问题。这方面的例子还可以参见 Brian M. Barry，“Justice and the Common Good”，*Analysis*，19，1961，p. 80：“虽然休谟用‘正义规则’这个说法来涵盖诸如财产权规则这样的东西，但是，从分析的角度来看，**‘正义’如今却依系于‘品行’与‘需求’**（黑体字是我加的），因此，人们可以十分恰当地说，休谟称为‘正义规则’中的某些规则乃是不正义的规则。”参见上引书，p. 89。

〔42〕J. S. Mill，*On Liberty*，ed. McCallum（Oxford，1946），p. 70.

〔43〕关于用科学的谬误来摧毁道德价值的问题，请见我在作为萨尔斯堡大学访问教授的任职演说中所做的讨论，*Die Irrtumer des Konstruktivismus und die Grundlagen legitimer Kritik gesellschoftlicher Gebilde*（Munich，1970，现在由 J. C. B. Mohr 为 Walter Eucken Institute at Freiburg i. Brg. 重印，Tübingen，1975）。

〔44〕John Rawls，“Constitutional Liberty and the Concept of Justice”，*Nomos* IV，*Justice*（New York，1963），p. 102，在那里，我征引的这段话的上文是这样的：“必须加以评断且必须从一般角度加以评断的东西，正是制度这个系统。”我没有意识到 Rawls 教授在日后出版的那部广为人们阅读的著作 *A Theory of Justice*（Harvard，1971）中也包含了对这个要点所做的比较明晰的陈述；尽管一些论者常常把这部著作解释成一部支持社会主义要求的论著，但是在我看来，这种解释是错误的。例如 Daniel Bell 就持有这种看法：在“On Meritocracy and Equality”，*Pubilc Irrest*，Autumn 1972，p. 72 一文中，Bell 把 Rawls 的理论描述成了“现代哲学中为力图证明一种社会主义的伦理的正当性而做出的最为全面的努力”。

第九章

补遗　正义与个人权利

否定性的正义观念（negative conception of justice）是由个人行为规则界定的，而“肯定性的”正义观念（“positive” conception of justice）则要求社会负有责任，以确使个人获得特定的东西。需要指出的是，从否定性的正义观念到肯定性的正义观念的转换，常常是经由对个人**权利**（the rights of the individual）的强调而得到实现的。在福利制度中出生和成长起来的年轻一代，似乎产生了这样一种感觉，即他们可以正当地要求社会提供它负有责任提供的特定东西。但是，不论这种感觉何等强烈，这种感觉的存在并不能证明由此提出的要求与正义有任何干系，也不能够证明这类要求能够在自由社会中得到满足。

“权利”（right）这个名词含有这样一种意思，即每项正当的个人行为规则都会创生一项相应的个人权利。就行为规则界分个人领域而言，个人会对自己的领域享有一项权利，而且在捍卫这项权利的过程中，个人还会得到其同胞的同情和支持。大凡在人们为了强制实施行为规则而建构起了诸如政府这类组织的地方，个人都有正当的理由要求政府对他的权利进行保护，并且对他所受到的侵犯做出补偿。

然而，只有当这类要求所指向的乃是一个能够行动且在行动中受正当行为规则约束的人或组织（比如政府）的时候，这些要求才可能是正当的要求或权利。当然，这类要求还包括对那些自愿承担义务的人所提出的要求，或对那些因特殊情势（比如说父母子女间的关系）而联系在一起的人所提出的要求。在这类情势中，正当行为规则会赋予某些人以权利，并赋予其他一些人以相应的义务。但是，在并不存在这些行为规则所指涉的特定情势的情况下，这些规则本身并不能赋予任何人以一项要求得到某种特定东西的权利。一个孩子之所以享有吃、穿、住的权利，乃是因为其父母或监护人甚或某个特定的机构被设定承担有一项相应的义务。然而需要指出的是，如果用以确定由谁来承担这项相应的义务的特定情势没有得到规定或陈述，那么该项正当行为规则就不可能以抽象的方式确定这种权利。换言之，除非某人有义务保障某一特定的情势，否则，任何人对这一特定情势都不享有权利。我们根本无权要求我们的住宅不被烧掉，无权要求我们的产品或服务必须有一个买主，也无权要求其他人向我们提供任何特定的商品或服务。正义并没有向我们的同胞设定一项一般性义务，要求他们为我们提供生计；因此，只有在我们维持一个组织以实现这个目的的限度内，要求该组织为我们提供生计的主张才是可能的。显而易见，讨论一种任何人都没有义务甚至没有能力实现的状况的权利问题，实是毫无意义的。与此同理，讨论这样一种权利问题（亦即对一个自生自发秩序——比如社会——提出要求这种意义上的权利问题）也是毫无意义的，除非这种讨论的目的意在指出某人有义务把那种内部秩序（cosmos）转变成一个组织并据此攫取到控制这种转换之结果的权力。

由于我们都被要求支持政府组织，所以根据决定政府组织的诸原则，我们便取得了某些权利，就是人们常说的政治权利（political rights），具有强制性的政府组织及其组织规则的存在，的确为人们创制了一种分享政府组织所提供的服务的正当要求，还为人们要求平等地参与决定政府之所作所为的做法提供了正当性理据。但是，这个事实不能为人们要求政府提供它并不向所有人提供或不可能向所有人提供的那种东西提供任何理据。在这个意义上讲，我们并不是那种被称之为社会组织中的成员，因为那个生产出各种物质手段以满足我们大多数需求的社会，并不是一个由某种有意识的意志所指导或操纵的组织；更有进者，如果上述社会是一个由某种有意识的意志所指导或操纵的组织的话，那么它也就不可能生产出它所提供的那些物质手段了。

那些被载入各项正式《人权法案》(Bills of Right) 之中的历史悠久的政治和公民权利 (political and civil rights)，从根本上说构成了这样一项要求，亦即在政府权力所及的范围内，政府应当以正当的方式行使它的权力。正如我们所见，所有这些政治和公民权利，都无异于对一项更具宽泛性的准则的具体适用，也许还可以有效地被这项准则所取代；这项准则就是，除非在实施一项可以适用于无数未来之情势的一般性规则，否则不得使用任何强制。如果这些政治和公民权利因所有政府都服从它们而成为真正普遍的权利，那倒是极为可欲的事情。但是，只要政府的权力是有限的，那么这些政治和公民权利也就不可能使政府承担促成某种特定情势的义务。我们所能要求的只是，在政府采取行动的范围内，政府应当以正当的方式行事；但是，我们不能从这些权利中推导出任何应当由政府享有的肯定性权力 (positive powers)。因此，这些权利根本就没有解决这样一个问题，即人们是否能够并应当 (亦即有正当理由) 要求我们称之为政府的强制性组织去决定不同的个人或不同的群体的具体的物质地位。

否定性权利 (negative rights) 虽说只是对那些保护个人领域规则的补充，但经由政府组织规章的规定得到了制度化；肯定性权利 (positive rights) 是公民参与指导政府组织的权利。晚近，人们在上述权利之外又添加了一些新的肯定性的"社会与经济的"人权 ("social and economic" human rights)，据称实现一种平等的甚或更高的人格尊严须以这些权利为基础。[1] 这些权利所要求的乃是每个人本身被假设为有资格享受那些特定利益，至于谁应当有义务提供那些特定利益或者应当根据何种程序来提供那些利益的问题，它们没有给出任何提示。[2] 然而，这类肯定性权利尚不完整，因为人们还需要对这些权利的对应部分做出决定，即某个主体（一个人或一个组织）应当有义务提供其他人所应当享有的东西。当然，把这些权利说成是对“社会”提出的要求，实是毫无意义的，因为“社会”不能思考、不能行动、不能评价，亦不能以某种特定的方式“对待”任何一个人。因此，如果要满足这样的要求，那么那种被我们称之为社会的自生自发秩序就必须被一个受刻意指导或操纵的组织所取代——这就是说，市场这种内部秩序必须被一种外部秩序（a taxis）所取代，在这种外部秩序中，组织成员必须去做他们被命令去做的事情，或者说，他们不得运用自己的知识去实现自己的目的，必须去实施他们的统治者为满足那些有待满足的需求而设计出来的计划。我们由此可以得出结论，历史悠久的公民权利和新近提出的社会与经济的权利不仅不可能同时得到实现，而且二者之间事实上还是不相容的；如果不摧毁历史悠久的公民权利所旨在实现的那种自由秩序，这些新近提出的社会与经济的权利就不可能被法律实施。

推进这股新潮流的驱动力，主要源自富兰克林·罗斯福（Franklin Roosevelt）总统所阐发的“四大自由”（Four Freedoms）宣言。所谓“四大自由”，乃是指“**免于**匮乏的自由”“**免于**恐惧的自由”，以及历史悠久的“言论自由”和“信仰自由”（freedom of worship）。但是，在1948年联合国大会上通过的《世界人权宣言》（*Universal Declaration of Human Rights*）中，这一新潮流才得到了明确的体现。此宣言被公认为是一种试图把西方自由传统中的诸项权利与那种源于马克思主义式的俄国革命的截然不同的观念融为一体的努力。[3]该宣言在前二十一项条款所列举的古老的公民权利之外，又增加了七项旨在表达这些新确立的“社会与经济的权利”的保障条款。在这些新增加的条款中，“每个人，作为社会的一员”都得到保证可以满足他对特定利益所提出的肯定性要求，但没有规定谁负有提供这些利益的责任或义务。此外，该宣言也完全没有以一种使法院有可能在特定场合中确定这些权利的含义的方式对这些权利做出界定。例如，每个人“有权……享受他的个人尊严和人格的自由发展所必需的经济、社会和文化方面各种权利的实现”（第二十二条），这一陈述具有什么法律意义呢？“每个人”究竟应当向谁要求“公正和合适的工作条件”（第二十三条第一款）以及“公正和合适的职业”（第二十三条第三款）呢？要求每个人都应当有权“自由参加社会的文化生活、享受艺术，并分享科学进步及其产生的福利”（第二十七条第一款）的后果又是什么呢？“每个人”甚至被说成“有权要求一种社会的和国际的秩序，在这种秩序中，本宣言所载的权利和自由能获得充分实现”（第二十八条）——显而易见，这种说法实是以这样一种假设为基础的，即不仅这种要求是可能的，而且现在就存在着一种已知的方法，通过这种方法所有都能实现这些要求。

显见不争的是，所有这些“权利”都是以那种把社会解释成一种刻意建构的并支配着每个人的组织的观点为基础的。在一个以个人责任观念为基础的正当行为规则制度内，这些权利是不可能得到普遍化的；如果要使这些权利得到普遍化，那么就必须把整个社会转变成一个单一化的组织，也就是说，把整个社会变成一个十足的全权主义社会（totalitarian society）。一如我们所见，平等适用于每个人又不把任何人置于上级命令支配下的正当行为规则，是决不可能确定某个人应当拥有什么样的特定东西的。此外，正当行为规则也决不可能采取“每个人都必须拥有这个东西或那个东西”的形式。在一个自由社会里，个人将得到什么东西，在某种程度上讲，将始终取决于一些任何人都无法预见且无力决定的特定情势。因此，正当行为规则决不可能把一种对特定东西的要求权赋予自由社会中的任何人（与一个特定组织中的成员相区别）；这些正当行为规则所能促成的只是为人们提供各种使他们有可能获得这些要求权的机会。

显而易见，《世界人权宣言》的制定者们根本就没有想过，并不是每个人都是受雇于某个组织的成员，只有这样的组织成员才能享有“休息和闲暇的权利，包括工作时间有合理限制和定期给薪休假的权利”（第二十四条）。向农民、爱斯基摩人，大概还包括喜马拉雅山的雪人保证“定期给薪休假”的权利，完全凸显出了这种“普遍权利”（universal right）观念的彻头彻尾的荒谬性。哪怕有一丁点常识，该宣言的制定者们就应当懂得，他们所颁布的那些普遍权利无论是在眼下还是在任何可预见的将来都是根本不可能实现的，而且把它们作为权利庄严地宣告于天下，实际上也是在以一种不负责任的方式玩弄“权利”概念，这种把戏只能摧毁人们对权利的尊重。

的确，整个《世界人权宣言》都充斥着那种组织思维（organization thinking）的话语，正如人们所习知的那样，这种组织思维话语通常会出现在工会官员或国际劳工组织所发表的各项声明里，反映的也是企业雇员与公务员和大公司中听话的职员所持有的一种共同态度，与大社会之秩序赖以为基础的诸项原则完全不相符合。如果该宣言纯粹是国际上某个社会哲学家群体的产物（实际上最初的草纲就出自他们之手），那么它充其量也只能构成某种多少有些令人担忧的证据，说明组织思维已经在很大程度上渗入这些社会哲学家的思维之中，也说明了他们在很大程度上已经变成自由社会之基本理想的十足门外汉。但是，更使我们深感不安的是，接受《世界人权宣言》的居然是一批被认为颇具责任感的并对创造一个和平的国际秩序表示严肃关注的政治家。

显而易见，组织思维在很大程度上乃是柏拉图及其追随者的唯理主义建构论（rationalist constructivism）的盛兴所造成的结果；而且长期以来，这种组织思维也一直是社会哲学家常常容易犯的错误。据此，我们对于下面那种现象也就不应该感到惊讶了，即由于那些作为组织成员的学院派哲学家已在生活方面获得了保障，所以他们也就完全丧失了对各种把大社会凝聚在一起的力量的理解力；又由于他们还把自己想象成了柏拉图式的哲学王，所以他们也就自然而然地会按照全权主义路线提出对社会进行重构的方案。如果像我们被告知的那样，《世界人权宣言》所规定的社会与经济的权利在今天会被“绝大多数美国和英国伦理学家接受”〔4〕，那么这也只能遗憾地表明这些伦理学家缺乏犀利的批判眼光而已。

联合国大会曾庄严地宣告，**每一**个个人（！）在“永以本宣言铭诸座右”（！）的同时，都应当竭尽全力确使那些人权得到普遍的遵守；然而，这不过是一个壮观的滑稽场面，如果由此引发出来的种种幻想还不算大悲剧的话。但是需要强调指出的是，看到人类迄今为止所创建的所涉国家最多的权力机构（即联合国），因支持一种天真的偏见并沉溺于一种自欺欺人的想法而侵损了它原本应当受到的尊重，那就不单单是一场悲剧的问题了。〔5〕当然，我们在这里所说的“偏见”，乃是意指那种以为我们只要通过宣布我们认为可欲的情势应当存在便能够创造出被我们视为可欲的任何一种情势的观点；而我们在这里所说的“自欺欺人的想法”，意指那种认为我们能够一面从自生自发社会秩序中受益，一面又能够按照我们自己的意志对它加以塑造的想法。

然而，上述种种幻想忽视了一个基本事实：我们希望尽可能多的人能够享有的所有那些利益之所以有可能为人们所获得，实是因为这些人本身能够在创造这些利益的过程中运用他们自己所拥有的最佳知识。确立一些可以强制实施权利以要求得到某些利益，是不可能创造出那些利益的。如果我们希望每个人都生活得富裕，那么我们据以趋近这个目标的方式就不能是经由法律的规定去命令人们应当实现这个目标，或赋予每个人以一项法律权利去要求获得我们认为他应当享有的东西，而毋宁是向所有的人提供激励以促使他们尽可能地去做有助于其他人的事情。在人们讨论的问题纯属是那些只有通过意志支配的体制方能实现的欲求的题域中谈论权利问题，不仅会误导人们的注意力，还会贬损“权利”这个词；就前者而言，一如我们所知，它会致使人们看不到我们希望人人都享有的财富得以产生的那些有效的决定因素；而有关后者，我们则知道，如果我们还想维续自由社会，那么保有“权利”这个词所具有的严格含义便是一项极为重要的条件。

注　释：

这篇补遗的文字已在挪威杂志 *Farmand* 七十五周年纪念专号（Oslo，1966）上发表过。

〔1〕有关这个问题的讨论，可参见汇集于 *Phiosophical Review*（April 1955）以及 D. D. Raphael（ed.）*Political Theory and the Rights of Man*（London，1967）中的论文。

〔2〕参见联合国大会 1948 年 12 月 10 日通过的《世界人权宣言》。该宣言重印于题为 *Haman Rights*，*Comments and Interpretations* 一书中，这是由联合国教科文组织（London and New York，1945）编辑出版的一部论文集。在该论文集中，人们还可以发现该宣言所依凭的知识背景。在这本论文集的附录中，不仅收录了一篇“联合国教科文组织就人权的理论基础所分发的备忘录”（pp. 251-254），还有一篇“联合国教科文组织关于人权理论基础的委员会所作的报告”（在其他场合则被称为“联合国教科文组织关于人权原则的委员会报告”）；该报告解释说，本委员会的委员们努力达到下述两个目的：一是旨在调和两种不同且可“相互补充的”有关人权的工作概念（其中的一种工作概念“从与生俱来的个人权利的前提出发，……而另一种工作概念则立足于马克思主义的原则之上”）；二是旨在发现“上述两种倾向之间所存在的某种共同的尺度”。该报告还解释道，“这种共同的尺度形式，必须通过某种方式对当下存在的各种不同的或对立的观点进行调和而达致”！（英国在该委员会的代表竟然是 H. J. 拉斯基教授和 E. H. 卡尔教授）

〔3〕参见上引书，p. 22：联合国教科文组织专家委员会主席 E. H. 卡尔教授解释说，“如果这项新的人权宣言要含括有关提供社会服务的规定和为老弱病残幼或失业者提供保障的规定，那么显而易见，除非社会反过来有权去号召并指导那些参与生产活动的个人所进行的生产活动，否则，任何社会都不可能确使上述相关人等享有这样的权利”。

〔4〕G. Vlastos，“Justice”，*Revue Internationale de la Philosophie*，1957，p. 331.

〔5〕对《世界人权宣言》的全面讨论，请参见 Maurice Cranston，“Human

Rights，Real and Supposed"，载于 D. D. Raphael 所编的论文集中（上引注释〔1〕），在文中，M. Cranston 论辩道，"一种在哲学上受人尊敬的人权概念，近些年来，却因一种试图把那些属于不同逻辑范畴的具体权利硬塞到这种人权概念中的尝试被搞得含混不清、正不彰且衰弱无力了"。另请参见 M. Cranston 所撰写的另一部著作 *Human Rights Today*（London，1955）。

第十章

市场秩序或偶合秩序

人们就何为公平所做的判断是很容易发生变化的，而且……致使这种判断发生变化的诸种力量之一，便是人们会不断地发现，他们先前就某个特定问题所做的被认为是公正且公平的判断已经变得不再经济了，或许从来就是不经济的。

——埃德温·坎南*

市场秩序的性质

在本书第一卷的第二章中，我们已经对各种自生自发秩序所具有的一般性特征进行了讨论；因此，我们有必要在这里再对市场秩序所具有的特殊属性以及我们从市场秩序中获得助益的性质做一番更为详尽的考察。一如我们所知，市场秩序对我们实现自己的目的极有助益：它不仅像所有其他自生自发秩序那样，会在我们的行动中给我们以指导和在不同人的预期之间促成某种应合关系，还会拓展每个人在更大程度上支配各种物品（亦即商品和服务）的前景或机会，通过任何其他方式，我们都不可能做到这一点（当然，我们将在本章的讨论中对市场秩序所具有的后一种作用做更为准确的阐释）。然而，一如我们将会看到的那样，只有在使某些预期不断落空并以此为代价的情况下，这种协调个人行动的方式才能够确使不同的社会成员在他们的预期之间达致一种更高程度的应合，并确使不同社会成员的知识和技艺得到有效的运用。

由于人们一般都把市场秩序描述为一种“经济”（economy），所以也引发了一些误导性的联想。因此在我看来，如果我们想确当地理解市场秩序的特征，那么关键之处就在于我们必须首先把自己从这些误导性的联想中解放出来。一种经济乃是由一系列活动复合而成的，在这些活动中，人们根据一项统一的计划并依照彼此竞争的目的的相对重要性，为这些目的配置一系列特定手段。当然，我们在这里所说的这种经济，乃是在该词的严格意义上使用的；就这个意义言，一个家庭、一个农场或一个企业都可以被称作是一种经济。然而，市场秩序并不服务于这样一种单一化的目的序列。从这个意义上讲，一般被称为一种社会的经济或一种国民的经济（social or national economy）的东西，并不是一种单一化的经济（a single economy），而是一种由许许多多纵横交错的经济构织而成的网络[1]。这种经济秩序，一如我们所见的那样，与那种严格意义上的单一化经济秩序有着某些共同的形式特征，但在一个最为重要的特征方面与之截然不同，因为它的各种活动并不受某种单一化的目的序列的支配。有论者认为，社会中个别成员的经济活动是或应当是严格意义上的那种经济的一部分；此外，那种通常被称之为一种国民的经济或一种社会的经济的东西，也应当根据那种与严格意义上的单一化经济相同的标准进行判断和安排。然而，这种观点是这个领域中的一个主要的错误根源。需要强调指出的是，每当人们说某个国家的经济或世界经济的时候，人们使用这个术语的意思实际上是指人们应当根据唯社会论的理路来管理并根据某个单一的计划来指导这些经济，进而使它们为某种统一的目的系统服务。

严格意义上的单一经济实际上是一种组织；当然，我们在这里所说的“组织”，乃是在我们界定该术语的那种专门意义上所言的，亦即对某个机构所知道的手段之用途做出的一种刻意安排。但是，市场内部秩序既不受也不可能受这样一种单一化的目的序列的支配，因为它为之服务的乃是所有分立的个人所具有的各种分立且彼此不可通约的目的。

众所周知，经济这个术语的含义一直含混不清，还导致人们在理解方面出现严重混淆。因此，为了使我们的讨论得以顺利展开，我们似乎有必要采取下述两项策略：第一，我们将严格地按照该术语的原初意义使用该术语；这就是说，经济，在其原初意义上讲，意指的是一系列为某个单一目的序列服务的受着刻意协调的行动。第二，我们必须采用另一个术语来指称那个由无数交织在一起的经济形成的系统，因为正是这些交织在一起的经济构成了市场秩序。

由于很久以前就有论者建议用“catallactics”一术语来指称那种论述市场秩序的学问，[2]又由于这个术语在晚近被一些论者重新采用，[3]所以采用一个与此相应的术语来指称市场秩序本身，可以说是相当妥适的。catallactics 这个术语从 katallattein（或 katallassein）这个希腊语动词衍生而来；极为重要的是，katallattein 不仅意指“交换”（to exchange），还意指“被社会或共同体所接纳”（to admit into the community）和“化敌为友”（to change from enemy into friend）。[4]实际上，人们从这个动词中衍生出形容词 catallactic 的目的，就是要用它来取代 economic 这个术语，以指称 catallactics 这种知识所要论述的那种现象。然而，古希腊人既不知道这个术语 catallatic，也不曾有一个与之相应的名词；当然，如果古希腊人在当时想杜撰一个术语的话，那么这个词十有八九会是 katallaxia。据此，我们可以构造出一个英语词 catallaxy（偶合秩序），并用它来指称那种在一个市场中由无数单个经济间的彼此调适所促成的秩序。因此，一种 catallaxy（偶合秩序），便是一种特殊类型的自生自发秩序，它是市场通过人们在财产法、侵权法和合同法的规则范围内行事而形成的。

自由社会是一种不存在共同的特定目的序列的多元社会

大社会及其市场秩序因缺乏一种公认的目的序列而常常被人们当作批判的靶子。然而，这一点实际上恰恰是大社会及其市场秩序所具有的一项大优长，因为正是这项优长，才使得个人自由以及它所珍视的一切价值具有了现实可能性。一如我们所知，大社会的兴起，所凭靠的乃是人们获得的这样一项发现，即人们无须就他们各自独立追求的特定目的达成共识便可以做到和平共处且互惠互利。这项发现之所以能够通过抽象的行为规则对强制性具体目的的替代而使和平秩序扩展到那些追求相同目的的小群体之外，实是因为它能够使每个人都从其他人的知识和技艺中获得助益，即使他不认识这些人，他的目的也与这些人的目的截然不同。[5]

在不同的个人之间不存在具体且共同目的的情况下，使这种和平的合作在过去成为可能的决定性步骤，便是人们采纳的那种易货交换的方式（barter）。当时，人们之所以采取易货交换的方式，完全是因为他们认识到：第一，同样的物品对于不同的人会有不尽相同的用途；第二，如果甲从乙处得到了后者所拥有的某种物品，以作为甲给予乙所需要的物品的回报，那么这往往会对双方都有利。换言之，要实现这种易货交换的方式，人们只需要就那些确定各人拥有什么财产以及这些财产通过何种方式可以经由同意而转让的规则达成共识，[6]而没有必要就各自进行具体交易所欲达致的特定目的达成共识。的确，这种易货交换的方式会有助于交易各方当事人所具有的不同且独立的目的，因而它们是作为手段发挥作用的——当然，这也正是这种易货交换的方式的特征。事实上，各方当事人的需求越是不尽相同，他们就越是有可能从这类交换中受益。在一个组织内部，不同组织成员也会互相帮助，但是这种帮助只能以他们被要求去实现的共同目的为限；然而在一种偶合秩序（catallaxy）中，人们会在某种因素的激励下为满足其他人的需求努力工作，无须介意甚或无须认识这些其他人是谁。

在大社会中，我们每个人的努力实际上都起到了下述两个方面的作用：第一，满足了那些我们并不直接知道的需求；第二，有时候甚至还会有助于其他人去实现那些如果我们知道我们便会反对的目的。我们之所以对这种状况无能为力，实是因为我们并不知道我们提供给其他人的商品和服务究竟会被他们用于何种目的。我们完全是为了实现我们自己的目的才去做那些有助于其他人实现他们目的的事情，尽管这些目的是我们不赞同的甚或不知道的；这正是大社会的力量源泉之所在。只要合作以共同目的为前提，那么追求不同目的的人肯定是敌人，因为他们会为以同样的手段相争斗；据此我们可以说，正是易货交换的方式的引入，才使得不同的个人有可能在不就终极目的达成共识的情况下做到互惠互利。

值得我们注意的是，当易货交换的方式所具有的这种能够使人们在非意图的情况下达致互惠互利的功效最初被人们明确认识到的时候，[7]人们不仅过分强调了它所导致的劳动分工（division of labour），还过分强调了这样一个事实，即正是不同的个人所具有的“自私”目的（“selfish” aims）才促使他们为彼此提供服务。从此一进路来认识这个问题，视域实在太过狭隘了。劳动分工的实施范围极其广泛，即使在组织内部亦实施劳动分工；此外，自生自发秩序所具有的优势也并不取决于人是自私的这一点。偶合秩序的关键之处在于，它会对各种不同的知识和不同的目的进行协调，因为一如我们所知，不论个人是否自私，这些知识和目的都会因人而异，差别极大。在偶合秩序中，人们在追求各自利益的同时——不论他们是极端利己，还是极端利他——都会有助于许多其他人的目的，尽管在这些当中，绝大多数人是他们永远不可能认识的；正是因为这一点，偶合秩序作为一种整体秩序才会大大优于任何刻意建构的组织。在大社会中，不同的成员不仅在各自目的大相径庭的情况下仍能从彼此的努力中受惠，还常常因为他们各自目的不同，使得他们能够从彼此的努力中获益。[8]

大社会中并不存在共同的具体目的，或者一如我们所说的那样，大社会只是一种手段相关的（means-connected）而非目的相关的（ends-connected）社会。但是，有许多人特别痛恨大社会的这个特点。实际上，大社会中的所有成员也有一个重要的共同目的，然而它只是一种纯粹的工具性目的（instrumental purpose），亦即确使一种抽象秩序得以型构的目的——这种抽象秩序本身虽说没有任何具体的目的，但会拓展所有人实现其各自目的的前景。当然，在当下盛行的道德传统中，大多数内容仍然是从那种目的相关的部落社会中衍生而来的；正是这种道德传统使人们常常把大社会不具有共同且具体目的的情势视作是大社会所具有的一种应当予以纠正的道德缺憾。然而，惟有把强制的运用严格限定在要求人们遵守否定性的正当行为规则方面，我们才有可能把追求不同目的的个人和群体整合进一个和平的秩序之中；也正是没有对共同目的做严格的规定，才使得自由人组成的社会得到了逐步的发展。

有一种观点认为，共同的特定价值序列乃是一种在必要的情况下应当予以强制实施的可欲之物；尽管这种观点深深地植根于人类历史之中，但是需要强调指出的是，人们在今天从智识上对此所做的辩护，在很大程度上是以这样一种错误的信念为基础的，即这种共同的目的序列乃是把个人活动整合进秩序之中的一个不可或缺的条件，也是维续和平的一个必要条件。然而事实恰恰相反，因为正是这个谬误本身构成了人们实现这两个目的的最大障碍。在我看来，大社会与人们在追求共同且具体目的意义上的那种一致性即“团结一致”（solidarity）不仅是毫无关系的，事实上还是与之不相容的。〔9〕的确，我们所有的人偶尔都会认为，与我们的同胞持有一个共同的目的是一件好事，我们偶尔也会为自己能够作为追求共同目的群体中的一员而行事感到欢欣鼓舞；但是，这不过是我们从部落社会中继受而来的一项本能取向——毋庸置疑的是，在较小的群体中，每当我们有必要采取一致行动以应对某种突发的紧急情况的时候，这种本能取向常常会给我们提供巨大的帮助。这种本能取向在下述情形中可以说是凸显无疑，即有些人在有的时候甚至认为战争的爆发也是对人们渴望这样一种共同目的的需求的满足；在当代，这种本能还可以最为明确地见之于民族主义和唯社会论这两种对自由文明构成最大威胁的取向之中。〔10〕

我们在追求自己的目的的过程中，所依凭的绝大多数知识实是那些从种种与我们不同的方向探索世界的人在非意图的情况下产生的副产品；他们的探索方向之所以与我们的不同，是因为他们受着与我们不同的目的的驱使。如果他们所追求的只是我们认为可欲的那些目的，那么我们就决不可能再指望得到那些知识。如果把赞同并支持其他社会成员为之服务的具体目的作为某个人成为社会成员的一项条件，那么这会把这个社会赖以取得进步的一项重要因素彻底扼杀。只要“就具体目的达成共识”成了人们形成秩序与保有和平的一项必要条件，且“对这些目的持有异议”会对社会秩序构成威胁，只要赞同与异议都必须取决于特定行动所为之效力的具体目的，那么有助于智识进步的种种力量就会在很大程度上受到禁锢。不论就具体目的达成的共识在多大程度上或在多少方面能够使我们的生活道路变得顺畅，人们对具体目的提出批评并持有异议的可能性，或者说至少不强制人们就具体目的达成共识的可能性，无疑是我们迄今达致的那种文明（亦即自古希腊人把个人的独立思考视作是人类思想进步最有效的方法以后逐渐演化发展起来的那种文明）所依凭的基础。〔11〕

大社会虽说不是一种单一经济，但主要是由那些一般意义上的经济关系聚合而成的

有一种观点认为，市场秩序是一种严格意义上的经济；然而，我们可以发现，这个观点不仅是错误的，还往往与另一种否认大社会是由那些一般意义上的经济关系聚合而成的观点纠缠在一起。上述两种观点之所以常常为同一些人所持有，实是因为那些严格意义上的刻意建构的经济组织，肯定是以人们就共同目的所达成的共识为基础的，反过来，这些共同目的在很大程度上又是非经济的。然而一如前述，自生自发市场秩序的大优长恰恰在于它纯粹与手段相关，所以它不仅使不同的个人不必就具体的目的达成共识，还有可能使大相径庭的个人目的达致协调。通常被称之为经济关系（economic relations）的东西，实是由这样一个事实所决定的，即所

有手段的使用都会受到人们所追求的那些不尽相同的目的的影响。正是从“经济的”这个术语所具有的这种广义上讲，大社会各部分之间的相互依存或协调聚合才是纯粹经济的。[12]

从上述广义经济的观点来看，把大社会聚合在一起的惟一纽带乃是纯粹“经济的”纽带（更准确地说是“偶合的”纽带）；尽管这种广义经济的观点也引发了强烈的抵触情绪，然而事实就是如此，不容否认；再者，另一个不容争议的事实也表明，在一个现代国家或当代世界高度交错且纷繁复杂的社会里，情势亦大抵如此。的确，大多数人仍然不太愿意接受这样一个事实，即能够使大社会聚合在一起的因素乃是为人们所鄙视的那种“金钱关系”（cash-nexus）；或者说，要实现人类统一（unity of mankind）这个伟大的理想，最终还是要取决于这样一种状况，即支配各方关系的乃是人们所具有的以更好的方式满足其物质需要的那种诉求。

在大社会的整体框架中，当然也存在着无数种由那些在任何意义上都不是经济关系的其他关系构成的关系网络。但是，这种情势并不能够改变这样一个事实，即正是市场秩序才使得人们有可能以和平的方式去协调他们所具有的大相径庭的目的——还是通过一种能够增进所有人利益的过程使之成为可能的。现在，人人都把“所有的人都相互依存”这句话挂在嘴边，似乎这种状况会有助于把人类组成一个统一的世界（One World）；但是需要强调的是，这种状况不仅是市场秩序所达致的结果，也是任何其他方式所不可能成就的一种状况。今天，正是经由市场关系这种网络所扩散的影响，才把每个欧洲人的生活或美国人的生活与在澳大利亚、日本或扎伊尔（刚果民主共和国）所发生的事情联系在了一起。实际上，我们只需对这样一种情势（即如果生产条件在全世界所有不同的地方都完全相同的话，那么运输与通信在技术方面的可能性问题就无关紧要了）略作考虑，上述情势就显见无疑了。

其他人所掌握的知识，包括所有的科学成就，都是经由市场机制所提供并指导的通道达致我们每个人的，并使我们从中获益颇多。甚至我们能够在某种程度上分享世界上其他地方的人的审美追求或道德追求，也得归功于经济关系所起的桥梁作用。的确，从总体上来说，每个人对无数其他人的行动所表现出来的这种依附性，并不是一种物理性的事实，毋宁是一种我们所谓的经济性事实（economic fact）。因此，人们有时候会把经济学家的努力指责为一种泛经济主义（pan-economism）；但是我们知道，这种指责只不过是对经济学家的一种误解，这种误解是人们使用那些极具误导性的术语造成的；当然，所谓"泛经济主义"，在这里所指的乃是这样一种倾向，亦即从经济角度认识或审视一切事物，或者，更为糟糕的是，是那种试图把经济目的（economic purposes）凌架于所有其他目的之上。[13]然而事实的真相是，偶合秩序说乃是一门对惟一涵盖几乎所有人的整体秩序进行描述的科学，因此经济学家可以有充分的理由认为，人们应当把"是否对这种整体秩序具有助益性"这个因素视作是判断所有特定制度的标准。

然而，把经济学家的这种尝试视作是一种力图把经济目的凌架于所有其他目的之上的倾向，无论如何都是一种误解。归根结蒂，经济目的是不存在的。无论是个人所做的经济努力还是市场秩序向个人所提供的服务，都是在对各种为了实现彼此竞争但始终是非经济的终极目的所需要的手段进行配置。一切经济活动的任务都在于对彼此竞争的目的进行协调，协调的方式便是就有限的手段究竟应当被用于追求其间的哪些目的这类问题进行决策。正是经由这个惟一为我们所知道的对所有人都有助益的过程，市场秩序协调着人们对不尽相同的非经济目的所提出的各种要求——然而值得注意的是，这个过程并不能够保证较重要的要求先于较次要的要求而得到实现，其原因便在于在市场秩序这种系统中，不可能只存有一种有关需求之重要性的序列安排。市场秩序所趋于促成的只是这样一种事态，其间，任何一项需求的满足，都不是以这样一种结果为代价的，即从原本用于满足其他需求的手段中挪用出多于满足某项需求所实际需要的手段以满足该项需求。市场乃是人们实现这个目的的惟一已知的方法，人们在达致这个目的的过程中无须就不同的终极目的之相对重要性达成共识；再者，市场乃是一种仅仅以互惠互利原则为基础的秩序，立基于这项原则，任何人的机遇都可能比他在任何其他情况下所享有的机会多得多。

自由人组成的社会的政策目标只能是一种抽象秩序，不可能是预知结果的最大化

把偶合秩序错误地解释成一种严格意义上的经济，常常会促使人们做出这样一种努力，亦即根据这种偶合秩序满足某种给定的目的序列的程度来评价我们从这种秩序中所获得的益处。但是，如果我们根据人们提供的价格来判断各种需求的重要性，那么一如我们业已反复指出的那样，这种认识进路会把我们裹挟进一个恶性循环之中：因为人们对不同的商品和服务的需求所具有的相对强度——市场因此会对这些商品和服务的生产进行调整——本身就是由收入分配决定的，收入分配反过来又取决于市场机制。当然，持这样一种认识进路的人，在较多的情况下都是市场秩序的批判者，而不是它的捍卫者。许多论者正是从上述解释出发得出了这样一个结论，即如果有关相对需求的这种序列只有在陷入循环推理的境况下，才能被人们当作共同的价值序列加以接受，那么我们若要判断这种市场秩序的有效性，我们就必须设定另一个目的序列。

然而，这种认为在没有一种共同的具体目的序列的情势下就不可能制定出理性政策的观点，实际上就是要把偶合秩序解释成一种严格意义上的经济；因此，这种观点是极具误导性的。事实上，政策无须以人们对实现特定结果的诉求为指导，可以以保障一种抽象

的整体秩序为旨归：这种整体秩序的特征在于它能够确使所有成员都可以获得实现他们各不相同的并在很大程度上属于未知的特定目的的最佳机遇。在这样一种社会中，政策必须旨在以平等的方式增进不确定的任何人得以成功地追求他们所具有的同属未知的目的的机会，还必须旨在把强制的运用（除了征税以外）严格地限定在实施那些只要得到普遍适用便能够在这个意义上趋于增进每个人机会的规则方面。

因此，一项运用自生自发秩序的政策，决不能以实现已知的特定结果的最大化为目标，必须旨在为不确定的任何人增进这样一种前景，即这种秩序所要求的一切变化所产生的整体结果会增进每个人实现自己目的的机会。一如我们所见，[14]这个意义上的公共善（common good）并不是一种特定的情势，而是一种抽象秩序；这是因为在自由社会中，惟有这种抽象秩序才能够使各不相同的特定需求得到满足的程度处于一种不确定的状态之中。因此，政策的目标所旨在实现的必须是一种能够尽可能多地增进每个人的机会的秩序——当然，这并不是一种在每时每刻而只是“在整体上”且从长远来讲会尽可能多地增进每个人的机会的秩序。

由于任何经济政策的结果都必定会取决于不确定的任何人在他们所拥有的知识和目的的指导下对市场运作所产生的有利条件的运用，所以任何经济政策的目标也就只能是提供一种有助于实现多元目的的工具（a multi-purpose instrument）；这种多元目的的工具也许不是那种在任何时候都能够最好地适应特定情势的工具，却可能是那种能够最好地应对各种各样有可能发生的情势的工具。如果我们事先能够知道那些特定情势的话，那么我们肯定会采用较好的手段来应对那些特定情势；但是需要强调指出的是，由于我们事先并不知道那些特定情势，所以我们必定会乐于采纳一种用途极广的工具，因为只有这种工具才能够使我们应对各种事件，甚至包括极不可能发生的事件。

偶合秩序之竞赛

众所周知，市场系统的运作不仅创生了一种秩序，还使人们从他们的努力中获得的回报有了大幅度的增加；如果我们想理解其间的道理，那么最好的办法就是一如我在本书前一章的讨论中所建议的那样，把它理解成一种竞赛，也就是把它理解成一种偶合秩序的竞赛（game of catallaxy）。这是一种创造财富的竞赛（不是博弈理论［game theory］所说的零和博弈的竞赛［a zero-sum game］），是能够促使财富滚滚而来，并不断拓展所有参与者满足各自需求之前景的竞赛；当然，这种竞赛同时还保有《牛津英语词典》（*Oxford English Dictionary*）对竞赛一术语所界定的那种特征，亦即"一场按照规则展开的并由更高的技艺、力量或好运所决定的竞赛"。由于这种竞赛具有上述特征，所以这种竞赛的结果对于每个人来说，都必定是由技艺和机遇混合而成的因素所决定的。这正是我们在这里必须予以全力阐明的一个要点。

这种竞赛之所以具有创造财富的特性，主要原因就在于它对每个参与者的努力所做的回报都起着一种信号的作用：这种信号不仅能够促使他们去努力满足那些他们并不了解的需求，还能够使他们在做这种努力的过程中，利用一些他们只有以间接的方式才能够了解的条件，因为这些条件只是在他们使用的生产要素的价格中有所反映。据此我们可以说，它是一种创造财富的竞赛，这是因为：第一，它会向所有参与者提供一种能够促使他们为他们并不直接了解的需求提供服务的信息；第二，它能够使人们运用那些在没有这种竞赛的情况下便不可能认识到其存在的手段，进而有助于他们满足更大范围的需求——这在其他情况下是不可能做到的。一个制造商并不是因为知道张三李四需要鞋子而生产的，实是因为他知道有许多商人会以各种价格购买一定数量的鞋子；这些商人之所以会购买鞋子，是因为他们（或者更准确地说是他们为之提供服务的那些零售商）知道有千万个张三李四想买鞋子——这些人是那个制造商所不知道的或不认识的。与此相似，一个制造商在生产他的产品的过程中，通过用铝代替镁的方式放弃了一部分镁资源，并为其他人追加生产镁制产品提供了便利。然而，这个制造商之所以用铝代替镁，并不是因为他知道所有能够使铝变得较不稀缺并使镁变得较为稀缺的供求变化，而是因为他认识到这样一个简单的事实，即其他人向他提供的铝的价格已相对低于镁的价格。毋庸置疑，价格体制要求人们考虑需求方面的冲突，在其他体制中，人们是可以将这种冲突忽略不计的；因此，在价格体制中，最重要的事情便可能是成本核算——即使从整个社会利益的角度来看，成本核算也是最为重要的一个方面，因为它最可能给众多的其他人带去益处；当然，私人企业可谓精于此道，国营企业显然拙于此道。

据此我们可以说，在市场秩序中，每个人都是为了能够得到可见的收益而为他看不见的需求提供服务的，为了做到这一点，他还必须运用那些对他来说是未知的特定情势，因为正是这些情势能够使他以尽可能低的成本去满足这些需求——所谓尽可能低的成本，乃是从他有可能生产出的其他物品的角度来衡量的。当一个新的重要事实只为极少数人知道的时候，恰恰是那些被人们恶意中伤成投机者的人使得那些相关的信息经由价格的适当变化得到迅速传播。当然，上述情势导致了一个极为重要的后果，即所有为某个与这种交易有关的人所了解的变化，都会在当下得到人们的考虑；但是值得我们注意的是，上述情势不可能使人们对新出现的事实所做的调适达到尽善尽美的状态。

我们必须特别指出的是，市价在这个过程中起着告知人们在当下的情势中应当做什么事情的指示作用，与人们在过去做的事情没有必然的联系；因此，这种市价的目的在于使任何特定的商品在市场上得到即时的供应。同理，由于那些为不同的努力指导方向的价格所反映的也是生产者不知道的事件，所以生产者从自己的努力中得到的回报也常常会与他的预期不尽相同；此外，只要人们还想让价格为生产提供适当的指导，那么生产者所得到的回报就必定会与他的预期不尽相同。市场所确定的酬报，从功能上讲，可以说与人们**在过去**做的事情毫无关系，只与他们**应当**做的事情相联系。市场所确定的酬报实际上是那种在一般意义上能够指导人们取得成功的激励因素，但是值得我们注意的是，它们之所以能够产生一种可行且生机勃勃的秩序，完全是因为它们常常会在相关情势发生出人预料的变化的时候，致使它们所引发的那些预期蒙遭挫折。竞争的首要任务之一就是要表明哪些计划是错误的。一如我们所知，充分运用价格所承载的有限信息通常会使人们得到回报，这种情势也会使人们认为全力关注价格是一件事有所值的事情；这两个事实极为重要，一如预期在发生未预见之变化的情势下会蒙遭挫折那个事实一般重要。当然，机遇这个因素，与技艺一样，都与市场之运行不可分割。

一如我们所知，一些具体的分配（包括收入分配或财富分配）并不是经由刻意安排而达成的，而是一种竞赛的结果：人们之所以参与这种竞赛，实是因为它会增进并改善所有人的机遇；因此，我们没有必要从道德上对这些具体的分配做正当性的论证。在这种竞赛中，任何人都不会采取因人而异的方式去“对待”他人，不同的人得到极为不同的竞赛结果这个事实也与平等尊重每个人的原则完全一致。即使任何人的工作都由某个计划机构来指导，那么他们工作的结果具有什么价值的问题仍可能是一种赌博，只要在确定他们的工作是否成功的过程中所使用的并不是他们的知识而是那个权力机构的知识。

价格中所反映的或积聚的信息总量，完全是竞争的产物，至少是市场向任何掌握了有关商品供需之信息的人开放的结果。竞争乃是作为一种发现过程（discovery procedure）起作用的，它发挥作用的具体方式不仅是向任何有机会运用特殊情势的人开放从中谋取利益的可能性，还在于向其他当事人传递存在着这样一种机会的信息。正是依凭这种密码性的（in coded form）传递信息方式，市场竞赛中的各种竞争性努力才能够确使广泛分散的知识得到运用。

有关需求的信息，亦即关于某些需求可以得到满足以及有人提供诱人的价格以满足这些需求的那种信息，无疑是重要的。然而，比这种信息更为重要的可能是有关这样一种可能性的信息，即如何才可能用比现在所使用的更少的资源（亦即满足其他需求也需要的资源）去满足这些需求的信息。因此，具有绝对重要性的不只是（也许主要不是）这样一个事实，即价格会传播这样一种信息：在技术上存在着某些可以使人们更为有效地生产出某种商品的可能性；更在于价格可以为人们提供这样一些信息：第一，在可供选用的技术手段中，何者在给定的情势中是最经济的；第二，不同的物质原料以及其他要素在相对稀缺程度方面所发生的种种变化，这些变化会改变不同的生产手段所具有的相对优势。一如我们所知，几乎任何产品都可以经由对各种生产要素的无数组合被生产出来，但是在这些组合当中究竟何种组合成本最低（亦即对那些也可以用这些生产要素生产的其他产品的侵损最小）这样的问题，是由这些生产要素的相对价格来指示的。[15]

正是生产者都努力以尽可能低的成本生产各自的产品，所以在某种意义上讲，生产者确实能够使偶合秩序中的总产量达到尽可能高的水平。生产者能够在市场上购得不同要素的价格会告诉他们当中的每一个人，任何两项生产要素各需多大的数量才会使生产者维持同样的成本，因为它们被用于生产其他产品时也会给生产者带来同样的边际收益（marginal return）；因此，每个生产者都会在这种考虑的驱使下，对他所需要的任何两项生产要素的相对数量做出调整，从而在他支付相同费用的情况下仍能从他的产出中获得同样的边际收益（对任何一项生产要素来说都是“边际替换”）。如果这成了一种普遍的做法，而且任何两项生产要素之间的边际替换率在它们的所有用途方面都趋于一致，那么市场就达到了偶合可能的水平（horizon of catallactic possibilities），其间，生产者正在生产他们在特定情势中所能够生产出的最大可能数量的特定商品组合。

对于只有两种商品的情势来说，我们可以用一个简单的线图来说明上述偶合可能的水平；这种线图在经济理论中便是众所周知的转换曲线（a transformation curve）：如果用一个二维直角坐标来度量两种商品的数量，那么经坐标原点的任何直线都将表示这两种商品在一定数量比例中所具有的所有可能的总量的轨迹，比如 a+2b、2a+4b、3a+6b 等；此外，对于两种生产要素的任何特定的供应来说，也始终会有一个绝对的最大值，亦即那种经由把这两项生产要素在两项用途中做精确计算的配置以后有可能获得的最大值。连接那些表示两种商品不同组合之最大值的切点的凸面曲线，也就是那种表示这两种商品在既有情势中所具有的偶合可能水平的"转换曲线"。这种潜在最大值的值域所具有的重要性乃在于：第一，它不只是一个技术上的事实，还是由不同要素在当时是否稀缺这种情势所决定的；第二，只有当不同要素之间的边际替换率在它们的全部用途中都变得相同的时候，才能够达致偶合可能的水平——当然，在一个生产多种商品的偶合秩序中，只有在所有生产者都根据统一的市场价格对他们所使用的不同要素的相对数量进行调整的情况下，才有可能达致边际替换率的一致性。

偶合可能之水平（对于一个生产 n 商品的系统来说，这种水平可以用一个 n 维面来表示）能够指示出那种现在被人们通常称之为帕累托最佳条件（Pareto-optima）的值域；所谓帕累托最佳条件，就是指对于能够生产出来的不同商品的所有组合来说，在不可能对这些商品的生产进行重组的情况下，如何使某些消费者获益增多，又不致于使任何其他人获益减少（只要生产与该水平之内的任何切点相对应，那么达致上述条件就始终是有可能的）。

如果在判断不同的需求方面并不存在任何一种公认的标准序

列，那么我们就无法确定在与偶合可能水平相对应的不同商品组合中，究竟哪一种组合会大于任何其他组合。然而，这些组合中的每一种组合都是一种特殊的严格限定意义上的“最大值”；当然，对于一个不存在公认的目的等级序列的社会来说，这种“最大值”也是我们能够言说的惟一一种最大值：这种最大值乃与现有技术条件下所能够生产出的商品的特定组合的最大量相对应（这里所指的仅是那种在不生产任何其他商品的情况下有可能生产出的一种商品的最大量。就此而言，这种最大量乃是偶合可能之水平中所含括的诸项最大值中的一项最大值）。生产者事实上生产出来的那种商品组合，乃是由人们对不同商品的需求所具有的相对强度所决定的——这种不同的需求反过来又取决于收入的分配（也就是对不同的生产要素所给付的价格）；当然，这一切都仅仅有助于确使人们能够达致这种偶合可能之水平，或者说是确使人们达致这种偶合可能之水平的必要条件。

因此，这一切的结果就是，任何特定个人份额的物质等价物都会达致尽可能大的程度，尽管每种生产要素在总产出中的份额还要取决于我们惟一知道的那种能够确使我们稳步地趋近偶合可能之水平的过程所具有的工具必然性。换言之，只要偶合秩序之竞赛中的每个参与者所获得的份额，在部分上取决于他所拥有的技艺，在部分上取决于他所具有的机遇，那么这个由技艺与机遇混合而成的竞赛所分配给他的份额量就是一种真正的最大值。

一如我们所知，在市场系统中，不同的行动者并不是为一种共同的目的等级序列服务的，他们只是因为他们在追求各自目的的过程中互相帮助才进行这种合作活动的。因此，试图从这种系统的运作中要求比这更多的东西，显然是不合理的。在一种秩序中，如果参与者是自由的，亦即他们可以运用自己的知识去实现自己的目的，那么这些参与者在其间确实不可能再去实现其他什么共同目的了。一如前述，单凭市场竞赛本身，就能够使所有这种知识得到运用，还能够使所有这些个人目的都被考虑；因此，只要这种竞赛还在进行，那么把其中的一部分商品拨给某个权力机构认为应当得到这些商品的某些参与者的做法，就是前后矛盾的，也是不公正的。但是从另一个角度来说，亦即在一个中央控制和指导的制度中，权力机构是不可能根据人们自愿提供的服务或商品对其同胞所具有的价值来酬报他们的，这是因为在不存在一个有效市场的情况下，个人既不可能知道也不会被允许决定自己究竟应当在哪个方面投入精力或资本。在这种中央控制的系统中，每个人如何使用他的才能以及每个人取得的结果的效用等问题，都将完全取决于发号施令的权力机构。

只有当人们得到的报酬在一定程度上取决于他们既不能控制亦无力预见的情势的时候，他们才能够自由地根据他们自己的知识并为了实现他们自己的目的去行事。再者，如果我们允许人们在他们的行动中受他们自己的道德信念的指导，那么我们就不能再从道德上向他们提出这样的要求，即他们各自的行动对不同的人所产生的总体影响应当与某种分配正义的理想相符合。在这个意义上讲，自由乃是与那种常常同品行无关进而被认为是非正义的报酬不可分割的。

在判断人们对业已变化的情势所做的调适时，用新地位与旧地位进行比较的做法是极不恰当的

双边易货交易使双方当事人互惠互利可以说是显而易见的，但是在现代社会甚为普遍的多边或多头交易中，初看起来，情势似乎有所不同。我们知道，在现代社会中，一个人通常会向一群人提供服务，他本人也会从另外一群人那里得到服务。由于在现代社会中，每一项决定所关注的通常都是一个向谁购买和向谁出

售的问题，所以，尽管参与新交易的双方当事人在这种情势中仍能获益，但是我们还是必须考虑这样一种情势，即参与新交易的人因新的合作人向他们提供了更为有利的条件而决定不再与旧的合作人做交易的做法，会对这些旧的合作人产生一定影响。当一些人渐渐对那种与过去打交道的合作人做交易的机会有所依赖的时候，又当他们在今天发现自己的预期已化为泡影且收入也已随之减少的时候，他们的旧的合作人所做的与新的合作人进行交易的决定，对他们产生的影响会尤为强烈地被他们感受到。在这种情势中，难道我们就一定不能把那些因供求关系发生变化而受到影响的人的损失，视作是一种对那些利用新机会的人所得到的收益的平衡吗？

正如我们在本书第二卷第九章中所指出的那样，整个群体之物质地位所蒙遭的这种不应当的降低，实是人们对市场秩序表示不满的一个主要根源。然而，只要双方当事人在不尽相同的交易中考虑的只是他们自己的利益，而不是他们的决定对其他人所产生的影响，那么某些人的相对地位（甚或往往是绝对地位）的降低也就是一种必然的且会不断重复发生的结果。这是否就意味着我们已然忽略了我们在型构一个可欲的秩序过程中应当加以重视的某种因素呢？

然而需要强调指出的是，早先盛行的情势，是与外部环境发生变化以后何者为合适者的问题全然不相干的。那些现在被迫从过去的地位上跌落下来的人所拥有的旧地位，在过去便是由那个现在有利于其他人的同一个过程的运行所决定的。市场行为所考虑的只是人们所知道的那些在当下存在的条件（或者人们预期在未来会起支配作用的那些条件）；换言之，市场行为只会使相对价值与这些当下条件相适应，而不会考虑过去的条件。那些在过去向其他人提供了较有价值服务的人，在当时已得到了相应的酬报。新的地位并不是对过去条件的改进（因为所谓改进［improvement］，乃是意指对同样的情势做出更好的调适），而是对新情势的调适，一如此前的地位只会对当时存在的情势进行调适一般。

市场秩序的优长在于它能够持续不断地对资源的使用问题进行调整，以期适应大多数人不知道且无力预见的那些情况。在这种秩序中，过去的就是过去的[16]——过去的情况根本不可能告诉我们在今天采取何种做法是合适的。在某种程度上讲，过去的价格乃是人们形成对未来价格之预期的重要基础，但是，只有在大部分条件都维持不变的情况下，过去的价格才会起到这样的作用；换言之，在发生大范围变化的情势中，过去的价格无力发挥这种作用。

因此，一些人在为满足自己需求而探寻更有利的机会方面所获得的任何发现，都会不利于那些原本能够继续依赖他们所提供的服务的人。然而，仅就这一点而言，特定的个人因获得某些更为有利的新机会而导致的结果，对于整个社会来说是颇有助益的，就像人们发现新的或者在此之前不为人们所知的物质资源所产生的结果对整个社会极有助益一般。在这种情势中，进行新交易的各方当事人可以用较少的资源去满足他们自己的需求，而且他们由此节省下来的那些资源也可以被用来向其他人提供更多的服务。当然，那些因此失去老顾客的人会蒙遭损失——亦即一种从他们的利益来看必须予以防止的损失。但是，就像所有其他人一样，他们也能够始终从其他方面发生的无数相似的变化所产生的那些影响中获益，因为这些变化所释放出来的资源会使市场的供应得到改进。再者，尽管从短期来看，这类变化对他们造成的不利影响也许会超过给他们带去的间接的有益影响的总和，但是从长远来看，所有那些特定影响的总和有可能增进或改进所有人的机会，虽说这类影响始终会损害一些人的利益。当然，要达到这种结果，还必须满足下述两项条件：首先，从整体上忽视那些即时性的且一般来说较为可见的影响；其次，政策必须以这样一种可能性作为基础，即从长远的角度来看，所有的人都可能从每一个这样的机会的运用中获益。

换言之，尽管那些因丧失了部分或全部原有收入渠道的人在这种过程中会蒙遭明确且集中的损失，但是我们决不能因此反对或否定这些变化会给众人带去的那种分散的（而且从政策的角度来看，往往还是未知的从而也是一视同仁的）益处。正如我们所见，政治决策普遍倾向于优先考虑极少数强烈的并引人注目的影响，而不是无数微小的被忽略的影响；正是出于这种原因，政治决策也就倾向于给那些因受到丢失既得地位之威胁的群体以某些特权。但是事实的真相是，我们眼下从市场中获得的大多数益处都是我们并不知道的那些持续不断的调整性适应活动导致的结果，而且我们据此也只能预见我们刻意决策所具有的一部分而不是全部的后果；因此，只要我们认识到了这个道理，那么以下所论也就显见不争了，即只要我们遵循一项有可能增进每个人的机会的规则（当然这还必须以一以贯之地适用该项规则为前提条件），我们就会达致最好的结果。一如我们所见，在偶合秩序中，每个人所得的份额之所以是不可预见的，其原因就在于它一部分取决于他的技艺和他知悉事实的机遇，另一部分取决于偶然因素。虽说每个人所得的份额是不可预见的，但是这种情势构成了一项重要条件，因为仅依凭这项条件，就能够促使人们竭尽全力把他们有可能从中获得不可预见之份额的总产出创造得尽可能的大，这样一个结果将符合所有人的利益。至于由此产生的分配，我们当然不能宣称它是实质正义的，只能宣称这种分配乃是我们所知道的能够增进或改进每个人机会的那个过程所导致的结果，而不是那些给予某些人以优惠待遇的专门措施（而这些措施所依凭的那些原则也是不可能得到普遍适用的）所造成的后果。

正当行为规则所保护的只是物权领域而不是市场价值

任何人的产品或服务在市场上所具有的价值，以及他由此在总产品中所占的份额，除了取决于上文所述的条件以外，还将始终取决于市场上的其他人根据他们所知道的变动不居的可能性而做出的种种决定。据此我们可以推知，要想确使每一个人都能够从总产出中获得一个特定的价格或一项特定的份额，就必须要求特定的其他人按照一种特定的价格从他那里购买产品。显而易见，这种做法实是与自由社会所主张的这样一项原则极不相容的，即只有在实施平等适用于所有人的统一的正当行为规则的时候，才能够使用强制。目的独立的正当行为规则并不能够决定任何人所必须做的事情（除了履行他自愿承担的义务以外），只能够规定他不得做的事情。因此，这种正当行为规则所确定的只是一些原则，并由这些原则去规定每个人所具有的任何其他人都不得侵犯的确受保障的领域。

换言之，正当行为规则使我们能够确定的只是哪些特定之物属于哪些特定之人的问题，而不是这些物品有什么价值的问题，也不是这些物品会给它们所属的人带去什么益处的问题。正当行为规则的作用在于为个人决策提供信息并因此有助于减少决策方面的不确定性因素，但是它们不能决定个人运用这种信息去做什么事情，从而也就无法根除**所有的**不确定性因素。正当行为规则告知每个人的只是他所能够可靠且安全使用的是哪些特定之物，而不是他使用这些特定之物会达到什么样的结果，因为有关这些结果的问题还要取决于他经由努力所产出的产品与其他人的产品的交换。

显而易见，那种把上述情势说成是正当行为规则把特定之物分配给特定之人的观点，是极具误导性的。正当行为规则所陈述的只是一些条件，根据这些条件，每个人都能够获得或放弃特定之物，但是这些规则本身并不会明确规定每个人置身其间的特定条件。每个人所拥有的物权领域在任何时候都将取决于他是否成功地或多么成功地运用这些条件，还要取决于他碰巧拥有的特定机会。在某种意义上讲，这样一种系统确实是使富者更富的系统。但是，这与其说是它的弊端，还不如说是它的优长，因为正是这种系统所具有的上述特征，才使得每个人都认为值得尽全力去追求即时性的结果，也值得尽全力去提高它在将来向其他人提供服务的能力。正是人们有可能通过获取财富而提高他们在将来获取财富的能力，这才引发或启动了一个持续不断的整体过程，其间，我们无须每时每刻都从零做起，可以始于并以前人取得的成就为基础，进而用我们所掌握的财富去创造尽可能多的收入。

预期的应合是经由某些预期的落空促成的

立基于上文的讨论，我们可以认为，抽象的行为规则所能够（以及为了确使自生自发秩序得以型构而应当）保护的只是人们支配特定物品和服务的预期，而不是他们对这些物品和服务在市场上的价值的预期——所谓市场上的价值，乃是指这些物品和服务能够据以交换其他物品的条件。这一点至关重要，然而常常为人们所误解。我们可以从这个要点出发得出如下若干极为重要的推论。尽管增加确定性（certainty）是法律的目的，但是法律能够根除的只是不确定性的某些根源；因此，如果法律试图根除所有的不确定性，那么这种法律肯定是有害无益的：法律保护人们预期的方式只能是禁止任何人或任何机构对个人的财产权（包括在其他人自愿承诺在将来提供服务的情况下向这些人提出履行这些服务的要求权）进行侵犯，而不能要求其他人采取特定的行动。因此，法律不可能确使任何人的物品和服务获得某种特定的价值，只能够确使他有权获得他的物品和服务所能卖出的价钱。

法律能够保护的之所以只是部分而不是全部的预期，或者说，法律能够根除的之所以只是不确定性的某些根源而不是全部根源，实是因为正当行为规则只能够以一种使不同人的意图不发生冲突的方式来限定它们所允许的行动范围，但是不能以肯定性的方式决定个人必须采取什么行动。经由对每个人可能采取的行动的范围进行限制，法律为每个人都提供了他与其他人进行有效合作的可能性，但是它并不能够确使这种可能性变成现实性。值得我们注意的是，正当行为规则乃是经由平等地限定每个人的自由而确使所有人都享有同样的自由；因此，这样的规则只能够使人们有可能就获得现在由其他人所拥有的产品达成协议，并据此把所有人的努力都引向与其他人达成协议的方向。但是，正当行为规则无力确使这些努力获得成功，甚或都无力决定人们能够达成这种协议所须依凭的种种具体条件。

的确，预期的应合有可能使所有的当事人都实现他们各自追求的目的。当然，这种预期的应合事实上是由一种试错的学习过程（a process of learning by trial and error）促成的，但是值得我们注意的是，这个过程肯定会持续不断地使某些预期蒙遭挫折。人们在市场秩序中所展开的这种调整适应的过程，正像所有自组织系统（self-organizing system）所做的自我调整一样，都是根据控制论所谓的负反馈原则展开的：所谓负反馈，乃是对预期的行动结果与实际的行动结果之间的差异做出回应，以减少这些差异。这种试错的学习过程确实会增进不同人的预期达致应合的机会，然而需要强调指出的是，这乃是以下述两个条件为基础的：第一，时价提供了有关未来价格水平的某些信息，这就是说，在一个已知事实相对稳定的框架内，发生变化的始终只是少数事实；第二，价格机制作为传播知识的媒介发挥作用，进而促成这样一种情势，即某些人所知道的事实可以经由他们的行动对价格所造成的影响而对其他人的决策产生影响。

为了达致我们所能够达到的最大程度的确定性，我们恰恰有必要使某些极为重要的预期（比如说物品能够在市场上买卖所依凭的条件）处于不确定的状态；初看上去，这似乎是自相矛盾的。然而，只要我们认识到，我们的目的只能是为人们判断何者必定是不确定的这个问题提供最为坚实的基础，并且为人们对那些在此前并不为人们所知道的情势做出持续不断的调适提供最为牢靠的基础，那么，上述那种自我矛盾的现象也就自然消失了：我们所追求的只能是最为充分地运用那些不断变化的局部知识（partial knowledge：这种知识主要是经由价格的变化而得以传播的），决不可能是最大限度地运用一个给定的且恒定不变的知识存量。在这种情势中，我们能够得到的最佳结果是不确定性的，而是根除那些可以避免的不确定性——达致这种结果的方式不能是阻止或遏制那些不可预见的变化去扩大它们的影响，只能是促使人们对这些变化做出调适。

常常有论者认为，听任这类不可预见的变化所造成的负担落在那些无力预见它们的人的肩上是不正义的；因此，既然这种风险是无从避免的，那么它们就应当由所有的人来共同承担，而且相关的损失也应当由所有的人予以平均分担。然而，我们很难确知，某种特定的变化是否对所有的人来说都是不可预见的。整个市场系统所依凭的基础乃在于向所有的人提供激励，促使他们运用自己的技艺去探明特定的情势，进而使他们对行将发生的种种变化做出尽可能精确的预测。如果每一项决策都不承担蒙遭损失的风险，或者说，如果必须由一个权力机构来决定预测中所存在的某个特定错误是否可以免除责任，那么上述激励就会丧失殆尽。〔17〕

抽象的正当行为规则所能够决定的只是机遇而不是特定结果

平等适用于所有社会成员的正当行为规则所能够指涉的只是人们采取行动时所依凭的一部分条件，而不是所有的条件。正是立基于这一点，抽象的正当行为规则能够向所有个人确保的也只是机遇，无力确使他们肯定获得某种特定的结果。我们知道，即使在一种所有参与者都享有平等机会的竞赛中，也始终会有一些赢家和一些输家。如果我们向某个人保障他行事的环境中的某些要素，那么他的未来状况的确会得到某种程度的改善；但是确定无疑的是，作为他成功之基础的许多其他要素仍会处于不确定的状态之中。因此，在为无数的未来情势制定规则的时候，立法的目的就只能是增进不确定的任何人的机遇——他们究竟拥有什么机会的问题，主要取决于他们各自拥有的知识和技艺，甚至还会取决于偶然因素把他们置于其间的那种特定境况。据此，立法者所做的努力便只能是增进所有人的机遇；当然，我们在这里的意思并不是说，立法者的决策对不尽相同的个人所具有的各种微妙且分散的影响乃是明确可知的，只是认为立法者能够致力于增进某些不确定的任何人得以运用的机遇。

我们由此可以得出这样一项推论，即任何人都没有正当理由要求得到全面的平等机会，只有理由要求：第一，那些指导政府所有强制措施的原则应当具有平等增进所有人的机会的可能性；第二，这些规则还应当在所有特定的场合都得到适用，不论这种规则的适用对特定个人所产生的影响是否可欲。这是因为：只要不同个人的地位完全是由他们各自的技艺以及他们遭遇的特定情势所决定的，那么任何人就都不可能确使不同的个人获得相同的机会。

如果在一种竞赛中，个人所得到的结果，不仅在部分上取决于机遇，还在部分上取决于他们的技艺，那么我们无论是把这种竞赛结果说成是正义的，还是说成是不正义的，显然都是毫无意义的。这有点类似有奖竞赛中的情势，其间，我们会努力规定一些条件，从而使我们能够评说谁的表现最好，但是需要指出的是，我们无力确定最佳的实际表现是否就是具有较高品行的证明。的确，我们无力排除偶然因素的干扰，因此我们也不可能保证竞赛的结果会与竞赛者的能力相符合，或与我们想鼓励他们所保有的那些特定品行相应合。尽管我们希望人人都诚实无欺，但是我们无力确使人人都做到这一点。当然，我们会诉诸竞争或者经由竞争以求发现谁的表现最佳，但是竞争的结果只能够表明谁在这个特定场合中表现最佳，无法表明赢家在一般场合都会表现最佳。我们常常会发现，“跑得快的未必赢得比赛，强大的未必赢得战争，智慧的未必挣得粮食，明哲的未必变得富有，灵巧的未必赢得好感；但是至关重要的是，所有这些人都有胜出的时间和机会。”〔18〕正是由于我们不知道规则的适用对特定的人所具有的影响，这才使得正义在自由人组成的自生自发秩序中成为可能。〔19〕

持之一贯的正义甚至还常常会提出这样的要求，即在我们行事的时候，我们要表现得就像我们并不知道我们事实上确知的情势一样。自由与正义乃是那种只能在那些拥有有限知识的人当中得以盛行的价值，而在全知全能的人组成的社会中是毫无意义可言的。持之一贯地使用我们所拥有的对市场秩序的控制权，必须以这样一项原则为基础，即我们必须从整体上放弃对一项司法判决所具有的具体可预见的结果进行考虑。由于法官只有在遵守法律规则且不考虑抽象的法律规则并未指涉的各种情势（但是这些情势有可能对人们从道德上评价该项行动大有影响）的时候才可能是正义的，所以正义的规则必须对那些在所有的事例中都有可能被考虑到的情势做严格的限定。如果说“理解即原谅”（tout comprendre est tout pardonner），那么这恰恰是法官绝不可能尝试去做的事情，因为法官永远不可能知道所有的情况。我们之所以在维续自生自发秩序的过程中必须依凭抽象规则，实是因我们在上文中所讨论的那种无知和不确定性所致；此外，也只有当我们始终如一地遵守这些抽象的正当行为规则，并且不把它们只视作是对我们在特定场合中并不具有的知识的替代品的时候，我们才有可能达到实施这些行为规则的目的。因此，致使每个人的机遇得到改进或增进并因此被人们视作是正义者加以接受的，并不是正当行为规则在特定情势中适用的结果，只能是普遍适用它们所产生的结果。〔20〕尤其需要强调的是，对短期结果的全力关注，注定会使人们更加强调可见且可预测的结果而忽视那些不可见且长期的影响；然而，那些旨在以平等方式造福每个人的规则，决不会允许法官因偶然事件知道的那些结果在重要性上超过他不可能知道的那些结果。

在自生自发秩序中，不应当落空的预期会落空的事实，实是无法避免的。预期的落空注定会引起怨愤，还会使人们产生一种受到不公正待遇的感觉，尽管在这种情势中并没有人做不公正的事情。那些受到影响的人通常都会真诚地要求采取救济措施，并会认为这是一个正义的问题。但是，如果强制应当被严格地限定在实施统一的正当行为规则的方面，那么至关紧要的问题便是政府不应当拥有赞同上述要求的权力。某些人为之抱怨的相对地位的降低，实是他们所拥有的某些机会造成的结果，然而需要指出的是，同样是依凭这些机会，其他一些人现在却提高了他们的地位；此外，即使是那些抱怨者本人也是凭靠这样的机会而赢得他们在过去享有的那种地位的。正是由于无数其他人的合理预期会不断地落空，每个人才得到了他现在所得到的高收入；因此，每个人在轮到自己倒霉的时候接受这种霉运，也就没有什么不公平可言了。当然，以上所论对下述两种情势同样适用：第一，一个大群体的成员（而不是单一的个人）都产生了——还相互支持——怨愤情绪；第二，结果的变化渐渐被视作是一个“社会问题”。

具体命令对偶合秩序的“干预”造成了失序且绝对不可能是正义的

一项正当行为规则的作用，在于对众多个人所具有的不尽相同的目的进行协调；一项命令的作用，在于实现特定的结果。与一项正当行为规则不同，一项命令不仅会限制个人的选择范围（或者说不仅会要求他们去实现他们刻意创生的预期），还会要求他们按照一种并没有要求其他人的特定方式行事。

严格说来，“干预”（或“干涉”）（interference or intervention）这个术语只能被确当地用来指称这些具体命令的作用，因为与正当行为规则不同，这些命令并不有助于自生自发秩序的型构，只是旨在实现特定的结果。当然，古典经济学家也只是在这个意义上才使用“干预”这个术语的。在制定或改进那些一般性规则的方面，古典经济学家肯定不会使用这个术语，因为那些一般性规则一方面是市场秩序的运行所必不可少的，另一方面也是他们在分析中所明确预设的前提。

即使在日常语言中，“干预”也意指对一种遵循某些原则而自动展开的过程进行操作或施以影响；人们之所以把这个过程视作是自动展开的，实是因为这个过程的各个部分都遵循某些规则。如果我们为一种类似钟表机构的装置上油，或者用任何一种其他的方式来保障一种机械装置正常运转所必需的各种条件，那么我们便不会把这种做法称之为“干预”。只有当人们以一种与这种装置的运转所依凭的一般原则不相一致的方式来改变它的任何一个特定部分的位置（比如移动一座钟表的指针）的时候，我们才能够确当地把这种做法称之为干预。因此，干预的目的始终是为了达到某种特定的结果，这种结果却是与我们允许某种机构装置按照它的内在机理且在不受干扰的情况下进行运转所产生的那种结果极其不同的。〔21〕只要这样一种过程的展开所遵循的规则是前定的，那么它在任何时候产生的特定结果就都是独立于人的即时性意愿的。

通过更改某系统中的一种特定行动而产生的那些特定结果，不可能与这个系统的整体秩序相一致；如果我们想使这样的特定结果不与该系统的整体秩序发生冲突，那么我们惟有通过改变该系统在自此以后的运行过程中所依凭的规则才有可能达到这个目的。因此，如果我们严格使用干预这个术语，那么从定义上讲，干预本身就是一种独立的强制行为，[22]采取这种强制行为的目的则是为了实现某个特定结果，而且采取这种强制行为的人也不会承诺在由一项规则所界定的某些情势完全相同的场合中采取一视同仁的做法。据此我们还可以说，干预始终是一种不正义的行为，因为在实施这种行为的过程中，某个人在另一个人不会受到强制的情势中却会受到强制（通常还是为了满足某个第三者的利益），而且实施这种强制行为所试图达到的目的也不是被强制者的个人目的之所在。

再者，干预还是一种始终会干扰并阻止整体秩序之各个部分进行相互调适的行为；然而一如我们所知，自生自发秩序正是以各个部分的相互调适为基础的。干预之所以会造成这种恶果，实是因为：第一，它使那些受到具体命令支配的人无法根据他们所知道的各种情势去调整自己的行动；第二，它要求那些受具体命令支配的人去实现其他人没有被要求为之努力的某些特定目的——这些特定目的的实现，必定是以忽视某些其他不可预见的结果为代价的。据此我们可以说，每项干预行为都会创生一项特权，因为这种干预行为乃是以牺牲其他人的利益的方式而确使某些人获得利益的——这即是说，干预行为所采取的乃是一种不可能从那些普遍适用的规则那里得到正当性支撑的方式。就此而言，自生自发秩序之型构所要求的东西，恰恰也就是那种把所有强制都限于实施正当行为规则的安排所要求的东西：只有在平等适用于所有人的统一规则所要求的那些场合，才能够运用强制。

法律的目的应当是平等地改进所有人的机遇

由于正当行为规则所能够影响的只是人们努力获得成功的机遇，所以修正或改进这些规则的目的也就应当是尽可能地增进或改进不确定的任何人所具有的这种机遇。从长远来看，由于人们根本无力对任何规则所指涉的某些情势之特定组合会在何时何地发生的问题做出预测，所以人们也肯定无力知道谁会从这样一种抽象规则中受益，以及不同的个人会从中获得多少益处。据此，这种旨在无限期适用的普遍规则的目的只能是增进不确定的任何人的**机遇**。

在这种情势中，我们之所以倾向于说机遇，而不说或然性（probabilities），实是因为“或然性”这个术语所意指的乃是那些并不为人所知的数量值。法律所能做的，只是增加那些有可能被一些不确定的人获得有利可能性（possiblities）的数量，并由此增进所有人获得有利机会的可能性。需要指出的是，尽管法律的目的应当是扩展每个人的前景，然而究竟谁的前景会因一项特定的立法措施得到扩展和扩展到什么程度，常常是人们所不知道的。

应当指出的是，机遇这个概念乃是从两个途径进入我们题域之中的。首先，任何特定人的相对地位只能被描述成一系列机会（opportunities）；如果这一系列机会为人们精确知道的话，那么它就可以被视作是一种或然性分布或概率分布（a probability distribution）；其次，这里还存在着这样一个或然性的问题，即任何一个社会成员都会在依此描述的一系列位置（positions）中占据任何一种位置。因此，由此产生的机遇概念（亦即任何一个社会成员都可能获得某一特定机会系列的机遇）乃是一个复杂的概念；对于这样一个概念，我们很难给出像数学那样精准的定义。然而，只有当那些数量值为人们所知的时候（当然，人们实际上并不知道它们），像数学那般精准的定义才是有助益的。[23]

显见不争的是，以一视同仁的方式去努力增进每个人的机遇，并不会致使每个人的机遇变得完全相同。这是因为人们所拥有的机遇不仅会始终取决于法律并不控制的未来事件，还取决于有关规则被采纳时，这些个人所处的初始地位。在一个不断持续的过程中，任何人所具有的这种初始地位都始终是此前各个阶段所造成的结果，并是一种非设计的和取决于机遇的事实，一如未来发展的前景。此外，由于绝大多数人都会把他们的一部分努力用来改进他们的未来机遇，而不会把他们的努力都用于满足他们的即时性需求（当他们在满足即时性需求方面业已取得成功的时候，他们更会把他们的努力用于改进他们的未来机遇），所以任何人的初始地位都始终是一系列以往的偶然因素所造成的结果，也是他的努力和远见所产生的结果。据此，我们似乎可以这样认为，正是由于个人可以自由地决定把他眼下获得的成果用于当下的消费还是用于增进未来的机会，他业已获得的地位才能够有助于他增进他达致更佳地位的机遇，或者说，才能够“使富有者更富有”。因此，如果人们可以从长远角度出发对他们所拥有的资源的用途进行配置，那么这还会始终趋于扩大他们当下努力的价值与他们当下得到的收益之间的差距。

由于我们特别依赖家庭制度（因为我们的个人生活都始于家庭制度），所以影响任何人生活前景的事件之链都必定会扩及或延至每个人的身后。据此我们可以说，在偶合秩序这个不断扩展的过程中，不同个人的各自起点——也是不同个人的各自前景——肯定是不尽相同的。

当然，这并不是说，人们没有正当理由要求对那些由早先的不正义行为或不正义制度所决定的地位进行纠正。但是需要强调的是，除非这种不正义是显见的且刚刚造成的，否则，对其进行纠正往往是行不通的。从整体上来说，更为可取的做法似乎是，把既定的地位当作偶然因素造成的结果接受下来，并且从现在开始否弃任何旨在为特定的个人或群体谋取利益的措施。试图通过制定法律这一更强有力的手段来增进那些只有相对较少机遇的人的机会的做法似乎是合理的，但是不容否认的是，这种做法鲜有可能经由一般性规则而得到实现。毋庸置疑，现实生活中也的确存在着这样一些事例，比如说法律在以往的发展过程中采取了一种偏袒抑或有损于某些群体的做法；因此显见不争的是，这类法律规定应当得到纠正。但是，从总体上来讲，事实情势与人们广泛持有的观点相反，因为法律在过去的两百年中做出了极大的贡献：它不仅提高了那些位居最低收入群体中的人的绝对地位，也提高了他们的相对地位；这个事实情势就是财富的普遍增长。据此我们可以说，财富的普遍增长更趋于增加地位最低群体的收入，而不是地位较高群体的收入。当然，这实是这样一种情势所造成的，即一旦马尔萨斯之妖（Malthusian devil）被驱除，财富总量的增长便会使劳动力比资本更趋稀缺。但是，除非我们对所有人的收入做绝对平等的分配，否则，无论我们采取什么样的措施，我们都无法改变这样一个事实，即在总人口中必定会有一定比例的人发现自己处于社会等级序列中的底层；而且从逻辑的角度来看，我们从总人口当中随机挑选出来的任何人都有可能是地位最低阶层中的一员，但是如果该阶层只占社会总人口的百分之十，那么被挑选出来的任何人也必定只有十分之一的机遇是地位最低阶层的成员！〔24〕

好社会是随机挑出的任何人都可能获得尽可能多的机遇的社会

根据上文所论，我们可以得出结论：我们应当把这样一种社会秩序视作是最可欲的社会秩序，亦即在我们知道我们于其间的初始地位将完全取决于偶然机遇（比如说我们出生在某个特定家庭这类事实）的情势下我们便会选择的那种社会。由于这种机遇对任何一个成年人所具有的吸引力都可能是以他已然拥有的特殊技艺、能力和品味为基础的，所以更为确切地说，最好的社会乃是这样一种社会，亦即在我们知道我们的孩子于其间的地位将取决于偶然机遇的情势下，我们仍倾向于把他们置于其间的那种社会。在这种情势中，几乎不太可能有人会选择一种极端平均主义的秩序。例如，尽管一个人在得到保证他或他的孩子们将成为土地贵族这个阶层的成员的情势下，也许会把这个贵族阶层在过去所享有的那种生活视作是最具吸引力的生活方式，也会选择存在这样一个阶层的社会，但是，如果他知道贵族阶层的地位要由抽签来决定，他本人也更可能成为一个农业劳动者的话，那么他就很可能会做出截然不同的决定；在这种情势下，他极有可能会选择工业社会这种类型，因为这种类型的社会决不会向少数人提供种种能够满足其欲求并令其愉悦的保障，但是会向绝大多数人提供较好的生活前景。〔25〕

注　释：

* Edwin Cannan，*The History of Local Rates in England*（London，2nd ed.，1912），p. 173，在这本书中，“不经济的”（uneconomical）这个术语，是在广义上使用：它的意思是指市场秩序所要求的东西；然而，这种用法多少有些歧义，所以最好还是不要这样使用它。

〔1〕参见 Carl Menger，*Problems of Economics and Sociology*（Illinois，1963），p. 93：

> 国民（nation）本身并不是一个有需求、要工作、搞经济和有消费的大主体；因此，被称为“国民经济”（national economy）的东西，并不是真正意义上的一个国家的经济。“国民经济”并不是一种类似于一个国家中的单一化的经济现象，而财政经济则属于这样一种单一化的经济：“国民经济”既不与一个国家中的单一化的经济相对，也不与之相应合。就这个现象最为一般的形式来看，它乃是诸多单一化的经济的一种特殊的复合体。

另请参见该著作的第一篇跋文。

〔2〕Richard Whately，*Introductory Lectures on Political Economy*（London，1855），p. 4.

〔3〕尤其是 L. von Mises，*Human Action*（Yale，1949）；这种观点在该书中随处可见。

〔4〕H. G. Liddell and R. Scott，*A Greek-English Dictionary*（London，new ed.，1940），参见下述条目：*katallagden*，*katallage*，*katallagma*，*katal-laktikos*，*katallasso*

(*-tto*), *katallakterios and katallaxis*。

〔5〕我们所使用的严格意义上的经济一词，在希腊语中，就是 a taxis（即外部秩序）和 a teleocracy，而 katallaxy 则是 a kosmos（即内部秩序）和 a nomocracy。

〔6〕这些规则就是大卫·休谟和亚当·斯密着意强调的那些“正义规则”。亚当·斯密在 *The Theory of Moral Sentiments*（part Ⅰ，sect. Ⅱ，chap. Ⅲ）一书中曾经把正义称之为“整个大厦的主要支柱。只要把这个支柱毁掉，那么人类社会这个伟大且庞大的结构就必定会在瞬间土崩瓦解。也许我可以说，这个结构之所以在这个世界上能够得到建立并得以维续，似乎一直都是大自然对我们特别精心眷顾所致”；在这里，他所说的“正义”，实际上就是这样一些规则。

〔7〕在 18 世纪初，伯纳德·孟德维尔经由《蜜蜂寓言》（*Fable of the Bees*）一书的出版成了这种观点最有影响的阐释者。但是，这种观点似乎在此之前就已经广为人知了，我们可以在早期辉格党人的文献中发现这种观点；比如说在 Thomas Gordon 的“Cato's Letter”，no. 63，date 27 January 1721（载于 *The English Libertarian Heritage*，ed David L. Jacobson，Indianapolis，1965，pp. 138-139）：“每个人的诚实劳作和有用才能，在为公众使用的同时，也是在为他自己使用；而他在为自己服务的同时，也会服务于公众；公共利益与私人利益将互为保障；人人都乐于为保障整体做贡献——还会勇于捍卫整体。”后来，这种观点又在某些经典著作中得到了表述，首先见于孟德斯鸠和大卫·休谟的著作（他们可能都受到了孟德维尔的影响）：S. de Montesquieu，*The Spirit of the Laws*，Book Ⅲ，sect. 7（trs. T. Nugent，New York，1949），p. 35：“每个人都在增进公共财富，尽管他所考虑的只是增进他个人的利益”；D. Hume，*Treatise in Works* Ⅱ，p. 289：“我学着为其他人提供服务，虽说我与其他人之间并不存在真正的友好关系”；上引书，p. 291：“有助于公众，虽然这并不是有意的”；另参见 *Essays*，*Works* Ⅲ，p. 99：“不得把为公益服务的事情变成个人的利益，即使是坏人亦不得要求他们这样做。”这个观点后来又见之于 Josiah Tucker，*Elements of Commerce*（London，1756）；Adam Smith，*Theory of Moral Sentiments*（London，1759），part Ⅳ，chapter Ⅰ，在那里，亚当·斯密指出，人们乃是“在一只看不见的手的指引下……在并非意图且不知道的情况下，增进社会利益的”；当然，这个观点还可见之于他的 *Wealth of Nations*（ed. Cannan，London，1910），vol. I，p. 421：“通过这种方式来指导一个人的劳作，其产出可能具有最大的价值：他所意图的只是他自己的收益，在这种情势中，就像在许多其他情势中一样，他乃是在一只看不见的手的指引下增进一种并非他意图之一部分的目的。对于社会来说，这种目的并非个人意图之一部分，并不总是坏事。通过追求个人的利益，他对社会利益的增进，往往要比他真的意图去增进社会利益的时候更为有效。”亦请参见 Edmund Burke，*Thoughs and details of Scarcity*（1795），载于 *Works*（World's Cassics ed. ），vol. VI，p. 9：“仁慈而明智之士在处理一切事务的时候，都会要求人们在追求自己私人利益的同时，把普遍利益与他们自己的个人成功联系起来考虑，而不论他们是否乐意这样做。”

〔8〕参见 Adam Smith，*Wealth of Nations*，Ⅰ，p. 16："我们并不指望从肉店老板、酿酒商或面包师的仁慈中得到我们的晚餐，而是指望从他们对自身利益的考虑中得到。"

〔9〕正是在坚持社会"团结一致"（solidarity）这一点上，A. Comte，E. Durkheim 和 L. Duguit 对社会学所采取的建构论认识进路可以说是凸显无遗。

〔10〕约翰·斯图尔特·穆勒把这两个因素视作是现代人所保有的惟一"高尚的"情操。他的这种看法极为典型。

〔11〕有关古希腊人弘扬批判精神所具有的重要意义，尤请参见 Karl R. Popper，*The Open Society and Its Enemies*（London and Princeton，1947 年及以后的版本）；有关这个问题的讨论，在 Karl R. Popper 的这部著作中随处可见。

〔12〕再请参见 A. L. C. Destutt de Tracy，*A Treatise on Political Economy*（Georgetown，1817），pp. 6 以次："社会纯粹是而且也仅仅是一系列连续的交换。……商业就是整个社会。"在人们普遍使用"社会"这个术语之前，在我们现在使用"社会"这个术语的场合，人们常常使用的是"经济"这个术语。就此而言，我们可以参见 John Wilkins，*Essay toward a Real Character and a Philosophical Language*（London，1668），转引自 H. R. Robbins，*A Short History of Linguistics*（London，1967），pp. 114-115；在这里，他乃是把"经济的"当作"人际的"的同义词来使用的。在那个时候，"经济"这个术语似乎也被普遍用来意指我们在本书中称之为自生自发秩序的东西，就像"创新的经济"（economy of creation）这类频繁出现的术语所显示的那样。

〔13〕从极为不同的角度对当下经济理论中的"配置"进路或"经济主义"所做的主要批判，有一部分是出自 J. M. Buchanan，近来又在下述论文中被重新表述："Is Economics the Science of Choice"载于 E. Streissler（ed），*Roads to Freedom*（London，1969），以及 C. Myrdal，特别参见其所著的 *The Political Element in the Development of Economic Theory*（London，1953）和 *Beyond the Welfare State*（Yale，1960）。又请参见 Hans Peter，*Freiheit der Wirtschaft*（Cologne，1953）；Gerhard Weisser，"Die Uberwindung des Okonomismus in der Wirtschaftswissenschaft"载于 *Grundfragen der Wirtschaftsordnung*（Berlin，1954）；以及 Hans Albert，*Okonomische Theorie und Politische Ideologie*（Cottingen，1954）。

那种常常被人们以一种不准确（尽管是较为简便的）的方式描述为"经济目的"的东西，实是最为一般且无甚差别的工具，比如说货币或一般性的交换手段，这些东西在日常谋生的过程中就是人们的直接目的，因为人们还不知道要把它们用于实现何种特定的目的。严格地说，根本就不存在什么经济目的；关于这个事实以及有关把经济学视作一种选择理论最为明确的叙述，可以参见 L. C. Robbins，*The Nature and Significance of Economic Science*（London，1930 年及以后版本）。

〔14〕亦请参见本书第二卷第七章。

〔15〕技术知识告诉我们的只是哪种技术是可资利用的，但是它并不告诉我们哪种技术是最经济的或最有效的。有关这个要点，再强调几次都不为过，因为它常常

被误解，尤其是被唯社会论者所误解。与人们广泛持有的信念不同，像纯粹技术最优这样的东西实际上是不存在的——有些人之所以认为存在这样一种东西，往往是因为他们有一种错误的想法，即惟有一种要素是均质的，那就是能量，亦即一种真正稀缺的要素。因此我们可以说，在美国生产某种东西的最为有效的技术，在其他地方，比如说在印度，就可能是极不经济的。

〔16〕W. S. Jevons，*The Theory of Political Economy*（London，1871），p. 159.

〔17〕在个人对特定环境做适当调适的过程中，个人的许多知识都可以起到很大的促进作用，但是，这些知识不是他们可以在事先开列出来并存档以备中央计划机构在需要时随时运用的现成知识；他们也不可能在事先就知道他们能够从下述事实中得到什么样的好处，比如说，镁的价格已大大低于铝的价格，或尼龙的价格大大低于纤维的价格，或一种塑料的价格已大大低于另一种塑料的价格；个人所具备的只是这样一种能力，即发现某一特定的情势需要什么东西；这种能力往往是对某些特定情势的了解——尽管这些情势是他们在事先并不知道的，但是在他们了解它们以后，它们对他们来说也许会变得有用。

〔18〕Ecclesiastes，9：11.

〔19〕西塞罗曾论辩说，正义之母既非自然亦非意志，而是智力缺陷。我猜想，西塞罗在做这个论断时，心中所想的很可能就是这种无知。参见 *De Republica*，3，13："iustitae non natura nec voluntas sed imbecillitas mater est"。当他在许多其他场合谈到"humani generis imbecillitas"的时候，他想说的好像就是这个意思。

〔20〕参见本书第七章注释〔12〕所征引的休谟的那段文字。

〔21〕Wilhelm Ropke 在其所著的 *Die Gesellschaftskrise der Gegenwart*（fith ed，Erlenbach-Zürich，1948，p. 259）一书中对"符合"市场秩序的干预行为与那些不"符合"市场秩序的干预行为之间所做的区分（或者，一如某些其他的德国论者所表述的那样，是或不是 systemgerecht），目的就在于此。但是，我宁肯不把那些"符合"市场秩序的措施称之为"干预"。

〔22〕参见 L. von Mises，*Kritk des Interventionismus*（Jena，1929），pp. 5 以次："Nicht unter den Begriff des Eingriffes fallen Handlungen der Obrigkeit，die mit den Mitteln des Marktes arbeiten，d. h. solche，die Nachfrage oder Angebot durch Veranderungen der Marktfaktoren zu beeinflussen suchen……Der Eingriff ist ein von einer gesellschaftlichen Gewalt ausgehender isolierter Befehl，der die Eigentumer der Produktionsmittel und die Unternehmer zwingt，die Produktionsmittel anders zu verwenden als sie es sonst tun wurden."

〔23〕这样，不确定的任何人所具有的挣得某种特定收入的机会，可以用高斯势场（Gaussian hill）亦即一个三维面来表示，其中一个坐标表示的是这个人所属的阶级的概率——这个阶级可望得到一定水平的收入（依照中线的值来确定）的特定概率分布；第二个坐标表示该阶级所享有的特定收入的概率分布。这个三维面表明，虽说一个人所处的阶级使他比另一个特定的人享有更好的挣得某种特定水平收入的

机会，但是前者挣得的收入在事实上有可能比后者挣得的收入少得多。

〔24〕如果我们奉行那些会提高普遍收入水平的原则，而不考虑某些特定的个人或群体在收入表中从一个位置向另一个位置的不断转换，那么所有人的机会就会得到最大程度的增加（在这个过程中，位置的转换是一定会发生的，而且为了使平均收入水平得以提高，也必须进行这样的位置转换）。一如我们所知，在经济迅速增长期间，收入分布会发生很大的变化；因此，想根据有关这些变化的可资利用的统计资料来说明这个问题，绝非易事。但是，有一个国家在这个方面有相当充分的可资利用的信息，这个国家就是美国；我们可以看到，如果一个人在 1940 年属于这样一个群体，该群体中的个人收入多于全部人口中百分之五十的人的收入，少于其他百分之四十的人的收入，那么即使他到 1960 年的收入跌至收入较少的百分之三十至百分之四十的人的收入水平，他的绝对收入仍然要比他在 1940 年的收入多一些。

〔25〕我以为，如果我用我个人的经历来阐明我在正文中所陈述的那个观点，可能会有助于读者理解这个问题；当然，正是由于我拥有这些经历，这才使得我以这种方式来认识这个问题。一个拥有既定地位的人不可避免地会采取一种不同于看待一般性问题时所应当采取的态度；我实是在 1940 年的夏天作为伦敦居民时深刻认识到这一点的。当时，我和我赖以养家糊口的所有资源似乎极可能会即刻被敌机轰炸毁掉。正当我们都在做最坏的打算的时候，我收到了几个中立国家的邀请，让我把当时尚小的孩子们送到一些我不认识的人家里去，这样，即使我本人没有逃过战争的劫难，那么我的孩子们还有可能继续活下去。因此，我不得不考虑像美国、阿根廷、瑞典这些有着极为不同的社会秩序的国家的相对诱惑力，而我在考虑这个问题时乃是以这样一种设想为依据的，即我的孩子们会在其成长的那个国家的条件或多或少是由机遇决定的。这使我认识到，对我的孩子们而言，指导我为他们做出合理选择的原则应当不同于那些指导我为自己做类似选择的原则，因为我与他们不同：我已经有了一个稳固的地位而且还相信（也许错了）这种稳固的地位在一个欧洲国家要比在美国更管用。然而，如果我采取抽象的思考方式，那么我也许永远都无法意识到这个问题。因此，虽然我在为自己做选择的时候可能会从一个刚刚四十出头、有一技之长和固定趣味并享有一定声望和有资格进入有特定倾向之阶层的人所拥有的相对机遇来考虑这个问题，但是如果我为我的孩子们做选择，那么我就不得不考虑我的孩子们在这些国家中的机遇有可能把他们置于其间的那种特定环境究竟如何。这样，考虑到我的孩子们还需要发展他们的人格，所以我认为，由于美国社会不存在旧世界（指英国或欧洲这样的古老国度）中那种严格的社会等级差别——尽管这种差别对我颇具好处，因此我决定为我的孩子们选择美国。（也许我还应当补充一点：这样的选择乃是以这样一种默会的想法为基础的，即我的孩子们在美国会被送到一个白人家庭而不是一个有色人种的家庭中去生活。）

第十一章

抽象规则的规训与部落社会的情绪

自由主义——在今天重新思考这个问题是颇具意义的——是宽容大度的最高表现形式；它是多数赋予少数的权利，因而它也是这个星球上曾回响过的最高贵的呼声。它所宣告的乃是要与自己的敌人尤其是与一个势单力薄的敌人和平共处的决心。真的很难相信，人类竟达致了如此之高尚的境界，然而这一境界却是如此之矛盾、如此之精致、如此有悖自然。因此，我们也就无须为同一个人类很快就表现出急于否弃自由主义的冲动感到惊讶。自由主义这一规训（discipline）难度太大而且繁复性也太高，因此难以在尘世上生根发芽。

——何塞·奥尔特加·加塞*

追求无法企及的目标会阻碍我们实现可能达到的目标

仅仅认识到“社会正义”是一个毫无确定之内容的空洞说法，是远远不够的，因为这个说法已经变成了一种强有力的咒语，其作用就在于为那些正在威胁着大社会之存续的根深蒂固的情绪提供支撑。人们一般都认为，如果某种目标是无法实现的，那么即使追求这种目标，也不可能导致祸害；[1]然而颇为遗憾的是，事实并非如此。就像寻求任何幻象一样，追求无法企及的目标，也极可能产生人们在预见到它们的情势下原本会竭尽全力加以避免的那些结果。在人们期望把那种必定属于我们永不能企及的目标变成可能的目标这个徒劳的过程中，许多可欲的目标也都被白白地牺牲了。

目前，我们正生活在两种截然不同且不相容合的正义观念的支配之下；换言之，在那些曾使开放社会之想象成为可能的那些观念盛行了一段时间以后，我们现在又迅即堕入了我们曾从其间缓慢挣扎出来的部落伦理的禁锢之中。我们曾经希望，随着欧洲各国的独裁者被赶下台，我们便能够将全权国家（totalitarian state）的威胁彻底根除；但是，我们所取得的成就，只不过是扑灭了一场缓慢地在四处蔓延的反动倒退之火的第一次火势。实际上，唯社会论只是重新主张部落伦理——然而需要指出的是，恰恰是这种部落伦理的逐渐式微，才使得人们在当时有了趋近大社会的可能性。因此，古典自由主义的沉沦可以说是部落情绪的复活所酿成的后果；那些部落情绪的复活是唯社会论与民族主义这两股势力所促成的。

直到今天，大多数人仍然不愿意直面现代历史中那个最令人震惊的教训：我们这个时代所发生的一笔笔罪孽最为深重的罪行，都是由那些得到了千百万人狂热支持的政府所犯下的——这么多人之所以狂热支持那些政府，实是道德冲动的驱使所致。如果说希特勒或墨索里尼所诉诸的仅仅是他们统治下的民众的最坏的本能，那显然不是事实，因为他们所求诸的实际上还有某些同样支配着当代民主制度的情感。不论这些运动的较为成熟的支持者们在逐渐看清他们曾支持的政策的结果时经历了什么样的精神幻灭，我们都可以确信无疑地指出，在国家社会主义或法西斯主义等运动的追随者当中，有众多的男女老少确实是受到某些理想的激励或驱使的，这些理想与西方世界中某些最有影响的社会哲学家所主张的那些理想并没有什么不同。他们中的一些人确实相信自己是在创造一种正义的社会，在这种社会中，人们将更加重视那些最应当得到满足的需求或"从社会角度来看最具价值的"需求。值得我们注意的是，驱使或激励这些人的乃是那种力图实现一种可见且共同目的的欲求，这种欲求恰恰就是我们从部落社会中继受下来的东西——实际上，它还在各地借尸还魂。

部落组织思维之复活的若干原因

近来，我们不仅看到了组织思维（organizational thinking）的强劲复活之势，也看到了人们对市场秩序之运作的理解或认识的衰减趋向；情势之所以变成这样，一个原因就在于越来越多的社会成员变成了大组织的成员，他们的视域也被局限在了这类组织的内部结构所要求的层面上。虽说农民和独立的工匠、商人和雇工都谙熟市场，即使他们不理解市场的运行机理，他们也已渐渐地把市场的要求或信号视作当然之事接受下来，但是大企业和庞大的行政机构不同，因为它们的发展和膨胀把越来越多的人都变成了大组织的成员，而且作为组织成员，他们也只能按照组织化生活方式的要求去思考问题。在前工业社会中，一如我们所知，绝大多数人都是在作为一切经济活动的基本单位的家族组织中度过其一生中大部分时光的；[2]但是需要强调指出的是，大组织与家族组织之间存在着一个重要的差异，因为家族组织的族长一般都认为，社会是一个由市场联结起来的家族单位的网络。

然而，在现代社会中，许多最有权势且最具影响力的大人物（即组织者本人）的活动越来越受到组织思维的支配。[3]众所周知，在现代社会，组织技术得到了很大的改进，而且由此产生的那些只能够由大规模的组织机构所实施的特定任务的范围也得到了空前的扩大；更为重要的是，上述种种发展之势竟滋生出了这样一种信念，即组织所能够成就的东西是没有限度的。大多数人已经完全意识不到这样一个问题，即各种组织取得成功所依凭的那种更为宽泛的社会秩序本身，则是以种种与组织力量全然不同的有序化力量为基础的。

组织思维日趋占据支配地位的另一个主要原因是，人们为那些旨在实现特定目的的组织刻意创制新规则的努力，在许多方面可以说取得了巨大的成功，这就使人们不再能够认识到，组织在其间得以有效运行的那种更为宽泛的社会秩序本身，所依凭的乃是一种与组织规则极为不同的规则类型：这种类型的规则并不是根据某个可以明确预见的目的发明出来的，毋宁是一种试错过程的产物——经由这个试错过程积累起来的经验显然要比当下的任何一个人所能意识到的经验都多得多。

受道德激励的努力所造成的不道德后果

从长时段的角度来审视西方文明，我们可以说法律的历史实是一部能够普遍适用的正当行为规则逐渐生成和发展的历史，但是，法律在过去百年发展进程中日益变成一部倚仗“社会正义”之名毁灭正义的历史，甚至连某些法理学学者都全然忘记了“正义”的原初含义。一如我们所见，这个过程主要是以那些我们称之为公法（一种“发号施令的法律”[a subordinating law]）的组织规则替代正当行为规则的方式得以实现的，尽管一些唯社会论法学家煞费苦心地试图抹杀这两种规则之间的区别。[4] 从本质上讲，这意味着个人不再只受制于那些限定私人活动范围的规则，还变得越来越受制于权力机构所发布的命令。此外，这种全权主义的潮流还被一些人披上了道德的伪装，其原因主要在于下述两个方面：一是实施控制的技术可能性得到了大幅度的增进，二是社会成员服务于同一个目的等级序列的那种社会被断定为具有道德上的优越性。毋庸置疑，正是“社会正义”这个概念成了全权主义借以暗渡陈仓的特洛伊木马（Trojan Horse）。

一如我们所知，目的相关的小群体（small end-connected groups）保持团结所依凭的某些价值仍旧被保存了下来；然而，这些价值不仅不同于那些使得为数众多的人在开放社会中和平共处成为可能的价值，还常常与之不相容合。一些论者认为，我们在追求大社会（亦即所有的人在其间都被视作是平等者的社会）这个新理想的同时，仍能够继续保有封闭型小群体所特有的那些理想；然而，这只能是一种幻想。一言以蔽之，任何这种尝试，都只能把大社会摧毁掉。

人们在无须就具体且共同的目的达成共识的情况下以及在只受抽象行为规则之约束的情况下，不仅有可能做到和平共处，而且也可能做到互惠互利；[5] 我们认为，这是一项重大的发现，甚至还有可能是人类迄今为止所获得的一项最伟大的发现。毫无疑问，从这一发现中成长壮大起来的资本主义制度（capitalist system），并不完全符合自由主义的诸种理想，因为它是在立法者和政府并不真正理解市场**做法**（modus operandi）且在很大程度上无视实际政策之结果的情况下发展起来的。[6]因此，现行的资本主义制度不可否认地存在着许多必须加以纠正的缺憾——具体言之，亦就是人们应当通过一种明智的自由政策加以纠正的那些缺憾。一种以市场所具有的自生自发秩序为依凭的系统，一旦达到了一定的富足水平，就不会与政府在市场之外提供某些保障措施以应对严苛剥夺的那种做法不相容。但是我们必须指出的是，那种试图通过把一个共同且具体的目的序列强加给所有的人并在权力机构的指导下去实现这些目的的方式，进而确使每个人都能够得到权力机构认为他所应当得到的东西的努力，是一种倒行逆施的步骤，因为这不仅会剥夺我们运用千百万人的知识和期望的机会，也会剥夺我们运用自由文明所具有的各种优势的机会。唯社会论并不只是以一种与自由主义极为不同的终极价值系统为基础，因此一个人即使不同意唯社会论的终极价值系统，那他也必须尊重它；实际上，唯社会论的真正问题在于，它是以一种智识谬误为基础的，这种智识谬误致使其追随者无法认识到它所导致的种种后果。我们之所以必须毫无讳言地提出这个问题，实是因为那种强调所谓的终极价值差异的做法业已成了唯社会论者据以回避真正的智识问题的一个共同借口。换言之，那种宣称基本价值判断方面存在差异的借口，已经成了人们用以掩盖真正的智识谬误的保护伞——这种智识谬误才是唯社会论纲领的根本基础。

社会正义在大社会中是一种破坏性力量

对于大社会来说，既想强制实施社会正义的规则或分配正义的规则，又想维护自身的存续，实是不可能的；这是因为，一如我们所知，大社会的维续还必须满足一个必要条件，即任何就自己有权获得的东西持有一致观点的特定群体，都不得通过阻止其他人按某些更为有利的条件提供服务的方式来实施本群体的这些观点。众所周知，那些在地位上受到相同情势影响的人的共同利益，不仅有可能使他们对他们应当得到的东西产生相当强硬的共同观点，还会为他们采取共同行动以实现他们的目的提供某种驱动力，但是值得注意的是，某个群体为了确使其成员得到某种特定的收入或某种特定的地位而采取的任何行动，都将对大社会的整合造成障碍，也是真正意义上的反社会行动。这种行动之所以必定会成为一种分裂性的力量，其原因就在于它所导致的并不是不同群体之利益间的协调，而是它们之间的冲突。一如那些积极参与社会正义斗争的人所清楚知道的那样，这场斗争实际上已经演变成了一场不同组织利益群体争夺权力的斗争，而不同群体在其间所采用的各种有关正义的论辩实际上也只是种种借口而已。

我们必须坚守的一个核心观点认为，当一些人坚信自己所提出的要求与正义相符合的时候，并不始终意味着存在（或能够发现）一项与其要求相应的规则——亦即只要得到普遍适用便会产生一种可行秩序的那种规则。我们必须指出的是，这种认为每当一个问题被当作一个正义问题提出来的时候，就必定能够发现一项可以用来解决这个问题的普遍适用的规则的观点，只不过是一种幻想。[7]此外，一项法律规则努力满足人们提出的某个正义要求的事实，同样不能够证明该项法律规则就是一项正当行为规则。

只要某些群体的成员所追求的目的相同或相似，那么这些群体便会就何者对于其成员来说是正义者这类问题达成共识。然而，这种共识仅仅对于那些追求共同目的的人来说才是正确的，这是因为它们有可能与这些群体得以被整合进整个社会秩序之中所依凭的那些规则完全不相容。众所周知，在一个群体中，生产任何特定商品或提供任何特定服务的人，都会想使他们自己的努力得到丰厚的酬报；因此，他们会把任何趋于降低本群体中其他人收入的某个同行生产者所采取的行动视作是不正义的。然而，恰恰是群体中的某些成员所采取的那些被该群体其他成员视为有害的行动，才能够使该群体成员的活动被融入大社会的整体模式之中，也能够使所有人都从中获益。

如果一个理发师在一个城市中理一次发可以挣得三美元，在另一个城市中理一次发却只能挣得两美元，那么显而易见，这件事情本身并不是不正义的。但是，如果第一个城市里的理发师阻止第二个城市里的理发师为了改善自己的处境而在第一个城市里以比如每次理发收二点五美元的方式提供服务——这是因为第二个城市中的理发师在改善自己处境的同时会降低第一个城市里的理发师的收入，那么第一个城市里的理发师所采取的这种阻挠做法显然是不正义的。然而，正是为了阻挠类似于上述情势中第二个城市理发师的那种努力，那些既得利益群体才会在今天获准联合起来去捍卫他们的既得地位。那项主张“不得做任何降低本群体成员之收入的事情”的规则，常常被视作是正义要求人们在对待本群体成员时所必须承担的一项义务。但是，这种规则在大社会中是不可能被人们视作正当行为规则的，这是因为在大社会中，这种规则会与该社会各种活动得以协调所依凭的若干一般性规则相冲突。大社会的所有其他成员都有道德上的权利去阻止实施这样一种被某一特殊利益群体的成员视作正义的规则，而且阻止这种规则的实施也与他们的利益紧密相关，因为大社会的整合原则要求：在那些从事某种特定职业的人当中，一些人的行动应当常常致使他们群体中的其他成员的收入降低。这恰恰是竞争的优长之所在。各种有关群体正义（group justice）的观念，常常会把所有有效的竞争视作是不正义的现象加以禁止——诸多“公平竞争”（fair competition）的要求所要达到的目标实际上也与此相差无几。

在其成员知道他们的前景取决于某种相同环境的任何群体中，很可能会产生这样一种观点，即应当把任何一个成员有损其他成员利益的一切行为都视作是不正义的行为；因此，在这种群体当中，肯定会产生一种阻止这种有损同行成员的行为的欲求。但是，如果这样一个群体中的成员阻止某个成员以比他们愿意提供的更为优厚的条件向外人提供服务，那么这个群体以外的任何人都能够确当地把这种阻挠的做法视作是不正义的。同理，当某个在此前并未被该群体接纳为成员的“枪行营业者”（interloper）的所作所为，在与该群体的成员发生竞争的情况下而被要求遵守该群体所确立的行规准则的时候，该群体以外的任何人也同样有正当理由把这种要求视作是不正义的。

众所周知，个人对一己私利的追求通常都会促使他为普遍利益提供服务，但是值得注意的是，有组织的群体所采取的集体行动几乎不可避免地会与普遍利益背道而驰；当然，这是一个大多数人都不愿意承认却极有可能在大多数场合为真的重要事实。事实上，正是人们从早期社会中继承而来的那些情绪，才致使人们把那种有助于普遍利益的追求个人利益的行为当作是反社会的行为横加谴责，反而把那种会摧毁整体秩序的有助于特定群体或地方利益的行为当成是“社会的”行为大加赞扬。因此，用强制来为这种社会正义（意指个人所属的特定群体所具有的利益）服务，将始终意味着允许为那些联合起来对抗外人的特殊群体创建特定的专有势力范围——这种利益群体之所以能够存在，其原因就在于他们可以为了群体成员的利益而向政府施压或使用强力。然而，无论这种群体的成员在他们之间就他们所欲求的东西是正义的这个问题达成了多么一致的意见，都不可能存在一项能够使他们的这种意见被该群体以外的人也视作是一种正义意见的原则。然而，今天的情势发生了很大的变化：只要一个群体足够强大，那么他只需要把其成员的要求作为正义的要求提出来，这种要求通常就会被视作是一种在调整整个社会之需求时必须予以考虑的正义观点而被接受，即使这种要求不是以任何能够得到普遍适用的原则为依据的。

从关注最不幸者到保护既得利益者

无论如何，我们都决不能无视这样两个事实：第一，人们最初对社会正义的追求源于他们力图消灭贫困的良好愿望；第二，大社会已经在消灭那种绝对意义上的贫困方面取得了光耀夺目的成就。[8]在发达国家中，没有哪个有能力从事有益工作的人如今还会缺少食品和住房，就是那些没有能力挣得足够这类生活必需品的人，一般也在市场以外得到了救济。当然，相对意义上的那种贫困，在彻底奉行平均主义的社会以外的任何社会中，肯定还会继续存在：只要还存在不平等的现象，就必定会有人生活在社会的底层。然而值得强调的是，试图实现社会正义的努力并无助于绝对贫困的根除；在绝对贫困依旧属于尖锐问题的许多国家中，对社会正义的关注事实上已然成了根除贫困的最大障碍之一。在西方世界，大众之所以能够渐渐过上较舒适的生活，实是因为财富的普遍增长；而大众生活水平继续提高的速度之所以在后来放慢，也只是因为这些社会采取了种种干涉市场机制的措施所致。一如我们所知，正是这种市场机制的运行，才促使总收入增加，还使得人们有可能在市场以外为那些没有能力挣得足够生活费用的人提供救济。但是，那种力图按照社会正义的方向“纠正”市场结果的做法，可能产生了更为严重的不正义现象，且对缓解贫困者的不幸命运无甚作为；这是因为这种做法不仅滋生了种种新的特权，还阻碍了人们在社会地位方面的上下流动，更挫败了个人做出的种种努力。

促成此一发展趋势的原因乃是这样一种情势，即人们最初乃是为了捍卫最不幸者的利益而诉诸社会正义的，然而这一口号在后来被许多其他的群体——这些群体的成员认为他们所得到的东西没有他们认为自己应当得到的东西多——所盗用，尤其是被那些认为其眼下的地位正受到威胁的群体所盗用。正如上文所述，社会正义要求，应当经由政治行动而把任何群体在某种意义上所应得到的地位分派给该群体的成员。然而，社会正义的这种要求与这样一种理想不相容，即强制只应当被用于实施所有的人在制定自己计划的时候都会考虑的那些相同的正当行为规则。再者，一旦那些有利于某些群体（他们所蒙遭的不幸会受到每个人的同情）的要求得到了认可，那么这扇闸门从此也就被打开了：所有发现自己的相对地位受到威胁的人都会紧随其后，要求政府采取同样的行动来保护他们的地位。然而，不幸并不能够使不幸者提出一种免受风险的要求，因为这种风险实是任何为了维续其占据的地位的人所不得不面对的风险。按照目前的语言用法，人们动不动就会把每件引起某个群体不满的事情都贴上“社会问题”的标签，进而认为立法机构有义务对这种社会不正义现象采取相应的对策；正是经由上述这种做法，社会正义这个观念已然变成了特殊利益群体要求特权的一个十足的借口。

在自由人组成的社会中，人们乃是为了各自的利益而为彼此提供服务的，也没有人向他们分派任务或分配利益；因此，那些因正义观念未能根除下述现象而反对这种正义观念的人，完全误解了正当行为规则的实施在这种由自由人组成的社会中所能达到的成就；这些现象包括：“早在拿破仑战争之后便已展开的剥夺农民土地并把他们驱离家乡的现象；该世纪中叶手工匠衰微的现象；以及雇佣劳工贫困化的现象”〔9〕。今天，我们之所以有可能养活现有人口，完全是因为市场使得我们有了广泛运用那些分散知识的可能性；我们之所以有可能维续世界上部分国家或地区的绝大多数人所达到的那种生活水平，更是市场作用的结果；因此，如果某些人所提供的服务因情势发生了始料未及的变化而降低了它们对其他人的价值，那么不让这些人接受他们必须接受的那种比他们此前占据的地位较为不利的地位的做法，肯定不是什么正义之举。当然，一些人的地位之所以降低或处境之所以变糟，并不是因为他们自身的过错，而是那些未曾预见的发展过程所造成的结果。然而，无论我们对这些人的遭遇感到多么遗憾或难过，都决不意味着我们能够做到熊掌和鱼兼得，即所谓我们能够在促使总财富得到持续增长（亦即大众生活状况在未来得以改善的基础）的同时，还能够使某些群体的境遇不致持续不断地下降。

实际上，社会正义已经完全变成了所有既得地位趋于下降的群体都会使用的那种口号——这些群体当中包括农民、独立的工匠、矿工、小店主、职员和相当一部分旧中产阶级；尽管这个口号最初是以产业工人的名义提出来的，但是他们自己并不使用这个口号，因为在一般意义上讲，他们一直是晚近种种发展进程的受益人。的确，这些群体经由对正义的诉求而常常能够成功地唤起许多其他人的同情——这些人不仅把传统的社会等级视作是一种自然的安排，还对新兴阶级上升到曾经只有文化人才可能获得的中产阶级地位的现象大为不满。但是，这些群体在动员方面所获得的成功，并不能够说明他们所提出的这些要求与普遍适用的正当行为规则之间存有任何关系。

在现行的政治秩序中，实际上只有当这些群体强大到足以在政治上产生重大影响的时候，尤其当它们有可能把它们的成员组织起来采取共同行动的时候，上述那些要求才有可能得到满足。正如我们将在此后的章节中指出的那样，在利益群体当中，能够以此方式组织起来的也只是一部分群体而不是所有的群体，因此，由此产生的益处只能为某些群体所享有，同时还会有损其他群体的利益。然而，人们通过利益组织去实现这个目的的情势越多，每个群体也就越是有必要组织起来向政府施加压力，因为那些未能成功组织起来的利益群体会遭到冷遇，并在分配利益的过程中被赶出局。因此，社会正义这个观念业已导致了这样一种结果，即政府保证使特定的群体获得适当的收入，这种结果又不可避免地会促使人们把所有这类“利益群体”都渐渐地组织起来。换言之，政府给出的这类保证，必定会使人们产生种种预期，但是政府根本不可能为所有人的预期提供保护，除非这个社会是静止不变的。因此，惟一正义的原则便是不向任何人提供这种特权。

的确，我们曾一度把这个论辩的批判矛头主要指向了工会所采取的那些做法，这是因为在那些通过把自己的要求视作是社会正义的且成功地为这些要求披上合法外衣（还成功地获准运用强制手段去实现这些要求）的群体当中，工会是最早获得成功的。尽管人们最初是为了相对贫困者和处境不幸者的利益而诉诸社会正义这个观念，也正是出于这种考虑才使得那些偏向于这些人的差别待遇在当时被认为是相当正当的，但是需要强调指出的是，这种差别待遇开了一个坏头，摧毁了法律面前人人平等的原则。现在，政治讨价还价的过程（process of political bargaining）已然支配了当代民主制度中的立法活动，在这个过程中获益甚多的就是那些人数众多或者随时能够被组织起来拒绝提供基本服务的群体。但是，基于本书的论述安排，我们将在本书第三卷中再对民主国家因力图以多数票决（majority vote）的方式决定收入分配的做法而酿成的种种荒谬结果做详尽的讨论。

试图“纠正”市场秩序的努力会导致市场秩序的毁灭

当下普遍盛行的一个观点认为，我们应当利用市场所具有的大多数有序化力量，而且在很大程度上讲，我们也确实必须这样做才行，但是我们应当同时对市场所造成的极不正义的结果做出“纠正”。然而，只要特定个人或特定群体的收入并不是由某个机构的决策所决定的，那么，把任何一种特定的收入分配方式视作是比另外一种收入分配方式更正义，便不可能有任何意义。如果我们想使收入分配达到实质正义的程度，那么我们只有一种办法可以达到这个目的，那就是用组织来替代整个自生自发秩序，因为在这种组织当中，每个人的份额都是由某个中央机构确定的。换言之，那种通过采取特定的干预措施来“纠正”自生自发秩序中所形成的收入分配的做法，决不可能是正义的，因为它根本不可能与一项可以平等适用于人人的规则相符合。值得注意的是，每一项干预行为，都会致使其他人也要求依照相同的规则获得类似的待遇；也只有当所有的收入都依凭这种方式进行分配的时候，上述那些要求才有可能得到彻底的满足。

人们于当下所采取的那种竭力按照各种正义规则对自生自发秩序进行纠正的做法，无异于一种企图兼获鱼和熊掌的努力。只有当某个专制统治者完全不受公众意见影响的时候，他才有可能把干预行为只用于减缓较不幸者的悲惨处境，同时任由自生自发秩序去决定其他人的生活状况。当然，把那些在市场中无力切实维持生计的人完全置于市场过程以外，并用专门划拨出来的资产对他们施以救济，也是完全可能的。再者，对于每一个处于前程未卜的职业生涯之起点的人来说——当然也是从他的子女的角度来说，同意所有的人在这种变幻莫测的职业生涯中都能够得到最基本的生活保障的做法，亦不失为一种极为合理的选择。但是，一个受公众意见支配的政府，尤其是一个民主的政府，根本没有办法把自己对市场所采取的那些补充措施，完全用来缓减最贫困者的悲惨处境。不论这种政府是否想受规则的指导，事实上，只要它有权采取这类措施，那么它就肯定会在它自己确立的先例中所隐含的那些原则的驱使下不断扩大这类措施的适用范围。毋庸置疑，通过它所采取的那些措施，这类政府肯定会在大众中形成一些意见和确立一些标准，这些意见和标准会迫使它继续沿着它业已启始的路径走下去。

实际上，“纠正”市场秩序之惟一可能的方法就是确使该秩序所依凭的那些规则得到一以贯之的适用，决不是把那些并不适用于其他人的规则适用于某些人。由于正义的精义乃在于相同的规则必须得到普遍适用，所以正义也就要求政府惟有在它准备在所有类似的场合中都根据同一原则行事的条件下才能给予特定的群体以帮助。

对抽象规则之规训的反叛

以形式规则为基础的非人格正义之理想（ideal of impersonal justice）的盛兴，乃是人们在与个人效忠之情（feelings of personal loyalty）所展开的持之不懈的斗争过程中实现的：个人效忠之情实是部落社会得以存在的基石，但是大社会决不会允许人们运用这种个人效忠之情去影响政府如何使用强制性权力的原则。在和平秩序逐步从小群体扩大到较大社会的过程中，始终存在着两种力量之间的冲突：前者是那种以可见且共同的目的为基础的局部性正义（sectional justice）提出的，后者是一种平等适用于外人及本群体成员的普遍性正义（universal justice）提出的。[10] 这种冲突还引发了下述两个因素之间持续不断的较量：前者是经由千年的部落生活而深深植根于人性之中的那些情感，后者是任何人都无力充分把握其重要意义的抽象规则所提出的要求。人之情感附着于具体物事之上，需要指出的是，人们所具有的个殊性正义情感（emotions of justice in particular）在很大程度上也是与每个人所属的群体所具有的可见且即时的需求紧密纠缠在一起的——比如说每个人所属的行业或职业的需求，每个人所属的氏族或村落的需求，每个人所属的村镇或乡村的需求。惟有从心智上重构大社会的整体秩序才能使我们理解这样一个问题，即刻意追求具体且共同的目的，必定会摧毁那种平等对待人人的大秩序，尽管刻意追求具体且共同的目的的做法在大多数人看来仍显得要比盲目服从抽象规则更值得称道且更为优越。

一如我们所见，许多在目的相关的小群体中因有助于该社会秩序之凝聚力而真正具有社会意义的东西，从大社会的角度来看，却是反社会的。的确，对社会正义的诉求所表达的乃是部落精神对抽象规则的反叛，这些抽象规则是不具有这种可见且共同的目的的大社会得以凝聚所要求的。因此，惟有通过把正当行为规则扩展适用于每个人与所有其他人的关系之上，并在同时否定那些不能普遍适用的规则所具有的强制性品格，我们才有可能趋近一种普遍的和平秩序——这种秩序甚至有可能把所有的人都整合进一个社会之中。

在部落社会中，部落内部达致和平的条件是所有的成员都致力于某些可见且共同的目的，进而听命于某个能够决定其成员在某时某刻应当追求什么目的并且能够决定如何实现这些目的的人的意志；但是需要指出的是，只有当个人仅仅有义务服从抽象规则（亦即对每个人可以用来实现自己目的的财产权进行界分的那些规则）的时候，他们才有可能达致自由人组成的开放社会。在任何规模的社会中，任何特定目的都必定始终是某些特定的人或特定的群体的目的；只要这样的特定目的被认为是实施强制的正当性理由，那么具有不同利益的群体之间肯定会不断地发生冲突。事实也确实如此，只要特定的目的是政治组织的基础，那么目的不同的政治组织必定是敌人；此外，在这样一种社会中，政治也必定是由敌我关系（friend-enemy relation）支配的。[1]只有当特定的目的不被视作是实施强制的正当性理由的时候（诸如战争、叛乱或自然灾害这样一些特殊且即时性的情势不在此列），正当行为规则才能够成为对所有的人都普遍适用的规则。

开放社会的道德与封闭社会的道德

在一种扩展的市场秩序中，生产者在不知道其他人需求的情况下仍会受到引导去为他们提供服务；本书所描述的那个过程实与上述情势紧密相关，也确实是上述情势所产生的一个必然后果。这种不断扩展的市场秩序所依凭的乃是这样一个事实，即人们的努力具有满足他们并不认识的其他人的需求的功效；因此，这种市场秩序所预设的和所要求的道德观念乃是与那种要求人们服务于可见之需求的道德观念颇为不同的。对资金回报的预期所产生的间接指导作用，乃在于它是一种显示其他人需求的信号；要使人们的行动受这种预期的间接指导，就需要有相应的新的道德观念做支撑——这些道德观念所规定的并不是特定的目的，毋宁是那些对所许可的行动之范围进行限定的一般性规则。

在开放社会中，人们认为更可取的做法乃是把自己的资产投入到能够以较低成本生产出更多物品的手段上，而不是把这些资产分配给贫困者；或者说，更可取的做法乃是用自己的资产去满足成千上万不确定的任何人的需求，而不是为少数几个熟识的邻人提供服务。毋庸置疑，上述观点确实构成了开放社会之“意索”（ethos）的一部分。当然，这种观点之所以能够得到发展和传播，并不是因为那些最早按照这些观点行事的人知道他们以此方式行事能够给他们的同胞带去更多的利益，而是因为那些依此观点行事的群体和社会比其他群体和社会更趋繁荣；因此，如此行事也就渐渐变成了一种为人们所公认的践履“天职”（calling）的道德义务。就其最为纯粹的形式而言，这种意索把尽可能有效地追求自我选择的目的视作是一项基本的义务，而不关注这种追求在人类活动这个复杂的网络中究竟具有什么作用。今天，人们一般都把这种观点说成是一种加尔文教的伦理观，然而，这种描述多少有些误导。这种描述之所以是误导的，实乃是因为早在加尔文之前，这种观点便已经在中世纪意大利的商业城镇中广为盛行了，也得到了西班牙耶稣会会士的传播。〔12〕

今天，我们仍旧会对人们在熟人有具体且明确需求的情况下给予帮助这种行善之举表示敬意，我们也会认为帮助一个挨饿的熟人真的要比减缓一百个陌生人的急切需求更重要些；但是事实上，追求个人的利益从一般意义上讲乃是我们行善的最好方式。如果说亚当·斯密给人们留下了这样一种印象，即从利己出发追求个人利益与从利他出发竭力满足他人的明确需求之间仿佛存在着重大差异，那么他有关这个问题的观点就确实存在着某些误导性，而且也给他的学术事业造成了侵损。的确，一个成功的企业家想用他的利润去达到的那个目的，很可能是为他的家乡修建一家医院或建造一座艺术馆；然而，撇开这个问题（亦即他在挣得利润以后想用这些利润去做什么事情的问题）不论，他实是通过实现赚得最大收益的目的而在市场的引导下给更多的人带去益处的，如果他只致力于满足一些熟人的需求，那么他不可能给这么多的人带去益处。一言以蔽之，一个成功的企业家乃是在市场这只看不见的手（the invisible hand of the market）的引导下而为他根本就不认识的最贫困的家庭提供现代生活救济用品的。〔13〕

的确，构成开放社会之基础的那些道德观念，在过去很长一段时间中只是在少数城镇地区的小群体中盛行，也只是在相对晚近的时候才渐渐普遍地支配了西方人的法律和意见的；也正是出于这样的原因，人们才常常认为这些道德观念是人为的且非自然的，还与人们从旧有的部落社会中继受而来的那些直觉的（一部分甚至还是本能的）情感完全不同。毋庸置疑，那些使开放社会成为可能的道德情感乃是在城镇亦即商业贸易中心生成扩展起来的，不过在当时，大多数人的情感依旧为狭隘的地方观念和支撑部落群体的仇外黩武态度所支配。〔14〕由于大社会的兴起只是一个太过晚近的事件，所以未能给人们提供足够多的时间去摆脱种种经由千百年的发展而养成的积习，也没有给人们提供足够多的时间使他们不再把抽象的行为规则视作是人为的且非自然的东西——这些抽象的行为规则还常常会与人们所具有的那些使自己完全受可见且即时性需求支配的根深蒂固的本能相冲突。

人们真切地认识到，开放社会的新道德规范不仅无限扩大了每个人与其他人的交往范围——他在与其他人交往的时候必须遵循道德规则，还因它们适用范围的扩大而必定减少了它们自身具有的内容。然而值得我们注意的是，这种认识也强化了人们对开放社会的新道德规范的抵制。如果要使所有人的义务完全一致，那么向任何人施加的义务就不能多于向所有人施加的义务——除非存在着特殊的自然关系或特殊的契约关系。当然，也可能存在这样一项一般性的义务，即在必要的情况下向明确规定的一些人而不是向不确定的任何人提供援助。因此，按照一视同仁的方式把义务扩大适用于所有的人，就是把义务不仅适用于我们部落的成员，而且也扩大适用于越来越多的其他人直至最终适用于所有的人，实乃是人们在道德方面所取得的一项进步，我们也正是依凭着这项道德进步才日益趋近开放社会的。然而需要指出的是，人们在获得这项道德进步的同时也付出了这样一项代价，即必须减轻每个人都必须承担的那项刻意为本群体中的其他成员谋福利的强制性义务。当我们不再可能了解和认识其他人或不再可能知道其他人的生活环境的时候，上述那种强制性义务无论是在心理上还是在智识上也就成了一种不可能做到的事情。然而，这些具体义务的消亡，虽说解除了人们原本需要承担的满足自己同胞需求的责任，却也同时使人们丧失了在必要时得到相应支持的保障；这种情势便使人们产生了一种感情上的真空。〔15〕

因此，即使人们从部落社会发展到开放社会的最初尝试因他们尚未准备好摆脱那些作为部落社会之基础的道德观念而蒙遭失败，也不会真的令人感到惊讶；或者，正如我们在本章开篇所征引的何塞·奥尔特加·加塞（José Ortega y Gasset）在论及古典自由主义时所说的那样，我们无须为人类做出如下选择而感到惊讶：即“人类竟达致了如此之高尚的境界，然而这一境界却是如此之矛盾、如此之精致、如此有悖自然。……自由主义这一规训难度太大而且繁复性也太高，因此难以在尘世上生根发芽”。因此，当绝大多数人都受雇于组织也无甚机会习得市场道德规范的时候，他们在直觉上对那些与他们继受而得的本能相应合的更具人情味和更具人格化的伦理道德的那种渴求，便颇有可能摧毁开放社会。

然而，我们应当认识到，在这种状况中被证明为具有极大吸引力的唯社会论理想（或社会正义理想），并没有真正为我们提供一种新的道德，而只是对人们从早期社会中继受而来的本能的一种诉求。因此，社会正义这种理想实是一种返祖现象，亦即试图把部落社会的道德规范强加给开放社会的那种努力——当然，这种努力是徒劳的，但是，如果这种道德规范得势，那么它不仅会摧毁大社会，还将严重地威胁到约三百年以来人类经由市场秩序而繁衍出来的众多人口的生存问题。

同理，那些被认为疏远于市场社会的人，实际上并不是新道德的担当者，只是一些未受到教化的人或未开化的人：他们根本不知道开放社会赖以为基础的行为规则为何物，只是想把他们从部落社会习得的那些本能的“自然”观念强加给开放社会。特别需要指出的是，大多数新左派（New Left）论者似乎也没有认识到，平等对待所有人的做法——其实新左派论者本身也要求实施这种做法——惟有在这样一种制度中才是可能的，其间，个人的行动只受形式规则的约束，不受这些行动已知结果的指导。

这种卢梭式的怀旧情调所指向的乃是这样一种社会，它不受人们所习得的道德规则的指导，而受未经反思的“自然”情感的支配：习得的道德规则惟有通过对构成这种社会秩序之基础的诸原则所做的理性审视才能够得到正当性的证明；而“自然”情感则深深地植根于千百年小部落的生活之中。因此，这种卢梭式的怀旧情调会直接促使人们去追求这样一种社会，其间，权力机构会确使显见的社会正义以一种满足自然情感的方式得到实现。在这个意义上讲，所有的文化当然都是非自然的，还是人为的（尽管是非设计的），这是因为这些文化所依凭的乃是人们习得的规则而不是人们的自然本能。一如我们所知，人们依旧保有着一些自然情感，这种自然情感却与维续开放社会所必需的规则之规训之间存在着冲突；这种冲突的确构成了所谓“自由脆弱性”（fragility of liberty）的主要原因之一：根据那种熟人群体的图像来塑造大社会的努力，或者把开放社会转变成一个要求个人追求可见且共同的目的的社会的努力，必定会形成一个全权性社会。

效忠感与正义感之间的长期冲突

在部落道德规范与普遍正义之间所存在的经久不息的冲突，在整个历史上都凸显为效忠感（sense of loyalty）与正义感（sense of justice）之间所存在的那种不断发生的对抗。对普遍适用正当行为规则构成最严重阻碍的，依旧是人们对诸如行业群体或阶层群体以及民族群体、氏族群体、种族群体或宗教群体这样一些特定群体的那种效忠感。当然，适用于所有人的一般性行为规则，只是以缓慢且渐进的方式而压倒那些特殊规则的——这些特殊规则允许个人伤害外来者，只要这种做法有助于他所属的群体。需要指出的是，尽管只有这种过程才可能使开放社会得到兴起和发展，而且这种过程也为人类在遥远的将来实现普遍的和平秩序提供了某种希望，然而时下盛行的那些道德规范还没有完全赞同这种发展进程；实际上，晚近还发生了西方世界从它业已达致的水平上倒退下来的怪事。

如果说在遥远的过去，人们有时候会以形式正义（formal justice）的名义提出一些完全不人道的要求（比如在古罗马，如果一个司法行政官毫不犹豫地把他的儿子判以死刑，那么人们就会表扬他是一个好父亲），那么在今天，我们已经学会了如何避免这类最为尖锐的冲突，而且大体也学会了如何把形式正义的要求降低到与我们的情感相容的程度。正如前述，一般正当行为规则乃是经由对每个人与任何其他社会成员间关系的适用而逐渐战胜那些服务于特定群体之需求的特殊规则的；因此，我们可以说，直到最近，正义的发展一直是作为这样一个渐进的过程而持续展开的。确实，从某种程度上讲，这一发展进程后来在国家边界上停了下来；但是，大多数国家都幅员辽阔，所以这个发展进程依旧在推进开放社会自生自发秩序的规则对那些目的相关的组织规则的逐渐替代。

这一发展进程之所以遇到抵制，主要是因为这一进程要求用抽象的理性规则去支配那些由特定且具体者引发的情绪，或者说，要求人们用那些从其重要意义甚少为人所知的抽象规则中得出的结论去支配我们对具体结果的认知所做的本能性回应——这里所说的具体结果，亦即那些影响到我们熟人的生活和处境的结果。这并不意味着那些指涉特殊人际关系的行为规则对于大社会的运行来说已经丧失了它们的重要意义；实际上，它仅仅意味着，由于在一个自由人组成的社会中，一个人是否成为这种特殊群体的成员乃是以自愿为基础的，所以任何人都没有权力强制实施这些特殊群体的规则。因此，正是在这样一种自由人组成的社会中，对那些不能够强制实施的道德规则与那些必须强制实施的法律规则做出明确的界分，才具有了极为重要的意义。如果我们想把较小的群体整合进更为宽泛的整体社会秩序之中，那么我们就必须允许个人在各群体之间做自由的流动：只要个人愿意遵守某个群体的规则，那么他们就可以得到该群体的接纳。

开放社会中的小群体

据此我们可以说，对于我们在大社会中必须遵守的规则所具有的那种抽象性质的抵抗，以及对于那种被我们视为是合乎人性的具体者的偏好，都只是一种标示而已，它表明我们在道德上和智识上都还没有完全成熟到能够满足那种非人格的整体人类秩序向我们提出的要求。要在理解的条件下服从那些使我们有可能趋近开放社会的规则（亦即当我们认为它们是某个较高级的人格化机构所颁布的命令的时候，我们便会遵循的那些规则），同时又不因为我们所遭遇的任何不幸或挫折而去责备某个想象中的人格化机构，无疑会要求我们对自生自发秩序的运行拥有一种极高水平的认识，尽管能够达到这种认识水平的至今也只是寥寥数人。

甚至有些道德哲学家也常常迷恋于那些从部落社会继受而来的情感，完全遗忘了对这些情感与他们同样予以褒扬的普遍人道主义的诉求是否相容的问题进行检视或追问。的确，大多数人在看到小群体式微以及与小群体相关的某些情感消亡的时候都会深感遗憾或懊丧——在这些小群体当中，只有为数有限的成员是凭靠各种人际纽带而联系起来的；但是，由于在大社会中，所有的人都可能向我们提出同样的要求，因此，为了实现这种大社会，我们就必须付出这样一种代价，即所有的人向我们提出的那些要求，必须被降低到只能要求我们不采取有害行动的水平，而不能要求我们践履肯定性的义务（positive duties）。个人所享有的选择合作伙伴的自由，一般来讲会产生这样一种结果，即个人为了实现不同的目的会与不同的伙伴合作，所有这些合作关系都不是强制性的关系。这里隐含的一个预设认为，任何这样的小群体都没有权力把它自己的标准或规则强加给任何不愿意遵守其规则的人。

我们知道，有一些规则在小群体中可以说是好的规则，这些正是大社会自己不得实施且也不会允许特定群体加以实施的规则。然而，我们当中的一些未开化者依旧把这样一些规则视作是好的。在小群体中，使人们团结起来的最为有效的方式乃是要求人们根据这样一项规则行事，即“如果要使人们和谐相处，那么就让他们去追求某个共同的目的”；因此，只有当人们否弃这种做法的时候，一个和平的开放社会才是可能的。小群体中所盛行的上述规则实际上是一种力图在小群体成员中创造凝聚力的观念，它致使人们把一切政治问题都径直解释成了一个敌我关系的问题。当然，这项规则也始终是所有的独裁者屡试不爽的工具。

毋庸置疑，除非自由社会的生存本身受到敌人的威胁，否则，自由社会必须拒绝使用那种从许多方面来看依旧是使社会变得单一化的最强有力的力量，亦即把某个可见且共同的目的强加给该社会的做法。此外，就强制的运用而言，自由社会也不得诉诸某些在小群体中仍会对我们极有助益的强烈的道德情绪，这是因为：尽管这些道德情绪仍是大社会赖以建立的诸多小群体所需要的，但是，只要它们在大社会中得到强制实施，那么它们必定会导致紧张和冲突。

今天，社会正义观念在很大程度上就是通过返祖的方式在对那些曾经很好地满足了小群体之需求的可见且共同的目的的热切追求之中展现自身的。然而，这种社会正义的观念不仅与大社会所依凭的那些规则不相容，还与那些有助于大社会之凝聚力并能够被真正称之为“社会的”力量相对。我们的先天性本能，就此而言，乃与我们所习得的那些理性规则相冲突，要解决这个冲突，我们只能够采取下述两种方法：第一，只有在抽象规则要求的场合，才能够实施强制；第二，对于那些只有通过特定结果之诉求才能够得到正当性证明的东西，必须拒绝实施。

颇为遗憾的是，那种使人们能够以和平的方式协调千百万人的不同努力进而构成人们生活之基础的抽象秩序，却不能建立在像“爱”这种被小群体视之为最高美德的基础之上。爱乃是一种惟有具体者方能唤起的情感，然而大社会得以形成的途径是：个人的努力只受“由抽象规则来限定人们对其目的的追求”这项原则的指导，而不受那种向特定的其他人提供帮助的目的的指导。

自愿结社的重要性

自由社会的基本原则主张，必须剥夺小群体所具有的一切强制性权力；但是，如果人们由此得出结论认为，自由社会的基本原则没有赋予小群体中的自愿行动以重要价值，那么这种结论便是对这些基本原则所做的一种彻头彻尾的误解。自由社会的基本原则之所以把所有的强制性权力都归由政府机构执掌，还把强制的运用严格限于实施一般性规则的领域，其目的就是要尽可能地减少强制之事，并尽可能地使个人在自愿的情势下行事。那种认为所有的公共需求都应当由强制性的组织予以满足，而且个人为了实现公共目的自愿贡献的财物也都应当由政府进行控制的观点，实是一种错误的观点，也与自由社会的基本原则相悖。真正的自由主义者必须坚决反对这种错误观点，并期望"一国内部"能够产生尽可能多的"各种各样的社团"，亦即那些介于个人与政府之间的自愿性组织（voluntary organizations）——这种自愿性组织恰恰就是卢梭和法国大革命所主张的伪个人主义想要压制的社团；但是需要强调指出的是，真正的自由主义者即使在这个方面仍会坚持自由主义严格限制强制性权力的原则，并要求剥夺自愿性组织所具有的一切排他性的和强制性的权力。自由主义并不是那种"人人为己"意义上的唯个人主义（individualistic），尽管它必定会对各种组织为了自己成员的利益而攫取排他性权利的趋向进行质疑。

由于自愿性组织的力量要比任何个人的力量都大得多，所以我们必须根据法律从下述两个方面对它们的活动进行限制：第一，个人活动不得受到约束；第二，也是特别重要的，必须剥夺这些组织所拥有的某些实施差别待遇的权利，因为这些权利所指涉的对象正是个人自由中的一个重要组成部分。当然，我们还将在本书下文（即第三卷中的第十五章）的讨论中，对上述论辩中所提出的种种问题做更为详尽的探究。然而，我们在这里所要强调的并不是对自愿性组织施以必要约束的问题，毋宁是强调这些自愿性组织存在的重要性。这些自愿性组织不仅对于实现那些具有某种共同利益的人的特定目的来说是重要的，甚至对于实现真正意义上的公共目的来说也是极为重要的。显而易见，为了对强制的运用进行限制，由政府来垄断强制的运用确实是极为必要的，但是这决不意味着政府应当享有追求公共目的的排他性权利。在一个真正自由的社会里，公共事务并不限于政府的事务（更不限于中央政府的事务），而且公益精神（public spirt）也不应当只限于对政府治理的关注。[16]

我们这个时代最重大的缺陷之一，便是我们在以渐进的方式组建自愿性组织以实现那些被我们高度珍视的目的的方面，不仅缺乏耐心，也缺乏信心，这表现在我们动辄就直接要求政府用强制（或用强制筹措的资金）去实现那些被大多数人视作是可欲的目的。如果政府不是把自己的职能限于为自生自发的增长提供基本的框架，而是把自己变成了一个全知全能的全权性机构，并且大包大揽地去满足那些惟有通过众人共同努力方能满足的需求，那么这种做法必定会对公民真正参与公益事业的努力造成最为致命的恶劣影响。只关注手段的自生自发秩序有一个大优长，这就是它使大量为诸如科学、艺术、体育等价值服务的独立且自愿性组织的存在有了可能。在现代世界中，这些自愿性组织还趋于跨越国家边界，比如说一个瑞士的登山者可能会与一个日本的登山者而不是与他自己国家的足球迷有着更为广泛的共同兴趣；更有甚者，这个瑞士的登山者还可能与那个日本登山者同属一个完全独立于他们俩人分属的任何政治组织的协会；显而易见，所有这类发展都是极为可欲的。

眼下，政府竭力把大群体的所有共同利益都置于自己控制之下的那种趋势，正日益摧毁真正的公益精神；这是因为政府的这种做法必定会使越来越多的男男女女对公共生活避之不及，然而在过去，这些人原本是会对公共目的的实现做出巨大贡献的。在欧洲大陆，政府的过分干预曾经在很大程度上阻碍了那些为公共目的服务的自愿性组织的发展，还形成了这样一种传统，其间，私人致力于公共事业的努力常常会被人们视作是好事之徒的瞎胡闹；此外，现代社会的种种发展甚至还在盎格鲁—撒克逊国家中造成了一种与欧洲大陆国家相类似的境况；然而我们知道，在过去的盎格鲁—撒克逊国家，私人关注并致力于公共目的的实现，实是其社会生活的一大特色。

注　释：

* José Ortega y Gasset，*The Revolt of the Masses*（London，1932），p. 83.

〔1〕像 Michael Polanyi 这般敏锐的思想家在 *The Logic of Liberty*（London，1951，p. 111）一书中论及中央计划的时候，居然也会维护这种观点，这实在太令人惊讶了；他指出，“如果中央的经济计划根本就不能实现的话，那么它怎么还会像人们普遍广泛假定的那样，成为威胁自由的东西呢？”要实现计划者的意图，确实是不可能的，但是为实现他们的意图所做的各种努力必定会造成许多恶果。

〔2〕参见 Peter Laslett，*The World we Have Lost*（London and New York，1965）。

〔3〕见 W. H. Whyte，*The Organization Man*（New York，1957）。

〔4〕见 Martin Bullinger，*Oeffentliches Recht und Privatrecht*（Stuttgart，1968）。

〔5〕在这里，我们之所以要恢复使用“抽象规则”这个术语，其原因就在于我们想以此来强调正当行为规则并不指涉具体的目的，而且由此形成的秩序也正是卡尔·波普尔爵士所谓的“抽象社会”。

〔6〕参见 Adam Smith，*Wealth of Nations*，ed. Cannan，vol. Ⅱ，p. 43：

> 每个个人为了改善自己的生活状况而做出的本能性努力，必定是与自由和安全联系在一起的。这项规则极为强硬，以致于它在没有任何帮助的情况下，仅凭其自身的力量不仅能够促使社会走向富足和繁荣，还能够跨越许多不适当的障碍物（愚拙的人常常会设定这样一些障碍物，进而阻碍社会的运行）；当然，这些障碍物造成的结果始终或多或少地会侵损个人的自由或削弱个人的安全。

〔7〕C. Perelman，*Justice*（New York，1967），p. 20：“只有当一种行为或一项判决能够为规则或标准所约束的时候，这种行为或这项判决才能够被认为是正义的。”

〔8〕这正是古典自由主义的目的和成就；由于人们常常忽视这一点，因此，我认为有必要在这里征引 19 世纪中叶的两位论者的文字。N. W. Senior（转引自 L. C. Robbins，*The Theory of Economic Policy*，London，1952，p. 140）在 1848 年这样写道："宣告任何一个人（而不论他有什么坏毛病甚或罪行）都不会死于饥饿或寒冷，无异于这样一种允诺，即在像英国或法国这样的文明国度里，这一允诺不仅可以有把握地得到践履，而且也是有好处的，因为生计的保障需要受制于任何人都不会自愿接受的那些条件。"同一年，德国宪法学家 Moritz Mohl，作为法兰克福的德国立宪会议代表，竟然也主张（*Stenographischer Bericht über die Verhandlungen der Deutschen Konstituierenden Nationalversammlung zu Frankfurt a. M.* ，ed. ，Franz Wigard，Leipzig，1949，vol. VII，p. 5109）："es gibt in Deutschland，meines Wissens，nicht einen einzigen Staat，in Welchem nicht positive，ganz bestimmte Geseltze beständen welche verhindern，dass jemand verhungere，In allen deutshen Geserzgebungen，die mir bekannt sind，ist die Gemeinde gehalten，den、der sich nicht selbs erhalten kann，zu erhalen. "

〔9〕参见 Franz Beyerle，"Der andere Zugang zum Naturecht"，*Deusche Rechtswissenschaft*，1939，p. 20："Zeitlos und unbekümmert um die eigene Umwelt hat sie〔die Pandektenlehre〕keine einzige soziale Krise ihrer Zeit erkannt und geistig aufgefangen. Weder die rasch fortschreitende Entwurzelung des Bauemtums，die schon nach den napoleonischen Kriegen einsetite，noch das Absinken der handwerklichen Existenzen nach der Jahrhundertmitte，noch endlich die Verelendung der Lohnarbeiterschaft. "从这位著名的私法教师所写的这段文字在当前的德国著作中被征引的次数来看，它似乎表达了一种被人们广泛接受的观点。

〔10〕卢梭清楚地认识到，从他的"普遍意志"的角度来看，一种对于某个特定群体来说是正义的东西，对于一个更为宽泛的社会来说，也许就不是正义的。参见 *The Political Writings of J.J.Rousseaus*，ed. E. E. Vaughan（Cambridge，1915），vol. Ⅰ. p. 243："Pour les members de L'association，c'est une volonté générale；pour lagrande société，c'est une volonté Particuli ère，pui très souvent se trouve droite au premier égard，et vicieuse au second. "但是，对于那种把正义与某种合法权力机构的命令等而视之的实证主义正义观来说，对正义做如此的认识仍是不可避免的，正如 E. Forsthoff 在 *Lehrbuch des Verwaltungsrechts*（eighth ed. ，Munich，1961，vol. I，p. 66）一书中所说的："任何有关正义的命令的问题，都是一个法律问题。"这种观点居然被称之为"正义观念的取向"，真叫人感到奇怪；但是，这种"正义观念的取向"，肯定不足以把一项命令转变成一项正当的行为规则，除非 E. Forsthoff 所说的那句话不仅意味着这类规则满足了某个人提出的对公平待遇的要求，还意味着这类规则满足了康德的普遍适用标准。

〔11〕这是 Carl Schmitt 在 *Der Begriff des Politischen*（Berlin，1932）一书中的主要论题。参见 J. Huizinga 对这个问题所做的评论；我在本书第一卷第 71 页曾征

引过他的评论。

〔12〕参见本书第九章注释〔15〕。

〔13〕个人在不受指导的情况下追求他们自己的利益，会产生一种有益的秩序；但是，建构论的偏见仍然致使许多唯社会论者对这种“奇迹”大加嘲笑。当然，这种建构论偏见只不过是那种教条主义的另一面，因为那种教条主义反对达尔文的理由是，有机性质之秩序的存在乃是智识设计的明证。

〔14〕参见 H. B. Acton，*The Morals of Markets*（London，1971）。

〔15〕参见 Bertrand de Jouvenel，*Sovereignty*（London and Chicago，1957），p. 136：“由此我们可以得出三个结论。第一个结论是，作为人最早生活于其间的那种社会环境，小社会对人有着无限的吸引力；第二个结论是，他无疑会想到小社会那里去寻求力量；但是第三个结论是，任何试图把小社会的特征嫁接到一个大社会上去的努力，都是乌托邦式的，而且还会导向专制。”对此，Jouvenel 还做了一个注释，他在这个注释中指出：“在这个方面，卢梭（*Rousseau Juge de Jean-Jaques*，Third Dialogue）表现出了他的信徒们所不具有的一种智慧：他的目的不可能是召唤幅员辽阔的国家返回到原始的简朴状态中去，只是为了制约（如果可能的话）这样一些国家的进展——这些国家因一隅之地而没有以同样的方式莽撞地去追求完美的社会却使人陷于堕落之中。”

〔16〕参见 Richard Cormuelle，*Reclaiming the American Dream*（New York，1965）。

纵横百家

让 学 术 亲 近 大 众

法律、立法与自由 III

[第三卷] 自由社会的政治秩序

[英] 弗里德利希·冯·哈耶克 著

邓正来 张守东 李静冰 译

Hayek

中国大百科全书出版社

外国法律文库

法律、立法与自由（第三卷）

F. A. Hayek

LAW, LEGISLATION AND LIBERTY

图字：01-2021-7205
图书在版编目（CIP）数据

法律、立法与自由 . Ⅲ /（英）弗里德利希·冯·哈耶克著；邓正来等译 . — 2 版 . — 北京：中国大百科全书出版社，2021.6
ISBN 978-7-5202-0984-7

Ⅰ . ①法… Ⅱ . ①弗… ②邓… Ⅲ . ①立法—法的理论 Ⅳ . ① D901

中国版本图书馆 CIP 数据核字（2021）第 208924 号

Law, Legislation and Liberty by F. A. Hayek
ISBN: 978-0-415-52229-8
First published in one volume with correction and revised preface in 1982 by Routledge and Kegan Paul Ltd.
First published in the Routledge Classics 2013
Published 2019 by Routledge
Routledge is an imprint of the Taylor & Francis Group, an informa business

出 版 人	刘国辉
策 划 人	曾 辉 蒋 祚
责任编辑	帖慧祯 蒋 祚
责任印制	魏 婷
封面设计	今亮後聲 HOPESOUND 2580590616@qq.com
出版发行	中国大百科全书出版社
社 址	北京阜成门北大街 17 号 邮政编码 100037
电 话	010-88390969
网 址	http://www.ecph.com.cn
印 刷	中煤（北京）印务有限公司
开 本	880 毫米 ×1230 毫米 1/32
印 张	30.125
字 数	920 千字
印 次	2022 年 1 月第 2 版 2022 年 7 月第 3 次印刷
书 号	ISBN 978-7-5202-0984-7
定 价	258.00 元（全三册）

本书如有印装质量问题，可与出版社联系调换。

在一个自由社会中，国家并不通过行政的手段管理人们的事务，而只是通过法律调整人们的私性活动。

——Walter Lippmann，*An Inquiry into the Principles of a Good Society*（Boston，1937，p. 267）

《法律、立法与自由》
全三卷总目

外国法律文库序

研究哈耶克法律理论的一个前提性评注

——《法律、立法与自由》代译序\邓正来

第一卷　规则与秩序

序　言

导　论

第一章　理性与进化

第二章　内部秩序与外部秩序

第三章　原则与权宜

第四章　变化中的法律概念

第五章　内部规则：自由的法律

第六章　外部规则：立法的法律

主题索引

人名索引

哈耶克研究参考文献

第二卷　社会正义的幻象

序　言
第七章　普遍利益与特定目的
第八章　正义的探求
第九章　社会正义或分配正义
第九章　补遗　正义与个人权利
第十章　市场秩序或偶合秩序
第十一章　抽象规则的规训与部落社会的情绪

第三卷　自由社会的政治秩序

序　言
第十二章　多数意见与当代民主
第十三章　民主权力的分立
第十四章　公共部门与私营部门
第十五章　政府政策与市场
第十六章　民主理想的破灭：简要重述
第十七章　一种宪法模式
第十八章　权力的遏制与政治的去中心化
跋　　文　人类价值的三个渊源

主题索引
人名索引
哈耶克研究参考文献
译后附言

目　录

第三卷　自由社会的政治秩序

003　序　言

第十二章　多数意见与当代民主

010　对民主的日渐失望
012　普遍盛行的民主制度所具有的致命缺陷：无限权力
015　民主理想的真正含义
019　拥有无限权力的民选议会的弱点
025　有组织的利益群体之同盟与准政府机构
031　认同一般性规则与赞同特定措施

第十三章　民主权力的分立

042　有关立法机构之功能的原初观念的丢失

044　现行代议制度是出于政府治理的需要而不是出于立法的需要形成的
048　拥有具体指导之权的机构不适于从事立法任务
050　现行立法机构的特性是由它们所承担的政府治理职责所决定的
056　党派立法会导致民主社会衰败
058　唯建构论的主权迷信
062　对代议机构所拥有的权力进行必要的界分
066　democracy 抑或 demarchy？

第十四章　公共部门与私营部门

074　政府的双重任务
076　集体产品
081　对公共部门的界定
084　独立部门
087　税收与公共部门的规模
090　安全或保障
094　政府对服务的垄断
099　信息与教育
101　其他关键问题

第十五章　政府政策与市场

108　竞争所具有的优长并不取决于竞争是否“完全”或“完善”
111　作为一种发现过程的竞争
114　如果“完全”或“完善”竞争缺失事实性要件，那么就不可能要求企业按照这种竞争“仿佛”存在那样采取行动

119　自由市场的成就
121　竞争与理性
124　规模、集中和权力
127　经济权力的政治维度
132　有害的垄断
135　有关反垄断立法的问题
139　主要的威胁不是个人的自私而是群体的自私
145　用政治方式决定不同群体的收入所造成的后果
149　有组织的与无组织的利益群体

第十六章　民主理想的破灭：简要重述

156　民主理想的破灭
157　一种“讨价还价的”民主
158　利益群体的玩物
159　法律与指令
161　法律与专断政府
163　从不平等的待遇到专断治理
164　实行权力分立以防阻无限政府

第十七章　一种宪法模式

168　代议制度发展的歧路
170　一种理想型宪法模式的价值
173　基本条款
176　具有不同且独立职能的两个代议机构
183　对同龄人群体之代表制度的进一步讨论
185　政府治理议会

187　宪法法院
190　权力总体结构
192　紧急状态的权力
194　财政权力的分立

第十八章　权力的遏制与政治的去中心化

200　有限权力与无限权力
202　和平、自由和正义：三个伟大的否定性理想
205　中央集权与地方分权
207　多数之治与多数批准的法律之治
210　道德观念的混乱与语言的衰变
213　民主程序与平均主义的目的
215　“国家”与“社会”
218　根据规则进行的竞赛与酬报正义不涉
220　有组织的利益群体所组建的辅助性政府机构与政府的过度膨胀
223　无限民主与中央集权
224　把制定对内政策的权力下放给地方性权力机构
226　取消政府对服务的垄断
228　政治的去中心化

跋文　人类价值的三个渊源*

240　社会生物学的谬误
243　文化进化过程
247　自我维续之复杂结构的进化
249　行为规则的层级

251　习惯性规则与经济秩序
254　自由的规训
257　被抑制的原始本能的重现
261　进化、传统和进步
263　建构新的道德规范以服务于原始本能：马克思
267　用科学的谬误去摧毁不可替代的价值：弗洛伊德
271　局面的扭转

283　**主题索引**
347　**人名索引**
369　**哈耶克研究参考文献**
375　**外国法律文库书目**
377　**译后附言**

第三卷

自由社会的政治秩序

序 言

早在十七年前，我便开始撰写这部著作了，然而一些始料未及的情况再一次延误了本书最后一卷的出版时间，使它得以面世的时间比我预想的要晚了一些。除了本卷定稿文本中的最后两章以外，本卷的大部分章节实际上早在 1969 年底我因健康问题被迫中断写作时就已经大致完成了。当时，我实在怀疑自己是否还能完成这部书的写作计划；正是出于这个原因，我决定把原本就想单独成卷的前三分之一文字作为本书的第一卷先行出版，因为这个部分的文字在当时已经全部杀青了。然而，当我在后来能够继续像往常那样工作的时候，我却发现，一如我在本书第二卷的序言里所解释的那样，第二卷的初稿中至少有一章需要彻底重写。

在我因健康问题中断写作的时候，后三分之一的初稿中实际上只剩下原想作为最后一章（亦即现在的第十八章）的那一部分文字还没有写完。需要指出的是，虽然我相信自己现在多少算是实现了夙愿，可是在流逝的那段漫长的岁月里，我的思想又有了进一步的发展，因此，在没有对我的思想的发展脉络做出基本交代的情况下，我仍有些不愿意把它拿出来发表，因为这毕竟是我的最后一部系统性的著作了。出于这个考虑，我不仅在原本拟定的最后一章文字中增加了许多对我在此前提出的论辩所做的——亦即我所希望的——精炼的重述，还认为有必要加写一个跋文，以期用一种较为直接的方式阐明始终指导着我的整个事业的道德进化观和政治进化观。此外，我还在其间加进了一段文字（亦即现在的第十六章），以作为前文论辩的一个简要概括。

当然，除此之外还发生了一些其他的情况，这也延误了本书的出版时间。正如我在此前就曾经对自己在未对约翰·罗尔斯（John Rawls）的重要著作《正义论》（*Theory of Justice*，Oxford，1972）做出充分考虑的情况下是否应当出版拙著第二卷一事深感犹豫不决一样，另一件事情在后来也引起了我同等的关注，因为自那以后，该领域中又问世了两部重要的新著：一本是罗伯特·诺齐克（Robert Nozik）的《无政府、国家与乌托邦》（*Anarchy*，*State and Utopia*，New York，1974），另一本则是迈克尔·奥克萧特（Michael Oakeshott）的《论人类行为》（*On Human Conduct*，Oxford，1975）；我想，如果我还年轻的话，那么我肯定会在完成对同类问题的探讨之前先认真地研读这两部新著。然而，不论是对还是错，我最终还是认定，如果我在结束对自己的思想的阐释之前再分心去详尽探究他们的论辩的话，那么我很可能再也完不成自己的撰写任务了。因此，我必须先写完我在知悉这些著作以前就已经达致的那些结论，然后再去研读这些著作；不过，我认为自己有责任告诉年轻的读者：除非你们下功夫去阅读这些著作，否则你们不可能充分理解当下论者有关这些问题的看法。

本书的写作经历了一个漫长的过程，在这个过程中，我渐渐地认识到，这个过程实际上为我改变我在某些论点上的用语提供了某种便利；关于这一点，我也想提请各位读者注意这些术语上的变化。在很大程度上讲，正是控制论（cybernetics）以及与此相关的信息论（information theory）和系统论（system theory）等论题的发展，才使我认识到，对于当下的读者来说，这些理论所采用的术语要比我惯用的那些术语更容易被理解。尽管我仍然喜欢而且偶尔也会继续使用“自生自发秩序”（spontaneous order）这个术语，但是我承认，“自我生成的秩序”（self-generating order）或“自组织结构”（seft-organizing structures）这样一些术语，有时候会更准确，也更明确，所以我在本卷的讨论中也常常会用它们来取代“自生自发秩序”这个术语。与此同理，为了与当下通行的用语相照应，我在这里偶尔也用“系统”（system）这个术语来代替“秩序”（order）这个术语。显而易见，在我通常使用“知识”（knowledge）这个术语的场合，改用“信息”（information）这个术语也往往会更可取一些，因为“信息”这个术语所明确指称的就是有关特定事实的知识（knowledge of particular facts），而不是人们所认为的明确“知识”（plain knowledge）所指涉的那种理论知识。最后，由于“建构论的”（constructivist）这个术语在某些人看来仍然含有“建构的”（constnuctive）这个形容词中衍生出来的褒义，所以为了明确揭示出我使用该术语（在很大程度上源于俄语）所指的那种贬义，我认为代之以（恐怕是）那个更令人厌恶的术语“唯建构论的”（construtivistic）会更好一些。或许我还应当向读者致以歉意，因为我在讨论的过程中没有足够的勇气持之一贯地使用我在先前所建议采用的其他一些新词，例如“cosmos”“taxis”“nomos”“thesis”“catallaxy”“demarchy”等词。当然，我们因此可能在阐释的过程中丧失某种精确性，但是，这种精确性的丧失极可能因我们所采用的一般性术语易于理解而得到补偿。

或许我还应当再次提请读者注意，本书的意图决不在于对那些可以使自由人组成的社会得以维续的基本原则给出完全或全涉的阐释或揭示，毋宁是对我在完成前一部论著以后发现的一些缺失做些许弥补；我的前一部著作就是 *The Constitution of Liberty*（即《自由秩序原理》）——在那部著作中，我曾力图以一种适合于当代问题和当代思想的形式向当代的读者重述传统上的各种古典自由主义原则或原理。职是之故，本书与《自由秩序原理》相比，阐释较欠系统，撰写更为困难，观点也更具个人性和（一如我所希望的那般）更具原创性。但是，显见不争的是，本书只是对《自由秩序原理》一书的补充而非取代。因此，我建议非专业读者先读《自由秩序原理》，然后再阅读我就这三卷本试图予以解答的那些问题所做的更为详尽的讨论或更为具体的论辩。需要指出的是，这部三卷本的论著所意图解释的乃是这样一个问题，即为什么我依旧认为那些长期以来一直被视作是过时的信念要远胜于任何试图替代这些信念的并在晚近较受大众青睐的论说或原则。

读者在阅读本书的过程中很可能会得到这样一个印象，即激励我撰写这部著作的动因乃是我对那些被认为是最发达国家的政治秩序在当下的走向所产生的越来越大的忧虑。我日益相信（本书对我为什么持有这个信念给出了详尽的说明）：在这种被人们普遍接受的“民主”制度类型的构成中，存在着某些根深蒂固的缺陷，这些缺陷已经使得这些国家不可避免地堕入全权性国家的危险趋势；对这个问题的洞识，使我深刻地感到有必要经由探究种种替代性安排的方式为这种“民主”制度另辟生路。我想在这里重申我所持有的一个主张，即尽管我深信民主的各项基本原则乃是我们迄今为止发现的使和平变革成为可能的惟一有效的方法，我也因此为人们越来越明显地不再把民主视作是一种可欲的政府治理**方法**（a desirable method of government）而深感震惊（当然，人们对民主所具有的这种幻灭感，实际上还因为有些人越来越频繁地滥用民主一词并用它来指称想象出来的统治**目的**变得愈发严重），但是我对我们正在步入死胡同这个事实也越来越深信不疑，因此，政治领袖们要想方设法力挽狂澜，把我们从中解救出来。

此外，我在本卷研究的基础上还提出了一个变革民主政府结构的基本方案；虽说就目前的情势来看，大多数人仍会把我提出的这项方案视作是一项完全不切实际的方案，但是我提出这项方案的意图在于为人们提供一种从智识上来说可靠的选择方案，以便他们在现行制度面临崩溃的关头以及在我的方案一如我所希望的那样或许可以为他们指明一条出路的时候予以选用；这一天也许为时不远了。我认为，这一备选方案不仅能够使我们保有民主制度中真正具有价值的东西，还能够使我们否弃其间的弊端，尽管大多数人在今天仍然会把这些弊端视作无从避免。与此同时，我还就如何取消政府在控制货币供应方面的垄断权提出了一个相似的备选方案，这个方案也是极为必要的（只要我们还想摆脱那个日益支配着我们的专断权力之噩梦的话），因为正是这个备选方案提出了一条有可能帮助我们摆脱那个威胁着我们生存的恶魔的路径。当然，这个备选方案也就是我在最近出版的另一本论著（即《货币非国家化》[*Denationalisation of Money*]，2nd edn，Institute of Economic Affairs，London，1978）中所概述的那个方案。我认为，即使我们在当代社会首次尝试这项自由实验的努力被证明是失败的，那也不是因为自由本身是一种不切实际的理想，而是因为我们尝试这项实验的方式错了；如果我能够说服一些人并能够使他们相信我的这个观点，我就心满意足了。

本书的写作经历了一个漫长的过程，时间跨度竟超过了十五个年头，其间还因我的健康问题中断过相当长一段时间；为此，我相信读者一定会谅解这样一种写作方式中可能存在的某些缺陷，比如说少了一些系统性，多了一些不必要的观点重复。我对这部著作中所存在的这些缺陷有很清醒的认识，但是，如果我在八十岁这个年龄还奢求彻底重写全书，那么我在有生之年就很可能完不成此项工作了。

在为本书第一卷所写的序言中，我曾经对芝加哥大学的埃德温·麦克莱伦（Edwin McCellan）教授致以了谢意，因为他在校正并润色我于七年前的未完成稿的文字方面给了我莫大的帮助。后来我又对书稿的内容做了较大的改动，所以现在必须由我本人来承担这个公开出版的文本在文字方面的问题。除此之外，我还要对伦敦大学的亚瑟·申费尔德（Arthur Shenfield）教授表示衷心的感谢，因为他热心地通读了本卷的最后一稿，对一些实质性观点提出了修改意见，并对文字方面的问题进行了校订；当然，我也要感谢夏洛特·丘比特（Charlotte Cubitt）夫人，她在为我打印手稿时又对本卷文字做了进一步的润色。我也非常感激纽约的韦内丽亚·克劳福得（Vernelia Crawford）夫人，她在为全书三卷本做主题索引（刊载于本卷卷尾）时再一次展示了她娴熟的技巧和高超的领悟能力。

第十二章

多数意见与当代民主

但是，（雅典公民大会中的）众多人都在吼叫：禁止人们做他们想做的事情，是大逆不道的。……尔后，惊恐莫名的五百人会议的议员们便同意提出这个问题并进行表决；结果，所有的人都表示赞同，只有索夫龙尼斯库斯（Sophroniscus）的儿子苏格拉底表示反对；他说，不符合法律的事情，他一概不做。

——色诺芬*

对民主的日渐失望

当现代政府的活动产生了几乎任何人都没有想到或不会期望的总体结果的时候，人们一般都会把这种情势视作是民主所具有的一个不可避免的特征。然而，我们无论如何都无法宣称，这种发展趋势在一般意义上是与任何一个可以辨识的群体的欲求相符合的。因此，我们经由选择而采纳的用以帮助我们确定究竟什么是我们称之为人民意志（will of the people）的东西的特定过程所产生的那些结果，实是与任何能够被冠以大多数人的“共同意志”（common will）的东西无甚关系的。

我们一般都认为，所谓民主制度，仅仅是指当今在所有西方民主国家中普遍盛行的那套特定的制度安排，其间，代议机构中的多数有权制定法律并指导或支配政府；事实上，这种思考方式已然成了我们的一种习惯性思维方式，所以我们自然而然地把这种制度性安排当成了惟一可能的民主形式。显而易见，这种思考方式致使我们在根本上忽视了这样一个事实，即这种民主制度不仅产生了许多任何人都不希望的结果——即使在这种民主制度大体运作良好的国家里亦复如此，还在它们不受强大传统（亦即认为代议机构应当履行适当任务的那些传统）之约束的大多数国家中被证明是不可行的。需要指出的是，由于我们有正当理由去信奉民主这个基本理想，所以我们总是感到有责任去捍卫那些长期以来一直被视作是这个民主理想之体现的特定制度；同理，我们也会对批判这些特定的民主制度顾虑重重，因为我们担心这种做法有可能会减损人们对我们希望维护的那种民主理想的尊重。

然而在今天，我们已经不再可能对这样一个事实视之不顾了，即晚近以来，一些颇有思想的人士已经对这种民主制度不断产生的那些结果越来越感到不安和震惊，尽管他们对此危象仍在做口头敷衍，甚至还在要求进一步推进这种制度[1]。当然，这种不安与震惊的情绪，并没有在任何人身上都表现为那种玩世不恭的现实主义态度（cynical realism）；实际上，这种玩世不恭的现实主义态度只是某些当代的政治科学家所特有的，因为在他们看来，民主不过是另一种不可避免的斗争形式，人们将通过这种斗争形式来决定“谁在何时并以何种方式得到什么东西”的问题。[2]然而不容否认的是，许多人都对民主的前途表现出了一种极度失望和深切疑虑的情绪，这当然是因为他们认为，民主制度所导致的那些几乎任何人都不会赞同的发展进程乃是无从避免的。这种情势早在约瑟夫·熊彼特（Joseph Schumpeter）多年以前提出的一个著名论辩中就得到了印证：尽管一种以自由市场为基础的制度对于大多数人来说乃是一种较好的安排，但它注定是一种不可企及的理想；相反，尽管社会主义不可能兑现它的诺言，但是它注定会成为现实。[3]

民主发展一般都表现为这样一个进程：在辉煌的第一阶段，民主被认为是一种保护人身自由的制度，而且也确实发挥了这样的作用，因为这种民主制度在当时接受了更高一级的内部规则（higher nomos）对它所设定的种种限制；但是在第一阶段以后，这种民主制度渐渐开始主张这样一项权利，亦即用多数同意的任何方式去解决任何特定问题。这便是公元 5 世纪末雅典民主制度所遭遇的情势，本章开篇所征引的那段文字所指涉的那个著名事件则是这种情势的典型写照；难怪到了公元 6 世纪，德摩斯梯尼（Demosthenes）和其他的演说者会做如斯的抱怨：“我们的法律无非是一大堆政令而已；更有甚者，你们还会发现，那些在起草政令的时候必须得到遵循的法律，居然会迟于这些政令本身而颁布。”[4]

时至现代，一种与上述过程相类似的发展进程始于英国议会要求拥有至上的（sovereign）亦即无限的权力之际，或者说，始于英国议会在1766年明确否弃那种认为它在做特定决策的过程中必须遵循那些并不是由它自己制定的一般性规则的观点之际。尽管强大的法治传统曾一度阻止了英国议会过分滥用它经由僭越而掌控的那种权力，但是从长远的角度来看，现代民主制度的这个发展过程无疑是一场大灾难：众所周知，人们在君主立宪（constitutional monarchy）的进化过程中，通过艰苦的努力确立了种种限制至上权力（supreme power）的措施，但是在代议政府建立以后，所有这些限权性措施很快被当作毫无必要的东西而被一点一点地否弃了。这实际上意味着对宪政（constitutionalism）的放弃，因为我们知道，宪政的根本就在于用恒定的制度原则限制一切权力；对于这个问题，亚里士多德实际上早就有所洞见，一如他所强调指出的那样，“在法律不具有至上性的地方……，由于多数并不是以个体而是以集体的形式拥有至上性的……所以这样一种民主制度根本就不是一种宪政”〔5〕；晚近，一位现代论者也这样强调指出，这样的“宪政由于太过于民主，所以严格地讲，它们已不再是宪政了”〔6〕。的确，现在的一些论者真的就是这样认为的，“现代的民主乃是这样一种政体形式，其间，统治机构不受任何约束”〔7〕；此外，也正如我们所见，一些论者甚至还得出结论认为，宪政只不过是一种遗留下来的苟延残喘的老古董，因而在现代政制观念中根本没有它的位置可言。〔8〕

普遍盛行的民主制度所具有的致命缺陷：无限权力

以为只要采用民主程序，我们就可以取消原本对统治权力所设定的所有其他的限制措施，这实在是一种可悲的幻想。不仅如此，这种幻想还使人们产生了这样一种信念，即只要我们用民选的立法机构来“控制政府”，那么约束政府的各种传统手段也就可以弃之不用了；[9]然而事实的真相与此相反，因为我们知道，如果说为了支持那种有利于特殊利益群体的特定行动纲领，人们有必要建立有组织的多数，那么我们就必须承认，这种必要性同时也引入了一个产生专断和偏袒的新祸源，甚至还产生了一些与多数道德原则不相符的结果。正如我们所见的那样，代议机构因拥有无限权力而具有的上述悖论性结果，根本就无法使代议机构在它自身的行动中一以贯之地实施它所赞同的一般性规则，因为在这种制度安排中，代议机构的多数为了继续成为多数，必定会尽其所能向不同的利益群体提供特殊的好处以换取它们的支持。

因此，显见不争的是，在英国为我们这个世界贡献出那项弥足珍贵的代议政府制度的同时，它也给我们带来了议会至上（parliamentary sovereignty）那项可怕的原则；[10]根据议会至上这项原则，代议机构不仅是最高的权力机构，也是不受限制的权力机构。“不受限制的权力机构”，有时候被认为是“最高权力机构”的一个必然结果，然而事实并非如此。“最高权力机构”的权力是可以加以限制的，但不是受另一个更高“意志”的限制，而是受所有的权力以及国家的统一都依赖于其上的“人民之同意”（consent of the people）的限制。如果人民之同意只允许制定并实施一般的正当行为规则，又如果除了实施这些正当行为规则以外（或者除了某种灾变事件导致秩序蒙遭严重破坏的暂时情势以外），任何人都不得享有实施强制的权力，那么即使是最高权力机构也是可以受到限制的。实际上，议会对主权的主张最初只意味着它不承认任何其他意志能够凌驾于它之上；只是到了后来，这项主张的含义才逐渐发生了变化，并意指议会可以做它喜欢做的任何事情——需要强调指出的是，所谓“议会可以做它喜欢做的任何事情”的主张，显然不是议会最初主张主权的必然结果，因为我们知道，作为国家的统一以及这个国家任何机构的权力之基础的人民之同意，只会对权力施以约束，不可能授予肯定性的行事权力（positive power to act）。一如我们所知，正是人民的忠诚或诚服才创生了权力，因此，依此方式创生的那种权力的适用范围也只能以人民之同意的那个适用范围为限。正是人们遗忘了这一点，这才使得法律至上变成了与议会至上相似的东西。尽管法治（或法律主治、法律至上或法律至高）的观念预设了这样一种观点，即人们应当根据规则的特性而非其渊源来界定法律，**但是当今的情势恰恰相反，即立法机构不再因其制定法律而被称为立法机构，反而是法律因其源于立法机构而被称为法律，**也不论立法机构议决的形式或内容为何。[11]

如果人们能够合理地论证，现行制度产生的结果乃是多数所希望或同意的结果，那么那些信奉民主这项基本原则的人也就必须承受这些结果。但是，我们有充分的理由认为，那些制度所产生的东西，在很大程度上实是我们为了确定我们自以为是多数之意志的东西而建立的特定机构所产生的一种非意图的结果，而不是多数或任何其他人进行刻意决策的结果。由此看来，不论在什么地方，只要民主制度不再受法治传统的约束，那么它们就不仅会导向“全权性民主”（totalitarian democracy），有朝一日还会导向一种“平民表决的独裁”（plebiscitary dictatorship）。[12]以上所述肯定应当使我们懂得了这样两个道理：第一，真正宝贵的东西，并非一套轻而易举便能照搬来的特定制度，而是某些隐而不显的传统；第二，不论在什么地方，只要这种权力机构的内在逻辑不为居于支配地位的普遍盛行的正义观念所制约，那么这些制度注定会发生蜕变。有论者极为确当地指出，“对民主的信奉预设了对某种高于民主的东西的信奉”[13]，难道事实不是如此吗？对于那些想维护民主制度的人来说，是否惟有把无限的权力呈交那些当选代表这一途可循（我们知道，当选代表的决策必定会受到讨价还价过程中那些迫切需求的支配，因为他们在这种过程中必须贿赂到足够的投票人来支持自己所属的组织群体并击败其他群体），真的就别无他途了？

民主理想的真正含义

毋庸置疑，有些人一直在对民主以及民主之拓展所能保障的益处等问题，发表着大量不实且不着边际的美誉言论，但是我还是对人们迅即减退对民主的信奉这种现象深感不安。一如我们所知，一些极具批判眼光的人士曾经对民主有着深切的敬意，然而他们对民主的这种敬意正在急剧减退；这种现象应当为人们敲响警钟，即使是对于那些从未在民主的激励下产生过盲目且毫无批判热情的人士亦复如此，因为我们知道，正是人们对民主所表现出来的这种狂热曾经使得他们用民主这个术语去指称政治中几乎所有美好的东西。就像表达某种政治理想的大多数术语所蒙遭的命运那样，“民主”这个术语也一直被人们用来指称各种各样与该术语的原义无甚关系的东西，如今还常常被用来指称那种实际上是“平等”的情势。严格地说，民主所指涉的乃是确定政府决策的一种方法或一种程序（a method or procedure），因此，它既不指称某种实质性的善或政府的某个目的（例如某种实质性的平等），也不是一种能够被确当地适用于非政府组织（如教育机构、医疗机构、军事机构或商业机构）的方法。显而易见，正是人们在上述两个方面滥用了“民主”这个术语，才使得该术语丢失了它原本具有的明确含义。[14]

一种认真严肃且非情绪化的认识，会把民主视作是一种使和平更换掌权者成为可能的约定性安排（a convention）；[15]这样一种认识应当使我们懂得，这种民主实是一种值得我们竭尽全力为之奋斗的理想，因为它是我们抵抗暴政的惟一屏障（尽管就目前的民主形式来说，它还不是一种确凿可靠的屏障）。虽说民主本身不是自由（除了意指那种不确定的集体自由亦即“人民”之多数的自由以外），但它是保障自由最为重要的手段之一。作为人类迄今为止所发现的惟一能够以和平方式更替政府的方法，民主乃是一种极其重要但具有否定性的价值——这种价值的作用可以与预防瘟疫的卫生措施相比拟：尽管这类措施的功效是我们很难预料到的，但是没有这些措施可能是致命的。

只有在确使人们遵守大多数人或至少是某个多数所认可的正当行为规则的时候，才应当准许实施强制；这项规则似乎是消除专断权力进而保障自由的基本条件。正是这项规则的实施，才使得人们在大社会中和平共处有了可能，也使得人们以和平的方式替换那些掌握组织化权力的人有了可能。的确，无论何时，只要有必要采取共同行动，那么这种共同行动就应当受多数意见的指导；再者，除非指导强制性权力的规则是多数所认可的，否则任何强制性权力的实施都是不合法的；但是值得注意的是，上述两种情况并不意味着这种多数的权力必定是无限的——甚或也不意味着必定存在着一种可行的方法，它使人们在每个可以想见的问题上都能够辨识出多数之意志对这个问题的具体决断。但是，我们在不知不觉中居然创建了这样一种机制，它使得人们有可能把那些在事实上并不为多数人所欲求甚至有可能不为他们所赞同的措施，说成是某个所谓的多数所认可的措施；与此同时，这种机制还产生了一系列不仅为任何人所不希望的也是为任何有理性的人不可能在整体上赞同的措施——这是因为在这些措施之间充满了矛盾。

如果所有的强制性权力都必须以多数意见为基础，那么这种强制性权力的适用范围也就应当以多数所能够真正认可的范围为限。然而，这并不意味着，政府所采取的每一项特定行动都必须得到多数的具体认可。毋庸置疑，在一个高度复杂的现代社会中，要求多数做到对政府机构所开展的具体活动之细节都一一予以认可，显然是不可能的，因为政府的活动细节还包括它们对如何使用供其支配的资源这类问题进行决策这样的日常事务。但是需要强调指出的是，它确实意味着：第一，个人只应当有义务服从那些必定能够从多数所认可的普遍规则中演化出来的命令；第二，多数人的代表所拥有的那种权力，只有在管理和使用那些供其支配的特定资源的时候才不受约束。

人们之所以赋予政府以实施强制的权力，实是以这样一个根本的正当理由为基础的，即这种权力对于维护一种可行的秩序来说实是不可或缺的，因此这种权力的存在是与所有人的利益相符合的。但是，这一正当理由必须以相关的必要性（the need）为限。显而易见，任何人（甚或某个多数）都不得（实际上也没有必要）用权力去支配人们在社会中所采取的每一项具体行动或控制社会中发生的每一件具体事情。从相信只有多数所认可的规则才应当对所有的人有约束力，到相信多数所认可的所有规则对所有的人都具有约束力，这两种观点之间的差异看似微乎其微，实际上却标示着从一种制度观念向另一种全然不同的制度观念的转换：亦即从政府在促使自生自发秩序之型构的方面承担着明确且有限的必要任务的观念，转换至政府的权力不受限制的观念；或者说，从一种我们经由公认的程序决定如何安排某些公共事务的制度，转换至另一种制度，其间，一个群体可以把它所喜爱的任何事情都宣称为人们共同关注的问题，并据此把这些所谓的共同问题置于那些公认的程序之中予以决定。前一种观念指涉的是维续和平与秩序所必需的公共决策；后一种观念允许一些有组织的派别对所有的事情进行控制，因此特别容易成为实施压制措施的借口。

实际上，我们没有任何理由相信，由于多数欲求某一特定的东西，所以该多数欲求便是对它所具有的正义感的一种表示；我们也没有理由宣称，如果某个个人欲求某一特定的东西，那么他的这种欲求便是对他所具有的正义感的一种表示。对于后一种情况，我们可以说是太熟悉了：个人的正义感常常会随着他们对特定东西的欲求的变化而变化。但是，作为个人，我们一般都会被告知要约束自己心中所存有的不合法的欲求，有时候还不得不受到权力机构的约束。我们的文明在很大程度上是以这样一个事实为基础的，即个人经由学习而知道要约束自己对特定东西的欲求，并遵守那些为人们所公认的正当行为规则。然而，从这个角度来看，多数还没有文明到这个程度，因为这些多数还不知道必须遵守规则。如果我们真的相信我们对某个特定行动的欲求能够证明该项特定行动是正义的，那么我们又有什么理由不全力以赴将其付诸行动呢？同理，如果人们被说服并且相信多数就某项特定措施的益处所达成的共识能够证明该项措施是正义的，那么他们也有理由全力以赴将该项措施付诸实施。显而易见，当人们被告知要相信他们所同意的必定是正义的时候，他们也的确不会再去追问这是否为真的问题了。需要指出的是，那种宣称多数能够达成共识的所有东西根据定义都是正义的观点，数个世代以来一直都在影响大众的观点。在人们坚信多数的决议必定是正义的信念的支配下，现行的代议机构甚至对这种信念在具体情势中是否为真的问题亦不加考虑了；对于这种情势，我们还有必要感到惊讶吗？〔16〕

虽然众人就一项特定**规则**的正义问题所达成的共识确实是判定该项规则是否正义的一项好标准——尽管这并不是一项永远可靠的判准，但是，如果我们由此把多数所赞同的任何一项特定措施都界定为正义的，那么我们就会使正义观念彻底丧失意义——这种视多数赞同的任何一项特定措施为正义的措施的观点所依凭的理由只能是实证主义者所信奉的那种教条，即客观的正义标准是根本不存在的（更准确地说，客观的不正义标准是根本不存在的——请参见本书第二卷第八章对这个问题的讨论）。在多数就某个特定问题可能做出的决定与多数在处理某个特定问题时有可能愿意赞同的与该问题紧密相关的一般性规则之间，存在着很大的区别，正像个人面临这种情况时所会产生的差别一样。因此，如果多数相信它做出的决定就是正义的，那么我们极有必要要求多数对此做出证明，证明的方式就是多数必须把它在特定场合行事时所依凭的那些规则予以普遍适用；此外，多数所拥有的实施强制的权力也只应当用来实施那些它自身也准备服从的规则。

那种相信多数在特定问题上的意志决定了何为正义者的信念，还进一步使人们产生了一个在今天被普遍视为不证自明的观点，即多数不可能是专断的。只有当人们根据那种流行的民主诠释（以及作为这种诠释之基础的实证主义法理学）认定正义的标准是某项决策得以产生的渊源而不是该项决策是否与人们同意的某项规则相符合的时候，又只有当“专断的”（arbitrary）这个术语被专断地界定为并不是根据民主程序决定的时候，上述认为多数不可能是专断的观点才似乎是一个必然的结论。然而，所谓“专断的”，其真正意指的则是那种不受一般性规则约束的某项特定意志所决定的行动——不论该项特定意志是某个人的意志还是多数的意志。因此，既不是多数就某一特定行动所达成的共识，甚至也不是这种共识与宪法相符合，只是代议机构努力把某项关于特定行动的规则予以普遍适用的意愿，才能被视作是一种证明其成员把他们所做的决定视为正义者的明证。然而，今天已不再有人向多数追问他们是否视某项特定决策为正义决策这样的问题了；即使是多数中的个人成员都无法确信，在某项特定决策中运用的一项规则是否还会在所有类似的情势中加以适用。由于代议机构的决策并不约束它在未来的决策，所以它在相当大的程度上是不受任何一般规则约束的。

拥有无限权力的民选议会的弱点

这个问题的关键在于，对适用于所有人的规则进行表决，与对那些只对一些人产生直接影响的措施进行表决，可以说是性质迥异的。就那些涉及所有人的问题进行表决（例如就正当行为规则进行表决），乃是以一种持久且强势的意见（a lasting strong opinion）为基础的；因而也与那种为了不确定的人的利益（常常也是为了牺牲他们的利益）对特定措施进行的表决颇为不同——在后一种情势中，投票者一般都知道，这种利益无论如何都是可以用公共资金来分配的，而且每个个人所能够做的只有按其偏好来左右这项开支的用途。不论这种制度对于安排地方事务——在地方事务中，所有的人都相当熟悉他们所面临的问题——来说是多么方便，它在大社会中却注定会产生最为悖论性的结果，因为一如我们所知，大社会行政管理任务的数量之大、复杂程度之高，实乃是个人所无法全面了解的，即使是那些掌握了较丰富信息的投票者或代表者对此也无能为力。〔17〕

代议政府（representative government）这一古典理论认为：

> 当代表们所能够制定的只是他们本人及其后代也必须遵守的法律的时候；当代表们所能够提供的只是他们本人也必须承担各自份额的金钱的时候；当代表们施以损害他人的行为与众人同罪的时候，被代表人才可能指望得到善法（good laws），才可能指望蒙受较少的侵害，才可能指望保有必要的节俭。〔18〕

但是，由于“立法机构”的立法议员主要关注的乃是如何通过为特定群体谋取特殊利益的方式，以确保得到并维持这些特定群体所提供的选票，所以选举这些立法议员的选民也就很少会去关注其他人能够得到什么东西，只会考虑他们在这场讨价还价的交易中可能谋得的利益。选民们一般只会同意把某种东西给予他们并不怎么了解的人（还常常为此牺牲第三方群体的利益），以作为满足自己愿望的代价，但是他们根本不会考虑这些五花八门的要求是否正义。一般来讲，每个群体都会随时同意用公共资金来满足其他群体的利益——即使是不正当的利益，只要这种做法能够使这些其他群体也同意该群体获得它自己认为有权获得的那些利益。这种交易过程的结果，显然与任何人的正当观念不相符合，而且也与任何规则不相符合，因为这种结果并不是以功过的判断为基础的，而是以政治权宜之策为依据的。它的目的注定会不断变化，并把瓜分那些从少数人手中勒索来的财物变成它的主要目的。这实是不受约束的“干预主义的”立法机构所采取的那些行动的必然结果；实际上，代议民主制度（representative democracy）的早期理论家早就洞见到了这个问题。[19] 即使在今天，还有谁会煞有介事地宣称，在现代社会中，民主的立法机构之所以向如此之多的特殊利益群体提供各种各样的特殊补贴、特权和其他好处，乃是因为这些立法机构认为这些要求是正义的？保护甲方以使其免遭价格低廉进口产品的竞争；保护乙方以使其免受训练较差的业主所采取的让利销售行为的影响；保护丙方以使其不致降薪；保护丁方以使其免遭失业。所有这一切都显然不是出于普遍利益的考虑，不论这类保护措施的鼓吹者们如何煞有介事地宣称这就是为了普遍利益而采取的措施。此外，选民们之所以准备支持**这些人**的要求，主要也不是因为他们相信这样做符合普遍利益，而是因为他们想得到提出这些要求的人的支持。我们在本书第二卷中讨论过的“社会正义”神话，在很大程度上就是这种特定的民主制度的产物，因为正是这种民主制度使得那些代表必须为他们给特定利益群体提供的益处捏造出一个道德上的正当理由。

一如我们所知，每个想得到多数支持的党派，都会因为某些特定群体掌握着改变力量均势的选票而不得不允诺给予这些群体（农场主、农民或工会）以特殊利益；因此，如果多数总是满足特定群体的特殊利益，那么人们也就真的会越来越相信，这种做法在某种意义上必定是正义的——好像这种做法真的与正义（或任何一种道德观点）有什么关系似的。值得我们注意的是，在现行制度中，每个小利益群体都能够实施它所提出的要求，但是它所依凭的方式不是说服多数，并使多数相信它提出的要求是正义的或公平的，而是对那些已得到人们基本同意的核心群体施以威胁，即如果不满足它所提出的要求，那么它就会拒绝给予它们在试图成为多数时所必要的支持。据此我们可以说，那种妄称民主的立法机构实是因为它们相信使如此之多的特定利益群体在今天享有特殊补贴、特权和其他好处是正义之举而采取了这些措施的说法，实在是滑天下之大稽。尽管技术高超的宣传偶尔也会感动一些代表特殊利益群体的心肠较软的人士，尽管立法者声称他们一向是基于正义行事的那种说法也肯定会蒙蔽一些人，但是那种被我们称之为多数之意志的投票机器所产生的结果，必定是与多数人所持有的任何正当观念不相符合的。

有权给予特定群体以好处的议会，肯定会变成这样一种机构，其间，起决定作用的乃是多数之间所进行的讨价还价或交易，而不是就不同主张的是非曲直所达成的实质性共识。[20]从这个讨价还价过程中拟制出来的“多数之意志”，不过是一种以牺牲他人的利益为代价而有助于其支持者的协议。正是由于人们意识到了政策在很大程度上取决于决策者与特殊利益群体之间所达成的一系列交易这个事实，这才使得“政治”在普通大众的心目中变得如此之声名狼藉。

的确，一些品格高尚的人认为，政治领导人应当全身心地关注公益事业，因此，在他们看来，那种不断向特定群体施以小恩小惠或馈以厚礼的做法，都是赤裸裸的腐败现象；他们所认为的腐败现象之一便是这样一个事实：多数政府（majority government）所提供的并不是多数真正想要的东西，而是构成多数的每一个群体为了谋取其他群体的支持以求得到自己想要的东西而必须同意给予这些其他群体的好处。情势之所以变得如此，实是因这种现象在今天已被人们视作是日常生活中的当然之事所致；诚然，一些理想主义者对上述那种腐败现象进行了猛烈的抨击，并且认为只要人们再诚实一点，上述那种腐败现象就完全可以避免，但是那些资深老练的政客们对于这些理想主义者的态度无动于衷，只是可怜他们，因为在那些政客们的眼里，他们实在是太过天真幼稚了。我们必须强调指出的是，就现行制度而言，人们所持的上述看法和政客们所持的上述态度无疑都是正确的，只有当我们把上述那种腐败现象视作是所有代议政府或民主政府所具有的一种不可避免的属性（inevitable attribute）的时候，亦即把它视作是一种即使是最高尚最体面的人也无力抗拒的内在腐败（inherent corruption）的时候，人们所持的上述看法和政客们所持的上述态度才是错误的。然而需要强调指出的是，上述那种腐败现象并不是所有代议政府或民主政府的一种必然属性（necessary attribute），只是所有依附于众多群体之支持的无限政府或全知全能政府的一个必然产物。之所以只有有限政府才可能是公平体面的政府，实是因为用以分配特定利益的普遍道德规则是不存在的，也是不可能存在的，正如康德所说的那样，其原因在于“福利无原则可言，它只取决于意志的实质性内容，从而也就不可能有一项普遍的规则”[21]。据此我们可以说，并不是民主制度或代议政府本身，而是我们所选择的那个全知全能的“立法机构”的特定制度才会使这种制度必定趋于腐败。

腐败的政府也一定是弱政府：由于执政的多数派无力抵御来自其内部之组成群体的压力，所以它**必须尽其所能地**去满足它需要得到其支持的那些群体的愿望，不论为此采取的措施对其他人有多大危害——只要这种做法不是太容易被人们察觉，或者说，只要那些因此不得不蒙遭损害的群体所具有的影响力不是很大。尽管这种政府在压制某个少数派所采取的任何抵抗行为的方面强大无比，但是它根本无力遵循一条一以贯之的行动路线，只能像一个醉汉驾驶的蒸汽碾路机那样偏来摆去。如果任何更高层的司法机构都无力阻止立法机构给予特定群体以特权，那么这种政府就会蒙遭没完没了的敲诈勒索。这意味着，只要政府有权满足这些特定群体的要求，那么它就会变成它们的奴隶——正像在英国发生的情况一般，这类特定的利益群体居然有办法使任何有可能把英国从经济衰退中拯救出来的政策都无法出台。如果要使政府强大到足以维持正义和秩序的程度，那么我们必须砍断政客们的“丰饶角”（cornucopia），正是因为他们有着这些“丰饶角”，这才使得他们相信他们能够而且应当“根除一切不满之源”〔22〕。颇为遗憾的是，为了适应情势的变化做出的每一次必要的调适，都注定会引起广泛的不满，人们对政客的要求也主要是使个人不必面对这些令人讨厌的变化。

一如前述，政府给予特定群体以特殊利益的做法并不受人们普遍接受的正义观念指导，而是由“政治必然性”（political necessity）支配。这种情势会产生一种不可思议的结果，因为它极容易使人们产生这样一些错误的观点：如果某个特定的群体因为能够左右选票的平衡而总是受到关照，那么它会创生出一种迷思（myth），好像人们普遍认为该群体应当得到这种好处似的。然而，如果我们因为农场主、小业主或都市工人的要求总是得到满足而得出结论认为他们提出的要求必定是正义的，那么这显然是极其荒谬的——事实上，这些群体的要求之所以总是得到满足，只是因为缺少了这些群体中相当一部分人的支持，任何政府都不可能构成多数。值得我们注意的是，实际情况恰恰与民主理论所设想的情势相反：多数并不受人们普遍接受的正当观念的指导，只是受那种因多数自己认为它为了捍卫社会的凝聚力必须采取的进而被认为是正义的措施的指导。今天，人们依旧以为，多数的同意乃是证明一项措施之正义的证据，尽管多数中的大多数人对某项措施的同意常常只是他们为了满足他们自己的那部分要求而付出的代价。有些事情之所以被视为是“社会正义”（socially just），只是因为它们常常被这样认为而已，不是因为除受益者以外的任何其他人经由对这些事情本身的是非曲折的辨识而认为它们是正义的。但是，不断迎合小派别的这种必要性，最终产生了一系列纯系偶然多变的道德标准（purely fortuitous moral standards），还常常会使人们相信那些受到关照的社会群体真的有特殊理由应当受到这种关照，因为它们总是被挑选出来去享受这些特殊利益。有时候，我们也确实会听到这样一种论辩，即“所有的现代民主政府都认为有必要采取这种措施或那种措施”；显而易见，这种论辩的目的乃在于证明现代民主政府所采取的某项措施是可欲的，而不是某种特定机制所酿成的一种纯属盲目的结果。

因此，现行的无限民主政府这种机器，炮制出了一整套新的“民主的”伪道德规范（pseudo-morals）；换言之，这些伪道德规范乃是这样一种机器的产物：这种机器使人们把民主政府惯常做的事情或者特定群体能够经由操纵这种机器从民主政府中勒索到的东西视作是一种社会正义之物。今天，一如我们所知，有越来越多的人都意识到了这样一个事实，即由政府行动所决定的各种收入的范围正在日益扩大；然而，这种信息只会使那些生活状况仍由市场力量决定的群体去效仿那些受到政府关照的群体的榜样而提出各种新的要求，要求政府向它们做出同样的保证，以确使它们获得它们认为自己应当获得的东西。某个群体的收入因政府采取的行动而得到的每一次增加，事实上都给其他群体提供了谋取同等待遇的一个正当理由。立法机构赋予某些群体以恩惠的做法，使许多群体都产生了希望得到同等待遇的预期，正是这些预期构成了人们所提出的大多数“社会正义”要求的基础。

有组织的利益群体之同盟与准政府机构

至此，我们已经对时下所盛行的民主制度的发展趋势进行了探讨，当然，我们的讨论还只局限在这样一个方面：这种民主制度的发展趋势乃是由它特有的那种必然性所决定的，亦即它必须经由向某个个人所属的群体允诺特殊好处的方式去贿赂这些个人投票者。因此，在本节的讨论中，我们将对这个问题中的另一个因素进行探讨。当然，我们要探讨的这个因素也就是在很大程度上强化了某些特定利益群体之势力的那个因素，或者说，增强了它们作为有组织的压力群体而进行组织和实施行动之能力的那个因素。[23]的确，正是这个因素使得特定的政治党派得以联合起来，但是它们之间的联合并不是以任何原则为基础的，只是作为同盟或有组织的利益群体联合起来；在这样的同盟或有组织的利益群体里面，那些有能力进行有效组织的压力群体的关注点，可以说在很大程度上支配了那些因种种原因而无法形成有效组织的群体的思考倾向。[24]这些有组织能力的群体经由它们所取得的那种不断扩大的势力，进一步扭曲或扰乱了利益分配的状况：它不仅使利益分配越来越无视效率的要求，也使得利益分配越来越与可以想见的任何公平原则背道而驰。这种情势最终导致了这样一个结果，即收入分配将主要取决于政治力量。事实上，论者们在今天所鼓吹的作为反击通货膨胀之手段的那种“收入政策”（incomes policy），在很大程度上乃是受了这样一种荒谬想法的激励而产生的，即所有的物质利益都应当由那些掌握着这种政治力量的人来决定。[25]

显而易见，现代民主制度的这种发展趋势中还存在着这样一个维度，即它在本世纪的发展过程中还生成出了一种由行会、工会和专业性组织构成的庞大且极其浪费的准政府机构（apparatus of para-govenment）；在很大程度上讲，所有这些机构都旨在实现这样一个目的，即如何把政府所能给出的优惠待遇尽可能地搞到它们各自成员的腰包里。当然，这种准政府机构已经被人们视作是明显必要且不可避免的，但是值得我们注意的是，它实际上只是为了回应（或者在一定程度上是为了在这个过程中免受损害）一个全能的多数政府不得不日益凭借收买特定小群体的支持来维续其多数地位的趋势才建立起来的。

在这些情势中，政治党派事实上已经蜕变成了有组织的利益群体之同盟（coalitions of organized interests），这些同盟的行动是由它们各自机制的内在逻辑所决定的，不是由它们所认同的任何一般性原则或理想所决定的。当然，在西方世界，也有一些受意识形态支配的党派并不赞同它们各自国家中的现行制度，还一门心思地想用某种想象中的乌托邦将它们取而代之；但是除了这些党派以外，人们确实很难再从任何其他大党的纲领之中，甚至更难从它们的行动当中辨识出一种一以贯之的社会秩序观念（亦即为其追随者所认同的那种社会秩序观念）。这些大党会在各种情势的驱使下，运用它们的权力把某种特定的结构强加给社会（尽管这种做法有可能并不是它们所认可的目标），而不是去创造那些能够使社会之构成得到渐进改善的种种条件。[26]

只要我们对那种能够联合采取共同行动并能够操纵现行政策的多数是如何可能形成的问题进行追问，我们便可以清楚地看到，在一个立法机构权大无边的系统中，上述那种发展态势实是无从避免的。原初的民主理想乃是以大多数人就何为正当者所持有的一种共同意见为基础的。但是，就基本价值达成共同意见，并不足以为当下的政府行动确定一项具体的纲领。把支持政府的那些人团结在一起或者把一个支持政府的党派紧密团结起来所必需的那种具体纲领，必定是以不同利益群体间的某种聚合为基础的，这种聚合惟有通过讨价还价这个过程才可能得到实现。当然，这种具体纲领并不是不同的群体对应予达到的特定结果所具有的共同欲求的表达；再者，由于这种具体纲领所关注的乃是如何运用政府所掌控的具体资源去实现特定的目的，所以在一般的意义上讲，它乃是以不同群体就下述问题达成的共识为基础的，即一些群体同意向它们当中的某几个群体提供某些特定的服务，以期经由此举而使每一个表示同意的群体都能够获得其他服务的回报。

把不同的利益群体在一种讨价还价的民主制度（a bargaining democracy）中依照上述方式而确定的行动纲领，说成是多数之共同意见（common opinion of a majority）的表示，实是一种十足的欺人之谈。实际上，因为这种纲领所规定的内容常常是极其矛盾的，以致于任何一个有头脑的人都不可能欲求甚或赞同这种纲领中的全部内容。就人们达成这类共同行动之纲领的过程来看，如果说由这种过程所导致的结果不是许多不同的个人和群体根据其彼此分立且不相协调的愿望而达成的某种大杂烩的话，那真的是匪夷所思了。对于这种纲领中所含有的许多内容，大多数选民（或者议会中的许多议员）根本就不可能发表什么意见，因为他们丝毫不了解这些内容所牵涉的各种情势；对于这种纲领中所含有的更多的其他内容，他们也往往会漠不关心，甚或还会有不同的意见，但是他们会随时准备赞同这些内容，并以此作为实现他们自己愿望的代价。因此，对于大多数个人来说，在各种政党纲领之间的选择，主要是一种多害相衡取其轻的选择，也就是以自己的利益为代价而在为其他人提供的种种不同的利益之间做出的那种选择。

只要我们考虑一下党派领袖所面对的那种问题，那么有关政府行动的纲领所具有的那种纯系添加的性质便会极为明确地凸显出来。一如我们所知，政党领袖可能有也可能没有他本人深为关注的某个重要目标。但是需要强调指出的是，无论政党领袖的终极目标是什么，只要他想达到这个目标，那么他就必须以权力作为支撑。为了谋得并掌握这种权力，政党领袖需要有多数的支持：然而，如果他想得到这样的支持，那么他只能把那些对指导他行事的目标不予关注的人也拢入他的麾下。因此，为了谋得人们对他的纲领的支持，政党领袖不得不向足够数量的特殊利益群体提供各种有效的诱饵，并把它们凑到一起组成一个多数以支持他的整个纲领。

作为这种政府行动纲领之基础的那种协议或共识，实是与人们在过去希望能够成为民主制度中的决定性力量的多数之共同意见极为不同的。此外，这种讨价还价的交易做法，也决不能被视作是人们在存有分歧又不得不就某个并不能完全满足任何一方之利益的居间路线达成协议的时候所必须达致的那种妥协。在一系列讨价还价的交易中，一个群体的愿望之所以能够得到满足，乃是因为它满足了另一个群体的愿望（而且常常是以牺牲未经与之商讨的第三方群体的利益为代价的）；这类交易或许可以决定一个同盟实施共同行动的目标，但是并不能够说明该同盟中的人会普遍赞同由此产生的全部结果。此外，这种结果甚至还可能与多数中的不同成员在有机会投票时可能赞同的那些规则完全相悖离。

有组织的利益群体之同盟（当人们最初讨论这些有组织的利益群体之同盟的时候，他们通常都把它们称之为“邪恶的利益群体”）对政府所施以的这种支配，通常会被局外人视作是一种滥用权力的现象，甚或是一种腐败的现象。然而，它是这样一种制度无从避免的结果：在这种制度中，政府可以用它所拥有的无限权力去采取任何必要的措施，以满足它需要得到其支持的群体的那些愿望。拥有这种无限权力的政府不可能在拒绝实施这种权力的同时，仍保有多数对它的支持。当然，我们没有权利谴责政客们去做那些他们在我们为他们设定的位置上必须做的事情，因为确实是我们自己造成了这种情势，其间，人人都知道，多数有权给予社会中任何特定部分的人所要求得到的任何东西。因此，掌控这种无限权力的政府如果要维持自己的执政地位，惟一能够诉诸的方式就是满足足够多的压力群体所提出的要求以确使自己得到多数的支持。

狭义上的政府（亦即为满足人们的共同需求而管理或支配那些专门划拨出来的资源的政府），在某种程度上讲，始终具有上述特征。这种政府的任务就是要把特定的利益给予不同的群体，但是这种任务与严格意义上的立法任务完全不同。需要强调指出的是，虽然这个缺陷相对来说并无大害——只要政府在决定如何运用由它掌控的一定数量的资源的时候遵循它不能更改的规则，但是一旦政府治理与规则制定被混淆了，一旦管理或支配政府资源的人同时也能够决定政府应当控制多少资源，那么这种缺陷就会变成一种令人惊恐的大恶了。把那些应当界定“何为正当者”的人置于一种惟有满足支持者的要求方能保有权力的境况之中，无异于把所有的社会资源都置于他们的掌控之下，并任由他们使用以实现他们认为对于维续自己的执政地位所必需的任何目的。

只要掌控着一定数量社会资源的当选行政管理者受制于他们不能更改的法律，那么，尽管他们仍不得不运用这些资源去满足支持他们的人的要求，但是他们不可能在压力下干那些肯定会干涉个人自由的事情。然而，如果说这些行政管理者同时也是那些行为规则的制定者，那么情势就完全不同了，因为在这种情势中，他们不仅会在压力的驱使下用自己的权力去调配或动用属于政府的资源，以满足支持他们的选民所提出的特定要求，甚至还会在压力下用自己的权力去动用所有的社会资源（包括个人资源），以满足支持者提出的特定要求。

如果我们想阻止政府为特殊利益群体提供服务，那么我们惟有一途可循，那就是剥夺政府在这个方面所拥有的强制性权力——这意味着，我们只有通过限制政府权力的方式才能够限制有组织的利益群体的权力。如果一种制度中的政客们认为他们有义务也有能力根除所有的不满，[27]那么这种制度必定会导使政客们对各种事务的全面操纵或控制；又如果那种权力是无限的，那么它就会而且也必定会被用来为特定的利益群体服务，与此同时它也会诱使所有可以组织起来的利益群体联合起来向政府施加压力。据此我们可以说，政治领袖能够对抗这种压力的惟一手段，便是诉诸一种不仅会阻止他屈从压力而且他本人也无力改变的业已确立的规则。换言之，如果在一个制度中，那些支配政府资源的人不受不可变更的规则的约束，那么这种制度注定会蜕变成有组织的利益群体的一种工具。

认同一般性规则与赞同特定措施

我们一再强调指出，在大社会中，任何人都不可能知道或了解所有有可能成为政府决策之对象的特定事实。在大社会中，任何成员所能够知道的，仅仅是构成整个社会的庞大的社会关系结构中的一个极小的部分；因此，他有关如何型构整体秩序中他所属的那个部分的愿望，不可避免地会与其他人的愿望相冲突。

据此我们可以说，既然任何人都不可能做到无所不知，那么不同的个人所具有的那些分立的欲求就常常会在结果方面发生冲突；因此，如果这些个人想达成共识的话，那么他们就必须对他们所具有的那些欲求进行协调。民主的治理（[democratic government]与民主的立法[democratic legislation]相区别）所提出的乃是这样一种要求，即个人同意的范围必须远远超出他们所能意识到的特定事实的范围；再者，也只有当这些个人逐渐接受了那些能够指导所有特定措施并为多数所遵守的一般性规则的时候，他们才会容忍自己的愿望被忽略不计。然而，当下的人们似乎在很大程度上忘记了这样一个事实，即在上述情势中，人们只有就一般性规则达成共识，才可能避免冲突；与此相反，如果我们只要求人们就诸多特定措施达成协议，那么各种冲突就不可能得到调和。

真正的一般性协议（或共识）(true general agreement)，甚或多数之间达成的真正协议（或共识），在大社会中，其范围通常都只能以某些一般性规则为限；此外，也只有当特定措施能够为绝大多数社会成员所知道的时候，人们才可能对此达成一般性协议（或共识）。〔28〕更为重要的是，如果大社会想达致一种凝聚力颇高且内在和谐的整体秩序，那么它必须在进行特定决策的过程中遵守一般性规则，即使是多数也不得破坏这些规则，除非多数准备采纳一项新的规则，而且从此以后也将毫无例外地适用这项新的规则。

我们在前文中业已指出，即使对于某个努力把秩序纳入他本人不可能事先详尽知道的一系列庞杂行动的个人来说，遵守规则在某种意义上讲也是极为必要的。在不同的群体针对整体秩序的不同部分做出前后相继之决策的情势中，遵守规则更为必要了。这是因为在上述情势中，人们就特定问题所做的一系列投票，不可能产生一种所有的人都会赞同的总体结果，除非这些投票者都受同样的一般性规则的指导。

在很大程度上讲，正是由于人们认识到了业已确立的民主决策程序所产生的那些不尽人意的结果，所以他们才提出了制定一种整体性计划的要求，因为依据这种计划，人们可以把政府在未来很长一段时间中的行动都先行确定下来。然而，这样一种整体性计划并不能够真正地为我们解决那个至关重要的棘手难题提供一种方法。我们至少可以指出的是，就像人们通常能够想见的那样，这种整体性计划依旧是人们针对具体问题所做的一系列特定决策的结果，因而对这种计划本身所做的决策依旧会产生相同的难题。再者，采用这种整体性计划的做法通常都会导致这样一个结果，即这种计划会取代原有的真正标准而成为评断它所提出的各种措施是否可欲的标准。

就此而言，具有决定性意义的事实有如下述：在大社会中，人们只能就一般性规则形成一种真正的多数观点，也只有当多数仅限于制定一般性规则且不干涉特定之事（即使具体的结果与其愿望相冲突）的时候，多数才能够对市场过程的结果施以某种控制。坦率而言，下述两种情势实是不可避免的：第一，当我们为了实现我们的某些目的，而运用一种在部分上能够应对那些并不为我们所知道的情势的机制的时候，这种机制对某些特定结果所造成的影响往往会与我们的愿望相违背；第二，在我们希望人们都遵守的一般性规则与我们所欲求的特定结果之间常常会发生冲突。

这种冲突现象会在集体行动中表现得最为明显，因为作为个人，我们一般都学会了遵守规则，还能够一以贯之地如此行事，但是作为一个按多数票进行决策的机构中的成员，我们无法肯定未来的多数是否还会遵守那些有可能禁止我们为我们所喜爱的特定结果投赞成票的规则——我们知道，要赞成那些特定的结果，我们只能以违反一项业已确立的规则为代价。尽管作为个人，我们已然经由学习接受了这样一个事实，即我们在追求自己的目的时候要受业已确立的正当行为规则的限制，但是当我们作为有权改变这些规则的机构中的成员的时候，我们往往不会认为我们必须受这些正当行为规则的约束。在后一种情势中，大多数人确实会把为自己谋取他们知道会给予其他人的那种利益的做法视作是合情合理的，这是因为他们明确知道这种利益是不可能赋予所有人的——正是出于这个缘故，他们甚至还可能会倾向于不让任何人获得这种利益。因此，在就具体问题进行个别决策的过程中，投票者或他们的代表常常会在某种因素的驱使下去支持一些与他们实际上希望人们普遍遵守的那些规则相冲突的措施。如果没有规则去约束那些就特定措施进行决策的人，那么多数也就不可避免地会去赞同一些极不可欲的措施，亦即他们在被要求根据规则进行表决的情势下很可能会永远禁止人们采用的那些措施。

我们认为，在任何社会中，人们就一般性规则达成共识通常要比他们就某个特定问题达成协议更容易；这个论辩，初看上去，似乎与人们的日常经验不相符合，因为人们的日常实践似乎表明，人们就特定问题达成共识总是要比就一项一般性规则达成共识更容易。然而，这是一种错觉，造成这种错觉的原因则是这样一个事实，即我们通常都无法明确知道（而且也从未用文字表述过）那些我们完全知道如何依其行事通常还会使不同的个人在判断方面达成共识的共同规则。一如我们所知，要明确阐明这些共同规则或将它们形诸于文字，往往是极为困难的。然而，我们对于我们据之行事的那些规则缺乏有意识的认识这个事实，并不能够否证（disprove）这样一个事实，即我们之所以总是能够就特定的道德问题达成共识，完全是因为我们已就那些适用于这些道德问题的规则达成了共识。但是，只有通过对我们在其间达成共识的各种特定情势进行考察，以及经由对我们所达成共识的各个要点进行系统的分析，我们才能够渐渐地学会表述这些相同的规则。

众所周知，人们在初次了解到某个争议问题之背景的时候，一般都能够对这个争议问题本身的是非曲直做出相似的判断；这种情势恰恰意味着，这些人事实上受着相同规则的指导，不论他们是否知道这一点；反过来看，如果他们不能就这个问题的是非曲直达成共识，那么这似乎也可以表明，他们缺乏这样的共同规则。如果我们对这样一些论辩（亦即极可能使那些起初对某一特定事例的是非曲直存有分歧的当事人最终达成共识的那些论辩）的性质进行考察，那么以上所论就可以得到更为强硬的支撑了。这样的论辩始终充满着对一般性规则的诉求，或者说，至少会始终充满着对那些仅根据某项一般性规则才具有相关性的事实的征引。因此，被视为具有相关性的那些东西，决不是某一具体事例本身，始终是该具体事例作为某类事例之一具有的特征，或者是该事例依照某项特定的规则可以被归入某类事例之一所具有的特征。对这样一项我们能够达成共识的规则的发现，实是我们能够就某个特定问题达致共识的基础。

注　释：

* Xenophon，*Helenica*，I，Ⅶ，12-16。本卷第十二章和第十三章的早期文本的德语译文，早在 1965 年就已发表在 *Ordo* XV/XVI（Düsseldorf and Munich，1965）上，题目为“Anschauungen der Mehrheit und zeitgenossische Demokratie”，后来又重

印并收录在拙著 *Freiburger Studien*（Tübingen，1969）之中。

〔1〕当时出现了一个极为重要的征兆，那就是 Cecil King 在伦敦 *The Times*（1968 年 9 月 16 日）上发表的一篇题为"The Declining Reputation of Parliamentary Democracy"的文章，他在该文中指出：

> 最令我感到不安的乃是波及全球的民主制度之权威的衰落，以及人们对民主制度的敬意的下降。一个世纪以前，在世界上的发达国家中，人们普遍认为，代议政府乃是最好的政府形式。但是今天，人们对代议政府的不满已经非常普遍了。现在，任何人都不可能再一本正经地宣称，在欧洲或美国，议会正越来越受到尊重……。代议政府的声誉已是如此之糟，所以人们现在只得以这样的方式来为它辩护：虽然代议政府不好，但是其他政府形式更糟糕。

在就这个论题发表的越来越多的论著当中，一些晚近出版的著作有如下述：Robert Moss，*The Collapse of Democracy*（London，1975）；K. Sontheimer，G. A. Ritter et al.，*Der Uberdruss an der Demokratie*（Cologne，1970）；C. Julien，*La Suicide de la democratie*（Paris，1972）；以及 Lord Hailsham，*The Dilemma of Democracy*（London，1978）。

〔2〕Harold D. Lasswell，*Politics-Who get What*，*When*，*How*（New York，1936）.

〔3〕J. A. Schumpeter，*Capitalism*，*Socialism and Democracy*（New York，1942；3rd edn.，1950）.

〔4〕Demosthenes，*Against Lepines*，92，Loeb Classical Library edn，trs. J. H. Vince. pp. 552-553. 本章开篇征引的色诺芬的那段文字中提到的那个事件，有论者做了精彩的评论；读者可以参见 *Lord Acton*，*History of Freedom*（London，1907），p. 12：

> 在一个令人难忘的场合，聚会的雅典人宣称，禁止他们去做自己选择做的任何事情，都是邪恶的；任何既有的力量都不能约束他们；他们于是决议，任何义务都不得约求他们，而且他们也不受任何不是他们自己制定出来的法律的约束。这样，获得解放的雅典人变成了暴君。

〔5〕Aristotle，*Politics*，IV，VII，Loeb Classical Library end.，trs. H. Rackham（Cambridge，Mass. and London，1932），pp. 304-305.

〔6〕Giovanni Sartori，*Dmocratic Theory*（New York，1965），p. 312. 该书第十三章整个第七节（第 306-314 页）的内容都与我们现在讨论的主题有关。

〔7〕Richard Wollheim，"A Paradox in theTheory of Democracy"，载于 Peter Laslett and W. G. Runciman（eds），*Philosophy*，*Politics and Society*，2nd series（Oxford，

1962)，p. 72.

〔8〕George Burdeau，参见本书第一卷第 11 页注释〔4〕。

〔9〕James Mill 似乎是这个方面的元凶，尽管人们在他的 *Essay on Government* 一书中很难找到大意如此的明确陈述。这一点已在 M. J. C. Vile 的 *Constitutionalism and the Separation of Powers*（Oxford，1967）一书中得到了确认。但是，我们可以从他的儿子 J. S. Mill 那里清楚地发现他的影响，比如说，J. S. Mill 在《论自由》一书中就曾论辩说，"国家（nation）没有必要防备它自己的意志"（Everyman edn.，p. 67）。

〔10〕美国人在独立战争时期就充分认识到了英国宪政的这个缺陷；他们当中不乏宪政思想家，其间最敏锐的思想家之一 James Wilson（正如 M. J. C. Vile 在 *Constiutionalism and the Separation of Powers*［Oxford，1967］一书第 158 页所指出的那样）

> 便拒斥了布莱克斯通的议会至高至上的原则，并认为它已经过时了。英国人并不理解这样一种宪政观念（亦即他主张的那种宪政），也就是限制并监督立法机构活动的那种宪政观念。这是对政府理论所做的一种改进，而这种改进则应当归功于美国人。

也可参见"An Enviable Freedom"，载于 *The Economist*（1977 年 4 月 2 日），p. 38：

> 因此，美国的制度代表的乃是这样一种制度，亦即英国在当时如果不转向议会绝对至上的原则便可能培育起来的那种制度——根据议会至上原则的推论，受到不公正待遇的公民可以寻求议会的帮助来维护自己的权利；不过现在看来，这在很大程度上只是一种神话。

但是，我本人怀疑美国人是否在解决这个问题上取得了比英国人更大的成功。如果我们对英国的民主政府范式与美国的民主政府范式做认真的检讨，那么我们就会发现，它们实际上是权力分立理想的两个畸形产物与漫画形象；这是因为在英国，统治机构偶尔也立法，以服务于它的即时性目的，但是把监督政府的行为视作是自己的主要职责；在美国，行政当局并不对主要关注政府治理事务的代议机构之多数负责，作为行政首脑的总统，也有可能在他的整个任期内都得不到代议机构之多数的支持。在相当长的时间内，人们一直以这些制度仍在"发挥作用"为由而忽略了这两种民主制度所具有的上述缺陷，但是人们现在再也不能无视这些缺陷了。

我们可以用这样一个事实来说明英国议会的权力：就我所知，如果英国议会认为我足够重要的话，那么它就可以因我在论著中所发表的观点并以藐视议会之名而下令把我关进伦敦塔！

〔11〕参见 J. L. Talom，*The Origins of Totalitarian Democracy*（London，1952）和 R. R. Palmer，*The Age of Democratic Revolution*（Princeton，1959）。

〔12〕E. Heimann，"Rationalism，Christianity and Democracy"，*Festgabe für Alfred Weber*（Heidelberg，1949），p. 175.

〔13〕参见 Wilhelm Hennis，*Demokratisierung：Zur Problematik eines Begriffs*（Cologne，1970）；另请参见 J. A. Schumpeter，上引书，p. 242。

〔14〕参见 Ludwig von Mises，*Human Action*（Yale University Press，1949；3rd rev. edn.，Chicago，1966）. p. 150：民主"为人们提供了一种方法，使人们得以用和平的方式调整政府以符合多数之意志"。又请参见 K. R. Popper. *The Open Society and its Enemies*（London，1945；4th edn，Princeton，1963），vol. I，p. 124："我建议把'民主'这个术语当作一种简略代号，用来指称一种不经流血便可更换政府的方式——比如说，通过普选的方式。这就是说，社会制度提供了一些手段，而被统治者则可以通过这些手段来更换统治者。"另请参见 J. A. Schumpeter，上引书（该书中到处可见这样的观点）；以及参见拙著 *The Constitution of Liberty*（London and Chicago，1960，p. 444）注释〔9〕中的引文。令我颇感遗憾的是，在 *The Constitution of Liberty* 一书（p. 108）中，由于我受托克维尔影响太甚，所以我把我所论及的支持民主制度的三个论辩中的第三个论辩称之为"最强有力的"论辩，即民主是在政治问题方面教育多数的惟一有效的方法。这个论辩确实很重要，但是它肯定没有我在当时论及的第一个论辩重要，亦即民主具有和平变革之工具的功能。

〔15〕老辉格党人对民主政府所具有的这些危险可以说是了如指掌。关于这一点，我们可以参见 John Trenchard 与 Thomas Gordon 所写的极为重要的 *Cato's Letters* 中的那些讨论，它们发表在 1720 年到 1722 年的伦敦报纸上，后来被集结成册，重印了多次（读者现在可以极其方便地在 *The English Libertarian Heritage* [David L. Jacobson，Indianapolis，196] 年中读到这些文字）。其间，他们在 1721 年 1 月 13 日的那封信里（上引书，p. 124）曾指出，"罚不责众"。同理，一项被认为是一种光荣的任务，通常会被视作是在施加一项责任，而人人享有的那种权利也很容易被认为是合法地受着某个人的人格易变性所支配的。

〔16〕参见 J. A. Schumpeter，上引书，p. 268：

> 公民个人的心智所能够充分认识的只是一个极小的实在领域。大体说来，这个领域所包括的乃是一些直接涉及他本人、他的家庭、他的生意、他的嗜好、他的朋友和敌人、他居住的乡镇、他所属的阶层、教会、工会或他作为一个活跃成员的任何其他的社会群体的事情——这些事情都是他个人观察范国内的事情，也是他所熟悉的事情（而与报纸告诉他的信息无关），甚至还是他能够直接影响或操纵的事情；再者，他对这些事情也承担有某种责任——这种责任乃是由他与一种行动过程所具有的有利的或不利的结果之间的直接关系所产生的。

〔17〕参见 *Cato's Letters*，letter no. 60 of 6 January 1721，上引书，p. 121. 参见 William Paley 的文字（p. 181below）。有关 *Cato's letters* 对美国人政治理想的影响，参见 Clinton Rossiter，*Seedtime of the Republic*（New York，1953），p. 141：

> 只要人们去查阅美洲殖民地时期的报纸、图书馆目录和小册子，那么他们随时都会意识到：在殖民地时期的政治理念的渊源中，最流行的，引用最多的，最受尊重的乃是 Cato's Letters，而不是洛克的《政府论》。

〔18〕见 *Cato's Letters*，letter no. 62 of 20 January 1721，p. 128：

> 那种认为只应当考虑多数之利益的观点，乃是一种错误的政府治理观念，因为在社会中，每个人在享用并保护其私人财产权的方面，都有权得到所有其他人的支持；否则，较多的人就可以出卖较少的人，并会瓜分较少的人的财产——在这样的社会中，所有息事宁人的人都无法受到保护，所以他们当中的许多人都会起来密谋反对多数；再者，在这样的社会中，一个人可以任意地处置所有的人，暴力也会得到赤裸裸的权力的认可。

〔19〕关于这个问题，请特别参见 R. A. Dahl，*A Preface to Democratic Theory*（Chicago，1950）和 R. A. Dahl and C. E. Lindblom，*Politics*，*Economics*，*and Welfare*（New York，1953）。

〔20〕有关康德这句话的背景材料和上下文，请参见本书第二卷第九章开篇的征引文字和相关注释。

〔21〕或者在奥地利，工会联合会的领袖实是该国无可争议的最有势力的人，只是他的通情达理才使得他所具有的这种地位尚能得到人们的忍受，但是这种忍受肯定是暂时的。

〔22〕C. A. R. Crossland，*The Future of Socialism*（London，1956），p. 205.

〔23〕见 E. E. Schattschneider，*Politics*，*Pressure*，*and the Tariff*（New York，1935）和 *The Semi-Sovereign People*（New York，1960）。

〔24〕参见 Mancur Olson Jr.，*The Logic of Collective Action*（Harvard，1965）。

〔25〕Mrs Barbara Wooton 最一以贯之地阐释了这个观点；参见她就这个论题撰写的最新论著：*Incomes Policy*（London，1974）。

〔26〕在英语当中，找不到一个合适的词来描述德语词 Bildungen 大体能够指称的那些产物。Bildungen 所指称的便是那些从一个自生自发的进化过程中衍生而成的结构。人们常常想用 Institutions 这个术语来取代 Bildungen 这个词，但是 Institutions 这个词颇具误导性，因为它意味着这些结构是被“instituted”（创建）起来的或刻意建构起来的。

〔27〕参见上文注释〔22〕中所征引的 C. R. A. Crossland，p. 205。

〔28〕就这个问题而言，请参见 K. R. Popper 对社会的抽象特性所做的极为相关的讨论：K. R. Popper，上引书，p. 175。

第十三章

民主权力的分立

对于那些认为维护民主制度最具紧迫性的人来说，我们这个时代最为迫切的问题就是如何限制贿买选票的问题。

——W. H. 赫特*

有关立法机构之功能的原初观念的丢失

众所周知，有关民主宪政（democratic constitutions）之性质的原初观念渐渐丢失了，取而代之的是那个有关民选议会拥有无限权力的观念；然而，颇为遗憾的是，我不可能在这里对这个过程进行详尽的梳理或探究，因为这已超出了本书所设定的讨论范围。所幸的是，M. J. C. 维尔（Vile）在晚近撰写的一部重要著作中完成了这项工作；他在这部著作中指出，在英国内战期间，议会对权力的滥用，已经“向那些在此前只把王权（royal power）视作危险的人表明了议会也完全有可能像国王一样专制”，与此同时也使人们“认识到了这样一个道理，即如果要使个人自由不受侵犯，那么立法机构也必须受到限制”[1]。直至18世纪下半叶，这种观点一直都是老辉格党人的信条，而对这项信条所做的最为著名的论述，则可见之于约翰·洛克的论辩；洛克强调指出，“立法权力乃是那种必须按**特定方式行事**的权力”；据此，洛克进一步论辩到，那些掌握着这种权力的人只应当制定一般性规则。“他们应当根据业已颁布且业已确立的法律（promulgated established laws）进行治理，而不得因特定情势的变化而变化”[2]。然而，有关这个问题最有影响的论述之一，可以见之于约翰·特伦查德（John Trenchard）和托马斯·戈登（Thomas Gordon）所著的《卡托信札》（*Cato's Letters*）；我在前文已征引过部分文字，特伦查德于1721年是这样主张的：

当代表们只能经由为他们的被代表人谋利而为他们自己

谋利的时候；当代表们所能够制定的只是他们本人及其后代也必须遵守的法律的时候；当代表们所能够提供的只是他们本人也必须承担各自份额的金钱的时候；当代表们施以损害他人的行为与众人同罪的时候，被代表人才可能指望得到善法（good laws），才可能指望蒙受较少的侵害，才可能指望保有必要的节俭。[3]

甚至到了18世纪末，道德哲学家们还能够把这个信条视作英国宪政的基本原则并且论辩说，一如威廉·佩利（William Paley）在1785年所指出的那样，当立法的角色与司法的角色

> 集于一人或统于一个议会的时候，他或者它就会为特定的情势制定特定的法律，而且往往是出自偏狭的动机，指向的还是不可告人的目的：然而，当立法与司法保持分立状态的时候，立法机构就会制定出一般性法律，因为他们无力预见这些法律究竟会被适用于谁或影响到谁；再者，当被制定出来的一般性法律必须由司法机构予以实施的时候，司法机构就会把这些一般性法律适用于它们应当适用或影响的人……
>
> 只要受法律影响的当事人和利益群体是已知的，那么立法者就不可避免地会偏向这一方或另一方……
>
> 只要把立法与司法职能分立开来，人们就可以有效地防止上述那些危险的后果。只要议会不知道它的法案会适用于谁，只要议会本身不受理案件，不接受当事人的投诉，也不为任何私人目的服务，那么议会便会从普遍效果和普遍取向的角度出发提出法案，进而始终制定出种种有助于众人且公正的规章条例。[4]

毋庸置疑，这个理论即使在当时也只是一种理想化的描述；事实上，当时的英国议会正在大肆僭取专断权力，在北美殖民地的代

言人看来，这正是北美殖民地与其宗主国决裂的根本原因。这种情势在当时作为最具远见卓识的北美政治哲学家之一的詹姆斯·威尔逊（James Wilson）那里得到了最为明确的表述；威尔逊

> 拒斥了布莱克斯通（Blackstone）所提出的议会至上原则，并且认为它已经完全过时了。英国人根本就不知道那种限制并监督立法机构之运作的宪政观念。人们在政府科学（science of government）中所取得的这项进步，当归功于美国人。〔5〕

当然，我们不可能在这里对美国人力图通过联邦宪法限制立法机构之权力的各种努力以及他们在这个方面取得的有限的成就做进一步的探讨。实际上，美国人在当时所做的只是：第一，阻止国会变成一个主要侧重于行政治理的机构——而是要使它成为一个真正的立法机构；第二，阻止国会因关注行政工作而使立法工作沾染上行政工作的任何色彩——这个问题恰恰是我们在本章中所要探讨的主要问题。

现行代议制度是出于政府治理的需要而不是出于立法的需要形成的

当下的民主政府结构在根本上是由这样一个事实决定的，即我们责成代议机构承担了两种截然不同的任务。虽然我们称这些机构为“立法机构”，但是它们的绝大部分工作不是制定和批准一般行为规则，而是指导政府在解决特定问题时采取何种行政措施。〔6〕我们希望，而且我个人相信这种希望是有正当理由的，无论是制定那些对所有人都具有约束力的一般行为规则的活动，还是管理或支配那些由政府掌控的各种资源和机构的活动，都必须受到多数公民之

愿望的指导。然而，这未必意味着，这两项不同的任务应当由同一个机构来承担，而且也决不意味着，这样一个民选机构所做的每一项决议都必定拥有我们赋予那些以适当方式认可的一般行为规则的那种效力与尊严。然而，由于人们把民选议会所做的每一项决议都称为“法律”（law）——不论它是在制定一项规则还是在授权采用某些特定措施，所以他们也就意识不到这二者之间的区别。[7] 当然，我们也可以从另一个角度来看，由于代议机构把大部分时间和精力都用在了组织和指导政府工作的事务上，所以人们也就忘记了政府治理与立法工作之间的差异，甚至还以为责成政府采取特定行动的某种指令就是一项制定法案的常规内容。这种情势产生了许多重大的影响，最具深远意义的影响可能是它使代议机构的结构及组织本身一直为它们所承担的政府治理任务的需求所支配；显而易见，这种影响对于代议机构明智地制定规则是极为不利的。

就此而言，我们必须牢记这样一个事实，即现代代议政府的奠基者们几乎全都对政治党派（或“派别”[factions]，一如他们通常所称谓的那样）这个问题深感担忧；因此，确当地理解他们对此深感担忧的种种原因对于我们来说便有着极为重要的意义。当时，政治理论家们主要关注的乃是他们所认为的立法机构所应当承担的主要任务（亦即为公民制定正当行为规则的任务），并不怎么重视它所承担的另一项任务（亦即指导或控制政府活动或行政工作的任务）。显而易见，就制定正当行为规则这项任务而言，一个能够广泛地代表各种观点同时又毋需服从某项特定行动纲领的机构似乎是极为可欲的。

但是值得我们注意的是，恰恰是政府治理而不是立法工作渐渐变成了代议机构的首要任务，所以这些代议机构若要有效地完成政府治理任务，它们就必须在其内部形成一个赞同某项行动纲领的多数。现代议会制度的这个特征，事实上完全是由这些民主**政府**治理（democratic government）的需求而不是由那些民主立法（democratic legislation：亦即严格意义上的立法工作）的需求所形成的。因此，为了有效地指导或操纵整个政府机器，或者有效地控制属于政府监管的所有的人力资源和物力资源的用途，它们就必须形成一个奉行某项统一行动计划的有组织的多数，并通过这个多数给予行政机构以持续不断地支持。当然，严格意义上的政府还必须持续不断地去判定它究竟能够满足利益群体的哪些特定要求；此外，即使当政府只考虑如何使用那些由它管理或支配的特定资源的时候，它也必须持续不断地对不同群体所提出的要求进行权衡并做出选择。

所有的经验都表明，如果民主政府要卓有成效地践履这些任务，那么它就必须按照党派的路线进行组织。如果想让选民对政府的表现做出评判，那么就必须在代表当中形成一个被认为对政府行为负责的有组织的群体，还必须存在一个有组织的反对派，以监督和批评政府，并在人们对执政政府感到不满意的时候向人民提供一个可以替代它的新政府。

然而，这决不意味着一个主要为了指导或管理政府而组建起来的机构，也适合于承担严格意义上的立法工作（亦即确定一个恒定的法律规则框架的工作），这是因为即使是那个为了指导或管理政府而组建起来的机构，在开展日常工作的过程中也必须以这个规则框架为依据。

我们有必要在这里再一次重申，严格意义上的政府治理任务与制定普遍适用的正当行为规则的任务是截然不同的。政府治理就是处理具体问题，亦即对特定的资源或手段进行调配以实现各种特定的目的。即使它的目的只是为了实施一系列给定的正当行为规则，它也必须维持一套法院、警察、监狱等机构，并运用特定的资源或手段去实现特定的目的。但是一如前述，在较为广泛的政府治理领域中，亦即在政府向公民提供各种各样的其他服务的领域中，政府在运用它所掌控或支配的资源的时候，也必须持续不断地对那些应予服务的特定目的做出选择，这样的决策在很大程度上必定是一个权宜的问题。究竟是按这条路线还是按那条路线来修建一条公路，究竟是按这个设计方案还是按另一个设计方案建造一幢楼房，如何组织治安力量或者如何清理并搬运垃圾等问题，全都不是那种能够通过适用某项一般性规则而得到解决的正义问题，毋宁是如何进行有效组织以满足各种群体的需求的问题——但是究竟满足哪些需求的问题，只有根据决策者赋予这些彼此竞争的目的的相对重要性才能够得到解决。如果采用民主的方式来解决这样的问题，那么这些决策就会变成决定谁的利益应当压倒谁的利益的决策。

显而易见，通过管理或运用公共资产去实现公共目的，不仅需要人们就正当行为规则达成共识，还需要人们就特定目的的相对重要性达成共识。因此，就管理或运用那些专门划拨出来供政府治理所用的社会资源而言，人们必须赋予某个机构以权力，从而使它能够对这些资源应当被用于实现哪些目的的问题做出决策。正是在这里，我们可以指出，自由人组成的社会与全权社会之间的区别乃在于这样一个事实，即在自由人组成的社会中，这种权力只能适用于那些为了实现政府治理的目的而专门划拨出来的有限数量的资源，在全权社会中，这种权力可以适用于所有的社会资源（甚至包括公民本人在内）。因此，自由社会所隐含的对政府权力进行限制的预设提出了这样两项要求：第一，即使是多数也只应当在使用那些专门用于公益事业的资源的时候才可以享有不受约束的权力；第二，每个公民及其财产不受任何（哪怕是立法机构的）具体命令的支配，只受平等适用于所有人的行为规则的支配。

由于那种被我们称之为立法机构的代议机构主要关注的是政府治理任务，所以这些任务所型构的不只是这些立法机构的组织机构，还包括其成员的整个思维方式。今天，人们常常会这样说，权力分立原则（principle of the separation of powers）因为行政当局僭取了越来越多的立法职能而受到了威胁。实际上，权力分立原则在较早的时候，也就是在那些被称之为立法机构的机构攫取了指导或操纵政府的权力（说把立法委托给主要关注政府治理事务的那些机构，也许要更为准确一些）的时候，就已经在很大程度上被破坏了。权力分立始终意味着，政府的每一项强制行为都必须得到某项普遍的正当行为规则的授权，这种普遍的正当行为规则是由一个并不关注特定且即时性政府目的的机构所制定的。如果我们现在把代议机构经由决议而对政府采取的特定行为所做的授权也称之为“法律”，那么这种“立法”就不是权力分立原则所意指的那种立法，因为它意味着民主政府在行使行政权力的时候可以不受它不能改变的一般行为规则意义上的法律的约束。

拥有具体指导之权的机构不适于从事立法任务

如果我们真的想建构民主政府，那么我们显然有必要建立一个代议机构，其间，人们能够就所有与政府行动有关的问题表达他们自己的意见；但是，一个主要关注这类问题的机构无论如何都不适合承担严格意义上的立法任务。期望这种机构身兼二职，从要求它承担严格意义上的立法任务来讲，实际上意味着要求它放弃它拥有的某些手段，它借助于这些手段，本来能够极其容易且极富成效地实现政府的某些即时性目的。然而，当这种身兼二职的机构履行政府职能的时候，它事实上是不受任何一般性规则约束的，因为它可以随时制定一些使它能够去做即时性任务要求它去做的事情的规则。的确，这种机构就某个具体问题所做的任何决定，都会自动地使它所违反的任何先已存在的规则失去效力。据此我们可以说，一个代议机构集政府治理与立法这两项权力于一身，不仅与权力分立原则相抵触，也与法律下的政府（government under the law）理想和法治理想不相容。

如果那些决定特定问题的人可以为了任何目的而随心所欲地制

定任何法律，那么他们显然是不受法治约束的；此外，如果一个特定的群体（即使他们构成了多数）就这种特定问题所做的任何决策都被称之为法律，那么它也肯定是与法治的理想不相符合的。我们可以实行法律之治或遵循多数之治（a rule of majority），我们甚至也可以推行由那个同时承担着政府治理职责的多数所确立的法律的统治（a rule of laws made by a majority which also governs），[8]但是无论如何，只有当多数在决定特定问题时受它所不能改变的那些规则约束的时候，法治（rule of law）才能够得到维护。当议会只能用一般性规则去约束政府的权力，并且不得直接指导或操纵政府的行动——亦不得通过指导或操纵政府行动这种做法而把它命令政府做的任何事情都变成合法的事情——的时候，那种受议会控制的政府才能够真正成为一个法律下的政府。然而，当下的情势居然发展到了这样一个地步，即人们甚至连正当行为规则意义上的法律与多数就某个特定问题的意志之表示这种意义上的法律之间所存在的那种差别都意识不到了。那种认为法律就是所谓的立法机构依照宪法规定的方式所议决的任何东西的观念，实是欧洲所特有的那种民主制度的一个产物，因为这类特定的制度乃是以这样一个错误观念为基础的，即人民之多数的公认代表必定拥有无限的权力。美国人为对付这个棘手的难题进行了一系列尝试，然而他们的努力也仅仅是提供了一种有限的保护措施而已。

如果一个议会的首要任务就在于决定应当做哪些特定的事情，又如果它在议会民主制度中的任务就在于监督它的行政委员会（亦即所谓的政府）去实施它所批准的某项行动纲领，那么这种议会就不会有驱动力亦不会有旨趣去遵守一般性规则。这种议会完全能够使它制定的特定规则与即时性的需求相符合：这些规则在总体上会有助于满足政府组织的需求，但是无助于满足自我生成的市场秩序的需求。即使这种议会去关注正当行为规则，那么这种情况在很大程度上也只是政府治理的副产品并从属于政府治理之需求的。毋庸置疑，这种立法会一步一步地增进政府机构所拥有的自由裁量权（discretionary powers），还会渐渐地变成一种帮助政府实现其特定目的的工具，不再是对政府活动设定的限制。

因此，以民主方式控制政府的理想与用法律限制政府的理想，乃是两种极为不同的理想；再者，如果把制定规则的权力与政府治理的权力都置于同一个代议机构之手的话，那么我们可以肯定地说，这两种理想无法同时得到实现。尽管要确使这两种理想都得到实现并不是没有可能，但是迄今为止还没有哪个国家凭借宪法规定的方式在这个方面取得了卓有成效的成就；若干国家之所以得以暂时趋近这两种理想，那也只是因为某些强大的政治传统在这些国家的盛行所致。然而，晚近以来，现行的制度安排所导致的一系列结果，正在一点一点地摧毁着这些国家中残存的法治传统。

在代议政府的早期阶段，议会议员尚能被视作是普遍利益而非特殊利益的代表。[9]虽然政府需要得到议会多数的信任，但是，这并不意味着为了实施一项政策性纲领，也必须维持一个有组织的多数。我们至少可以说，在当时的和平年代，政府的绝大多数活动都是一些日常事务，因此除了年度预算的批准以外，这些活动几乎都不需要议会的授权；而且英国的下议院在当时也正是通过审核和批准年度预算这项主要手段直接指导政府各种活动的。

现行立法机构的特性是由它们所承担的政府治理职责所决定的

长期以来，所有对现代政治略知一二的人，都一直把议会程序现有的特性视作为当然之物，并在不加质疑的情况下接受了下来，但是，当我们对这个问题进行认真追究的时候，我们会极为震惊地发现，现行立法机构在实践和关注重点方面的实际情势，与绝大多数通情达理的人所想象的议会之间的差距实在太大了，因为在他们所构设的议会图像中，立法机构必须对改进法律秩序或完善不同利益群体必须在其间展开斗争的规则框架这类至关重要且繁复棘手的问题进行决断。因此，一个对西方现行制度安排不甚了解的观察者考察了这种制度安排后，很可能马上就会得出结论，认为我们所知道的那种政治乃是下述两个事实的一个必然结果：第一，制定限制性行为规则与这些规则应当加以约束的斗争都是在同一个场域中发生的；第二，那些凭靠提供特殊好处竞拉选票的人，恰恰是那些被认为应当制定限制政府权力之规则的人。毋庸置疑，上述两项任务之间显然存在着冲突；再者，想让那些代表主动放弃使用他们贿赂选民的权力，也实属幻想，因为他们正是凭靠这种贿选手段来维续自己地位的。

我们可以毫不夸张地说，现行代议机构的特性几乎完全是在以往的漫长岁月里由它们承担的政府治理任务所逐渐形成的。从选举议员的方法、选举周期、议会构成（变成由不同的有组织的党派所把持的机构）、议会议程与程序规则直到议员心态这个至关重要的问题，可以说都是由议会对政府措施的关注而不是对立法的关注所决定的。我们至少可以说，在下议院或众议院，预算的审核或批准构成了每个年度的大事，但是预算与严格意义上的立法是风马牛不相及的事情。

所有这一切都趋于把议员变成他们各自选民利益的代言人，而不是公众意见的代表。选举某个人，变成了相关选民对他曾施予他们以恩惠的一种奖赏或回报，而不是这些选民对自己坚信他在私下交往中所表现出来的善意、诚实、公允等优良品质仍将在他为公众服务的时候指导他的言行所作的一种表达。只要议员指望依赖自己所属的党派在未来三四年中给予其选民以大量特殊好处的方式再次当选，那么他所处的那种位置就决不可能使他去批准那些真正有助于公共利益的一般性法律。

众所周知，由于当下典型的议会代表都同时承担着上述两项任务，所以他们既不可能有时间也不可能有兴趣，或者说，既不会想也没有能力去捍卫（更不用说改进）那些严格限制政府所拥有的强制性权力的规则；然而，限制政府的强制性权力却是法律的主要目的之一（法律的另一个目的乃是防阻人们对其他人施以暴力或强制），因此一如人们所希望的那样，限制政府的强制性权力也应当成为立法的主要目的之一。但是显见不争的是，民选议会所承担的政府治理任务严重干扰了立法者的目的，还常常与立法者的目的直接发生冲突。

我们曾在前文中对最了解英国议会的一位观察者（议会财政委员会前法律顾问）所做的评论进行了征引："对于法律人的法律（lawyer's law），英国议会确实既无时间也无兴趣。"〔10〕关于这个问题，我认为还有必要在这里再对考特尼·伊尔贝特（Courtenay Ilbert）爵士的论述进行征引，因为他对法律人的法律在本世纪初英国议会中的地位做了较为充分的解释：

> 许多议员的真正兴趣并不在于法律的专门问题，而且总是倾向于让法律人依照他们自己的方式去发展他们的规则和程序。作为立法机构〔！〕，议会的实质性事务居然在于使国家机器能够正常有序地运转。为了实现这个目的而需要的法律，并不属于私法或刑法的领域，而是属于欧洲大陆论者所称之为的行政法的范畴。……每年度法规汇编中的大部分内容一般都是行政规章，它们指涉的问题也与律师日常阅读和日常实践的问题完全不涉。〔11〕

虽说以上所论在本世纪初叶还只是英国议会的实际状况，但是在今天，就我所知，当代民主立法机构的实际状况却无一不是如此。事实上，从一般的角度来看，立法者在很大程度上都对严格意义上的法律（亦即构成正当行为规则的法律人的法律）无甚了解，而且他们主要关注的也只是那些行政法的内容——这些行政法规在他们那里居然一步一步地变成了一门独立的法律，甚至在英国也不例外；然而我们知道，按照英国人过去的理解，私法不仅限制普通公民的权力，也限制政府机构或其代理者的权力。上述事态导致了这样一个结果，即那些曾一度夸耀说像行政法这样的东西在自己的国度里闻所未闻的英国人，在今天却要受成百上千个能够发布具有约束力的命令的行政机构的摆布。

代表们之所以倾心关注政府治理而非立法工作，实是因这样一个事实所致，即这些代表都知道，他们能否再次当选将主要取决于他们所属的党派在政府治理方面的成就，不取决于他们的立法工作。选民们在投票时所表达的只是他们对政府措施的即时性结果的满意程度，而不是他们对法律的变化所具有的只是在很久以后才会凸显出来的结果所做的判断。由于每个议员都知道他能否再次当选将主要取决于他所属的党派的受欢迎程度以及他从本党派中所得到的支持，所以他主要关注的也只能是本党派所采取的措施的短期效果。当然，每个议员对有关规则的斟酌或考量，也许会对他最初选择加入哪个党派的问题产生影响，但是，由于他的党籍的改变有可能会终止他的政治生涯（因为他是作为某个党派的成员而当选的），所以一般来讲，他通常会把有关规则的思考问题交由本党派的领袖去解决，自己则埋头于为选民排忧解难的日常工作之中，并按照本党派的路线去处理那些极为繁琐具体的行政事务。

因此，这样一个议员的整个倾向会使他对他的选民所提出的特定要求说“行”，但是一个真正的立法者的首要任务应当是对所有有关特权的主张或要求说“不”，并坚持主张某些事情是任何人都不能做的。不论埃德蒙·伯克（Edmund Burke）所描述的是一种什么样的理想，今天的党派一般来讲都不是以党派成员对价值达成的共识为基础的，而是为了实现特定的目的团结起来的。当然，我并不想否认这样一个事实，即甚至在今天，党派的组成也常常是以某些因信奉共同的规则或理想而团结在一起的精英人物作为核心基础的。但是需要强调指出的是，由于这些精英人物必须通过许诺给予其他的好处才能够吸引到一批追随者，所以他们不大可能（如果还有某种可能性的话）在忠诚于他们所信奉的规则的同时还能组成一个多数派。当然，如果一个党派所信奉的规则能够使它正当地向足够多的群体提供特殊好处以赢得多数的支持，那么这对于该党派来讲肯定是大有助益的。

在这个方面，唯社会论者可以说具有某种优势；这是因为在唯社会论者实现他们的最初目标的过程中，以及在他们实现了对生产资料的控制以后不得不面对如何把特定产品份额分配给不同群体的任务的过程中，维系他们的纽带就一直是他们所信奉的一项共同规则——或者至少是那种类似于社会正义的东西，尽管他们在当时并未察知这类规则或社会正义的主张实是空洞无物的。因此，他们能够全力去创造一架新的机器，根本不考虑它的用途；更有甚者，他们还能够把他们的所有希望都寄托在这架新机器建成以后所能够达致的成就上。但是需要指出的是，一如我们所见，他们从一开始就是以赞同废除正当行为规则意义上的法律并代之以行政命令的共识为基础的。因此，这样的立法机构实是一个彻头彻尾的政府行政机构——它所承担的工作很可能只是为计划当局的工作加盖橡皮图章而已。

就制定限制政府行动的规则这项任务来说，所需要的议员显然与那些主要关注如何为他们的支持者谋取特殊利益以确保自己再次当选的议员完全不同。人们肯定不愿意把这项任务委托给那些视政党政治为终生事业并一门心思想再次当选的议员，只会把它委托给另外一种类型的议员：他们在日常事务中已然赢得了人们的敬重和威信，他们的当选也完全是因为人们相信他们更具经验、更明智、更公平，还能够把全部时间用来考虑一些长远的问题，比如说如何改进那种调整各种行动（包括政府的行动）的法律框架的问题。的确，只有这样的议员才可能有充裕的时间去熟悉他们作为立法者的工作，即使面对那种在今天因代议机构没有时间立法而实际上承担着制定法律工作的官僚机构，他们也不会感到无能为力和束手无策（或者说，也不致成为官僚机构所轻视的对象）。

我们确实可以说，在那些代议机构中，最为凸显的情势有如下述：人们所认为的应当由立法机构承担的首要任务不断地遭到排挤，而且普通老百姓所想象的应当由立法者承担的那些任务事实上也主要是由公务员承担的。真正的立法工作之所以越来越被官僚机构所掌控，在很大程度上是因为立法机构本身只关注那些自由裁量的行政事务所致；然而值得我们注意的是，这种官僚机构却无权约束那些忙得竟无暇立法的立法机构所做出的政府治理决策。

具有同等重要意义的是，当议会不得不去处理那些被许多代表视作是良知问题并牵涉强势道德信念的真正立法问题（比如死刑、堕胎、离婚、安乐死、吸毒［包括饮酒与吸烟］、色情文学等问题）的时候，各党派便会认为有必要放松对各自成员在对这些问题进行投票表决方面所施加的限制——实际上在我们真正想要发现人们就重大问题所持的占支配地位的意见而不是就特定措施所持的看法的所有情势中，各党派都会放松对各自成员的控制。以上所述表明，所谓可以据之把公民泾渭分明地划入以不同规则为基础的不同群体（比如说党派组织）之中的那些判准，实际上根本就是不存在的。因此，同意遵守某些规则与赞同某种利益分配方案，乃是截然不同的两件事情。

如果在一种制度安排中，最高权力机构的关注点主要在于政府治理方面而不在法律方面，那么这种制度安排只会使政府治理的工作越来越压倒法律的工作；此外，政府活动的逐渐增加，在很大程度上讲，也是这种制度安排造成的。想让那些因为拥有施舍恩惠之权而谋得并保有其地位的人，用那些禁止滥施任何特权的刚性规则去束缚他们自己的手脚，无异于一种幻想；听任当选的政府治理者去制定或支配法律，无异于让猫去掌管奶油罐（这意味着奶油很快就会被猫吃得精光），至少限制政府之自由裁量权意义上的那些法律会荡然无存。事实上，正是由于我们在建构我们所设想的立宪民主制（constitutional democracies）的过程中存在着上述缺陷，我们才又一次使那种无限权力冲破了禁锢并占据了支配地位；然而早在18世纪，辉格党人便已然指出，那种无限权力“太野也太恶，因此不论对它的欲求有多么自然，人们对它的反对同样自然”〔12〕。

党派立法会导致民主社会衰败

如果一种制度可以使任何一个小群体都能够向整个社会敲诈勒索——只要这个小群体碰巧在那些对立的群体之间起着举足轻重的平衡作用，而且某个党派还能够因为得到它的支持而攫取到特权，那么这种制度决不是民主制度或社会正义。一如前述，这种制度乃是单一民选机构在拥有无限权力的情况下必定导致的一个结果，因为我们知道，如果这种机构的权力不被严格限定在真正的立法工作方面，或者说可以不根据它不能改变的法律进行治理工作，那么人们就无法阻止它对人们实行差别待遇。

这种制度不仅会型构成一种被敲诈和腐败牵着鼻子走的政府，还会制定出大多数人并不赞同且从长远来看还有可能导致社会衰败的各种法律。1906年颁布的《劳资纠纷法案》（*Trade Disputes Act*），可以说是英国现代史上一项最为重要的法案；可是今天还有谁会煞有介事地硬把它说成是多数之意志的表示呢？〔13〕虽然当时作为反对党的保守党对此项法案的意见遭到了彻底的否定，但是作为执政党的自由党的多数成员是否真的都赞同“第一代工党下院议员所草拟的”这项法案，却是值得怀疑的，[14]因为一如我们所知，自由党之多数在当时必须依赖工党的支持。毋庸置疑，该项法案对英国宪政传统的主要代表人物所造成的震动，很可能超过了现代立法史中任何一项其他法案所产生的影响，[15]但是更值得我们注意的是，该项法案赋予工会的那些令人震惊的法律特权（legal privileges），自此以后却成了英国经济持续衰退的主要原因。

从现行议会机构所具有的特性来看，要想证明它们能够更明智地处理诸如约束所有利益群体的权力或禁止对竞争施以限制措施这类至关重要的未来立法任务，不仅是无甚希望可言的，反而会更令人担忧，因为这些立法任务将主要取决于那些受到这些法案直接影响的特定群体是否得势，不会取决于人们对市场秩序得以有效运作的要件的理解或认识。

政府不得不通过向特定群体提供好处或资助特定活动去谋取选票的这种必要性，还使得这种政府产生了另一种奇特的倾向，尽管这种倾向只是以一种间接的方式表现出来的，但是其要害是显见不争的，即政府需要谋得思想观念二道贩子（secondhand dealers of ideas）的支持，因为我们知道，这些思想观念的二道贩子大都是从事“媒体”职业的，并在很大程度上决定着公众的意见。当然，这方面的事例可以说是数不胜数，不过我们在这里只能给出下述两个例子作为证据：第一，政府对现代艺术的支持，然而我们知道，人民之多数肯定不会关注这种艺术的；第二，政府对技术发展（比如飞登月球）的某种支持，然而对于诸如此类的技术发展来说，这种支持也肯定是大有疑问的；正是通过上述一系列举动，某个党派能够使自己保证谋得那些操纵着“媒体”的知识分子的同情和支持。

虽说民主这个术语没有被人们简单地当作平均主义的同义词，但是我们必须指出，民主这个术语正在逐渐变成一个指称贿选过程（process of vote-buying）的代名词，亦即那种可以被用来指称安抚与酬报那些特殊利益群体（它们在民风较为纯朴的年代里曾被称为

“邪恶的利益群体”［sinister interests］）的做法的代名词。在这里，我们需要强调指出的是，对这种情势应予负责的并不是民主本身，而是我们今天正在实践的那种特定形式的民主。如果我们用抽签的方式遴选出大约五百名成年人，由他们在二十年的期限内全力承担改进法律的任务，并在承担此项任务的过程中只受他们各自的良知以及他们想得到人们尊重的愿望的指导，那么我相信，我们肯定能够获得一个更具代表性的有关民众之真实意见的样本。然而颇为遗憾的是，根据当下盛行的竞卖议席制度（system of auction），每隔几年，我们就得把立法权委托给那些向其支持者允诺了最丰厚的特殊利益的人；因此，与我们前述的代表相比较，这些人反映民众真实意见的代表性显然要逊色多了。换言之，正像我们在下文中所要指出的那样，与当下盛行的那种拥有无限权力并业已酿成了敲诈政治和腐败政治的全知全能议会制度相比较，实际上还存在着一些可供我们选择的更佳的民主制度形式。

唯建构论的主权迷信

有一种观点认为，人民之多数（或者他们推选的代表）应当可以自由地把他们达成共识的任何东西都变成法律予以颁布，因此在这个意义上讲，他们也必须被视作是全知全能的；实际上，这种观点乃是与人民主权的观念（conception of popular sovereignty）息息相通、紧密联系在一起的。这个观点的错误既不在于它认为所有的权力都应当由人民来掌控，也不在于它认为人民的愿望必须经由多数的决策来表达，毋宁在于它相信权力的这种终极渊源必须是毫无限制的，亦即主权理念本身是不受限制的。这些论者妄称说，这种权力渊源之所以不受限制，乃是它所具有的逻辑必然性使然，但是这种所谓的逻辑必然性根本不存在。正如我们在前文中所指出的那样，人们之所以相信这样一种必然性，实是因为唯建构论者对人类制度之型构所做的那种错误解释所致——这些唯建构论者力图把所有的人类制度都视作是某个原初设计者的设计结果，或者是某种其他刻意的意志行为的结果。然而，社会秩序的基本渊源，并不是人们做出的那种要采纳某些共同规则的刻意决策，而是人们所持有的某些辨别是非的意见（opinions）。再者，使大社会成为可能的因素，也不是刻意地把行为规则强加给人们的那种做法，而是这些行为规则在那些并不知道普遍遵守这些规则具有什么后果的人群当中的不断扩展。

众所周知，所有的权力都是以先行存在的意见（pre-existing opinions）为基础的，只要这些意见得以盛行，那么所有这些权力就必须始终以它们为基础；据此我们可以说，这种权力决不是真的出自某种人格化的渊源（personal source），而且所谓创造出了这种权力的那种刻意意志（deliberate will）也完全是子虚乌有的。具体言之，主权观念乃是以一种极具误导性的逻辑推论为基础的，因为这种推论始于这样一个假设，即现行的规则和制度都源出于一种旨在创造它们的统一意志。然而，一个自由人组成的社会是决不可能从这样一种能够把它所喜欢的任何规则强加给人民的先行存在的意志（pre-existing will）那里生成发展起来的，因为这种自由人组成的社会乃是以下述两项条件为预设的：第一，所有的权力都必须受到人们据以组成社会的共同信念的限制；第二，没有共识，也就没有权力。〔16〕

除了那种因征服而创建的政治单位以外，人们之所以服从权力机构，并不是因为他们想使它为所欲为，而是因为他们相信一些人会按照某些共同的正义观念行事。显而易见，并不是先有一个社会，尔后这个社会再为它自己制定规则；相反，正是共同规则的存在，才使得那些类似一盘散沙的小群体结合起来并组成了社会。因此，人们服从他们所认可的权力机构的条件，实际上也就转换成了对该机构权力的一种永久性的限制，因为这些条件不仅是社会得以形成的条件，甚至还是国家得以存在的条件——值得注意的是，人们服从权力机构的这些条件，在自由时代被人们理解成了这样一项要求，即强制只能够被用于实施公认的一般的正当行为规则。那种认为必定存在着一个构成所有权力之渊源的无限意志的观念，实是唯建构论人格化思维的一个结果，也是法律实证主义所设定的那些反事实的假设所必然导致的但与人们服从权力机构的事实性缘由毫无关系的一种虚妄的拟制。

在认真思考政府权力之结构的时候，我们应当始终追问的一个首要问题，并不是谁拥有如此这般的权力，而是任何机构对这种权力的行使是否能够从人们服从该机构的隐含条件中得到正当性的支撑。因此，权力的终极限度并不是某人对特定问题所表达的意志，而是某种与之截然不同的东西，亦即某个特定的地域性群体（territorial group）中的成员对正当行为规则所达成的共识。法律实证主义的一个基本渊源，可以说是弗兰西斯·培根（Francis Bacon）所说的这样一句名言：“一种最高且绝对的权力是不可能自行终结的，而且那种在本质上可以被废除的权力也是无法确定的”〔17〕；然而一如我们所见，这段文字中隐含着这样一个错误的预设，即所有的权力都是从某个有目的的意志行为中衍生出来的。尽管我们决意“使自己只受好人的统治，而且只要统治者不公正，我们就会把他赶下台”，但是这并不意味着我们赋予了统治者以无限的权力，或者赋予了统治者以我们业已拥有的各项权力！权力并不是从某个议席中衍生出来的，而是以人们根据他们就某些规则达成的共识而给予它的支持为基础的，因此，权力的有效性也必须以这种支持所认可的范围为限。尽管进行刻意决策的最高渊源不可能有效地限制它自身所拥有的权力，但是它要受到它的权力得以衍生出来的那个渊源的约束：当然，衍生出这种权力的渊源并不是另一种意志行为，而是一种普遍盛行的意见。政府对专断性权力的僭取，不仅不可能得到公众的支持，而且篡权政府本身也不可能有效地实施这些专断性权力；这是因为在这种情况下，人们没有理由继续效忠这种政府，而且这种国家的权力机构也没有理由再继续存在下去。

在西方世界，从远古直到16世纪君主专制主义（absolutism）产生以前，几乎可以说不曾有人提出过这种无限主权（unlimited sovereignty）的主张。在中世纪，人们肯定不曾把这种无限的主权赋予王公贵族们，而且这些王公贵族本身也不曾提出这种要求。尽管欧洲大陆的专制君主极其成功地提出了这项要求，但是人们从来没有真正地把他们的要求当作正当的要求，实际上只是到了现代民主制度建立以后，这类要求才为人们所接受；因此我们可以说，现代民主制度在这个方面继承了君主专制主义的传统。即使在那个时候，人们还依旧持有这样一种观念，即正当性或合法性（legitimacy）最终是以全体人民对某些支撑并限制政府活动的基本原则的同意为基础的，而不是以他们对特定措施的同意为基础的。但是需要指出的是，就是在这种原本旨在制约权力的明确同意渐渐被视作是权力的惟一渊源的时候，那种无限权力的观念第一次被披上了正当性或合法性的外衣。

因此，从根本上讲，那种认为某个权力机构的全知全能乃是它所拥有的权力的渊源使然的观点，实是一种倒退；更有进者，在法律实证主义这种唯建构论认识进路的影响下，任何建立有民主制度（而不论它存在了多长时间）的地方都普遍出现了这种倒退现象。但是值得我们注意的是，这种现象决不是民主的必然结果，仅仅是这样一种极具误导性的信念所导致的一个后果，因为这种信念宣称：第一，一旦民主程序得到采纳，那么这台确认多数意志（will of the majority）的机器所产生的所有结果，事实上就是与多数意见（opinion of a majority）相符合的；第二，多数经由这种民主程序而能够达成协议或共识的问题之范围乃是不存在任何限制的。当然，上述那种信念还得到了另一种幼稚观点的推波助澜；这种幼稚观点居然认为，人民（the people）正是以这种方式“一起行动的”；此外，与此相类似的还有一种神话般的观点，即“人民”正在做着各种事情，而且“人民做事”在道德上也要比个人采取单独行动更可取。最终，这种幻想竟产生了这样一种稀奇古怪的理论，即由于民主的决策过程总是趋向于共同善（common good），所以共同善也就可以被定义为民主程序所产生的一系列结果。这个理论的荒诞不经之处可以通过这样一个事实得到明证：那些不尽相同但都具有正当根据的民主决策程序，有可能产生截然不同的结果。

对代议机构所拥有的权力进行必要的界分

代议政府的古典理论假定，通过对立法机构与行政部门的界分，并使之与民选的代议机构与它任命的执行机构之间的界分相应合，代议政府的目标就能够得到实现。人们之所以未能实现代议政府的目标，实乃是因为：第一，人们既有强硬的理由主张以民主的方式进行政府治理，同时也有强硬的理由主张以民主的方式进行立法；第二，惟一的民选议会不可避免地会在主张立法权力的同时还要求得到指导政府的权力。正是通过这种方式，代议机构一步一步地把立法的权力与政府治理的权力结合在一起了。毋庸置疑，上述情势导致了这样一个结果，即那种拥有不受任何规则约束的专断权力的邪恶体制又卷土重来了。我确信，就像我们在今天面对大多数其他形式的威权政府时会深感恐惧一样，人们有朝一日在面对这样一种想法时也会深感恐惧的，即一群人，甚至是得到了公民之多数授权的一群人，可以享有随意发布命令的权力。毋庸置疑，这种想法肯定会造成一种野蛮的暴虐状态，但是，它之所以会导致这种野蛮的状态，却并不是因为我们把权力交给了野蛮人，而是因为我们解除了规则对权力的约束；据此我们可以说，只要我们解除规则对权力的约束，那么这种权力就必定会产生这种不可避免的结果，而且不论是谁掌控这样的权力，概莫能外。毋庸置疑，即使是普通老百姓，也常常会比那些渴望对社会进行刻意重构的知识精英具有更强烈的正义感；然而，当普通老百姓不受任何规则约束的时候，他们所采取的行事方式有可能比任何知识精英甚或一个受着规则束缚的君王都更为专断。情势之所以如此，并不是因为人们相信普通人是信错了人，而是因为人们由此赋予普通人的任务实是人之能力所不及的。

当然，严格意义上的政府在履行其专有任务的时候不能受到规则的严格束缚，但是它的权力正是出于这个原因应当始终在程度和范围的方面受到限制，亦即它的权力应当始终只限于管理或使用那些由它负责的并在范围上受到严格限制的资产。然而，除了上述那些只限于管理一定数量之资产的权力以外，所有在适用范围上不受限制的其他权力却应当以实施一般性规则为限；与此同时，那些拥有制定规则之权力的人，也只得为相关机构实施这种一般性规则提供条件，没有权力就特定措施做任何决定。换言之，所有终极性权力机构都应当受到正义标准的约束，也只有在它准备遵循一项将在所有相似的场合中都予以适用的规则的条件下，它才有自由去做它想做的事情。

长期以来，宪法的目的一直在于防阻一切专断的行动，但是迄今为止，还没有哪一部宪法成功地实现了这个目的。那种认为宪法已然成功实现了这个目的的观点，实际上把人们引入歧途，因为它致使人们把“专断的”（arbitrary）与“违宪的”（unconstitutional）这两个术语误做了同义词。需要指出的是，虽说防阻专断行动乃是宪法的目的之一，但是这决不意味着遵循一部宪法就必定能够达到这个目的。这个方面所存在的混淆，实是因法律实证主义的错误观念所致。一如我们所知，能否有效地防阻专断行动，确实是检验一部宪法是否实现了宪法所旨在实现的目的的判准；但是，这并不意味着每一部宪法都确立了一项评断何为专断者的适当标准，也决不意味着一部宪法所许可的某种行为就不再可能是专断行为了。

如果最高权力机构必须始终通过遵守一般性规则来证明它的意图是正义的，那么这就要求人们做出相应的制度性安排，以确使一般性规则能够始终支配权力持有者所具有的特定欲求——即使当一个多数派赞同采取某项特定的行动，另一个少数派准备遵守一项会否定上述特定行动的一般性规则的时候，亦须确使一般性规则能够始终处于支配地位。（这种情势与防阻一切专断行动的目的并不冲突，因为只要还允许人们赞同一项特定的行动，那么倾向于禁止所有有争议的特定行动就是完全合理的）换言之，即使是最大的多数派亦须如此，因为只有当它准备明确废除某项先已确立的规则并准备遵守一项新规则的时候，它才能够在实施强制性行为的方面违反该项业已确立的规则。真正意义上的立法应当始终是一种依照既定规则行事的担当，不应当是一种有关如何在特定场合中行事的决策。因此，立法必须从根本上追求长远的效果，并指向特定情势尚不为人所知的未来；同理，立法机构制定的法律也必须旨在有助于不确定的任何人去实现他们所具有的同样不为其他人所知道的目的。当然，要想成功地完成这项任务，我们必须有一些能够自由地从他们为整个社会制定的规则所具有的长远可欲性这个角度出发去看待他们所承担的任务的人，不需要那些狭隘地盯着特定情势或者一心想谋得特殊利益群体支持的人。

因此，真正的立法从根本上说是一项需要远见的任务，其程度甚至要超过设计一部宪法所需要的远见，但是不能否认的是，真正的立法与设计一部宪法的任务颇为不同，因为立法必须是一项持续不断的任务，亦即一项必须持之不懈地以渐进的方式去努力改进法律并使之与新情势相适应的任务——尤其当司法（jurisdiction）无力与事实和意见之迅速变化保持同步发展的时候，我们更需要用立法作为救济手段。尽管这种立法工作只会在相隔一段时间以后才要求立法者做一次正式的决议，但是它需要立法者对这些问题给予持续的关注并进行不断的研究；就此而言，那些忙于拉拢支持者和忙于处理那些需要即刻解决的迫在眉睫的问题的政客们，是不可能有时间去关注和研究这些问题的。

严格意义上的立法任务之所以与立宪任务不同，还有另一个原因，即真正的立法任务所关注的规则要比一部宪法所包含的规则更具普遍性。一部宪法所关注的主要是政府的组织问题，以及如何把不同的权力分配给政府各部门的问题。尽管把一些实质正义的规则规定在“建构”（constituting）国家组织的正式文献之中，进而使这些特殊的保护措施得到明确规定的做法常常是可欲的，但是同样不争的是，一部宪法从根本上来说乃是一种上层结构（superstructure），它的目的就是要为实施现行的正义观念提供服务，而不是为了明确阐明或规定这些正义观念，因为一部宪法不仅预设了正当行为规则系统的存在，而且所提供的也只是一套实施这些正当行为规则的常规机制。

鉴于本书的论述安排，我们将在后文对这个问题做进一步的讨论；我们在这里只想指出，正如真正的立法任务不同于政府治理任务一样，它与立宪任务也不尽相同；因此，正如真正的立法任务决不应当与政府治理任务相混淆一样，它也决不应当与立宪任务有丝毫的混淆。我们由此可以得出结论，如果要避免这种混淆，我们必须确立一种分为三层的代议机构制度（three-tiered system of representative bodies）：第一层机构关注那种具有准恒久性的宪法框架，只是间或在这个宪法框架被认为有必要加以修改的时候才对它做出修正；第二层机构承担如何以渐进的方式改进一般的正当行为规则这项持续不断的任务；第三层机构关注当下的政府治理任务，亦即管理或调配由它掌控的资产的问题。

democracy 抑或 demarchy？

一如我们所知，民主（democracy）这个概念的含义已经经历了各种变化，其原因就在于人们越来越频繁地把民主这个概念从它所适合的政治领域适用到了其他各种领域——这个概念在其他领域中的适用是否具有意义是大可怀疑的[18]：如果说唯社会论者使用的诸如“人民民主”（people's democracies）这类术语中的“民主”概念，明显缺乏民主所应具有的最基本的特征，那么他们依此方式对民主这个概念所做的持久且处心积虑的滥用，是否还能够使这个概念恰当地指称它原本所旨在表达的那种理想呢？当然，我们不可能在这里对民主这个概念的含义所经历的种种变化做详尽的探究；我们之所以在上文简略提及了民主这个概念的一些变化趋势，主要是因为这些趋势正在使“民主”这个术语的含义变得更加含混不清了，甚至还把这个术语变成了人们“拜词教”（word-fetish）的一个对象，亦即变成了某个希望根据自己的特殊欲求来型构社会的群体所提出的任何要求的合法性外衣。

当人们在各种组织之运作方式的方面要求更多民主的时候，这些要求的合法性实际上变得更为可疑。只要我们对谁应当被视作是这些组织的“成员”进而有权参与管理这些组织的问题进行追问，这类要求中所隐含的问题便会即刻凸显无疑。我们实在不明白：为什么一个为了自己的利益而向某个组织出售自己服务的人，就应当据此在该组织的运作方面或在决定该组织的目的方面也拥有某种发言权。众所周知，指挥一场军事战斗是不可能采取民主方式的；即使是像盖一幢房子或从事政府官僚机构的某项工作这类简单的事情，也是不能诉诸民主方式的。

对于这个问题，我们当然还可以做一步追问：究竟谁是一家医院的“成员”，谁是一个酒店的“成员”，谁是一家俱乐部的“成员”，谁是一个教育机构的“成员”，谁又是一家百货商店的“成员”呢？是那些服务于这些机构的人呢？还是那些得到这些机构服务的人呢？抑或是那些为展开这些服务而提供必要物质手段的人呢？我之所以在这里提出这些问题，主要是为了阐明这样一个要点：尽管我们仍在使用民主这个术语，还认为应当捍卫它所描述的那种理想，但是这个术语已经不再能够表达一种毋庸多加解释人们便能够信奉的明确观念；再者，人们在今天常常用它来表达的某些含义，甚至还变成了对它曾经指称的那些理想的严重威胁。尽管我本人坚信，政府应当根据人民之多数所认可的诸项规则来运作，如果我们想维护和平和自由，那么我们就必须如此运作政府，但是我也必须坦率地承认，只要民主这个术语被用来意指政府应当根据那种不受约束的多数之意志来运作，那么我就不仅不是一个民主主义者（democrat），甚至还认为这样的政府治理是邪恶的，从长远来看也是不可行的。

这里产生的乃是这样一个问题，即那些信奉原初民主理想的人在今天是否还能够有效地通过使用那个旧称谓来表达他们所信奉的那种理想。我真的越来越怀疑人们在今天使用这个术语是否还有意义；同时我也越来越确信，只要我们还想维护原初民主理想，那么我们就不得不造一个新词来指称它。我们所需要的乃是一个能够表达这样一种事实的新词，即只有当多数用遵守某项一般性规则来证明他们想正当行事的意图的时候，他们的意志才会具有权威性并对其他人具有约束力。这就要求我们用一个新词来指称这样一种制度，其间，赋予多数以合法或正当权力的因素，并不是赤裸裸的强权，而是那种可以得到证明的信念——即多数视其颁布的规则为正当的信念。

颇为巧合的是，“民主”（democracy）这个希腊词乃是经由一个表示“民众”的词 demos 与一个表示“权力”的词即 kratos（或动词 kratein）相组合而成的（当然，在这个合成词中，该词的词根仅仅是被用来表达“权力”这个含义的）。此外，在希腊语当中，还有一个词也可以用来表示“权力”，这就是动词 archein（用于诸如 monarchy、oligarchy、anarchy 等这样一些合成词之中）；但是与 archein 不同，kratein 强调的似乎是一种赤裸裸的暴力，而不是依照规则进行治理。在古希腊，archein 这个词根之所以不能用来构成 demarchy 一词以表示民众之统治，乃是因为 demarch 早在此前就已经被用来指称一个地方性群体或地区（即 deme）的领导的职权（至少在雅典是如此），这个术语也就不再能够被用来描述全体民众所进行的治理活动。但是，这并不会妨碍我们在今天采用 demarchy 这个术语来表达人们最初采纳 democracy 所要表达的那种理想（当时，人们就是通过采纳 democracy 一术语而渐渐取代了“意索诺米”isonomy 这个更为古老的用语的——亦即被用来指称法律面前人人平等的那种理想的术语）。〔19〕在我们这个时代，由于人们越来越频繁地滥用民主这个术语，并用它来指称那些会致使各种同盟或有组织的利益群体攫取新特权的制度，所以越来越多的人开始反对那种在今天居于支配地位的民主制度。因此，在这样一个时代，如果我们还想维护民主这个基本理想，那么 demarchy 就正是我们所需要的新称谓。显而易见，我们反对滥用民主这个术语的做法是极具正当理由的；但是，如果我们所做的这种努力并不是为了贬损它所指称的那个理想本身，也不是为了使人们在幻灭中接受更不可欲的政府体制，那么我们就有必要拥有像 demarchy 这样一个不曾被人们长期滥用而遭玷污的新称谓，来指称那个悠久而古老的民主理想。

注　释：

* W. H. Hutt，*Politically Impossible ...... ?*（London，1971），p. 43；另请参见 H. Schoeck，*Was heisst politisch unmoglich ?*（Zürich，1959） 和 R. A. Dahl and C. E. Lindblom，*Politics，Economics and Welfare*（New York，1953），p. 325：“就经济事务而言，美

国在采取理性行动的能力方面，最为致命的限度也许就在于讨价还价这种做法在很大程度上影响了所有的政府决策。”

〔1〕M. J. C. Vile，*Constitutionalism and the Separation of Powers*（Oxford，1967），p. 43. 另参见上引书的一个重要结论，p. 347：“正是对社会正义的关注，才打破了政府的职能与机构在较早时候确立的三位一体的形式，还为现代政府增加了一个新的维度。”

〔2〕上引书，p. 63。

〔3〕John Trenchard and Thomas Gordon，*Cato's Letters*（1720-1722）. 重印于 D. L. Jacobsen（ed.），*The English Libertarian Heritage*（Indianapolis，1965），p. 121 。

〔4〕William Paley，*The Principles of Moral and Political Philosophy*（1785；London edn.，1824），pp. 348 以次。另请参见 Thomas Day，“Speech at the general meeting of the freeholders of the county of Cambridge” 20 March 1782（转引自 Diana Spearman，*Democracy in England*，London 1957，p. 12）：“对我们来说，不得赋予主权者以任何能够影响个人的生命、财产或自由的歧视性权力。”

〔5〕M. J. C. Vile，上引书，p. 158. 另请参见 James Iredell 在 1786 年发表的一篇文章中所提出的极具意义的论点，转引自 Gerald Stourzh，*Vom Widerstandsrecht zur Verfassungsgerichtsbarkeit*：*Zum Problem der Verfassungswidrigkeit im* 18. *Jahrhundert*（Graz. 1974），p. 31. 在写于 1786 年的这篇文章中，James Iredell（pp. 145-148）主张“立法机构必须服从宪法”。他反对一切“对无限权力的滥用，因为无限权力是不可信赖的”；他特别反对“英国议会所享有的无限权力，……而且也反对立法机构在任何情势中都必须拥有绝对权力的理论，因为这个理论在当时乃是英国主张各种权利的重要基础”。然后，他又讨论了“立法权力不受约束的规则……；当然，这项规则乃是我们的宪法所否弃的东西。在英国，人们受着该项规则的约束，因此，英国人不如我们自由”。最后他得出结论：“我猜想，毋庸否认的是，宪法是国家之法，也是议会之法；仅是宪法所具有的这一特性，使得宪法成了一种立法机构不能更改的根本大法，立法机构正是从这种根本大法中衍生出了它所享有的一切权力。”该文重印于 Griffith J. McRee，*Life and Correspondence of James Iredell*，vol. II（New York，1857；重印本：New York，1949）。Stourzh 教授慷慨地给了我一本 *Life and Correspondence of James Iredell*，在此向他表示感谢。

这些观念在美国的激进分子当中存在了很长的时间，最终还被他们用来当作反对对民主施加限制的论据。但是值得注意的是，有关美国宪法的构想方式的正确阐释，是由 J. Allen Smith 教授在他所著的 *Growth and Decadence of Constitutional Government*（New York，1931；重印本：Seattle，1972）一书中做出的，尽管他带有一定程度的批判倾向。在为该著作撰写的导言中，Vernon Louis Parrington 还提到了 J. A. Smith 的一部早期著作（*The Spirit of American Government*，New York，1907）：“对于 1907 年的自由主义来说，最具启示性的贡献在于该书从［美国制宪时期的］大量演说词和论著中证明，该宪政体制乃是有意为了非民主的目的而设计出来的。”难怪 Smith 后一部著作的最后一章在美国伪自由主义者那里如此不受欢迎！在该章中，Smith 十分明确地指出，取消对全权性民主所设置的这些屏障，将对个人自由构成威胁。Smith 指出，“当政府，尤其是当政府中最不受公众影响的部门（即最高法院）获得了解释宪法保障个人自由之规定的公认权力的时候，这些保障规定的有效性”是如何“被极大削弱的”（p. 279）；他还阐明了“在多数掌权的地方个人自由为什么未必会得到保障的个中原因”（p. 282）；此外，他还指出，“在当今的美国，个人自由不仅缺乏积极且明智的公众舆论的支持，一定程度上还常常受到公众的仇视，这就使宪法对个人自由所做的保障措施完全失效了”（p. 284）。他的这些阐释和分析，读起来很像是对他本人曾鼓吹过的一些观念产生的结果所做的批判，但仍然值得一读。

〔6〕有关某些早期德国学者对这个事实的认识，请参见本书第一卷第 176 页注释〔17〕和〔18〕。这些作者包括哲学家黑格尔和政治制度史学家 W. Hasbach。

〔7〕有关法律实证主义对这种发展所做的全面支持，参见本书第二卷第八章。

〔8〕参见 G. Sartori，*Democratic Theory*（New York，1965），p. 312：

> 虽然法律，按照人们在过去所理解的那样，可以有效地充当抵制专断权力的强固堤坝，但是立法，根据人们现在对它的理解，则可能（或者将会）根本起不到这种保障作用了。……一旦法治变成了立法者之治，那么这就为“以法律之名”进行压制打开了大门，至少在理论上讲是这样。然而，这样的压制在人类历史上则是没有先例可寻的。

〔9〕Edmund Burke 曾把当时的政党描述为一个有规则的联盟，他们“联合起来并根据某项他们都赞同的原则采取联合行动，以增进国家的利益”（*Thoughts on the Causes of the Present Discontents*，London，1779）。

〔10〕参见本书第一卷第 126 页。

〔11〕Courtenay Ilbert，*Legislative Methods and Forms*（Oxford，1901），p. 210.

〔12〕载于 *Cato's Letters*，9 February1722，载于我在上文注释〔3〕征引的 D. L. Jacobson 版本中的第 256 页。

〔13〕见 Gerald Abrahams，*Trade Unions and the Law*（London，1968）。

〔14〕Robert Moss，*The Collapse of Democracy*（London，1975），p. 102：“因此，那些为了在字面上兑现竞选诺言而草率地通过这项由第一代工党议员起草的法案的自由党人，实际上并不知道他们自己在干什么。”

〔15〕参见 P. Vinogradoff 的文字（vol. I，p. 179，note 7）以及 A. V. Dicey，Lord McDermot 和 J. A. Schumpeter 的文字，转引自拙著 *The Constitution of Liberty*（London and Chicago，1960），p. 506，note 3。

〔16〕参见本书第一卷第一章最后一节、第二卷第八章以及 K. R. Popper，*The Open Society and its Enemies*（London，1945；sixth edn.，1966），vol. I，p. 121。

〔17〕转引自 C. H. McIlwain，*The High Court of Parliament*（Yale University Press，1910）。

〔18〕有关这个问题，见 Wilhelm Hennis，*Demokratisierung：Zur Problematik eines Begriffs*（Cologne，1970）。

〔19〕自从我首次建议使用“demarchy”（in a pamphlet on *The Confusion of Language in Political Thought*，Occasional Paper 20 of the Institute of Economic Affairs，London，1968）这个术语以来，我已注意到，这个术语的问题已在德国文献中得到了相当详尽的探讨。请特别参见 Christian Meier 所做的研究：“Drei Bemerkungen zur Vor-und Frühgeschichte des Begriffes Demokratie”，载于 *Discordia Concors*，*Festschrift für Edgar Bonjour*（Basel，1968）；*Die Entstehung des Begriffes“Demokratie”*（Frankfurt a. M.，1970）；以及他的论文：“Demokratie”，载于 O. Brunner，W. Conze 和 R. Kosselek（eds），*Geschichtliche Grundbegriffe*，*Historisches Lexikon zur politisch-sozialen Sprache in Deutschland*（Stuttgart，vol. I，1972）；而在上述每项文献中，读者都可以发现与此讨论相关的更多的参考资料。

第十四章

公共部门与私营部门

对立法与征税进行界分，实是自由的关键之所在。

——威廉·皮特*

政府的双重任务

由于我们在本书中所关注的主要是自由社会必须对政府的强制性权力予以设定的种种限制，所以读者可能会产生一个错误的印象，以为我们把实施法律与抵御外敌当成了政府仅有的两项合法职能。过去的一些理论家确实提倡过这样一种“最小国家”（minimal state）的论说。[1]的确，在一定的条件下，比如在一个不发达国家的政府机器还未能够很好地履行这两项主要职能的情况下，人们把它的活动限定在这个范围之内便不失为一种明智之举，因为它所拥有的那些微弱的权力根本无法使它承担起额外的负担；再者，如果它无视自己的实际情况妄图承担更多的职责，只会导致这样一个结果，即它甚至会无力为自由社会的运行提供种种不可或缺的条件。然而，对于发达先进的西方社会来说，上述顾虑是无甚意义的；更为具体地说，上述顾虑乃是与西方社会确使人人获得个人自由这个目的毫无关系的，甚或与其充分运用大社会中的自生自发秩序也是毫无关联的。

我们认为，在发达社会中，政府应当运用它所享有的经由征税而筹集资金的权力，为人们提供市场因种种缘故不能提供或不能充分提供的一系列服务。显而易见，上述情势不仅是毋庸置疑的，我们的这个观点也根本不是在提倡上文所谓的“最小国家”说。[2]的确，我们甚至还可以认为，即使政府因为人人都自愿遵守传统的正当行为规则而不再需要使用强制，我们还是有强硬的理由把另一种权力赋予政府当局，使它们能够要求其居民纳税并用这些税款去资助上文所说的那些服务。我们认为，大凡在能够用市场为人们提供他们所需要的服务的场合，诉诸市场可以说是最为有效的方法；但是，这并不意味着在市场无法提供这些服务的场合，我们就不可以诉诸其他方法了。一如我们所知，在某些情势中，亦即只有当所有的受益者都被要求对某些服务承担各自费用的时候，才能够提供这些服务；这是因为这些服务不可能只为那些交纳费用的人所独享。因此，在这些情势中，显然只有政府才有资格动用这种强制性权力，去要求所有的受益者为这些服务承担费用。

如何调整政府所从事的各项服务性活动（service activities），或者如何控制政府为提供这些服务而筹集和管理由它支配的物质资源的工作，乃是极为繁复的问题；要对这些问题进行详尽的讨论，我们必须通过撰写另外一部与本书篇幅相同的专著方能完成。因此，在本书仅一章文字的篇幅中，我们只能够简要地指出，作为公共资源的管理者，政府按照合法方式开展上述完全合法的活动的领域是极其广泛的。当然，我们做出这一简要阐释的目的，主要在于使人们避免产生这样一种印象，即通过把政府的强制性活动和垄断权严格限定在实施正当行为规则、保卫国防和征收税款以资助政府活动三个方面，我们的目的是要把政府完全捆绑在这三项职能上。

一如我们所知，正是政府拥有强制性权力，才使它能够在提供那些无法经由商业途径提供的服务方面获得它所必需的资源；但是这决不意味着，作为这些服务的提供者或组织者，政府也应当能够运用强制性权力。正如我们所见，为了筹集资金，政府必须依赖强制性权力，但是这种情势未必意味着那些服务也应当由政府加以组织。的确，由政府来组织某些服务，有时候是提供这些服务最为便利的方式，但是这肯定不意味着，作为这些服务的提供者，政府也必须或应当可以获得它在行使统治性职能（authoritative functions）时依照惯例而能够正当享有的那些权威性与尊严（尤其在德国传统中，富于神秘色彩的 Hoheit 与 Herrschaft 这两个词乃是这样的权威性与尊严最为形象的表示）。就此而言，最为重要的莫过于下述两项工作：第一，我们必须把政府所承担的这两项截然不同的任务明确地界分开来；第二，当政府践履它所担当的服务性职能（service functions）的时候，我们不能把我们在政府实施法律和抵御外敌时赋予它的那种权威性也赋予它。无论如何，我们都没有理由把这种权威性或排他性权利赋予那些由政府掌管的纯属盈利性质的服务机构——我们之所以让政府掌管这些机构，完全是因为只有它才能资助它们。把这些服务机构视作是一种纯粹盈利性的手段，是无可厚非的，因为它们与各行各业人士的作用并没有什么不同，而且也绝不会比他们的作用更大——实际上，这类机构的存在只会使人们感到更加担忧，因为这些机构能够用强制性权力来填补他们的成本。现代民主不仅常常未能对法律表现出法律理应受到的那种尊重，还趋于过分夸大国家在其服务性职能中所具有的作用，甚至还毫无理由地在国家践履服务性职能时为它谋求只有当它作为保障法律与秩序的维护者时才应当享有的那些特权。

集体产品

市场秩序的有效性与分立财产权制度（institution of several property）的有效性乃是以这样一个事实为基础的，即在大多数场合，生产特定商品和提供特定服务的人，一般都能够确知谁将从他们那里受益以及谁会支付他们的费用。再者，有关只有愿意出钱者才能从其他人的活动中受益以及不愿付钱者不得从中获益（与之相适应，损害必须赔偿）的那些条件，就私人所有的物质商品而言，也在很大程度上得到了实现：一个人对一项特定动产所享有的所有权，一般来讲，都能够使该所有者对该物品的使用所带来的绝大多数有益结果或有害结果享有控制权。但是，一旦我们把视角从狭义上的商品转向土地，情况就颇为不同了。一个人对自己土地的所作所为所产生的那些影响往往是不可能被限于他所拥有的那片土地的，从而也就会产生种种被称之为“相邻效应”（neighborhood effects）的问题——如果该所有者只须考虑他的行为对自己财产所具有的影响，那么他就不会考虑这种相邻效应的问题。当然，因空气污染或水质污染等现象引起的种种问题亦是如此。在诸如此类的情势中，如果个人只是考虑他的行为对他自己确获保障的物权领域所具有的影响，那么这就无法确使我们获得我们在考虑特定动产使用时所能大致达到的那种收支平衡——这是因为上述情势与特定动产的情势不同，就后者而言，惟有该所有权者本人才能经受并承担使用这些动产所会产生的影响或结果。

在某些情势中，市场为了发挥其有序性作用必须具备的那些条件，只是在个人活动的某些结果方面才有可能得到满足。从整体上讲，这些活动仍会受到价格机制的有效指导，尽管这些活动的某些结果会波及其他人，这些其他人既不会为他们所获得的利益付酬，也不会因为蒙遭损害而得到赔偿。正是在这些情势中，经济学家们论及了（积极的或消极的）外部效应（external effects）的问题。然而一如我们所知，在一些其他情势中，让某些特定的人独享某些服务的做法不仅在技术上是不可能的，还会因为成本太高令人却步，所以这些服务只能向所有的人提供（更准确地说，如果这些服务向所有的人提供，那么这种做法至少会更省钱，也会更有效）。不仅像防止暴力、防止传染病这些显而易见的事例，或者像防洪水、防雪崩这类防止自然灾害的事例，也包括众多使现代都市生活得以顺利进行的便利设施、大多数公路（除了某些可以征收过路费的长距离高速公路以外）、度量衡的规定，以及从土地登记、地图、统计数字到对市场上所提供的某些商品或服务的质量进行确认等大量不同的信息，都属于那种只能向所有人提供服务的范畴。在许多情势中，提供这些服务并不能使提供这些服务的人获利，所以市场也就不会提供这些服务。然而，以上所述都是地地道道的集体产品或公共产品，因此，为了提供这些服务，人们除了采取那种把这些服务出售给个人使用者的方法以外，还极有必要去构设某种其他的方法或措施。

一些人有可能不加思索地认为，为了提供这些服务，根本就毋须诉诸强制，因为人们一旦认识到只有采取共同行动才能够实现这种共同利益，那么这种认识就会使那些讲道理的人自愿地加入组织这些服务的行列中去，并为这些服务支付费用。需要指出的是，虽然这种情势有可能在相对较小的群体中发生，但是在大群体中，情势就决非如此了。这是因为在为数众多的人被卷入其间的情势中，大多数个人（不论他们多么希望得到相关的那些服务）都有理由相信，无论他们自己是否同意分摊一份费用，结果都不会有什么不同。再者，由于任何一个同意出资的个人都无法确使其他人也如此行事，所以他也就无从确信有关目标肯定能够达到。在这种情势中，如果每个人都受完全理性思考的支配，那么他们确实会拒绝出钱，尽管他们希望所有的其他人都能出钱。[3] 但是，如果个人知道，只有当强制被适用于包括他本人在内的所有人的时候，强制才能够得到实施，那么他同意接受强制就是合乎理性的，当然条件是这种强制也得向所有的其他人适用。在许多情势中，人们之所以能够提供那种符合所有人的愿望或者至少是符合绝大多数人愿望的集体产品，所依凭的就是这种方法，而且也惟有此一方法可循。

这种以肯定性的方式要求人们采取行动的强制可以说是合乎道德的，只是当这种强制与那些禁止个人侵犯其他人所享有的确获保障的物权领域的规则相比较的时候，它所具有的那种正当性才不是那么显见不争了。尤其当相关的集体产品并不是所有的人都欲求的或至少不是相当多数的人所欲求的时候，为了提供这种集体产品而实施强制的做法是否还符合道德，确实大有疑问了。然而，显见不争的是，我们同意强行筹集资金并把这些资金用以实现我们并不关注的目的，在一定的条件下乃是与我们的利益相符合的，这个条件就是其他人也必须以同样的方式被要求为实现我们所欲求的然而他们并不关注的目的出资。尽管这种做法似乎是在要求个人为他们并不关注的目的提供服务，但是把这种情况视作是一种交换，可能更切近事实：每个人之所以同意依照相同的统一原则为“公积金”出资，乃是因为他们知道，如果他们希望用公积金来资助他们所欲求的服务，那么他们这种希望所能够实现的程度肯定是与他们为公积金出多少钱紧密相关的。只要每个人都可以指望从公共财富中获得他所需要的服务，这些服务对他的价值又大于对他提出的付款要求，那么服从这种强制便是与他的利益相符合的。就许多集体产品而言，人们根本就不可能精确地确认出谁将从这些集体产品中受益或受多少益，因此我们所能旨在实现的就是使每个人都感到，从整体上说，集体产品为他提供的服务至少在价值上等同于对他提出的付款要求。

就许多只能满足某一特定地区之居民的需求的集体产品而言，如果对各种服务的管理之权乃至税收之权都由地方当局而不是由中央政府掌管的话，那么人们就更容易趋近上述目标了。虽说在本书的大部分篇幅中，我们出于论述简洁的缘故不得不在论及政府的时候常常采用单数的形式（即 government），也不得不强调只有政府才应当拥有强行筹集资金的权力，但是我们敬请读者一定不要误以为我们是在主张这样一种观点，即应当把这种权力完全集于中央政府一身。我们实际上是认为，如果我们想为提供集体产品的问题确立一项令人满意的制度性安排，那么我们就必须在很大程度上把这项任务委托给地方当局去承担。颇感遗憾的是，在本书讨论的范围内，我们几乎没有机会对政府集权（centralization）与分权（decentralization）或单一制政府（unitary government）与联邦制（federalism）政府所涉及的全部问题进行探讨。因此，我们在这里只能强调指出，尽管我们强调强制必须由政府垄断，但是这未必意味着这种强制性权力应当完全集于中央政府一身；相反，把所有能够以地方为单位行使的权力都授予那些只拥有地方性权力的机构，很可能是确使人们为政府行动所缴纳的费用与他们从政府行动中所获得的益处达致大体平衡的一种最佳方法。

在下文对公共部门（public sector）的讨论中，我们必须着重牢记这样两个要点：第一，与论者们常常以一种明确方式做出的论辩相反，某些服务必须经由强制性征税措施加以资助的事实，决不意味着这些服务也应当由政府施以管制或支配。在财政资助问题解决以后，我们可以说，一方面把这些服务交给彼此竞争的企业去组织和管理，另一方面通过适当的方法把经由强制手段而筹集到的资金依照服务享用者所表现出来的某种倾向再分配给各个生产者，实是一种更有效的做法。米尔顿·弗里德曼（Milton Friedman）教授就提出过这样一种精妙的资助教育方案，该项方案的做法是：先把用款凭证交给孩子们的家长，然后再由他们把这笔款项付给他们为子女所选择的学校，以作为对该学校提供的服务的全部或部分酬报；实际上，这项规则还可以适用于许多其他的场合。[4]

我们必须牢记的第二个要点是：在严格意义的集体产品情势中，以及在某些使个人活动的部分结果变成了某种集体产品（或集体危害）的“外部效应”的事例中，我们据以提供这些服务的方法实际上仍是一种较次的方法（inferior method），其原因便在于用市场这种更为有效的方法来提供这些服务所必须具备的那些条件还不具备。如果有关服务能够经由自生自发的市场秩序的指导而得到最为有效的提供，那么我们依靠市场来提供这些服务仍是可欲的；当然，我们在依靠市场提供这些服务的情势中采取下述做法亦是极为可欲的，即一方面我们用中央决策这种强制性措施来实现筹措资金的目的，另一方面我们尽可能地把组织这些服务之生产的工作和在不同的生产者当中分配这些可供使用的资金的工作，交由市场所具有的各种力量去决定。当我们为了实现特定的目标不得不诉诸刻意组织（deliberate organization）这种技术的时候，我们必须始终牢记这样一项指导原则，即我们为此采取的任何措施都不得侵损自生自发的市场秩序的运行，因为我们还必须依凭这种市场秩序去实现我们所具有的许多其他且往往更为重要的需求。

对公共部门的界定

如果政府拥有排他性的强制权利（exclusive right of coercion），那么这一点也就往往意味着，只有政府才有能力提供某些必须通过强制性征税措施加以资助的服务。然而，这种情势不应当使人们误以为，在人们能够找到其他方法提供这些服务的情况下，仍然应当把提供这些服务的权利交由政府独享。当下对公共部门（public sector）与私营部门（private sector）所做的界分，有时候会被人们错误地用来表达这样一种意思，即除了实施正当行为规则以外，提供某些服务的权利也应当依法由政府独享。然而，对公共部门与私营部门的界分做这样的理解是毫无道理可言的。在某些特定的情势下，即使事实上只有政府有能力提供特定的服务，我们也没有理由因此禁止私营部门去尝试和寻求其他的方法，亦即在不使用强制性权力的情况下提供这些服务的方法。更为重要的是，政府提供这些服务的方式，也决不应当是那种使其他人不再可能提供这类服务的方式。人们有可能找到一些新的方法，使一种在过去不可能由那些愿意为之支付费用的人独享的服务成为一种可供买卖的服务，进而使市场方法能够在它于此前无法得到适用的领域中得到适用。无线电广播就是这个方面的一个事例：只要一家电台发射的信号能够被任何人接收到，那么向特定的用户出售一套节目就是不可能的。但是，技术的进步极有可能开放出这样一种新的可能性，即只有那些使用特殊收音机的人才可能接收到电台发射的节目信号，进而使市场在这个领域中的运作成为可能。

因此，那种被普遍称之为公共部门的领域，不应当被解释成由政府独享的一系列职能或由政府垄断的一系列服务，应当被视作是政府为了提供它被要求提供的服务而运用由它掌控的一定数量的物质资产。就此而言，政府所需要的只是那种根据某项统一规则强行筹集资金的特殊权力；但是除了此项权力以外，即使在管理或调配这些资金的时候，政府也不得享有任何特权，甚至还应当像任何其他组织一样，遵守一般性行为规则并接受潜在的竞争。

显而易见，这种公共部门不仅包括政府控制之下的一切人力资源和物力资源，也包括政府出于一般考虑而提供和维护的一切制度性安排和设施。因此，这种公共部门的存在，[5]当然会产生如何调整它们的问题，这些问题在今天是通过立法手段加以决定的。然而，为了这个目的而制定的“法律”（laws），在性质上与那些被我们一直视作是真正的法律（the law）的一般行为规则截然不同。这些所谓的“法律”所调整的乃是有关修建诸如公路这类公共服务设施的事务，以及政府出于一般考虑而提供的各种其他公共服务；当然，这些“法律”所调整的事务还包括私人使用这些公共服务设施方面的问题。从性质上来看，为了达致这个目的而需要的规则，显然属于那种旨在实现特定结果的组织规则，不属于那种界分私域（private spheres）的正当行为规则；此外，这些规则的内容也主要是由效率或便利方面的考虑所决定的，而不是由正义方面的考虑所决定的。它们实是政府治理的事务，而不是严格意义上的立法事务；虽说政府在为人们如何使用它所提供的服务这个问题制定规则的时候，应当受到正义所提出的某些一般性要求的约束（诸如避免对人们施以专断的差别待遇的要求），但是这些规则的实质性内容主要是由政府所提供的各种服务的有效性或便利性方面的考虑所决定的。

众所周知，政府为公共服务设施之使用问题制定了诸多规则，这类规则方面的一个范例便是公路法规（Rule of the Road）或整个交通规章制度。尽管这个范例常常被人们当作正当行为规则的事例加以征引，但是我们必须强调指出，这种理解有着极大的误导性。显见不争的是，这些规则也具有行为规则的形式，但是与普遍的正当行为规则有着很大的区别，因为这些规则既不界定私域，也不旨在普遍适用，只适用于人们对政府提供的某些公共设施的使用问题。（例如，公路法规就不适用于某个不对一般公众开放的私人花园中的交通问题。）

毋庸置疑，政府为其提供的公共服务设施的使用问题而制定的那些专门规章对于公众来说是极为必要的，但是我们还是必须对当前盛行的一种思潮做坚决的抵制，因为这种思潮力图把上述那种规制观念（conception of regulation）扩展适用于那些由私营企业以商业方式提供的所谓的公共场所（public places）。私有的剧院、工厂、百货商店、运动场所或综合大厦等，并不会因为大众都可以使用它们变成一种严格意义上的公共场所。毋庸置疑，对这些场所制定一些统一的规则乃是极为必要的，因为这可以使这些场所向公众开放时有规则可循：如果人们在进入这样一种场所的时候能够假定该场所符合某些安全标准和卫生标准，那显然是极为可欲的。但是，在向公众开放这些私营服务设施时所必须遵循的这些规则属于另一种规则范畴，因为它们与那些为了人们使用由政府提供并维护的公共设施而制定的规则多少有些不同。这些规则的内容并不是由设立这些私营服务设施的目的决定的，而且这些规则的目的也只是通过告知每个使用这些私营服务设施的人，在他们为了自己的目的进入的任何场所里可以信赖什么东西以及可以做什么事情的方式来保护这些人的。当然，这些私营服务设施的所有者还可以在向一般大众开放的任何场所都必须符合的法律要求以外，自由地增加一些他本人愿意接纳顾客的特殊条件。据此我们可以说，大多数为了人们享用由政府提供的特定服务而制定的特殊规章也都属于这类特殊条件，而不是一般性法律。

独立部门

“公共部门”不应当被认为是一系列只有政府才能加以实现的目的，应当被理解成人们在没有而且也不可能有其他更好的方法的情况下，要求政府予以满足的一系列需求；显而易见，牢记这一点是很重要的，当我们把这个问题与另一个至关重要的问题联系起来考虑的时候，牢记上述要点就更为重要了。然而囿于篇幅，我们在这里只能对这个至关重要的问题做一较为简要的讨论。虽说政府在市场尚不能提供人们所需要的服务的场合不得不介入其间，但是我们必须强调指出的是，用政府的强制性权力去筹集所需资金的做法，通常都不是一种惟一的或最佳的选择方案。当然，在多数想得到集体产品的情况下，或者至少是在一部分人（其人数多到足以令人感受到他们在政治上的份量）想得到集体产品的情况下，运用政府的强制性权力也许是提供这些集体产品的最为有效的手段。一如我们所知，社会生活中始终会存在许许多多这样的需求；然而值得我们注意的是，尽管满足这些需求的服务不仅是许多人所需要的，而且也具有集体产品的所有特征，但是只会有相对较少的人去关心这些服务。市场的大优长便在于它不仅为多数服务，也为少数提供服务。在某些领域中，尤其是在那些常常被称之为“文化的”事项中，人们是肯定会对下述问题存有疑问的：是否应当允许多数的观点独占支配地位，或者说是否应当让小群体的观点受到蔑视？当政治性组织成为表达某些倾向的惟一通道的时候，多数的观点独占支配地位、小群体的观点受到蔑视的现象却是极可能发生的。然而一如我们所知，所有的新倾向和新欲求最初肯定都只是极少数人的倾向和欲求，而且如果他们的倾向和欲求必须经由多数的赞同才可以得到满足，那么多数本来可以在这些新倾向或新欲求向他们展示自身以后学着去追求的大部分新情趣或新欲求，也就会变得永远都不可企及了。

我们应当牢记的是，早在政府介入那些领域以前，在今天被公认为是集体需求的那些需求当中，有许多需求在过去都是凭靠那些具有公益精神的个人或群体所做的努力（亦即为他们认为重要的公共事业提供资助）而得到满足的。公共教育、公共医院、图书馆、博物馆、剧院和公园，最初都不是由政府创建的。虽然在私人捐助者领风气之先的上述领域中，政府现在已经占据了其间的大部分领域，[6]但是在重要性尚未被人们普遍认识到的许多领域中，以及在政府不仅不可能包办而且即使包办也是极不可欲的许多领域中，我们仍然需要个人做出创新性的尝试并作为开路先锋。

在过去，最初的开路先锋是教会，尔后，亦即在较为晚近的一个时期中，尤其是在英语世界里，领风气之先者在很大程度上是各种基金会、私立协会以及无数的民间慈善组织和福利机构。在某种程度上讲，这些公益事业之所以得以出现，乃是因为个人出于各种各样的慈善目的为此捐赠了大量的私人财产。但是，大量公益事业之所以得以扩展，要归功于一些理想主义者——他们虽说不甚富有，但把他们宝贵的组织才能和宣传天赋贡献给了某项事业。对于这个问题，我们还应当强调两点：第一，人们之所以能够认识到许多需求，以及人们之所以能够发现他们可能永远都无法指望从政府那里得到的诸多可以满足这些需求的新方法，都应当归功于个人做出的诸如此类的自愿努力；第二，在某些领域中，个人做出的自愿努力也会比其他方法更有效，因为这种努力为个人表现他们所具有的颇具价值的精力与情感提供了机会——否则这些精力和情感便会被压抑且得不到机会发挥；例如，任何政府机构都不曾想到过或建立过像嗜酒者互助戒酒协会这般有效的组织。我个人以为，对于解决都市生活中的种种紧迫问题来说，地方组织所从事的各种复兴工作会比政府的“都市振兴”计划给我们带来更多的希望。[7]众所周知，人们动辄诉求政府的习惯，以及人们动辄把既有可见的救济措施即刻适用于任何场合的那种短视的欲求，常常会使政府抢先控制某个服务领域；如果情势没有发展至此，那么诸如上述的自愿努力和地方性的发展一定会有更蓬勃的展现，因为我们知道，政府往往会一上来就采取一些鲁莽而拙劣的措施，结果却堵死了人们获取更好结果的路径。

就此而言，那种把整个服务领域界分为公共部门和私营部门的业已为人们接受的二分法，是颇具误导性的。正如 R. C. 科努尔（R. C. Cornuelle）雄辩指出的那样，[8]对于一个健全的社会来说，在商业领域与政府治理领域之间保有一个第三领域乃是至关重要的，这个第三领域就是人们所谓的独立部门（independent sector）：它常常能够而且也应当能够以更为有效的方式，为我们提供大多数我们于当下仍然以为必须由政府提供的服务。如果这样一种独立部门能够在提供公共服务方面与政府展开直接的竞争，那么它的确可以在很大程度上减少政府行动所具有的那种最为严重的危害，亦即政府行动所导致的以各种权力为支撑的垄断，以及由这种垄断所导致的低效状况。J. K. 加尔布雷斯（J. K. Galbraith）告诉我们，"除了政府管理以外，我们别无选择"[9]，然而事实并非如此，因为人们从独立部门那里得到的服务往往要比他们意识到的多得多，至少在美国是如此。发展这个独立部门并把它所具有的潜能开放出来，可以说在许多领域中都是防阻政府全面支配社会生活的惟一途径。实际上，科努尔早就指明了这条道路。他认为，如果独立部门能够得到刻意的培植和发展，那么这个部门就能够取得无数的成就；尽管科努尔的乐观论调初看上去只是一种幻想，然而在我看来，他的观点实际上并不过分；而且我还认为，他就这个论题撰写的那本小书所揭示的实是晚近政治思想领域中最有发展前景的观念之一。

尽管这种独立部门实际取得的成就和可能取得的成就都能够成为本书所阐发的一个基本论辩的极佳例证，但是，由于本书的论旨主要在于构设有效的措施以限制政府的权力，所以我们对上述问题也只能略做讨论而已。我当然希望自己能够对这个论题做一番详尽的讨论，即使这一努力仅仅能够阐明这样一个论点，即公益精神未必总是意味着要求政府采取行动或支持政府采取行动。然而颇为遗憾的是，我无论如何不能太过偏离本章的正题，这个正题所关注的便是政府可以践履的那些有助于人们的服务性职能，而不是它无须承担的那些服务性职能。

税收与公共部门的规模

不同的个人对于政府提供的各项服务的关注程度，无疑是大为不同的；即使每个人都期望自己从这些服务中所获得的益处，能够与自己所交纳的税款大致相当，不同的个人在他们之间也只可能对应予提供的这种服务的量达成真正的共识。正如我们在前文中所指出的那样，这种情势不应当被解释成每个人都同意为政府所提供的所有服务支付费用，只应当被解释成每个人都同意根据同样的统一原则为他所得到的服务支付费用——当然，这些服务的资助来自公积金。因此，只有人们就税收水平做出的决定，才应当成为确定公共部门总规模的依据。

值得我们注意的是，如果说人们只有通过他们就政府服务的总量达成共识，亦即就应予委托给政府支配的资源总量达成共识，才能够就政府应予提供的服务做出理性的决定，那么这种论辩中也就隐含了这样一个预设，即投票赞同某项特定开支的每个公民都应当知道，他本人也必须对这项总的花费承担他所应当承担的那份前定的费用。然而，公共财政的整个实践始终趋向于哄骗纳税人，不择手段地诱使他们交纳多于他们所意识到的税款，同时还使他们在误以为只有其他人会出钱的情况下去赞同政府的某项开支计划。此外，即使在公共财政的理论中，人们有可能提出的所有观点也一直都是围绕着如何确定税收原则这个问题展开的，只有一种观点与这个问题不涉，然而这种观点可以说是民主制度中最为紧要的：有关的决策程序应当使人们能够以理性的方式对公共开支之额度做出限制性的决策。这个论点似乎提出了这样两项要求：第一，应当把个人据以分摊税额的原则事先确定下来；第二，所有投票赞同某项特定开支的人都应当知道，他们必须按照某种前定的比率为这项特定的开支交纳费用，进而做到收支平衡。

然而需要指出的是，公共财政所关注的主要问题，从一开始就是如何可能在蒙遭最小抵制的情况下筹集到最多的资金；在这种情况下，公共财政原来应当考虑的主要问题，亦即筹集资金的方法应当作为一种对开支总额的制约因素发挥作用的问题，甚少得到关注。与此同时，那种诱使人们相信“其他人将为此支付费用”的税收方法，再加上人们接受的有关任何多数都有权根据那些并不适用于其自身的原则向少数征税（就像任何一种形式的全额累进税制所主张的原则那样）的那项原则，也必定会使公共开支发生持续的增长，并超出个人真正欲求的程度。那种认为采用民主票决的方式能够对公共开支的额度做出理性且负责的决策的观点，实际上隐含着这样一项预设，即在每项决策中，每个投票者都知道他必须为业已确定的开支支付费用。然而，在那些赞同某项开支的人因为不知道他们自己必须为这笔开支支付钱款，而只考虑究竟能够把交钱的负担转嫁给谁的情势中，以及在多数认为他们的决策所决定的乃是那种应当由其他人支付钱款的公共开支的情势中，上述票决方式只会导致这样一种结果，即多数不可能根据可供使用的资金数量来确定公共开支，只会在事后通过筹集资金的方式去满足一项前定的公共开支所需要的资金，这是因为多数在决定这种公共开支的时候，根本不会考虑它所需要的成本。显而易见，这种过程最终会在广大民众的心目中形成这样一种倾向，也就是把政治压力以及对其他人的强制视作是迫使其他人对一个人所欲求的绝大多数服务项目支付费用的捷径。

只有当人们据以评定每个人所需支付钱款的某项原则能够确使每个参与决定公共开支的人在投票时都认真考虑所需成本的问题的时候，也只有当每个投票者都知道他们必须按照某项前定的原则为他们赞同的所有开支支付费用的时候，我们才能指望他们会对公共开支的额度做出理性的决定。然而，当下盛行的制度中隐含着一个根深蒂固的诱因，它不断地诱使人们做出不负责任且铺张浪费的开支决策。

公共部门所呈现出来的那种持续不断且毫无约束的扩张之势，终于导致了“扩大政府开支法案”的出笼；当然，这已是一百多年以前的事情了。[10] 在一些国家中，比如在英国，公共开支的增长现在已经达到了这样一种程度：由政府控制的国民收入份额竟占了国民收入总额的百分之五十多。毋庸置疑，这种情势完全是现行制度不断扩张政府机构这一根深蒂固的趋向所导致的一个结果；而且坦率地说，在现行的制度中，亦即在首先确定“需求”，然后再根据那些存有自己无须掏腰包之幻想的人所做出的决定来筹集所需资金的那种制度中，上述情势，在很大程度上讲，甚至还是一种必然的结果。

当然，我们有理由相信，随着总财富的增长与人口密度的增加，那部分惟有通过集体行动才能得到满足的需求，也会得到持续的增长，但是我们没有理由相信，由各级政府（尤其是中央政府）来控制这些服务会有助于资源的有效使用。那些赞同这种发展趋势的人一般都忽视了这样一个问题，即朝着这个方向迈出的每一步，实际上都意味着把那种服务于各种个人需求的自生自发社会秩序日趋转变成一种只能服务于多数所确定的某套特定目的的组织——换言之，一如我们所知道的那样，这种组织正在变得越来越复杂，所以投票者已经无法了解它的结构或运作细节了；据此我们可以说，朝着上述方向迈出的每一步，也都意味着把自生自发社会秩序日趋转变成一种只能服务于管理或支配那些资产的官僚机构所确定的某套特定目的的组织。

最近，有论者相当严肃地指出，现行的政治制度无法使公共部门得到充足的资金。[11]实际上，真实情况更可能是在那些应当由政府提供的服务中有一些服务没有得到充分的提供。但是，这并不意味着政府开支的总额太少了。政府之所以无力提供应当由它提供的服务，很可能是因为政府承担的任务太多了，进而使它忽略了一些最为重要的任务。更有进者，目前据以确定究竟应当把多少资源交由政府支配的那种程序，还极可能使政府的开支总额大大超出了大多数个人所赞同甚或所能意识到的额度。实际上，各种民意测验的结果尚不足以揭示上述问题的严重性，尽管最近举行的一次英国民意测验表明，在各个阶层及各个年龄组当中，大约有百分之八十的人都希望降低个人所得税的税率，在各个年龄组当中，也只有不到百分之五的人赞成提高这项税率——这项民意测验似乎表明，人们至少在个人所得税的负担额度方面持有一种大体正确的观点，但是需要强调指出的是，这种民意测验也只能在个人所得税方面说明一些问题而已。[12]

安全或保障

在这里，我们没有必要就政府所必须担当的第二项毋庸置疑的职责做进一步的讨论；我们之所以认为这项职责是“毋庸置疑”的，实乃是因为即使是在“最小国家”中，这项职责也必须由政府来履行；这项职责就是抵御外敌的职责。我们之所以在这里提及政府的这项职责以及与之紧密相关的整个对外关系领域，只是想提醒读者注意这样一个问题，即政府所具有的不受一般性规则严格约束（甚或不受代议机构有效指导）的活动范围，以及必须给予政府首脑以广泛自由裁量权的那些活动范围是极其广泛的。对此，我们极有必要重申这样一个观点，即正是人们始终希望中央政府能够在与外国打交道的时候变得强大有力，这才使得人们把其他一些重任也托付给了中央政府，然而这些任务如果由地方政府来承担，原本是可以得到更为有效实施的。据此我们可以说，爆发战争的危险，始终是中央政府不断集中权力的一个主要原因。

然而，外敌的威胁（或者说可能发生的国内叛乱的威胁），对于所有社会成员来说，并不是惟一一种只有凭靠拥有强制性权力的组织才能够有效对付的危险因素。几乎不会有人怀疑，只有拥有强制性权力的组织才能够应对由风暴、洪水、地震、瘟疫等自然灾害所造成的损害，也只有这种组织能够采取有效的措施以防止或救济这些灾害造成的损失。我们之所以提及这个问题，也只是为了提醒读者注意：上述情势乃是政府为什么可以控制它在很大程度上可以随意使用的物质资产的另一个极为重要的原因。

实际上，人们所共同面临的还有另一类风险，然而，人们只是到了最近才普遍承认需要政府采取行动来应对这类风险；我们知道，由于地方社区中的生活纽带断裂了，又由于一种高度流动的开放社会得到了不断的扩展，所以越来越多的人与特定的群体之间不再存有紧密的联系，也就不可能在蒙遭不幸的情况下，再指望从这些群体中得到相应的支持和帮助。这个问题主要关涉的是那些因各种缘故而无力在市场中谋生的人（比如老、弱、病、残、孤、寡）的命运——也就是所有的人都可能因陷入逆境而蒙遭的那种不幸；当然，我们在这里所说的逆境，不仅是任何人都可能面临的那种逆境，也是大多数个人仅凭一己之力无从切实预防的逆境；但是，一个达到了一定富足水平的社会有能力为所有处于这种逆境中的人提供生计。

确使每个人都能得到一定标准的最低收入，或者确使人们在其不能自谋生计的时候仍能得到不低于某一底线的收入，在我们看来，不仅是应对人人都可能蒙遭的那种风险的一道完全合法或正当的保护屏障，也是大社会的一个必要的组成部分；这是因为在大社会中，个人已经不可能再向他出生于其间的那个特定小群体中的成员提出具体要求了。一种旨在促使众多成员脱离小群体成员所能提供的那种相对安全的制度，确实会给众人带去许多益处，但是当这些起初受益于这种制度的人在后来（亦即在那种并不是因为自己的过错而丧失了谋生能力的情况下）却发现自己无援无助的时候，他们很可能即刻就会产生强烈的不满并进行激烈的反抗。〔13〕

颇为遗憾的是，这种力图确使所有无力供养自己的人，都能够得到一种统一的最低收入的努力，却与那些确保一种“正义的”收入分配方案的目的联系在一起了——但是，这两种目的是截然不同的，因为正如我们在上文业已指出的那样，那种“正义的”收入分配方案会促使人们去竭力保障个人已然达致的特定收入标准。显而易见，这种保障乃是一种特权，它不仅不可能被授予所有的人，也只能以恶化他人的生活前景为代价给予某些人。当政府以普遍征税的方式来筹集实现这个目的所需要的资金的时候，它甚至还会在非意图的情况下扩大人们之间的不平等，亦即使人们之间的不平等程度大大超过市场秩序之运转所必需的那种不平等程度；这是因为它并不会在人们终止提供较高价格服务时相应地减少他们在提供这些服务时所得到的酬报，结果，它在人们终止提供这些服务以后继续用公积金来支付的这笔较高的收入，将构成他们从市场上挣得的较高收入以外的净增额；显而易见，这种情势与那种由雇主通过服务合同（即作为一种延期付款）或者由自愿保险或强制保险措施而向老弱病残者提供抚助金的情势极为不同。

然而，即使人们承认一个国家的每个公民或居民所提出的有关某种最低收入标准（其依据是该国的平均财富水平）的主张，那也会涉及是否应当承认集体对该国资源所具有的某种形式的集体所有权的问题，而我们知道，这种集体所有权不仅与开放社会的理念不相容，还会产生一系列颇为严重的问题。显而易见，在未来较长的一段时间里，人类根本不可能为全世界所有的人都确定一项适当且统一的最低标准；或者说，至少较为富裕的国家不会只满足于为其公民提供一项全世界所有的人都能享有的最低收入标准。但是，如果只允许向某些国家的公民提供某项高于普遍适用于所有其他国家公民的最低收入标准，那么这种做法就会使这项较高的标准变成一种特权，也必定会对人们跨越国界的自由迁徙权利构成种种限制。当然，这方面的限制是无从避免的；它们之所以无从避免，实际上还存在着一些其他的原因：一如我们所知，只要民族的传统或种族的传统之间还存在着某些差异（尤其是人口增长率方面的差异），那么这类限制就是不可避免的——反过来看，只要对人们的迁徒自由继续加以限制，那么民族的或种族的传统之间所存在的上述差异也就不可能消失。我们必须直面这样一个事实，即我们在普遍适用自由的政策性原则方面遭遇了一种限制，然而恰恰是当下世界中所存在的各种事实性情势才使得这种限制变得不可避免。从理论上讲，这些限制并不会构成致命的缺陷，因为与宽容一样，它们仅仅意味着自由诸原则只能被一以贯之地适用于那些本身遵循自由诸原则的人，而不得扩大适用于那些并不信奉自由诸原则的人。对于某些道德原则来说，情况亦复如此。因此，一般性规则必定会遇到上述种种例外情势，但是，这决不能为政府在有可能一以贯之地遵循自由原则的领域中创制类似的例外情势提供正当性理由。

当然，我们不可能在这里从技术细节上对如何以合理的方式设置一种既不会摧毁市场秩序亦不会侵损个人自由诸原则的“社会保障”系统这个问题做详尽的探究，不过我已经在另一本书中对这个问题进行了讨论，有兴趣的读者可以参阅。[14]

政府对服务的垄断

长期以来，政府一直对两个极为重要的服务领域拥有垄断权（或特权），因此，这种垄断权（或特权）渐渐被人们视作是政府所具有的一种必然且天赋的属性，尽管政府采用这些垄断措施既不是为了公众的利益，亦不曾有助于公众的利益。这就是政府在发行货币（issuing money）方面拥有的排他性权利与它在提供邮政服务（postal services）方面所享有的排他性权利。政府之所以对这两个服务领域主张垄断权，并不是为了使人们得到更好的服务，仅仅是为了增强政府的权力；结果，公众所得到的服务不仅比这两个领域在没有被垄断的情况下糟糕得多，而且，至少就货币的情况而言，公众因政府施以垄断措施而不得不在日常谋生的操劳中饱受灾祸的折磨与风险的侵袭——然而，这些灾祸与风险则是与政府对货币施以政治控制的做法紧密相关的，只要人们得到许可，他们即刻就能发现一种防止这些灾祸与风险的方法。

就政府垄断邮政服务而言（在美国只是通信服务方面的垄断），我们完全可以这样认为，它之所以存在，实是因为政府想要控制公民之间的通信联系，而且除此之外更无其他理由可言。[15]众所周知，邮政行业并非政府首创，而是它从私营企业手中抢夺来的。晚近以来，从全世界的角度来看，邮政行业实是越搞越糟，它不仅变成了纳税人日益沉重的一项负担，也成了商务往来的一个严重障碍；此外，它也未能够提供良好迅捷的通信服务，甚或都未能增加政府的岁入。实际上，正是由于公共行业中的工会发现政府是一个最无能最低效的雇主，所以这些工会才设法谋得了日益增强的势力，并能够通过使公共生活处于瘫痪状态的方式来要挟所有的人并进行敲诈勒索。但是，即使撇开邮政行业的雇员罢工以及类似的行动不谈，政府邮政服务日益缺乏效率的现象也已经构成了人们有效使用资源的一种真正障碍。人们对政府所奉行的那种把交通、通信及电力供应等各种其他“公共事业”当作政府垄断服务项目加以运作的政策所做的批判，同样可以适用于政府对邮政行业的垄断政策。当然，我们还将在下文章节中对政府在交通、通信及电力供应方面的垄断问题展开讨论。

然而，我们也必须承认，有关适当的货币制度问题，实在太大也太过棘手了，所以我们不可能在本卷的行文脉络中对这个问题进行充分的讨论。[16] 为了理解这里所牵涉的问题，我们必须首先把自己从那些根深蒂固的思维习惯中解放出来，还必须对货币理论的大部分内容进行重新思考。如果废除政府对货币的垄断导致了人们普遍使用诸种彼此竞争的货币，这本身就是对政府垄断货币做法的一种改进，因为我们知道，政府为了蒙蔽和欺骗公民，一直都在滥用它对货币的这种垄断权；因此，废除这种垄断权的目的，主要在于使政府发行的货币面临着被一种更为可靠的币种所取代的可能性，进而通过这种方式对政府发行的货币施以一种极为必要的限制。当然，在废除政府垄断货币之权力的情况下，普通公民在日常交易中仍能够使用他现在所熟悉的但是他最终能够信赖的那种货币。这样，人们不仅剥夺了政府侵损经济和限制个人自由的一项主要手段，也根除了政府不断膨胀的一个主要原因。如果有人说我们永远需要政府来“保护”一个国家所使用的那种货币，以使其免受除了政府本身以外的任何威胁，那当然是一派胡言（除了一般法律规则所禁止的那种制造伪币的做法——就像这些规则禁止任何欺诈一样）：因为从根本上讲，货币之所以必须得到保护，主要的目的就是为了对付来自国家的威胁。货币输出者或另一种货币的提供者以及诸如此类的人，事实上是最好的监督者，因为如果他们可以自由地进行他们的交易活动，那么他们就能够迫使政府提供可靠且诚信的货币——然而我们决不能忽视，那些应当承担责任的政客们有着娴熟的技术，他们往往能够通过狡猾的手段把公众的怨恨转嫁到上述那些迫使政府提供可靠货币的人身上。与此同时，外汇管制等诸如此类的措施，也只会有助于政府继续运用这些卑鄙的手段在市场上与公民争夺资源，它所诉诸的具体手段便是滥用为此目的而制造的货币。

那种认为在某一特定的疆域之内必须保有一种统一的货币或一种统一的法定货币（legal tender）的观点，实是一种精心炮制出来的神话，这个神话是毫无道理可言的。人们或许可以说，政府一度在确证或担保硬币的重量和成色方面起到过某种有益的作用，尽管一些受尊敬的商人在过去也曾经以一种同样诚实可靠的方式承担过这种工作（至少是如此）。但是需要指出的是，当王公贵族们在当时要求拥有铸币特权的时候，他们的目的就是为了从这种特权中获利，同时也是为了把他们自己的肖像铸在这些硬币上，随着这些货币的使用而把他们的形象传至他们辖区的每一个角落，并让其居民知道他们是在受谁的统治。实际上，这些王公贵族及其后继者一直都在滥用这项特权，甚至还极其无耻地把它当作一种强权和欺诈的工具加以使用。更有进者，那些不分青红皂白便要求把那些与铸造硬币相关的权利统统转移到现代货币形式上面的人，只不过是为了把发行纸币也当作一种行使强权和控制金融的工具，丝毫都不是因为他们相信这种做法会有助于老百姓。英国政府之所以在1694年赋予了英格兰银行以发行钞票（略有限制）的垄断权，就是因为这种做法对政府有利，而不是因为这种做法有助于公益。自政府垄断货币制度以来，那种以为政府垄断能够确使相关国家获得一种比市场所能提供的更好的货币的幻想一直主宰着这些制度的发展过程，但是一个不争的事实表明，只要这种垄断权力的行使不受到像金本位（gold standard）这类自动机制的约束，那么它就会被滥用来欺骗老百姓。货币发展史的一项研究表明，所有直接控制货币发行数量的政府都不值得信任，因为它们每时每刻都会滥用这项权力。只有当其他人可以自由地向我们提供一种比政府所提供的更好的货币的时候，我们才有可能获得一种体面的和高质量的货币。如果人们不是即刻否弃法定货币并以此方式杜绝政府滥用货币的做法，那么政府就会在那种认为它们能够（从而也就必须）通过操纵货币的方式确保充分就业的错误观点的驱使下一次又一次地滥用货币垄断权——此外，上述错误观点甚至还被人们用来作为我们之所以必须实施“计划”（planned）经济、“指令性”（directed）经济、“指导性”（guided）经济或“操纵型”（steered）经济的理由。就此而言，经验再一次证明，正是政府所诉诸的那种通胀政策本身，导致了它所试图救治的那种弊端；这是因为这类通胀政策虽说可以暂时减少失业，但是它必定只能以更大更多的失业接踵而至这样一个结果为代价。

对于政府在提供其他服务方面所实行的垄断，我们亦必须做出同样的追问。政府，尤其是地方政府，虽说能够富有成效地提供这些服务，但是，只要允许政府对这些服务进行垄断，那么任何垄断者（包括各级政府在内）便都可能滥用对这些服务的垄断权，还很可能是在被迫的情况下滥用这种垄断权。就此而言，政府所采取的最为有害的滥用垄断权行为，实际上并不是公众最害怕的那种索取过高价格的行为，毋宁是政府通过政治强制方式而施行的不经济地使用资源的那种行为。政府在交通、通信、能源供应等方面的垄断，还必须对诸如城市无限扩展这类问题负主要责任，因为政府对这些领域的垄断不仅阻止了竞争，还使得用政治的方式来确定收费标准成为必要（就是从假想的平等角度来确定收费标准）。只要任何人（不论他生活在多么偏僻遥远的地方——只要是在他自己选择居住的地方）都被认为有正当理由要求得到与那些生活在人口密集之都市中心的人所享受的相同价格的服务而不考虑成本，那么城市无限扩展的现象当然无从避免了。

另一方面，常识也告知我们，作为最大的开支者与投资者，政府的活动是不可能完全受利润原则指导的，而且从财政的角度来看，政府的活动在很大程度上也是独立于资本市场状况的；据此，政府应当采取尽可能可行的方式来分配它的开支，进而能够在私人投资减少的时候适时地介入其间，并因此能够以最小的成本但最有助于社会的方式把资源用于公共投资。值得我们注意的是，无论是在这项古老的常识性原则起初只得到了少数经济学家支持的时候还是自它变得甚为流行以来，它之所以在实践中甚少为政府所奉行——而且即使奉行也并不有效，实是政治和行政方面的原因所致。为了使政府投资比率能够随时按照需求做出足够迅速的变化从而起到平衡的作用，而不是像往常出现的情况那样，因延误调整而导致弊多利少的局面，我们就必须对政府的整个投资方案进行设计，从而使投资计划的执行速度能够根据需求而得到迅速加大或迅速减缓。为了做到这一点，我们就必须为政府在未来五年或七年内的所有资本支出确定一个特定的平均比率，并且明确规定这只能是一种平均速度。如果我们把这种平均速度称为“速度 3”（speed 3），那么从总体上来说，这一速度就可以通过所有部门增长百分之二十或百分之四十而暂时达到“速度 4”或“速度 5”，或者通过降低百分之二十或百分之四十而暂时降至“速度 2”或“速度 1”。每个部门都知道，只有在事后才能对这种速度做出增或减的调整，还必须努力使那些只需付出最低最小变化成本的活动项目——尤其是那些能够在适应人力资源和其他资源暂时具有的富余或稀缺状况的过程中获益最多的活动项目——去承担这些速度变化所产生的主要压力。毋庸置疑，要有效地实施这样一项方案是极其困难的，或者说，我们今天所拥有的政府制度还远远没有达到践履此项重任所必需的那种政府制度的水平。

信息与教育

信息与教育同样是一个我们在这里只能略加讨论的论题。不过，我在早期的论著中已经对这个论题做了较为详尽的探讨，有兴趣的读者可以参阅。[17]

信息与教育这两个问题当然是彼此重叠的。人们在主张用公共经费来提供这两项服务时所依凭的理据乃是颇为相似的，但是它们与人们主张公共产品时所诉诸的理据无甚相似之处。尽管信息与教育能够出售给特定的人，但是那些既不占有信息也未受过教育的人往往不知道得到信息和接受教育会对他们有什么益处；不过我们还是需要指出，如果这些人能够拥有信息并接受教育的话，那么这完全有可能对其他人产生助益。就个人在遵守法律并且参与政府治理的民主程序时所必须拥有的那种知识而言，以上所述的情势可以说是显见不争的。再者，如果人们据以获取某种信息的渠道是畅通无阻的，那么市场过程的运行也将因此变得更为有效，尽管市场过程本身就是传递信息最为有效的工具之一。一如我们所知，那种能够帮助个人实现自己目的的有益知识，也会伴随着政府治理的过程而得到增长，甚或还可能为政府所独享，比如隐含在统计和土地登记等治理过程中的那种知识。再者，许多知识一经获取，从性质上讲也就不再是一种稀缺商品了，还能够在只花费大大低于初次成本之费用的情况下为广大的民众所获取或利用。但是，这未必构成某些论者力主把传播信息的任务交由政府独揽的有效论据：我们肯定不会希望政府在发布或传播新闻方面占据某种支配性的地位；此外，某些国家把无线广播的垄断权赋予政府的做法，也很可能是人们在现代社会中做出的最具危害性的政治决策之一。

需要指出的是，尽管政府是否是传播任何特定种类的信息的最为有效的机构这个问题常常是极有疑问的，又尽管政府先占这个领域的现象隐含着阻止其他人更好地践履这项任务的危险，但是我们很难据此主张这样一种观点，即政府根本不应当涉足此一领域。实际上，这里的真正问题在于：政府应当以什么形式又在多大程度上来提供这些服务。

从教育方面来看，人们赞同政府资助教育的主要理据是：第一，孩子们还不是有责任能力的公民，也就不能假定他们知道自己需要的是什么东西，而且孩子们也没有能够用以获取知识的财产；第二，家长们也并不总是有能力或者也并不总是愿意为孩子的教育投入足够的资本，亦即足够到使这种无形资本的回报能够相当于那些有形资本的回报。值得注意的是，这两种论辩只适用于孩子和未成年人。但是，这些论辩在得到了另一种论点的补充以后，也可以被用来含括成年人的情势，即教育可以使那些接受教育的人认识到他们原本并不知道自己所拥有的各种能力。就此而言，人们还常常会诉诸这样一个理据，即只有当个人在其人生的早期阶段便得到这方面的帮助，他们才有可能积极主动地去进一步发掘他们自己的潜能。

虽然人们有极为强硬的理由支持政府资助教育的做法，至少是支持政府资助普通教育的做法，但是这并不意味着这种教育也应当由政府来管理，更不意味着政府应当对这种教育享有垄断权。至少就普通教育（而非高级职业培训）而言，我们在上文论及的弗里德曼（Milton Friedmann）教授所提出的那项建议，〔18〕就似乎要比现行的教育制度优越得多。弗里德曼教授在其建议中主张，给家长们发放教育用款凭证，使他们可以用这种凭证向他们为自己的孩子所选择的学校支付所需费用。尽管家长必须把他们的选择局限在一些符合某些最低标准的学校，而且这些用款凭证也只够支付某些学校所要求的教育费用，但是这项制度要比当局管理学校那种制度优越得多，因为该项制度允许家长为他们所偏爱的某种特殊教育方式支付额外的费用。当学生们达致责任年龄以后，便会产生接受职业专门培训这样的问题；而在职业专门培训方面，科努尔先生则构想出了一种“学生联合助学基金有限公司”（United Student Aid Fund，Inc.）的教育制度；根据这种制度，学生可以通过向该公司贷款而接受专门培训，在培训结束以后再用挣得的较高工资偿还这笔贷款。显而易见，这种教育制度的构想，也为我们在考虑这个问题时开放出了一系列可供选用的，还很可能是更为可取的可能性方案。[19]

其他关键问题

一般来讲，即使对政府的合法施政领域做某种粗略的考察，我们也必须对其间的其他几个重要问题进行探讨；然而囿于篇幅，我们在这里只能扼要地论及这些问题。其中的一个问题就是政府或其他机构对某些产品或服务之质量的确证或鉴定的问题，这个问题又会涉及政府对某些特定活动的许可问题。尽管是否惟有政府才能得到人们的信任这一点并不是显见不争的，但是，如果政府在这方面的努力能够使普通人识别出产品是否符合一定的质量标准或者识别出那些提供服务的人是否具备一定技能水平的话，那么毫无疑问，消费者的选择就会大大增多，而且市场的运行状况也会得到改进。建筑规章、食品卫生法、特定行业批准规则、对出售某些危险物品（如武器、爆破器材、毒药、毒品等）所规定的限制条例，以及对剧院和体育场所等公共设施的生产工序及开放管理所规定的某些安全与卫生规章条例等，肯定会有助于人们做出明智的选择，有时候还可能是人们得以做出明智选择所不可或缺的条件。要使那些供人们消费的商品符合某些最基本的卫生标准（比如说猪肉没有旋毛虫病毒或者牛奶没有结核病菌等标准），或者要使某些用一个意味着自己具有某种特定能力的职称来形容自己的人（比如说医生）真的具备那种能力，最为有效的保障措施就是用一些一般性规则来约束所有提供这些产品或服务的人。至于用一种能够得到普遍理解的方式来描述这些产品和服务是否充分的问题，或者说，至于这些产品和服务必须得到确证或鉴定的要件是否是准许出售它们的一项充分条件的问题，很可能只是一种权宜问题。实际上，对于维护法治和保障市场秩序有效运行来说，所需要的乃是这样一项条件，即每个符合明文规定之标准的人都享有得到所需证明的合法权利，这意味着当局决不能用控制许可证的方式来调整市场供给的问题。

另一个颇为棘手的问题乃是对没收或强制购买（compulsory purchase）进行调整的问题；一般来讲，没收与强制购买乃是政府为了履行它所承担的某些可欲的职能而必须拥有的一项权力。至少对于提供一个适当的通信系统来说，这项权力似乎是不可或缺的；此外，在“国家征用权”（eminent domain）的名义下，这项权力也一直为政府所享有，甚至古往今来都是如此。〔20〕就此而言，我们必须做到下述三点：第一，这种权力的使用必须被严格地限定在那些能够由一般性法律规则予以界定的场合；第二，法律必须对全值赔偿的问题做出明确的规定；第三，行政当局所做的决策还必须受制于独立法院的审查。只要这种权力的行使符合上述三项要求，那么这种权力的行使就不会严重干扰市场过程的运行，也不会严重地干扰法治诸原则。然而，下述两种情势却是不容否认的：第一，在这个题域中，自由秩序诸原则与政府政策看似无可争辩的必然性之间明确存在着冲突；第二，就妥适解决此一题域中所产生的某些问题而言，我们至今还缺乏适当的理论原则予以支援。

实际上，社会生活中很可能还存在着诸多这样的领域，其间，政府尚未向个人提供必要的保护——如果个人想用最为有效的方式和最有助于社会的方式追求自己的目的，那么他们必须得到这样的保护。在这些领域中，最重要的领域之一似乎是保护隐私与隐密（protection of privacy and secrecy）的领域；当然，这个问题之所以在今天才凸显出来，实是因为现代人口密度剧增所致。但是显见不争的是，政府至今也未能对这个问题提供适当的调整规则；即使有一些这样的规则，政府也未能有效地实施它们。[21]对其间的一些领域进行界定或界分，从而使个人免受其邻人甚或整个公众的代表（比如新闻界）的盘问或骚扰，在我看来，实是实现充分自由的一个要件。

最后，我们必须再一次提请读者注意，为了在有限的篇幅中比较好地讨论这些问题，我们不得不从一个统一的中央政府的角度来展开讨论。然而，我们从我们所确定的一般认识进路中得出的一个最为重要的结论却认为，把中央政府所承担的许多这样的职能转交给地方性政府去承担是极为可欲的。的确，我们还必须强调指出，我们应当把最高权力机构的任务严格限定在一个从本质上说极为有限的领域：向所有的个人、组织和政府分支机构实施法律并维续秩序，把实施所有肯定性服务的责任都交给较小的政府机构去承担。只要那些地方当局在向其居民提供服务的过程中必须根据它们不能改变的法律彼此竞争，那么政府所承担的大多数服务性职能不仅有可能得到更为有效的践履，也极可能得到更为有效的控制。然而需要指出的是，为了使中央政府能够担当起抵御外敌的任务，人们一直都在努力使它变得强大有力；这无疑是必要的，但也是颇为不幸的，因为正是这种必要性酿成了这样一种局面，其间，制定一般性规则的任务与提供特定服务的任务都落入同一个机构之手，还致使这两项任务之间的界限变得越发模糊不清了。

注 释：

* 本章开篇的引言征引自 William Pitt 于 1766 年 1 月 14 日在下议院的演讲，可见之于 *Parliamentary History of England*（London，1813），vol，16。值得我们注意的是，对于 Pitt 来说，在那个时候，在人们交付议会处理的各种事务中，似乎只有

税收措施涉及对公民的强制问题，因为其他的强制性正当行为规则主要是由普通法而非制定法构成的，因此它们并不属于一个主要关注政府治理而非制定法律的机构所管辖的事情。

〔1〕Mancur Olson Jr.，*The Logic of Collective Action*（Harvard University Press，1965）.

〔2〕关于 Robert Nozik 晚近在 *Anarchy*，*State*，*and Utopia*（New York，1974）一书中对“最小国家”所做的重要讨论的问题，请参见本卷的序言。

〔3〕见 Mancur Olson Jr.，上引书，并请参见 R. H. Coase 对这个论题所做的一系列重要研究。

〔4〕Milton Friedman，*Capitalism and Freedom*（Chicago，1962）.

〔5〕同上书。

〔6〕然而，在今天的日本，博物馆等场所在很大程度上仍是由私营企业经营的。

〔7〕参见 Martin Anderson，*The Federal Bulldozer*（Cambridge，Mass.，1964）；Jane Jacobs，*The Economy of Cities*（New York，1969）；Edward C. Banfield，*The Unheavenly City*（Boston，1970）和 *Unheavenly City Revisited*（Boston，1974）。

〔8〕Richard C. Cornuelle，*Reclaiming the American Dream*（New York，1965）；Cornuelle 得出结论认为（p. 40）：

> 如果独立部门得到了充分的动员，那么我相信它能够：（1）使每个愿意并有能力工作的人进行工作；（2）消除贫困；（3）发现并解决农业问题；（4）为每个人提供良好的医疗服务；（5）制止青少年犯罪；（6）振兴我们的乡镇与城市，并把流浪者的贫民窟改造改成富有人情味的社区；（7）为每个人提供合理的退休金；（8）废止无数的行政规章，并代之以更为有效的行为规则，由每个行业和灵敏的新闻媒介来负责实施；（9）处理国家的全部研究工作；（10）把我们的外交政策变成一场为人类福祉和人格尊严而进行的全球性圣战；（11）扩大持股范围；（12）制止空气污染和水质污染；（13）使每个人都得到他所需要的教育并从中受益；（14）为每个人提供他所期望得到的文化通道和教育通道；（15）根除种族隔离。独立部门完全有力量去做这些棘手的事情。但是，奇怪的是，在独立部门的力量得到增强以后，我们并没有让它去做越来越多的事情，反而是让政府去承担越来越多的共同事务。

我之所以要征引这项著名的主张，实是为了吸引尽可能多的读者去参阅这部不应当被忽视的著作。

〔9〕J. K. Galbraith，*The Affluent Society*（Boston，1969）.

〔10〕Adolf Wagner，*Finanzwissenschaft*（1873；3rd edn. Leipzig，1883），Part I，p. 67，并参见 H. Timm，“Das Gesetz der wachsenden Staatsaufgaben”，*Finanzarchiv*，

N，F. 21，1961，以及 H. Timm and R. Haller（eds），*Beitrage zur Theorie der offentlichen Ausgaben. Schriften des Vereins für Sozialpolitik*，N. F. 47，1967. 就政府的强制性活动而言，人们业已确当地指出，我们没有什么可以感到高兴的，因为我们从政府那里得到的要比我们付出的少，但是，就政府所提供的服务而言，情势极可能相反。当然，政府开支的规模，无论如何都不是衡量政府实际上提供的服务所具有的价值的标准。从整个国民收入的统计中按照成本来评价政府服务的那种必要性，极可能给人们造成一个全然错误的印象，致使人们无法认识到政府要求人们提供的税款的实际规模。

〔11〕J. K. Galbraith，上引书，并请参见 Anthony Downs，"Why Government Budget is too Small in a Democracy"，*World Politics*，vol. 12，1966。

〔12〕见 Arthur Seldon，*Taxation and Welfare*，I. E. A. Research Monograph No. 14（London，1967），特别是第 18 页上的表格。

〔13〕在欧洲所有发达国家，即便是在所谓的"自由放任"（laissez faire）的高潮阶段，仍存在为穷困人提供生计的保障措施。关于这个事实，请参见本书第二卷第 190 页注释〔8〕。

〔14〕见拙著 *The Constitution of Liberty*（London and Chicago，1960），chapter 19。

〔15〕参见 R. H. Coase，"The British Post Office and the Messenger Companies"，*Journal of Law and Economics* . vol. IV，1961，另可参见英国邮政工人联盟秘书长于 1976 年 5 月 24 日在 Bournemouth 发表的声明，而 *The Times*（London）于次日做了报道。他在该项声明中指出，"两种政治势力交织在一起的政府，把一个曾经伟大的公共服务部门降低到了杂耍把戏的水平"。

〔16〕见拙著 *Denationalization of Money*（Institute of Economic Affairs，2nd edn.，London，1978）。

〔17〕见拙著 *The Constitution of Liberty*（London arel Chicago，1960），chapter 24 。

〔18〕参见上文注释〔4〕。

〔19〕参见上文注释〔8〕征引的 Cornuelle 的著作。

〔20〕参见 F. A. Mann，"Outlines of a History of Expropriation"，*Law Quarterly Review*，75，1958。

〔21〕参见 Alan F. Westin，*Privacy and Freedom*（New York，1968）。我在拙著 *The Constitution of Liberty*（p. 300）中就全国统一的医疗卫生服务会给个人自由造成的影响所感到的忧虑，已经由 D. Gould 撰写的一篇文章证实了，这太令人沮丧了；请参见 D. Gould，"To Hell with Medical Secrecy"，载于 *New Statesman* of 3 March 1967。他在该文中指出：

> 从理想的角度看，我们的医疗卡应当送到卫生部去，比如说每年一次并且把医疗卡上的所有信息都输入电脑。此外，这些医疗卡……应当列出我们的工作（包括过去的工作和现在的工作）、我们的旅行情况、我们的亲属、我们是

否吸烟喝酒、吸什么烟喝什么酒、我们吃什么不吃什么、挣多少钱、做何种锻炼、体重多少、身高多少，甚至还要包括定期心理测验的结果，以及许多其他隐私的细节……

准确的记录（由电脑分析）……甚至可以显示出哪些人不应当获准开车，或哪些人不应当获准进入内阁！哎！这哪里还谈得上神圣的个人自由呢？自由嘛，见鬼去吧！我们要么作为一个集体生存下去，要么全部完蛋；如今的医生乃是国家的仆从，就像是病人的仆从一般。消灭一切谎言，并让我们承认所有的秘密都是坏的秘密。

第十五章

政府政策与市场

纯粹的市场经济假定：第一，作为实施强力和强制的社会机构，政府的目的乃在于维续市场制度的运行；第二，政府不得妨碍市场发挥正常作用；第三，政府还必须保护市场制度以使它免遭其他人的侵犯。

——路德维希·冯·米塞斯*

竞争所具有的优长并不取决于竞争是否“完全”或“完善”[1]

在某些条件下，竞争能够为不同商品的生产和各种服务的提供实现一种资源配置，而这种配置又能够使某些特定产品组合的产出达到一个“全知全能者”所能实现的产出数量——当然，这种所谓的“全知全能者”，不仅要知道实际上只有所有的人加在一起方可能知道的所有事实，还要能够以一种最为有效的方式运用这种知识。竞争性市场过程（competitive market process）得以产生这些结果的上述特殊事例，着实令一些经济理论家如痴如醉、极感满意，以至于他们在这方面的研究中竟倾向于把它夸张成一种典型的范例来对待。结果，人们在主张竞争时往往会采取这样一种论辩，即竞争之所以可欲，似乎就是因为竞争始终能够达致上述特殊事例中的那些结果；甚或只有当竞争事实上达到了诸如此类结果的时候，竞争似乎才是可欲的。但是需要指出的是，只要人们把主张和赞同市场的论辩建立在“完全”或“完善”竞争（“perfect” competition）这种特例的基础之上，那么由此出发，他们很快就会认识到：第一，上述那种“完全”或“完善”的竞争只是在极少数情势中方能趋近的一种例外情势；第二，如果主张并赞同竞争的论辩以竞争在那些特殊条件下所达致的那些结果为基础，那么这种论辩作为一项一般性规则也就很难站得住脚了。据此我们可以说，为竞争所应当达致的结果确立一种完全不切实际的、过高的标准，常常会使人们错误地低估竞争实际取得的成就。

这种完全竞争的模式实是以假设某些事实的存在为基础的，然而就这些假设的事实而言，在现实生活中一般会发生下述三种情况：一是除了在为数极少的几个经济生活部门中以外，这些事实实际上并不存在；二是在许多经济部门中，我们甚至没有力量造就这些事实；三是即使我们有时候能够造就这些事实，那也是极不可欲的。这种完全竞争模式所依据的乃是这样一个关键性假设，即任何一种与其他商品有着明显区别的服务性商品，都能够同时由一大批生产者以同样的成本向大多数消费者供应，因此其间的任何一个生产者都不能随心所欲地确定该种商品的价格，因为如果有人试图以高于其边际成本的价格出售该商品，那么他的这种做法只会对那些售价比他低的人有利。在这种理想型的个案（ideal case）中，对于每个竞争者来说，价格都是给定的，因此每个竞争者都会在自身利益的驱使下把自己的产量一直增加到边际成本与价格相等的程度；正是这样一种理想型的状况，渐渐被人们视作是一种模式，而且还被当作一种标准，用以判断竞争在现实世界中所达致的成就。

如果我们能够实现这样一种理想型的状况，那么把每种商品的产量都扩大到价格与边际成本相等的地步，就肯定是极为可欲的，因为只要价格与边际成本还不相等，那么进一步增加该商品的产量就意味着为此所需要的生产要素用于该商品的生产要比用于它处更富成效。然而，这并不意味着，在我们不得不通过竞争的过程去发现不同的人各有何种需求以及能够做些什么事情的情势中，我们也能够实现上述那种理想型的状态；此外，这也决不意味着，与我们用任何其他为我们所知道的方法（如政府指导或计划的方法）所能够实现的那种状况相比较，“不完全”竞争（“imperfect” competition）所达致的结果就会差得多。

显见不争的是，所谓每一种与其他商品或服务极为不同的商品或服务都应当有一大批生产者同时予以供应的情势，或者自始至终都应当有一大批生产者有能力以同样的成本生产任何特定商品的情势，既是不可欲的，也是不可能的。就一般情势而言，任何时候都会存在一种最佳的生产单位规模，大于或小于这一规模的生产都会引起成本的上涨；此外，任何时候都会存在技艺、位置、传统等方面的特殊优势，只有一部分企业而并不是所有的企业都拥有这种优势。一如我们所知，现实中常常会发生这样的情势，即少数企业甚或只有一家企业能够适当地供应某种特定的商品，亦即它们正好能够以抵偿成本的价格出售该商品，但是其成本可能低于任何其他企业的生产成本。在这种情势下，少数企业（或一家企业）就没有必要把它们产品的价格降至边际成本的水平，或者说，它们没有必要把它们产品的产量调整到只能按照正好抵偿其边际成本的价格出售它们的水平。这些企业在利益的驱使下始终只会把它们的价格降到足以使其他新的生产者不敢涉入此一市场的水平。在这个范围内，这些企业（或这家企业）的确可以像垄断者或寡头垄断者那样自由地行事，还可以自由地把它们的价格（或所生产的商品数量）确定在一种能够使它们获得最大利润的水平上；当然，这些企业也会受到限制，它们所受的惟一限制便是这样一种因素，即它们必须把价格降到足以使其他企业不敢涉入其间的水平。

在所有上述的情势中，一个全知全能的独裁者确实能够通过要求相关企业把产量扩大到价格能够抵偿边际成本的水平的方式来改进可利用资源的用途。如果我们用某些理论家所习惯使用的这个标准来衡量，那么我们可以说，当下世界中的绝大多数市场经济无疑都是极不完善的。然而我们必须指出，对于所有的实际问题来讲，这项标准乃是完全不涉的或完全不适用的，因为它所依凭的基础乃是与一种状态的比较，但是与之比较的不是我们能够通过某种已知方法予以实现的某种其他状态，而是一种只有当我们无法改变的某些事实变成另外一种样子而不是它们实际所示的那种样子的时候我们方能达致的状态。由于某些经济学家的分析是从他们知道所有决定市场秩序的事实这样一个虚构的设定出发的，所以他们也就自然而然地会把那种假想中的由一个全知全能的独裁者所做的安排，当成是我们衡量竞争之实际成就的标准加以使用。但是，这种做法并没有为我们提供一项能够用以判断实际政策所取得的成就的有效标准。显而易见，这种有效标准所判断的决不应当是人们趋近一种无法实现的结果的程度如何，应当是一项特定政策的成果与其他可资运用的做法的成果相比较是多还是少。这里的真正问题在于：我们究竟能够把现有的效益水平提高多少，决不是我们能够在多大程度上趋近那种只有当某些无法改变的事实发生变化的时候，才会是可欲的那种理想型状况。

换言之，判断竞争之成就的那种标准，决不是某个对所有事实都无所不知的人做出的那些安排，必须是那种惟有竞争才能确保的可能性状况，即那些因竞争而能够比他们在其他条件下生产出更多的为其他人所需要的产品的人有可能做出的不尽相同的事情。

作为一种发现过程的竞争

一般来讲，不论是在经济领域以外，还是在经济领域内部，只要我们事先并不知道谁会做得最好，那么竞争便是我们所能运用的一种极为切合实际的过程。然而值得注意的是，无论是在考场上或运动会上，还是在市场上，竞争所能够告知我们的只是谁在特定场合做得最好，未必能够告知我们每个人的表现以及每个人所具有的真实水平——尽管竞争也为人们取得优异成就提供了一种最为有效的激励因素。竞争为人们所提供的乃是这样一种激励，即它会促使人们做得比次优者更好，但是，如果次优者落后太多，那么较优者在能够自由决定投入多少努力的方面便会有很大的回旋余地。只有当次优者对较优者紧追不舍，而较优者本人又不知道自己的优势究竟有多大的时候，较优者才会觉得有必要竭尽全力。再者，也只有当人们要在能力之间持续不断地比出高低，而且每个人都想尽其所能争得好名次的时候，每个人才会始终小心翼翼、左顾右盼次优者是否赶上来了。

因此我们可以说，竞争就像科学实验一样，首先是一种发现过程（discovery procedure）。有一种假设认为，有待发现的事实就是已知的事实；任何以这个假设作为基础的理论，都不可能适当地判定竞争的意义。[2]实际上，应予考虑的已知的或“给定的”事实，乃是无限的，也是人们不可能预先加以确定的。我们所能期望确保的只是一种在总体上有可能促成这样一种局面的过程，其间，我们能够考虑到的潜在有助益的客观事实，要远远多于我们在采用为我们所知道的任何其他做法的时候所能考虑到的客观事实。立基于这种情势，我们可以得出结论认为，一些论者以某个人知道所有相关事实这个假设为基础而对竞争之结果所做的一切判定，对于人们如何选择一项可欲的政策来说实是毫不相干的，也是毫无助益的。这里的真正问题在于，我们如何才能更好地帮助人们最充分地运用分散在无数人之中，而又在整体上不为任何个人所能掌握的知识、技艺和获得知识的机会。我们必须把竞争视作是人们可以在其间获取知识和交流知识的一种过程，因为我们知道，一上来就从任何个人都能够获得所有这种知识的角度来认识竞争，乃是毫无实际意义可言的。此外，根据竞争“应当”实现的成果的前见来判断竞争实际取得的具体结果，就像用科学实验的结果是否与人们于此前对此结果的预期相一致的标准来判定这些实验成果一样，也是毫无意义的。就像我们只能用科学实验的条件来判定其结果的价值一样，我们也只能根据竞争赖以开展的条件而不是它应当取得的结果来判定竞争的结果所具有的价值。因此，我们必须指出，竞争与任何其他种类的实验一样，都不可能实现任何可测结果的最大化。在有利的条件下，与任何其他已知做法相比较，竞争也只能是使更多的技艺和知识得到运用而已。尽管每一次成功地使用知识和技艺都可以被视作是一项增益，从而双方自愿进行的每一次新的交易行为也都可以被视作是一件可取之事，但是，我们永远说不清楚，人们所能取得的净利之总量究竟增加了多少。我们毋须弄清楚竞争究竟产生了多少可测的或增加的净利，但是我们必须把那些一般性条件所产生的结果视作是可能的最优者接受下来，因为那些一般性条件极可能使我们发现最多的机会。

一个人在竞争的压力下会如何行事？在竞争这种条件下他又会遇到什么样的特定情势？这样一些问题显然不是他本人事先所能知道的，当然，其他人也就更不可能知道了。因此，要求他按照竞争“仿佛”存在的那样采取行动，或者要求他按照比实际竞争更完全的竞争那般采取行动，都是毫无意义的。一如我们所见，人们之所以在这个领域中犯错误，主要原因之一就是他们所接受的那个以一种虚构假设为基础的观念，即个人的“成本曲线”乃是一种能够经由调查而得到确认的客观给定的事实，而不是某种只有根据他本人的知识和判断才能够确定的东西——实际上，一个人在高度竞争的市场上行事时所依凭的那种知识，与他是惟一的生产者或是极少数生产者之一时所依凭的那种知识，乃是截然不同的。

尽管解释竞争的结果是经济理论（或 catallactics）的主要目的之一，但是我们在上文所讨论的那些事实大大限制了经济理论能够就竞争之特定结果所做预测的程度——这里的“竞争”，乃是指我们从实际角度出发关注的那种情势中的竞争。我们可以明确地指出，竞争之所以有价值，完全是因为它是一种发现的过程，如果我们能够预测或预见到它的结果，那么我们也就不再需要这种竞争了。当然，经济理论可以通过构造某些模型来阐释或解释这种发现过程的运作，这些模型是以这样一种假设为基础的，即对于这些模型所展示的所有个人间的互动关系来说，这些经济学家拥有着指导他们的全部知识。我们之所以对这样一种模型感兴趣，只是因为它能够告知我们这样一种系统是如何进行运作的。但是，仅仅构造这些模型并不够，我们还必须把这类模型适用于我们并不知道其间特定事实的实际情势之中。因此，经济学家所能做的，只是从他假定他能够知道每个牌手手中的牌的那些心智模型中推演出有关结果之一般特征的某些结论；经济学家也许能够根据人为建构的模型来检验这些结论，但是需要强调指出的是，也只有在那些他无力检验这些结论的场合，这些结论才是有意义的——当然，他之所以无力检验这些结论，实是因为他并不拥有他所需要的那种知识。

如果“完全”或“完善”竞争缺失事实性要件，那么就不可能要求企业按照这种竞争“仿佛”存在那样采取行动

作为一种发现的过程，竞争必须以生产者的自我利益为基础，这就是说，竞争必须允许这些生产者运用他们自己的知识去实现他们自己的目的，因为任何其他人都不拥有这些生产者在决策时所必须依凭的那种信息。在不存在“完全”或“完善”竞争条件的地方，一些生产者会发现，以高于其边际成本的价格出售他们的产品乃是有利可图的，尽管他们以较低的价格出售这些产品仍能够赚到足够多的利润。值得注意的是，那些把完全竞争的状况视作惟一标准的人所反对的正是上述情况。他们认为，应当要求这种条件下的生产者按照完全竞争“仿佛”存在那样去采取行动，尽管这些生产者的自我利益并不会驱使他们这样行事。但是需要指出的是，我们之所以把自我利益作为基础，实是因为只有通过这种自我利益，我们才能够驱使并激励其他生产者去运用我们并不拥有的那种知识，才能够驱使并激励他们去采取只有他们自己才能够确定其结果的行动。我们不可能一方面依凭生产者的自我利益以求发现最为经济的生产方式，另一方面却不允许他们以最有利于他们各自利益的方式来生产某些种类和某些数量的商品。促使人们改进生产方式的激励因素常常在于这样一个事实，即谁先改进生产方式，谁将因此挣得

某种暂时的利润。生产方面之所以能够取得如此之多的改进，实乃是因为每个人都在努力追求这样的利润，尽管他们知道这只是一种暂时性的利润，也只有在他们处于领先地位的时候才能挣得。

如果任何一个生产者的未来生产成本（尤其是他所追加产量的边际成本）都是一种可以由某个负责监督的权力机构做出精准确定的客观的量，那么要求生产者按照其边际成本出售他们的产品可以说是有根有据的。我们必须指出的是，尽管我们在理论论辩中习惯于把成本视作一种“已知数据”，亦即某种给定的知识，但是我们据以生产某项产品的那个最低成本正是我们想通过竞争去发现的东西。除了那些成功发现了最低成本的人以外，任何其他人都未必知道最低成本是多少——实际上，即使是那些发现了最低成本的人，也常常无法意识到究竟是什么因素使他们能够以低于其他人的成本进行生产的。

因此，从一般情势来讲，一个局外人也是不可能对这样一个问题做出客观判断的，即某种大大超过成本的定价是否是一种“适当的”投资回报——这时成本与定价之间的差额乃是通过组织方式或技术方面的某种改进而达致的，还是以高利润的方式表现出来的。在这种情势中，所谓“适当的”回报所意指的肯定是这样一种回报，亦即对它的预期能够足以证明为此承担的风险是值得的。在技术先进的生产部门，某项特定产品的成本一般来讲都不是一种可以客观确定的事实，而是一种在很大程度上必须取决于生产者本人对未来发展前景之看法的现象。每个企业的成功以及它的长远效益，都将取决于它所做出的预期的正确程度——这些预期会在该企业的企业家对生产成本的估算当中得到反映。

因此，一个在改进工厂设备方面做了大量投资的企业，是否应当即刻就扩大产量直至价格降至新的边际成本的程度，也将取决于该企业对未来发展前景所做的判断。显而易见，在有利可图的情况下，对新型且更为有效的工厂设备做某种投资是极其可欲的，但是值得我们注意的是，只有当价格在这种新型且有效的工厂设备投入使用以后的一段时间中，仍持续高于运作先已存在之设备的生产成本的时候，这种投资才是有利可图的。因此，开办一家新的工厂是否可欲，惟一的判准便是该企业家对这家新工厂所制造的产品的售价是否会持续高于它的边际成本（不仅足以收回投入其间的资本，还足以抵偿为开办这家新工厂引发的风险）所做的预期。对于那些最早做出建造新工厂决定的人来说，这些风险在当时究竟有多大或原本应当有多大，又有谁能够说得清楚呢？如果一家企业在冒险办工厂的计划取得成功以后，即刻就被要求把价格降低到当时看来是它的长期边际成本的水平上，那么这种做法显然会阻止人们再去冒这样的风险。人们竞相改进生产技术，在很大程度上是以他们都努力获取暂时性的垄断利润（monopolistic profits）为基础的，因为他们知道，只要他们处于领先的地位，他们便能获取这种利润；从很大程度上讲，成功者也正是从这种利润中获取进一步改进生产技术的资本的。

此外，在这样的情势中，发生下述情况也是颇为合理的：第一，与任何其他生产者相比较，能够向消费者提供更多好处的仍然是那些拥有新设备的生产者；第二，只要我们以那些拥有新设备的人运用他们自己的知识为依凭，那么我们也应当对这些生产者出于自身利益的考虑而向我们提供的更好的服务感到满足了。一如我们所知，在一个自由社会中，每个人都可以自由地选择使用他自己的身体和财产的方式；因此，在这样的社会中，一个人不尽力而为，是不能被视作犯罪的。

要想确定这样一个事实上的垄断者是否把他的生产扩大到了价格正好与边际成本相抵的程度，实际上是极为困难的；即使撇开这种实际困难不论，我们也不能确有把握地说，要求这种事实上的垄断者如此行事，就肯定能够与市场秩序赖以为基础的一般的正当行为规则相符合。只要他所占据的垄断地位是他掌握了较高的技艺的结果，或者说，是他拥有最适合于该产品之生产的某种生产要素的结果，那么要求这种垄断者把产量扩大到价格与边际成本相抵的程度，就很难说是公平的。我们至少可以这么说，只要我们还允许那些掌握了特殊技艺或拥有着独特资产的人可以不使用它们，那么当他们把这些技艺或资产用于商业目的的时候，我们要求他们把它们用至极限的做法便是自相矛盾的。我们没有理由禁止人们用自己的技艺去拆解纵横填字字谜（crossword puzzles），或禁止人们用自己的钱去集邮；同样，我们也没有任何理由规定人们必须把他们自己的技艺或财产运用到什么程度。如果一个人所取得的某种垄断地位是他拥有某种独特技艺的结果，那么一方面坚持要求他应当竭尽全力做到最好，另一方面又因为他做得比所有其他人好（尽管没有竭尽全力）而对他进行惩罚，显然是极其荒唐的。又如果一个人所取得的某种垄断地位是他拥有某种具有一种特殊优势的资产（比如拥有一块特定的场地）的结果，那么毋庸置疑，下述做法同属荒唐之举，即一方面允许他把某处可以为啤酒厂或威士忌酒厂提供得天独厚之益处的水源开发成他的私人游泳池，另一方面在他把此一水源真的改建成这种酒厂的时候，却又坚持不让他从中获得某种垄断利润。

一个拥有生产某种产品之稀缺资源的所有者，之所以有权根据最有益于自己的标准来决定该产品的价格或质量，实乃是人们承认特定物品之私有产权的一个必然结果，这种权利是不能剥夺的，除非我们否弃了私有产权制度。就此而言，一个创建了某种独特的组织或得到了一块得天独厚的好场地的制造商或商人，与一个把作品数量控制在能给他自己带来最高收入的画家之间，是不存在任何差别的。再者，从正义或道德的角度来看，我们既没有理由反对一个人决定只付出他认为值得付出的努力，也毫无理由反对上述那种垄断者去赚取垄断利润。

我们将会看到，当“市场权力”（market power）意指一种阻止其他人以更好的方式为顾客提供服务的权力的时候，情势就截然不同了。显而易见，在某些情势中，即使是确定产品价格的权力，也能够使某个垄断者通过操纵价格而阻止种种不利于他的竞争，进而使该垄断者获得影响其他人的市场行为的权力。我们将在下文中指出，在这些情势中，人们确实有强硬的理由禁止该垄断者采取这样的措施。

然而需要指出的是，一种垄断（或一种寡头）的出现，有时候甚至是竞争所导致的一种可欲的结果；这就是说，当竞争暂时导致某种垄断的时候，实际上就是竞争发挥最大作用的时候。尽管生产不可能因某个垄断者的操纵而变得更富成效（这里只有一种特殊的例外情况，我们将在下文中对这种例外情势进行探讨），但是在某个特定企业出于某种特殊的原因而比其他的同行企业更有效率的情况下，相关产品的生产在这个企业的运作下便常常会是最富成效的。[3]上述情势当然不能够成为人们保护垄断地位或帮助维续垄断地位的正当理由，但是，它使得容忍垄断成了可欲之举，甚至使得允许垄断者从其垄断地位中获利也成了可欲之举——只要垄断者维续其垄断地位所依凭的方式仅仅是他们向他们的客户提供比所有其他人更好的服务，而不是阻止那些认为自己还能够做得更好的人去努力做这样的尝试。只要一个生产者是因为他能够以低于其他任何生产者的成本从事生产，并能够以低于其他任何生产者的价格销售其产品而占据一种垄断地位的，那么这就是我们所能期望达到的最好的结果了——尽管我们从理论上还能够构想出一种更好的运用资源的方式，但是我们没有办法把它变成现实。

当然，有许多人都反对这种垄断状况；但是值得我们注意的是，他们之所以持有这样一种态度，主要是因为他们错误地理解了垄断（monopoly）这个术语，以为垄断就是一种特权。但是，一个（或几个）生产者能够以其他生产者无法与之相比的价格来满足人们的需要这个简单不争的事实，并不会构成一项特权，只要这些其他生产者做不到这一点并不是因为他们的努力受到了前者的阻挠。特权（privilege）这个术语只能够被确当地用来指称一种依特别命令（privi-legium）而授予的权利，而且除了被授予此项权利的人以外，任何其他人都不得享有此项权利；再者，其他人之所以不得享有该项权利，也不是因为种种情势没有向他们提供享有这种权利的客观可能性。

我们在上文中所说的那种垄断，并不是以严格意义上的那种特权为基础的；因此我们可以说，只要垄断的存在所依凭的方式是阻止人们去尝试以一种比其他人更好的方式为其顾客提供服务，那么它就确实是一种应当永远受到谴责并加以反对的权项。但是需要指出的是，我们在本节中所论及的那些垄断或寡头垄断都不是以任何这类差别待遇（亦即阻止其他人去尝试提供更好的服务的做法）为基础的。我们所说的那些垄断实际上是以这样一个事实为基础的，即人与人并不是完全相同的，物与物也不是完全相同的，往往只有少数甚或只有一个人会在某些方面比所有的其他人都更具优势。我们知道如何去激励这种人或这种组织为他们的同胞提供比任何其他人都更好的服务，但是我们没有办法自始至终要求他们竭尽全力地为公众服务。

自由市场的成就

据此，我们可以做出这样的追问：我们究竟想让竞争给我们带来什么东西呢？如果我们对竞争不加干涉，那么竞争通常又会给我们带来什么呢？竞争的结果不仅极其简单而且一目了然，以至于我们当中的大多数人都趋向于把它视作是一种当然之事；然而，我们完全没有意识到这样一个事实，即竞争的成果实是非同小可的，也是任何一个向生产者发号施令的权力机构所不可能达致的。只要竞争不受阻碍，那么它就趋于形成这样一种局面：第一，只要有人知道如何生产某种产品，只要他的产品价格在使他本人获得利润的同时还能够使买主们在可供选择的商品中优先选择购买他的产品，那么这种产品就会被生产出来；第二，每种正在被制造出来的产品都是由那些能够以低于任何其他人的成本生产该产品的人制造出来的，或者至少是由那些能够以一种与任何其他人同样低的成本进行生产的人制造出来的，尽管这些其他人事实上并没有在生产这种产品；[4] 第三，每种产品都是以低于或至少等同于任何其他人所能够决定的销售价格予以出售的，尽管这些其他人事实上并没有出售产品。

如果我们想确切地把握这种局面的意蕴，那么我们还必须考虑下述三个要点：第一，这种局面乃是任何中央权力机构之刻意指导所不可能促成的；第二，在政府不阻止竞争或政府不容许私人或组织阻止竞争的所有场合，都可以明显地趋近这种局面；第三，在庞大的经济活动部门，人们之所以从未趋近过这种局面，实是因政府限制竞争所致或者是因政府允许（常常还帮助）私人或组织限制竞争所致。

尽管竞争所具有的这些成就初看起来是微不足道的，但是这里的关键在于我们并不知道还有什么其他方法能够产生更好的结果；而且只要竞争蒙遭阻碍或阻止，那么就连实现这些成果所必需的条件也都无法实现了。鉴于竞争在许多领域中总是蒙遭政府政策的刻意阻碍，根本就无法实现这种结果，同时又考虑到人们极可能在任何允许竞争的场合实现这种结果，所以我们也应当更多地考虑这样一个问题，即我们如何才能够使这种竞争得到普遍的展开，而不是如何使这种竞争的运作与一种“完全”或“完善”竞争的标准相符合，因为这种标准根本就是不可企及的。

当然，在一个正常运转的社会里，我们在上文所描述的那种结果究竟在多大程度上能够在竞争未遭阻止的活动领域中得到切实的实现，是很难说的，因为这要看人们得以发现这类谋生机会（即向消费者提供比过去更好的服务的机会）的难度如何。我们极其清楚地知道，发现这种机会事实上是极为困难的，而且要想在一个运转良好的偶合秩序中发现这种机会，也是需要极大智慧的。[5]就此而言，对下述两种国家的境况做一比较，也许会对我们理解这个问题颇具启示意义：在第一种国家里，存在着一个庞大的精通商业的阶层，而且现存的大多数机会都会得到人们的利用；在第二种国家里，人们并不那么富有冒险精神或者说并不那么富有企业家精神，所以这种国家常常会给那种独具慧眼且富有企业家精神的人提供迅速致富的大好机会。[6]这里的关键之处在于：首先，一种高度发达的企业家精神，既是有效竞争的条件，也是有效竞争的产物；其次，除了让所有想利用竞争所提供的机会的人都能够自由地参与竞争以外，我们确实不知道还有什么其他方法能够孕育出这种企业家精神。

竞争与理性

竞争不仅是我们业已知道的我们能够据以运用其他人可能掌握的知识和技艺的惟一方法，也是我们每个人据以获得我们所掌握的大部分知识和技艺的途径。但是，有些人并不理解这一点，因为他们坚持认为，赞同竞争的论辩乃是以那些参与竞争的人会采取理性行为（rational behavior）这个假设为基础的。然而我们知道，理性行为并不是经济理论的一个前提，尽管人们常常把它说成是一个前提。实际上，经济理论的基本论点毋宁是，竞争会使人们为了实现自足自立之目的而以理性方式行事成为必要。经济理论并不是以大多数或所有参与市场过程的人都是理性的这样一个假设为基础的，相反，经济理论乃是以另一种假设为基础的，即一般来讲，正是通过竞争，少数比较理性的个人才会使其他人认为有必要为了取得成功而竭力仿效他们并与之展开竞争。[7]在一个理性行为能给个人带去优势的社会里，理性的行事方式也会渐渐得到发展，还会经由人们的模仿而得到普及。如果不允许一个人从他的理性行为中获益，那么他行事比其他人更理性也就毫无意义可言了。因此，从一般意义上讲，理性并不是竞争得以有效展开的必要条件，恰恰是竞争或者允许竞争的各种传统产生了理性行为。[8]努力做得比惯常方式更好一些，乃是一个持续不断的过程；正是在这个过程中，人们会渐渐地提高自己的思维能力，还会在此后的论辩与批评中凸显出这种能力。一如我们所知，在商业群体中，思维方式或思想工具的改进给个人带去了诸多益处；因此，没有一个社会不是先行孕育出这样一种商业群体，尔后才获得系统的理性思维能力的。

一些论者倾向于认为，在缺乏企业家精神的人当中，竞争是不可能产生任何作用的；但是我认为，这些论者倒应当特别牢记这样一个道理：只有让少数因尝试新方法而取得成功的人的地位得到提高，并受到尊重和发挥影响力（即使这些人最初是来自其他行业的闯入者），也只有让那些因受到诱导而要仿效他们的人可以自由地仿效他们（不论开始时这样的效仿者有多少），以上所说的那种企业家精神才会经由这种能够产生企业家精神的惟一方法而得以养成。与任何其他方法一样，竞争也是一种可以培育出某些思维模式的方法：只有在大企业家能够发掘其天资的环境中，他们的思维模式才能够存在并脱颖而出。与此同理，同一种思维天赋也会因它所指向的任务的变化而发生极大的变化。

一如我们所知，某些传统的风俗习惯和行事方式会阻碍人们去尝试那些隐含于竞争之中的新方法；因此，只有当因循守旧的多数无权强求每个人遵循这类传统风俗习惯的时候，上文所述的那种发展情势才是可能的。这就意味着，多数必须把它的权力严格限定在实施一般性规则（诸如禁止个人侵犯任何其他人的确获保障之领域这样的规则）的范围之内，而不得把此项权力用来实施那些要求个人必须做什么事情的肯定性规定（positive prescriptions）。如果把有关个人必须如何行事的多数观点或任何一种这样的观点加以普遍适用，那么像我们在上文所述的那些能够使较为理性的行事方式逐渐取代较不理性的行事方式的发展进程就会变得不再可能了。一个社会的智识增长乃是以少数人观点的逐渐传播为基础的，即使当这些观点不利于那些不愿接受它们的人的时候，情势亦复如此；再者，尽管任何人都不得因为自己认为新观点更好而强迫其他人接受这些新观点，但是，如果少数人所取得的成功证明了这些新观点更为有效的话，那么我们决不能保护那些墨守成规的人并使他们的经济地位免遭相对的甚或绝对的下降。无论如何，竞争始终都是这样一个过程，其间，少数人的努力会使较多的人不得不去做他们并不喜欢做的事情，比如说更加努力地工作，改变旧习惯，或者更加倾心于并坚持不懈地认真做好自己的本职工作等；而我们知道，没有竞争，这些人原本是不需要做诸如此类的努力的。

如果在一个企业家精神尚未普及的社会中，多数有权禁止它所不喜欢的一切，那么这种社会就极不可能促使竞争的发生。我根本就不相信晚近以来有哪个运转良好的市场是在无限民主制度之下得以出现并得到发展的；相反，我倒是认为至少存在着这样一种可能性，即在市场已然得到发展的地方，无限民主制度的实施只会把这种市场摧毁掉。对于那些有人与之竞争的人来说，有人与他们竞争这个事实永远是一件令其讨厌的事情，因为这会扰乱他们的宁静生活；此外，竞争所具有的这些直接影响与我们从中获得的间接益处相比较，又始终是更为显见的。特别需要指出的是，同一个行业中知道竞争如何运作并亲身面对竞争的成员，都会感受到竞争所具有的这种直接影响，而消费者对于究竟是谁的行动促成了价格的降低或质量的提高，一般来讲是不会有什么概念的。

规模、集中和权力

由于人们错误地夸大了私人企业对价格的影响力（加上人们普遍对私人企业“大”规模本身所抱有的偏见），又由于人们从各种“社会的”角度出发认为维护中产阶级、独立的企业家和手艺人或小店主是极为可欲的，或者笼统地说，维护现行的社会结构乃是极为可欲的，所以在上述错误观点的支配下，人们一般都倾向于抵制由经济进步和技术发展所引发的种种变化。由于人们认为大公司所能行使的“权力”在本质上是极其危险的，所以他们认为有必要制定专门的政府治理措施对之施以限制。对私人企业的规模和权力（size and power）所持的这种看法，也许要比任何其他的观点都更可能从自由的前提中推论出根本上反自由的结论。

一如我们所见，人们在今天一般都认为，垄断会在规模和确定价格的能力这两个重要方面赋予垄断者以极为有害的权力。但是值得我们注意的是，评断垄断者的权力是否有害的标准，既不是规模本身，也不是它所拥有的确定价格（亦即所有的人都能够购买其产品的价格）的能力。此外，也是更为重要的一点，实际上并不存在一种可行的尺度或标准，可供我们用来判定某个特定企业的规模是否真的太庞大了。我们可以肯定地说，某个特定行业中的一家大企业因为该行业中的其他企业都追随该家大企业在价格上的领先地位而“支配”了市场的事实，所能够证明的只是这种状况无法依凭任何其他方式得到改善，只有通过一个有实力的竞争者的出现才能得到改善。然而，对于出现一个有实力的竞争者的情势，我们只能抱以期望，而无力实施这种期望，因为我们根本就不知道哪个企业确实拥有与现在居于支配地位的那个企业相同的（或其他等值的）特殊优势。

一如我们所知，有待生产和销售之商品的价格、数量或质量都是有待在市场过程去发现的未知数；与此相似，私人企业的规模究竟要多大才能最为有效，同样是一个有待市场过程中发现的未知数。由于企业规模的大小是否可欲将取决于日益变化的技术条件和经济条件，所以在这个问题上也不可能有一个一般的规则或一项统一的衡量尺度；此外，按过去的标准来看，有些企业的规模似乎太大了，但是，市场过程中所发生的许多变化没有给这些所谓的大企业造成负面的影响，反而为它们创造了种种有利的条件。不容否认的是，规模的优势并不总是以我们无法改变的那些事实为基础的——比如说某些种类的天资或资源的稀缺（当然也包括这样一些偶然发生但属于无法避免的事实，比如某人较早涉足此一领域从而也有更多的时间来获取经验和特殊的知识），常常是由那些碰巧给了规模以某种优势的制度性安排所决定的；因此，在某种意义上讲，这种规模优势乃是一种人为的优势，因为它并不能确使产量单位耗费较少的社会成本。税收立法、公司法或大公司对政府行政机构所具有的较大影响力，都可能给较大的企业带来差异优势，然而这些大企业之所以能够获得这些优势，并不是因为它们真正做出了卓越的贡献；因此，仅就这些方面来看，人们的确有充分的理由去改变有关的制度性框架，进而取消这类人为的规模优势。但是需要指出的是，人们没有理由对大规模本身施以歧视性的政策，正像我们没有理由去支持或庇护这种大规模一样。

在某个“行业”的范围内，有时候确实只有一个专业化大公司进行活动的空间；因此，如果我们从这个角度来考虑问题，那么我们就可以说，那种认为规模本身会使这种大公司拥有支配竞争者之市场行为的有害权力的观点，是有一定道理的。但是，大公司的发展过程在很大程度上使得行业分立的观点丧失了意义，因为一家资源富足的公司现在已经能够支配这些原本分立的行业了。换言之，私人公司规模的扩大，导致了一系列无法预见的结果，其中就有一个属于经济理论家尚未彻底把握和领悟的结果，即一家企业的庞大规模所造成的它在经营方面的多样化程度，已经远远超过了任何可以明确界定的行业所设定的限度。因此，那种能够使公司跨入其他诸行业的规模，也就成了一种制约某个大公司因其规模庞大而可能在某一行业领域中获得的权力的主要力量。例如，在一个国家的电力行业中，可能任何其他公司都没有力量或持久的实力与一个意欲维护自己对某些产品的事实性垄断地位的电业巨头进行“较量”。但是，正像庞大的汽车康采恩（concerns）或化学康采恩在美国的发展过程所昭示的那样，这些公司毫无顾忌地打入了那些只有以巨大资源作为后盾才能使自己的前景看好的诸行业领域。因此，规模本身变成了消解那种因规模而拥有的权力的最为有效的解毒剂：能够对那种因大宗资本而拥有的权力进行制约的因素，不是其他，恰恰是其他一些大宗资本；而且这种制约也会比政府所采取的任何形式的监督都更富有成效，因为政府对大公司的某项行为的认可总是包含着对它的授权，即使不是公然对它进行保护的话。正如我一再强调指出的那样，政府监督的垄断（government-supervised monopoly）始终会趋向于变成一种政府保护的垄断（government-protected monopoly）；因此，对大规模的反对或遏制，往往只会使人们以规模本身的发展来消解规模的希望化为泡影罢了。

我并不想否认，从一些真正属于社会的和政治的（不同于纯粹经济的）角度来看，由一大批小企业构成的结构似乎要比那种由少数大企业构成的结构更为可欲或“更为健康”。此外，我还在前文的讨论中指出，越来越多的人在日益扩大的公司里工作这个事实隐含着极大的危险，这是因为这些在大公司工作的人会越来越谙熟于组织化的秩序类型，却对那种协调不同公司之活动的市场机制不甚了解。但是值得注意的是，人们往往是在为政府采取下述措施——亦即那些旨在遏制私人企业发展或保护效益较差的小企业并使它们不致被驱逐出本行业或被某一大公司兼并的措施——做辩护的时候诉诸这类理由的。

然而，即使我们承认这样一些措施在某种意义上是可欲的，但是我们还是要指出，如果不授予某个权力机构以一种自由裁量权或专断权力的话，那么这些措施所预期的目的就是不可能达到的——尽管这些目的本身是可欲的；因此，这些目的必须为一项更高层次的规则让路，这项规则即是我们不应当把这种权力赋予任何权力机构。我们业已强调指出，对一切权力施加的这项限制，也许会使某些为人民之多数所欲求的特定目的无法得到实现；从一般意义上来讲，为了避免更大的恶，自由社会就必须断然否弃某些种类的权力，即使行使这种权力所导致的那些可预见的后果似乎是有益的结果，即使对这种权力的行使也许还构成了人们实现那种特定结果的惟一可资使用的方法。

经济权力的政治维度

有论者认为，私人公司的庞大规模为它在经营管理方面提供了巨大的权力，因而这种为少数人拥有的权力在政治上是极其危险的，在道德上也是应当受到谴责并加以反对的；这种观点当然值得我们认真对待。然而我们必须指出，这种观点之所以在某些人看来颇具说服力，很大程度上是因为他们未能洞见到这个观点在下述两个方面所存在的问题：一是它在混淆“权力”（power）一术语之不同含义方面所存在的问题；二是它在“权力”一术语的两种不同含义之间来回转换方面所存在的问题：第一种含义是支配物质财富的权力，拥有这种意义上的巨大权力是可欲的；第二种含义是支配他人行为的权力，拥有这种意义上的权力是应当受到谴责并加以反对的。这两种权力未必是关联在一起的，而且在很大程度上还是能够彼此独立存在的。的确，唯社会论的制度安排不可避免地导致了人支配人的权力的无限增长，然而值得我们注意的是，它当初之所以得势，是因为它允诺要用对物的管理来取代人支配人的权力；这实是历史的一大讽刺。

只要大宗物质资源的聚合能够使大公司比那些较小的组织在生产更为先进或更为便宜的产品或者提供更为可欲的服务等方面取得更好的成果，那么不论这种支配物质财富的权力如何扩大，我们都必须把这种权力本身视作是有助益的。事实上，受一家公司支配的大宗资源常常会使该公司所拥有的这种权力在比例上超过其规模；正是这个事实，往往构成了特大企业得以发展的原因。从另一个角度来看，尽管规模并非在任何情势中都是一种优势，又尽管规模的扩大总会有一个限度，超出这个限度，生产率就不会进一步提高，但是任何时候都会存在这样一些领域，其间，技术上的变革会给那些规模更为庞大（亦即比既有企业的规模更大）的企业提供优势。从工厂取代手工作坊到钢铁生产中的流水线工序的发展，直至超级市场的出现，技术知识的增进持续不断地提高着较大企业的效率。需要指出的是，虽说规模的这种扩大能够使企业更为有效地使用资源，但是它未必会扩大企业支配人之行为的那种权力——一个企业老板对那些为了自己的利益加入该企业的员工所行使的那种有限的权力是一种例外。尽管像西尔斯·罗巴克公司这样的邮售商行已经发展成了世界一百家最大企业中的一员，其规模也已经远远超过了任何可比的企业，又尽管该企业的活动深深地影响了千百万人的行为准则与习惯，但是我们决不能认为它所行使的乃是一种支配其他人的权力，因为它所实施的只是一种向那些在有条件得到它服务的情况下便会倾向于选择这些服务的人提供服务的权力而已。如果一家公司在生产像滚珠轴承这类用途广泛的机器设备配件的过程中，因效率极高而使得其他公司无法与之竞争，那么我们也不能认为该公司获得了支配他人行为的权力。此外，只要该家公司随时准备以同样的条件向每个需要其产品的人供货（即使它因此获得了巨额利润），那么该公司的所有客户就都会因为它的存在而得到较好的服务；因此，我们决不能认为这些客户是在受它的权力的支配。

在现代社会，使一家企业拥有支配他人行为的权力的因素，与其说是该企业所控制的大宗资源的规模，还不如说是它所掌控的拒绝向那些依赖其服务的人提供服务的那种能力。因此，正如我们将在下一节的讨论中所指出的那样，不仅是企业所拥有的那种决定其产品之价格的权力，也是它所拥有的那种向不同的顾客索要不同买价的权力，为企业提供了支配他人行为的权力。然而，这种权力并不是直接以规模为基础的，甚至也不是垄断所导致的一种必然结果——尽管提供任何必需品的垄断者都会拥有这种权力，不论该垄断者的规模是大还是小，只要该垄断者可以随心所欲地以不同价格向不同的顾客出售其产品。此外，我们还将看到，真正有害进而应当加以严格约束的那种权力，不仅包括垄断者对顾客实行差别待遇的权力，还包括它对同样有着差别待遇之权力的政府所可能具有的影响力。尽管这种权力常常与庞大规模有着一定的联系，但是它既不是规模所产生的一个必然后果，也不是庞大的组织所能独享的。当某个控制着一项日常生活必要服务的小企业或工会能够通过拒绝提供该项服务来要挟公众的时候，它实际上也是在行使上述那种权力。

然而，在我们进一步探讨如何制约垄断者所采取的这些有害行动之前，我们还必须先对规模本身为什么常常被人们视作是有害的一些其他原因进行追究。

的确，众多人的生活福利都会受某家大公司的决策的影响，而不会受某家小企业的决策的影响；然而，这个事实并不意味着人们应当对大公司的决策另眼相待，也不意味着通过某种公共监督的方式来防止大公司在决策过程中犯错误的那种做法就是可欲的或可能的。人们之所以对大公司存有怨恨，大多是因为他们相信这些大公司在决策过程中并没有把他们认为它们因规模庞大而能够考虑到的一些后果考虑进去，尽管他们承认一个较小的公司无力考虑这样的问题：如果一家庞大的康采恩关闭了一个无利可图的地方性工厂，那么这就会引起人们的埋怨和愤恨，因为在他们看来，它“本来就亏得起”，而且也完全有实力在亏本的情况下继续把这个厂子开办下去，以使他们保有原来的工作；但是，如果这个厂子是一家独立企业的话，那么所有的人就会把这家工厂的关闭视作是一个不可避免的事实接受下来。然而我们知道，关闭一家属于某个大康采恩的亏损工厂，也是完全可欲的（尽管这家康采恩可以从它的其他部门中挪用一部分利润来维续它的生存），这就像关闭一家没有其他途径获得这种资助的独立的亏损企业是完全可欲的一样。

人们普遍认为，一家规模庞大的大公司应当更加充分地考虑到它的决策所会产生的间接后果，还应当承担一些并不要求小企业承担的责任。但是，这里隐含着这样一种危险，即这种做法反而会使大公司谋得某些真正应当受到谴责或反对的巨大权力。众所周知，只要公司的经营管理部门承担着这样一项支配性的义务，亦即作为股东的受托人而为股东的利益经营管理它所控制的财产，那么它的权限便在很大程度上受到了约束；或者说，它也就不再具有为某个特定的利益群体提供好处的专断权力了。但是，一旦大企业的经营管理部门被认为不仅有权利而且还有义务在决策过程中考虑那些被人们视作是公共利益或社会利益的东西，或者说必须支持有益事业且在一般意义上还必须为公共利益服务，那么它就确实谋得了一种无法约束的权力——然而需要指出的是，这样一种权力不会长时间地由私人经营者所控制，因为它最终不可避免地会成为政府日益扩大控制的囊中之物。[9]

只要公司有权为某些群体提供好处，那么仅规模本身也会成为影响政府的一个因素，并由此派生出那种必须加以抨击和反对的权力。毋庸置疑，这种影响力如果由有组织的利益群体来实施，显然要比某个最大的企业来实施它重大得多；也只有当政府为某些特定群体谋利益的权力被剥夺的时候，它才能够彻底抵御这种影响力。

最后，我们还必须论及另一个事例，其间，毋庸否认的是，仅是规模庞大这个事实就会酿成一种极不可欲的局面：由于一家大公司遭遇不测会引发一系列后果，政府会因无力救济该公司垮台所会造成的损失而只有不让它垮台。这时候，人们自然会产生这样一种预期，即该公司因此会受到政府的保护；正是立基于这种预期，人们才会认为投资大公司要比投资小公司所具有的风险小一些；至少从这一点来看，上述情势确实会使规模庞大的公司获得一种“人为的”优势，然而这种优势并不是以该公司的卓越表现为基础的，也是政府政策应当予以彻底根除的。颇为明显的是，只有当人们采取有效的手段把政府所具有的提供这种保护的权力剥夺掉，上述那种“人为的”优势才能够被彻底根除，因为只要政府还拥有这种权力，那么它就极难抵挡住大公司在这方面向它施加的压力。

我们应当牢记这样一个要点：真正具有危害的，实际上并不是垄断本身，而是对竞争的禁止；然而，在当下有关垄断的讨论中，这个要点往往被一些含混不清的观点给遮蔽了。垄断与禁止竞争之间有着天壤之别，所以我们应当再一次强调指出，一种以卓越表现为基础的垄断乃是完全值得称道的——即使这种垄断者始终把价格保持在一种能够使他从中获得丰厚利润的水平，即使他只是把价格保持在正好低到足以使其他人不可能成功地与他展开竞争的水平，他所享有的那种垄断也仍然是值得赞许的，这是因为与那些可能同他生产同等数量之产品的其他生产者相比较，他所需使用的资源数量仍然要少得多。同理，要求这样的垄断者担当一种道德上的责任，尽其所能压低产品价格和销售产品，并从其间只赚取一种“适度的”利润，实际上也是毫无道理可言的——这就像要求我们承担一种道德上的责任，竭尽全力去工作或以微弱的收益去卖掉一件稀有物品一样，也是无甚道理可言的。一如我们所知，从来没有人想到过要对一个艺术家或一个外科医生之独特技艺的“垄断”价格进行抨击，因此，一个能够以低于任何其他人的成本进行生产的企业所获得的“垄断”利润也是完全正当的。

那些“新自由主义者”（neo-liberals）尤其应当牢记，道德上的不正当者，并不是垄断，而是对竞争的禁止（以及对竞争的一切禁止，不论这种禁止是否会导致垄断）；这是因为那些“新自由主义者”居然宣称，他们必须通过下述方式来表明他们的公正性，即他们不仅要反对劳工垄断（labour monopolies），同时也要强烈反对一切形式的企业垄断（enterprise monopoly）；但是他们忘记了这样一个事实，即大多数企业垄断都是企业较佳表现的结果，而所有的劳工垄断却与之相反，因为它们都是强行压制竞争所造成的结果。如果某种企业垄断也是以禁止竞争的做法为基础的，那么这种企业垄断就与劳工垄断一样可憎且同样需要禁止，还应当予以特别严肃的对待。但是需要强调指出的是，从经济角度或从道德角度来看，无论是垄断的存在还是规模本身，都是无可厚非的，而且也决不能把它们与旨在禁止竞争的任何行为相提并论。

有害的垄断

在我们的生活当中实际上存在着一种典型的事例，其间，我们必须承认，极有可能产生垄断——这就是稀缺资源和可耗尽资源（比如说某些种类的矿藏等）的情势。然而，我们不准备在这里对这个典型事例进行讨论，我们之所以采取这种做法，实是因为由此产生的那些问题实在太过复杂，以至于对它们只做简略的讨论，根本就于事无补。因此，我们在这里只想提请读者注意，虽然在这个特定的事例中，某种垄断的发展也许是势不可免的，但是也正是在这个事例中，我们丝毫不能断言这种垄断是有害的，因为这样一种垄断只可能使有关资源的使用时间得以延长，不可能致使该垄断公司以减少产品总量的方式来永久性地停止或限制生产某些商品和停止或限制提供某些服务。

在相当一般的意义上，我们也许可以说，真正具有危害的，并不是那种因拥有较高的效率或因掌控着某些特定的有限资源而形成的垄断，毋宁是某些垄断者在其优势地位的原初原因消逝以后依旧能够保护并维续其垄断地位的那种垄断能力。我们之所以这么说，主要是因为这样的垄断公司不仅有能力把它们的权力用来决定它们向所有的人索要的统一价格，而且还有能力把它用来决定它们向特定的顾客索要的特定价格。这种能够使它们向特定顾客索要特定价格的权力，或者说，向顾客施行差别待遇的权力，能够在很大程度上被垄断者用来影响其他人的市场行为，尤其可以被它们用来遏制或影响潜在的竞争者。

我们可以毫不夸张地说，非特权性质的垄断者（non-privileged monopolies）所拥有的几乎所有真正有害的权力都是以这种对顾客施以差别待遇的权力为基础的，因为这种权力仅凭自身的力量而毋需诉诸暴力就能够使这些垄断者拥有控制潜在竞争者的权力。只要一个垄断者是因为他向人们提供了比任何其他人都优惠的条件而获得其垄断地位的，那么即使他所提供的这些优惠条件并不是他所能够提供的最大的优惠条件，那也无法改变这样一个事实，即他的每一个顾客的生活处境都会因他的存在而得到改善。但是需要注意的是，由于这种垄断者能够通过提供比任何其他人都优惠的条件向大多数人提供产品，所以，假如任何其他企业不准备提供与此相同的产品，那么任何被该垄断者拒绝按照那些优惠条件供货的人便不会再有任何可供选择的机会来满足自己的需求了。尽管大多数人的生活境况仍然会因为这样一种垄断者的存在而得到改善，但是毋庸置疑的是，任何人与此同时也都可能受到这个垄断者的摆布，因为该项产品或服务的性质使得该垄断者有了实施刻意之差别待遇的可能性，当该垄断者为了使他的买主或顾客在某些方面按照适合于该垄断者本人之意图的方式行事而决意实施这种差别待遇之权力的时候，情势就更是如此了。尤其需要指出的是，如果一家具有竞争能力的企业进入某个地区，那么上文所述的那种垄断者就会运用差别待遇之权力，通过向这个地区的顾客提供特别优惠的条件而使这个潜在的竞争者无法在此地立足。

由于垄断者所实施的某些种类的差别待遇常常是可欲的，所以要阻止垄断者实施上述那种差别待遇便成了一项难度极大的任务。我们在上文的讨论中曾论及这样一种情势，一个垄断者之所以能够提供较为优质的服务，就是因为他是一个垄断者。在这种情势中，正是垄断者有权对其产品的不同消费者施以差别待遇，这才使他能够从那些可以支付较高价格的人那里收回他的绝大部分不变成本，进而使他能够用略高于可变成本的价格向其他人供货。在诸如运输业和公用事业这样的领域中，如果不是垄断使得企业有可能实行差别待遇从而得以赢利的话，那么至少某些服务的提供就不会有利可获了。

因此，上述问题是不可能通过向所有的垄断者施加一项义务（亦即要求他们以一视同仁的方式为所有的顾客提供服务）而得到解决的。然而，由于垄断者实施差别待遇的权力能够被用来强制特定的个人或特定的企业，而且还可能被用来以一种不可欲的方式限制竞争，所以显而易见，这种权力应当通过适当的行为规则加以遏制。尽管把所有的差别待遇都规定为非法行为的做法并不可欲，但是那种旨在强行实施某种特定的市场行为的刻意差别待遇显然是应当加以禁止的。然而，如果把这种差别待遇规定为一种可受惩罚的罪行，而不是把它规定为只能要求损害赔偿的依据，那么人们是否能够有效地禁止上述差别待遇，便是大可怀疑的；这是因为为了成功地追究实施这种差别待遇的企业的责任，需要掌握足够的知识，然而这种知识决不是任何权力机构所可能拥有的。

有关反垄断立法的问题

要解决垄断企业实行差别待遇的问题，采取另一种方式似乎更有希望；这种方式就是在差别待遇只能够以强行实施某种特定市场行为的欲求作为其正当理由的场合，给予潜在的竞争者以一种要求平等待遇的权利，同时确立一种激励机制以鼓励所有认为自己受到不合理歧视的人去主张损害赔偿，并通过这种方式来强制实施这些权利。因此，使潜在的竞争者成为垄断者的监督者，并为这些潜在的竞争者提供一种救济措施以反对垄断者在价格上采用差别待遇的做法，似乎是制约垄断者实施这种差别待遇的一种更为可行的手段，至少要比人们让某个监督机构来实施这些制约权力的做法更可取。特别需要指出的是，如果法律明文规定，这种损害赔偿费中的一部分可以由承办这些案件的律师保留，用作律师费用和办案费用，那么我们完全有理由相信，高度专业化的法律顾问群体很可能会迅速发展起来——此外，由于这些法律顾问群体是专门办理这类案件的，所以他们也不会因为害怕得罪这些大公司而却步。

就一些企业组成的小集团（而非某个单一的垄断企业）联手采取一致行动以期控制市场的情势而言，上述制约手段，在很大程度上讲，也是可以适用的。人们普遍认为，国家有必要通过规定相应的罚则来禁止这类垄断性质的联合企业或卡特尔。美国于 1890 年制定的《谢尔曼反托拉斯法》（Sherman Act）的第一条，可以说为此提供了一个范例；尔后，这个范例得到了许多国家的效仿。此外，该项法规的这条规定似乎还卓有成效地在商界制造出了一种舆论氛围，亦即把这类限制竞争的明确协议视作是一种不正当行为的氛围。我相信，对所有的卡特尔都施以这样一种全面禁止的措施，如果能够得到一以贯之的实施，肯定要比那种只为了禁止垄断公司“滥用权力”这个目的而赋予政府当局以自由裁量权的做法可取得多。如果我们在这个方面赋予政府以自由裁量权，那么这就会促使政府把垄断界分为善的垄断（good monopoly）与恶的垄断（bad monopoly），往往还会促使政府在关注如何保护那些善的垄断的问题与关注如何打击那些恶的垄断的问题之间更侧重于前者。那种认为所有的垄断组织都应当受到保护并使它免受可能发生的竞争对它的挑战的观点，确实是毫无道理可言的；然而，人们有充分的理由相信，某些并不是依凭强制而是以完全自愿为基础的企业组织不仅是无害的，事实上还是有益的。据此我们可以说，除非赋予政府以一种使它能够豁免某些垄断组织的自由裁量权，或者赋予法院以一种使它能够担当起裁定某一垄断性协议是否符合公共利益这样一项棘手任务的自由裁量权，否则，那种试图通过规定罚则来禁止这种垄断性质的卡特尔的做法是不可能得到有效实施的。即使美国的《谢尔曼反托拉斯法》及其各项修正案与增补条款的实践，最终也酿成了这样一种糟糕的局面，即“这些法律告诉某些商人决不可削价，告诉一些其他商人决不可提价；但依旧是这些法律，它们又告诉此外的商人说价格相似在某种意义上是不正当的”[10]。因此，依我个人之见，有一种方法可能会比上述两种方法更有效，也更符合法治原则，尽管它的影响没有用罚则禁止垄断卡特尔的方法那般深远广泛，但是要比采用自由裁量权去阻止垄断卡特尔滥用权力的方式更为普遍。这种方法就是把所有旨在限制贸易的协议都一律宣布为无效，并明确规定法律不保障它们的实施，与此同时，一如我们在上文所建议的那样，给予那些受到差别待遇之压力的人以一种主张损害赔偿的权利，并通过这种方式阻止一切试图以刻意的差别待遇或类似的手段来实施这类协议的努力。

有论者认为，这种方法会与契约自由原则（principle of freedom of contract）相违背，然而这种观点是错误的。不过囿于篇幅，我们无法在这里对这种错误观点做进一步的追究。一如我们所知，与任何其他的自由一样，契约自由所意指的是，哪些契约可以得到法院强制执行的问题完全取决于一般性法律规则的规定，而不取决于权力机构事先对某项契约的特定内容所做的批准。有许多种契约，例如赌博契约或为不道德的目的而签订的契约或终身服务契约等，长期以来一直被认为是无效的和不能予以强制执行的契约。立基于相同的理由，我们也完全可以认为，所有那些限制贸易的契约都是无效的和不能予以强制执行的契约；与此同时，我们还应当把所有试图（以拒绝提供正常服务相要挟的方式）迫使某人服从某些行为规则的努力都统统视作是对个人有权要求损害赔偿的私域所作的非法干预。我们将在下文的讨论中看到，我们必须对"法人"（包括公司以及所有其他正式或非正式的组织）的权力设定一些并不适用于私人的特殊限制——我们对这种必要性的认识，则有可能大大增进我们切实解决我们所面临的这个问题的可能性。

我个人以为，为法律确定这样一个极为平实的目的反而有望取得更大的成果；情势之所以如此，实是因为这样的法律可以在毫无例外的情况下得到普遍的适用。然而从另一个角度来看，由于目的较为宏大的种种刚性规定一般都会因为例外太多而蒙遭挫折，所以与普遍适用上述那种影响范围稍欠广泛的规则的做法相比较，那些严格禁止卡特尔的做法所具有的效力就相差甚远了，那种赋予政府以自由裁量权的做法的效力则更小了。一如我们所知，采用自由裁量权的做法是完全不可欲的，因为在我们上文提到的第一种制度安排中，赋予政府以自由裁量权，实际上就是赋予政府以决定经济活动之性质的权力。

众所周知，德意志联邦共和国反对限制竞争的法律，就未能达到预期的结果；这个事例很可能是证明上述那种目标过于宏大的尝试只能归于失败的一个最佳例证。[11]德国所颁布的这项法律首先做出了一项普遍性的规定（与我们在上文所建议的那种一般性规定完全相同），并且把限制竞争的一切协议都宣布为无效。但是，在该项法律把这类协议进一步规定为可惩罚的罪行以后，它在结尾处附设了诸多有关例外的但书，这些但书致使上述那项普遍规则变得千疮百孔、漏洞百出（这是因为这些但书实际上赋予了各种契约以豁免权或者有关当局以认可这些契约的自由裁量权）；最终，该项法律的适用范围就变得极为狭窄，只能在一个极为有限的经济部门当中得到适用；一言以蔽之，所有这一切都使得这项普遍规则原本应当具有的大多数效力都丧失殆尽了。如果该项法律只是把它的适用范围限定于它在第一段中所规定的范围之内，并在宣布那些限制贸易的协议无效以后不再加上那项用罚则的方式来禁止垄断卡特尔的规定，那么上述那些但书——即使不是全部，至少也是大部分——也就毫无必要了。

毋庸置疑，人们在社会生活中会就应予适用的标准和类似的问题达成各种谅解或协议；只要人们没有就特定情势中的其他条件达成明确的协议，那么他们就标准问题达成的协议或谅解应当得到适用；此外，只要人们是在完全自愿的基础上遵守这类协议的，而且任何其他人都不得对那些认为退出这类协议对自己有益的人施加压力，那么这样的协议或谅解就是有百利而无一害的；或者说，任何对这类协议或谅解予以彻底禁止的做法，都是极具危害的。就产品的类型和契约的条件而言，只要所确立的规则能够在正常情况下给遵守它们的大多数人带来好处，那么确立这样的规则就会产生可观的实惠和便利。然而，在这样的情势中，个人之所以遵守有关的规则，与其说是因为该规则具有强制性，倒不如说是因为个人依照某种业已确立的标准行事对他本人来说乃是极具助益的。只要任何私人企业在签订契约时都享有不依照人们就上述应予适用的标准行事的自由——这样做又对缔约双方都有利，那么这些企业所享有的这种自由本身就是一种必要的制约力量，它可以使人们就这类标准所达成的协议不至于变成一种阻碍因素。

在我们结束对这个特定问题的讨论之前，我们也许还有必要就大多数政府对垄断所抱持的不可思议的矛盾态度做一番简要的评论。晚近以来，大多数政府一直都在竭力控制制成品产销方面所存在的垄断现象，还常常在这个领域中采用一些极为严苛的标准，但是值得我们注意的是，它们同时在更为庞大的领域中——在运输、公用事业、劳工、农业等领域中以及在许多国家的金融领域中——蓄意支持垄断或者把垄断当作一种政策工具加以使用。再者，反卡特尔或反托拉斯立法的锋芒所向，也主要是少数大企业的联合，很少能够有效地触及由小企业在同业行会等领域中组织起来的庞大集团对竞争所采取的限制性做法。如果我们在此基础上再列举出其他一些因素（诸如关税、工业专利、公司法的某些倾向以及若干税收原则等因素）对垄断的支持，那么我们就完全可以做这样的追问：如果政府不曾支持各种垄断，那么垄断是否还有可能成为一个严重的问题？我本人确信，削弱私人支配他人市场行为的权力，应当成为法律发展的目标之一，而且我也相信这种发展会产生某些有益的结果，但是我并不认为，这个问题在重要性上能够与政府放弃支持垄断（亦即放弃使用差别待遇的政策规则或措施来支持垄断的做法）所能达致的结果相比较。

主要的威胁不是个人的自私而是群体的自私

长期以来，公众的义愤（也包括立法）所指向的几乎全是单个垄断者所采取的自私行动（selfish actions），或少数联合行事的大企业所采取的自私行动；然而需要指出的是，真正对市场秩序之生存构成主要威胁的因素，并不是私人企业所采取的自私行动，而是有组织的群体所采取的自私行动。这些有组织的群体之所以得势，在很大程度上是因为政府支持它们压制私人企业的自私行动所致——这些私人企业的自私行动原本是可以对这些有组织的群体的行动构成制约的。一如我们所知，市场秩序的运行在某种程度上业已受到了阻碍，而且受阻碍的程度还会越来越严重；然而，市场秩序的运行之所以蒙遭阻碍，与其说是大生产企业的兴起所致，不如说是诸企业为了集体利益（或它们的共同利益）而刻意进行组织的结果。就目前的情势来看，日益阻碍自生自发市场力量发挥作用的因素，并不是公众在抱怨垄断的时候所想象的那种东西，而是不尽相同的“行业”中无所不在的行会和工会。这些行会和工会之所以能够发挥作用，主要是因为它们能够向政府施压，并迫使政府根据它们的利益去“调整”或“规范”市场（“regulate” the market）。

最初，人们都普遍同情工会所提出的目标，正是人们所持的这种同情态度使得他们一度对工会所采取的那些肯定不会得到普遍许可的手段表示宽容，但是一如我们所知，即使是在劳工领域，工会所采取的那些手段也是必须加以制止的——虽说大多数工人渐渐把这些手段视作是他们努力争得的神圣权利。值得我们注意的是，恰恰是在人们对工会所采取的那些手段表示宽容的时候，上述问题也因与工会问题联系在一起而变得极其尖锐。坦率地说，这是一种颇为不幸的现象。人们只须追问这样一个问题，亦即把这类手段普遍用来实现政治目的而非经济目的（正如这些手段有时候确实被用来实现政治目的那般）时会产生什么样的结果，那么他们就会认识到，这些手段实是与维护我们所知道的那种自由社会不相容的。

“组织自由”（freedom of organization）这个说法本身所含有的弦外之音，不仅与自由社会所依凭的法治不相符合，还与之相冲突。一如我们所知，不仅劳工组织，也包括民主制度所不可或缺的那些政治组织，都把“组织自由”这个说法当作斗争的口号加以使用，所以这个说法在它们那里渐渐变得神圣不可侵犯。当然，政府经由运用自由裁量监督权（discretionary supervision）对这类活动所施以的任何控制，也是与自由秩序不相容的。但是，“组织自由”与“契约自由”一样，也不应当被解释成包含有这样的意思，即组织的活动可以不受那些约束它们所采用的手段的规则的支配，甚或组织所采取的集体行动不应当受那些并不适用于个人的规则的限制。不只是组织技术的完善为组织创制了新的权力，而且现行法律赋予组织的那种权利也为组织创制了新的权力。显而易见，组织所拥有的这些新权力极有必要受到一般性法律规则的限制；而且与法律对个人行动施以的限制相比较，法律必须对组织所拥有的这些权力施以更为严格的限制。

当势单力薄的个人知道他是某个组织群体（即由具有共同目标的个人所形成的组织群体）中的一员，且该群体作为一个有组织的群体要比最强大的个人都更为强大时，他常常能够从中获得某种安慰；当然，这种情况也是很容易理解的。然而，以为各种利益只要按这种方式组织起来，个人就能够从中获益（或者说大多数个人一般都能够在牺牲少数人利益的情况下获益），那便是一种幻想。实际上，这种组织对整个社会的影响，只会使权力变得更为暴虐，不会使它的压制性得到任何减缓。群体有可能比个人更重要，但是小群体可能会比大群体更强有力，这是因为小群体与小群体之间更容易建立组织，或者说，整个小群体的产品要比整个大群体的产品对于人们的生活来说更不可或缺。对于个人来说，他的某项最为重要的利益也许会因为他加入某个组织而得到实现，但是与他的所有其他利益的总量相比较，他的这项能够经由组织渠道而实现的最为紧要的利益仍可能是相对次要的；当然，我们在这里所说的个人的所有其他利益，乃是指那些会受到其他组织侵损而且他本人也不可能通过加入相应数量的其他组织加以捍卫的那些利益。

有人认为，一个群体发展得越大，那么它的利益也就越是能够体现所有人的利益；虽说这种观点是可以理解的，但是错误的。需要指出的是，正是这种观点的盛行，使得人们非常看重也非常尊重这种集体组织。“集体的”（collective）这个术语，就像“社会的”术语一样，也得到了人们的大量赞许。但是，各种群体的集体利益远没有趋近整个社会的利益，恰恰是与之相悖的。我们大体上可以这样认为，个人的自私在大多数情势中会促使个人以一种有助于维续自生自发社会秩序的方式行事，但是一个封闭性群体的自私，或者其成员想使该群体变成一个封闭性群体的欲求，始终是与大社会成员所具有的真正的共同利益相反或相冲突的。[12]

这就是古典经济学已然明确阐明的一个论点；当然，现代边际分析理论（modern marginal analysis）在此后又以一种更令人满意的形式对这个观点做出了阐释。任何个人向社会成员所提供的任何一项特定服务的价值，始终只是他为所有那种服务所做的边际增量所具有的那种价值；此外，如果任何一个社会成员无论从产品与服务的总量中取得什么东西，都意味着把尽可能多的东西留给了其他人，那么这就要求组成群体的独立个人（而非群体本身）通过他们在不同群体之间自由流动的方式去努力挣得他们各自尽可能多的收入。然而，任何有组织的群体成员的共同利益，是要使他们的服务的价值与该群体所提供的服务总量对于其使用者所具有的价值相符合，而不是要使它与边际增量的价值相符合。因此，食品或电力的提供者和运输或医疗服务等项目的提供者，所旨在的就是通过运用它们所共同拥有的决定这些服务总量的权力，把价格抬高到远远超过消费者准备为边际增量所支付的买价。在某种商品或服务作为整体所具有的价值与仍在供应着的边际增量所具有的价值之间，并不存在任何必然的关系。虽说拥有一定的食物对于生存是必不可少的，但是这决不意味着食品供应的边际增量就比某些微不足道的产品的增量更具价值，或者说，生产食品所得的酬报就应当高于生产那些肯定没有食品重要的东西所得的酬报。

然而，食品、电力、运输或医疗服务的提供者从自己的特殊利益出发，不仅要求根据它们所提供的那种服务的边际价值获得酬报，而且也要求根据它们所提供的服务的总量对于使用者所具有的价值获得酬报。由于公众仍是从这种服务本身的价值的角度来看待问题的，所以他们也就倾向于给予这类服务的提供者所提出的上述要求以某种支持，因为他们认为酬报应当与有关商品的绝对价值相符合。在某种服务总供给量比较小的情况下，边际生产者只能够以远低于消费者准备为使用此种服务所付买价的价格提供其服务，并通过这种方式谋得生存；正是通过这样一些边际生产者的努力，才使得我们过上了丰裕的生活，也使得所有人的机会得到了改善。但是，有组织的群体的集体利益始终会与这样一种普遍利益相反，还会竭力阻碍那些边际私人生产者为总供给量增砖添瓦。

因此，某个行业的群体对应予提供的商品或服务的总量所施加的任何控制，始终会与真正的普遍社会利益相反；但是，个人的自私利益往往会驱使个人去从事边际生产，尽管他们生产边际产品所耗费的成本会接近于这种产品的售价。

有论者认为，在每种不同商品或服务的生产者与消费者分别组成的群体之间进行的讨价还价，会造成一种既能确保生产效率又能保障一种从任何角度来看都是正义的分配方式的状态。然而，这是一种完全错误的观点。即使所有彼此分立的利益（甚或所有“重要的”利益）都能够组织起来（一如我们所见，这是不可能的），不同的有组织群体在力量之间达成的那种平衡，事实上也只能产生一种可以被证明为非理性和无效的结构，而且无论从哪种正义标准来看，这种结构也是最不正义的，因为任何正义的标准都要求依照同样的规则来对待所有的人。这里需要强调指出的是，仍有些论者错误地以为，上文论及的不同组织群体在力量间所达成的那种平衡，乃是一段时间以来的发展进程所产生的必然的甚或可欲的结果。

不同的组织群体在力量之间达成的那种平衡之所以只会产生一种非理性的、无效的且不正义的结构，关键在于：现行有组织的群体在进行谈判的时候，完全忽略了那些为了适应变化而做出必要调整的人的利益，比如说那些可以通过从一个群体加入另一个群体而改善自己状况的人的利益。但是，就这些人想要加入的那个群体而言，它的首要目标是要把这些人排斥在外面；这些人想离开的那些群体也不会有任何积极性去帮助他们加入各种各样的其他群体。因此，在各种商品的生产者和各种服务的提供者所成立的组织决定着应予生产的产品的价格和产量的那种制度中，那些为了适应变化而持续不断进行调整的生产者便会被剥夺对有关情势的影响力。正如那些赞同各种辛迪加或法团制度（syndicalist or corporativist systems）的论者所主张的，任何个人的利益都是与所有其他生产相同产品的人的利益息息相关的。然而，从事实的角度来看，这个主张是错误的。对于某些人来说，更为重要的乃是他们能够加入另一个群体；再者，他们能够在不同群体之间进行流动，对于维护整体秩序来说也肯定是最为紧要的。然而，正是这些在自由市场中有可能发生的人员流动，成了有组织群体间达成的那些协议所要力图阻止的现象。

为了给自己所采取的那些排他性措施做辩护，那些把持着特定商品或服务的有组织的生产者一般都会宣称，它们现在还能够满足全部的需求；只要它们做不到这一点，它们就会允许其他人进入本行业。值得注意的是，它们不曾言明这样一个问题，即它们实际上只能够按照那种会给它们带去被它们视为足够利润的价格水平去满足这些市场需求。然而，真正可欲的情势则是在较低价格（亦即其他人也能够按照这种价格供应产品或提供服务）的水平上满足这些需求——这意味着：现在仍留在该行业的生产者所得到的收入也许只反映了这样一个事实，即它们所拥有的特定技艺已不再是一种稀缺资源了，或者说，它们所拥有的设备已不再是最先进的设备了。特别需要指出的是，引进先进技术或改进技术，无论是对于一个行业的老生产者来说，还是对于一个企图进入该行业的生产者来说，都是有利可图的，但是引进新技术或改进技术的措施会给前者带去新的风险，还常常会迫使它们去筹措资金，然而我们知道，这种资本的引入显然会动摇它们已然取得的相当舒适的既得地位；与此同时，除非一个行业的老生产者的既得地位受到了来自那些对自己的地位深感不满的人的威胁，否则它们就会认为引入新技术的措施是不值得的或不可取的。因此，允许既有的老生产者决定何时准许新生产者进入其行业的做法，通常来讲，只会使现状处于僵化状态。

即使是在一个所有不同的利益都被作为彼此分立的封闭群体而组织起来的社会里，允许既有的老生产者决定何时准许其他人进入本行业的那种做法，也只会致使现行结构僵化不变，进而致使经济随着这种结构越来越无法适应日益变化的情势而日渐衰败。众所周知，一些论者认为，只有当所有的群体都按照平等的方式被组织起来的时候，这种制度才可能是令人满意的和正义的；但是显而易见，这种观点是错误的。诸如 G. 米尔达尔（G. Myrdal）和**加尔布雷斯**（J. K. Galbraith）[13]这样的论者就认为，现行秩序的缺陷只是暂时性的，一旦组织过程得以完成，这些缺陷就可以得到弥补；但是，立基于我们在上文的分析，他们的观点显然是错误的。大多数西方国家的经济之所以仍具有活力，实乃是因为利益群体间的组织还只是局部的和不完全的。如果这方面的组织过程真的完成了，那么这些有组织的利益之间就会出现一种僵化的状态，进而还会产生一种完全僵化的经济结构——这种僵化的经济结构乃是既得利益群体之间所达成的任何协议所无力打破的，惟有某种独裁的力量才能够将其打破。

用政治方式决定不同群体的收入所造成的后果

所有社会成员共同具有的利益，并不是既有生产者群体之成员所共同具有的利益之和，而是人们在对日益变化的情势所做的持续不断的调整过程中所呈现出来的那种利益——需要指出的是，这些日益变化的情势正是某些特定群体始终认为必须加以阻止方符合他们自己利益的东西。因此，有组织的生产者的利益始终是与所有社会成员所具有的那种恒久的利益（亦即人们在对不可预测之变化情势所做的持续不断的调整过程中所隐含的那种利益）是不相符合的，因为我们知道，即使只是为了维护现有的生产水平，这种持续不断的调适也是极为必要的（参见本书第二卷第八章和第十章）。有组织的生产者的利益，始终会要求他们阻止那些想分享他们的成功和繁荣的其他生产者进入他们的领域，或者防止自己在市场需求下降的时候被更有效率的生产者从既有群体中排挤出去。正因为如此，所有严格意义上的经济决策，亦即对不可预见之变化所做的一切新的调整措施，都会受到他们的阻挡。然而，如果这种渐进的变化无法得到顺畅且持续的展开，又如果这种变化受到某些只有当人们聚集了足够力量的时候才能够打破的阻碍因素的阻挡，那么社会也就不可能有活力了。我们从自生自发市场秩序中获得的一切益处，实际上都是这种变化的结果，也只有当我们允许这种变化继续展开，我们由此所获得的益处才有可能得到维续。但是，每一次这样的变化都会对某些有组织的利益群体构成威胁；因此，只有当这些利益群体不得阻止它们不喜欢的变化的时候，市场秩序才能够得到维续。这就是说，使一些人不得不去做某些他们不喜欢做的事情（比如说迫使他们调换工作或者接受较低的收入），始终是与大多数人的利益相符合的；此外，这种普遍利益的实现，还必须以人们承认这样一项原则为基础，即当任何人都无力控制的那些情势使得某个人不得不去做他不愿做的事情的时候，他就必须顺应这样的变化。每个人都可能置身于其间的这种风险本身，乃是与必定发生不可预知的变化这个事实紧密相关的；因此，面对这种风险，我们所具有的惟一选择便是：要么允许这些变化的结果经由市场这个非人格的机制而降落在市场要求其调换工作或接受较低收入的个人身上；要么专断地决定（或以权力斗争的方式来决定）谁应当来承担这些变化促成的负担——在这种情势中，这种负担肯定要比我们在允许市场来实现这种必要变化的情况下所需承担的那种负担更加沉重。

由有组织的利益群体通过政治途径来决定价格和工资的做法，已经步入一条死胡同；然而问题并没有就此结束，因为在一些国家中，这种状况居然使人们进一步提出了制定“收入政策”（incomes policy）的要求，就是要求由权力机构来确定不同的生产要素的酬报，并以此取代原有的市场决定机制。这些人之所以提出这样的要求，乃是因为他们认识到，只要工资和其他收入不再由市场而是由有组织的群体的政治势力来决定，那么由权力机构进行某种刻意的协调工作便是极有必要的——尤其是因为他们认识到，如果他们想成功地通过政治途径来决定工资（这是政治决定最为凸显的方面），那么只有当权力机构对所有其他方面的收入也适用类似控制手段的时候，这个目的才有可能达到。

当然，人们之所以要求制定这种“收入政策”，直接的原因乃是通货膨胀的恶化，通货膨胀的加剧是人们为了增加各种收入而竞相施加压力的结果。但是，作为一种遏制所有现金收入上涨势头的手段，这些“收入政策”是注定要失败的。值得注意的是，我们在当下用以克服那些“僵化现象”的通货膨胀政策，也只是一种权宜之计；从长远来看，通货膨胀政策不仅解决不了这类问题，还会使它们变得愈发严重，因为这些政策所提供的暂时规避棘手难题的措施，只会使那些僵化现象越趋僵化。工资和价格的冻结并不能根治基本的病症，而且由权力机构来决定对相对价格进行必要调整的任何尝试也是注定要失败的：这不仅是因为权力机构根本就不可能知道何种价格才是合适的价格，更是因为这种权力机构在做任何事情的时候都必须努力表现出它的公正性，尽管所需要的调适或变化根本就与正义不涉。因此，业已采用的那些“收入政策”，甚至都没有触及真正的核心问题，我们知道，这个真正的核心问题就是如何恢复这样一种过程，经由这个过程，不同群体的相对收入可以根据日益变化的情势而得到调适；再者，由于那些“收入政策”把决定工资和价格的问题视作是一个政治决策的问题，所以那些措施只会把这些问题搞得更糟。正如我们业已指出的那样，“社会正义”这个概念所能够具有的惟一的明确含义便是维护不同群体的相对地位；但是，只要人们还想根据业已变化的情势做出必要的调适，那么他们就必须改变不同群体的相对地位。如果变化只能通过政治决策而得到实现，那么这只能使整个经济结构愈益僵化，因为在政治决策的过程当中根本就不存在可供人们达成真正共识的基础。

在现代初期，英国曾一度不得不对它的资源配置问题做出彻底且全面的调整，因为当时的英国制度已经陷入一种极度僵化的困扰中，这种僵化制度是由那种以政治方式决定工资的基本结构所造成的。由于英国是当时惟一遭遇这种困境的大国，所以自此以后产生的这类棘手难题就以“英国病”（English disease）之名而广为人知。但是在今天，在许多与英国当时的情势并无多大差别的其他国家中，人们仍在枉费心机地用类似的方法来解决上文所述的那种“英国病”难题。

实际上，人们一般都没有认识到这样一个问题，即在当今的社会中，真正的剥削者并不是那些自私的资本家或企业家，也不是那些独立的个人，而是一些因为人们从道德上支持集体行动并从感情上忠诚群体而得势的组织。支持有组织的利益群体，已然构成了我们现行制度中的一种根深蒂固的取向；这种取向不仅人为地赋予了这些组织以一种压倒市场力量的优势，也成了我们社会中真正不正义现象的主要根源，甚至还构成了我们的社会经济结构蒙遭扭曲的主要原因。因此，对群体的这种效忠情感要比任何个人的自私动机更可能导致真正的不正义。有一种观点认为，只要有组织的利益群体的力量能够为那种“抵消性力量”（countervailing power）[14]所制约，那么就会产生一种富于活力的社会秩序；然而，值得我们注意的是：第一，某种利益所具有的可被组织的程度，从任何社会观点来看，都是与它的重要性毫无关系的；第二，只有当利益群体有能力实施反社会的强制性权力的时候，它们才能够被有效地组织起来；显而易见，只要我们对上述两个事实有所认识，那么我们就能够发现，上述那种观点不仅是极其幼稚的，而且还是特别荒诞的。如果“管制机制”（regulatory mechanism）一如主张这类观点的重要论者所指出的那样，所意指的是一种有助于建立某种有益秩序或理性秩序的机制，那么我们可以说，上述那种“抵消性力量”肯定无法产生这种机制。那种认为有组织的利益群体的力量因为受到“抵消性力量”的制约而能够变成一种无害力量的观点，使人们再一次堕入那种陈旧的解决冲突的方式之中；需要指出的是，这类解决冲突的方式曾经在人类早期阶段的个人之间颇为盛行，也正是正当行为规则的发展和实施才使得我们渐渐摆脱或否弃了这类解决冲突的方式。当然，至于我们如何才能够发展出一些与调整个人行为相同的也可以用来调整组织群体之行为的正当行为规则，在很大程度上仍是一个有待解决的课题，而且在解决这个问题的过程当中，关键的要点依旧在于如何保护个人免受群体压力。

有组织的与无组织的利益群体

在过去半个世纪左右，主导政府政策的主流观点始终认为：第一，为了给政府施加压力，有组织的利益群体的发展便是不可避免的，这种发展之所以产生了一些明显的有害结果，实是因为这样一个事实所致，即当下只有一部分利益群体是以这种方式组织起来的，还有许多其他利益群体没有被组织起来；第二，一旦所有重要的利益群体都被组织起来并能够达致彼此之间的抗衡，那么上述缺陷也就随之消失了。然而显见不争的是，上述两种观点都是错误的。就第一种观点而言，实际上只有当政府有权给某些特定的利益群体以恩惠的时候，向政府施加压力才是值得的；此外，值得我们注意的是，也只有当政府有权制定并实施有特定指向的和歧视性的规则的时候，政府才可能拥有给予特定利益群体以恩惠的权力。就第二种观点而言，一如 M. 奥尔森（Mancur Olson）在一项重要的研究中所阐明的那样，[15]除了较小群体的情势以外，共同利益的存在通常都不会导致这些利益群体自生自发地形成一个综合性的组织，只有当政府积极支持把这类群体中的所有成员都组织起来的时候，或者说，只有当政府至少容忍利益群体采用强制性或歧视性手段来建立这种组织的时候，上述那种共同利益的存在才能够切实导致这些利益群体形成某种综合性的组织。此外，我们还能够证明，上述方法决不可能把所有重要的利益群体都组织起来并形成一个综合性的组织，只会造成这样一种局面，其间，无法组织的利益群体（non-organizable interests）会因为受到有组织的利益群体（organizable interests）的压力而被牺牲，甚至还会受这些有组织的利益群体的剥削。

奥尔森明确指出，第一，一般来讲，只有相对较小的群体才会自生自发地形成一个组织；第二，今天，在很大程度上支配着政府政策的那些大经济利益群体所建立的组织，乃是在政府权力的支持下才得以形成的；第三，要把所有的利益群体都组织起来一般是不可能的，因此，某些大群体在政府支持下形成的组织只会把那些没有组织起来的或无法组织的群体始终置于受剥削的境地之中。在这个题域中，奥尔森的这个论辩可以说有着极为重要的意义。在那些没有组织起来的或无法组织的利益群体当中，似乎包含着一些极为重要的群体，比如说广大消费者、纳税人、妇女、老人和许多其他群体；实际上正是这些群体构成了人口中的绝大多数，但是他们注定要受到那些有组织的利益群体的侵害。

注　释：

* Ludwig von Mises，*Human Action*：*A Treatise on Economics*（Yale University Press，1949），p. 239.

〔1〕大约在十年以前，本章就已大致写成，而且其中的一部分内容也已发表；后来，我又以本章的内容在 Chicago 和 Kiel 做了公开演讲（题目是“Der Wettbewerb als Entdeckungsverfahren”，载于 *Kieler Vortrage*，No. 56，Kiel，1969），最近又以英文收入了拙著 *New Studies in Philosophy*，*Politics*，*Economics and the History of Ideas*（London and Chicago，1977）。在本书中，我对这份原稿基本上未做改动，因为它在本书中已占据了过长的篇幅，因此，试图对这个论题的新近研究成果做任何的探讨，在这里都是不合适的。然而，无论如何，我还是要在这里提及某些论著，因为它们实际上扩展了我在本章中所阐发一些观点。这些著作至少包括：Murray Rothbart，*Power and Market*（Menlo Park，1970），John S. MacGee，*In Defence of Industrial Concentration*（New York，1971），D. T. Armentano，*The Myth of Antitrust*（New Rochelle，N. Y.，1972），尤请参见 Israel Kirzner，*Competition and Entrepreneurship*（Chicago，1973）以及 Erich Hoppmann 所发表的一系列德语论文，特别是“Missbrauch der Missbrauchaufsicht”，*Mitteilungen der List Gesellschaft*，May 1976，and “Preisunelastizitat der Nachfrage als Quelle von Marktbeherrschung”，载于 H. Gutzler and J. H. Kaiser（eds），*Wettbewerb im Wandel*（Baden-Baden，1976）。

〔2〕Leopold von Wiese 是少数几位洞见到这个问题的社会学家中的一位。参见他就这个问题所做的演讲：“Die Konkurrenz，vorwiegend in soziologisch-systematischer Betrachtung”，*Verhandlungen des 6. Deutschen Soziologentages*，1929。

〔3〕J. A. Schumpeter 似乎混淆了这个问题；参见他的 *Capitalism*，*Socialism.*，*and Democracy*（New York，1942），p. 101；他在这里指出：

> 垄断者还有一些更优越的方法可以采用；这些方法要么是一大群竞争者无法得到的，要么是他们无法轻易得到的。严格来讲，人们在企业竞争的层面上是无法获得这些方法所具有的好处的；事实上，人们也只有在垄断的层面上才能够得到这些方法所具有的好处，因为垄断可以提升智力高超者的影响力，并降低智力较差者的影响力。

的确，这样一种情况也许会导致垄断，但是，会给智力高超者以较大影响力的因素，却不是垄断，可能是规模。

〔4〕在这两种情况下，我们都必须把某人或某企业可以生产其他产品所需要的成本也纳入既有产品生产成本的计算之中。因此，这种做法可以与下述情况相符合：某个能够以低于任何其他人的成本生产某种商品的人，事实上并不会去生产这

种产品，会去生产某种其他的产品，这是因为他在生产这种产品的时候，他所具有的比较优势要比其他的生产者更大。

〔5〕一如我们所知，在现代条件下，一个相信自己已经发现了某种改进现行常规之可能性的人，很可能会遇到各种障碍；我相信，如果我用实例来说明这些障碍，那么多少会对读者有些启发意义。这个实例就是一个美国建筑承包商所经历的事情；对这个实例，我正好有机会做了多年的详细观察。这个建筑承包商在一个欧洲城市考察了房屋的价格和租金、建筑工人的工资以及建筑材料的价格以后，觉得他自己能够以低得多的价格建造出更好的房屋，还能够赚到相当多的利润。但是，他最终还是放弃了这项计划，因为有关的建筑条例、工会规章、特殊建筑设备的垄断价格以及为了办理官方手续以获得各种必需的许可证和批准书必须付出的代价或成本，都使他无法按照自己的打算去进行生产，因为这些障碍把他的计划所依凭的各种经济实惠全都耗光了。不过，我现在还说不准究竟是政府直接设置的那些障碍，还是那些因政府容许设定的限制性措施以及工会方面的问题而造成的障碍在这个实例中更具有决定性的影响。但是显见不争的是，经过精打细算的降低房屋成本的各种可能性方案之所以不能付诸实施，实是因为那些知道如何实施这些可能性方案的人并未获得允许去实施他们的方案。

〔6〕值得指出的是，一种能够使人们在其间很容易就赚到大钱并且很快就实现他们利用显见机会的目的的经济，几乎可以肯定地说，是一种极不令人满意的经济，尽管这种经济因为其间存在着大量可以得到迅速救济的因素可以被认为是一种存在着高速增长可能性的经济。附带说一句，这一点恰恰表明，根据增长率来判断各种经济的相对表现，该是何等的荒唐，因为这种增长率往往只是说明以往疏忽的明证而不是说明当下成就的明证。从许多方面来讲，只要一个不发达国家拥有了一个合适的制度框架，那么这个国家经济的高速增长就是一件较为容易的事情，或者说，是一件不那么费劲的事情。

〔7〕即使把这个问题说成是一个如何利用分散在成千上万人当中的知识的问题，也仍然是过分简化了这个问题的性质。这不仅是一个如何利用个人已然掌握的有关特定具体事实的信息的任务，而且还是一个如何利用他们自己的能力去发现那些在特定情势中会与他们自己的目的相关的事实。这就是为什么个人易于得到的（而不是已然拥有的）一切信息永远都不可能被某个其他机构所掌控的原因，也只有当那些知道该到何处去寻找相关信息的人需要做出决定的时候，这些信息才可能为他们所使用。只有当一个人遇到某个问题并用得着与此相关的信息的时候，他才会发现他所知道的信息或者才能够找到他所需要的信息，但是他永远不可能在其他人需要的时候把他所掌握的全部信息都告诉他们，更不可能把他知道该如何去获得的全部信息都告诉他们。

〔8〕参见 W. Mieth，“Unsicherheitsbereiche beim wirtschaftspolitischen Sachurteil als Quelle volkswirtschaftlicher Vorurteile”，载于 W. Strzelewicz（ed.），*Das Vorurteil als Bildungsbarriere*（Gottingen，1965），p. 192。

〔9〕Milton Friedman 一直都在反复强调这个问题，比如说，读者可以参见他的著作：*Capitalism and Freedom*（Chicago，1962）。

〔10〕W. L. Letwin，*Law and Economic Policy in America*（New York，1965），p. 281.

〔11〕The *Gesetz gegen Wettbewerbsbeschrankungen* of 27 July 1957.

〔12〕关于这些问题以及我们在下文各段落中讨论的那些问题，可以参见 Mancur Olson Jr.，*The Logic of Collective Action*（Harvard University Press，1933）。

〔13〕Gunnar Myrdal，*An International Economy*（New York，1956）以及 J. K. Galbraith，*The Affluent Society*（Boston，1969）。

〔14〕J. K. Galbraith，上引书。

〔15〕Mancur Olson Jr.，上引书。

第十六章

民主理想的破灭：简要重述

An nescis，mi fili，quantilla prudentia regitur orbis？

——Axel Oxenstjerna（1648）*

民主理想的破灭

显而易见，越来越多有思想且极为善良的人士正在一点一点地丧失他们对民主理想的信心，而这个民主理想曾一度使他们激情满怀。对于这种现象，我们决不能再置若罔闻了。

值得我们注意的是，上述现象不仅发生在民主原则（principle of democracy）之适用范围日益扩大的过程之中，在某种程度上讲，或许还是民主原则之适用范围不断扩大所导致的结果。但是，人们不断加深的疑虑，显然不只是针对这类公然滥用某种政治理想之现象，因为他们还关注民主理想之核心内容方面的问题。的确，许多人都不再信奉长期以来一直指导他们如何行事的民主理想了。希望的破灭，使他们深感困扰和不安，但是他们当中的绝大多数人三缄其口、默不作声，当然这种做法是相当明智的。然而，我对这种状况感到的震惊使我无法保持沉默，我必须明确阐明自己的观点。

在我看来，如此之多的人士所经历的这种幻灭感并不能归咎于民主原则本身的失败，应当归咎于我们实施这项原则时所采取的错误方式。在这里，我还必须强调一点：正是由于我急切地想把真正的民主理想从它所蒙受的疑虑当中拯救出来，所以我才努力去发现并指出我们所犯的错误，才会竭尽全力揭示并阐明我们能够据以阻止我们所遵循的民主程序（democratic procedure）继续产生恶果的方式。

当然，为了避免希望落空所导致的失望，我们必须在追求任何理想的时候都保有一种严肃且切实的精神。就民主的情势而言，我们必须特别牢记的是，“民主”这个术语所意指的只是一种特定的治理方法（method of government）。最初，民主这个术语只是意指一种形成政治决策的特定程序，并不涉及有关政府目的应当是什么的问题。然而，作为人类迄今为止所发现的惟一能以和平方式更换政府的方法，民主无论如何都弥足珍贵，值得人们为之奋斗。

一种“讨价还价的”民主

我们首先需要追问的是，当今盛行的民主形式所产生的结果为什么必定会严重挫伤那些深信政府应当受多数意见指导这项原则的人士并使他们倍感失望？当然，要理解和认识这个问题，实际上并不困难。

尽管有论者声称，从目前的情况来看，政府实际上遵循的就是有关政府应当受多数意见指导的原则，但是这种说法与事实大相径庭，因而也就无法蒙骗那些颇具洞见的人士。的确，在整个历史的长河中，还不曾有过哪种政府像现在的政府这样被逼无奈，不得不去满足无数特殊利益群体的特定期望。批判当代民主制度的论者喜欢把它说成是一种“大众民主”（mass-democracy）。但是需要指出的是，如果民主政府真的遵从大众所达成的共识，那么这种政府也就没有什么可以反对的了。人们之所以对这种政府埋怨不已，并不是因为这种政府遵从了大众所达致的某种多数意见，而是因为这种政府注定要为无数群体所形成的某种联盟的诸种利益提供服务。我们至少可以想象一个独裁政府（autocratic government）会进行自我约束——虽说这是不太可能的；但是，当我们面对一种全知全能的民主政府（omnipotent democratic government）的时候，连这样一种想象都是不可能的。只要这种民主政府的权力是不受限制的，那么它就根本不可能进行自我约束，并使自己只为选民之多数所认可的观点提供服务。显而易见，在这样一种制度下，政府会被迫去拼凑并设法维持一个多数派；为了达到这个目的，这种政府只有一途可循，那就是千方百计地去满足众多特殊利益群体的要求；在这个过程当中，正如我们所知，每个特殊利益群体只会在自己的特殊利益受到同样关照的情况下，才会同意把特殊利益给予其他群体。因此，这样一种讨价还价的民主（bargaining democracy），实是与那些被人们用来证明民主原则之正当性的观念风马牛不相及的。

利益群体的玩物

当我在这里讨论限制民主政府之必要性——更简洁地说就是有限民主（limited democracy）之必要性——的时候，我的意思当然不是说，只有以民主方式运作的政府部门才应当受到限制，而是所有的政府部门（或所有的政府治理工作），尤其是以民主方式运作的政府部门，都应当受到限制。我之所以要强调指出这个问题，其原因在于民主政府（如若在名义上是全知全能的）会因为拥有无限权力而变成一个极为软弱的政府，亦即成为所有彼此分立的利益群体掌股中的玩物——这是因为这种政府为了确使自己能够得到多数的支持，就必须去满足所有这些彼此分立的利益群体所提出的要求。

我们需要追问的是，事情究竟是如何演化到这个地步的？

从君主专制制度的结束到无限民主制度（unlimited democracy）的兴起，经历了约两个世纪。在这两个世纪的岁月中，宪政的伟大目标始终是限制政府的一切权力。具体言之，为了阻止政府专断地行使权力，人们渐渐地确立起了一系列重要的原则，其中包括权力分立原则、法治或法律至上原则（rule or sovereignty of law）、法律下的政府原则、界分公法与私法的原则以及司法程序规则等。所有这些原则的作用都在于界定并限定一些条件，惟有符合这些条件，对个人的强制才是许可的。人们在当时就认为：首先，只有为了普遍利益，强制的使用才能够得到正当性支撑；其次，只有依照平等适用于所有人的统一规则所实施的那种强制，才是符合普遍利益的。

然而，当人们最终认为民主方式对政府的控制足以使任何其他防止专断使用权力的措施都成为不必要的东西的时候，所有上述伟大的自由原则也就退居次位了，有的甚至还被人们淡忘了。更为准确地说，这些旧有的原则与其说是被遗忘了，不如说是它们的传统表述因其间所使用的关键词（key words）的逐渐变化而完全丢失了其原有的含义。一如我们所知，古典自由宪政原则的含义所依凭的最为重要的关键词便是“法律”（Law）；然而，随着“法律”这个术语之内涵在此后发生的变化，所有前述的旧有原则也就丧失了它们原有的重要意义。

法律与指令

对于宪政（constitutionalism）的创始人来说，“法律”这个术语有着一个极其精准的含义，也只有用这种意义上的法律来限制政府，个人自由才有望得到保障。后来，19 世纪的法律哲学家最终把法律定义为调整人们所采取的涉及他人行为的规则，它们不仅可以被适用于无数的未来情势，还包含有许多可以被用来界分（当然不是明确指定）所有人和所有组织群体所享有的确受保护的领域的禁令。在长期的讨论过程中，特别值得我们注意的是德国法理学家对这种法律的阐释，因为他们最终把法律界定成了他们称之为的那种“实质意义上的法律”（law in the material sense）；根据德国法理学家的这个法律定义，一部宪法中的规则亦不属于他们所谓的实质意义上的那种法律。然而，在这场讨论以后，上述法律定义还是被一些论者突然否弃了，他们否弃这个定义的理由，在今天看来，肯定是极为滑稽的。

毋庸置疑，一部宪法中的规则当然不是行为规则，而是有关政府组织的规则，而且它们也像所有其他的公法一样，极易频繁地变更，私法（包括刑法）却能够长期地存续下去。

在过去，法律的目的乃在于防阻不正义的行为；正义在当时所意指的是平等适用于所有人的规则，进而与所有指向特定的个人和群体的具体命令或特权构成鲜明的对照。但是，今天还有谁会像二百年前的詹姆斯·麦迪逊（James Madison）那样相信，众议院不能制定“只适用于广大社会成员但不完全适用于他们（众议员）本人及其朋友的法律”呢？

然而，就在民主理想取得表面成功的时候，制定法律的权力与发布指令的政府权力被同一个机构掌控。一个机构同掌两种权力，必定会导致这样一种结果，即最高政府当局可以随心所欲地和及时地制定最有助于它实现特定目的的法律。但是需要指出的是，这必然意味着“法律下的政府”原则的终结。尽管那种主张严格意义上的立法以及政府行政措施都应当经由民主程序来决定的要求是十分合理的，但是把这两种权力都集中于同一个机构（或同一些机构）的做法，实际上意味着回归无限政府（unlimited government）。

此外，由同一个机构掌控两种权力的做法，还破灭了人们原本持有的这样一个信念，即一种民主制度因为它必须服从多数而只能够做那些符合普遍利益的事情。对于一个只能制定**一般性**法律或就真正属于**普遍**利益的事情进行决策的机构来说，这个信念是完全有道理的；但是对于一个拥有无限权力而且还必定会用这些权力去收买特定利益群体的选票（包括某些小群体的选票甚或势力强大的个人的选票）的机构来说，上述信念就不仅是**毫无**适用余地的，也是根本**不可能**实现的。众所周知，这样一种机构之所以必定会不断地向不同的群体提供特别的好处以报答它们对该机构的支持，实是因为这种机构并不是通过遵循一般性规则来表明它相信其决策的公正性而赢得其权力或权威的。当代民主制度中的这种“政治必然性”（political necessities），根本就不是多数所要求的！

法律与专断政府

上述发展态势不仅使政府不再受制于法律，还使得法律这个概念本身丢失了意义。约翰·洛克曾经认为，立法机构的任务应当只限于制定一般性法律；然而，现实社会中的所谓立法机构早已不再像约翰·洛克所认为的那样只制定一般规则意义上的那种法律了。一如我们所知，人们甚至还把这种“立法机构”所议决的**一切东西**都称之为“法律”；此外，立法机构之所以在今天被称之为立法机构，也不再是因为它是制定法律的机构，而是因为“法律”变成了指涉所有源自“立法机构”的东西的称谓。正是经由这样一个过程，“法律”这个神圣的术语完全丧失了它原有的意义，还变成了宪政创始人所谓的专断政府（arbitrary government）所发布的命令的称谓。政府治理成了“立法机构”的主要事务，立法成了“立法机构”的附属工作。

实际上，即使是“专断的”（arbitrary）这个术语，也未能保住其古典的意义。在过去，该术语所意指的乃是“无规则的或无约束的”（rule-less），或由特定的意志而不是根据公认的规则所决定的。从该术语所具有的上述意义来看，甚至一个独裁统治者的决策都有可能是合法的，而某个民主多数的决策却有可能是完全专断的。毋庸置疑，卢梭必须对人们在政治方面使用“意志”（will）这个不幸的观念承担主要责任；然而，即使是卢梭，至少也能够偶尔理解到这样一层意思，即为了使之成为正义的意志，这种意志就必须在**目的或意图方面是普遍的**。但是显而易见，当代立法机构之多数所做的决策未必具有这种属性；因为我们知道，只要某项决策能够使支持政府治理措施的票数得到增加，那么立法机构就会通过该项决策。

如果一个全知全能且至高无上的议会的职能不限于制定一般性规则，那么这种议会的存在本身就意味着我们所拥有的是一种专断的政府。更为糟糕的是，这样一种政府，即使它希望，也是不可能遵循任何原则的，因为它必须通过向特定的群体提供特殊好处才能够维续自己的地位。一言以蔽之，这种政府必须通过实施差别待遇来换取它的权力或权威。颇为遗憾的是，那个曾经构成绝大多数代议制度之楷模的英国议会，竟也引入了议会主权（sovereignty of Parliament，即议会全知全能）的观念。但是需要强调指出的是，法律的至高无上（sovereignty of the law）却是与那种拥有无限权力的议会的主权根本不相容的。然而在今天，当伊诺克·鲍韦尔（Enoch Powell）先生声称“权利法案（a Bill of Rights）与本国的自由宪法不相容”的时候，加拉格尔（Gallagher）先生却匆忙地向他保证自己理解这个意思，而且还完全同意鲍韦尔先生的观点。[1]

事实表明，美国人在两百年以前的观点是正确的，而且一个拥有无限权力的议会也只能意味着个人自由的消亡。换言之，一部自由的宪法在这种情势中已经不再意味着个人的自由，只是一份任凭**议会之多数专断暴虐、恣意妄为的许可证**。毋庸置疑，自由的议会与自由的个人实是不可兼得的。因此，要保障个人的自由或人身的自由，就必须用公众意见所赞同的长期原则来约束一切权力。

从不平等的待遇到专断治理

无限民主所具有的那些恶劣后果，实是经过一段时间以后才渐渐为人们所认识的。

众所周知，在自由宪政对政府权力之扩展现象起着约束作用的时期，曾经培育出了一些极为重要的限权性传统。不论世界上哪个地方模仿或移植这类民主制度，只要那里没有这样的传统作为支撑，那么这些舶来的民主制度就肯定会毫无例外地很快土崩瓦解。一如我们所知，在那些拥有较长时间代议政府经验的国家，上述那些传统常常能够成为阻止专断行使权力的一道道屏障；但是即使在这样的国家里，由上述传统构成的一道道屏障后来也渐渐遭到了破坏——需要指出的是，当这些传统屏障最初蒙遭破坏的时候，人们所依凭的乃是一些完全慈善或善良的动机。在当时，人们为了帮助和支持处境最不幸者而采取的差异做法（discrimination），并没有被认为是一种差别待遇（在较为晚近的时候，为了掩盖这一点，人们甚至还杜撰出了像"被剥夺基本社会权利的"［under-privileged］这样一个荒谬无比的术语）。众所周知，人们在日常生活中取得成功所依凭的各种条件乃是极为不同的，因此，为了把人们置于一种较为平等的实质地位之中，政府就必须对人们施以不平等的待遇。

毋庸置疑，为了慈善或善良之目的而打破**法律之下人人平等**的原则（the principle of equal treatment under the law）的做法，不可避免地打开了专断行使权力的闸门。为了掩盖这一点，人们竟不惜诉诸"社会正义"这种说法作为借口；实际上，根本就没有人知道这种说法的确切含义，然而正是因为这一点，"社会正义"这个术语才被当时的人们当作魔杖，用来摧毁所有制止差异措施的屏障。通过牺牲**某些无法被即刻辨识出来的人的利益**的方式而给予其他人以恩惠，渐渐成了收买多数的最具吸引力的手段。但是，一个业已成为慈善机构的议会或政府，会因此蒙遭种种难以抗拒的敲诈勒索；

再者，这种议会或政府还会很快放弃“功过”标准并以“政治必然性”取而代之，据此来决定哪些群体应当得到优惠待遇——亦即在牺牲普遍利益的情势下所应当得到的那种优惠待遇。

这种合法条化的腐败（legalized corruption），实际上并不是政客们的罪过，因为我们知道，只要政客们想获得有所作为的地位，那么他们就不可能在这种腐败性的制度中洁身自好、抗拒腐败。如果在一种制度当中，只要有多数的支持就可以有权采取任何缓和特定怨愤的特殊措施，那么上述“合法条化的腐败”就会成为这种制度的一种根本特征。我们以为，如果一个立法机构只制定一般性规则，一个政府机构只能为了实施那些它不能更改的一般性规则而使用强制，那么这样的立法机构和政府机构就能够抵制上述那种压力；但是，一个全知全能的机构无法做到这一点。尽管一个被剥夺了所有自由裁量强制之权力的政府，仍然有可能在提供服务的时候采取差别待遇措施，但是它的危害要小得多，而且也更容易被制止。当然，一旦中央政府不再拥有任何歧视性的强制权力，那么大多数服务的提供就能够而且也极可能应当由地区性或地方性的公司去承担，并由它们通过竞争的方式（亦即用较低成本提供较好服务的方式）去争取本地居民使用它们的服务。

实行权力分立以防阻无限政府

显而易见，一个在名义上无限的（或“至高无上的”）代议机构必定会在种种力量的驱使下一步一步地且无休无止地扩大其治理的权力（powers of government）。同样显见不争的是，为了防阻这种趋势，我们惟有一途可循，这就是在两个不同且独立的民选机构之间对最高权力进行分割，亦即在最高的权力层次上适用权力分立的原则（the principle of the separation of powers）。

如果负责立法的机构应当反映公众有关何种政府行动是公正或不公正的意见，负责政府治理的机构应当在上述立法机构所制定的规则框架内采取特定措施并受公众意志的指导，那么这两个不同且独立的机构也就必须按照不同的方式加以组建。一如我们所知，议会的实践与组织结构可以说完全适合于承担上述第二项任务——这实际上一直就是现行议会主要关注的事项；特别当我们考虑到议会按政党路线进行组建这个事实的时候，我们就更有理由认为议会完全可以承担此项任务了，因为对于政府治理的运作来说，政党结构的组织确实是不可或缺的。

但是需要指出的是，18 世纪的伟大政治思想家无一不对真正的立法机构中存有党派的现象深感忧虑，而且他们的这种忧虑也不是毫无道理的。与此同时，人们亦毋庸否认，现行议会在很大程度上是不适合从事真正的立法工作的，因为它们既没有时间也不拥有正确的思维方式去很好地完成这项工作。

注　释：

* Axel Oxenstjerna（1583-1654）伯爵在 1648 年写给他的儿子的一封信中这样写道："孩子，难道你不知道，这个世界并不是由智慧主宰的吗？"由于促使我提出这个建议（见下一章）的大部分论辩很久以前就写好了，也有一部分先行发表了，因而有许多读者已经读到了，所以我在这里只插入一个简要的重述。在这个简要的重述中，我相信自己成功地用一种较为简明扼要的方式重述了这些论辩中的核心要点。本章的主要内容已于 1978 年 3 月号 *Encounter* 杂志发表，现在的文本只是略作了些修改而已。

〔1〕下议院，1977 年 5 月 17 日。实际上，人们并不需要为那些受保护的权利开出一份清单，只须对政府的所有权力做出这样一种限制就足够了：除了强制要求人们服从（前述的）法律以外，不得实施任何强制。这种做法可以含括所有已得到认可的基本权利，还可以包含更多的权利。

第十七章

一种宪法模式

就所有的事例而言，了解这类事例中最完美的典范，必定大有裨益；这种做法也会促使我们将现实的政府结构或形式尽可能地趋近这种完美的典范。我们可以凭着谨慎的修正和创新达此目的，而又不致给社会带来剧烈动荡。

——大卫·休谟*

代议制度发展的歧路

如果我们想实现近两百年前美国宪法的创制者们首次试图经由一种刻意的建构而予以保障的那些目标，那么从业已获得的经验来看，我们在今天究竟还能够有何作为呢？我们的目标也许还没有发生变化，但是我们应当从此项伟大的尝试以及仿效此项壮举的无数努力过程中习得了足够多的经验和教训。今天，我们已经知道了那些宪法文献的创制者们所曾抱有的希望——亦即他们能够通过这些文献有效地限制政府权力的那个希望——之所以化为泡影的个中原因。当然，他们也曾希望用权力分立的方式（亦即通过把立法权从司法权和行政权那里分离出来的做法）使政府和个人都受到正当行为规则的支配。然而，他们在当时很难预见到下述两种情势：第一，由于立法机构也被赋予了指导政府治理的权力，所以陈述正当行为规则与指导政府为实现具体目的而采取的特定行动这两种截然不同的使命，注定要渐渐地被混淆在一起，无从分辨；第二，法律除了意指那些限制一切专断强制权力或措施的普遍且统一的正当行为规则以外，还被用来指称其他的规则。据此我们可以说，他们实际上从来就没有真正实现过他们所旨在实现的权力分立的目标。相反，他们在美国创建了一种常常会减损政府效率的制度；因为根据这种制度，组建政府与指导政府的权力被分别委派给在不同的时候按照不同的原则选举出来的总统与议会，因此，总统与议会之间常常会发生冲突。

一如我们在前文中所指出的那样，那种把制定正当行为规则的权力和指导现政府的权力都交由代议机构掌控的欲求，未必就意味着应当把这两种权力都交由同一个机构支配。事实上，早期发展阶段的代议制度已然揭示出了另外一种可能性，即人们完全有可能以一种与此不同的方式解决这个难题。[1]对政府行为的控制，至少在最初的时候，主要是经由对岁入的控制（control of revenue）来实现的。从14世纪末起，英国便已开始了这样一个进化过程，亦即把财政权一步一步地移交给下议院的那种进化进程。最终，也就是到了17世纪末，上议院明确认可了下议院对“财政法案”（money bills）所享有的排他性权力；当时，上议院作为英国的最高法院，仍然享有对普通法规则之发展的最终控制权。显而易见，上议院在承认下议院拥有控制政府即时性行为的排他性权力的同时，当然也会反过来要求掌握以制定法形式修正正当行为规则的排他性权力；这种要求难道不是太天经地义、太自然而然了吗？

只要当时的上议院所代表的是一个较小的特权阶层，那么这样一种发展进程实际上就是不可能的。但是从理论上讲，依照职能进行分权（division by functins），而不是根据各机构所代表的不同阶级来分权，便有可能促成这样一种局面：第一，下议院能够获得支配政府机构以及由它掌控的物质财富的充分权力，只能够在上议院所制定的规则框架内实施强制措施；第二，在组织并指导政府担当应当由它履行的职责的时候，下议院享有完全的自由；第三，为了指导政府官员在处理或配置国家财产方面所采取的行动，下议院也可以制定它们所赞同的任何规则；但是除了要求私人公民遵循上议院所认可或制定的规则以外，无论是下议院，还是它的工作人员，都不得对私人公民实施强制。因此，如果政府在当下所承担的事务由下议院的一个委员会来负责，或者更为确切地说，由该委员会的多数来负责，那么这种做法也是完全合乎逻辑的。此外，这样一种政府在实施它所拥有的支配公民的那些权力的时候，也会受到它无权为了实现特定的目的而加以改变的那种法律的控制。

这样一种依照职能进行分权的方式，不仅要求也会逐渐促使人们对正当行为规则与政府组织指令做出泾渭分明的界分。毋庸置疑，这种安排肯定会要求人们在此基础上建立一个更高层的司法权力机构：它能够裁定这两个代议机构之间所发生的纠纷，并通过这种实践以渐进的方式对上述两类规则做出更为精准的界分。需要强调指出的是，这两类法律，亦即私法（包括刑法）与公法，之所以在今天变得含混不清，实是因为人们用同一个术语即“法律”来称谓它们所致。

事实上，那种把两项截然不同的职责完全集中于同一个机构的做法，使法律这个概念变得越发含混不清了，而不是像我们在上文中所说的那样，逐步廓清了正当行为规则与组织规则之间的基本界分。我们业已指出，界分这两类规则的工作确实是很困难的，甚至还给当代法律理论研究者提出了一些特别棘手的难题。但是，它不是一项无法完成的使命，要使这个难题得到圆满的解决，还需要进一步增进我们对这个问题的理解和认识。在过去，我们正是经由对这个问题的理解的增进，才使得法律得到了发展。

一种理想型宪法模式的价值

如果我们能够对那些在当下都被称之为法律的两种不同的规则做出明确的界分，那么我相信，我们便能够通过较为详尽地阐释与此相关的那种宪法性安排（constitutional arrangements）的方式，使上述界分的重要意义得到更为集中且明确的揭示。根据这种宪法性安排：第一，我们能够在两种不同且独立的代议机构之间确保一种真正的权力分立；第二，狭义上的法律制定工作与严格意义上的政府治理工作都将以民主的方式得到展开，但是由不同且彼此独立的机构加以实施的。我之所以要对这样一种宪法性安排做出扼要的阐释，目的并不在于提出一个宪法方案供人们现在实施。当然，我也不是想据此建议，任何一个拥有坚实宪政传统的国家都应当用一部根据本书所提出的原则而制定的新宪法去取代该国现有的宪法。毋庸置疑，如果我能够在这里以一种简明的方式把一部包含了我在前几页中讨论过的一般性规则的宪法概述出来，那么我想这些一般性规则肯定会因此获得一种更为明确且具体的形式；但是，除了这个事实以外，我之所以觉得有必要对这种宪法性安排做出扼要的阐释，实际上还有另外两个原因。

首先，世界上只有极少的几个国家颇具幸运地有着一个强大的宪政传统。的确，在英语世界以外，很可能只有北欧的几个小国和瑞士有这样的传统。大多数其他国家保有宪法的时间长度还不足以使它在这些国家成为一个根深蒂固的传统；此外，其间的许多国家同时还缺乏相应的传统和信念作为宪法的支撑——然而我们知道，正是这些传统和信念，在那些较为幸运的国家中始终构成了它们的宪法得以有效发挥作用的基础，尽管这些传统和信念并没有明确陈述出宪法所预设的全部内容，甚或还没有形诸于文字。当然，新兴国家的情况更是如此，因为在这些国家中，甚至连一个与欧洲国家长期信奉的法治理想略具相似的传统都没有；据此我们可以说，这些新兴国家实际上只是从欧洲国家那里移植了民主制度而已，但是它们没有这些民主制度所预设的信念和观念作为它们的坚实支撑。

需要强调的是，如果我们不想让移植民主制度的种种尝试归于失败，那么我们在建构这种新的民主制度的时候，就必须对大多数作为这些制度之基础的未形诸于文字的传统和信念给出详尽的阐释，因为在成功的民主制度中，正是这些传统和信念曾在相当长的时期内制约了人们对多数权力的滥用（abuse of the majority power）。当然，大多数移植民主制度的尝试已告失败的事实，并不能够证明民主这个基本观念不具有现实适用性，只能够证明这样一个问题，即那些在西方国家曾一度运行大体良好的特定制度乃是以人们默会地接受某些其他原则这个预设为基础的——这就是说在西方国家中，这些为人们以默会方式承认的原则在某种程度上被人们遵循；因此，在那些尚未认识到这些原则的国家里，人们必须把这些默会方式承认的原则作为宪法的一部分明确写进成文宪法之中，就像把其他的原则写进宪法一样。我们没有权利声称，在我们这里行之有效的特定的民主制度，在其他的地方也必定会行之有效，因为经验似乎表明，这些民主制度在其他地方并不奏效。因此，我们完全有理由做这样的追问，即西方代议制度以默会方式预设的那些观念，究竟如何才能够被明确地纳入这类成文宪法之中呢？

其次，那些包含在本书拟定的宪法方案中的原则，或许还与人们在当下努力创建新的超国家制度（supranational institutions）的尝试有着某种相关性。人们日益认识到，我们有望制定出某种类型的国际法，但是需要指出的是，我们是否能够甚或是否应当在一些纯粹的服务性机构以外建构一个超国家政府（a supra-national government），是颇有疑问的。不过有一点是显见不争的：如果要使这些努力不致失败甚或不致产生弊多利少的结果，那么在未来相当长的一段时间内，这些新的超国家政府的权力就只能限于约束各国政府并使之不得采取危害其他国家的行动，而不得命令各国政府做特定的事情。的确，许多人都反对把那种向独立的各国政府发布命令的权力授予一个国际权力机构；这些批评意见当然是可以理解的。实际上，只要我们对这样一个新的国际机构的权力进行严格的限制，只允许它制定一些一般性规则以禁止其成员国（或其公民）的某些行动，那么我们也就可以很好地解决上述批评意见中所涉及的问题了。但是需要指出的是，为了达到这个目的，我们还必须去发现一种方法，以便有效地把立法权与政府治理权力分立开来；当然，我们在这里所说的立法权，就是那些信奉权力分立原则的人所理解的那种立法权。

基本条款

这样一部宪法的基本条款（basic clause）必须指出：第一，在正常时期，以及在除了某些明确界定的紧急情势以外的时期，只有根据那些为人们所公认的旨在界定并保护每个个人之领域的正当行为规则，才可以制止人们去做他们想做的事情或者才能够强制他们去做特定的事情；第二，只有那个被我们称之为立法议会（Legislative Assembly）的机构，才能够专门去更改或修正这种为人们所公认的规则系统。一般来讲，只有当这种立法议会能够证明其意图是正义，它才能享有上述权力；然而，这种立法议会惟有通过下述两种方法方能证明其意图是正义的：一是它遵守那些旨在适用于无数未来情势的普遍规则；二是它无权把这些规则适用于特定的情势。此外，这种宪法的基本条款还必须对内部规则（nomos）这种狭义上的法律做出界定，从而使法院能够据以判断该立法议会所发布的特定决议是否具备了使它得以成为这种意义上的法律的形式要件。

显而易见，这样一种定义不能以纯粹的逻辑标准为基础，必须以下述几项要求为依凭：第一，法律规则应当旨在适用于无数的未来情势；第二，法律规则应当旨在有助于型构和维续一种抽象秩序——亦即其具体内容不可预测的那种抽象秩序，不应当旨在实现特定且具体的目的；第三，法律规则应当旨在否弃所有为了或明知是为了影响某些特定的个人或群体的规定。除此之外，我们还必须认识到，尽管更改或修正为人们所公认的现行正当行为规则系统乃是立法议会所享有的排他性权力，但是这些规则的初始系统不仅包括了以往立法的产物，还包括那些隐含在以往判例之中但尚未阐明的观念；因此，法院既应当受这些观念的约束，也有责任去阐明这些观念。

当然，这种基本条款的目的并不是要界定政府的职能，只是要对政府能够实施强制性权力的范围做出界定。尽管这种基本条款也会对政府在为公民提供服务时所能采用的手段做出限制，但是它不会对政府可能提供的服务的内容施以直接的控制。在我们讨论第二个代议机构即政府治理议会（Governmental Assembly）的职能时，我们还会再回过头来详尽探讨这方面的问题。

由于这种基本条款本身就可以实现传统的权利法案（Bills of Rights）所旨在保障的全部权利，还能够实现比此更多的权利，所以这种基本条款的制定，就使得人们不再有必要对那些需要特别保护的基本权利做专门的列举规定。这一点实是显见不争的，因为我们知道，在诸如言论自由、出版自由、宗教自由、集会和结社自由、通信及住宅不受侵犯等传统的人权（traditional Rights of Man）当中，没有一项是能够或曾经是可以不受一般性法律规则之限制的绝对权利。言论自由当然不意味着我们可以自由地造谣、诽谤、欺诈、教唆犯罪或以报假警来制造混乱等。众所周知，所有这些基本权利都以明确的方式或者明文规定的方式受到了保护，因为“除非依照法律”，否则不得对上述权利做任何限制。但是，有一点在今天已经变得确凿无疑了，这就是只有当“法律”并不是意指代议机构以适当方式通过的每一项决议，而仅仅是意指那些能够被称之为我在这里所界定的狭义法律规则的时候，对各种基本权利所施加的上述限制才会有意义，也不至于使“对基本权利的保护不受‘立法机构’的干扰”变成一句空话，完全丧失作用。

传统上由权利法案保障的那些基本权利，并不是为了防阻专断权力而必须加以保护的全部权利；此外，构成个人自由的所有那些基本权利，实际上也是不可能以这种列举的方式被穷尽的。正如我在前文中所指出的那样，尽管那些把权利概念扩展到当下所谓的社会权利和经济权利的努力乃是极具误导性的（参见本书第二卷第九章补遗），但是更为重要的是，除了权利法案所列举的那些权利以外，实际上还有许多无从预见的个人自由行为也应当受到同样的保护。那些通常被明确列举出来的自由权利，乃是那些在特定时期特别容易受到威胁的权利，尤其是那些为了使民主政府得以正常运行而似乎必须加以保护的权利。但是，把这些权利挑选出来当作需要加以特别保护的东西来对待，似乎意味着在其他领域中，政府可以在不受一般性法律规则约束的情况下实施强制。

这实际上正是美国宪法的创制者们最初不想把一项权利法案纳入该宪法的原因；这也是在权利法案后来被通过的情况下第九修正案（Ninth Amendment）之所以未能发挥作用且被人们完全遗忘的原因（该项修正案规定，“本宪法对某些权利的列举不得被解释为对人民所保有的其他权利的否认或贬低”）。这种对若干特定权利加以列举并使其免受任何侵犯的做法（“除非依照法律”的限制以外），确实有可能意味着，在其他领域中，立法机构可以在不受一般性规则的支配下自由地约束或强制公众。再者，人们在晚些时候所采取的那种把“法律”一术语扩大适用于立法机构所通过的几乎每一项决议的做法，甚至还使得这样一道保护屏障（亦即《美国宪法第九修正案》）都失去了意义。然而众所周知，一部宪法的目的，恰恰就在于防阻一切专断性的限制和强制措施，这其中也包括立法机构所采取的专断性的限制和强制措施。正如一位著名的瑞士法学家所确当指出的那样，[2]技术进步所开放出来的种种新的可能性，有可能在未来的生活中使一些其他的自由权项变成比传统的基本权利法案所保护的那些权利更为重要的自由权项。

基本权利法案所旨在保护的只是专断性强制之不存在意义上的那种个人自由；这也向人们提出了一个要求，即强制只能在下述两个领域中加以适用：第一，实施那些保护个人领域的普遍的正当行为规则；第二，筹集资金以支持政府所提供的各项服务；与此同时，由于这意味着只有当个人的行为侵犯了其他人应受保护的领域的时候才能对他施以限制和约束，所以根据这种规定，只要个人行动所影响的只是他自己的私人领域或其他同意承担相应责任的人的领域，那么他的行动就是完全不受约束的，并且有权享有政治行动能够向他提供的一切自由。当然，当那些旨在长期维护这种自由的制度受到威胁的时候，又当人们为了捍卫这些制度或为了防止某种危害整个社会的事件而必须采取共同行动的时候，上述那种个人自由就有可能不得不暂时中止；但这是另外一个问题，我们拟在下文中再对这个问题进行讨论。

具有不同且独立职能的两个代议机构

主张把陈述一般性正当行为规则的任务赋予一个代议机构，同时把政府治理任务赋予另一个与其不同且独立的代议机构的观点，实际上并不是一个全新的观点。古代雅典人就做过某种类似的尝试，当时，他们只允许一个独立的机构即 nomothetae 享有更改或修正基本的“内部规则”（nomos）的权力。〔3〕由于 nomos 很可能是惟一一个大体保有着一般性正当行为规则之含义的术语，又由于 nomothetae 这个术语在 17 世纪的英格兰（其情景与古代雅典多少有点相似）为人们重新使用〔4〕，此后又被约翰·斯图亚特·穆勒（J. S. Mill）的使用，〔5〕所以在有必要把第二个代议机构（也就是我们所谓的“政府治理议会”）与纯粹的立法机构明确区分开来的时候，偶尔采用 nomothetae 来命名那个纯粹的立法机构（亦即权力分立的倡导者和主张法治的理论家所构想的那种立法机构），也是相当简便易行的。

显而易见，只有当这两个议会的成员按照不同的方式加以确定的时候，这样一种独立的立法议会才能够对同样独立的政府治理议会所做的决策提供一种有效的制约；这在实践中便要求这两个议会不得以同样的方式来选举它们的成员，或者不得使他们的任职期限相同。需要强调指出的是，如果我们只是赋予这两个议会以不同的职责，却让一些相同的群体尤其是一些相同的党派按照几乎相同的代表比例来组建这两个议会，那么这种立法机构就很可能会制定出政府治理议会为了实现自己的目的所需要的各种法律，就仿佛这两个议会是同一个机构似的。

众所周知，两个议会承担不同的职责，实际上还要求这两个不同的议会从不同的侧面去反映选民的意见。就政府治理本身的目的而言，使公民在追求特定结果方面的具体意愿得到反映，或者说，使他们的特定利益得到体现，似乎是可欲的；因此，从政府的运作来看，显然需要有一个既服从某项行动纲领（a programme of action）亦“有能力进行治理”的多数。但是从另一个角度来讲，严格意义上的立法不应当受利益（interests）的支配，应当受意见（opinion）的支配，也就是受人们关于何种行动是正当的或不正当的观点的支配——这意味着立法不应当成为一种实现特定目的的工具，应当成为一种恒久的规则，且不论它对特定的个人或特定的群体所具有的影响。人们在挑选那些最有可能切实关注他们特定利益的人的时候，以及在挑选那些他们相信会公允无私地捍卫正义的人的时候，很可能会挑选完全不同的人，这是因为有效地担当上述第一项任务所需要的品质，完全不同于践履上述第二项任务所必需的品质，对于第二项任务来说，正直、智慧和判断力这样一些品质，无疑有着至关重要的意义。

显而易见，制定定期选举代议机构全体议员的制度，不仅是为了使议员们能够对选民变化不定的愿望做出回应，也是为了使议员们能够加入党派，并且完全遵从那些承诺支持特定利益群体和特定行动纲领的党派所认同的目标。需要注意的是，在实践中，该项制度还会迫使议员们严守党派的纪律，因为众所周知，只要议员们想获得党派的支持并再次当选，他们就必须对党派惟命是从。

一个负责关注特定利益的代议机构所具有的品质，完全不同于信奉民主的古典理论家期望从全体人民中选出的代表所具有的那种品质；因此，期望前者拥有后者所具有的那种品质，是没有道理的。但是这并不意味着，当人们被要求去选举那些无权给他们特别好处的代表的时候，他们就没有积极性再去参与这种选举了，或者再以选择他们所了解的判断力最受他们称道的人的方式去参与这种选举了；当然，这尤其不意味着，当人们被要求从那些已在日常生活中赢得声誉的人当中进行选择的时候，他们更没有积极性去参与这种选举了。

因此，就立法本身的目的而言，所需要的似乎是这样一个议会，其男女议员必须达到相对成熟的年龄才能享有选举资格，而且任期也要相对长一些，比如说十五年，这样，他们也就无需再去考虑连选连任的问题了；此外，为了使这些议员完全不受党派纪律的约束，我们还应当在他们任期届满以后既不让他们享有连任的资格，也不强迫他们再回到市场中去谋生，应当保证他们能够继续从事某些荣誉且中立的工作，比如说非专业法官（lay judges）的工作；依据上述安排，这些议员在担任立法者的期限内，既不用依赖党派的支持，也无需对个人的生活前景问题担忧费心。为了保证做到这一点，我们就应当只选举那些在日常生活中已然证明自己品行良好的人来担当此责；与此同时，为了防止老人在立法议会中占据过大的比例，我们也似乎有必要采取下述两项明智之举：一是仰赖这样一条老经验，即一个人的同代人乃是他的最公正的裁判；二是据此要求每一群同龄人在他们达到一定年龄比如四十五岁的时候对此做出一生中惟一的一次选择，亦即从他们的同龄人当中选举出代表并服务十五年。

根据上述的制度安排，我们便可以组成这样一个立法议会：其男女议员的年龄在四十五岁至六十岁之间，每年有十五分之一的议员会被替换。因此，整个立法议会所反映的乃是这样一部分人的意见，他们不仅积累了很丰富的经验，也有机会赢得声誉，且仍当盛年。我们在这里应当特别指出的是，虽说四十五岁以下的人在这样的议会里没有自己的代表，但是，该议会议员的平均年龄——五十二岁半——仍将低于绝大多数现有议会议员的平均年龄；的确，年龄较大的那部分议员会发生死亡和生病的情况；对此，我们也可以用增补新议员的方式来保持他们的力量，但是这种增补新议员的做法在正常情况下是不必要的，因为它只会增加那些在立法方面无甚经验的议员的比例。

当然，人们还可以采用各种其他防御措施，来确使立法议会完全独立于特定利益群体或有组织的党派的压力。比如说，人们可以明确规定那些已在政府治理议会或党派组织中任职的人不得享有在立法议会中任职的资格。在上述种种条件的限制下，我们可以说，即使立法议员当中有许多议员都与某些党派保持着较为密切的关系，那也不可能使他们因此去听从党派领袖或执政当局的命令。

只有当立法议员严重渎职或玩忽职守的时候，才可以由那些与他们同时任职的或前任的同僚按照目前适用于法官的那些原则来撤换他们。在立法议员任期届满后至退休之前，确保他们能够获得一份荣誉职位（例如法院的非专业法官）并使他们享有一份津贴（从六十岁一直发到七十岁）的做法，实际上也是有助于他们保持独立地位的一个重要因素；当然，立法议员的工资也可以由宪法加以规定，比如说，使他们的工资与政府所设的二十个待遇最为丰厚的职位的平均工资保持一定的比例。

我们可以相信，这样一种职位最终会被每一个年龄阶层的人视作是对他们同龄人当中最受尊敬的人士的一种奖赏。由于立法议会的人数不应当太多，所以每年要选举的议员人数，相对来讲，也必定是极少的。这样，采用一种间接选举的方法并由各个地方委任的代表从他们当中推选出立法代表，便不失为一个好建议。此外，这种间接选举的方法还有可能进一步激励每个地区都把那些非常杰出，也最有可能在第二轮选举中当选的人士委任为它们的代表。

初看上去，这样一个纯粹的立法议会似乎不会有多少事情可做。如果我们所考虑的只是我们到目前为止一再强调的那些任务，亦即对**私法（包括商法和刑法）**系统进行修正的任务，那么从表面上来看，这类任务确实只需要议员们在相隔较长时间以后才开展一次活动，因而也就很难为那些当选的才智高超的议员提供一种需要他们做出充分且持续努力的工作。然而，这种初步的印象是极具误导性的。尽管我们在讨论的过程中一直把私法和刑法用作我们的主要例证，但是我们必须牢记，所有可以强制实施的行为规则，都必须得到这个立法议会的批准。虽然在本书的论述框架内，我们没有多少机会对这些问题做详尽的讨论，但是我们已经多次指出，这些立法任务所包含的不仅有税收原则，而且还涉及安全与卫生方面的所有规章（包括生产或建设方面的规章），因为这些原则和规章必须从普遍利益的角度出发加以实施，还应当用一般性规则的形式来陈述它们。这些立法任务不仅包括了常常被人们称之为安全法规的立法问题，也包括了为一个有效运行的竞争市场创建一个适当的框架所会遇到的一切棘手难题，以及我们在上一章文字中所讨论的公司法问题。

在过去，上述任务之所以不得不在很大程度上被立法机构委托给官僚机构去承担，实是因为这些立法机构根本就没有时间去仔细推敲，以及认真考虑其间常常涉及的技术性极强的棘手问题，结果，许多这样的立法任务都被某些官僚机构或为此目的而设置的专门机构所控制。的确，一个主要关注现政府迫在眉睫之急务的“立法机构”，肯定会发现很难给予上述立法任务以必要的关注。然而无论怎么说，它们都不是行政问题，而是严格意义上的立法问题，所以这里也就隐含了一个我们决不能忽视的相当大的危险，因为一旦把这些立法任务委托给了官僚机构，那么这种官僚机构实际上便僭取了自由裁量的因而从根本上讲属于专断的权力（discretionary and essentially arbitrary powers）。如果立法机构严肃认真地推敲，而不是从那些野心勃勃要夺取权力的行政官员是否方便的角度来考虑调整这些问题的规章，那么调整这些问题的规章是没有什么真正的理由不采取一般性规则之形式的（英国在 1914 年以前，这样的规章还依旧采用一般性规则的形式）。很可能正是立法机构把这些立法任务委托给了官僚机构，才使得这些官僚机构获取了它现在所拥有的大部分权力，更为重要的是，这些权力实际上是不可控制的。

虽说我并不关注立法机构的成员是否真的缺乏足够工作量的问题，但是我还是要补充一点，即如果那些已经在日常生活中赢得声誉的当选者，能够在某种程度上把自己从必须或有责任去做各种情势强加给他们的即时性事务中摆脱出来，进而使自己有时间和精力去认真思考政府治理的原则或者去从事他们认为重要的工作，那么我认为这丝毫没有什么不好，甚至还是极为可欲的。如果要使公益精神（public spirit）在那些能够展现新理想的自愿活动中凸显出来，那么社会上存有少数拥有闲暇的人士就是极为必要的。在过去，那些拥有独立资产的人士就曾经在这个方面发挥过很大的作用；尽管我认为这是维续这些人士之存在的有力论据，但是我们没有任何理由认为惟有那些享有丰厚财产的人才应当是惟一有资格享有这种机会的人。如果那些得到其同代人最充分信任的人士能够自由地把自己所拥有的相当一部分时间投入他们自己选择的工作中去，那么他们就可能对那个“自愿部门”（voluntary sector）的发展做出极大的贡献，而我们知道，假如人们想阻止政府僭取压制性的权力，这个所谓的“自愿部门”便是极其必要的和不可或缺的。再者，如果说我们现在还没有办法证明一个立法议员的职位应当是一个任务极为繁重的职位，那么我们无论如何都应当使它成为一种具有崇高荣誉和极具尊严的职位，从而使这个民选机构的议员能够在某些方面发挥韦伯（Max Weber）所谓的那种 honoratiores 人士（亦即那种具有独立地位的公众人物或知名人士）所应当发挥的作用：他们除了能够发挥立法者的作用以外，还能够在各种自愿性活动中起领导作用——当然这与党派毫无关系。

就这种 nomothetae（即立法议会）所具有的主要职责而言，人们或许会认为，这里存在的主要问题很可能不是这些立法议员是否有足够的工作可做，毋宁在于是否存在足够的激励使他们去努力工作。这是因为人们担心，这些议员所享有的高度独立性有可能使他们变得懒散。我个人以为，那些因积极工作赢得名声和口碑（进而其地位也以众人赞誉为基础）的人士，当有朝一日他们被推选出来担任一项在十五年内实际上不会被撤换的职务的时候，他们是不太可能以上述那种懒散的方式来玩忽职守的；但是即使如此，我们还是可以制定一些规则以防止这种现象的发生，就像那些适用于法官的规则一样。虽然立法议员肯定是完全独立于政府组织的，但是我们还是可以由立法议会的一些前任议员组成评议会：一是对现任立法议员施以某种监督；二是在现任议员失职的情况下撤换他们；三是在立法议会的议员任期届满的时候向每位离职议员委派新的职务：从宪法法院院长（a president of the Constitutional Court）一直到某个低级司法机构的非专门顾问，等等。

除此之外，宪法还应当防止立法议会变得缺乏活力和回应迟缓这样的不测事件；为此，宪法可以做出这样的规定：立法议会应当享有制定一般的正当行为规则的排他性权利，但是，如果立法议会在合理的期限内对政府所提出的应当就某个特定问题制定某些规则的知会未做出回应，那么这项权力就可以暂时转交给政府治理议会执掌。实际上，这样一条宪法规定，很可能单单因为存在，就可以使它不必真的被人们所征引。换言之，宪法对立法议会所规定的上述防御措施以及立法议会自身对政府治理议会的戒心都可能在这个方面发挥极其重要的作用，并足以促使立法议会在合理的期限内对人们所提出的任何有关正当行为规则的问题做出回答。

对同龄人群体之代表制度的进一步讨论

显而易见，在我构想的理想型宪法方案当中，只有一般性规则与本书的主题具有相关性，但是我为立法议会所提出的同龄代议制度（representation by generations）的方案为民主制度的发展开放出了许多颇具意义的可能性，因此我认为有必要再对这个问题做一些详尽的阐释。每个年龄阶层的成员都知道，他们总有一天会承担并实施一项共同的重要使命；这个事实完全有可能促使那些同龄人早早地便组成各种地方性俱乐部，由于这种做法有助于培养和教育合格的候选人，所以官方也会支持这种发展趋向，比如说，它们至少可以为不同地区各个群体之间的联系提供固定的集会场所和设施。当然，每个年龄阶层在每个地区只能组建一个由官方认可并支持的同龄人群体，因为这种做法有助于防止这些群体因拉帮结派而变得四分五裂。

同龄人俱乐部（clubs of contemporaries）完全可以在人们中学毕业或至少在每个年龄层的成员进入公共生活——比如说十八岁——的时候就开始组建。如果把同一个年龄群体的男子与比他们约小两岁的女子组合在一起，那么这些俱乐部肯定会具有更大的吸引力。为了做到这一点，我们只需要允许达到十八岁的男女自由地选择加入某个新成立的俱乐部或者加入某个已经成立了两年或三年的俱乐部即可；这里不存在任何法律上的歧视待遇问题，所以也无可厚非。就此而言，大多数男生很可能会倾向于加入他们自己新成立的俱乐部，女生更可能倾向于加入前几年就已经组建的俱乐部。这样一种选择当然意味着那些选择加入较大年龄层人士所组成的同龄俱乐部的人会一直属于这个俱乐部，而且要比他们在做其他选择的情况下更早一些具备选举代表的资格，也更早一些具备被选举为代表和立法议员的资格。

这些俱乐部可以把各个社会阶层的同龄人都聚集起来，同时还可以维持那些曾经当过同学（或当过战友）现在却各奔前程的人之间的联系；通过这种方式，这些俱乐部实际上提供了一条真正的民主纽带，因为这种做法有助于人们建立起各种跨越既有阶层或行业的联系，还能够培养或激励人们对公共制度的兴趣，并使他们熟知议会程序。此外，这些俱乐部还可以为那些尚未在立法议会中得到代表的人士发表不同的意见提供一条常规的通道。即使这些俱乐部偶尔成为党派辩论的论坛，它们也会有它们的优势，因为它们可以使那些倾向于支持不同党派意见的人聚集在一起讨论问题，同时也会使那些持有不同意见的人愈来愈意识到自己承担着反映他们同代人观点的共同责任，并为他们日后担任公务员之职做好准备。

尽管个人作为俱乐部成员的资格应当主要以地区性群体为限，但是这种制度应当赋予每个成员以这样一项权利，即他有权作为访问者参加其永久居住地以外的其他地区的同龄人俱乐部的活动。再者，如果大家都知道每个地区的某个特定年龄层的人通常聚会的时间和地点（就像“扶轮国际”的成员［Rotarians］和类似的组织那样），那么这就可以为各地区之间的相互联络提供一个重要手段。当然，从许多其他的方面来看，这样的俱乐部还可能为我们的生活引入一种能够增强社会凝聚力的重要因素（尤其是有助于城市社会结构之整合的重要因素），甚至还会大大有助于我们摧毁既有职业和阶层间的藩篱。

由于这些俱乐部的主席职务是轮流担当的，所以这种做法也可以为俱乐部成员提供一个机会，使他们通过这种机会了解到可能的候选人是否适合于当选代表或立法议员；据此，在间接选举的情势中，即使是在第二轮的选举中，代表的选举仍可能是以个人对候选人的了解为基础的；当然，这些最终当选的代表在此后不仅要轮流担当俱乐部的主席，而且也会成为他们各自年龄群体的得到官方承认的（当然也是自愿的）发言人——亦即拥有特殊荣誉的“听取或收集意见者”（ombudsmen），他们会保护他们各自年龄群体的利益并使其不受当局的侵犯。让他们践履这样的责职有一个好处，这就是当俱乐部的成员从他们当中推选代表的时候，他们更有可能把他们所信任的某个诚实正直的人士推选出来。

尽管在选出立法议员以后，这些俱乐部实际上也就没有什么事情可做了，但是它们极可能作为社会联系的纽带而继续存在；此外，在发生某些非同寻常的意外事件并使某个年龄层的议员的力量大幅度下降并且低于正常水平的时候，该群体的成员也会被重新召集起来进行正常活动，以选举出新的代表去填补该年龄群体的议员的缺额——当然，把所有的缺额都补齐，也许是没有必要的，但是至少也应当使他们这个年龄层的议员人数得到适当的保证。

政府治理议会

对于第二个机构，亦即政府治理议会（Government Assembly），我们在这里无须赘述，因为现行的议会机构就可以充当它的样板；一如我们所知，现行议会机构的发展过程主要就是围绕着如何为政府治理事务提供服务而展开的。我们既没有理由不让这种机构按照党派原则定期对整个机构进行改选的方式进行组建，[6]也没有理由不让多数组建的执行委员会去运作它的主要事务。这种制度安排不仅会形成一个严格意义上的政府，还会使它的运作受到一个有组织的反对派的批评和约束；当然，这个反对派还必须随时准备组建一个可供替代的政府以应不测。至于政府治理议会的选举方法、当选议员的期限等各种可能的制度性安排，我们考虑到的种种论辩，实与人们在当下讨论的那些论点多少有些相同之处，所以我们也就没有必要在这里赘述了。但是，在我所构想的这个理想型宪法方案中，与眼下的一般论者相比较，我们更加强调确保一个有效运作政府治理事务之多数的重要性，因为这个主张所依凭的理据显然要比那种赞同比例代表制——比例代表制所欲精确反映的乃是不同利益在总人口中按比例分布的状况——的论点重要得多；据此我们可以说，那种反对比例代表制的论辩更有道理。

在我们所主张的这种实行代议制的政府治理议会与现行的议会机构之间，当然也存在着一个重要的区别，就是政府治理议会做任何决策都必须受到立法议会所制定的正当行为规则的约束，特别重要的是，这种政府治理议会还不得向公民发布任何命令，除非这样的命令能够直接且必然地从立法议会所制定的正当行为规则中推演出来。但是，在这些正当行为规则的范围内，政府可以全权决定如何组织政府机构，并全权决定如何使用由它掌管的那些人力资源和物质资源。

就人们选举政府治理议会议员的权利来说，众所周知，有一种古老的论辩是这样主张的：大凡政府雇员以及所有从政府那里获取养恤金或其他帮助的人士都不应当享有此项投票权利。对此，我们想从这样一个角度来追问一个问题，即这个古老的论辩难道在今天就不再具有效力了吗？显而易见，如果这个论辩所关注的是代议制立法议会的选举问题，那么这个论辩显然是有疑问的，因为在我们所构设的理想型宪法方案中，代议制立法议会的首要任务乃是制定普遍的正当行为规则；更为显见的是，公务员或领取政府养恤金的人士实与任何其他人一样，都能够对何谓正义的问题发表自己的意见；再者，那种在把一项权利赋予众多信息较差且受教育较少的人的同时却不让公务员或领取政府养恤金的人享有该项权利的做法，也是颇令人反感的。然而，当问题的症结所涉及的并不是某种意见的表达而是某种显见利益（亦即确保实现某些特定结果方面的那种利益）的时候，情势也就完全不同了。就此而言，无论是那些执行政策的人，还是那些因无力做出贡献而只能分享结果的人，似乎都不会提出与私性公民相同的要求。因此，让公务员、领取政府养恤金的人和失业者对应当如何用其他人的钱为他们自己付酬的问题享有投票权（谋得他们选票的方式乃是允诺给他们增加收入），在我们看来，也就很难说是一项合理的安排。此外，在政府雇员制定行动方案以后，再让这些政府雇员对他们自己制定的方案是否应当被采纳的问题享有发言权，或者，让那些受制于政府治理议会之命令的人来参与决定这样的命令所应当具有的内容，似乎也不是什么合理的安排。

虽然政府机构的运行必须在一种它不能更改的法律框架内展开，但是它所承担的任务仍然是极为重要的。显而易见，政府机构在提供服务的时候有义务以平等的方式对待每个人，但是这些服务的选择、组织以及目标的设定等，工作仍然会赋予政府以巨大的权力，只会在下述两个方面受到严格的限制：一是不得强制公民，二是不得歧视公民。此外，尽管政府机构筹措资金的方式也会因上述限制而受到约束，但是需要强调指出的是，关于这些资金的使用额度以及一般用途等问题，政府除了会受到某些间接的限制以外，通常都不会受到约束。

宪法法院

我们所提出的整个制度性安排都是以这样一种可能性为基础的，即我们有可能对那些既约束政府也约束公民的可强制实施的正当行为规则，与所有政府组织规则及政府治理运作规则做出明确的界分——前者是由立法议会进行发展和完善的，后者是由政府治理议会在法律的范围内予以决定的。尽管我们已经努力阐明了这种界分所必须遵循的原则，我们在上文讨论宪法基本条款时也已经明确指出，这种基本条款必须努力对何者应当被视作是正当行为规则意义上的法律这个问题做出界定，但是，在实践中，这种界分的具体运用会产生许多棘手的难题，因此，惟有通过一个专门法院对此做出持之不懈的努力，才有可能详尽地揭示出其间所蕴含的全部意义。在实践中，适用这种界分所会产生的难题，主要是以立法议会与政府治理议会间的权限冲突（conflict of competence）这种形式表现出来的，这种冲突一般来说又是经由一个议会对另一个议会所通过的决议的有效性提出质疑而造成的。

为了赋予解决这些问题的终审法院以必要的权力（也鉴于该法院的法官必需具备一些特殊的资格），把这种法院建成一个独立的宪法法院（Constitutional Court），很可能是极为可欲的。此外，在宪法法院中除了为专职法官设定一些位置以外，再为立法议会乃至政府治理议会的前任议员设定一些位置，也是极为妥适的。当然，在逐渐建立一套原则体系的过程中，宪法法院很可能应当受它自己在此前做出的判决的约束；不论推翻这样的判例在人们看来有多大的必要性，最好的做法还是交由宪法所规定的修正程序去决定。

关于这种宪法法院，我们最后还需要强调一点，这就是宪法法院往往只能裁定立法议会和政府治理议会两者都无权采取某些特定种类的强制性措施，不得裁定一个议会有权而另一个议会无权采取某些种类的行动。除了紧急状态的情势以外（我们拟在下文对这个问题进行讨论），我们在上文所强调的最后这项原则，尤其适用于所有并未得到一般性正当行为规则规定的强制性措施——当然，我们在这里所说的一般性正当行为规则，既包括传统上认可的一般性正当行为规则，也包括立法议会所明确制定的一般性正当行为规则。

我们在这里所提出的理想型宪法方案，还会在组建一般意义上的司法机构方面遇到各种各样的问题。显而易见，组建司法机构是一种组织任务，也是一种政府治理任务，但是把这项任务交由政府来执行，有可能对这些法院所应享有的完全独立的地位构成威胁。就法官的委任和晋升一事来说，这项任务完全可以由立法议会的前任议员所组成的委员会来承担（一如我们在此前所指出的那样，也应当由这个委员会来决定立法议会的前任议员担任非专业法官及类似职务的问题)。我们在上文曾对如何确定立法议会之议员的薪水问题提出了一个建议，也就是让他们的薪水与政府设定的一定数量最高职位的平均薪水保持一定的百分比；当然，我们也可以用同样的方式来确定每个法官的薪水，并通过这样的方式使每个法官的独立性得到某种程度的保障。

组织法院的技术问题、法院非审判人员的安排问题以及如何满足他们的物质需求的问题，实是另外一类颇为不同的问题。在某种意义上讲，它们看上去更属于严格意义上的政府治理问题；但是值得我们注意的是，在盎格鲁—撒克逊传统中，人们长期以来一直质疑那种由司法部来负责这些事务的观点，而且他们的做法也是很有道理的；同样显见不争的是，这样一项任务也不应当由立法议会来承担。但是，我们至少可以对这样一种可能性做一番考虑，即我们是否可以把这项任务委托给我们在上文提出的那个从立法议会前任议员中挑选出来的人所组成的委员会来承担呢？此外，这个委员会还可以因此成为第三机构即司法权力机构中的一个常设性组织机构，支配并管理由政府划拨给它的大宗资产以实现它的各种目的。

需要强调指出的是，所有上述问题都与另一个重要且棘手的问题紧密相关；但是，我们还没有对这个问题做过探讨，即使在这里我们也只能对它稍作论述。这就是有关制定程序法（law of procedure）与制定实体法（substantive law）之间的权限问题。一般来讲，由于所有的规则都依附于正义规则，所以这个问题也应当由立法议会来决定，尽管某些在今天由程序法所调整的较具组织特性的问题，完全可以由上述专门机构予以裁定或者由政府治理议会加以决定。然而颇为遗憾的是，我们在这里无法对这些技术性问题做进一步的探讨。

权力总体结构

我们决不能把立法议会的职能与那个专门为制定或修正宪法而创建的机构所具有的职能相混淆，因为这两个机构的职能是截然不同的。严格地说，一部宪法应当完全由组织规则（organizational rules）构成，即使需要涉及一般性正当行为规则意义上的实体法，它也只能通过陈述这种法律所必须具备的一般属性的方式来达到这个目的，进而使政府能够运用强制来实施它们。

需要指出的是，尽管这种宪法必须对何者能够成为实体法的问题做出界定，以便在它所建立的各部门之间进行权力的分配并对这些权力施以限制，但是它必须把这类实体法的内容交由立法机构和司法机构去发展。这种宪法所代表的乃是一种旨在实现下述两个目的的保护性上层建筑（protective superstructure）：第一，对发展和完善现行法律系统这个持续不断的过程进行调整；第二，防止两种政府权力之间的任何混淆：一是实施自生自发社会秩序立基于其上的那些规则的权力，二是政府在把那些交由它管理的物质资产用来为个人和群体提供各种服务的方面所享有的那些权力。

在这里，我们无须对制定和修正这种宪法的适当程序问题进行讨论。但是，我们或许能够通过我们所建议的用三层机构安排代替现行的二层机构安排的方案，来进一步阐明那个为了承担制宪与修宪之任务而建立的机构与那些由该宪法创建的机构之间的关系：虽然宪法分配权力并制约权力，但是它不得用肯定性的方式对人们应当如何使用这些权力的问题进行规定。正当行为规则意义上的实体法由立法议会发展，但是立法议会的权力必须受到宪法有关规定（即界定正当行为规则所必须具备的一般属性的规定）的约束。另一方面，政府治理议会以及作为其执行机构的政府，既要受宪法规则的约束，又要受立法议会所制定或认可的正当行为规则的限制。这便是“法律下的政府”（government under the law）的要意之所在。

政府，亦即政府治理议会的执行机构，当然还要受到政府治理议会所做的决策的约束，因此也完全可以被视作是整个权力结构中的第四层；行政官僚机构（administrative bureaucratic apparatus）属于整个权力结构中的第五层。

如果有人问我们，在这样一种制度性安排中，"主权"（sovereignty）位于何处，那么我们的回答便是：在这种制度性安排中，根本就没有主权的位置——除非由制宪或修宪机构暂时掌握。由于立宪政府是有限政府，所以，只要主权被定义为一种无限权力，那么这种架构中就不可能有主权机构的位置。正如我们在前文中所指出的那样，那种断定始终存在着一种无限的终极权力的观点，纯系迷信，这种迷信的根源是这样一种错误的观点，即所有的法律都源于某个立法机构所做的刻意决策。但是，政府从来就不是从一种无法的状态（a lawless state）中冒出来的；实际上，政府的存在恰恰是以人们对它会把某种普遍盛行的公正观付诸实施的预期为基础的，更是从人们所具有的这样一种预期中赢得人们对它的支持的。

值得我们注意的是，权力结构的层级序列乃是与不同机构所制定的规则的适用期限紧密相关的。从理想的角度来看，宪法应当旨在永久适用，尽管——正如人之心智的任何产物一样——人们也肯定能够从这种宪法中发现种种惟有通过修宪的方式才能予以纠正的缺陷。当然，实体法的制定也是为了得到长久的适用，但是一如我们所知，由于不可预测的新问题会不断发生，司法机构又不可能充分应对这些问题，所以实体法也就必须得到不断的发展和修正。行政管理规则（亦即对那些为了向公民提供服务而交由政府负责的资源进行管理的规则），从性质上来说，所关注的乃是短期问题，而且当人们提出特定需求的时候，它们还必须即刻满足这些要求；但是需要强调的是，为了完成这项任务，这类规则只能把那些明确置于政府控制之下的资源当作手段，不得把私性公民也当成手段加以使用。

紧急状态的权力

自由社会的基本原则主张，政府的强制性权力只能被用于实施普遍的正当行为规则，不得被用来追求特定的目的。尽管遵循这项基本原则对于自由社会的正常运转来说是极为必要的，然而需要指出的是，当人们力图长久维续自由秩序的目标受到威胁的时候，人们就不得不暂时中止上述那项基本原则的实施。从一般的意义上讲，个人只须关注他们各自具体的目的，也只有在追求这些目的时候，个人才能最好地服务于人们的共同利益，但是偶尔也会发生这样的情况，即捍卫整体秩序成了压倒一切的共同目的，无论是地方性的自生自发秩序还是全国性的自生自发秩序都不得不暂时被纳入组织系统之中。例如，当外敌威胁入侵的时候，当发生叛乱或不法暴乱的时候，当自然灾害的发生需要通过某种有效手段并采取迅捷行动予以救治的时候，我们就必须把这类强制进行组织的权力（powers of compulsory organization）赋予某人，这类权力在正常情况下是任何人都不得享有的。恰如一个竭力摆脱致命危险的动物一样，一个陷入这种状态的社会要想摆脱劫难，也不得不暂时中止它所具有的某些至关紧要的职能，即使是那些从长远角度来看属于该社会之存续所依凭的极为重要的职能。

究竟在什么样的条件下我们可以赋予政府以这种紧急状态的权力（emergency powers）又不致引发这样一种危险，即在绝对必要的情势过去以后，把持这种紧急状态权力的人仍会继续运用该项权力？对这些条件进行规定，可以说是一部宪法必须做出决定的最为棘手且最为重要的一个问题。众所周知，“紧急状态”（emergencies）一直是个人自由之保护措施不断蒙遭侵蚀的一个借口——此外，一旦这些保护措施被中止，那么任何一个掌控了这种紧急状态权力的人都极容易确使这种紧急状态持续下去。的确，如果重要群体所认为的惟有通过行使专制权力才能得到满足的所有需求都变成了一种紧急状态，那么所有的情势实际上都会变成一种紧急状态。有论者颇有道理地指出，谁有权宣告紧急状态并以此为由有权中止宪法的效力，谁就是真正的主权者；[7]我个人以为，如果我们把这个论点略做些修改，那么这个论点就会更切合实际了，即任何人或任何机构只要能够通过宣告紧急状态而攫取到这种紧急状态的权力，那么该人或该机构便是真正的主权者。

然而，让同一个机构既有权宣告紧急状态又有权掌控这种紧急状态权力的做法，是根本没有必要的。防止紧急状态权力被滥用的最佳方法似乎就是：有权宣告紧急状态的机构，必须据此放弃它在正常情况下所享有的那些权力，仅保有这样一项权力，即它在任何时候都有权废除它授予某个权力机构的紧急状态权力。在我们提出的那种理想型宪法方案中，享有上述权力的机构显然是立法议会，因此在紧急状态的情势中，它不仅必须把它所享有的某些权力委托给政府，还必须把那些在正常情况下任何人都不得享有的权力也赋予当届政府。为了达到这个目的，立法议会中的紧急状态委员会（emergency committee）必须是一个常设机构，以便在任何时候都能够做出迅速的反应。这意味着，在立法议会没有召开全体会议的时候，该紧急状态委员会必须有权授予有限的紧急状态权力；当然，关于它授予政府的紧急状态权力的权限与期限问题，只能由立法议会在召开全体会议的时候再行决定。只要立法议会确认了紧急状态的存在，那么政府在获得授权的范围内所采取的任何措施都将具有完全的效力——这些措施甚至可以包括对特定的人发布的具体命令，尽管在正常情况下，任何人都无权对特定的人发布这样的命令。然而需要强调指出的是，立法议会在任何时候都可以自由地废除或限制它所授予的那些权力，还可以在紧急状态结束以后确认或废除政府在紧急状态期间发布的任何措施，并且有权向那些为了普遍利益而被迫服从这种非常权力的人提供补偿。

当然，所有的宪法还应当对另一种紧急状态做出规定，这就是人们有可能在宪法的规定当中发现某种漏洞，比如说，人们有可能发现宪法规则对某些权力问题没有进行规定。众所周知，不论一项宪法方案经过如何认真的推敲和设计，只要我们仍想从中发现这种漏洞，那么这种可能性就不可能完全被排除；此外，社会生活中还会随时发生一些必须迅速给出权威性解答的十分紧迫的问题，否则，整个政府机构就会瘫痪。需要指出的是，尽管某个机构有权以特别决议的方式对这类问题给出一种临时性的解答，但是在立法议会、宪法法院或负责修宪的常设机构通过某种适当的法规填补了这些漏洞以后，这种特别决议也就不再具有任何效力了。然而在此之前，人们可以把这种权力赋予一个纯粹名义上的国家首脑，使他有权以临时决议或特别决议的方式来填补这样的漏洞。

财政权力的分立

我们在这里所提出的宪法安排无疑会对各个领域都产生重要的影响，影响至重至远的可能是财政领域。此外，就我们在这里所试图勾勒的这个简要方案而言，财政也是一个能够使这些影响之后果的性质得到最佳阐明的领域。

财政领域中的核心问题源于这样一个事实，即一方面征收款项肯定是一种强制行为，所以它必须根据立法议会所制定的一般性规则予以展开；另一方面，有关如何决定公共开支的数额及其用途的问题，显然是一个政府治理的问题。据此，我们拟定的理想型宪法方案便会提出这样一种要求，即一方面由立法议会来制定政府在向公民分派所需筹集全部资金时必须遵循的统一规则，另一方面由政府治理议会来决定所需开支的总额及其用途。

就约束公共开支而言，最有效的措施很可能是规定这样一项条件，这就是让每个投票赞同一项特定开支的人都明确知道，该项开支所需的费用须由他及其选民根据某项他不能改变的先已确定的规则来承担。我们知道，在某些情势中，某项特定开支的受益者是极为明确的（当然，一旦某项服务是向所有的人提供的，那么该项服务的提供者就无法拒绝向那些不肯自愿付费的人提供该项服务，因此他只能采用强制手段来征收所需费用）：比如说为了建设道路而征收汽车税，或征收无线电广播税，或为了赞助某些特定服务项目而征收各种地方税或社区税。除了上述情势以外，根据立法议会所确定的总体方案，人们所决定的一切公共开支都将自动地使所有人承担的纳税款项得到相应的增加。在这种情况下，人们显然不可能再去支持任何一项以那种想在事后把纳税负担转嫁给其他人的预期为基础的开支方案，因为每个人都知道，对于任何一项这类开支，他都必须承担一项固定的税款份额。

然而，当下实施的税收措施，在很大程度上是以这样一种条件为基础的，即政府不得不努力采取一种只会使多数产生最小抵制或怨恨的方式来筹措资金，这是因为公共开支的预算必须得到这个多数的批准。这些税收措施的目的，肯定不是为了使人们对公共开支做出负责任的决议，而是为了使人们有这样一种感觉：是其他人而不是他自己要为此项开支付款。今天，人们一般都会想当然地认为，由于征收追加岁入的需求在过去往往会促使人们去寻找新的税源，所以税收方法在今天也就应当根据所需征收的税额进行调整。显而易见，追加公共开支的做法在过去一直都会碰到这样一个问题，即应当由谁来支付这笔钱款。在很大程度上讲，公共财政理论及其实践一直是在这样一种过程中形成的，即相关的人士想方设法掩盖所施加的负担，并全力使那些最终必须分摊税款的人尽可能地意识不到自己所需承受的负担。从另一个角度来说，我们建立起来的税收结构之所以如此复杂，可能在很大程度上就是因为这样一些做法造成的，即相关的人士想方设法说服公民向政府交纳多于他们在知道真相的情况下可能会同意交纳的款项。

对分派个人税额所须依凭的一般性规则进行立法，实是与那种确定所需征收税款总额的决策极不相同的；为了有效地对二者进行界分，我们就必须对公共财政的所有规则做彻底的反思，尽管那些谙熟现行税收制度的人有可能在开始时把我们所提出的方案视作是一种完全不可行的措施。然而，如果我们不对财政立法的制度性背景做一番这样的彻底反思，那么我们就不可能阻止由政府控制的社会收入之份额以累进方式不断增加的趋势。如果任凭此种趋势发展下去，那么要不了多久，这种趋势就会吞没整个社会，并使它堕入政府的组织系统之中。

显见不争的是，依照某项统一规则所确立的税收制度，是不可能容许总税收负担以全面累进的方式增加的，尽管按照某种累进的方式增加直接税，对于抵消间接税递减的趋势来说，不仅是可以得到允许的，而且也是极为必要的——关于这个问题，我已经在《自由秩序原理》（*The Constitution of Liberty*）一书中做了详尽的讨论〔8〕。此外，在《自由秩序原理》一书中，我还就这些问题提出了若干一般性规则；根据这些规则，我们不仅可以对税收措施进行限制，进而阻止多数把税收负担转嫁给少数，而且还可能以正当的方式促使多数向弱势的少数让渡某些好处。

注　释：

* David Hume，*Essays*，Part ll，Essay XVI，"The Idea of a Perfect Commonwealth."

〔1〕重构代议机构的这个设想，到目前为止，我已经考虑了相当长的时间。在此前撰写各种论著的时候，我对这个设想就做过一些简要的概括。我认为，最早讨论这个设想的文字乃是以"New Nations and the Problem of Power"为题发表的一篇笔谈，载于 the *Listener*，no. 64，London，10 November 1960。又请参见"Libertad bayo la Ley"，载于 *Orientacion Economica*，Caracas，April 1962；"Recht，Gesetz und Wirtschaftsfreiheit"，*Hundert Jahre Industrie-und Handelskammer zu Dortmund* 1863-1963

(Dortmund, 1963; 重印于 the *Frankfurter Allgemeine Zeitung* 1/2May 1963, 还载于拙著 *Freiburger Studien* (Tübingen, 1969); "The Principles of a Liberal Social Order", *Il Politico*, December 1966, 重印于 *Studies in Philosophy*, *Politics and Economics* (London and Chicago, 1967); "Die Anschauungen der Mehrheit und die zeitgenossische Demokratie", *Ordo* 15/16 (Düsseldorf, 1963); "The Constitution of a Liberal State", *Il Politico* 31, 1967; *The Confusion of Language in Political Thought* (Institute of Economic Affairs, London, 1968); 以及 *Economic Freedom and Representative Government* (Institute of Economic Affairs, London, 1973)。大多数此后发表的文字，都重印于拙著 *New Studies in Philosophy*, *Politics*, *Economics and the History of Ideas* (London and Chicago, 1977)。有关这个设想的最晚近的陈述，刊载于 *Three Lectures on democracy*, *Justice and Socialism* (Sydney, 1977)，也可参见此演讲的德语、西班牙语和葡萄牙语的译本。

〔2〕Z. Giacommetti, *Der Freiheitskatalog als Kodifikation der Freiheit* (Zürich, 1955).

〔3〕参见 A. R. W. Harris, "Law Making at Athens at the End of the Fifth Century B. C.", *Journal of Hellenic Studies*, 1955, 以及其间给出的更多的参考文献。

〔4〕E. G. Philip Hunton, *A Treatise on Monarchy* (London, 1643), p. 5.

〔5〕J. S. Mill, *Considerations on Representative Government* (London, 1861), ch. 5.

〔6〕虽然从立法的目的来说，根据党派原则来分配议席的做法是完全不可欲的，但是从政府治理的目的来说，两党制显然是可欲的。因此，在上述两种情形中，我们都没有理由适用比例代表制。有关比例代表制，F. A. Hermens 已在他所撰写的一部著作中进行了全面批判而且颇有道理，但是由于该著作出版的时机不好，所以未能得到应有的关注；这本书就是：F. A. Hermens, *Democracy or Anarchy* (Notre Dame, Ind, 1941)。

〔7〕Carl Schmitt, "Soziologie des Souverainitatsbegriffes und politische Theologie", 载于 M. Palyi (ed), *Hauptprobleme der Soziologie*, *Erinnerungsgabe für Max Weber*, (Munich, 1923), II, p. 5。

〔8〕参见拙著 *The Constitution of Liberty* (London and Chicago), 1960, chapter 20。

第十八章

权力的遏制与政治的去中心化

我们生活在一个正义荡然无存的时代。许多国家的议会都在漫不经心地制定着与正义背道而驰的法律。各国政府也以专断的方式对待它们的人民，根本就不想维护正义。那些生活在异国他乡的人，实际上根本就得不到法律的保护。它们不再尊重那些生活在异国他乡的人对自己的家乡或居所及财产所享有的自然权利，它们也不再尊重他们谋生或维持生计的权利以及他们对任何其他东西所享有的权利。我们对正义所抱有的信念已被完全摧毁了。

——阿尔伯特·施韦策*

有限权力与无限权力

对权力进行有效限制，可以说是维续社会秩序方面最为重要的问题。就型构这样一种社会秩序来说，政府在保护所有人并使他们免受其他人的强制和暴力的方面实是不可或缺的。但是需要强调的是，一旦政府为了达到这个目的而成功地垄断了实施强制和暴力的权力，那么它也就变成了威胁个人自由的首要因素。因此，对政府的这种权力进行限制，便成了 17 世纪和 18 世纪宪政创始者的伟大目标。但是，当人们错误地以为只要采用民主方式对权力的实施进行控制便足以防止这种权力过分膨胀的时候，那种限制政府权力的努力也就在不知不觉的过程中几乎被彻底否定了。〔1〕

自从我们认识到这个道理以来，我们已经知道，赋予民主代议机构（democratic representative assemblies）以无限权力的做法，只会使这类机构处于无法抗拒的压力之下，被迫用它们的权力去为特殊的利益群体服务——我们在这里所说的压力，就是拥有无限权力的多数倘若想继续成为多数便无力抗拒的那种压力。但是，除非剥夺执掌政权的多数所拥有的向群体或个人实施差别待遇的权力，否则，我们就不可能阻止这种发展趋势。人们一般都认为，要剥夺多数所享有的这项权力，在民主制度中是不可能做到的，因为这似乎需要把另一种意志置于多数之当选代表的意志之上。事实上，与其他政体形式相比较，人们甚至需要对民主政府所能行使的自由裁量权施以更为严苛的限制，因为我们知道，只要民主政府之多数地位的维续有赖于某些（甚或是少数几个）特殊利益群体的支持，那么它就更容易受制于这些特殊利益群体的强大压力。

然而需要指出的是，这个问题之所以被人们认为是无法解决的，完全是因为他们把这样一个古老的理想给遗忘了，即所有行使政府治理职能之机构的权力，都应当受到任何人都无权为了实现特定目的而加以改变或废除的并且旨在长久适用的那些规则的限制：这些规则作为原则，乃是一个承认某个权力机构的社会得以形成的条件；当然，这种社会之所以承认这样一个权力机构，实是因为该机构承诺要服从这些旨在长久适用的规则。显而易见，正是那种唯建构论实证主义迷信的泛滥，才使得人们认为，肯定存在着某种不受约束的最高权力，这种权力的存在还构成了产生所有其他权力的渊源；事实上，一如我们所知的那样，最高权力机构之所以赢得了人们的尊重，实是因为它遵循了那些限制权力的一般性规则。

我们在今天所说的那种民主政府，实际上并不为多数的意见服务，而是在为压力集团所拥有的各种利益服务。这种情势实是由当今民主政府的构成所造成的；换言之，民主政府之所以必须通过赋予这些压力集团以特殊好处的方式来收买它们的支持，完全是因为：如果民主政府拒绝把它有权给予的东西给予这些压力集团，那么它也就不再可能继续得到它们的支持了。结果，这种结构导致了歧视性强制权力的不断增加，从今天的情势来看，其势头甚至还大有终止那种以个人自由为基础的文明继续向前发展的危险。对社会秩序所做的这种错误的唯建构论诠释，加上对正义之意义的错误理解，确实构成了影响财富、道德及和平在未来发展的主要危险。任何认真关注这些问题的人都不会怀疑，侵害人身自由的危险主要来自左派，但是值得我们注意的是，左派之所以是主要危险的根源，并不是因为左派所追求的任何特定理想有问题，而是因为各种唯社会论运动（socialist movements）乃是惟一想把某个事先确定的设计方案强加给社会（以求实现对许多人都极具吸引力的各种目标）的庞大的组织力量。左派的这种努力必定会取消个人所承担的全部道德责任；实际上，它早就一步一步地把法律经过数个世纪的进化才建立起来的保护个人自由的大多数措施都给废弃掉了。

一如我们所知，数个世代的煽动家一直都在掩盖某些基本事实的真相，因此，如果我们想恢复这些事实的真相，那么我们就必须重新理解为什么大社会或开放社会的基本价值必定是否定性的价值（negative values）：这些否定性的价值能够确使个人在一公知的领域内有权根据他自己的知识去追求自己的目的。的确，惟有这样的否定性规则才有可能型构出一种自我生成的秩序，也才有可能使个人的知识得到运用并使个人的欲求得到满足。我们必须遵从这样一个仍为我们感到陌生的事实，即在一个自由人组成的社会里，最高权力机构在正常状态中是没有权力发布任何肯定性命令的。最高权力机构所应当享有的惟一的权力，便是根据规则发布禁令的权力；因此我们可以说，最高权力机构所获得的那种至高无上的地位乃是以它的每项行为都遵循某项一般性规则为基础的。

和平、自由和正义：三个伟大的否定性理想

对于一个自由人组成的社会来说，一个政府能够给予的最美好的东西都是否定性的；最美好的东西之所以都是否定性的，其根本原因就在于这样一个事实，即能够指导人之行动的任何个人或任何组织，对于那些决定人之活动秩序的无限多样的特定事实，都处于一种无可变更的无知（unalterable ignorance）状态之中。只有傻子才会相信自己无所不知，但是这样的傻子并不少。实际上，正是由于这种无知，才使得政府只能够通过要求人们遵守某些独立于特定目的的否定性规则或禁令这种方式来帮助型构一种抽象的结构或者促使它的型构成为可能——因为我们知道，只有在这种抽象的模式或结构中，社会成员所具有的各种预期才有可能达致大体应合的水

平。因此，政府所能保障的，只是在个人为了追求自己的目的而使用自己知识的行动过程中形成的那种活动秩序的抽象特性，而不是它的肯定性内容（positive content）；当然，政府对这种秩序之抽象特性的保障，乃是通过抽象且否定性的规则（abstract and negative rules）对个人间彼此领域的界分而实现的。这里存在着一个不争的事实，即为了使个人最富成效地运用自己所掌握的信息去追求自己的目的，政府所能够向个人提供的主要帮助就必定是"纯粹"否定性质的（"merely" negative）；然而，大多数人对这个事实感到难以接受。因此，所有的唯建构论者都试图对这些理想的原初观念大做手脚。

我们或许可以指出，在上述三个伟大的理想当中，惟有一个理想是人们普遍愿意承认它是具有否定特性的，也是人们能够在任何时候都反对其他人对它做任何手脚的。这个伟大的理想就是和平（peace）。需要指出的是，如果说有一个赫鲁晓夫式的人物在那种流行的唯社会论策略的遮掩下赞同和平——当然是以赞同"肯定性的和平"（positive peace）为条件，那么，我至少还可以希望所有的人都会明白，这种和平所意指的不过是一种能够使他为所欲为的和平而已。但是，当种种别有用心的知识分子要求把自由、正义、法律搞成"肯定性的"时候，我可以肯定地说，只有为数极少的人会认识到，这种做法同样是在试图歪曲和滥用那些基本的理想。实际上，就像在安宁、健康、闲暇、心境平和及善意良智等诸多其他美好之物的情形中那样，个人能够获得成功的前提条件就是某些恶的不存在，恰恰不是某些肯定性的善（positive goods）的存在。

从目前的情况来看，有相当多的人都把"肯定性的"和"否定性的"这两个术语几乎当作"好的"（good）和"坏的"（bad）同义词在使用；而且更为糟糕的是，这种用法还使得越来越多的人都认为，一项"否定性的价值"（negative value）乃是一项价值（a value）的对立物，亦即一种反价值（dis-value）或一种危害。坦率言之，这种用法蒙蔽了许多人，使得人们根本就无法认识到究竟什么是我们的社会所能够给我们提供的最大益处的基本特征。

和平、自由和正义这三个伟大的否定性理想，实是人类文明得以维系的惟一不可或缺的基础，也是政府必须提供的基础。在原始人生活的那种"自然"状态中，上述理想肯定是不存在的，而且人的本能倾向也不会促使他向他的同胞提供这样的价值。正如我们将在本书的跋文中所指出的那样，它们乃是人类文明规则所成就的最为重要但尚未得到完全保障的产物。

只有当强制被用来实施普遍规则之基本框架的时候，强制才能够有助于自由的人去追求他们各自的目的；值得注意的是，这些普遍规则并不指导人们追求特定的目的，只能够使他们为自己创造一个确受保护的领域，并在追求他们各自目的的时候免受其他人（包括政府机构）所施以的种种不可预见的干扰或侵犯。从另一个角度来看，如果人们最大的需求就是确使这样一种受保护的领域不受其他人（包括政府机构）的侵犯，那么人们所需要的最高权力机构就只能是一个对其他人说"不"而本身并不享有任何"肯定性"权力（"positive" powers）的机构。

有关最高权力机构不能发布任何命令的观点，似乎是颇为陌生且自相矛盾，因为人们已经渐渐相信，最高权力机构必定是一个全涉且全能的权力机构，并且拥有其下属机构所拥有的一切权力。但是，这种"肯定论论者的"（positivist）观点是毫无道理可言的。有时候，自我生成的秩序确实会因为受到某些外部的人力或自然力量的侵袭而遭到破坏，所以在发生这类情势的时候，人们极需要最高权力机构采取紧急状态措施来恢复自我生成的秩序之运行所须依凭的那些条件；但是，除此之外，人们不再需要最高权力机构拥有这类"肯定性"权力。的确，人们完全有理由提出这样的要求：作为最高权力机构，它所享有的一切权力都必须以它服从抽象规则为基础，因为这些抽象规则会在根本不考虑特定结果的前提下就要求该机构去阻止政府或私营机构对个人所享有的既有权利进行干预。由于这种最高权力机构在正常情况下一般都会承诺服从某些公认的原则，所以它也就能够下令实施这些一般性规则；但是，只要社会没有受到外部力量的威胁，那么它也就不得拥有任何其他的强制性权力。据此我们可以说，这样一种权力机构仍位于所有政府机构之上——甚至是惟一有权支配整个领土疆域的普遍权力机构，因为我们知道，所有严格意义上的（地方性）政府治理机构相对于不同的地区来说完全有可能是彼此分立的。

中央集权与地方分权

显而易见，我们一直都视一定程度的中央集权为当然之事，而且在这种程度的中央集权（centralization）中，最高立法机构和最高政府权力机构都是同一个统一组织（亦即我们所谓的国家［a nation or a state］）的一部分（即使是在联邦制国家中这种中央集权也无甚减少）；我们之所以认为这种程度的中央集权是无可厚非的，在根本上乃是这样一个原因所致，即为了应付战争，我们就必须把这个统一的组织建设成一个强大的组织。但是现在，至少在西欧和北美，在我们相信我们已经排除了协约国之间发生战争的可能性并且正在依凭一个超国家的组织负责这些国家的防卫任务（我们希望这种做法能够行之有效）的情况下，我们应当渐渐明白这样一个道理，即如果说我们只是为了使中央政府强大到足以应付外敌的程度，那么我们现在就完全能够削减中央政府的集权程度，并且不再把如此之多的任务委托给中央政府去承担。

从论述扼要的角度来考虑，我们原本有必要在本书讨论的范围内把改变宪法结构（为了维护个人自由就必须改变宪法结构）的问题，与人们最熟悉的那种单一制国家类型（unitary state）结合起来进行考虑。但是需要指出的是，对宪法结构进行改革，事实上更适合根据联邦方式实行分权的等级结构。当然，我们在这里也只能对这个问题中的若干主要方面做些简要的讨论。

在通常的情况下，两院制（bicameral system）一直被人们视作是联邦宪法的基石；在本书所提出的那种理想型宪法方案中，两院制已被改用它途；但是值得我们注意的是，两院制在联邦制中的功能在我们的宪法方案中也可以通过其他的方式予以实现，比如说采用一种双重计票法的制度（a system of double counting of votes）——我们至少可以在政府治理议会中实行这种计票制度：一次根据人头计票，另一次根据各州在中央政府治理议会中得到代表的数目进行计票。把联邦这种制度性安排严格适用于政府治理范围之内，并在整个联邦国家中只设立惟一一个立法议会的做法，很可能是极为可欲的。当然，只要政府权力（不论其适用范围是大于还是小于立法权力的适用范围）始终受到立法权力的约束，那么显而易见，我们也就没有必要在等级制度的每一层级上同时设立立法议会和政府治理议会了。再者，这样一种考虑似乎也会使下述做法成为可欲之举，即我们应当把立法权力的适用范围设定得比政府权力的适用范围宽泛；但是需要注意的是，现实社会中当然也存在着这样一些事例（在大不列颠，英格兰与苏格兰就实行着不同的私法制度；在美国，绝大多数州都适用普通法，却有一个州适用拿破仑法典），其间，在一个中央政府机构所管辖的范围内适用着不同的法律；此外，也存在着极少数这样的事例（在某种程度上并且在某个时期内，英联邦国家便是一例），其间，在存在着数个完全独立的政府的情形下，只有一个负责确定法律的最高权力机构（即终级法院）。

然而，对本书论旨来说，更为重要的乃是这样一个问题，亦即那些可欲的权力下放措施何时才是可能的。我们认为，当一个超国家的权力机构有权对那些危害协约国国家的行动说“不”，进而使那种为了国防目的而建立一个强大的中央政府的必要性大大降低的时候，人们也就有了实施那些权力下放措施的可能性。在这种情况下，把中央政府的大多数服务性活动都转交给地方政府去承担，确实是大有助益的，只是地方政府在实行强制性权力的时候必须受到较高的立法机构所制定的规则的约束。

当然，无论是在一国的范围上讲，还是从国际范围看，那种主张较为贫困的地区应当有权为了实现自己的目的而向较富裕的地区索取财富的做法，都是毫无道德依据可循的。然而，中央集权的趋势之所以得到增进，并不是因为在较大地区内生活的大众之多数急于帮助较贫困的地区，而是因为多数为了成为多数而需要从那些力图分享较大地区之财富的贫困地区中得到更多的选票。值得我们注意的是，那些在一国范围内发生的事情，也开始在国际范围内出现了，其间，正是为了与苏联展开一场愚蠢的竞赛，资本主义国家实际上正在大规模地资助那些低度发展国家（underdeveloped countries）所进行的社会主义实验，却没有给那些正在实施它们认为大有希望的经济政策的国家中的企业提供贷款——当然，那些资本主义国家实际上也知道，它们为那些低度发展国家所提供的资金在很大程度上会被那些国家白白地浪费掉。

多数之治与多数批准的法律之治

不仅和平、正义和自由是否定性价值，民主（democracy）基本上也是一种否定性价值。民主是一种程序规则，其作用在于防阻专制和独裁，我们可以肯定地说，民主虽说没有和平、正义和自由这三个伟大的否定性理想重要，但是它的重要性也可谓是紧步其后、相差无几——换言之，民主主要是一种有助于避害的惯例或约定。但是值得我们注意的是，由于人们竭力赋予民主以一种“肯定性的”内容，所以，就像自由和正义一样，民主也正在蒙遭破坏。我能够颇有把握地说，无限民主（unlimited democracy）的寿命不长了。然而，如果我们想要维护民主所具有的基本价值，那么我们必须采纳一种与当下盛行的民主制度截然不同的民主形式，否则，我们迟早会彻底丢失我们原本具有的那种根除暴虐政府的力量。

正如我们在前文中已然指出的那样（参见本书第十二章、第十三章和第十六章），在当下盛行的那种民主制度中，决定共同问题的，并不是多数所达成的共同意见，而是那个因满足了无数小群体之特殊利益得以存在和获得力量的多数；实际上我们知道，只要议员们想继续成为多数，那么他们就无法拒绝为这些利益群体谋取好处。需要指出的是，一个大社会的多数就一般性规则达成共识是可能的，但是所谓多数应当关注并批准那些为特定利益群体服务的措施，纯属荒唐。当下盛行的与特殊利益群体做交易并通过这种方式收买多数支持的做法，虽说已渐渐成了当代民主制度的特征，实际上却是与原初的民主理想毫无干系的，也是与一种更为基本的道德观念（亦即任何对强力的运用都应当受多数意见的指导和约束的观念）完全相违背的。收买选票的做法不仅在道德上站不住脚，而且在政治中滋生出了种种被大众视作是卑鄙龌龊的东西，尽管人们越来越把这种做法看作是当代民主制度中的一个必要部分——实际上，这种做法在一个既有权制定一般性法律又有权发布命令的代议机构中乃是无从避免的。显而易见，上述情势决不是“多数意见应当处于支配地位”这个理想所产生的一个必然结果，恰恰是与这个理想相冲突的。

一如上文所述，所谓多数应当关注并批准为特定利益群体谋利的措施，纯属荒唐；当然，这种谬误实是与另一种错误观念紧密联系在一起的，这就是所谓多数必须有为所欲为的自由。但是，只要人民代表之多数把与利益群体进行讨价还价当作运作之基础，那么这个多数就决不可能代表人民之多数的意见。这种“议会自由”

（freedom of Parliament）意味着对人民的压制，因为它不仅与用宪法限制政府权力的观念完全冲突，也与自由人社会的理想不相容。只有当政府实施的所有强制措施都受制于那些平等适用于所有社会成员的规则的时候，代议民主权力的实施才能够与人民之多数的意见相符合，或者说，才能够受到人民之多数的意见的控制，即使这种权力的实施超出了选民能够理解其决策的重要意义的范围，亦复如此。

只要当下的民主模式还继续存在下去，公平且体面的政府就不可能有立足之地，即使所有的政客都是天使或是深信人身自由这一至高价值的人士。我们实际上无权指责这些政客的所作所为，因为正是我们自己经由坚持和维护当下盛行的那些制度把他们推到这样一种境况之中：他们惟有承诺保障各种群体的特殊利益，否则他们就不可能获得有所作为的权力。这种情势还酿成了这样一个结果：人们居然通过建构一种伪伦理学（pseudo-ethics）——亦即所谓的"社会正义"说——的方式来为这些措施提供正当性证明；但是我们知道，任何一种道德规则系统若要保障自由人之间的和平与自愿合作，就必须符合一定的标准，"社会正义"这种伪伦理学根本不符合任何这样的标准。

本书主张的一个关键论点认为，在自由人组成的社会里，惟一能够为强制提供正当性理据的东西，便是人们就那些应当调整和约束个人行为的原则所达成的某种支配性意见。显而易见，只有当这样一些规则得到了人们的普遍遵守并在必要的情况下可以强制实施的时候，一个和平且繁荣的社会才有可能存在。据此我们可以说，这种情势实是与任何旨在实现特定目的的"意志"毫无关系的。

为什么在自由人组成的社会里最高权力必须是一种有限的权力？换言之，它为什么不是一种全涉性的权力（all-comprehensive power），只是一种用一般性行为规则去约束有组织的政府以及私人和私性组织的极为有限的权力呢？的确，大多数人仍然会对这样的问题感到奇怪甚或不解。一如我们所知，正是人们的服从，才使国家得到了创生；然而，人们的服从有一个前提条件，即该最高权力机构所惟一享有的强制性权力便是实施那些平等适用于所有的人的一般性行为规则。因此，如果一个最高权力机构想得到它所要求得到的那种效忠与尊重，那么它就必须承诺遵循一般性行为规则（亦即它惟一可以用强制要求人们予以服从的那些一般性行为规则）。实际上，正是为了使这些原则与人们普遍持有的意见相符合，我们才要求最高立法机构成为一个代表人民之多数的意见的机构。

道德观念的混乱与语言的衰变

在过去的一个世纪里，唯社会论者的影响颇盛；正是在他们的影响下，许多用以指称政治理想的关键词的含义也都发生了很大的变化，以至于人们在今天即使是使用像“自由”“正义”“民主”或“法律”这类术语的时候也必定会大犯犹豫，因为它们已经不再传达它们原本具有的意义了。但是，据说孔子曾曰，“其言之不怍，则为之也难”（《论语·宪问》，这句话的英文译文是：“When words lose their meaning，people will lose their liberty.”）。颇为遗憾的是，不仅那些不知情的宣传者，还包括一些重要的社会哲学家，都在用曲解既有术语的方式去诱使人们为他们想象中的美好目的效力，这种做法无疑助长了语言的衰变趋势。当杜威（John Dewey）之流把自由定义为“做具体事情的那种有效能力或力量”〔2〕的时候，这完全有可能是他们采取的一种蒙骗头脑简单的人的狡猾伎俩。但是，如果一个社会哲学家在讨论民主的时候做如斯的论辩，“就理解民主而言，可能最具效力的认识进路便是指出：民主……之所以被认为是好的，乃是因为从总体上来看，民主是保障社会正义之某些要素的最佳手段”〔3〕，那么我们完全可以有把握地说，他是在装幼稚。

显而易见，年轻一代的社会哲学研究者甚至对某些基本概念原来所具有的意思都知之甚少。例如，一位年轻的学者就曾经极其严肃地宣称，“正义事态（just state of affairs）这种用法……必须被认为是一个基本的用法，因为当我们说一个人是正义的时候，我们的意思是说，他通常都力图以一种会产生正义事态的方式行事”[4]；这位年轻的学者甚至还在这段文字的数页之后补充指出，“好像还应当有［！］一种叫作‘私人正义’（private justice）的范畴；这个范畴所关注的乃是个人与其他人之间的交往关系，亦即他并不是作为某个重要社会制度的参与者而与其他人之间展开的那种交往关系”[5]。上述情势也许可以经由这样一个事实而得到解释，即今天的年轻人往往是在类似于这样的文字中最初看到“正义”这个术语的，但是毋庸否认，这种文字中的“正义”术语肯定是对这个概念之沿革所做的一种歪曲。正如我们业已指出的那样，一种并不是经由人之刻意而促成的事态（state of affairs），既不可能具有智性也不可能具备德性和正义，同样不可能具有人类价值所具有的任何其他属性——即使这种事态是一场竞赛所产生的不可预见的结果，它也不具备上述属性；当然，这里所谓的“竞赛”，乃是指人们为了自己的利益同意通过与其他人进行交易的方式而参加的那种竞赛。正义当然不是有关一项行动的目标的问题，而是该项行动服从它所应当遵循的规则的问题。

上述滥用政治术语的实例，几乎都是我从当下的文献中信手拈来的；坦率地说，这样的事例在当下的文献中实在是比比皆是，无处不在。在这些情势中，那些擅长词令或玩弄术语的人，正是通过偷换那些他们也许从来就不怎么理解的概念之含义的方式，一步一步地挖空了那些概念原本具有的明确内涵。当自由的敌人把自己描述成自由主义者的时候（这在当今的美国已是一种司空见惯的现象），或者当他们呼吁民主实际上在主张平均主义的时候，人们确实很难知道该如何应对这种情势——除非像我们所应当做的那样，一以贯之地把他们称作“伪自由主义者”（pseudo-liberals）。上述种种情势实际上都是朱利安·本达（Julien Benda）在四十年以前就抨击过的“知识分子的反叛”（Treason of the Intellectuals）的一个部分；但是，从那个时候以来，这种“知识分子的反叛”趋势成功地造成了一种弄虚作假的风气。在讨论“社会”政策问题的文字中，在那些惯于使用这种虚假语词而不知其所以然的政客们所采用的时髦语言中，我们完全可以说，那种弄虚作假的做法已然相沿成习了。〔6〕

但是需要指出的是，驱使我们走上这条道路的并不只是那些公认的唯社会论者。一如我们所知，各种唯社会论的理念已深深地渗透进了各种思潮之中，以至于不只是那些伪自由主义者，还有许多保守主义者都积极参与其间且深受影响：伪自由主义者只是用他们所采用的自由主义之名来掩盖他们的唯社会论真面目，保守主义者则不同，他们公开接受唯社会论的观点和语言并且持之一贯地使用它们，因为他们相信那些唯社会论的观点和语言已经构成了当代思想中的一个业已确立的部分。此外，驱使我们步上这条道路的不只是那些热衷于关注公共事务或积极参与公共事务的人。〔7〕的确，最积极传播和扩散唯社会论理念的人，在今天依旧是大卫·休谟当年所说的那些热衷于虚构的诗人，〔8〕就是那些认定自己所使用的极具感召力的语词具有确切含义的毫无头脑的文人墨客。正是由于我们对这种现象见怪不怪了，所以我们才能够理解为什么世界各地成千上万的企业家或生意人仍旧会允许他们眼皮底下的期刊杂志在文学栏目中使用污言秽语（例如“资本主义生产的粪便般的富裕”，见《时代》周刊，1977 年 6 月 27 日）来讥讽奚落资本主义。〔9〕尽管自由原则要求我们对这样的污蔑谩骂持宽容态度，但是我们仍希望有鉴别力的读者能够很快就明白自己究竟能够相信什么样的出版物。〔10〕

民主程序与平均主义的目的

晚近以来，亦即在人们力图使语词含义空洞化（emptying of the meaning of words）的过程中，蒙遭最大损害的也许就是“民主”这个术语。对“民主”这个术语的滥用，主要表现在滥用者不是把它用来指称人们就共同行动达成共识所依凭的那种程序，而是赋予它以一种实质性的内容，亦即对那些共同行动的目的应当是什么的问题进行规定。显而易见，这种滥用“民主”之术语的做法是极其荒谬的，因为时下对民主这个术语的大量征用，其实质都在于告知民主立法机构应当做什么事情。事实上，除了政府组织的情形以外，“民主”这个术语根本就不讨论人们应当为之表决的特定目的。

民主所具有的真正价值在于它能够使我们免受滥用权力的危害，一如卫生防疫措施那般。民主能够使我们否弃某届政府并努力代之以一届更好的政府；换言之，民主乃是我们迄今为止发现的能够以和平方式更换政府的惟一一种方法。因此，真正的民主实是值得我们为之奋斗的一项崇高价值，因为，大凡人们不能通过这样一种公认的程序予以否弃的那种政府，注定会落入恶人之手，只是或早或晚罢了。但是需要强调指出的是，民主远远不是一项最高的政治价值，而且一种无限民主也完全有可能比一种截然不同形式的有限政府更糟糕。

当下盛行的那种无限民主制度，在很大程度上已经丧失了抵御专断权力的能力。众所周知，一些人天真地以为，当一切权力都受到民主制度控制的时候，对政府权力施加的所有其他限制也就可以弃之不用了；正是在这种幼稚观点的影响下，民主制度已不再是个人自由的一种保障措施了，同时也不再是对滥用政府权力的做法所设置的一种约束机制了——尽管人们曾经希望民主制度能够发挥这样的作用。实际上，当下盛行的民主制度已经变成了促使行政机构持续且加速扩大权力和势力的主要原因。

众所周知，在这种全能或全权的单一民主机构中，有权进行统治的多数惟有努力消除所有支持它的人的不满之源，才能够保住自己的多数地位；因此，这种民主机构在上述情势的驱使下只得对所有的生活领域施以控制。此外，为了证明自己为继续得到多数支持而不得不采取的那些措施是正当的，这种无限的民主机构还不得不去发展和强制实行一套实际上并不存在的（从该词的严格意义上讲）也是不可思议的分配正义规则。在这样一种社会里，与增加资产以满足自己同胞的需求的做法相比较，拥有政治势力能够得到更多的回报。此外，在这样的社会中，由于每件事情都可以变成一种人们能够要求政府用强制性权力进行干预的政治问题，所以人们从事的愈来愈多的活动也都从生产建设方面转向了政治方面——不仅政治机器本身是这样，更为糟糕的是，正在迅速扩大的旨在向政府施加压力以支持特定利益群体的辅助性政府（para-government）机构亦复如此。

实际上，人们尚未懂得这样一个道理，即一个拥有无限权力的代议机构中的多数，根本就不可能（也不会有压力驱使它）把它的活动用来实现所有多数成员所欲求的甚或批准的那些目的。[11] 只要这种代议机构有权提供特殊好处，那么一般来讲，其间的多数就惟有向那些组成该多数的特殊利益群体一一兑现这些好处，才能够维续自己作为多数的地位。换言之，人们实际上借着民主的虚名创建了这样一架机器，其间，享有决策权的并不是多数，因为构成多数的每个成员为了获得多数的支持以满足自己的特殊要求都不得不同意向许多其他人行贿。不论“多数决策原则”（principle of majority decisions）在解决那些必定涉及所有人的问题方面多么值得称道，反正把这种程序用来分配那些不义之财（即多数能够从持有异议的少数那里讹诈到的那种不义之财），其结果必定是极其邪恶的。

如果我们继续维持现行的民主制度，那么民主这个概念注定会名誉扫地，甚至连支撑对原则问题采取多数决策的那种合法理据也会遭到人们的反对。民主之所以危在旦夕，实是因为我们据以实现民主的那些特定制度所产生的结果，被我们错误地当成了真正的民主制度所产生的结果。正如我本人在前文中所指出的那样，我甚至怀疑我们是否还有可能把民主这个术语从越来越多的人对它的厌恶中解救出来——当然，人们厌恶这种民主制度是有正当理由的，尽管只有极少数的人敢于公开表示他们对这种民主制度的失望。[12]

综上所述，这个问题的根源在于：在一种无限的民主制度中，那些执掌自由裁量权的人——不论他们是否愿意——都会被迫用这些权力去为某些特定的群体谋利，因为这些特定群体的选票乃是那些掌权者保有权力的决定性基础。这种情况不仅适用于政府，也适用于诸如工会这样的以民主方式组织起来的机构。尽管某些自由裁量权能够使政府从事诸多极为可欲的活动，但是我们还是必须拒绝把这种自由裁量权赋予政府，因为这种权力不可避免地且必然会把政府置于这样一种境况之中，其间，它为了保有自己的既有地位不得不去从事更多具有危害性的活动。

“国家”与“社会”

如果民主要达到维护一种自由人组成的社会的目的，那么一个政治机构中的多数就绝对不能拥有“形塑”社会的权力或要求其成员服务于特定目的的权力——这就是说，这个多数不得拥有迫使其成员服务于除抽象秩序以外的任何目的的权力，它本身也惟有通过实施同样抽象的行为规则才能够保障这种抽象秩序。政府的任务主要在于下述两个方面：第一，创建一种个人和群体能够在其间成功地追求他们各自目的的框架；第二，有时候可以用它所拥有的筹集岁入的强制性权力，去提供市场因各种缘故而无法提供的那些服务。这里需要指出的是，政府必须为人们提供这样一种框架，其间，只要人们不去侵犯其他人所拥有的同样受到保护的个人领域，那么他们就能够运用他们的才能和知识去实现他们各自的目的；因此，只有为了达到这个目的，政府使用强制才是正当的。除非“不可抗力或敌国”（Acts of God or the King’s Enemies）的情势使人们不得不把临时性的紧急状态权力赋予某个权力机构（当然授予这种紧急状态权力的机构可以随时收回此项权力），否则任何人都不得拥有实行歧视性强制的权力。（在不得不用这种紧急状态权力去防止某种可能会发生的罪行的情势中，那些因权力机构误用权力而蒙遭损害的人应当有权获得全额赔偿。）

人们之所以在这个问题上表现出了重大的思想混乱状况，实是因为那种把“国家”（state）与“社会”（society）等而视之的趋势所致（这一趋势在欧陆传统中尤甚；但是随着唯社会论观点的蔓延和传播，这一趋势在盎格鲁—撒克逊世界中也得到了迅速发展）。在我们看来，国家乃是把一定领土范围内的人结合在某个政府之下的组织；尽管国家是一个发达社会得以发展所不可或缺的条件，但是人们决不能把它与社会等而视之，或者更确切地说，人们决不能把它与享有自由的人在他们之间所形成的复杂多样的自生自发结构等而视之，因为只有这些结构才能够真正地被称之为“社会”。在一个自由人组成的社会里，国家只是众多组织中的一个组织：这个组织必须提供一个能够使自生自发秩序得以有效型构的外部框架，但是这个组织的范围只限于政府机构，还不得决定自由的个人所进行的活动。此外，虽说国家这个组织当中也包含有许多自愿性组织，但是真正构成社会的要素是个人与他们所组成的各种组织之间以自生自发的方式形成的各种关系网络。社会是形成的（form），而国家是建构的（made）。这就是为什么在社会能够提供人们所需要的服务或能够产生自生自发结构的情况下社会本身更为可取的缘故，这也是为什么以强制权力为基础的组织会趋向于变成一种禁锢或束缚的缘故：一旦国家这种组织在实施不可或缺的抽象行为规则的限度以外继续实施它的权力，这种禁锢或束缚的危害之处也就昭然若揭了。

把某个特定政治单位里的居民或公民挑选出来作为一个社会的原型，事实上是极具误导性的。在现代条件下，一个人往往不会只隶属于一个社会，这种情势也是极为可欲的。颇为庆幸的是，我们每个人都是许多纵横交错之社会中的成员，而且我们每个人对这些社会的隶属程度也不尽相同，或强或弱，或短或久。社会乃是个人与有组织的群体之间自愿结成的一种关系网络，严格地讲，一个人完全归属的那种社会很可能从来就没有存在过。为了实际需要，在某个特定背景中，把那些上下有序且相互关联的复杂秩序中的某个组成部分挑选出来，当作与论者讨论的主题特别相关的一个问题来对待，并且假定人们能够理解论者或言说者称之为“社会”的东西究竟属于这个复杂秩序中的哪个部分，也许是一种无甚危害的做法。但是，我们永远都不应当忘记：第一，在任何一个国家内部，任何一个人都可能是许多这类不尽相同的关系结构中的一个要素；第二，在今天，有许许多多的人和组织还是那些跨国界的关系网络的一员。

的确，只有当我们意识到这类相互重叠的关系结构所具有的无数多样性的时候，我们才能够充分理解那些自生自发秩序的作用方式以及那些使这类有序结构（亦即我们称之为社会的东西）之型构成为可能的行为规则的作用方式，尽管与此同时，我们仍无力充分理解它们运作的细节。

显而易见，这种决定社会进程的关系网络是极其复杂的，任何一个意识到这种关系网络之复杂性的人，都应当认识到这样一个道理，即把社会想象成“在做”（acting）什么事情或“有意做”（willing）什么事情，完全是一种错误的拟人观。当然，这种拟人化的思维取向最初乃是唯社会论者所做的一种尝试，用以掩盖这样一个事实，即当他们倾向于说生产资料等要素的“社会化”

（socialization）而不说生产资料等要素的“国有化”（nationalization）或“政治化”（politicalization）的时候，他们建议的实质就是要努力增强政府的强制性权力。但是，这种尝试致使他们越来越深地陷入了用拟人化的方式去解释社会的困境之中——就是趋向于把自生自发过程所形成的结果解释成某种“意志”指导的结果，或是由人们设计产生或能够产生的结果的那种困境；当然，一如我们所知，这种拟人化的思维取向乃是一种深深植根于原始人思维结构之中的认识取向。

大多数社会进化的过程都是在没有任何人刻意欲求它们或预见到它们的情况下发生的——也正是因为如此，它们才促成了文化的进化（cultural evolution）。正如我们所知，从一个被操纵的过程中所产生的东西，不可能比该操纵者的心智所能预见到的东西更先进。在这种情势中，操纵者乃是惟一能从经验中获益的人。一个处于发展过程中的社会并不是经由政府把新观念强加给它而取得进步的，而是通过人们在试错过程（a process of trial and error）中持之不懈地尝试新的方式方法而取得进步的。我们需要重申的是，惟有那些会在未知的情势中有助于不确定的任何人的一般性条件，才能够促使社会取得任何最高权力机构都不可能促成的进步。

根据规则进行的竞赛与酬报正义不涉

很早以前，古典自由主义就已经发现，根据规则进行的竞赛（a game according to rules）可以改善或增进所有人的机遇，尽管这也会产生一种风险，即竞赛的结果对某些人来说可能会比他们在其他情势中更糟糕；事实上，正是这项发现，才使得古典自由主义要全力否弃那种力图决定人们在市场上挣得的相对收入的权力。除此之外，如果政府在市场之外为那些出于某种原因而无力在市场上至少挣得某种最低收入的人提供一种统一的最低收入，并以此来减缓上文所说的某些人在竞赛中所可能面临的风险，那么政府或任何其他有组织的群体也就没有任何道德理由再通过运用强制性权力的方式来决定人们的相对收入了。据此，政府也相应地担当了这样一项明确的道德责任，即不仅它自己不得对这种竞赛做任何的干预，还要防止任何有组织的群体僭取这种权力。

在这样一种禁止用强制性权力决定人们的相对的或绝对的物质地位的秩序中，是否应当在任何特定的时刻都去激励一个人按照普遍利益的要求行事，显然不可能是一个正义的问题，就像一个人在这种秩序中应当得到多少报酬的问题也不是什么正义的一样。颇为遗憾的是，任何一个人所进行的不同活动所具有的相对的社会效益，甚至不同的人所可能从事的各种各样的活动所具有的相对的社会效益，也都不是正义的问题，而是那些无从预见或无力控制的事件所导致的结果。就此而言，公众（恐怕还包括许多享有盛誉的经济学家）一般都未能理解这样一个问题，即人们在这种过程中为服务所确定的价格，其作用并不在于对不同的人所做的事情给予酬报，而是作为信号并通过这些信号告知人们，他们应当做什么事情才能既符合他们自己的利益又符合普遍利益。

我们已经渐渐认识到了市场竞赛的重要性，因为这种竞赛能够确使我们最为充分地运用分散的知识和技艺。因此，如果有人把不同的人从这种市场竞赛中所得到的不同的酬报视作是参赛者从社会那里得到的不同“待遇”，那么这肯定是一种愚蠢透顶的看法——即使人们的初始地位是由以往历史中的偶然情势所决定的（而且在以往的历史中，竞赛也不是始终以诚实的方式展开的），但是，只要我们的目的是在不使用任何专断强制的情况下为人们提供尽可能多的机会，那么我们要达到这个目的，就必须根据同样的规则一视同仁地对待他们（不考虑他们事实上所存在的差别），并且把竞赛的结果留待经济秩序的持续性重构或调整来决定——我们知道，经济秩序的持续性重构或调整乃是由任何人都无力预见的各种情势所决定的。

古典自由主义的基本观念认为：首先，政府必须把所有的人都视作是平等者，不论他们事实上有多么不平等；其次，不论政府以什么样的方式去约束（或支持）某个人的行动，它都必须根据同样的抽象规则去约束（或支持）所有其他人的行动。显而易见，仅凭古典自由主义这个观念本身就有可能造就一个公平且体面的政府。此外，任何人都不得因贫或因富向政府提出特殊的要求，除非是要求得到切实的保障并使自己免遭任何其他人的暴力侵犯，以及在处境极度恶化的情况下要求得到一定的平均最低收入。因此，不论是强调个人之间的事实性不平等，还是把这种事实性的不平等当作是实行任何歧视性强制的借口，都是对自由人服从政府所依凭的基本条件的破坏。

这种竞赛并不只是对赢者有利，因为赢者从自己给其他人所提供的最佳服务中获得的收益，始终只是他给社会财富做出的增量中的一部分；再者，只有根据规则进行竞赛，我们才有可能确使资源得到高度的运用，这是任何其他已知的方法所不能成就的。

有组织的利益群体所组建的辅助性政府机构与政府的过度膨胀

尽管人们已经广泛认识到了当代政府所具有的许多最为严重的缺陷，而且也对之感到不满，但是他们认为这些缺陷是民主造成的不可避免的后果；然而事实并非如此，因为在我们看来，这些缺陷只是现行民主制度因为掌控了无限权力而造成的后果。实际上，人们还没有明确认识到这样一个基本事实，即在这种无限的民主制度中，不论政府根据宪法有权做什么事情，有组织的利益群体都能够强迫它去做某些事情，甚至还可以迫使它违背它的良好判断，进而服务于政府之多数必须依赖其支持的那些“力量平衡群体”（swing groups）。结果，有组织的特定利益群体为了向政府施压而组建起来的那种机构，正在变成一种迫使政府成为恶政府的糟糕透顶的恶魔。

有论者指出，构成辅助性政府机构的早期法团结构（corporativism）拥有着全部上述特征，这些特征对于这些机构就政府决策所可能产生的结果等问题与政府进行商议是极为必要的。然而这种观点是一种毋须予以严肃对待的托辞。我不打算在这里对这样一个问题进行判断，即社会上最有才能且信息最灵通的人士当中究竟有多少人已经被吸纳到这些从根本上来说属于反社会的活动当中去了；当然，我还是要强调指出，今天被人们以委婉方式称之为“社会合伙者”（Sozialpartner）的双方，往往是在被迫的情况下才不得不让他们当中的一些佼佼者去做一种致使“双败”而非满足公众需求的事情的。M. 奥尔森（Mancur Olson）教授在其所著的《集体行动的逻辑》（*The Logic of Collective Action*）[13]那部大作中，已经对有组织的利益群体组成联盟向政府施压的过程做了极为精彩的讨论，对此我没有什么可以补充的；在这里，我只想对其中的一些要点做些简要的概括。

当然，所有迫使政府使用强制性权力为特定群体谋利的压力，对于大众来说都是有害的。但是，如果有人妄言说，在这个方面，所有压力群体的地位都是相同的，甚至大公司或大企业所能施加的压力与劳工组织所能施加的压力也是相同的，那么这种观点就是不可原谅的，因为一如我们所知，在大多数国家，劳工组织已经获得了法律或司法判例上的授权，可以用强制力量来谋求人们对其政策的支持。众所周知，出于种种假想出来的“社会”理由（“social” reasons），政府竟然向工会授予了就连政府自身都不得享有的排他性特权，这使得劳工组织得以通过彻底剥夺其他工人获得更好的就业机会的方式去利用他们以达到它们自己的目的。尽管人们常常忽视这个事实，但是不论怎么说，工会在今天所拥有的主要权力都是以这样一个前提为基础的，即工会被允许用权力去阻止其他工人做他们本来想做的工作。

众所周知，特定工会行使这种权力的做法，实际上只能够相对地提高其会员的工资，还必须以降低一般劳动生产率并因此降低一般实际工资水平为代价；除了这个事实以外，工会还必定会把一个控制纸币发行量的政府置于一种不得不滥发纸币的境地之中；正是根据上述两种情势，我们可以说，这种制度正在迅速地摧毁着整个经济秩序。现在，工会已经能够把政府置于一种极为被动的境地之中，其间，政府所具有的惟一选择便是：要么采取通货膨胀政策，要么因失业现象而备受谴责——然而这种失业现象是工会所主张的工资政策（尤其是工会所主张的使不同工会的工资关系保持不变的那种政策）所导致的。毋庸置疑，这种情势要不了多久就会摧毁整个市场秩序，依凭的方式很可能是政府在不断加剧的通货膨胀的压力下被迫实施的种种价格控制措施。

囿于种种原因，我们不可能在这里对日益膨胀的辅助性政府机构所具有的全部作用进行详尽的讨论；同样，我们也不可能在这里深入探讨政府机器即官僚机构因不断膨胀而造成的威胁。然而我们还是需要指出，民主在看似要成为一种普世性制度的同时，却在政府治理层面变成了一种不可能实现的东西。那种以为人民或他们选举的代表能够事无巨细地支配一个复杂社会的观点，可以说是一种彻头彻尾的幻想。当然，一个依赖多数之普遍支持的政府还是能够自行决定一些重大行动步骤的，这是从这种政府并不是完全在它此前的活动所产生的势头的驱使下采取这些行动步骤而言的。但是，政府已经变得愈来愈复杂了，所以作为各部门负责人的政府要员也就不可避免地会越来越变成科层机构的傀儡：尽管他们仍然会对这种科层机构发布“一般性指令”（general directions），但是这些一般性指令的具体执行要完全仰赖这个科层机构本身的运作。社会主义国家的政府想把这种科层机构政治化，并不是毫无道理的，因为越来越多的关键性决策实是经由这种科层机构做出的，而不是由什么民主机构表决通过的。一言以蔽之，只要不采取这种措施，那么任何全权性权力就都不可能得到实现。

无限民主与中央集权

无限民主导致了许多结果，最为凸显的结果表现在这样一个方面，即中央政府的权力经由攫取此前由地方政府当局承担的职能而得到了普遍的增加。中央政府不仅成了几乎所有国家的典型政府样式（government par excellence），还一步一步地把越来越多的活动纳入它的排他性权力范围之内——很可能只有瑞典是个例外。值得我们注意的是：第一，一个国家在今天主要是通过它的首都进行治理的；第二，有权发布命令的中央权力机构不仅为整个国家提供了一个共同的法律结构（或者至少拥有一种调整所有居民间关系的公知明确的法律），还直接操纵着愈来愈多的原本由地方政府向广大公众提供的服务；但是，上述种种现象渐渐地被人们视作是历史发展不可避免的和自然而然的结果——尽管晚近在世界各地表现出来的那种脱离主义（secessionism）倾向表明，人们对这种状况的怨恨正在日益加深。

近来，中央政府的权力还在某些中央计划者的推波助澜下得到了扩大。一如我们所知，当这些中央计划者所提出的方案在地方一级或地区一级蒙遭挫败以后，他们往往会宣称说，要使他们的方案行之有效，就必须在一个更大的范围内实施这些方案。在解决较小范围内出现的难题的过程中所遇到的挫折，往往会被当作尝试更为自负的方案的借口——实际上，中央权力机构更不适合去指导或实施这些庞大且自负的计划。

但是，中央政府之所以能够在当代变得越来越不可一世，决定性的原因还在于：至少在单一制的国家里，中央一级的立法机构拥有着任何立法机构都不应当拥有的无限权力（当然，在这样的国家，任何地方立法机构也没有这样的权力）；正是这种无限权力使得中央一级的立法机构能够通过“法律”的制定而把实施某些自由裁量措施和歧视性措施的权力赋予了中央行政机构，这些措施是中央行政机构刻意控制经济过程所不可或缺的。只要中央政府能够决定许多地方政府不能决定的事情，那么满足群体需求的最为简便的方法就是把这方面的问题都推给拥有这些权力的中央权力机构去决定。因此，只有剥夺国家级（包括联邦制国家中的最高级）立法机构通过立法方式向行政当局赋予自由裁量权的权力，我们才有可能彻底根除中央政府不断集权的主要根源。

把制定对内政策的权力下放给地方性权力机构[14]

如果人们当初不曾随意地把上述那些专断权力赋予立法机构，那么我们可以肯定地说，整个政府结构一定会沿着截然不同的路向发展。又如果所有的行政机构都受它们不能更改的统一的法律的约束，而且任何人也都不得通过改变这样的法律而使它服务于某些具体的行政目的，那么滥用立法权为特殊利益群体服务的现象就会终止。只要地方性或地区性权力机构有权按照它们所能够确定的一定税率征税——当然它们只能够按照中央立法机构制定的一般性规则进行征税或分摊税额，那么当下由中央政府所提供的大多数服务性活动就完全可以下放给这些地方性权力机构去承担。

我相信，上述做法可以把地方性权力机构甚至地区性权力机构转变成准商业机构，并通过彼此竞争的方式去赢得公民的支持。它们必须提供一个有利可图且成本较低的综合方案，使人们在其管辖范围内的生活至少要像其居民有可能迁移到其他地方的生活一样具有吸引力。假定它们的权力受到了法律的严格限制，不仅无权阻止人们自由迁徙，而且在税收方面也不得对人们实行差别待遇，那么它们就会把它们的关注点完全放在如何吸引或如何激励那些因为拥有特定的有利条件而能够在提供公共产品方面做出最大贡献的人士的问题上。

把政府的大多数服务性活动重新交给较小的机构进行管理，很可能会促使那种因中央集权在很大程度上蒙遭扼杀的公共精神得到复兴。人们在现代社会中普遍感受到的那种残酷无人性（inhumanity）的一面，与其说是经济过程（在这个过程中，现代人必定在很大程度上要为他们所不知道的目的去工作）所具有的非人格特性（impersonal character）所造成的结果，毋宁说是这样一个事实所导致的结果，即政治上的中央集权已经在很大程度上剥夺了现代人参与营造他们所知道的环境的决策机会。大社会只能是一种抽象社会；换言之，大社会乃是个人能够通过获得那些有助于实现他的目的的手段而从中受益的那种经济秩序，同时也是个人必定只能在所有人都不明确知道的情况下为社会做出贡献的那种经济秩序。这种社会当然无法满足现代人在情感上和人格上的需求。众所周知，对于普通人来说，更为重要的是能够参与当地事务的决策，但是现在这些地方事务在很大程度上不是由这些普通人所了解并能够信任的人进行决策的，而是由一个地处遥远且较为陌生的官僚机构决定的——对他们来说，这种官僚机构就是一台无人性的机器。一如我们所知，在个人熟悉的领域内，采取一种能够激发个人兴趣并鼓励他贡献出他的知识和发表他的意见的做法，肯定是有百益而无一害的，但是，如果我们总是要求他对那些与他并没有明确关系的问题发表意见，那么这种做法只能使他轻蔑或厌恶一切政治。[15]

取消政府对服务的垄断

当然，中央政府根本就没有必要决定谁应当有资格提供不同的服务；如果中央政府真的有强制性权力这样做的话，那也是极不可欲的。显见不争的是，在某些场合或在较短的时期内，确实只有拥有强制征税权力的政府机构才能够提供某些种类的服务，但是，所谓政府机构拥有提供任何特定服务的排他性权力，是毫无正当理由的。虽说事实有可能表明，一个提供某些服务的制度性机构可能要比来自私营企业的任何潜在的竞争者都能够更好地提供这样的服务，进而能够获得一种事实上的垄断地位，但是需要指出的是，从法律上赋予这种机构以一种支配任何活动的垄断权，是与任何社会利益不相符合的。这意味着，当一些人选择以某种其他的方式获取这些服务的时候，任何获准用征税权去资助这类服务的政府机构都应当有责任把它为了提供这些服务而向这些人征收的所有税款退还给他们。当然，这项原则还可以被毫无例外地适用于当今由政府享有或希望享有法律垄断权的所有那些服务——也就是从教育到交通和通信（包括邮政、电报、电话、广播）的服务、一切所谓的“公用事业”、各种各样的“社会”保险以及最为重要的货币发行等服务——只有一个例外，即维护和实施法律并为此目的（包括抵御外敌的目的）建制一支武装力量的事例。从当下的情势来看，由某个事实性的垄断者来提供上述服务中的某些项目，很可能是最为有效的；但是，除非我们同时还允许其他人以更好的方式提供上述服务项目中的任何一项服务，否则我们既不可能确使上述服务得到改进，亦不能使我们自己免受敲诈勒索。

作为本书的结论部分，本章只能对本书所论及的大多数论题做些简要的概述；与此相同，我也不可能在这里对现今由政府从事的服务性活动这个论题展开详尽的讨论；但是需要指出的是，在这些情势中，政府是否应当对某些服务性活动享有排他性权力的问题，乃是一个具有决定性意义的问题，因为它不只是一个有关效率的问题，还是一个对于维护自由社会来说具有生死攸关意义的问题。对于这些服务性活动，人们必须毫不妥协地反对政府持有任何垄断性权力，即使这样的垄断有望为我们提供较高质量的服务。此外，我们还可能发现，政府对广播的垄断与它废除新闻自由实际上没有什么两样，都会对政治自由构成极大的威胁。邮政制度则是这个方面的另一个实例：它不仅表明当下盛行的政府垄断邮政的做法完全是政府竭力控制私人活动的一个结果，还表明这种垄断做法已经把世界上大多数地方的邮政服务都变成了一种日趋恶化的服务。

更为重要的是，我还必须强调指出，在撰写本书的过程中，我经由把政治与经济这两个方面的因素结合起来考察而最终确信，除非剥夺政府对货币发行的垄断权，否则自由经济制度就不可能再以一种令人满意的方式运行并发生作用，我们也无法消除其间所存在的某些最为严重的缺陷，甚或都无力阻止政府持续膨胀的趋势。自此以后，我一直认为有必要专门写一本书来详尽阐明我的这个论点。〔16〕在本卷的讨论中，我之所以提出要根据我所阐明的理想型宪法方案来重构政府，实是为了确立一些保护措施以反对政府所采取的压制做法和其他滥用权力的做法；然而，我现在产生了一种担忧，因为我确信，除非我们在实施所有这些保护措施的同时也取消政府对货币发行的控制权，否则所有这些保护措施都会变得于事无补。我认为，从现在的情势来看，我们根本就不可能制定出一些刚性的规则以确保我们达致这样的结果，即在政府供应货币的前提下，我们一方面能够使人们对货币的合理需求得到满足，另一方面又能够使币值持稳不变；因此我认为，如果要达到这个目的，我们就惟有一途可循，那就是用私营企业提供的彼此竞争的不同的货币来替代当前由国家发行的那种货币，进而由公众自由地从中选择一种最有助于他们交易的货币加以使用。

我认为这一点特别重要，因此，一个自由社会的宪法甚至有必要用某项专门条款来捍卫这项原则，比如在宪法中明确规定："议会不得制定任何剥夺人们享有如下之权利的法律，亦即人人都享有用自己选择的任何一种货币来持有、买卖或借贷、缔结合同并实施合同、核算并记账的权利"。尽管这项原则的精神实际上已经蕴含在"政府惟有根据平等适用于人人（包括政府自身在内）的一般且抽象的规则才能够实施或禁止某些种类的行动"这项基本原则之中了，但是，由于我们主张把该项基本原则具体适用到货币发行领域的观点对于法院来说仍是极为陌生的，所以我们也就不能指望法院会完全理解我们何以不再承认政府在发行货币方面久已享有的那项特权了，除非我们在宪法中对这个问题做出了明确的规定。

政治的去中心化

虽说我原来打算在本书的结尾部分就上述原则在国际事务方面的意义做一番讨论，但是我现在发现，如果不用相当的篇幅来处理这个问题，我就不可能把这个问题说清楚。与此同时，要做到这一点，我们还需要做进一步的调查，然而我现在无法做到这一点。我相信读者不难发现，人们为摧毁全权性国家而诉诸的那种方式以及为此而信奉的两项原则（即第一，所有最高权力都必须限于实施那些从根本上来说是否定性的任务——也就是说"不"的权力；第二，一切肯定性的权力都只能由那些必须根据它们所不能更改的规则进行活动的机构加以实施），也必定会对国际组织产生深远意义的影响。正如我在此前所指出的那样，[17]依我个人之见，我们在本世纪为创建一个能够保障世界和平的国际政府（international government）所做的各种努力，从总体上来说，可以说是搞错了方向；这是因为我们虽说创建了一大堆专门机构，但是目的是要制定各种特定的规章制度，而不是为了制定一部真正能够严格限制各国政府进行彼此侵害的权力的国际法。既然最高的共同价值都是否定性的，那么最高的共同规则就必须是禁令性的规则，而且最高的权力机构在根本上也只能发布禁令性的规定。

毋庸置疑，从相当普遍的情况来看，政治已经变得太过重要、成本过于昂贵且危害太大，而且也吞噬了人们太多太多的心力和物质资源；与此同时，政治也在不断丧失大众对它的热情支持和尊重，因为人们已经愈来愈把政治视作是他们不得不承受的一种必要的但无可救治的恶。然而值得我们注意的是，政治机器现在拥有的庞大规模及其无处不在且渗透一切的那种特性，并不是人们选择的结果，而是人们在无力预见其结果的情况下确立起来的那种任意发展的机制（a self-willed mechanism）所导致的。一些天真的论者仍然从他们所继受的“善贤统治者”或“开明统治者”（good ruler）那种理想中获得启示，并认为这种统治者是一个可以信赖的人；然而，今天的政府已经不是这样一个人们可以信赖的“人”了。此外，今天的政府也不是人们信任的代表（这些代表中的多数能够就什么是最好的东西达成共识）所形成的集体智慧的一种结晶，而是一架受“政治必然性”支配或左右的机器；值得我们注意的是，多数意见对于这些“政治必然性”可以说是影响甚微。

众所周知，严格意义上的立法乃是一个有关长期原则而不是有关特定利益的问题，政府有可能采取的所有特定措施必定会变成日常政治的问题。当然，那种认为这类具体措施通常是由所有讲道理的人都应当能够同意的那些客观必然性（objective necessities）所决定的观点，实是一种幻想。一如我们所知，为了实现这些目的，人们必须付出相应的代价，然而这个方面没有客观的标准可供我们用来对可能达到的目的与必须为之付出的代价之间孰轻孰重的问题做出评断。这正是一般性法律与强制性措施之间的巨大差异：一般性法律的目的乃在于通过确保一种秩序（亦即人们有望在其间发现合适的合伙者并进行对双方都有利的交易的那种秩序）的方式来改进并增进所有人的机遇；强制性措施旨在达到的目的是如何使特定的人或特定的群体受益。只要政府运用强力对物质利益实施某种再分配的做法是合法的或正当的（这是唯社会论的核心），那么也就不可能有任何东西能够扼制住所有想为自己谋得更多利益的群体的贪婪本性。再者，一旦政治变成了人们从总收入中谋得更多份额的争夺战，那么想保有一个公平且体面的政府也就不可能了。因此，这要求我们把所有为了确使某些特定群体获得一定水平的收入（超过我们为所有不能在市场上谋生的人所提供的那种平均的最低收入）而运用的强制措施，都作为不道德的且从严格意义上讲属于反社会的行为从法律上予以否弃。

一如我们所知，任何人乃至立法者都应当受法律的约束。然而在今天，一些权力拥有者可以不受任何法律的约束，而且在行使权力的过程中还要为一架按自身意志发展的机器所造成的“政治必然性”所驱使；当然，在当今的民主制度中，惟一拥有这种权力的人就是所谓的立法者。但是，这种日趋盛行的民主制度最终会步向自我毁灭之途，因为它把那些没有得到而且也不可能得到多数意见之认可的任务强加给了政府。因此，为了保护民主并使它免受自身的戕害，我们必须对上述权力进行约束。

一部如我在本书中所建议的宪法，当然能够彻底根除政府实施任何这类再分配措施的可能性。宪法的这种安排与任何其他旨在保护民主制度并且杜绝专制权力的宪法性限权措施一样，都有着极为正当的理由。总有一天，人们会承认传统的唯社会论信念是一种幻想，而且我相信这一天已经为时不远了；至少到那个时候，我们有必要采取一些措施，以防人们再受这类幻想的影响，因为这种影响注定会使人们在不知不觉的过程中堕入唯社会论的困境之中而无力自拔。

需要指出的是，为了达到这个目的，仅仅阻止那些为了实现唯社会论而力图摧毁民主的人，甚或仅仅阻止那些完全服从一种唯社会论纲领的人，还是不够的。这是因为支持唯社会论潮流最为强大的力量，在今天乃源自这样一些人，他们声称自己既不想要资本主义，也不想要社会主义，而要欲求一条“中间道路”（“middle way”）。然而，只要追随这些人，那么我们就肯定会步上唯社会论的道路，因为我们一旦允许政客为了特定群体的利益而去干预自生自发市场秩序，那么这些政客就不可能拒绝向他们赖以支持的任何群体做出这类让步。因此，那些宣称要走“中间道路”的人实际上开启了一种不断强化的过程，这个过程在其内在必然性的驱使下则会日益加剧政治对经济过程的支配，即使这还没有达到唯社会论者所想象的那种程度。

就经济过程而言，我们实际上只有两种选择：或者是选择一种正常运转的市场，其间，任何人都不得以终决的方式决定特定群体或特定个人的生活富裕程度；或者是选择一种由中央指导的经济安排，其间，为谋取权力而组织起来的群体对上述问题有决定权。除了这两种选择以外，根本就不可能存在第三种有关经济安排的选择，因为我们确实无力通过理性选择的方式而获得一种可以用来实现任何可欲目的的经济组织原则。然而，值得我们注意的是，上述两项选择乃是根本不相容的，因为人们对这两项选择所做的任何形式的结合，都会致使这两项选择的目的无法实现。此外，虽说我们永远不可能达致唯社会论者所想象的那种境况，但是只要我们在一般意义上允许政客赋予他们依凭其支持的那些人以特殊的好处，那么这还是会把那种有益于普遍利益的自生自发市场秩序摧毁掉，并代之以一种由某些专断意志决定的强行设置的秩序。我们不可避免地要在上述两项不相容的选择之间做出抉择，而且不论我们与实现这两项选择中的任何一项选择还相距多远，我们都不可能在这两项选择之间做出任何持续性的妥协。不论我们以哪项选择作为我们活动的基础，它都会驱使我们沿着它的脉络向前发展；虽说由此达致的境况始终是不尽完善的，但是它会促使我们越来越趋近上述两极中的一极。

一旦人们明确认识到了唯社会论不可避免地会导向全权性国家并致使民主秩序彻底瓦解，那么防止人们在不知不觉中堕入唯社会论制度中去的做法，显然是合情合理的；当然，为了达到这个目的，人们就必须用宪法规定来剥夺政府的歧视性强制权力，并且明确规定即使是为了追求那些在当时被普遍认为是可欲目的的东西也不得实施这种权力。

从长远的角度来看，人类社会乃是受公众普遍信奉的某些道德原则支配的，不论从表面上看这有多么不真实。实际上，使先进文明之发展成为可能的惟一一项道德原则，便是个人自由的原则。该项道德原则所意指的是：个人在决策的过程中受正当行为规则的指导，不受具体命令的指导。在一个自由人组成的社会中，任何约束个人的集体行为原则（principles of collective conduct）都是不可能有立足之地的。我们之所以能够取得我们迄今为止所取得的一切成就，就是因为我们在这个过程中确使个人获得了他们为自己创建一个确受保护的领域（即他们的“财产权”领域）的机会，而在这个确获保障的领域中，个人可以用他们自己的能力去实现他们自己的目的。唯社会论所缺乏的正是这类个人行为的原则，然而没有人会料到，就是这种唯社会论居然梦想要实现一种就连任何自由个人的道德行动都不可能实现的状态。

反对专断权力的决战还没有打响——当然，这也是一场反对唯社会论的战斗，或者说是一场为了废除一切旨在指导和支配个人活动并刻意分配个人努力之结果的强制性权力而展开的战斗。我企盼着这样一个时刻的到来，因为到了那个时候，一切唯社会论安排所具有的那种全权主义性质和专断特性都将得到人们的普遍认识，进而各种防阻人们以任何借口谋取这类全权主义性质之权力的宪法规定也都会得到人们的普遍赞同。

我在本书三卷本（以及我就货币在自由社会里的作用所发表的专门论著）中力图阐明的乃是这样一种指导性方案，它不仅可以使我们摆脱现行政体的衰变过程，还能够使我们构造出一种智识上的应急手段，可供我们在别无他择而只能以某种更好的架构来取代当下正在摇摇欲坠的结构的时候加以采用，不至于在这个关键的时刻只能无奈地求诸于某种独裁政权。政府必定是智识设计的产物。如果我们能够构设出这样一种政府模式，使得政府在其间只能够为社会的自由发展提供一个有助益的框架，而不得赋予任何人以控制这种社会发展过程的权力，那么我们便完全有望看到人类文明的持续发展。

我们所习得的经验已经足以使我们认识到了这样一个道理，即对于任何想通过把个人互动的自生自发过程置于权力机构控制之下的方式去扼杀这种自生自发过程并摧毁我们的文明的做法，我们都必须予以坚决的制止。但是需要强调指出的是，为了不使我们的文明蒙遭摧毁，我们必须丢掉这样一种幻想，即我们能够经由刻意的设计而“创造出人类的未来”，正如一个信奉唯社会论的社会学家在其晚近发表的那部狂妄自负的作品中所表达的那般。〔18〕以上所述便是我经由四十年的研究而达致的最终结论：自我意识到理性被滥用及其衰微（the Abuse and Decline of Reason）这个过程以来，我用了四十年的时间来研究这些问题，而在这四十年的岁月里，理性被滥用及其衰微的过程实际上从来就没有停止过。〔19〕

注　释：

* 本章开篇的引语是从德文原版著作翻译过来的，德语原版著作请参见：Albert Schweitzer，*Kultur und Ethik*，*Kulturphilosophie*，vol. Ⅱ（Bern，1923）p. xix。本书的

英文版名为 *Civilization and Ethics*（London，1923），这段引语在英文版中的相应页码是 p. xviii。

〔1〕参见 K. Popper，*The Open Society and its Enemies*（5th edn.，London，1974），vol. I，p. 124：

> 我们可以把政府类型主要区分为两种：第一种是由那些我们可以不经流血就能更换的政府所构成的——比如说，通过普选的方式。这就是说，社会制度提供了一些手段，被统治者可以通过这些手段更换统治者；再者，社会传统也保证这些社会制度不会被那些掌权的人轻而易举地摧毁。第二种是由那些除了发动一场成功的革命以外被统治者就不能予以更换的政府所构成的——这就是说，在绝大多数情势中，乃是由被统治者根本就不能更换的政府构成的。我建议把“民主”这个术语当作一种简略代号，用来指称第一种政府类型，而用“专制”或“独裁”这两个术语来指称第二种政府类型。我相信，这样做符合传统用法。

关于最高政治价值的否定性特征所具有的结果，亦可参见 K. R. Popper 的著作：*Conjectures and Refutations*（2nd edn.，London，1965），p. 230。

〔2〕John Dewey，“Liberty and social control”，*Social Frontier*，November 1935，有关这个问题的较为详尽的评论，请参见拙著 *The Constitution of Liberty* 第一章注释〔21〕.

〔3〕Morris Ginsberg，载于 W. Ebenstein（ed.），*Modern Political Thought：The Great Issues*（New York，1960）。

〔4〕David Miller，*Social Justice*（Oxford，1976），p. 17. 另请参见 M. Duverger，*The Idea of Politics*（Indianapolis，1966），p. 171：“正义的定义……几乎总是以财富与社会好处的分配为核心的。”真让人怀疑这些论者是否听说过约翰·洛克、大卫·休谟甚或亚里士多德。关于这个问题，读者可以参见 John Locke，*Essays Concerning Human Understanding*，Ⅳ，Ⅲ，18：

> 没有财产权的地方，就不会有不正义。这个命题像欧几里得定理中的任何证明一样，都是可以得到肯定证明的：由于财产权的理念乃是一种对任何东西的权利，而且“不正义”这个观念所指的就是对这种权利的侵犯或违犯，所以显见不争的是，以此方式确立起来的这些理念以及人们赋予它们的这些称谓，我敢肯定地说，就像这样一个命题一般真确，即一个有三个角的三角形等于两个直角三角形。

〔5〕D. Miller，上引书，p. 23。

〔6〕J. A. Schumpeter，*History of Economic Analysis*（New York，1954），p. 394：

“作为一种最高的敬意——尽管是一种不自觉的敬意，私营企业制度的敌人都认为盗用该制度的名义是一种明智之举。”

〔7〕正如我的一位朋友最近跟我谈到的那样，如果我们像我们应当做的那样，把所有相信“社会正义”的人都称作是社会主义者——因为所谓的“社会正义”惟有通过运用政府权力方能实现，那么我们就必须承认，在西方的民主国家中，大约有百分之九十的人在今天都可以被称作是社会主义者。

〔8〕David Hume，*A Treatise of Human Nature*，book Ⅲ，section 2，ed. L. A. Selby-Bigge（Oxford，1958），p. 495.

〔9〕在那份杂志的文学栏目中，充斥着对我们经济秩序之不正义所做的大量错误的征引言论；实际上，即使是这种不正义，也是他们假想出来的。例如，当一个电视评论员在此前不久（1977 年 5 月 16 日）谈到“how much misery it cost to maintain those ducal shrubs in such well shaved elegance”的时候，这就是他假想出来的因果关系。

〔10〕有关前一节的讨论，在一般意义上讲，还可以参见我的小册子：*The Confusion of Language in Political Thought*（Occasional Paper 20 of the Institute of Economic Affairs，London，1968）。

〔11〕杰出的德国政治学论者卡尔·施密特极为清楚地认识到了全能民主制度下的政府所具有的这种弱点。在 20 世纪 20 年代，他对当时正在发展的政府形式的特征的理解，很可能要比大多数人都深刻得多，并且还彻底抨击了在我看来无论是道德上还是智识上都是错误的那种立场。比如，读者可以参见他的论文，“Legalitat und Legitimitat” of 1932（重印于他的著作 *Verfassungsrechillche Aufsatze*，Berlin，1958，p. 342）：

> Ein pluralistischer Parteienstaat wird nicht aus Starke und Kraft，sondern aus Schwache “total”；er interveniert in alle Lebensgebiete，weil er die Anspruche aller Interessenten erfullen muss. Insbesondere muss er sich in das Gebiet der bisher staatsfreien Wirtschaft begeben，auch wenn er dort auf jede Leitung und politischen Einfluss verzichtet.

在这些重要的结论当中，有许多是他在 1926 年就已经指出的；请参见他的论著 *Die geistesgeschichtliche lage des Parlamentarismus*。

〔12〕参见上引书，第 38 页。

〔13〕Harvard University Press，1965. 亦可参见我为这本书的德语译本所撰写的导论；德语译本乃是由我在 Freiburg 大学研讨班的成员完成的，出版时题为 *Die Logik des kollektiven Handelns*（Tübingen，1968）。

〔14〕当然，有许多问题都源出于这样的情势；19 世纪的英国自由主义者早在反对定居法的斗争中就对这些情势做了详尽的讨论。我们如今仍然可以从 Edwin

Cannan 所撰写的 *The History of Local Rates in England*（2nd edn，London，1912）一书中发现他对这些问题的许多真知灼见。

在这里，最为棘手的问题之一就是：吸引或挽留居民的欲求应当如何或者说如何才能够与选择的自由结合起来；这种选择的自由就是在接纳谁和拒绝谁作为某个特定社区成员的选择自由。迁徙自由乃是自由主义诸原则中被广为接受且完全令人向往的一项原则。但是值得我们思考的是，这项原则的存在是否应当在普遍的意义上使一个外来者得以在他并不受欢迎的社区享有定居的权利？在当地居民不愿意给外来者工作或不愿意把房子卖给他的情况下，他是否有权向当地的居民要求一项工作或买一处房子呢？显而易见，如果有人向他提供了工作或愿意把房子卖给他的话，他应当有权接受这项工作或买下这所房子。但是这里的问题在于，当地居民是否有义务向外来者提供工作或房子呢？更准确地说，如果当地居民自愿同意不给外来者提供工作或房子的话，这是否应当被认为是一项罪行呢？瑞士的乡村和蒂罗尔的乡村有一种不接纳外来者的方式，它既未侵犯任何法律，也不是以任何法律为依据的。究竟这种做法是反自由的行径，还是可以得到道德支撑的正当行为呢？对于那些建立已久的老社区来说，我无法对这些问题做出确定的回答。但是未来的发展，一如我在拙著 *The Constitution of Liberty*（pp. 349-353）中所设想的那样，有可能按照这样一个方向发展：在地产开发方面，人们可以通过产权的界分而实现地产的开发，亦即在一个公司对地产所享有的自由保有地产权与土地所有者所享有的长期租约权之间的界分；这种界分能够在一定程度上保证土地所有者不受邻人做出的不可欲的开发的影响。当然，这种开发公司也应当可以自由地决定把土地再租赁给谁。

〔15〕参见 J. A. Schumpeter，上引书，p. 268：

> 公民个人的心智所能够充分认识到的只是一个极小的实在领域。大体说来，这个领域所包括的乃是一些直接涉及他本人、他的家庭、他的生意、他的嗜好、他的朋友和敌人、他居住的乡镇、他所属的阶层、教会、工会或他作为一个活跃成员的任何其他的社会群体的事情——这些事情都是他个人观察范围内的事情，也是他所熟悉的事情（与报纸告诉他的信息无关），甚至还是他能够直接影响或操纵的事情；再者，他对这些事情也承担有某种责——这种责任乃是由他与一种行动过程所具有的有利的或不利的结果之间的直接关系所产生的。

〔16〕*Denationalization of Money-The Argument Refined*（2nd extended edn，Institute of Economic Affairs，London，1978）.

〔17〕见上引书，pp. 133 以次。

〔18〕Torgny F. Segerstedt，“Wandel der Gesellschaft”，*Bild der Wissenschaft*，VI/5，May 1969.

〔19〕这是我曾经为我在 1939 年计划撰写的一本著作所拟定的书名；当时，这本书的计划分为两个部分：一部分是写“Hubris of Reason”，另一部分是写“The Nemesis of the Planned Society”。但是，这项写作计划只完成了一部分，并首先发表于 *Economica* 1941-5，后来又重印于拙著 *The Counter-Revolution of Science*（Chicago，1952）。此后，当我知道自己显然不可能完成原定的写作计划的时候，我给这本书的德文译本拟定了这样一个书名：*Missbrauch und Verfall der Vernunft*（Frankfurt，1959）；*The Road to Serfdom*（London and Chicago，1944）那本书，实际上只是我对原来打算作为第二部分之内容所做的一个改进文本。但是必须指出的是，我耗用了四十年的心血才彻底把我最初提出的这个问题想明白了。

跋文

人类价值的三个渊源*

Prophete rechts，Prophete links，Das 153 Weltkind in der Mitten.

J. W. Goethe**

社会生物学的谬误

最初促使我对本文所涉的论题进行重新思考的乃是一段不同寻常的文字；该段文字明确陈述的就是我现在认为充斥于当下诸多学术讨论中的一个广为流传的谬误。我当时是在一部讨论社会生物学（sociobiology）这门在今天被视作是美国新科学的著作中读到这段文字的，这部著作便是G. E. 皮尤（G. E. Pugh）博士所撰写的《人类价值的生物学起源》（*The Biological Origin of Human Values*）[1]，它颇引人关注还得到了此一学派的公认领袖即哈佛大学的爱德华·威尔逊（Edward O. Wilson）教授的高度赞扬。[2]这段文字令人震惊之处在于，它认为社会生物学的整个论辩都是以这样一个明确的假设为基础的，即人类价值只有两种，也就是皮尤博士所谓的"首要的"价值（primary value）与"次要的"价值（secondary value）。所谓"首要的"价值，就是指那些由遗传因素决定的也是先天的价值；所谓"次要的"价值，则是指那些"理性思考的产物"[3]。

当然，社会生物学乃是在发展了相当长一段时间以后才形成的。伦敦经济学院的老先生们一定还记得，早在四十多年以前，伦敦经济学院就已经设置了社会生物学的讲座教授职位。自此以后，人们在生态学（ethology）领域中做出了大量的精彩研究，并使该学科取得了巨大的发展；这项生态学的研究最初是由朱利安·赫胥黎（Julian Huxley）爵士[4]、康拉德·洛伦茨（Konrad Lorenz）[5]和尼科·廷伯根（Niko Tinbergen）[6]等人创建的，后又经由许多极具天赋的追随者[7]以及一大批美国的研究者的努力，才在今天得到了迅速的发展。我必须承认，即使对于我的维也纳朋友洛伦茨的著作——这五十年来我一直密切地关注着他的研究——我偶尔也会感到不安，因为他有时候也会太过匆忙地把那些得自于考察动物的结论用来解释人的行为。但是，所有上述情势都没有能够使我把他们的论点视作是一个基本的前提，也没有使我持之一贯地把那些在其他人看来似乎是因偶然疏忽而得出的论点当成我自己论辩的出发点，因为我并不认为上述两种价值就是人类仅有的两种价值。

生物学家总是支持这种论点的现象[8]之所以令人感到惊诧，乃是因为人们本来以为他们会倾向于赞同某种与他们主张的那种进化观颇为相似但在一些重要方面大为不同的优胜劣汰的进化观，然而颇为遗憾的是，他们没有赞同这样的进化观；实际上，复杂的文化结构的形成恰恰是这样一种优胜劣汰的进化过程的结果。的确，文化进化的观念（idea of cultural evolution）无疑要比生物进化的观念（biological concept of evolution）有着更为悠久的历史。我们甚至可以说，查尔斯·达尔文（Charles Darwin）适用于生物学的进化观念，如果说不是他更为直接地从与他同时代的历史法律学派（historical school of law）和历史语言学派（historical school of language）那里习得的文化进化观，那极可能是他经由他的祖父伊拉斯谟斯（Erasmus）而习得的由伯纳德·孟德维尔（Bernard Mandeville）和大卫·休谟（David Hume）所主张的文化进化观[9]。然而颇令人惊诧的是，在达尔文以后，那些“社会达尔文主义者”（social Darwinists）居然需要到达尔文那里去学习那种属于他们本学科较早传统的东西；因此在我看来，他们的这种做法实际上是把问题搞糟了，这种糟糕的状况在他们的研究中得到了表现：第一，他们只关注那种在先天性方面更优的个体的优胜劣汰问题，然而我们知道，这种淘汰过程极为缓慢，对于文化进化来说意义甚微；第二，他们完全忽略了规则和惯例之优胜劣汰进化过程这个具有决定性重要意义的问题。但是需要强调指出的是，有些生物学家把进化（evolution）视作是一个纯粹的遗传过程的观点，是毫无道理可言的，[10]因为他们完全忘记了与这种遗传进化过程相似但更为迅速的文化进化过程。实际上，正是这种文化进化过程在今天支配着人类的生活，还通过向我们提出我们尚未学会解决的难题的方式，对我们的智力提出了挑战。

然而我必须承认，我在此前根本就没有想到：我对这样一个在某些专家中普遍存在的错误所做的深入研究，竟然能够使我直接洞见到我们这个时代某些最为紧迫的道德问题和政治问题的核心。从表面上看，这似乎只是一个与专家有关的问题，但是，我的研究结果表明，它实是一种构成了某些最具支配地位的错误观念之基础的范式（paradigm）。我当然希望我自己不得不阐明的大多数观点都是文化人类学家比较熟知的观点——强调过文化进化概念的也不只是L. T. 霍布豪斯（L. T. Hobhouse）及其追随者[11]，还有晚近英国的朱利安·赫胥黎爵士[12]、亚历山大·卡尔-桑德斯（Alexander Carr-Saunders）爵士[13]和C. H. 沃丁顿（C. H. Waddington）[14]，以及更为晚近的美国学者G. G. 辛普森（G. G. Simpson）、特奥多修斯·多布赞斯基（Theodosius Dobzhansky）[15]和唐纳德·坎贝尔（Donald Campbell）等论者；[16]但是，在我看来，当下更为迫切的问题依旧是如何使道德哲学家、政治科学家和经济学家也来切实地关注文化进化观的重要性。这是因为长期以来，这些论者一直没有能够认识到这样一个重要的事实，即当下的社会秩序在很大程度上并不是经由设计建构出来的，而是通过那些在竞争过程中胜出的更为有效的制度的普遍盛行而逐渐形成的。

文化既不是自然的也不是人为的，既不是通过遗传承继下来的，也不是经由理性设计出来的。文化乃是一种由习得的行为规则（learnt rules of conduct）构成的传统，因此，这些规则决不是“发明出来的”，它们的作用也往往是那些作为行动者的个人所不理解的。确定无疑的是，说文化的智慧（wisdom of culture）实际上与说自然的智慧（wisdom of nature）一样，都是有充分理由的——或许二者之间只存有一点区别，即文化的智慧方面的错误更不容易得到纠正，因为政府所拥有的权力会妨碍我们纠正这些错误。

在这个方面，正是笛卡尔式的唯建构论认识进路[17]，才使得一些思想家一直只把遗传性的规则或刻意选择的规则当成是“好的”规则接受下来，并且把一切纯粹自我生成的结构都视作是偶然的或无常的产物。的确，所谓“纯粹文化的”东西，在今天被许多人都视作是可以任意改变的、专断的、皮相的或者是可有可无的东西。然而，事实上，文明的发展之所以有可能，在很大程度上就是因为人类用那些理性不及的习俗（non-rational customs）约束了自己所具有的先天性动物本能：一如我们所知，正是那些理性不及的习俗，才使得规模日益扩大的有序之群体的形成有了可能。

文化进化过程

今天，越来越多的人开始认识到，文化进化并不是刻意建构制度的人之理性所导致的结果，而是文化与理性得以在其间共存发展的那个过程所产生的结果。**那种宣称理性的人创造了自己文化的论点，很可能与那种宣称文化创造了人之理性的论点一样，都是无甚道理可言的。**[18]正如我反复强调指出的那样，恰恰是经由我们从古希腊人那里继受而来的有关何为“自然的”与何为“人为的”那种错误的二分观，才使得上述错误的观点深深地植入了我们的思维之中。[19]实际上，那些经由传统上的人之惯例所形成的结构，既不是自然的（在遗传因素决定这个意义上所言的“自然”），也不是人为的（在智识设计之产物这个意义上所言的“人为”），而是一个甄别或转换的过程所形成的结果；[20]当然，指导这个过程的因素乃是不同的群体从各自（出于某些未知的也许还是纯粹偶然的缘故）采纳或遵循的惯例中所获得的差异优势（differential advantages）。我们已然知道，不仅在诸如飞禽尤其像猿猴这样的动物当中，习得的习惯乃是经由模仿（imitation）而得以传播的，甚至不同的“文化”也可以在不同的动物群体中得到发展；[21]这类后天习得的文化特性还会影响到生理上的进化（physiological evolution）——这在语言方面表现得特别清楚：语言最初的出现无疑使人所具有的清晰发音之生理功能变成了一个巨大的优点，这显然有助于人从遗传上对一种合适的发音器官做出优胜劣汰的选择[22]。

几乎所有讨论这个论题的著述都强调指出，在人类存在的漫长岁月中，我们所谓的文化进化只是在其间距今的百分之一的时期内才发生的。就我们所指的那种狭义上的文化进化（亦即人类文明迅速和加速发展这个意义上的文化进化）而言，这种看法确实是有道理的。显而易见，这种文化进化因其依赖后天习得之特性的传播而与遗传进化（genetic evolution）甚为不同，所以它的发展很快，而且一旦居于支配地位，它甚至会掩没或遮蔽遗传进化。但是值得我们注意的是，以上所论并不能够为那种认为业已得到发展的心智反过来指导文化进化的错误观点提供正当性理据。心智与文化的关系不是发生在人类出现以后，早在人种及其原始人祖先存在以前的更为漫长的岁月里就已经发生了。我们在这里再一次强调指出：**心智与文化的发展是共存并进的，不是相继进行的。**一旦我们认识到了这一点，我们就会发现，我们对于这种发展过程究竟是如何展开的问题实在是知之甚少（我们对此也缺乏能够得到公认的化石作为证据），因此我们只有把这种文化进化过程当作18世纪苏格兰道德哲学家意义上的那种推测性历史（conjectural history）加以重构。所谓我们知之甚少的事实，实际上就是那些支配着人种在其间得以发展的各种小群体的结构和功能的行为规则的进化过程。关于这个问题，学者们对那些在今天依旧存在的原始族群所做的研究，也鲜能告知我们更多的东西。虽说推测性历史的观念在今天看来多少有些疑问，但是，当我们无力准确地陈述事情究竟是如何发生的时候，对它们如何可能发生的问题进行推测或理解，便不失为一个重要的洞见。从这个角度来看，社会及语言的进化与心智的进化实际上给我们提出了同样的难题：文化进化中最为重要的一个部分，亦即野蛮人的驯化过程，早在有记载的历史出现之前便已经完成了。人类惟有经过文化进化，才使在今天得以与其他动物区别开来。正如恩斯特·贡布里希（Ernest Gombrich）爵士在某部论著中所指出的那样，“文明及文化的历史乃是人类从一种近乎动物的状态迈向礼仪社会的一部历史；正是在这个历史的进程中，人类培育了艺术，采纳了文明的价值观，还自由地运用了理性”[23]。

为了理解或推测这个发展过程，我们就必须彻底否弃这样一种观念，即人类因拥有理性而能够孕育出文化。人类最为显著的特征乃在于他拥有模仿的能力和传承其所习得的东西的能力。人类历史很可能起始于他所拥有的那种在不同的情势中知道做什么事情——或在更多的情势下知道不做什么事情——的高超能力。再者，人类所习得的许多（即使不是绝大多数）有关做什么事情的知识，也很可能是通过学习语词的含义而获得的。[24]对于人类来说，那些能够使他的所作所为与其所处的环境相调适的规则，肯定要比有关其他事物如何表现的那种“知识”更重要。换言之，在较多的情势中，人类肯定是在并不理解某种事情为什么是正确事情的情况下学会做这种正确事情的，而且习惯也往往会比理解或知识给他带去更大的帮助。人类有关其他事物的知识，在当时主要是通过人们对它们所采取的适当的行为方式而获得的。人类经由学习获得规则能够告知他们在不同的情势中什么是正确的行事方式，什么是错误的行事方式，这使得人类不断地增强了他们与日益变化之情势相调适的能力，尤其是与本群体中其他成员进行合作的能力。因此，一种独立于任何习知这类行为规则的单个个人而存在的行为规则传统，开始调整和支配人们的生活。[25]只是当这些习得的规则（包括对不同种类的客体进行类分的规则）开始把某种能够使人们在行动中据以预测外部事件的环境模式（model of the environment）纳入其间的时候，我们所说的理性才凸显出来。[26]**自此以后，人们在思考行为规则系统方面所投入的智力，才可能大大超过了他们在思考其环境方面所耗用的心力。**

因此，把个人的头脑或心智说成是由进化产生的众多复杂结构之等级塔中的塔顶石，进而认为是人脑或心智设计出了我们所说的文化，实是极具误导性的。一如我们所知，心智乃是植根于某种传统的非人格的习得规则结构（traditional impersonal structure of learnt rules）之中的，此外，心智类分或整理经验的能力，也是人们于后天习得的一种对文化模式（亦即对每个个人来说都是给定的那种文化模式）进行复制的能力。**人脑是一个能够使我们吸收文化而不是设计文化的器官。**这个“世界3”（“world 3”），一如卡尔·波普尔（Karl Popper）爵士所称谓的那样，[27]虽说每时每刻都得由千百万分立的头脑或心智参与其间才能维持自身的存在，但是一种与人脑或心智的生理进化截然不同的进化过程所产生的结果；当存在着一个文化传统可供人们吸收的时候，人脑或心智的繁复精细结构便会在此一方面发挥极大的作用。换言之，惟有作为另一个独立存在的独特结构或秩序的一部分，心智才能够存在，尽管这种独特的结构或秩序完全是因千百万人的心智持续不断地吸收其间的内容并矫正其间的部分内容而得到维续并能够得到发展的。如果我们想理解这种结构或秩序，那么我们就必须对那个被社会生物学完全忽略了的有关惯例和习俗的转换过程予以关注。这就是我在为此项讨论所设定的题目中所说的人类价值的第三种也是最为重要的一种渊源；对于这项渊源，我们必定知之甚少，但是我仍想把本文的大部分篇幅用来讨论这个问题。当然，在我开始对这类社会结构之进化方式的具体问题展开讨论之前，先对所有试图分析这类自我生成之复杂结构的研究都会碰到的一些方法论问题做一番简要的检讨，我想会是大有裨益的。

自我维续之复杂结构的进化

我们现在知道，所有持续性的结构（从高于最简单的原子水平的结构直到人脑与社会的结构）都是选择性的或优胜劣汰的进化过程（processes of selective evolution）的结果，而且也惟有根据这些进化过程才能够得到解释；[28]与此同时，我们也已然知道，较为复杂的结构乃是通过持续不断地使其内部状态与外部环境的变化相调适的方式来维续自身的。“无论我们到哪里去观察，我们都能够发现种种会导致多样性和增进复杂性的进化过程”（尼科利斯和普利高津［Nicolis and Prigogine］；参见本跋文注释〔33〕）。结构中所发生的这些变化乃是由它们的构成要素促成的；由于这些要素的行为有着一定的常规性，或者说它们有着遵循规则的能力，所以当该结构因受到外部影响而遭到侵扰的时候，这些要素的个别行动便会促使整个结构恢复到有序的状态。因此，我在此前的一部论著中所说的进化与自生自发秩序这对孪生概念（twin concepts of evolution and spontaneous order），[29]能够使我们根据模式间的一种复杂的互动关系——唐纳德·坎贝尔（Donald Campbell）教授称其为“向下的因果关系”（downward causation）[30]——而不是根据单向因果律（one-directional laws of cause and effect）这个简单观念对这些复杂结构的持续性现象做出解释。

这个洞见在很大程度上改变了我们解释这类复杂现象的路径（approach），也大大改变了我们对我们努力解释这类复杂现象所能成就的限度的认识。需要特别指出的是，那种探求定量关系（quantitative relationships）的路径，在解释两个变量或三个变量之间的相互依存关系方面确实是十分有效的；但是，我们现在没有理由相信那种探求定量关系的路径也能够对我们解释自我维续的结构（self-maintaining structures）——这类复杂的结构完全是因为它们有着自我维续的特性而存在的——大有助益。[31] 在这些自我自发秩序当中，最为重要的秩序之一便是范围日益扩大的劳动分工秩序；这种劳动分工秩序意味着，那些互相不知道且彼此不认识的人之间的活动是可以相互调适的。亚当·斯密根据反馈机制之作用（operation of feedback mechanism）的原理，最早认识到了这个构成现代文明的重要基础，实际上还预见到了我们现在称之为控制论（cybernetics）的东西。[32] 在过去，许多人都是通过有机论来解释社会现象的，就是试图通过把某种未加解释的秩序与另一种同样未加解释的秩序作类比的方式来阐释前者；然而，这种曾一度盛行的解释方法现在被系统论（system theory）取代了——这种系统论最初也是由我的另一个维也纳朋友路德维希·冯·贝特朗菲（Ludwig von Bertalanffy）和他的许多追随者提出来的。[33] 人们正是通过这种系统论揭示出了那些不尽相同的复杂秩序所具有的共同特征；当然，信息与沟通理论（information and communication theory）和符号学（semiotics）也都对这些复杂秩序进行了讨论。[34]

特别需要指出的是，为了对庞大的社会系统的经济方面给出解释，我们所必须阐明的并不是一种由一系列可确定的数据所决定的假设性的均衡状态（hypothetical state of equilibrium），而是这样一股洪流的脉络：这股洪流作为一个整体持续不断地与各种环境的变化相调适，每个参与这股洪流的个人所能够知道的也仅仅是这些环境中的一小部分。此外，大多数经济学家在今天仍然热衷于使用的那些统计测量数字，或许从历史事实的角度来看是颇具意义的；但是，对于从理论上解释那些自我维续的模式来说，这种量的资料却是没有多大意义的：正如我们所知，当人体生物学所侧重解释的恰恰是那些碰巧被拿到解剖室里的不同人的人体器官（比如说胃和肝）的不同的尺寸和形状（它们与教科书中所确定的标准尺寸或形状极不相同而且也只是偶尔相似）的时候，上述那种量的数据对于这种人体生物学也是没有多大意义的。[35]显见不争的是，这些数值与这种系统所具有的功能之间并不存在什么关系。

行为规则的层级[36]

现在，让我们还是回过头来对本文的核心论题做一番讨论：三种不同且独立的过程分别发展出来的规则之间的差异，**造成了一种重叠的规则结构：它并不只是由三层规则而是由多层规则构成的，**亦即与文化进化所经历的前后相继阶段中留存下来的那些传统的层级数量相当。当然，规则层级的不断重叠造成了它们之间的冲突；结果，现代人备受这些矛盾冲突的折磨，但是值得注意的是，这些矛盾冲突并不只是困扰现代人，还迫使他们做出了愈益升级的进一步变革。当然，在这个重叠的规则结构中，第一层乃是顽固的规则层级，也就是那种无甚变化的因遗传而继受下来的“本能”驱动之基础——这些“本能”驱动是由人的生理结构所决定的。第二层乃是人类在其经历的前后相继的社会结构类型中所习得的各种传统的全部留存规则，也就是人们并不曾刻意选择但广为传播和盛行的那些规则；这些规则之所以得到传播和盛行，实是因为某些惯例促成了某些群体的繁荣，还致使它们的规模得到扩大（这些群体的扩大也许更多地是凭靠它们对群体外的人的吸引，而不是靠群体内部人口的迅速增长）。第三层，也就是这个重叠规则结构中的最高一层；这是一个较薄的规则层，其间所包括的乃是人们经由刻意采纳或刻意修正用来服务于那些明确且已知的目的的那些规则。

人们之所以能够从小群体过渡到定居的生活共同体，并最终过渡到开放社会和步向文明，实是因为人们学会了遵循某些同样的抽象规则，而不是因为他们受着那些追求即时性共同目的的先天本能的指导。人们所具有的这类先天性的欲求，对于小群体的生活状况来说是颇为合适的；因为正是在这种小群体的生活过程中，人们培育并形成了自己的神经结构，这种神经结构直到今天依旧是人类所特有的典型特征。这些先天性的结构乃是在大约五万个世代的岁月里逐渐融入人的机体之中的，也是与当时的生活极其适应的；然而需要指出的是，当时的那种生活，与人类在过去五百个世代——对我们当中的大多数人来讲，实际上只有大约一百个世代——中为自己创造的生活条件大为不同。因此，把这些“自然的”本能与“动物的”本能等而视之，而不是将之与典型的人的本能或好的本能混为一谈，很可能会更确切一些。我们认为，人们把“自然的”（natural）这个术语普遍当作一个褒义词来使用的做法，有着很大的误导性，因为人们在较为晚近的时候所习得的那些规则，其主要功能之一便在于用一种型构大社会所必须依凭的方式去约束那些先天的或自然的本能。人们依旧倾向于假定自然的就必定是好的；但是在大社会中，事实远非如此。使人变成好人的因素，既不是自然（nature），也不是理性（reason），而是传统（tradition）。实际上，在人种的生物天赋中并不存有多少共同的人性。但是，大多数群体为了融入较大的社会之中，就不得不去学习或获取某些相似的习性；换言之，事实更可能是这样一种情势，即那些没有如此行事的群体被那些如此行事的群体消灭了。尽管我们仍然还保有着原始人的大多数感情特性，但是原始人并不完全具有我们所具备的感情特性，或者说，原始人并不具有我们所具有的那些自我约束的品格，正是这一点才使得文明的形成有了可能。遵循习得的规则，不是直接追求即时性需求或眼前的目的，成了人们约束那些不适合开放社会之秩序的自然本能的必由之路。当然，人们在今天仍旧在反抗着这种“规训”（discipline；该词在词典上的含义中有一项是“行为规则系统”）。

那些维续着开放社会的道德规范，并不会同时有助于满足人的情感——当然这也从来不是进化的目的；它们只是发挥一种信号的作用，告知个人在他们生活于其间的那种社会中应当如何行事。实际上，人们直到今天也没有充分理解这样一个问题，即人们之所以有必要从文化上选择新习得的规则，主要的目的就在于抑制某些先天性的规则（innate rules），因为这些先天性的规则只适合于十五人到四十人组成的小群体的狩猎生活和采集生活（这种小群体在一个首领的领导下坚守一块领地并抵御任何外敌的入侵）。从这个阶段开始，任何进步实际上都必须以遏制或抑制某些先天性的规则为基础，还必须代之以一些新规则，亦即能够使较大群体的活动得到彼此协调的那些新规则。文化进化过程中的大多数进步，正是通过一些个人不断打破某些传统的规则并实践新规则而成为可能的；然而，这些个人之所以如此行事，并不是因为他们知道这些规则是更好的规则，而是因为按照这些新规则行事的群体要比其他群体更兴旺发达。[37]我们千万不要因为这些规则在过去常常呈现为巫术形式或仪式化形式而感到惊讶。在当时，获准加入一个群体的条件，就是接受该群体的一切规则，尽管甚少有人知道对某项特定规则的遵循究竟会产生什么结果。此外，当时的每个群体也只有一种公认的规则，而且也甚少有人试图对规则的有效性与道德可欲性（moral desirability）进行界分。

习惯性规则与经济秩序

根据行为规则的变化来阐释人类文明所经历的不同经济秩序的替换或接续问题，是极具意义的，但是我不可能在这里进行这一尝试。行为规则的变化，在很大程度上是通过放宽禁令的方式使经济秩序的进化成为可能的：这就是个人自由的进化以及那些保护个人而不是命令个人去做特定事情的规则的发展过程。毋庸置疑，容忍与外人进行易货交易，承认具有明确界限的私有财产权（尤其是土地所有权），实施合同之义务（contractural obligations），允许人们与同行中的工匠展开竞争，允许原有的习惯性价格上下波动，以及允许货币借贷等做法，最初都是在打破习惯性规则（customary rules）的情况下完成的——自此以后，大量类似的习惯性规则也就不再为人们所欢迎了。那些打破成规的人，亦即那些成为开路先锋的人，肯定不是因为他们认识到了新规则会对他们所在的社会有助益而引进那些新规则的；相反，他们只是率先采取了一些对他们自己有利的规则，这些规则在事后被证明是有助于那些盛行这些做法的群体的。例如，皮尤博士便极为确当地指出：

> 在原始人的社会中，“分享”（sharing）乃是一种生活方式。……他们所分享的东西不只限于食物，还包括各种资源。这种做法的实际结果是，在这种社会内部，社会成员对稀缺资源的分享大体是按其需求的比例来实施的。这种规则可以反映出人类在向狩猎经济过渡的期间所形成的某些先天的且为人类所独有的价值。[38]

在人类发展的那个阶段，事实很可能真是如此。但是，人类为了过渡到市场经济和开放社会，他们就不得不否弃他们业已确立的那种“分享”习惯。为了实现这种过渡而采取的一切步骤，都是对那种支配着小群体的“团结一致”（solidarity）的破坏；毋庸否认，即使到今天，这类“破坏性”的措施还常常会遭到一些人的怨恨，但是，这类“破坏性”的措施是人类步向几乎所有在今天被我们称为“文明”的状态的必要步骤。在人类社会从熟人社会（face-to-face society）[39] 向卡尔·波普尔爵士确当称之为的抽象社会[40] 过渡的过程中，发生了翻天覆地的变化，但是直到今天，人们也没有完全理解这种变化的意蕴。在波普尔所谓的那种抽象社会中，指导人们与陌生人交往的因素，已不再是那些熟人的已知需求，而是那些抽象的规则和非人格信号（impersonal signals）。正是这类变化，才使得专业化的发展有可能远远超出任何一个人所能察知的范围。

即使在今天，绝大多数人（恐怕还包括许多所谓的经济学家）都尚未理解这样一个道理，即这种以广泛分散的信息为基础的范围广大的社会劳动分工，完全是凭靠人们对那些源于市场过程的非人格信号的运用成为可能的，因为那些信号能够告诉人们采取什么样的行动才能够使他们的活动与他们并不直接知道或了解的事件相调适。显而易见，在一个范围广大的劳动分工的经济秩序中，指导人们行动的因素已不再可能是对即时性的共同目的的追求，只能是对抽象的行为规则的遵循——以及我在本书前两卷中力图阐明的在这类个人行为规则与某种秩序之型构之间的全部关系；然而需要指出的是，就是这样一种极为深刻的洞见，在今天仍然遭到了大多数人的拒绝。一般来讲，最有助于社会之正常运转的因素，乃是人们所继受的那些传统规则，而不是那种在本能上被认为是正确的东西，也不是那种从理性上被认为是有助于具体且已知的目的的东西——这正是在我们这个时代占居支配地位的唯建构论所拒绝接受的一个不争的事实。当现代人发现他的先天本能并不总是能够把他引向正确方向的时候，他至少会自以为是地宣称，正是他的理性使他认识到了一种不同的行为会更好地服务于他的先天价值。有论者认为，在满足自己先天性欲求的过程中，人类便已然有意识地建构起了一种社会秩序。然而，这种观点是错误的，因为我们知道，如果在本能与理性设计之能力之间不存在文化进化，那么人类就不可能拥有使他在今天有可能去尝试建构这种社会秩序的那种理性。

人并不是因为明智而采纳了新的行为规则；实际上，人恰恰是因为遵循了新的行为规则而变得明智起来。现在，我们必须强调指出，那些对人类最有助益的制度（从语言到道德及法律的制度），不仅从来就不是他们发明出来的，而且直到今天，他们还没有明白为什么他们在这些制度既不满足其本能也不满足其理性的情况下还应当对其维护。我们之所以有必要一再强调这个最为重要的洞见，实是因为许多唯理主义者仍在拒斥这个洞见，甚至还倾向于把这个洞见归入迷信的范畴。文明的基本工具——语言、道德、法律和货币——都是自生自发秩序的结果，不是设计的结果；然而，有组织的权力机构完全控制并彻底腐化了其间的后两项工具：法律和货币。

尽管左派倾向于把所有这样的努力都统统贴上“卫道辩护”（apologetics）的标签，但是确定无疑的是，努力发现那些并非我们刻意制定的规则的重要意义（我们正是通过遵循这些规则而形成了远非我们的理解力所能企及的复杂秩序），依旧是我们在智识方面最为重要的任务之一。我早已指出，人类在本能引导下追求的那种快乐，肯定不是进化为之服务的目的，只是这样一种信号：在原始的条件下会促使个人去做维续本群体之生存通常必需做的事情，但在当前的条件下不再能够发挥这样的作用。因此，那些从当下的规则是否有助于个人快乐这一点来推断它们是否有效的唯建构论功利主义学说，是完全错误的。当代人已然学会遵循的那些规则，确实使人口的大规模激增有了可能；这一点是否也增加了每个个人的快乐，我无甚把握。

自由的规训

人类的发展并不是在自由状态中进行的。那种为了生存而不得不死守着小群体的成员，根本就不是自由。**自由乃是一种文明的造物：**它把人从小群体的羁绊中解放出来——因为我们知道，这种小群体所具有的即时性反复无常的要求，根本无法使个人获得自由，即使是小群体的头领也不得不对之臣服听从。自由乃是经由**那种同时也是自由的规训**（discipline of freedom）**的文明的规训**（discipline of civilization）**的进化**而成为可能的。自由一方面通过非人格的抽象规则（impersonal abstract rules）来保护个人，并使他们免受其他人的专断暴力的侵犯；另一方面能够使每个个人都去努力为自己营造一个任何其他人都不得干涉的确受保护的领域，其间，每个人都可以运用自己的知识去实现自己的目的。据此我们可以说，我们之所以享有自由，实是因我们对自由的约束所致。“因为”，约翰·洛克如是说，“当任何一个人都可以对某个人颐指气使的时候，还有谁能够享有自由呢？”（参见洛克：《政府论》下篇，第五十七节）

从熟人社会（或者至少是由彼此相识和可辨识的人组成的群体社会）向开放且抽象的社会的过渡，乃是一场巨大的变革，因为：第一，开放且抽象的社会凝聚在一起已不再是经由追求共同且具体的目的，只是通过服从同样的抽象规则；第二，不仅这场巨变所产生的那种社会秩序越来越难以理解，人们为了维续此种社会秩序不得不服从的那些习得的规则，也往往是与人们的先天性本能相反的。[41]这里最难理解的很可能是这样一个问题，即一个开放且抽象的社会所具有的惟一的共同价值并不是那些有待实现的具体目的，只是那些能够确使一个抽象秩序得到持久维续的共同的抽象行为规则：这种抽象秩序只保证向个人提供他得以实现其个人目的的较好前景，而不赋予个人以要求特定东西的权利。[42]

为维护狩猎者小群体和采集者小群体必须采取的行为，与一种以交换为基础的开放社会所预设的行为，是极其不同的。值得我们注意的是，虽说人类耗用了千百万年的时间去学习，并以遗传的方式去吸纳那些为维续小群体所必需的回应能力，但是对于开放社会的兴起来说，人类必须满足另外两个条件：一是人类必须经由学习而掌握新规则；二是某些新规则必须有助于抑制人类所具有的那些不再适合大社会的本能反应。人们之所以支持这些新规则，并不是因为他们意识到了这些新规则更具实效。**我们的经济制度从来就不是我们设计的，因为我们的智识还不足以承担此项任务。**我们乃是在无意或偶然之中迈入这种经济制度的，但是这种经济制度把我们推到了一个始料未及的发展高度，并激起了我们更大的雄心和抱负；需要指出的是，如果我们无视我们理性的限度，那么这种雄心和抱负便有可能促使我们把我们的制度引向毁灭。

那些一方面只承认先天倾向另一方面又只承认那些刻意设计的规则系统的人，肯定是无法理解这种发展趋势的。此外，任何不了解市场的人，也是绝对不可能设计出一种能够维续现有人口之生计的经济秩序的。

在当时，这种以交易为基础的社会之所以有可能，通过可变的市场价格对广泛的劳动分工间的合作进行指导之所以有可能，都是以这样一个事实为基础的，即经由逐渐演化而形成的某些道德信念在众人之间的不断传播，并在传播以后被大多数西方人的接受。显而易见，那些主要由独立的农场主、手艺人和商人构成的群体肯定习得了这些规则，而且这些人的雇员和学徒也肯定习得了这些规则，因为这些雇员和学徒与他们各自的主人有着同样的日常经验。这些规则所坚守的乃是这样一种“意索”（ethos），它尊重勤俭节约者、善理农务者和家庭生计提供者——这些人乃是通过积累资本的方式来考虑或安排自己家庭的未来生活和筹划自己的未来工作，指导他们行动的与其说是他们想能够消费更多东西的欲求，倒不如说是他们想被那些与他们追求类似目的的人视作是成功者的希望。[43]在当时，真正使市场秩序得以维续的乃是成千上万实践新规则的个人，而不是他们会去模仿的那些偶尔取得成功的创新者。市场秩序的惯例实际上还隐含有这样的意思，即为了满足成千上万的不确定的任何人的未知需求，个人可以拒绝向自己熟识的贫困邻人提供他们可能需要的东西。据此我们可以说，财政收益（而不是对某种已知的共同善［common good］的追求），不仅构成了人们达成共识的基础，也成了推动总财富不断增长的驱动力。

被抑制的原始本能的重现

在当下的西方世界，越来越多的人都是作为大组织的成员成长起来的，因此，他们对于那些使开放的大社会成为可能的市场规则也是极为陌生的。对他们来说，市场经济在很大程度上是难以理喻的；他们从不实践市场经济赖以为基础的规则，而且市场经济的结果在他们看来也是非理性的和不道德的（irrational and immoral）。他们从市场经济中往往只能看到一种由某种邪恶力量维持的专断结构；结果，他们身上所具有的那些一直受到抑制的先天性本能又重新爆发出来。据此我们可以说，他们对正义分配的诉求（有组织的权力将在这种分配方式中被用来分派每个人应当得到的东西），严格来说，乃是一种以原始情绪为基础的返祖现象（an atavism）。此外需要指出的是，那些先知先觉者、道德哲学家和唯建构论者在炮制他们刻意创造新型社会的计划的时候，所诉诸的也正是这些广为盛行的原始情绪。[44]

值得我们注意的是，尽管这些人所诉诸的都是同样的情绪，但是他们的论辩大相径庭，从某些方面来看甚至还是彼此矛盾的。一些论者建议重新起用那些在久远以前便开始盛行而且在今天依旧为人们感到亲切的古老规则；另一些论者则试图建构一些能够更好地满足个人先天性欲求的新规则。一般来讲，宗教先知先觉者和道德哲学家在任何时候都是反动者，因为他们捍卫旧规则并反对新规则。在世界上的大部分地区，开放型市场经济的发展，长期以来一直都受着宗教先知先觉者和道德哲学家所鼓吹的道德观念的阻碍，而且需要强调指出的是，这些宗教先知先觉者和道德哲学家甚至早在政府采用措施干预市场经济之前，就已经开始运用这种道德观念去干扰市场经济的发展了。**我们必须承认，现代文明之所以有可能产生和发展，在很大程度上就是因为人们无视那些满怀愤恨的道德说教者所确定的禁令。**正如法国历史学家让·贝希勒（Jean Baechler）所确当指出的那样，**"资本主义得以扩张的根源及其存在的理由，须归于政治上的无政府状态**（political anarchy）"[45]。就中世纪的情势来看，事实的确如此；然而，中世纪的人们可以从古希腊人的教诲中汲取养份：古希腊人——在某种程度上也是因为政治上的无政府状态——不仅发现了个人自由和私有产权，[46]还发现了这二者之间不可分割的特性，[47]并据此创造出了第一个自由人的文明。

显而易见，当那些宗教先知先觉者和道德哲学家（从摩西［Moses］到柏拉图和圣·奥古斯丁［St Augustine］，再从卢梭到马克思和弗洛伊德［Freud］）反对那些普遍盛行的道德观念的时候，他们实际上根本就不知道自己所谴责的那些惯例，在使他们本人置身于其间的那种文明成为可能的方面究竟起到了多大的作用。此外，他们也完全不知道，实际上正是那些作为告知个人如何行事之信号的竞争性价格和酬报的系统，通过向个人提供信息并使他们知道如何能够为他们可能不认识的其他人提供最好的服务（在如此行事的过程中，他们知道如何能够最好地运用他们本人并不直接知道的那些机会），才使得范围极其广泛的专业化过程具有了可能。当然，他们更不会理解，那些被他们谴责的道德信念，与其说是市场经济进化的结果，倒不如说是它的原因。

然而，宗教先知先觉者所具有的最为严重的问题是他们持有的这样一个论点，即那些凭直觉认知到的和从人们心灵深处推演出来的伦理价值乃是恒定不变的。正是他们所持的这个论点使他们无法认识到：第一，所有的行为规则都是为某一特定种类的社会秩序服务的；第二，为了免遭分崩瓦解，每种社会都肯定会认为有必要强制实施自己的行为规则，但是需要指出的是，并不是拥有某种给定结构的社会创造了适合于它自己的规则，而是由少数人先行实践尔后又为许多人所效仿的那些规则创造了某种特定类型的社会秩序。传统并不是某种恒定不变的东西，而是一个优胜劣汰之选择过程的产物——当然，这个选择过程并不是由理性决定的，而是由成功指导的。传统是变化的，但是鲜能被人们加以刻意的改变。文化进化过程并不是一种理性的过程；它不仅不受理性的指导，而且还创造理性。

上述所谓道德规则是恒定不变的论点，当然在某种程度上还得到另外一种观点的支持；这种观点认为，既然我们的整个道德体系都不是我们设计的，那么我们也只能够对这个体系做整体的改变。〔48〕众所周知，千百万人的活动之所以能够得到协调，乃是因为它是以一种自生自发的行动秩序为依凭的，但是，至于我们的道德体系究竟如何维续这种行动秩序，我们实在是知之甚少。〔49〕再者，由于我们认为我们的社会秩序乃是以一种我们只在部分上理解的规则传统为基础的，**所以一切进步也都必定是以传统为基础的**。我们必须立足于传统，对于传统的产物，我们也只能略做调整。〔50〕只有当我们认识到某项特定的规则与我们所拥有的其他道德信念发生冲突的时候，我们才有正当理由去否弃该项业已确立的规则。甚至一个打破规则的人在创新方面获得的成功，以及那些效仿该成功者的人对他的信任，也都不得不以他在严格遵循绝大多数现行规则的过程中所赢得的敬意作为基础。为了获取合法性，新规则必须得到整个社会的认可——当然，这种认可并不是通过正式投票的方式表现出来的，而是通过人们在行动中渐进地接受的方式表现出来的。毋庸置疑，我们必须不断地考察和检视我们的规则，并随时准备对它们当中的任何一项规则提出质疑，但是我们始终只能根据它们与整个规则系统中的其他规则是否一致或相容的标准来展开这项工作，也就是看它们在帮助型构所有其他的规则都为之服务的那种整体行动秩序的方面是否有效。[51]据此我们可以说，行为规则肯定有改进的余地，但是我们不能对它们进行重新设计，只能够进一步推进它们的进化和发展，尽管我们对此进程并不完全理解。

道德规范相继发生的那些变化，不是一种道德的沦丧，而是自由人组成的开放社会得以兴起的一个必要条件，尽管它们常常会伤害人们继受来的那些情感。人们对于这个问题的含混认识，最明显地表现在这样一个方面，即人们通常都把“利他的”（altruistic）与“道德的”（moral）这两个术语等而视之，[52]还（尤其是社会生物学家们[53]）不断地把“利他的”这个术语滥用来指称那种令行动者本人感到不快或对他有害但对社会有益的行动。伦理并不是一个选择的问题。我们不曾设计过伦理，也没有能力设计它。或许，我们的先天性本能只表现为我们害怕我们的同胞对我们的言行表示不满。事实上，我们经由学习而遵循的那些规则，乃是文化进化的结果。我们可以通过寻求调和规则系统内部的冲突或它与我们感情之间的冲突而努力改进我们的规则系统，但是本能或直觉并不能使我们拒绝遵循现行道德规范系统所提出的某项特定要求，而且也只有当我们认真负责地把该项要求当作由其他要求构成的系统中的一部分加以评判的时候，我们才可能使违反该项特定规则的行为获得道德上的合法性。

然而，就当下的社会而言，根本不存在“自然的善”（natural goodness），因为依凭人的先天性本能，人是决不可能营造出作为现有人口生存之基础的文明的。为了能够建造出这样的文明，人们不得不割舍许多对于小群体来说是好的情感，还不得不做出自由之规训要求人们做出的种种牺牲——尽管他们痛恨做出这类牺牲。抽象的社会乃是以习得的规则为基础的，而不是以追求那些即时性可欲的共同目的为基础的：仅为熟人做好事，不可能使整个社会获得最大的益处，惟有遵循该社会中所盛行的那些抽象且目的不涉的规则，才可能使整个社会获得最大的益处。然而，遵循抽象规则却甚难满足我们所具有的那些根深蒂固的情感；或者说，只有当这种做法使我们赢得我们同胞的尊敬的时候，它才能满足我们的这种情感。[54]

进化、传统和进步

到目前为止，我一直都小心翼翼地避免把进化（evolution）与进步（progress）视作是一回事。但是，在我们明确知道正是传统的进化使得文明成为可能以后，我们至少可以说，自生自发的进化乃是进步的一项必要条件，即使不是一项充分条件。显而易见，这种自生自发的进化产生了许多我们不曾预见且我们见到也不会喜欢的东西，但是这种进化也确实给越来越多的人带来了他们长期以来一直在追求的东西。我们之所以常常不喜欢这种进化，实是因为伴随着这些新的可能性的出现，还始终会产生一种新的戒律或规训。在很大程度上讲，人乃是在违背自己意愿的情况下变得文明起来的。当然，这是人们在过去为了能够养活更多的孩子必须付出的代价。我们特别厌恶经济性的规训（economic disciplines），而且经济学家也常常被指责为过高估计了经济在此一进化过程中的重要性。自由社会不可或缺的那些规则，确实向我们提出了许多令人不快的要求，例如要求我们承受来自其他人的竞争，要求我们看着并承受其他人比我们更富有的情形，等等。但是，如果有人认为经济学家是想把所有的东西都用来服务于经济目的的话，那实是一种误解。严格来讲，任何终极目的都不是经济性的目的，而且我们追求的那些所谓的经济目的至多也只是些居间性目的（intermediate goals）：这些居间性目的告诉我们，为了实现那些在终极意义上并非经济性目的，我们应当如何向其他人提供服务。[55]再者，正是市场这种规训迫使我们进行计算，也就是说，迫使我们对我们在追求自己目的的时候所使用的资产进行负责。

颇为遗憾的是，社会效用并不是根据任何一项正义规则进行分配的；这是因为如果要根据正义规则进行分配，那么我们惟有一途可循，那就是让某个权力机构来实施这样的分配：向特定的个人分派具体的任务，并根据他们在执行命令的时候所表现出来的效忠程度和卖力程度来奖赏或酬报他们，但是同时剥夺了他们为了实现自己的价值而运用自己知识的机会。任何试图使不同服务的酬报与我们所具有的那种原始的分配正义观念相符合的努力，都必定会使我们无法有效地运用那些分散的个人知识，还注定会摧毁我们所说的那种多元社会（pluralistic society）。

我并不否认，进步的速度也许快得超过了我们所希望的程度，如果进步的速度慢一点，那么我们也许能够更好地消化或适应这种进步。然而，颇为遗憾的是，**进步是不能够按量调配的**（经济增长同样是不能够按量调配的）。就此而言，我们只能为进步创设一些有利的条件，并希望获得最好的结果。[56]虽说人们可以通过政策来促进或抑制进步的速度，但是任何人都无力对实施这类政策措施的结果做出准确的预测；在我看来，任何自称知道进步之可欲方向的人，都是狂妄自负之徒。受指导的进步，就不是进步。所幸的是，文明已然摆脱了集体控制的可能性，否则我们极可能把文明扼杀掉。

我已听到一些当代的知识分子对这类强调传统的观点所做的抨击，他们使用的杀手锏便是把这些观点统统称之为“保守思想”（conservative thinking）。但是，在我看来，使以往的进步成为可能并且还会使未来的进步成为可能的因素，无疑就是那些有助于使某些特定的群体强大起来的道德传统，而不是智识上的设计。把进化局限在我们所能预见的范围之内，肯定会终止进步；因此我们可以说，正是自由市场所提供的那种有利的框架，才使得更好的新情势有了发生的机会。但是出于种种原因，我无法在这里对这种框架做进一步的讨论了。

建构新的道德规范以服务于原始本能：马克思

在反动的社会哲学家当中，真正的领袖当然是那些唯社会论者。的确，整个唯社会论都是那种复活原始本能之趋势的结果，虽说大多数唯社会论者都十分精明，他们不至于自欺欺人地认为，在大社会中，原始本能仍能够通过重新确立那些曾经支配原始人的行为规则而得到满足。因此，这些唯社会论者便加入与之相反的阵营之中，致力于建构新的道德规范以服务于人的原始本能。

只要我们对马克思认定资本主义生产“混乱不堪”的原因进行探究，那么我们便可以极为清楚地认识到，马克思究竟在多大程度上完全没有意识到适当的个人行为规则促使大社会秩序得以型构的那种方式。当然，正是马克思的劳动价值论（labour theory of value），致使他无法认识到价格所具有的那种信号功能——实际上，正是经由价格所具有的这种传递信息的作用，人们才会知道自己应当做什么事情。马克思试图探寻价值的物理性原因（physical cause），结果毫无所获，因为这使他把价格视作是由劳动成本决定的——就是由人们在过去的所作所为决定的，而未能把价格视作是一种会告知人们为了能够卖掉他们自己的产品而必须做什么事情的信号。结果，直到今天，马克思主义者还完全无法理解那种自我生成的秩序，或者说，完全无法认识到一种不具有任何决定其方向之规律的优胜劣汰性进化过程是如何能够形成一种自我指导的秩序（self-directing order）的。实际上，中央的指导或指令根本就不可能激励个人持续不断地根据千百万其他人对各种事件所掌握的日益变化的知识做出调适，也无法实现有效的社会劳动分工；除此以外，马克思的整个方案还因为他所持有的这样一种幻想而蒙遭侵损：在自由人组成的社会里，亦即在一个由市场所提供的报酬告知人们如何行事的社会里，产品可以根据某些正义规则进行分配。

然而，如果说社会正义这个幻想早晚必定会破灭的话，[57]那么唯建构论道德观念中最具破坏性的因素便是平均主义（egalitarianism）——当然，我们不能把这种平均主义也怪罪于马克思。平均主义之所以最具破坏性，不仅是因为它无法向个人提供任何信号（这种信号仅凭其自身的作用便能够为个人提供一种选择自己努力方向的机会），更是因为它扼杀了一种能够促使自由人去遵循道德规则的激励因素：他们的同胞给予他们不同程度的尊敬。众所周知，一个自由社会的基本预设是，人们必须根据同样的规则来审判和对待所有其他的人（亦即法律面前人人平等）；然而，这种预设完全不同于这样一种要求，即政府应当以不同的方式来对待不同的人，进而把他们置于同样的物质地位上。需要指出的是，人们之所以从遵循前者转向主张后者，实是因观念混淆所致；但是，囿于种种原因，我无法在这里对这种可怕的观念混淆问题进行仔细分析。对于那种必定会用强制性权力来决定工作分派和收入分配的唯社会论制度来说，上述那种以不同方式对待不同人的规则很可能是惟一的“正义”规则。平均主义的分配方式必定会导致这样两个结果：一是把个人决策（即他应当以何种方式把自己融入普遍行为模式之中的决策）的整个基础摧毁掉；二是把赤裸裸的命令作为整个秩序的惟一基础。

值得我们注意的是，正如道德观点会创生相应的制度一样，制度也会催生相应的道德观点。此外，一如前述，在当下盛行的无限民主制度中，那种实施平均主义分配措施的权力还酿成了为特定群体谋利的必然性；正是在这种制度中，政府甚至都不得不向一些肯定会摧毁所有道德观念的要求做出让步。尽管唯社会论的实现会使私人道德行为的范围大大萎缩，但是值得我们注意的是，满足大群体所提出的各种要求的政治必然性注定会使所有的道德观念都蒙遭沦丧和毁灭。

不同的人会因为其遵守公认的道德规则的程度不同会受到其同胞不同的评价；这种不同的评价构成了所有道德规则的基础。正是这一点把道德行为变成了一种社会价值。就像一个社会中普遍盛行的所有行为规则一样（对这些行为规则的遵守乃是个人成为社会成员的条件），要使人们接受这些道德规则，必须把它们平等地适用于所有人。这意味着，道德规则要得到维护，还必须对遵守道德规则的人与不遵守道德规则的人做出区分，不论特定的人为什么要违反这些道德规则。**道德规则乃是以追求出类拔萃并且承认某些人在这个方面比其他人更成功为预设的，但并不要求我们追究那些永远都无法知道的原因。**那些遵守道德规则的人之所以被认为是更好的，实是因为他们与那些不遵守道德规则的人相比具有更优的价值，因此，遵守道德规则的人也就不愿意把那些不遵守道德规则的人接纳到自己的圈子里。做不到这一点，道德规则就无法存在下去。

如果人们不可以把那些经常不遵守道德规则的人从遵守道德规则者的体面生活圈子里驱除出去，甚或人们不得制止自己的孩子与那些有坏习惯的人混在一起，那么道德规则是否还有可能得到维护呢？对此我甚感怀疑。正是由于群体之间的彼此分立以及它们在接纳人的原则方面不尽相同，对道德行为的赞同才可能具有意义。民主的道德规则可能需要以这样一个前提为基础，即一个人的言谈举止必须诚实正派，除非他证明不这样做是有道理的——但是民主的道德规则无法做到这一点：在要求我们不遵守基本的自由规训的同时仍能够使道德信念得到维护。

一个有良知有勇气的人的情况下也许偶然会决意冒犯公众舆论并无视某项他认为是错误的特定的道德规则，但是这种做法必须以此为条件，即他能够通过认真遵守所有其他的道德规则来证明他在一般意义上对社会中盛行的那些道德规则是极其尊重的。但是，如果有人因为公认的道德规则缺乏不言自明的正当性理据而从整体上置这些道德规则于不顾，那么这种做法不只是毫无道理的，也是不容原谅的。这是因为判定特定规则的惟一依据，便是这些规则与人们普遍接受的大多数其他规则是否相容或是否冲突。

人们所处的环境能够把一些人变坏，这当然是很糟糕的事，但是这并不能改变这样一个事实，即他们是坏人而且也必须被当作坏人来对待。一个决心悔改的坏人也许会得到宽恕，但是只要他继续违反道德规则，那么他就注定只能是一个遭人蔑视的社会成员。罪行未必是贫困的产物，因而也就不能用环境来为罪行开脱。许多穷人要比许多富人诚实得多，中产阶级的道德规则从一般意义上讲也很可能要比富人所具有的道德规则好得多。但是无论如何，从道德上来说，一个违反规则的人必须被视作是坏人，即使他对这些规则知之甚少。此外，一个人为了被另一个群体所接纳而常常要学习许多东西，这在很大程度上是件好事。甚至对个人的道德赞许也不是以其意图而是以其表现为基础的，也必须以此为基础。

在一种由群体选择（group selection）所形成的文化中，实施平均主义原则肯定会扼杀文化的进一步进化。平均主义当然不是一种多数观点，而是政府在无限民主制度中必须谋得人们的支持（甚至是必须求得最坏的人的支持）而造成的一种结果。自由社会所信奉的一项不可或缺的原则认为，我们必须根据人们的行为是否合乎道德而对他们做出不同的评价，不论他们的行为未能合乎道德的原因是什么（因为人们永远都无法完全搞清楚个中的原因），但是平均主义所宣扬的是任何人都不可能比其他人更好。平均主义对此的论辩是，一个人之所以成为这个样子，并不是任何人的过错，而是“社会”的责任。正是凭着“这不是你的过错”（it is not your fault）这个口号，才使得那些煽动无限民主的宣传在一种唯科学主义心理学（scientistic psychology）的推波助澜下，渐渐得到了那些要求分享社会财富而又不服从该社会赖以存在之规训的人的支持。文明之所以得到维续，决不是因为它向那些违反道德规则的人赋予了“一种得到平等关注和尊重的权利”〔58〕。因此，为了维续我们的社会，我们既不能把所有为人们同样信奉的道德信念都视作是具有同等合法性的道德信念，也不能承认任何血亲复仇权、杀婴权甚或偷窃权，更不能承认任何其他与我们的社会运行赖以为基础的那些道德规则相违背的道德信念。一个个人之所以能够成为社会一员并获得权利，实是因为他服从该社会的规则。一个个人持有与我们完全相反的观点，也许能使他在其他的社会里赢得权利，却不能在我们的社会里获得权利。对于人类学来说，所有的文化或道德规则可能都是一样好的，但是我们是通过把其他的文化或道德视作较差者的方式来维续我们的社会的。

正是通过充分运用人类个体的无限多样性，我们的文明才蒸蒸日上；显而易见，人的多样性要比任何一种野生动物的多样性都大，[59]因为野生动物一般来说都不得不去适应一种特定的生态环境。一如我们所知，文化业已提供了各种各样的文化环境，正是在这些不尽相同的文化环境当中，人们所具有的那些无限多样的天赋或后天习得的智慧才能够得到运用。再者，如果我们想利用那些生活在世界上不同地区的个人所拥有的显著不同的事实性知识，那么我们就必须允许个人通过市场的非人格信号去获得信息，进而知道（为了他们的个人利益也是为了普遍利益）他们如何才能最好地运用这类信息。

人类之所以能够取得如此迅速的发展，最重要的原因便是个人天赋有着罕见的多样性；因此，如果人类居然想用一种扼杀个人天赋多样性的方式（亦即把一种强制性的平均主义方案强加给所有人的方式）去终止其自身的进化进程，那真是开了一个大大的历史玩笑，还是一个悲剧性的历史玩笑。

用科学的谬误去摧毁不可替代的价值：弗洛伊德

最后，我还要对那种用科学的谬误去不断地摧毁那些不可替代的价值的现象展开讨论；多年以来，这不仅越来越成了我主要关注的一个问题，也成了我深感担忧的原因之一。[60]显而易见，对那些不可替代的价值所做的抨击并不都出自唯社会论者，尽管我在这里所必须探讨的那些谬误大多都会导向唯社会论。实际上，唯社会论乃是从哲学、社会学、法学和心理学等相互关联的领域中所产生的各种纯粹的智识谬误那里得到支持的。在上述哲学、社会学和法学三门学科中，这类谬误大多源出于奥古斯特·孔德（Auguste Comte）所阐发的那种笛卡尔式的唯科学主义和唯建构论。[61]逻辑实证主义长期以来一直都在努力证明，所有的道德价值都是“毫无意义的”（devoid of meaning），甚至是纯粹“情感的产物”（emotive）；此外，逻辑实证主义还完全无视这样一种观念：由生物进化或文化进化选择出来的那些情感性的回应方式，对于一个发达社会的凝聚力来说具有至高无上的重要意义。再者，从唯科学主义和唯建构论渊源中衍生出来的那种知识社会学（sociology of knowledge），也试图以同样的方式贬损所有的道德观念，因为它声称这些道德观念的捍卫者乃是为了他们自己的利益而主张这些观点的。

尽管我们必须对社会学家所做的某些描述性工作表示感激——也许人类学家和历史学家同样有资格获得这种敬意，但是，在我看来，除了那些对特定类型的自然现象或社会现象进行研究的理论学科（theoretical disciplines）以外，无论是一门有关社会学的理论学科，还是一门有关自然学（naturology）的理论学科，都是毫无道理可言的。就此而言，我可以相当肯定地指出，那种主张人们应当凭靠自己的力量去建构社会（行为主义者 B. F. 斯金纳［B. F. Skinner］的观点就极为典型，因为他在今天就是用这些术语重新确认这个观点的）的知识社会学，完全误解了知识增长的过程。我在本书的前此章节中便已力图指出，法律实证主义无论是从观念上讲还是从历史上来看都是错误的，这是因为法律实证主义认为：第一，每一项法律规则都必是从某一有意识的立法行为中推演出来的；第二，所有的正义观念都是特定利益的产物。[62]

然而需要指出的是，精神病学者试图通过释放病人之先天本能的方式去医治病人而做的种种努力，对于文化有着最大的破坏力。我曾在前文赞扬过我的维也纳朋友波普尔、洛伦茨、贡布里希和贝特朗菲，但是我现在不得不承认，虽说卡尔内普的逻辑实证主义和凯尔森的法律实证主义是极其错误的理论，不过它们还远不是源自维也纳的最糟糕的学说。通过对教育所造成的深刻影响，弗洛伊德（Freud）很可能成了文化的头号破坏者。尽管在他的晚年，亦即在他所撰写的《文明及其不满》（*Civilisation and its Discontents*）[63]那本书中，他本人也似乎对他自己的学说所产生的某些影响感到很大的不安，但是他的那个基本目标（亦即消除那些从文化上习得的抑制因素并释放出先天的本能）还是为某些人对整个文明之基础进行最为致命的攻击铺平了道路。对文明展开的这场攻击运动大约在三十年前就已经达到了高潮，而且自那时成长起来的一代人在很大程度上也都是在这场运动所产生的各种理论的熏陶下长大的。就当时的情势而言，我在这里只能给读者提供一位论者对精神分析学派的基本观点所做的一种特定表述；这位论者就是在当时极具影响的加拿大精神病学家奇泽姆（G. B. Chisholm）博士，后来他还担任了世界卫生组织的首任秘书长。已故的奇泽姆博士曾在1946年出版了一本著作，并受到了美国法律界权威人士的高度赞扬；他在这部著作中主张：

> 我们应当根除那种一直被人们视作儿童教育之基础的是非观念，并且应当用智性的、理性的思维来取代人们对前人所肯定的诸多确然之事的盲目信任，［……因为］大多数精神病学者和心理学家乃至许多其他值得尊敬的人士都是在摆脱了这些道德枷锁以后才获得自由观察和独立思考的能力的。

他认为，把人类从“那种区分善恶的禁锢人之能力的负担”和“颠倒黑白的是非观念”中解放出来并由此决定人类不久之未来的境况，实是精神病学家的使命之所在。[64]

我们现在所收获的正是他们当年播撒的那些种子所结出的果实。一些人不仅声称自己是从某种他们不曾学习过的东西中异化出来的，还宣称要全力建构一种“反文化”（counter-culture）；这些不受驯化的野蛮人，实是放纵式教育（permissive education）的必然产物，因为这种教育不仅没有把文化的责任传递给后人，还独尊**野蛮人所具有的那种自然本能**。据 *The Times* 报道，晚近举行的一次由高级警官及其他专家参加的国际会议承认，当今的恐怖主义分子当中有相当一部分人学过社会学或政治科学和教育科学；[65]当然，当我获知这个消息的时候，我丝毫没有感到诧异。这是因为在当时，也就是那一代人成长起来的五十个年头中，英语世界的思想舞台实是由一些公开宣称自己从来就是而且还将继续是不道德主义者（immoralist）的人所支配的；因此，对于从这样一种思想背景中成长起来的一代人，我们究竟还能指望什么呢?

实在令人感到欣慰的是，在这股思想洪流还未能最终冲垮我们的文明之前，社会中便出现了一种抵制的力量，甚至在该思潮发源的领域内部也出现了一种反叛的力量。三年前，美国西北大学的唐纳德·坎贝尔（Donald Campbell）教授在向美国心理学会所做的题为“生物进化与社会进化之间的冲突”（“The Conflicts between Biological and Social Evolution”）的主席就职演讲中就曾明确指出：

> 如果说在当今的心理学领域中，一如我所宣称的那样，还存在着一个一般的背景性假设，即由生物进化所产生的人的冲动无论从个体角度还是从社会角度来看都是正确的和最可欲的，那些压抑性或抑制性的道德传统都是错误的，那么依我个人之见，亦即从一种大科学视角（enlarged scientific perspective）来看，这一假设现在可以被视作是一种科学上的谬误；这种大

> 科学视角源于对人口遗传（population genetics）与社会系统进化（social system evolution）的综合考察。……实际上，我们还没有充分理解那些可能具有无比重要价值的社会－进化的抑制性系统（social-evelutionary inhibitory systems），但是心理学可能正在成为侵损那些抑制性系统的帮凶。[66]

在做出上述阐述以后，坎贝尔教授又补充道，“因此，在为心理学和精神病学吸纳新学者的时候，也许应当挑选那些特别渴望向文化正统论提出挑战的人士”[67]。从坎贝尔教授这个演讲所引起的震动中，[68]我们完全能够洞察到上文所述的那些观点在当代心理学理论中的根基是何等的深厚。此外，叙拉古大学的托马斯·萨斯（Thomas Szasz）教授[69]和本国的 H. J. 艾森克（H. J. Eysenck）教授也做出了与坎贝尔教授类似的颇具助益的努力。[70]因此我们可以说，希望尚未完全破灭。

局面的扭转

只有当我们的文明否弃了上述那些谬误的时候，它才有可能逃离劫难而存续下去；如果我们的文明得以存续下去的话，那么我相信我们的后人在回顾历史的时候，会把我们这个时代视作是一个迷信时代（Age of Superstition）。换言之，我相信他们会发现，那些被人们广为接受的支配着 20 世纪的观念都是以严格意义上的迷信为基础的，这些观念包括：通过正义分配方案来实施计划经济；把我们自己从抑制性规则和传统道德规范中解脱出来（也就是以放纵式教育作为通向自由的路径）；用某个拥有强制性权力的机构所做的理性安排来取代市场。一个迷信时代，实际上就是人们想象自己知道的比自己实际知道的要多的那种时代。在这个意义上讲，20 世纪肯定是一个十足的迷信时代，其原因就在于人们高估了科学业已取得的成就；所谓人们高估了科学业已取得的成就，并不是说人们高估了科学在相对简单现象的领域中所取得的成就（因为在这个领域中，科学当然取得了巨大的成功），而是意指人们高估了科学在复杂现象的领域中所取得的成就，因为事实业已表明，把那些在相对简单现象的领域中被证明为大有助益的技术，同样适用于复杂现象领域的做法，是极具误导性的。

颇具讽刺意味的是，这些迷信在很大程度上乃是我们从理性时代（Age of Reason）继承下来的遗产所造成的一个结果，然而在过去，"理性时代"是它自己所认定的一切迷信的大敌。如果说"启蒙时代"（Age of Enlightenment）发现了人们在以往的智识建构中太过小视人之理性的作用，那么我们现在发现，我们这个时代为理性所设定的建构新制度的任务实在是太重太大了。众所周知，唯理主义时代（Age of Rationalism）以及现代的实证主义（modern positivism）把那些因偶然因素或人的突发奇想形成的构造物都视作是毫无意义的和荒谬的，然而正是这些构造物，结果在许多方面被证明是我们理性思考能力赖以依凭的基础。**人不是而且也永远不会是他自己命运的主宰：因为人的理性乃是通过把他引向他可以习知新东西的未知且未可预见的境况之中的方式而持续不断地取得进步的。**

在结束这篇跋文的时候，我越来越意识到，这不应当是终结更应当是一个新的开端。然而，我不敢奢望说这对我还可能是一个新的开端了。

注 释:

* 尽管按照最初的打算，我是想为本书专门写一个跋文的，但是我发现把以下数页的内容按照演讲形式来写要更容易一些；后来，我于 1978 年 5 月 17 日在伦敦经济学院的 Hobhouse 演讲中就此做了专题报告。为了不继续延误本书最后一卷的出版时间，于是我决定把这个演讲当作本书的跋文收录在这里。此外，这份讲演稿已由伦敦经济学院在 1978 年出版了单行本。

* * J. W. Goethe，*Dichtung und Wahrheit*，book XIV . 此段诗句的日期是 1774 年。

〔1〕New York，1977 and London，1978.

〔2〕参见他所撰写的不朽著作：*Sociobiology*，*A New Synthesis*（Cambridge，Mass.，1975 and London，1976）；就一种更为通俗的阐释，请参见 David P. Barash，*Sociobiology and Behavior*（New York etc.，1977）。

〔3〕G. E. Pugh，上引书，pp. 33. and 341；也请参见该书第 33 页的论述："首要的价值决定着个人在驱动之下所会采纳的次要标准的类型。"

〔4〕Huxley 所撰写的具有开拓性的著作：*The Courtship of the Great Crested Grebe*（1914），后来在 1968 年重版（London），并由 Desmond Morris 作序。

〔5〕K. Z. Lorenz 论著当中最为知名的著作是 *King Solomon's Ring*（London，1952）。

〔6〕N. Tinbergen，*The Study of Instinct*（Oxford，1951）.

〔7〕尤请参见 I. Eibl-Eibesfeld，*Ethology*（2nd edn，New York，1975），特别是 Wolfgang Wickler 和 Uta Seibt，*Das Prinzip Eigennutz*（Hamburg，1977）；但是，在我写完这部著作正文的时候，我还没有读到这两本著作。与此同时，我还应当提及 Robert Ardrey 所撰写的那些具有原创性的但尚未得到人们充分关注的著作，尤其是他的近作：*The Territorial Imperative*（London and New York，1966）以及 *The Social Contract*（London and New York，1970）。

〔8〕比如说，读者还可以参见 Desmond Morris，*The Naked Ape*（London，1967），导论："[人的] 古老的冲动在自己身上存在了千百万年，而他的新的冲动顶多也只有几千年的历史。"但是，传递或传播习得的规则的历史很可能有几十万年！

〔9〕参见拙文 "Dr Bernard Mandeville"，*Proceedings of the British Academy*，L Ⅱ，1967，并重印于拙著 *New Studies in Philosophy*，*Politics*，*Economics and the History of Ideas*（London and Chicago，1978）。

〔10〕正如我曾有机会在论及 C. D. Darlington 著作（亦即 C. D. Darlington，*The Evolution of Man and Society*，London，1969）的时候所指出的那样，载于 *Encounter*，February 1971，重印于拙著 *New Studies in Philosophy*，*Politics*，*Economics and the History of Ideas*（London and Chicago，1978）。

〔11〕L. T. Hobhouse，*Morals in Evolution*（London，1906）以及 M. Ginsberg，

On the Diversity of Morals（London，1956）。

〔12〕J. S. Huxley，*Evolutionary Ethics*（London，1943）.

〔13〕A. M. Carr Saunders，*The Population Problem*，*A Study in Human Evolution*（Oxford，1922）.

〔14〕C. H. Waddington，*The Ethical Animal*（London，1960）.

（15〕G. G. Simpson，*The Meaning of Evolution*（Yale University Press，1949）；T. H. Dobzhansky，*Mankind Evolving*：*The Evolution of the Human Species*（Yale University Press，1962）以及“Ethics and values in biological and cultural evolution”，*Zygon*，8，1973. 又请参见 Stephen C. Pepper，*The Sources of Value*（University of California Press，1953），pp. 640-656.

〔16〕D. T. Campbell，“Variation and selective retention in socio-cultural evolution”，载于H. R. Barringer，G. I. Blankstein 和 R.W. Mack（eds），*Social Change in Developing Areas*：*A Reinierpretation of Evolutionary Theory*（Cambridge，Mass.，1965）；“Social attitudes and other acquired behavior dispositions”，载于 S. Koch（cd.），*Psychology*：*A Study of a Science*，vol. 6，*Investigations of Man as Socius*（New York，1963）.

〔17〕长期以来，我越来越相信，笛卡尔哲学的影响乃是妨碍人们更好地理解持续性的复杂结构所具有的自我调整过程的主要障碍。我没有料到，我的这个信念竟然得到了一位法国生物学家所写的报告的确认；他在这份报告中指出，正是笛卡尔式的唯理主义在法国酿成了对达尔文进化论的“持久顽强的抵制”。见 Ernest Boesiger，“Evolutionary theory after Lamarck”，载于 F. J. Ayala 和 T. Dobzhansky（eds），*Studies in the Philosophy of Biology*（London，1974），p. 21。

〔18〕“文化创造了人”这个命题最早是 L. A. White 在他出版的 *The Science of Culture*（New York，1949）与 *The Evolution of Culture*（New York，1959）这两部著作中提出的，但是他的这个命题因他相信“进化的规律”而遭到破坏。我们需要指出的是，相信选择性的优胜劣汰进化与相信进化的规律之间毫无关系可言。相信选择性的优胜劣汰进化，所设定的只是一种机制的运行，该机制运行的结果是完全以该机制在其间运行的未知的边际条件为基础的。我根本就不相信有进化的规律存在。规律使预测成为可能，但是优胜劣汰过程所产生的结果总是以未预见的情势为基础的。

〔19〕见我的演讲：“Dr Bernard Mandeville”，重印于拙著 *New Studies in Philosophy*，*Politics*，*Economics and the History of Ideas*（London and Chicago，1978，pp. 253-254）以及本书第一卷第 20 页。

〔20〕参见 Richard Thurnwald（他是一位著名的人类学家，早先师从经济学家 Karl Menger），“Zur Kritik der Gesellschaftsbiologie”，*Archiv Fur Sozialwissenschaften*，52，1924，以及“Die Gesaltung der Wirtschaftsentwicklung aus ihren Anfangen heraus”，载于 *Die Hauptprobleme der Soziologie*，*Erinnerungsgabe fur Max Weber*（Tübingen，1923）；在这两篇论文中，他提到了 Siebung，并用它与生物优胜劣汰过程形成对照，

尽管他只是把这个术语用来指称个人的优胜劣汰，而非制度的优胜劣汰。

〔21〕请见我们在本书第一卷第163页注释〔7〕中给出的参考资料。

〔22〕人们一般都认为是 Alister Hardy 爵士在他所撰写的极富启示性的著作 *The Living Stream*（London，1966）中首先指出了文化会对生物进化产生这种反作用的观点；不过我的阅读很难使我相信真的是他首先指出了这一点。但是，如果这是真的，那么这就是一项具有决定性意义的重大突破。

〔23〕E. H. Gombrich，*In Search of Cultural History*（Oxford，1969），p. 4，并参见 Clifford Geertz，*The Interpretation of Cultures*（New York，1973），p. 44："人恰恰是最极端依赖那些在很大程度上超乎遗传因素之外的、身体之外的控制机制（即文化方案）来组织自己行为的动物"；又见该书第49页："所谓独立于文化之外的人性这样的东西，根本就是不存在的……。因为我们的中枢神经系统……在很大程度上是在与文化的互动过程中发展成熟起来的。……总而言之，我们是不完善的动物，而且我们是通过文化来完善我们自己的。"

〔24〕见 B. J. Whorf，*Language*，*Truth*，*and Reality*，*Selected Writings*，ed. J. B. Carroll（Cambridge，Mass.，1956），and E. Sapir，*Language*：*an Introduction to the Study of Speech*（New York，1921）；and *Selected writings in Language*，*Culture and Personality*，ed. D. Mandelbaum（Berkeley and Los Angeles，1949）；以及 F. B. Lenneberg，*Biological Foundations of Language*（New York，1967）。

〔25〕行为规则在遗传上的首位性，当然不像行为主义者相信的那样，意味着我们能够把现在指导我们行为的那种世界模式转变成规则。即使行为的指南是对各种刺激因素的复合体所做的类分序列（这些复合体一直在影响我们不断展开着的心智过程）并能够使一种特定的行为模式得到实施，那么，在我们能够预测行为反应之前，我们仍不得不先对我们称之为的大多数心智过程做出解释。

〔26〕我在社会科学领域中的同仁一般都认为我在 *The Sensory Order*：*An inquiry into the Foundations of Theoretical Psychology*（London and Chicago，1952）一书中所做的研究是没有什么意思的或难以理解的。但是，对这个问题所做的研究，对我大有裨益，它帮助我澄清了我心智中许多与社会理论密切相关的问题。我对进化的认识、对自生自发秩序的认识以及对我们努力解释复杂现象的方式与限度的认识，在很大程度上都是我在撰写 *The Sensory Order* 一书的过程中逐渐形成的。的确，我在学生时代对理论心理学研究的结果，对我形成有关社会科学方法论的认识起到了很大的作用；同样，借助于我在社会科学中学到的东西去澄清并阐明我在早期形成的心理学观点，也对我后来的整个科学研究起到了很大的帮助作用。当时，我的观点在很大程度上背离了那个时候普遍盛行的思想；的确，一个人在二十一岁的时候要比他在以后的生涯中更有可能这样离经叛道。但是，当我在数年以后把这些观点发表出来的时候，这些观点还是得到了心理学家的尊重，不过他们好像并没有很理解这些观点。又过了二十五年，心理学家们似乎才发现了这本书，参见 W. B. Weimer 和 D. S. Palermo（eds），*Cognition and Symbolic Processes*，vol. Ⅱ

（New York，1978），但是我一点都没有想到行为主义者也会发现我的这些观点；请参见 Rosemary Agonito，“Hayek revisited：Mind as a process of classification”，载于 *Behaviorism*，*A Forum far Critical Discussion*，Ⅲ / 2（University of Nevada，1975）。

〔27〕见 Karl R. Popper 和 John C. Eccles 最近出版的著作：*The Self and Its Brain*，*An Argument for Interactionism*（Berlin，New York and London，1977）。

〔28〕特别参见 Carsten Bresch，*Zwischenstufe Leben*：*Evolution ohne Ziel*？（Munich，1977）以及 M. Eigen 和 R. Winkler，*Das Spiel*，*Naturgesetze steuern den Zufall*（Munich，1975）。

〔29〕见我的演讲：“Dr Bernard Mandeville”。重印于拙著 *New Studies in Philosophy*，*Politics*，*Economics and the History of Ideas*（London and Chicago，1978），p. 250。

〔30〕Donald T. Campbell，“Downward Causation in Hierarchically Organized Biological Systems”，载于 F. J. Ayala 和 T. Dobzhansky（eds），*Studies in the Philosophy of Biology*（London，1974）. 另请参见 Karl R. Popper 和 John C. Eccles，*The Self and Its Brain*，*An Argument for Interactionism*（Berlin，New York and London，1977）。

〔31〕有关在解释复杂的自我维续的结构中适用法律（Law）概念的局限性，可以参见我在拙著 *Studies in Philosophy*，*Politics and Economics*（London and Chicago，1967，pp. 40 以次）中为“The Theory of Complex Phenomena”一文所写的跋文。

〔32〕参见 Garret Hardin，“The cybernetics of competition”，载于 P. Shepard 和 D. McKinley，*The Subversive Science*：*Essays towards an Ecology of Man*（Boston，1969）。

〔33〕Ludwig von Bertalanffy，*General System Theory*：*Foundations*，*Development*，*Applications*（New York，1969），另请参见 H. von Foerster 和 G. W. Zopf Jr.（eds），*Principles of Self-Organization*（New York，1962）；G. J. Klir（ed.），*Trends in General System Theory*（New York，1972）；以及 G. Nicolis 和 I. Prigogine，*Self-organization in Nonequilibrium Systems*（New York，1977）。

〔34〕见 Colin Cherry，*On Human Communication*（New York，1961），以及 Noam Chomsky，*Syntactic Structures*（The Hague，1957）。

〔35〕Roger Williams，*You are Extraordinary*（New York，1967），pp. 26 and 37. 那些研究统计学（甚至像人口统计学这样非常重要的统计学学科）的人，并不研究社会。社会乃是一个结构，而不是一个总体现象。它的全部特性都是一种不断变化的秩序或系统所具有的属性；对这些秩序或系统，我们并没有足够多的抽样使我们能够按照统计的方式去研究它们整体的行为。有人认为，人们只要通过观察这些社会结构中的特定行为或平均行为，就可以在这些结构内部发现恒定的数量关系；我认为，这种观点构成了人们真正理解那些复杂现象的最为可怕的障碍。关于那些复杂现象，我们所能研究的实际上只是其间的少数实例而已。我们在解释这些结构时必须处理的那些问题，乃是与大量实例中的规律毫无关系的。

研究这个论题的真正行家常常能够洞见这一点。在这个方面读者可以参见 G. Udney Yule，*British Journal of Psychology*，Ⅻ，1921/2，p. 107：“如果你不能计量出你所希望的东西，那么你对计量的渴望就只能（比如说）导致你去计量其他的东西——也许还会使你忘记二者之间的区别——甚或还会使你仅因某些东西无法计量而忽略它们。”

颇为遗憾的是，那些对调查课题知之甚少的人，却可以轻而易举地习得调查研究的技巧——这些人居然可以通过把握这些技巧而谋到教职，而且这些人的工作后来还常常被误认为是科学。但是我们必须指出的是，如果对理论发展中产生的问题没有明确的认识，那么经验工作一般来讲就只能是对时间和资源的浪费。

试图通过计量不同的人的相对功利或满足程度来为“正当的”行动提供依据乃是极为幼稚的，而且也根本不值得认真对待。当然，如果我们想证明这种尝试是荒唐透顶的，那么我们就必须进行一种多少有些繁琐的论辩，然而在这里着手这项工作是不合适的。但是可以指出的是，大多数经济学家似乎已经开始认识到，所谓的“福利经济学”，从整体上来说乃是完全缺乏科学基础的，尽管所谓的“福利经济学”谎称自己的论证是建立在对可确认的功利进行客观比较的基础之上的。的确，我们中的大多数人都相信自己能够在两个或两个以上的熟人所具有的几项需求中判断出哪项需求更重要一些；但是，这个事实既不能够证明在这个方面存在着任何客观的判准基础，也无法证明我们能够判断出我们不认识的人的需求中哪项需求更重要。想用这样的幻想来为政府的强制行动提供依据，显然是极为荒谬的。

〔36〕D. S. Shwayder，*The Stratification of Behaviour*（London，1965）；仅就这个论题而言，这部著作肯定还应当含有大量颇有助益的信息；只是我还没有能够利用这些信息而已。

〔37〕群体选择的观念最早是在下面两个论者的著作中加以采用的：Sewall Wright，“Tempo and Mode in Evolution：A Critical Review”，*Ecology*，26，1945，and V. C. Wynne-Edwards，*Animal Dispersion in Relation to Social Behaviour*（Edinburgh，1966）；另请参见 E. O. Wilson，上引书，pp. 106-112，309-316，and Gerge C. Williams，*Adaptation*，*and Natural Selection*，*A Critique of Some Current Evolutionary Thought*（Princeton，1966）以及由他编辑的：*Group Selection*（Chicago/New York，1976）。尽管从表面上看，这个观念在今天也许不像它在最早被采用的时候那么重要了，但是毋庸置疑的是，它对于文化进化来说仍是最为重要的。

〔38〕G. E. Pugh，上引书，p. 267，另请参见Glynn Isaac新近发表的论文：“The Food-sharing Behaviour of Protohuman Hominids”，*Scientific American*，April 1978。

〔39〕这个过程当然并不总是一个和平的过程。很可能会发生这样的情况：在这个发展的过程中，较为富裕的城市居民和商人常常会把一项与数量较多的农村人的习俗相悖的法律强加给这些农村人，就像在一个军事集团实施征服以后，一个军事土地贵族集团也会在封建时代把一项从经济进化之更为原始的阶段遗存下来的法律强加给城市人一样。这也是这种过程的一种形式，而借助于这种形式，那种以更强有力的手段组织起来的社会（它能够用战利品或掠夺物的形式作为诱饵来吸引个人）也许会取代一个文明程度更高的社会。

〔40〕K. R. Popper，*The Open Society and its Enemies*（5th edn，London，1966），vol. I，pp. 174-176.

〔41〕这些倾向的怀旧特征已由 Bertrand de Jouvenel 给出了特别精彩的描述。请参见本书第二卷第 182 页所征引的他在 *Sovereignty* 一书中的一段文字（Chicago，1957，p. 136）.

〔42〕左派采取的最新诡计是，把古老的自由主义人权传统转变成一些主张特定利益的肯定性要求（就像现代最大的煽动家所创造出来的“免于匮乏的自由”一样）。当然，我在这里所说的自由主义人权传统，所意指的乃是那种限权传统，它既限制政府也限制一些人对个人进行支配。鉴于左派所采取的这项诡计，我们应当在这里强调指出，在一个自由人组成的社会里，集体行动的目标只能是为不确定的任何人提供机会（亦即任何人都能够为了追求自己的目的而加以运用的手段），但不能够规定任何人都有义务为之服务的具体的全国性目标。政策的目标应当是为每个人提供一个更好的机会以找到一个更优越的位置，这种位置反过来又会给每个人提供一种实现自己目的的好机会；当然，这意味着他在其他情况下是得不到这么好的机会的。

〔43〕参见 David Hume，*A Treatise of Human Nature*，Ⅲ，Ⅱ，ed，L. A. Selby-Bigge，p. 501：“我们最为关切的就是我们的名誉，我们名誉的最大基础取决于我们的行为与他人财产权的关系。”我们在这里指出这样一个事实也许是非常适时的（当然在任何其他场合指出这一点也是极为妥适的），即我们在当下能够对经济秩序的进化特性有所理解，在很大程度上要归功于 Armen Alchian 所做的一项创新研究，参见他的“Uncertainty，Evolution and Economics Theory”，*Journal of Political Economy*，58，1950；后来该文经过修改后又重印于他的著作：*Economic Forces at Work*（Indianapolis，1977）。这个观念现在已经超出了它最初发生的领域，并得到广泛传播；Jochem Roepke 在他所撰写的 *Die Strategic der Innovation*（Tübingen，1977）这部重要且博学的著作中，就人们对这些问题所做的进一步讨论做了极精彩的综合评述，并且提供了一份极为详尽的参考文献目录；颇为遗憾的是，我尚未能够完全领悟这部著作中的观点。

〔44〕在加尔文之前很久，意大利与荷兰的商业城镇已经实践了那些使市场经济在日后成为可能的规则，而且稍晚一些时候，西班牙的经院哲学家还把这些规则都编纂成典了。就这个问题而言，尤请参见 H. M. Robertson 的著作：*Aspects of the Rise of Economic Individualism*（Cambridge，1933）；该书出版的时候，正是德国人实际上无法看到这本书的时候；如果不是这样的话，那么这部著作原本是能够一劳永逸地清除韦伯有关新教作为资本主义伦理之渊源的全部神话的。他明确指出，如果有什么宗教影响在当时起作用的话，那就是耶稣会，而不是加尔文之流助长了“资本主义精神”的兴起。

〔45〕Jean Baechler，*The Origin of Capitalism*，trans. Barry Cooper（Oxford，1975），p. 77.

〔46〕参见 M. I. Finley, *The Ancient Economy*（London，1975），pp. 28-29，以及“ Between Slavery and Freedom”，*Comparative Studies in Society and History*，6，1964。

〔47〕参见本书第一卷第五章开篇作为警句而征引的古代克里特宪法中的那项规定。

〔48〕既然人们采纳规则不是因为这些规则所具有的具体结果得到了他们的理解，而是因为实施这些规则的群体取得了成功，那么，巫术与仪式在原始社会居于支配地位的现象，也就不会令人感到奇怪了。一个人被某个群体接纳的条件就是他必须接受该群体的所有规则，尽管几乎没有人知道究竟做什么事情必须取决于人们对某项特定规则的遵守。当时，只有一种公认的行事方式，因此人们无须对有效性与道德可欲性进行界分。如果说历史上有什么事情几乎完全失败了的话，那就是人们对道德规则发生变化的原因的解释；在这些原因当中，说教或鼓吹很可能是最不重要的；但是我们必须承认，这些原因有可能是那些决定人类进化之路径的最重要的因素之一。尽管当下的道德规则是经由优胜劣汰的选择过程进化而来的，但是这种进化不是通过许可人们去做新的尝试而成为可能的，相反，是因为严格的限制规定才成为可能的：这类严格的限制规定使得人们不可能改变整个道德系统，而只会容许这样一些人去推翻某些既有的规则——亦即只有当他们自担风险去违反某项规则的时候，并且只有当他们以自己严格遵守绝大部分规则的方式而赢得打破某项规则之容许的时候，他们才可能被证明是开拓者；这是因为严格遵守绝大部分规则本身能够为他们赢得其他人对他们的尊重，其他人对他们的这种尊重会使他们按照某个特定方向去变更某项特定规则的尝试变得合法化。所谓社会秩序是政府创造的观点，乃是十足的迷信；当然，这种迷信实际上只是唯建构论谬误的一个臭名昭著的表征而已。

〔49〕见我的演讲：“Rechtsordnung und Handelnsordnung”，载于 *Zur Einheit der Rechts-und Staatswissenschaften*，ed. E. Streissler,（Karlsruhe，1967）并重印于拙著 *Freiburger Studien*（Tübingen，1960）。

〔50〕这种观点当然与卡尔·波普尔所说的“点滴且渐进的社会工程”是一回事（*The Open Society and its Enemies*，5th edn，London，1966，vol. 2，p. 222）；我完全赞同波普尔的观点，尽管我仍然不喜欢他所采用的“engineering”（工程）这个特定的措辞。

〔51〕参见 Ludwig von Mises，*Theory and History*（Yale University Press，1957）p. 54：

> 正义的终极标准乃是对维续社会合作是否有助益。适于维续社会合作的行为，就是正义的行为；有损于社会之维续的行为，便是不正义的行为。按照一种专断且前定的正义理念来组织社会的问题，是根本不可能存在的。真正的问题乃在于如何把社会组织起来以求尽可能地实现人们想通过社会合作去达到的

> 那些目的。社会功利乃是正义的惟一标准。社会功利也是立法的惟一指南。

与我愿意接受的那种阐释方式相比较，Mises 的阐释方式呈现出更强的唯理性，但是它还是明确地表达了一个基本的观点。需要指出的是，Mises 当然是一个信奉唯理主义的功利主义者，出于我已给出的种种理由，我不能追随他。

〔52〕这种含混的认识在现代至少可以说是始自 Emile Durkheim；他的名著 *The Division of Labour in Society*（trans，George Simpson，London，1933，特别参见 p. 228）表明，他根本就不理解行为规则造成劳动分工的方式；再者，像社会生物学家一样，他也倾向于把所有有助于他人的行动都称之为“利他的”行动，而不论行动者本人是否意图有助于他人甚或是否知道自己这样做会有助于他人。请将 Emile Durkheim 的观点与 T. Dobzhansky，F. J. Ayala，G. L. Stebbins 和 J. W. Valentine 所写的教科书 *Evolution*（San Francisco，1977，pp. 456 以次）中的鲜明立场进行比较：

> 在动物中发现的某些种类的行为是合乎道德的或者是利他的，而其他种类的行为则是不道德的和利己的，尽管这些行为是人的行为。……与其他物种不同，人种的每一代人都在继承和传递一套知识、习俗、信念——这些东西都不是作为遗传密码存载在人体基因之中的……，因此，这些东西的传递方式也与生物遗传的方式颇为不同……。也许在长达约两百万年的时间里，文化变化越来越胜过或优于遗传上的变化。

另请参见他们在这一背景中征引的 G. G. Simpson 所写的一段文字，载于 G. G. Simpson，*This View of Life*（New York，1964）：

> 除了对人以外，对任何动物谈论伦理，都是毫无意义的……。讨论伦理真的是毫无意义可言的；诚然，人们可以说，伦理概念是毫无意义的，除非以下述限制为条件：（1）存在着可供选择的行为方式；（2）人们有能力从伦理的角度来判断这些可供选择的行为方式；（3）人们可以自由地选择他自己认为伦理上好的行为方式。除此之外，还须重申一点，即伦理的进化作用取决于人所具有的预见其行为后果的那种能力，至少从程度上讲，人的这种能力是其他动物所没有的。

〔53〕见 E. O. Wilson，上引书，p. 117：

> 当一个人（或动物）以其自己的适应性为代价去增进他人的适应性的时候，他就可以被视作是做了一种利他的行为。为了子女的利益而做出的自我牺牲，乃是通常意义上的利他主义，而不是严格遗传意义上的那种利他主义，因为个人的适应性乃是以存活下来的子女的数量加以衡量的。但是，为了父母堂

兄弟姐妹所生的子女而做的自我牺牲，在这两个层面上都是真正的利他主义；而且当这种自我克制的行为指向完全陌生的人的时候，这种行为也太令人惊奇了（也就是说太“崇高了”），因此需要做某种理论上的解释。

另请参见 D. P. Barash，上引书，他甚至发现了“利他的病毒”（p. 77）以及 R. Trivers，“The evolution of reciprocal altruism”，*Q. Rev. Biol*，46，1971。

〔54〕如果对当下市场经济秩序的维续，真的像 Daniel Bell 和 Irving Kristol（eds）在 *Capitalism Today*（New York，1970）一书中实际上所认为的那样，取决于人们从理性上认识到某些规则乃是维续社会的劳动分工不可或缺的，那么市场经济这种秩序就注定会完蛋。费心且努力从理性上去认识这些规则的人始终只是极少数人，而惟一能够教导人们的人，亦即那些通过写作和教育的方式去教导大众的知识分子，也肯定只有极少数会去做这种努力。

〔55〕见 Lionel C. Robbins，*An Essay on the Nature and Significance of Economic Science*（London，1932）。

〔56〕文化与进步密不可分；这一点也许会令人感到遗憾。但是，维续文化的那些力量，同样驱使我们进步。适用于经济学的道理，一般来讲也可以适用于文化：它不可能静止不变；一旦它停滞不前，那么它即刻就会衰落。

〔57〕特别参见 H. B. Acton，*The Morals of the Market*（London，1971）。

〔58〕Ronald Dworkin，*Taking Rights Seriously*（London，1977），p. 180.

〔59〕见 Roger J. Williams，*Free and Unequal*：*The Biological Basis of Individual Liberty*（University of Texas Press，1953），pp. 23and 70. 另见 J. B. S. Haldane，*The Inequality of Men*（London，1932）；P. B. Medawar，*The Uniqueness of the Individual*（London，1957），和 H. J. Eysenck，*The Inequality of Man*（London，1973）.

〔60〕当我首次在我发表的演讲“The Moral Element in Free Enterprise”（1961）中使用这种说法之前，我已经为考虑这个问题花去了一些时间。该演讲已重印在拙著 *Studies in Philosophy*，*Politics and Economics*（London and Chicago，1967），p. 232。

〔61〕我现在倾向于把 19 世纪的唯科学主义以及与之相关的观点称之为唯建构论。关于这种唯建构论在 19 世纪的发展史，请参见拙著：*The Counter-Revolution of Science*：*Studies in the Abuse of Reason*（Chicago，1952）。

〔62〕参见本书第二卷第八章。按照 H. L. A. Hart（The *Concept of Law*，Oxford University Press，1961，p. 182）的定义，“古典自然法理论”认为，“在人类世界中，存在着一些特定的人的行为原则（它们有待人之理性的发现）；如果人造法想有效，那么它们就必须与这些原则相符合”。Hart 认为，在法律实证主义与其对立的理论（亦即“古典自然法理论”）之间的对立，实在是人们对“自然的”与“人为的”所做的错误二分法的最明晰的实例之一。当然，法律既不是一种不可改变的自然事实，也不是智识设计的一种产物，而是一种进化过程的结果——在这个进化过

程中，规则系统的发展乃是在它同一种变动不居的人之行动秩序不断发生互动的同时得以展开的；当然，这种人之行动秩序与规则系统乃是极其不同的。

〔63〕Sigmund Freud，*Civilisation and its Discontents*（London，1957），并参见 Richard La Pierre，*The Freudian Ethic*（New York，1959）. 作为一个一生都在研究货币理论的学者，我早在 20 年代在维也纳就与马克思主义和弗洛伊德学说进行了智识上的斗争，此后我又涉足了心理学领域。如果说有人要求我对此提供证据以证明包括弗洛伊德在内的那些杰出的心理学家也会对社会现象胡说八道的话，那么对我来说这个证据就是由 Ernest Borneman 为这些心理学家的某些论文所编选的论文集，这个选集的书名是 *The Psychoanalysis of Money*（New York，1976，它的原版是 *Die Psychoanalyse des Geldes*，Frankfort，1973）；这本选集还在很大程度上说明了精神分析论与唯社会论尤其是与马克思主义之间的密切关系。

〔64〕G. B. Chisholm，"The re-establishment of a peace-time society"，*Psychiatry*，vol. 6，1946. 那个时候文学观点的特征，有点像 Herbert Read 写的书名：*To Hell With Culture*：*Democratic Values are New Values*（London，1941）。

〔65〕*The Times*，13 April 1978.

〔66〕Donald T. Campbell，"On the conflicts between biological and social evolution"，*American Psychologist*，30 December 1975，p. 1120.

〔67〕同上书，p. 1121。

〔68〕1975 年 5 月号的 *American Psychologist* 杂志就刊登了四十页篇幅的文章，对 D. T. Campbell 教授的演讲大加挞伐。

〔69〕Thomas Szasz，*The Myth of Mental Illness*（New York，1961），除此以外，请特别参见他的著作：*Law*，*Liberty and Psychiatry*（New York，1971）。

〔70〕H. J. Eysenck，*Uses and Abuses of Psychology*（London，1953）.

主题索引

（英文索引由V. G. 克劳福得编订）

说明：本索引主要条目按中文译名的汉语拼音语序排列，以便中文读者检索。术语后面的罗马数字显示的是该术语在英文原版中的卷数；阿拉伯数字显示的是该术语在英文原版中出现的页码，即中文版里的边码；n. 代表的是注释，而n. 后面的阿拉伯数字代表的是注释的号码次序；* 号代表的是正文中每章开篇篇首的引文。由于同一英文术语在汉语译文里根据上下文译成了不同的中文术语，故这里所列主要条目仅是与译出的术语大致相当的中文术语——译者注。

第一卷

A

爱奥尼亚哲学家，Ionian philosophers，I：156n. 9
奥地利经济学派，Austrian school of economics I：22

B

保护论 Protectionism
domains and，领域与保护，I：106-10
expectations and，预期与保护，I：101-10
individual，个人保护，I：55，101

legal，法律保护，I：157n. 11
property，财产权的保护，I：106-10；
报酬，Remuneration，
wage，工资报酬，I：141
抱怨、不满，Complaints，I：97，169n. 5
北卡罗来纳州宪法，North Carolina，Constitution of，I：160*
庇护性政府，para-government，I：3
变化、变革，Changes
concept of law，法律概念的变化，I：72-93，162-8
disappointments of，对变革的失望，I：106
environmental，环境的变化，I：103
legislation in，变革过程中的立法，I：65-7，81-5
prediction about，对变化的预测，I：63
progressive，持续变化，I：120
result of，变化的结果，I：109
rules of conduct，行为规则的变化，I：89-91；
stability and，稳定与变化，I：8
不满，Grievances，I：143-4
不平等，Inequality；参见“平等”
布鲁姆茨伯里群体，Bloomsbury Group，I：26
部落社会，Tribal society
survival in，在部落社会中生存 I：18，149n. 15

C

财产、财产占有，Possessions，I：167-8n. 34
财富，Wealth
accumulation of，财富的积累，I：167-8n. 34
亦请参见“资本主义”“收入”
财政，finances，I：136-7
测度，measurement，I：148n. 14
传播、沟通，Communication
language of，传播的用语，I：19，150n. 17
of law，法律的传播，I：115-18，165n. 16
process of，传播的过程，I：76-93，99-100
传统主义，Traditionalism
absorption of，传统的吸收，I：18，149-50n. 16
authority of，传统的权威，I：8

classical and medieval，古典的传统与中世纪的传统，I：82-5
cultural，文化传统，I：45，74
law and，法律与传统，I：22，82-5
natural law and，自然法与传统，I：84
从属关系，Subordination，I：163n. 3

D

达尔文的自然历史观，Natural history，Darwin's view of，I：16，23，152-3n. 33
达尔文主义，Darwinism，I：16，23，152-3n. 33
大社会，Great Society
abstractness in，大社会抽象性，I：33-4
activities in，大社会中的活动，I：69
contrasts in，大社会中的对比，I：35，155*
forces of，大社会的力量，I：6
organization in，大社会中的组织，I：47
purpose of，大社会的目的，I：121-22
term，大社会（术语），I：2，148n. 11
代议机构，Representative bodies
commitment of，代议机构的职责，I：8-13
direction by，代议机构的指导，I：126-7
function of，代议机构的功能，I：129-31
law from，代议机构的立法，I：166n. 25
view of，对代议机构的看法，I：2-3
单一性，Singleness，I：147n. 4
德国，Germany，
historical school of，德国历史学派，I：22，152nn. 29，31
law in，德国的法律，I：135-6，178n. 24
Penal Code of，《德国刑法典》，I：36，164-5n. 11
socialistic，社会主义化的德国，I：71，143
totalitarian，全权主义的德国，I：71
德性，Virtue
importance of，德性的重要性，I：21，151n. 25
敌我原则，friend-foe principle，I：161-2n. 19
笛卡尔主义，笛卡尔学说，Cartesianism
aspects of，笛卡尔主义的各种形式，I：17-18，22，29，31
interpretation of，对笛卡尔主义的解释，I：12，146-7n. 3
rationalism and，唯理主义与笛卡尔主义，I：9-11，146-7n. 3

tenets of，笛卡尔主义的信条，I：9-11
动产，Chattels，I：109
动物研究，Animals，study of，I：74-6，163nn. 7-8
独裁，Dictatorship，I：92-3
多数，Majority，
democracy and，民主与多数，I：137-8
taxation and，税收与多数，I：136-7

E

儿童的学习，Learning，child，I：154n. 44；参见“知识”

F

法官，Judges
aim of，法官的目的，I：124
functions of，法官的职能，I：88-9，97-101，118-22
law and，法律与法官，I：86-8，94-101，118-22
spontaneous order and，自生自发秩序与法官，I：118-23
法国，France，I：53，60，166n. 25
法国大革命，French Revolution，I：53，166n. 25
法理学，Jurisprudence，I：130，134，175n. 6-7
法律，Law
abstract，抽象的法律，I：85-8
administrative，行政法，I：137-40，178n. 22
articulation of，法律的阐释，I：115-18
authority of，法律的权威，I：95
behaviorism and，行为主义与法律，I：43-4
branches of，诸法律部门，I：128，175n. 7
case，判例法，I：88
civil，私法或民法，I：83，87，167-8n. 34
classical and traditional，古典法律与传统法律，I：82-5
code of，法典，I：81，165n. 20
common，普通法，参见“普通法”
concept of，法律的概念，I：35-6，72-93，157nn. 11，13；162-8，178n. 19
consistency in，法律的一致性，I：106，172n. 16
constitutional，宪法性法律，I：1-4，134-6，145n. 2，177-8nn. 19，24
constructivist idea of，建构论的法律观，I：118
criminal，刑法，I：132

customary，习惯法，I：85-8
derived from authority，产生于权力机构的法律，I：95
development of，法律的发展，I：81-5，170-In. 14
enforcement of，法律的实施，I：126-8
evolution of，法律的进化，I：22-4，74
function of，法律的功能，I：89-91
fundamental，根本大法，I：72，162-3n. 3
German，德国法律，I：136-6，178n. 24
goal of，法律的目标，I：98
Greek，希腊法律，I：82，94，165-6nn. 22，25
ground of，法律的根据，I：170n. 12
grown，自生增长的法律，I：88-9，95-6
identification of，对法律的识别，I：131-4，178n. 19
interpretation of，对法律的解释，I：51-2
judges and，法官与法律，I：86-8，94-101，118-22
kinds of，法律的种类，I：2，120，126，131-6，165n. 16，175n. 9
Lawyer's，法律人的法律，I：67，94，126，175n. 7
legislation and，立法与法律，I：72-4，88-9，124-44，166n. 25，173-80
liberty and，自由与立法，I：52. 94-123，157-8nn. 13，15-17，168-83
life of，法律的生命，I：106，170-In. 14
making，制定法律，I：65，81-5，128-9，166-7n. 28
meaning of，法律的含义，I：132，173*，175n. 6
Middle Ages，中世纪的法律，I：83-4
modem，现代的法律，I：67-71
national，国家法，I：163n. 3
natural，自然法，参见“自然法”
positivism，法律实证主义，参见“法律实证主义”
private，私法，参见“私法”
property and，财产权与法律，I：108，167-8n. 34，172nn. 22-5
protection by，法律的保护，I：157n. 11
public，公法，参见“公法”
purpose of，法律的目的，I：112-15；157-8*
reason and，理性与法律，I：21
resources and，资源与法律，I：75，173*
role of，法律的作用，I：71
Roman，罗马法，I：82-3，132，166nn. 25-6
rule and，规则与法律，I：127，175nn. 7-8

scientific，科学规律，I：8，146n. 1
socialization of，法律的社会化，I：142-3
society and，社会与法律，I：95，118
source of，法律的渊源，I：91-3
sovereignty and，主权与法律，I：166n. 25
statutory，制定法，I：126-8，174-5nn. 4，6，179n. 32
term of，法律（术语），I：62
traditional，传统的法律，I：22，82-5
variety of，法律的多样性，I：52，157n. 13
will of men and，人的意志与法律，I：10，82，147n. 6
written and unwritten，成文法与不成文法，I：117
参见“规则”
法律人，Lawyers，I：4，65-7，126，175n. 7
法律实证主义，Legal positivism
concept of，法律实证主义的概念，I：6，28-9，73
natural law and，自然法与法律实证主义，I：150n. 20
法无明文不为罪，nulla poena sine lege，I：117
法院，courts，I：83，85，142
泛灵论，Animism，I：27，154n. 44
分配，Distribution
justice of，分配的正义，I：2，108
否定性，Negativism
compatability and，相容性与否定性，I：110
服务，服务项目，Services
government，政府服务、政府服务项目，I：13，104，138-44
复杂性，Complexity，I：50-1，60，62-4，68

G

革命，Revolution
French，法国大革命，I：53，166n. 25
idea of，革命的理念，I：52，161n. 17
个人，个体，Individuals
aim of，个人的目的，I：56-9
collective benefits and，集体利益与个人，I：55-6
disappointments of，个人期望的落空，I：106
guidance of，个人的指导，I：49-52
law observed by，个人所遵守的法律，I：72-3

protection of，对个人的保护，I：101-6
response to environment，个人对周遭环境的反应，I：18，44-6
restraints on，对个人的约束，I：82，165n. 22
spontaneous order and，自生自发秩序与个人，I：46-8
参见“人之行动”“行为主义”
工会，Unions，labor，I：142，179n. 32
工会，Trade unions，参见“劳工”
工资，Wages，I：141；亦请参见“报酬”
公法，Public law
agencies of，公法部门，I：137-9
constitutional，作为公法的宪法，I：134-6
private and，私法与公法，I：131-4，141-3，174-5nn. 2，6，177n. 19
subordination and，从属关系与公法，I：132
公益，Public utility，I：167-8n. 34
功利主义（边沁学说），Benthamism，I：22，52，129
功利主义，Utilitarianism，I：6，22
“功能”（术语），Function，termof，I：28，39
供需，Supply and demand，I：63
共产主义，Communism，I：159n. 23
惯例、约定，Convention，I：75，163-4nn. 3，8
规范，Norms
group，群体规范，I：80-1
of conduct，行为规范，I：83，166n. 25
service of，规范的作用，I：105-6
规则，Rules
articulation of，对规则的阐释，I：76-93，98-101
attitudes about，对规则所采取的态度，I：25-6
attributes of，规则的属性，I：18-19
behaviorism and，行为主义与规则，I：44-6，77-9
changes of，规则的变化，I：89-91
enforcement of，规则的实施，I：135，137-9，178n. 22
evolvement of，规则的进化，I：74-6
examination of，对规则的考察，I：43，72
factual，事实性规则，I：78-81
formulation of，规则的形成，I：101
importance of，规则的重要性，I：11，147-8n. 7
interaction of，规则的互动，I：122-3

just and unjust，正当的规则与不正当的规则，I：131-4
kinds of，规则的种类，I：2，48-52，77-8，165n. 16
language and，语言与规则，I：19，150n. 17
legal，法律规则，I：127，175nn. 7-8
meaning of，规则的含义，I：75
moral，道德规则，参见“伦理（道德）”
normative，规范性规则，I：78-81
obedience to，服从规则，I：104-6
order and，秩序与规则，I：1-180
organization and，组织与规则，I：48-52，122-6，177n. 9
rights and，权利与规则，I：162*
scientific，科学定律，I：169n. 5
spontaneous order and，自生自发秩序与规则，I：48-52
will and，意志与规则，I：52，157n. 13
参见“法律”“统治者”“正当行为规则”
贵族，最优群体，Aristocracy，I：169n. 7
国家，State
function of，国家的功能，I：90-1，132，177n. 19，179n. 33
intervention by，国家的干预，I：57，106n. 3
record of，国家行动的记录，I：127，174n. 6
term of，国家（术语），I：48
参见“政府”

H

和平，Peace
preservation of，维护和平，I：72，98
和谐，Harmony，I：97，169n. 5
环境，Environment
adaptations to，对环境的适应或调适，I：12
changes in，环境中发生的变化，I：103
importance of，环境的重要性，I：43
response to，对环境的应对，I：18，43-6

J

既得利益集团，ELstablished coalitions of interests，I：3
家庭，Family，I：164n. 8
价格机制，Price mechanism

determination of，价格机制的确定，I：21，141
justice and，正义与价格机制，I：141
natural，自然的价格机制，I：21
价值判断、价值，Valuation（Value judgment）
destruction of，摧毁价值，I：6-7
effects on facts，价值对事实的影响，I：110-15
experiences and，经验与价值，I：60
government，政府的价值判断，I：158n. 16
lawyer's，法律人的价值判断 I：65-7
教育，Education，I：154n. 44；参见“知识”
结构（术语），Structure，term of，I：53
结构，Structures
禁令，Prohibitions，I：8，146n. 1
经验，Experience
Learning from，从经验中学习，I：18，115-16
legal，法律经验，I：170-In. 14
Value in，经验中的价值，I：60
精神分析，Psychoanalysis，I：31
警察权力，Police power，I：135，137-9，178n. 22

K

开放社会，Open Society
term of，开放社会（术语），I：2，14，148n. 11
科学，Science
biological，生物科学，I：16，22-4，37，153N. 33
contribution of，科学的贡献，I：63-4
factual knowledge and，事实性知识与科学，I：8，15-17，146n. 1
physical，自然科学，I：37-40，44
social，社会科学，I：20-4，150n. 19
克里特宪法，Crete，constitution of，I：94
控制论，Cybernetics，I：156n. 7

L

劳工联盟，Labor union，I：142，179n. 32
《劳资纠纷和解条例（1906）》，Trade Dispute Act of1906，I：142，179n. 32
理性，Reason
abstract rules and，抽象规则与理性，I：29-33

conformity in，理性中的一致性，I：101
definition of，理性的定义，I：10，157n. 13
development and，发展与理性，I：74.
dictates of，理性的命令，I：25，154n. 37
evolution and，进化与理性，I：8-34，146-54
interpretation of，理性的解释，I：21，151n. 25
law and，法律与理性，I：21
revolt against，反叛理性，I：31-4
理性时代，Age of Reason，I：9
理性主义、唯理主义，Rationalism
cartisian，笛卡尔唯理主义，I：8-11，146-7n. 3
constructivist，建构论唯理主义，I：5-9，14-17，29-34，94，117
kinds of，理性主义的种类，I：5-7，57，118
meaning of，理性主义的含义，I：146-7n. 3
techniques of，理性主义的技巧，I：58，161n. 9
历史发展决定论，historicism
evolution and，进化与历史发展决定论，I：24
Intellectual development in，历史发展决定论中的思想发展，I：84
pragmatic account of，对历史发展决定论的实用解释，I：10
state function and，国家的功能与历史发展决定论，1：90-1
历史发展决定论与进化，Historicism and evolution，I：24
立法，Legislation
administrative，行政立法，I：137-9
authority，立法权力机构，I：77，129，176-7nn. 12，19
change and，变革与立法，I：65-7
class，阶级立法，I：89，168n. 36
correction by，由立法矫正，I：88-9
financial，财政立法，I：136-7
guide of 立法的指导，I：69
law and，法律与立法，I：72-4，88-9，124-44，166n. 25，173-80
need for，立法的需求，I：124-6
norms of conduct and，行为规范与立法，I：83，166n. 25
power of，立法权，I：84，129，176n. 12
purpose of，立法的目的，I：127，174-5n. 6
science of，立法科学，I：4-5
separations of power and，权力分立与立法，I：128-9，174n. 6
social，社会立法，I：141-3

立法机构，Legislature
bias of，立法机构的偏向，I：143-4
duty of，立法机构的责任，I：130
English，英国立法机构，I：124，174n. 3
origin of，立法机构的起源，I：89-91
power of，立法机构的权力 I：35
purpose of，立法机构的目的，I：126-31，174-5n. 6
立法者，Legislators，
aim of，立法者的目的，I：124*
commands of，立法者的命令，I：87-8，176-7n. 19
myth of，立法者的神话，I：150n. 19
sovereign，至高无上的立法者 I：91-3
Western civilization，西方文明，I：57，161n. 9
will of，立法者的意志，I：91-2
利益，Interests
conflict of，利益的冲突，I：89
government by，根据利益进行治理，I：168n. 39
领导，Leadership，I：97-8
领域，Domains，I：106-10
笼而统之的幻想，Synoptic delusion，I：14-15
伦理、道德，Morality（Morals）
attitude toward，对道德的态度，I：25-6
behavior and，行为与道德，I：75，164n. 8
conscience and，良知与道德，I：18，149n. 15
virtue and，德性与道德，I：21，15n. 25
参见“正义 / 非正义”
罗马，Rome，
law of，罗马法，I：82-3，132，166nn. 25-6

M

贸易，Trade
balance of，贸易平衡，I：63
barter，易货贸易，I：12
basis of，贸易的基础，I：45，
English，英国贸易，I：65，142，179n. 32
unionsand，工会与贸易 I：142，179n. 32
美国最高法院，Supreme Court，U. S，I：142

民法、私法，Civillaws，I：83，87，167-8n. 34
民主，Democracy Athenian，雅典的民主，I：82，165-6nn. 22，25
concept of，民主的概念，I：1-3，145n. 3
constitution，宪政民主，I：82，165-6n. 23
majority，多数民主，I：137-8
Western，西方民主，I：2-3
命令，Commands
fulfillment of，执行命令，I：98
legislator，立法者的命令，I：87-8，176-7n. 19
organization by，靠命令来组织，I：49-52
primitive，原始命令，I：77
rules and，规则于命令，I：87-8
模式，Patterns，I：30，35-7，40，155n. 4

N

内部规则，Nomos
attributes of，内部规则的属性，I：126-7
interpretation of，内部规则的解释，I：156n. 9
law of liberty，内部规则与自由之法律，I：94-123，168-73
meaning of，内部规则的含义，I：173*
properties of，内部规则的特性，I：85，90，92
内部秩序与外部秩序，Cosmos and taxis，I：35-54，154-60
内生的 / 外生的，Endogenous/exogenous，I：36-7
能力，capacities，I：49
拟人化思维，Anthropomorphism
concept of，拟人化思维的概念，I：9-10
fallacies of，拟人化思维的谬误，I：91
habit，拟人化思维的习惯，I：36
language，拟人化的语言，I：26-9

O

欧诺弥亚（意指良好秩序），Eunomia，I：156n. 9

P

判例法，Case-law，I：88
偏见、定见，Prejudice，I：160n. 3
平等，平均，Equality

benefit of，平等的益处，I：139-40
Claim to，要求平等，I：63-4，176n. 6
liberty and，自由与平等，I：101，170n. 11
普通法，Common law
cases of，普通法判例，I：86
development of，普通法的发展，I：83
judges，普通法法官，I：86-8
power of，普通法的力量，I：124，173-4n. 1
supremacy of，普通法至上，I：83-5，117，124，166-7nn. 25，32

Q

强制，Coercion
freedom and，自由与强制，I：56-7
权力分立，Separation of powers
concept of，权力分立的概念，I：130
English，英国的权力分立制度，I：85
failure of，权力分立的失败，I：1
legislation and，立法与权力分立，I：128-9，174-5n. 6
meaning of，权力分立的含义，I：128，175n. 8
权力机构、权威，Authority
character of，权力机构的特征，I：77
law derived from，源自权力机构的法律，I：95
legislative，立法权力机构，I：77，129，176-7nn. 12，19
limit of，权力机构的局限，I：55
参见“命令”
权利、正确，Rights
wrong and，错与对，I：72，156n. 9，162*n. 2
权宜原则，Expediency principles，I：55-71，160-2
全权主义，Totalitarianism
German，德国全权主义，I：71
growth of，全权主义的发展，I：70-1
transformation to，向全权主义转变，I：2，32
trend toward，向全权主义发展的趋势，I：68，114
群体，Groups
benefits to，于群体有益，I：141-3
customs of，群体的习惯，I：18，148-9n. 15
expectations，群体的期望，I：99

norms，群体的规范，I：80-1
opinions of，群体的意见，I：95-7，142-3
size of，群体的规模，I：13
success of，群体的成功，I：169n. 7
survival of，群体的存续，I：18，148-9n. 15

R

热力学，Thermodynamics，I：44
人口，Population，I：75，164n. 8
人类学，Anthropology，I：22，73-6，112，152-3nn. 32-4
人为论，Artificialism，I：27，154n. 44
日本猕猴，Japanese monkeys，I：163-4n. 7

S

熵，Enthropy，I：44
设计理论，Design theories
circumstances of，设计理论的情势，I：18，46，65，149n. 15
human institutions and，人的制度与设计理论，I：8-10，2-21，37，150n. 19
influence of，设计理论的影响，I：36
language of，设计理论的语言，I：27
natural reason for，设计理论的自然理性，I：84
product of，设计理论的产物，I：5-6
社会，Society
adaptation in，社会中的调适，I：18，149-50n. 16
control in，社会中的控制，I：41-2
evolution of mind and，心智的进化与社会，I：17-19
law in，社会中的法律，I：95，118
make-up of，社会的构造，I：46-8
order of，社会秩序，I：9，36，114-15
organization and，组织与社会，I：46-8
pattern of，社会模式，I：36，155n. 4
perfection of，社会的完善，I：72，162n. 3
preservation of，社会的维护，I：2
purpose of，社会的目的，I：28
参见“自由社会”“大社会”“部落社会”
社会的调整或适应，Adaptations，societal，I：18，149-50n. 16
社会科学，Social Science，I：20-4，150，n. 19

社会学，Sociology，I：6，115
社会正义，Social justice
pursuit of，追求社会正义，I：142-3
社会主义，Socialism
approach to，对社会主义的态度，I：107-8
German，德国社会主义，I：71，143
justice in，社会主义中的正义，I：121
law under，社会主义下的法律，I：142-3
organization and，组织与社会主义，I：53-4，159n. 23
property and，财产权与社会主义，I：108，121
road to，通向社会主义之路，I：57
role of，社会主义的作用，I：52-4
term of，社会主义（术语），I：53-4
threat to，对社会主义的威胁，I：57，161n. 9
生活标准，Standard of living，I：3
生态学，Ethology，I：74-6
生物学，Biology
evolution and，进化与生物学，I：16，22-4，37，152-3n. 33
实用主义，Pragmatism，I：10，18，147n. 5
实证主义，Positivism，参见“法律实证主义”
食物，Food，I：164n. 8
世界，World，I：3
市场经济 / 市场秩序，Market economy/order
choice-making in，市场经济中的选择，I：18，57，59，149-50n. 16
intervention with，干预市场经济，I：51
supply and demand，市场经济中的供需关系，I：63
term of，市场秩序（术语），I：62
手段与目的，Means and ends
adaptation of，手段与目的的调适，I：149n. 15
law and，法律和手段与目的，I：158n. 16
outcome of，手段与目的的结果，I：10，147n. 4
数学，Mathematics，I：148n. 14
税收，Taxation
budget and，预算与税收，I：136-7
importance of，税收的重要性，I：126
司法裁判的目的，Jurisdiction，aim of，I：99-101
司法过程，Judicial process，I：115-18，122-3

私法，Private law
public and，公法与私法，I：131-4，141-3，174-5nn. 2，6，177n. 19
system of，私法系统，I：168n. 35
“Statutory orders of 1883”，I：179n. 32
苏格兰启蒙运动，Scottish Enlightenment，I：150n. 19
统治者，Rulers
commands of，统治者的命令，I：87-8
dictator，独裁统治者，I：92-3
role of，统治者的作用，I：17-19
投票，Voting，参见“选举”

W

外部规则：立法的法律，Thesis：Law of legislation，I：124-44，173-80
完善、改进，Perfection，I：163n. 3
未来，Future
predictions about，预测未来，I：24，42，61-5，106，115-18
文明，Civilization
benefits of，文明的益处，I：15，56
Greek，希腊文明，I：82，94，165-6nn. 22，25
law in，文明中的法律，I：81-5
Roman，罗马文明，I：82-3，132，166nn. 25-6
参见“西方文明”
稳定性，Stability，I：8
无能原理，Impotence principle，I：146n. 1
无知，Ignorance
conquest of，征服无知，I：15-17
importance of，无知的重要性，I：11-15
物理世界中的秩序，Physics，order in，I：39-40，44

X

西班牙经院学者，Spanish schoolmen，I：170nn. 8-9
西方文明，Western civilization
democracy in，西方文明中的民主，I：2-3；参看“民主”
disadvantages in，西方文明中的不利因素，I：1
liberty in，西方文明中的自由，I：52，157n. 11
norms of conduct in，西方文明中的行为规范，I：83，166n. 25
rationalism in，西方文明中的唯理主义，I：57，161n. 9

希腊，Greece
Crete，克里特与希腊，I：94
influence of，希腊的影响，I：20，107
language of，希腊的语言，I：173*
law in，希腊的法律，I：82，94，165-6nn. 22，25
Sparta，斯巴达与希腊，I：147n. 4
习俗，习惯，Customs
group，群体与习俗，I：74，148-9n. 15
law of，习惯法，I：85-8
spontaneous growth of，习俗的自生自发增长，I：100
系统（术语），System，term of，I：35；Ⅱ：34，159n. 4
系统阐释，Articulation，I：76-93，99-100，115-18，165n. 16
现实主义、实在论，Realism，I：58-9，62-5
限制、约束，Restraint
achievement by，约束的成就，I：55
Athenian，雅典人的限制问题，I：82，165n. 22
just，正当的约束，I：52，157n. 14
参见“政府”“法律”“规则”
on freedom，对自由的约束，I：56-7，101，157-8n. 14，170n. 11
宪法（宪政），Constitution（alism）
British，英国宪政，I：128-9
code of，宪法法典，I：176n. 13
Crete，克里特宪法，I：94
defined，既定宪政模式，I：1，145n. 2
democracy and，民主与宪政，I：82，165-6n. 23
freedom of，宪政中的自由，I：1，145nn. 1-2
law of，宪法性法律，I：1-4，134-6，145n. 2，177-8nn. 19，24
North Carolina，《北卡罗来纳州宪法》，I：160*
效率论辩，Efficiency argument，I：175n. 8
刑法，Criminal law，I：132
（人之）行动，Action，human
abstraction and，抽象与人之行动，I：29-31，122-3
Cartesian school and，笛卡尔学派与人之行动，I：12
consequences of，人之行动的后果，I：61-2
direction of，对人之行动的指导，I：76-81，101-6
effectiveness of，人之行动的有效性，I：11-12
emotions of，人之行动的情绪，I：56，205n. 53

governed，受支配的人之行动，I：49-52
guides for，人之行动的指南，I：60-1
interaction and，互动与人之行动，I：37
order of，人之行动的秩序，I：98-106
pattern of，人之行动的模式，I：8-9
political，人之政治行动，I：59-61
purposive，有意图的行动，I：11，80，147-8n. 7
result of，人之行动的结果，I：20-1，150n. 19
rule governing，规则支配人之行动，I：97，169n. 5
want satisfaction of，人之行动对需求的满足，I：101-6
参见“行为主义”“正当行为规则”“价值判断”“意志”行为
Conduct forms of，行为样式，I：97，169n. 5
limitation of，行为的限制，I：101
norms of，行为规范，I：83，105，166n. 25
参见“正当行为规则”
行为论，Behaviorism
animal，动物的行为方式，I：74-6，163-4n. 7
choice in，行为中的选择，I：18，57，59，149-50n. 16
kinds of，行为的种类，I：36，155n. 4
law and，法律与行为，I：43-4
morality and，伦理道德与行为，I：75，164n. 8
rules and，规则与行为，I：44-6，77-9；参见“正当行为规则”
study of，行为研究，I：18，74-6，164n. 8
参见“正义正义”“意志”
行政法，Administrative law，I：137-40，178n. 22
需求，Needs
legislation，立法与需求，I：124-6
policy，政策与需求，I：59-61
选择，Choice-making，I：18，57，59，149-50n. 16

Y

要素，Elements，I：35，39，46，52-3，154-5*
议会，Parliament
lawyer’s law and，法律人的法律与议会，I：126
lesson from，议会的教训，I：168n. 36
limits of，议会的局限，I：173-4n. 1
易货贸易，物物交换，Barter，I：82；参见“贸易”

意见，Opinions
group，群体与意见，I：95-7，142-3
importance of，意见的重要性，I：69
influence of，意见的影响力，I：92-3
public，公众意见，I：55
recognition of，意见的认可，I：60-1
rejection of，意见的否弃，I：10-11
意识，consciousness，I：1，18，149n. 15
意向论（术语），Intentionalism，term，I：27
意志，Will
law and，法律与意志，I：10，82，147n. 6
legislator，立法者的意志，I：91-2
power of，意志力，I：82-5
rule and，规则与意志，I：52，157n. 13
use of，意志的运用，I：56，160n. 2
因果，Cause and effect，I：18，80
英国，England
administrative law in，英国行政法，I：84，138，167n. 31
constitution of，英国宪政，I：128-9
legislature of，英国的立法机构，I：124，173n. 3
Parliament of，英国议会，I：85，124-6，168n. 36，173-4n. 1
Political opinion in，英国的政治意见，I：128
principles of，英国的原则，Is60
separation of power in，英国的权力分立，I：85
trade in，英国贸易，I：65，142，179n. 32
参见“普通法”
有机体与组织，Organism and organization，I：27，37，52-4，159n. 19
语法规则，Grammer，rules of，I：19，150n. 17
语言，Language
anthropomorphic，拟人化语言，I：26-9
aquisition of，语言的习得，I：74，76_93
articulation in，用语言阐释，I：76-93，99-100，115-18，165n. 16
communication through，用语言传播或交流，I：19，150n. 17
grammer and，语法与语言，I：19，1509n. 17
Greek and Roman，希腊语言与罗马语言，I：173
rules of，语言规则，I：19，150n. 17
预测、预见，Predictions

basis of，预测的基础，I：106
dangers of，预测的危险，I：61-3
elements and，要素与预测，I：42
future and，未来与预测，I：24，42，60-5，106，115-18
judicial decisions and，司法审判与预测，I：115-18
particular events and，特定事件与预测，I：16
预期，Expectations
disapointments of，预期的落空，I：86-7，106
fufillment of，预期的实现，I：97，169n. 5
group，群体的期望，I：99
judicial decisions and，司法审判与预期，I：15-18
legitimate，合法的预期，I：98
protection of，预期的保护，I：101-10
reasonable，合理的预期，I：102，170n. 12
rules of conduct，行为规则与预期，I：106-10
预算，Budget，I：136-7
原则，原理，Principles
application of，原则的运用，I：119-20，144
expediency and，权宜与原则，I：55-71，160-2
legal，法律原则，I：65-7
1647 年《首项人民公约》，First Agreement of the People of 1647，I：128

Z

战争，War
French，法国战争，I：53，166n. 25
参见“专制”
真理、真相，Truth，I：9-11
争夺土地，Land，competition for，I：75，164n. 8
正当行为，Just conduct，参见“正当行为规则”
正当行为规则，Rules of just conduct
aims of，正当行为规则的目标，I：108
conflicts and，冲突与正当行为规则，I：105-6
definition of，正当行为规则的定义，I：125，135
development of，正当行为规则的发展，I：18-19
element and，要素与正当行为规则，I：43-6
enforcement of，正当行为规则的实施，I：72
expectations and，预期与正当行为规则，I：106-10

expression of，正当行为规则的表达，I：72-3
finances and，财政与正当行为规则，I：136-7
knowledge of，正当行为规则的知识，I：80
organization and，组织与正当行为规则，I：131-4
purpose of，正当行为规则的目的，I：81-2，112-15，127
study of，正当行为规则的研究，I：4-5，132，177n. 19
正义 / 非正义，Justice/injustice
characteristics of，正义的特征，I：116
concept of，正义的概念，I：115-18，170n. 9
distributive，分配的正义，I：2，108
enforcement of，正义的实施，I：125
faith in，对正义的信奉，I：25
grievance about，对正义的不满，I：143-4
importance of，正义的重要性，I：72，162-3n. 3
prices and，价格与正义，I：141
requirements of，正义的要求，I：89，173n. 29
restraints and，约束与正义，I：157-8n. 14
rules by，以正义为凭的规则，I：131-4
socialistic，社会主义的正义，I：121
victim of，正义的受害者，I：73，178n. 13
政策，Policy，I：59-65，139-40
政府，Government
administrative law of，行政法，I：137-40，178n. 22
agencies of，政府办事机构，I：137-9
aims of，政府的目的，I：143-4
arbitrary，专断的政府，参见“专断”
authority，参见“权力机构”“权威”
budget，政府预算，I：136-7
communistic，奉行共产主义的政府，I：159n. 23
concept of，政府的概念，I：130-1
constitution，model，宪政模式，I：1，82，145n. 2，165-6n. 23
control by assembly，议会控制的政府，I：129
dictatorship，独裁政府，I：92-3
direction of，政府的指导，I：126-8
function of，政府的功能，I：47-8，90-3，158n. 14，174n. 6
interference by，政府的干预，I：51，56-7，160n. 3
kinds of law in，政府法律的种类 I：131-4；参见“公法”

legislation，政府立法，I：83，166n. 25
limited，有限政府，I：2-3，145n. 2
Machinery of，政府机器，I：131-2，176n. 19
monarchy in，政府中的君主政体，I：84，166n. 25
opinion，意见与政府，I：92，168n. 39
organization，政府组织，I：131-4
para，庇护性政府，I：3
parliamentary，参见“议会”
planning，政府计划，I：68
police power of，政府的警察权力，I：137-9，178n. 22
power of，政府权力，I：72，92-3，140，179n. 1
regulation of，政府的调控，I：124-6
representative，代议政府，I：2-3，126-7，129-31，140，166n. 25
services of，政府的服务，I：131-4，138-44
taxation，参见“税收”
totalitarian，参见“全权主义”
unlimited，无限政府，I：2-3
valuation in，政府的价值判断，I：158n. 16
《政府约法（1653）》，Instrument of Government of 1653，I：129
政治，Politics
problems in，政治中的难题，I：10，147n. 6
realism and，实在论或现实主义与政治，I：58-9
知识，Knowledge
cause and effect of，知识的因与果，I：80
child-sought，孩子寻求的知识，I：154n. 44
experience and，经验与知识，I：18
factual，science and，科学与事实性知识，I：8，15-17，110-12
limitations of，知识的局限，I：11-15
order through，由知识形成的秩序，I：41-2
rules of conduct and，行为规则与知识，I：80
use of，知识的运用，I：49
质 / 量属性，Qualitative/quantitative attributes，I：14，148n. 12
秩序，Order
concept of，秩序的概念，I：35-7，155n. 1-4，157-8n. 9
construction of，秩序的建构，I：59
definition of，秩序的定义，I：1，145*
ideal of，秩序的理想，I：8，170n. 8

kinds of，秩序的种类，I：36-8，46-8
knowledge through，通过秩序获得的知识，I：41-2
need for，对秩序的需求，I：36，155n. 4
organization and，组织与秩序，I：48-52
particularism and，特定论与秩序，I：40-1，114-15
principles of，秩序的原则，I：48-52
reactions in，社会秩序中的互动，I：44
role of，秩序的作用，I：74
rules and，规则与秩序，I：1-180
science and，科学与秩序，I：39-40，44
social，社会秩序
transformation of，秩序的转化，I：68
参见“抽象秩序（规则）”；“市场经济”；“秩序”；“规则”；“自生自发秩序”
中世纪的法律，Middle Ages，law of，I：83-4，52，157n. 13
主权，Sovereignty
allegiance and，效忠与主权，I：91-3，166n. 25
主权与效忠，Allegiance，sovereignty and，I：91-3
专断，专制，Arbitrariness
rules of，专断的规则，I：96-7
专门学科，Specialisms，I：4-5
专制，暴政，Tyranny，I：82，157n. 13，165n. 22
资本主义，Capitalism
concept of，资本主义的概念，I：12，68，161n. 9
terminology of，有关资本主义的术语，I：62
参见“市场经济”“市场秩序”
资源，Resources
allocations of，资源配置，I：75，108，164n. 8，173*
自然法，Natural law
concept of，自然法的概念，I：21，84
legal positivism and，法律实证主义与自然法，I：150n. 20
meaning of，自然法的含义，I：20-1
measure of，自然法的尺度，I：169-70n. 80
property and，财产权与自然法，I：87，167-8n. 34
spontaneous orders in，自然法中的自生自发秩序，I：39-40
term of，自然法（术语），I：21，150-Inn. 20，25，26
自生自发秩序，Spontaneous order
abstractions and，抽象与自生自发秩序，I：38-40

character of，自生自发秩序的特征，I：2，35-54，154-60
coercion in，自生自发秩序中的强制，I：57
complex，复杂的自生自发秩序，I：62-4
control in，自生自发秩序中的控制，I：41-2
development of，自生自发秩序的发展，I：112
elements of，自生自发秩序的要素，I：43-6
judicial process in，自生自发秩序中的司法过程，I：118-23
make-up of，自生自发秩序的构造，I：46-8
mechanism of，自生自发秩序的机制，I：63-5
nature and，自然与自生自发秩序，I：39-40
organization and，组织与自生自发秩序，I：2，46-8，52-4
properties of，自生自发秩序的属性，I：38-9
provisions of，自生自发秩序的规定性，I：132-4
result of，自生自发秩序的结果，I：43-6
rules of，自生自发秩序的规则，I：48-52
study of，对自生自发秩序的研究，I：36-8
transformation of，自生自发秩序的转化，I：143
自由，Liberty/Freedom
Anglican，英国国教的自由，I：159n. 23
boundaries in，自由中的边界，I：107
coercion and，强制与自由，I：56-7
condition of，自由的条件，I：55-6
constitutionalism and，宪政与自由，I：1，145nn. 1-2
defence of，捍卫自由，I：61
definition of，自由的定义，I：157-8n. 13，16
destruction of，自由的毁灭，I：56-9
equality and，平等与自由，I：101，170n. 11
Gallican，法国天主教的自由，I：159n. 23
kinds of，自由的种类，I：159n. 23
law and，法律与自由，I：52，94-123，157-8nn. 13，15-17，168-73
personal，人身自由，I：1，55-6，101
preservation of，自由的维护，I：55-9，160*
property and，财产权与自由，I：107-8，172n. 24
protection by，靠自由保护，I：101-2，157n. 11
restraints and，约束与自由，I：56-7，101，157-8n. 14，170n. 11
root of，自由之根，I：107，172n. 19
Western civilization，自由与西方文明，I：52，157n. 11

参见“自由社会”“市场经济样场秩序”“自生自发秩序”
自由放任，Laissez-faire，I：62，68，160n. 3
自由社会，Free society
formation of，自由社会的形成，I：8
term，自由社会（术语），I：62
trend from，来自自由社会的潮流，I：114
（古典）自由主义，Liberalism（classical）
abstract rules and，抽象规则与自由主义，I：32-4
belief of，自由主义的信仰，I：141
defect of，自由主义的缺陷，I：61
division of labor，劳动分工与自由主义，I：163-4n. 9
interpretation of，对自由主义的解释，I：57
term of，自由主义（术语），I：62
组织，Organization
biologist and，生物学家与组织，I：27
commands in，组织中的命令，I：49-52
government，政府组织，I：131-4
Great Society and，大社会与组织，I：47
just conduct rules，正当行为规则与组织，I：131-4
leader of，组织的领导人，I：97-8
order and，秩序与组织，I：48-52
organism and，有机体与组织，I：27，37，52-4，159n. 19
rules of，组织规则，I：48-52，122-6，131-2，177n. 19
socialism and，社会主义与组织，I：53-4，159n. 23
society and，社会与组织，I：46-8
spontaneous order and，自生自发秩序与组织，I：2，46-8，52-4
transformation of，组织的转化，I：143
尊重界限，Boundaries，respect for，I：106-12
遵循规则的人，Man，rule-following，I：11，147-8n. 7；参见“人之行动”“行为主义”“个人主义”

第二、三卷

B

保护论，Protectionism
corporate，企业的保护，Ⅲ：82-3
domains and，权益与保护，Ⅱ：35-8，123-4，162n. -9
expectations and，预期与保护，Ⅱ：124-5
freedom and，自由与保护，Ⅱ：101-2，157n. 11
fundamentals of，保护主义的基本原理，Ⅲ：110-11
government，政府保护，Ⅲ：48-9，62-4，82-3
job status and，工作现状与保护，Ⅱ：93-6
monopoly and，垄断与保护，Ⅲ：79-80，85-6
possessions and，财产占有与保护，Ⅱ：37-8
property，财产权的保护，Ⅱ：35-8，123-4，163-4n. 9
rules of just conduct，正当行为规则与保护，Ⅱ：34-42，123-4
vested interests in，保护的既得利益，Ⅱ：139-42
报酬，Rewards
determination of，报酬的确定，Ⅱ：75
free society and，自由社会与报酬，Ⅱ：69-70，120
government，政府报酬，Ⅱ：85-8
justice of，报酬的正义，Ⅱ：69-74
labour and，劳动与报酬，Ⅱ：63，176n. 5
morality and，道德与报酬，Ⅱ：74，82
参见“补偿”
抱怨，Complaints，Ⅱ：62-100，175-83
本能，Instincts，Ⅲ：160，165-73
边际成本，Marginal costs，Ⅱ：118；Ⅲ：66-7，70-4，90-3
变化、变革，Changes
adaptations to，对变化的调适，Ⅱ：120-2
forces of，变化的力量，Ⅱ：107
market，市场的变化，Ⅲ：94
need for，变革的需求，Ⅱ：3
rules of conduct，行为规则的变化，Ⅲ：161-2
表演艺术，Performing arts，Ⅱ：76-7
补偿，Remunerations

Great Society and，大社会与补偿，Ⅱ：77
just and unjust，正义与不正义的补偿，Ⅱ：81-4
market economy，市场经济中的补偿，Ⅱ：75-8，115-20*
principles of，补偿的原则，Ⅱ：63，76，176n. 5，179n. 21
unpleasant jobs and，令人不愉快的工作与补偿，Ⅱ：91-3
wage，工资补偿，Ⅱ：75，182n. 40；Ⅲ：95
不发达国家或低度发展国家，Underdeveloped countries，Ⅲ：133
不满，Grievances，Ⅱ：87-8
不平等，Inequality，参见“平等”
不确定性与确定性，Uncertainty and certainty，Ⅱ：38，62，124-5，175*
不正义，Injustice，参见“正义 / 不正义”
部落社会，Tribal society
basis of，部落社会的基础，Ⅱ：143-4
emotions of，部落社会的情绪，Ⅱ：133-52，189-91
end-connected，目的相关的部落社会，Ⅱ：38-42，110-11
morals of，部落社会的道德规范，Ⅱ：145，147-9
obligations of，部落社会的义务，Ⅱ：36，165n. 12
organization of，部落社会的组织，Ⅱ：134-5

C

财产、财产占有，Possessions，Ⅱ：1，37-8，155n. 14，165-6n. 18
财富，Wealth
accumulation of，财富的积累，Ⅱ：165-6n. 18
claim to，索取财富，Ⅱ：93-6，98
creation of，财富的创造，Ⅱ：115-20
distribution of，财富的分配，Ⅱ：86，114，142，188nn. 23-4；Ⅲ：55-6
growth of，财富的增长，Ⅱ：131，149
increase in，财富的增加，Ⅲ：53
shared，分享财富，n：89；Ⅲ：133
theory of，财富理论，Ⅲ：56-8，147-8，207n. 63
参见“资本主义”“收入”
财政，Finances，Ⅲ：51-4，60-2，126-7，189-90nn. 4-5
超政府或辅助性政府机构，Para-government，Ⅲ：13-17，143-5
承担风险，Risk-taking，Ⅱ：9-10，98；Ⅲ：54-5，57，94；
参见“市场经济 / 市场秩序”
尺度或测度，Measurement，Ⅲ：188n. 21，201 n. 35
传统主义、传统，Traditionalism

absolutism and，专制主义与传统，Ⅲ：34-5
constitutional，宪政传统，Ⅲ：107-8
criticism of，对传统的批评，Ⅱ：25
evolutionary，进化论的传统，Ⅱ：155n. 15
generalizations and，普遍化与传统，Ⅱ：55
human rights，人权传统，Ⅲ：202-3n. 42
moral，道德传统，Ⅱ：110-11
need for，对传统的需求，Ⅲ：166
values in，传统的价值，Ⅱ：67
view of，传统观点，Ⅱ：76
从属，Subordination，Ⅱ：87，135，182n. 37

D

达尔文的自然历史观，Natural history，Darwin's view of，HI；198n. 17
达尔文主义，Darwinism，Ⅲ：198n. 17
大社会，Great Society
abstractness in，大社会的抽象性，Ⅱ：11-12；Ⅲ：146-7
adaptability of，大社会的调适性，Ⅱ：9-11
basis of，大社会的基础，Ⅱ：8
coercion in，大社会中的强制，Ⅱ：143
denial of，对大社会的否定，Ⅱ：105
destruction of，大社会的毁灭，Ⅱ：133-4，136
distribution in，大社会中的分配，Ⅱ：85
economic regulations in，大社会中的经济调整，Ⅱ：112-13
equality in，大社会中的平等，Ⅱ：180n. 28
function of，大社会的功能，Ⅱ：148
insights of，对大社会的洞见，Ⅱ：88-91
knowledge in，大社会中的知识，Ⅱ：2-3
means and ends，大社会的手段与目的，Ⅱ：109-14
morals of，大社会的道德，Ⅱ：144-7
needs in，大社会中的需求，Ⅱ：149
obligations of，大社会的义务，Ⅱ：165n. 12
poverty in，大社会中的贫困现象，Ⅱ：139-42，177n. 8
remunerations in，大社会中的补偿问题，Ⅱ：77
rise of，大社会的兴起，Ⅱ：146
rules of，大社会的规则，Ⅱ：1-5，39-42，83-4
social justice in，大社会中的社会正义，Ⅱ：137-9

strength of，大社会的力量，Ⅱ：109-11
views in，大社会中的观点，Ⅲ：17-18
代议机构，Representative bodies
actions of，代议机构的行动，Ⅲ：25-7
age groups in，代议机构中的同龄人群体，Ⅲ：113-19
assemblies，代议机构委员会，Ⅲ：7-8，35-8
development of，代议机构的发展，Ⅲ：105-9
electors and，选民与代议机构，Ⅲ：112-17
function of，代议机构的职能，Ⅲ：111-17
powers divided by，代议机构的权力分立，Ⅲ：35-8
proportional，比例代议机构，Ⅲ：117-19
purpose of，代议机构的目的，Ⅲ：22-5
voters and，选民与代议机构，Ⅲ：29，134
盗窃，Theft，Ⅱ：169n. 42
德国，Germany
Federal Republic，德意志联邦共和国，Ⅲ：87
law in，德国的法律，Ⅱ：164-5n. 11，167n. 27
legal positivism in，德国的法律实证主义，Ⅱ：167n. 27
Nazi，纳粹，Ⅱ：56，173n. 70
德性，Virtue
award for，对德性的奖赏，Ⅱ：175*
nature of，德性的性质，Ⅱ：22，157n. 23
negative，否定性的德行，Ⅱ：36，162-4n. 9
等级制度，Hierarchy，Ⅱ：109-11，135-6
敌我原则，Friend-foe principle，Ⅱ：149
笛卡尔主义、笛卡尔学说，Cartesianism
constructivism and，唯建构论与笛卡尔主义，Ⅲ：172
rationalism and，唯理主义与笛卡尔主义，Ⅲ：198n. 17
scientism and，科学主义与笛卡尔主义，Ⅲ：173
view of，笛卡尔主义的观点，Ⅲ：173，198n. 17
will and，意志与笛卡尔主义，Ⅱ：154n. 9
独裁，Dictatorship，Ⅱ：56，66，149，173n. 70；Ⅲ：193n. 17
独立部门，Independent sector，Ⅲ：49-51
“独立目的”（术语），Independent ends，term of，Ⅱ：15
对邻人的正义，Neighbours，justice to，Ⅱ：109，162-4n. 9
对内政策，Internal policy，Ⅲ：146-7
多数，Majority

case for，赞同多数之理据，Ⅲ：5-8，140-1
conflicts of，多数内部的冲突，Ⅲ：18-9
decisions of，多数的决策，Ⅲ：33-5
democracy and，民主与多数，Ⅱ：7-8，140-1；Ⅲ：1-19，177-82
dependence on，对多数的依赖，Ⅲ：134
importance of，多数的重要性，Ⅲ：101-2，138-9
influence of，多数的影响力，Ⅲ：181n. 18
minorities and，少数与多数，Ⅲ：11，52
obligations of，多数担当的义务，Ⅱ：7-8
power of，多数的权力，Ⅲ：76-7
rules of，多数的规则，Ⅲ：25，133-5
taxation and，税收与多数，Ⅲ：52-3
unlimited powers of，多数拥有的无限权力，Ⅲ：128-9
weakness of，多数的缺陷，Ⅲ：184n. 5
will of，多数的意志，Ⅲ：4，8，10，35

E

俄国，Russia，Ⅱ：66，103

F

发明或创新，Invention，Ⅱ：174n. 75
法官，Judges
law and，法律与法官，Ⅱ：51，173n. 70
Nazis，纳粹的法官，Ⅱ：56，173n. 70
法国，France，Ⅱ：86
法律，Law
administrative，行政法，Ⅲ：22-5，139
aim of，法律的目标，Ⅲ：86-8
arbitrariness and，专断与法律，Ⅲ：101-2
attributes of，法律的属性，Ⅱ：35，160n. 6
beginning of，法律的起源，Ⅱ：161n. 7
civil，民法或大陆法，Ⅱ：165-6n. 18
common，普通法，参见“普通法”
concept of，法律的概念，Ⅱ：49，62-5；Ⅲ：200n. 31
conformity to，服从法律，Ⅲ：207n. 62
constitutional，宪法性法律，Ⅲ：v
corporations and，公司与法律，Ⅲ：114-15

criminal，刑法，Ⅱ：34
customary，习惯法，Ⅱ：171n. 54
decrees and，法令与法律，Ⅲ：2
definition of，法律的定义，Ⅲ：109
development of，法律的发展，Ⅱ：41
divine，神定法，Ⅱ：59，174n. 74
empire of，法律帝国，Ⅱ：2，153n. 4
evolution of，法律的进化，Ⅱ：60
family，家庭法，Ⅱ：36
function of，法律的功能，Ⅱ：164n. 9
general，一般性法律，Ⅱ：35，159n. 5
German，德国法律，Ⅱ：164-5n. 11，167n. 27
ground of，法律的根据，Ⅱ：165n. 13
international，国际法，Ⅱ：61
judges and，法官与法律，Ⅱ：50，173n. 70
justice and，正义与法律，Ⅱ：31-5；Ⅲ：37-8
kinds of，法律的种类，Ⅱ：35-6，159-60nn. 5-6；Ⅲ：122
lawyer's，法律人的法律，Ⅲ*：28
legislators and，立法者与法律，Ⅲ：28-9
legislatures and，立法机构与法律，Ⅲ：4，102
liberty and，自由与立法，Ⅱ：85-8
making，制定法律，Ⅱ：135；Ⅲ：25-7
material and formal，实质性的法律与形式意义上的法律，Ⅱ：35-6，159-60nn. 5-6
meaning of，法律的含义，Ⅱ：45，47，49，52，55-6，168n. 35；Ⅲ：100-2
morals and，道德与法律，Ⅱ：56-9，162-4n. 9
natural，自然法，参见“自然法”
positivism，法律实证主义，参见“法律实证主义”
private，私法，参见“私法”
property and，财产权与法律，Ⅱ：38，165-6n. 18
public，公法，参见“公法”
purpose of，法律的目的，Ⅱ：157-8*；Ⅲ：28
reason and，理性与法律，Ⅲ：184n. 8
rule and，规则与法律，Ⅱ：18-27，31，48-9，86；Ⅲ：25，133-5
services and，服务与法律，Ⅲ：47-8
socialization of，法律的社会化，Ⅱ：86，181n. 34
sovereignty and，主权与法律，Ⅱ：61

state of，法律国家，Ⅱ：50，172n. 56
system of rules，法律规则系统，Ⅱ：34，158-9nn. 3-4
theory of，法律理论，Ⅱ：48-56，171-2nn. 54-5
versus directions，法律与指令，Ⅲ：100-2
will of men，人的意志与法律，Ⅱ：13，154n. 9
参见“规则”
法律帝国，Empire of laws，Ⅱ：2，153n. 4
法律人，Lawyer，Ⅲ：28
法律实证主义，Legal positivism
concept of，法律实证主义的概念，Ⅱ：44-8，101-3
criticisms of，对法律实证主义的批判，Ⅱ：55-6
form of，法律实证主义的形式，Ⅱ：45-6，168n. 38
German，德国的法律实证主义，Ⅱ：167n. 27
historical development of，法律实证主义的历史沿革，Ⅱ：47
ideology of，法律实证主义的意识形态，Ⅱ：44-61，172n. 64
judges and，法官与法律实证主义，Ⅱ：50
law and，法律与法律实证主义，Ⅱ：45-8，55-6，101，103，168n. 38，172n. 64
legislation and，立法与法律实证主义，Ⅲ：34，174
logical，逻辑法律实证主义，Ⅲ：173-4
natural law and，自然法与法律实证主义，Ⅱ：59-60；Ⅲ：207n. 62
sovereignty and，主权与法律实证主义，Ⅱ：61
totalitarianism and，全权主义与法律实证主义，Ⅱ：55，173n. 68
view of，对法律实证主义的看法，Ⅲ：132-3
法院，Courts，Ⅱ：46，48；Ⅲ：120-2，183-4n. 5
法治国，Rechtsstaat
government by，依法主治，Ⅱ：86
law and，法律与法治国，Ⅱ：47，50，55-6，172n. 56
legal positivism and，法律实证主义与法治国，Ⅱ：167n. 27
meaning of，法治国的含义，Ⅱ：79
power by，法治国的力量，Ⅱ：56，173n. 70
方法论上的本质主义，Essentialism，methodological Ⅱ：171-2n. 55
分配，Distribution
government，政府分配，Ⅱ：68
Great Society and，大社会与分配，Ⅱ：85
income and，收入与分配，Ⅱ：86，114，130-1，142，188nn. 23-4
justice of，分配的正义，Ⅱ：xii，62-100，175-83
market，市场分配，Ⅱ：72，85-8，91-3，178n. 12

principles of，分配的原则，Ⅱ：166n. 19
toleration of，容忍分配，Ⅱ：68-70
wealth and，财富与分配，Ⅱ：86，114，142，188nn. 23-4
（权力分立）分权，Separation of powers
concept of，权力分立的概念，Ⅲ：24-5
government，权力分立与政府，Ⅲ：24-5
just conduct and，正当行为与权力分立，Ⅲ：105-9
view of，权力分立观，Ⅲ：179n. 10
否定性，Negativism
concept of，否定性的概念，Ⅱ：101-3
freedom and，自由与否定性，Ⅲ：132-3
injustice and justice，不正义与正义的否定性，Ⅱ：36-8，42-4，54，101-3，162n. 9；Ⅲ：132-3
peace and，和平与否定性，Ⅲ：132-3
rules of conduct，行为规则的否定性，Ⅱ：36-42，54；Ⅲ：130-3
弗洛伊德学说，Freudism，Ⅲ：173-6，207n. 63
服务、服务项目，Services
certified，许可的服务，Ⅲ：62-4
defense of，为服务辩护，Ⅱ：120-2
future，未来的服务，Ⅱ：123-4
government，政府服务，Ⅱ：6-8；Ⅲ：51-4，187n. 10
influence of，服务的影响力，Ⅲ：81
legal，合法的服务，Ⅲ：47-8
management of，服务的管理，Ⅲ：146-7
monopoly，垄断服务，Ⅲ：56-60，147-8
price of，服务的价格，Ⅱ：75-8
provision for，提供服务，Ⅲ：46
public and private，公共服务与私人服务，Ⅱ：110，185n. 7；Ⅲ：41-64，185-8
value of，服务的价值，Ⅱ：92-3；Ⅲ：91-3，187n. 10
福利，Welfare
benefits of，福利的好处，Ⅱ：110，185n. 7
claims on，索取福利，Ⅱ：101-6，183-4
economics，福利经济学，Ⅲ：201 n. 35
general，普遍利益，Ⅱ：1-30，153-7
government，福利政府，Ⅱ：101-6，183-4；Ⅲ：11
labour，劳工福利，Ⅲ：82
principles of，福利原则，Ⅱ：62

responsibility for，提供福利的职责，Ⅱ：79
辅助性原则，Subsidiarity principle，Ⅱ：153n. 6

G

概率（或然律），Probabilities，Ⅱ：118-19，130
革命，Revolution
Russian，俄国革命，Ⅱ：103
个人、个体，Individuals
aim of，个人的目的，Ⅱ：8-9，57
boundaries of，个人领域的边界，Ⅱ：36，163-4n. 9
co-existence of，个人间的共存，Ⅱ：136
concerns for，对个人的关注，Ⅲ：197-8n. 15
conduct of，个人行为，Ⅲ：152
criteria of，个人的标准，Ⅲ：197n. 3
fates of，个人的命运，Ⅱ：68-70
forced services of，个人被迫提供的服务，Ⅱ：85-8，135-6
happiness of，个人的幸福，Ⅱ：19-23，156-7n. 15，19，158n. 2，162n.
interests of，个人的利益，Ⅱ：1-30，153-7
means and ends，个人的手段与目的，Ⅱ：8-9，15-17
protection of，对个人的保护，Ⅱ：36-7，163-4n. 9
pursuits of，个人的追求，Ⅱ：137-9，145，191n. 13
reality and，现实与个人，Ⅲ：180n. 16
respect for，尊重个人，Ⅱ：27
restraints on，对个人的约束，Ⅱ：36，161nn. 7-8
rights and justice，个人的权利与正义，Ⅱ：101-6，183-4
success of，个人的成功，Ⅲ：131
threat to，对个人的威胁，Ⅲ：89-93
参见“人之行动”“行为主义”
工会，Trade unions，参见“劳工”
工会，Unions，labour，Ⅱ：105；Ⅲ：89，144，180n. 21
工资，Wages，Ⅱ：75-8，116-17，182n. 40；Ⅲ：95，144；参见“补偿”
公法，Public law
end-dependent rules of，目的依附的公法规则，Ⅱ：31
enforcement of，公法的实施，Ⅱ：34，38
influence on，对公法的影响，Ⅱ：46-7
officials of，执行公法的官员，Ⅱ：87
subordination and，从属关系与公法，Ⅱ：34，87，135，182n. 37

公共部门与私营部门，Public and private sector，Ⅲ：41-64，185-8
公司，Corporations
benefit of，公司的益处，Ⅲ：82-3
concentration of，公司的合并，Ⅲ：77-80
influence by，公司的影响力，Ⅲ：144
law of，公司法，Ⅲ：114-15
profits of，公司的利润，Ⅲ：70-4
protectionism and，保护主义与公司，Ⅲ：82-3
公益，Public utility，Ⅱ：165-6n. 18；Ⅲ：147
功绩或品行，Merit
earned，劳绩，Ⅱ：62-5，176
market economy and，市场经济与功绩，Ⅱ：70-3，94
reward for，对功绩的回报，Ⅱ：69-73，179n. 21
spontaneous order and，自生自发秩序与功绩，Ⅱ：151-2
uncertainty of，功绩的不确定性，Ⅱ：62，175 *
功利主义（边沁学说），Benthamism，Ⅱ：18-19，155n. 15，157n. 23
功利主义，Utilitarianism，Ⅱ：17-23，155-7n. 13-16，20-1
共产主义，Communism，Ⅱ：56，86
供需，Supply and demand，Ⅱ：116-17，120-2；Ⅲ：80-5，91-3
官僚集团或科层组织，Bureaucracy，Ⅱ：134-5；Ⅲ：144-5，190n. 5
管理，Management，Ⅲ：82；参见“公司”“政府”
广播，Broadcasting，Ⅲ：147
规范，Norms
behaviour and，行为与规范，Ⅱ：31，45，158n. 2
genuine，真正的规范，Ⅱ：47，169n. 42
individual，个人规范，Ⅱ：48-9
legal，法律规范，Ⅱ：49，171nn. 52，54，55，173n. 67
science of，规范的科学，Ⅱ：48-9，60
term of，“规范”（术语），Ⅱ：48-9
规则，Rules
abstract，抽象规则，Ⅲ：160，164
adoption of，规则的采纳，Ⅲ：204n. 48
agreement about，对规则的认同，Ⅲ：17-19
changes of，规则的变化，Ⅲ：161
commands and，命令与规则，Ⅱ：12-15
consistency of，规则的一致性，Ⅱ：24-8，57-8
determination of，对规则的确认，Ⅲ：25

economic order and，经济秩序与规则，Ⅲ：161-3
end-dependent and independent，目的依附的规则与目的独立的规则，Ⅱ：31，36-7，123
enforcement of，规则的实施，Ⅱ：151
general，一般性规则，Ⅱ：1-30，53-5，153-7
Great Society，大社会与规则，Ⅱ：1-5，39-42，83-4
ignorance and，无知与规则，Ⅱ：8-11
importance of，规则的重要性，Ⅱ：109，185n. 6
just and unjust，正义的规则与不正义的规则，Ⅱ：32，185n. 6；Ⅲ：105-9，111，119-20，141-3，185*
kinds of，规则的种类，Ⅱ：52-3
language and，语言与规则，Ⅱ：12-15，49
learned，习得的规则，Ⅲ：157
legal，法律规则，Ⅱ：18-27，31，48，58，86；Ⅲ：25，133-5
long-run functions of，规则的长远作用，Ⅱ：2，29-30
majority，多数的规则，Ⅲ：25，133-5
market economy，市场经济与规则，Ⅲ：167-9
moral，道德规则，参见“伦理（道德）”
negative，否定性规则，Ⅱ：36-42，54；Ⅲ：130-2
organization and，组织与规则，Ⅱ：34，46-8，169n. 40
primary and secondary，首要规则与次要规则，Ⅱ：34，158n. 3
short-lived，短命的规则，Ⅱ：34，159n. 4
参见“法律”“统治者”“正当行为规则”
贵族、最优群体，Aristocracy，Ⅱ：132
国家，State
society and，社会与国家，Ⅲ：139-41
参见“政府”
国内政策，Internal policy，Ⅲ：146-7

H

和平，Peace
chance for，和平的机会，Ⅱ：91
conditions of，和平的条件，Ⅱ：109-11
negativism and，否定性与和平，Ⅲ：132-3
price of，和平的代价，Ⅱ：36，165n. 12
互惠互利，Reciprocity，Ⅱ：157n. 21
环境，Environment

adaptations to，对环境的适应或调适，Ⅱ：4-5
choice-making and，选择与环境，Ⅱ：132
conditions of，环境的条件，Ⅱ：24
importance of，环境的重要性，Ⅱ：132，189n. 25；Ⅲ：172
use of，对环境的利用，Ⅱ：9-11
辉格党人，Whigs，Ⅲ：20，180n. 15
贿赂，Bribery，Ⅱ：11，27，138-9
货币理论，Money theory，Ⅲ：56-8，207n. 63

J

机会，Opportunitie
advantage of，机会的好处，Ⅲ：75，190n. 6
determination of，机会的确定，Ⅱ：126-31
equality of，机会平等，Ⅱ：73-4，84-5，129-31，179n. 16
exploitation of，机会的利用，Ⅲ：190n. 6
Good Society，良好社会的机会，Ⅱ：132
income，收入的机会，Ⅱ：129-31，188n. 23
peaceful，和平的机会，Ⅱ：91
population and，人口与机会，Ⅱ：9-11
wealth-creating，创造财富的机会，Ⅱ：115-20
基本原理，Rationale，Ⅱ：9-10，16，70-3
集体利益与普遍利益，Collective goods and general interest，Ⅱ：1-30，153-7
集体主义，Collectivism，Ⅲ：43-6，89-93，202-3n. 42
技术，Technology，Ⅱ：117-18，187n. 15；Ⅲ：80-1
技艺，Skills，Ⅲ：75-7，190n. 7；参看“知识”
既得利益群体的联盟或既得利益集团，Established coalitions of interests，Ⅱ：139-42
加尔文主义伦理学，Calvinist ethics，Ⅱ：145
家庭，Family，Ⅱ：9-10，36，131-2，134-5，188n. 25
价格机制，Price mechanism
competitive，竞争性价格机制，Ⅲ：66-7
conflicts of，价格机制的冲突，Ⅱ：80，116-20，181n. 29
determination of，价格机制的确定，Ⅱ：71-8，125；Ⅲ：94-5
discrimination，歧视性价格机制，Ⅲ：85-6
effect of，价格机制的影响，Ⅱ：71，73-4
function of，价格机制的功能，Ⅲ：169
future，未来的价格机制，Ⅱ：121-2，125
justice and，正义与价格机制，Ⅱ：73，178n. 15

marginal cost and，边际成本与价格机制，Ⅲ：70-4
market economy and，市场经济与价格机制，Ⅲ：71-3
monopoly and，垄断与价格机制，Ⅲ：83
services and，服务与价格机制，Ⅱ：75-8
价值判断、价值，Valuation（Value judgment）
abstract rules and，抽象规则与价值，Ⅱ：15-17
destruction of，价值的摧毁，Ⅱ：xii；Ⅲ：173-6
ends and，目的与价值，Ⅱ：14
experiences and，经验与价值，Ⅱ：24
government，政府的价值判断，Ⅲ：187n. 10
human，人的价值，Ⅲ：153-76，196-208
labour and，劳动与价值，Ⅲ：169-70
marginal return and，边际收益与价值，Ⅱ：118；Ⅲ：66-7，70-4，90-3
market，市场的价值，Ⅱ：123-5
means and ends，手段与目的的价值，Ⅱ：15-17
model constitution，宪法模式的价值，Ⅲ：107-9
moral，道德价值，Ⅱ：66-7
services，服务的价值，Ⅱ：76，92-3，179n. 20
socialist，社会主义者的价值判断，Ⅱ：136
societal，社会价值，Ⅱ：75-8
sources of，价值的渊源，Ⅲ：153-6，196-208
system of，价值系统，Ⅱ：4-5
test of，价值的标准或检测，Ⅱ：28
交换或交易，Exchange，参见“贸易”
交换曲线，Transformation curve，Ⅱ：118-19
教育，Education，Ⅲ：60-2，117-19，174；参见“知识”
教育费用凭证，Vouchers，educational，Ⅲ：61
结构，Structures
complex，复杂结构，Ⅲ：158-9
emergence of，结构的出现，Ⅲ：182n. 26
social，社会结构，Ⅲ：159-60，201 n. 35
津贴或抚恤金，Pensions，Ⅲ：55，119
进步，Progress，Ⅱ：146，191n. 15；Ⅲ：168-9，205n. 56
经验，Experience
result of，经验的结果，Ⅱ：4-5
value in，经验中的价值，Ⅱ：24
精神病学，Psychiatry，Ⅲ：174-5

竞争，Competition，Ⅱ：73-4，179n. 16；Ⅲ：65-77，83

K

卡特尔，Cartels，Ⅲ：86
开放社会，Open Society
  closed and，封闭社会与开放社会，Ⅱ：144-7
  creation of，开放社会的创建，Ⅱ：31
  instincts of，开放社会的本能，Ⅱ：88-91，133
  moral views of，开放社会的道德观，Ⅱ：144-7
  rules of，开放社会的规则，Ⅱ：38-42，57-8
  small group in，开放社会中的小群体，Ⅱ：149-50
  values of，开放社会的价值，Ⅱ：136
开支，Spending，Ⅲ：51-4，126-7，186n. 10；参见“财政”
科学，Science
  achievement of，科学的成就，Ⅲ：176
  aim of，科学的目的，Ⅱ：49，171-2n. 55
  biological，生物科学，Ⅱ：21-2；Ⅲ：198n. 17
  Cartisian，笛卡尔式科学，Ⅲ：173
  catallactic，偶合秩序学，Ⅱ：108
  decision by，依照科学方式决策，Ⅱ：46-7，169n. 40
  error of，科学的谬误，Ⅲ：173-6
  normative，规范科学，Ⅱ：48-9，60
  social，社会科学，Ⅲ：199-200n. 26
控制论，Cybernetics，Ⅲ：158
苦与乐，Pain and pleasure，Ⅱ：18-19，23，155-6n. 15

L

理性，Reason
  abstract rules and，抽象规则与理性，Ⅱ：13，154n. 9
  human，人的理性，Ⅲ：156-8
  influence of，理性的影响力，Ⅱ：43
历史决定论，Historicism
  legal justice，法律正义与历史决定论，Ⅱ：47，135-6
  lessons of，历史决定论的教训，Ⅱ：134
立法，Legislation
  aim of，立法的目的，Ⅱ：126-8
  anti-monopoly，反垄断立法，Ⅲ：85-8

factory，工厂立法，Ⅲ：114-15
guide of，立法的指导，Ⅲ：204-5n. 51
monopoly and，垄断与立法，Ⅲ：85-8
morality and，道德与立法，Ⅱ：14，154n. 10，175*
party and，政党与立法，Ⅲ：31-3
positivism，实证主义的立法，Ⅲ：34
task of，立法任务，Ⅲ：25-7，35-8
taxation and，税收与立法，Ⅲ：41，184*
立法机构，Legislature
character of，立法机构的特性，Ⅲ：27-31
electors of，立法机构的选举人，Ⅲ：8-9
function of，立法机构的功能，Ⅲ：20-2
laws and，法律与立法机构，Ⅲ：4，102
Lock’s view of，洛克对立法机构的看法，Ⅲ：20-1
purpose of，立法机构的目的，Ⅲ：22-5
socialistic，社会主义的立法机构，Ⅲ：29-30
structure of，立法机构的结构，Ⅲ：146-7
立法议会，Legislative Assembly，Ⅲ：109，112-27，132
立法者，Legislators
commands of，立法者的命令，Ⅱ：45，168n. 35
duty of，立法者的职责，Ⅱ：41
influence of，立法者的影响力，Ⅱ：45-8，61
laws and，法律与立法者，Ⅲ：28-9
tenure of，立法者的任期，Ⅲ：113-14
weaknesses of，立法者的弱点，Ⅱ：29-30
will of，立法者的意志，Ⅱ：46，168n. 38
利润与亏损，Profit and loss，Ⅱ：122，145；Ⅲ：70-4，83，190n. 6
利益，Interests
common，共同利益，Ⅱ：137-8
community，共同体利益，Ⅱ：6，153n. 3
general，普遍利益，Ⅱ：1-30，137-9，153-7
group，群体利益，Ⅲ：99-100
organized，有组织的利益或有组织的利益群体，Ⅲ：13-17，96-97，143-5
private and public，私人利益与公共利益，Ⅱ：1-30，153-7，185-6n. 7-8
pursuit of，利益的追求，Ⅱ：8，153-4n. 7
satisfaction of，利益的满足，Ⅱ：53
利益或益处，Benefits，Ⅲ：8-13，82-3，135，202-3n. 42

联邦的职能，Federation，function of，Ⅲ：132
联合国，United Nations，Ⅱ：103-5，184n. 2-3
联盟与有组织的利益群体，Coalitions and organized interests，Ⅲ：13-17
两党制，Two-party system，Ⅲ：193n. 6
两院制，Bicameral system，Ⅲ：132
领域（物权领域），Domains，Ⅱ：35-8，123-4，162n. 9
垄断，Monopoly
abolition of，垄断的取消，Ⅲ：147-8
attitude toward，对垄断的态度，Ⅲ：83-5，88
communication and，通信与垄断，Ⅲ：147-8
discrimination by，靠垄断搞差别待遇，Ⅲ：81-5
legislation and，立法与垄断，Ⅱ：14，154n. 10，175*；Ⅲ：85-8
power of，垄断权，Ⅲ：77-80
prices，价格垄断，Ⅲ：83
protectionism and，保护与垄断，Ⅲ：79-80，85-6
services，服务的垄断，Ⅲ：56-60
source of，垄断的根源，Ⅲ：72-4，189n. 3
survival of，垄断的存续，Ⅲ：189n. 3
伦敦经济学院，London School of Economics，Ⅲ：153
伦理（道德），Morality（Morals）
attitude toward，对道德的态度，Ⅱ：26-7，88-91
belief in，对道德的信念，Ⅲ：165-8
conflicts in，道德的冲突，Ⅱ：97-100；Ⅲ：135-7
consequences of，道德的后果，Ⅱ：135-6
defense of，捍卫道德，Ⅱ：24-7
destruction of，道德的摧毁，Ⅱ：99，183n. 43
duty of，道德义务，Ⅱ：32
evolution of，道德的进化，Ⅲ：204n. 48
Great Society，大社会的道德，Ⅱ：144-7
instincts and，本能与道德，Ⅲ：168-73
law and，法律与道德，Ⅱ：36，56-9，162-4n. 9
open and closed society，开放社会与封闭社会的道德，Ⅱ：144-7
philosophy of，道德哲学，Ⅱ：43，166n. 24
preservation of，维护道德，Ⅲ：170-1
principles of，道德规则，Ⅱ：14，154n. 10，175*
rewards of，道德的回报，Ⅱ：74
rules and，规则与道德，Ⅱ：18-24，58，83-4，148

social justice and，社会正义与道德，Ⅱ：62-7
theory of，道德理论，Ⅱ：43，166-7n. 24
traditional，传统道德，Ⅱ：110-11
tribal，部落伦理，Ⅱ：145，147-9
values in，道德中的价值，Ⅱ：66-7
virtue and，德性与道德，Ⅱ：22，36，157n. 23，162-4n. 9，175*
参见“正义 / 不正义”
伦理学，Ethics，Ⅲ：205n. 52
罗马，Rome
language of，罗马的语言，Ⅱ：154n. 9

M

马克思主义，Marxism，Ⅱ：103，Ⅲ：168-73，207n. 63
买卖，Buying and Selling，Ⅱ：120
贸易，Trade
advantages of，贸易的好处，Ⅱ：109-11，120
barter，易货贸易，Ⅱ：109-11，120
restraint of，对贸易的限制，Ⅲ：86-8
unions and，工会与贸易，Ⅱ：105，141-2；Ⅲ：89，144
《美国宪法第九条修正案》，Ninth Amendment，Ⅲ：111
美国殖民地，Colonies，U. S.，Ⅲ：21
美国最高法院，Supreme Court，US，Ⅲ：183-4n. 5
迷信，Superstition，Ⅲ：33-5，176，204n. 48
民法或大陆法，Civil laws，Ⅱ：165-6n. 18
民主，Demarchy or Democracy，Ⅲ：38-40，62
民主，Democracy
Athenian，雅典的民主，Ⅲ：1-3，178n. 4
bargaining in，民主制度中的讨价还价，Ⅱ：142；Ⅲ：10-17，98-9，182*
constitution，宪政民主，Ⅲ：105-27，192
contemporary，当代民主，Ⅲ：10-19，177-82
dangers of，民主的危险，Ⅲ：178n. 15
decay of，民主的式微，Ⅲ：3-4，31-3，144-5
ideal of，民主理想，Ⅲ：5-8，98-104，190
majority，多数民主，Ⅱ：7-8，140-1；Ⅲ：1-19，177-82
meaning of，民主的含义，Ⅱ：53，172n. 62；Ⅲ：5，62，137
power of，民主的权力，Ⅲ：20-40，182-5
preservation of，民主的维护，Ⅲ：134

procedure of，民主程序，Ⅲ：137-9
representative，代议民主，Ⅲ：8-13
respect for，对民主的尊重，Ⅲ：177n. 1
support of，支持民主，Ⅲ：180n. 14
term of，民主（术语），Ⅲ：193n. 1
totalitarian，全权性民主制度，Ⅲ：4
unlimited，无限民主，Ⅲ：138-9，145-6，172
use of，民主的运用，Ⅲ：179-80n. 14
民族主义，Nationalism，Ⅱ：111，133-4
命令，Commands
authoritarian，专断的命令，Ⅱ：135-6，191n. 10
disorder and，失序与命令，Ⅱ：128-9
legislator，立法者的命令，Ⅱ：45，168n. 35
rules and，规则与命令，Ⅱ：12-15
目的依附的规则与目的独立的规则，End-dependent rules and independent rules，Ⅱ：31，36-7，123

N

纳粹，Nazis，Ⅱ：56，176n. 70
拟人化思维，Anthropomorphism
concept of，拟人化思维的概念，Ⅱ：20
interpretation of society，对社会的拟人化解释，Ⅱ：79，180n. 25
奴役，Slavery，Ⅱ：83，181n. 30

N

偶合秩序，Catallactics
economic theory and，经济理论与偶合秩序，Ⅲ：69-70
game of，偶合秩序的竞赛，Ⅱ：115-20，177-8n. 10
market order or，市场秩序或偶合秩序，Ⅱ：107-32，184-9
meaning of，偶合秩序的含义，Ⅱ：108-9
spontaneous order or，自生自发秩序或偶合秩序，Ⅱ：107-32，184-9
view of，对偶合秩序的看法，Ⅲ：75

P

庞大，Bigness，Ⅲ：77-80
偏见，Prejudice，Ⅱ：77，145，191n. 13；Ⅲ：77-8
平等，Equality

arbitrariness and，专断与平等，Ⅲ：102-3
change and，变化与平等，Ⅱ：107
claim to，要求平等，Ⅱ：83，181n. 30
discrimination and，差别待遇与平等，Ⅱ：141-2
Great Society and，大社会与平等，Ⅱ：180n. 28
judgment of，对平等的判断，Ⅱ：107
liberty and，自由与平等，Ⅱ：83，181n. 30
material，实质性的平均，Ⅱ：81-4
opportunities and，机会与平等，Ⅱ：129-31，179n. 16
regard for，对平等的关注，Ⅲ：142-3
slavery and，奴役与平等，Ⅱ：83，181n. 30
social justice and，社会正义与平等，Ⅱ：63，80-4
standard of，平等的标准，Ⅱ：63-5
平均主义，Egalitarianism，Ⅲ：137-9，170-2
（一般化）普遍化，Generalization
legal，法律的一般化，Ⅱ：159n. 5
process of，一般化的过程，Ⅱ：36
rules，规则的一般化，Ⅱ：1-30，53-5，153-7
universalizability and，普世性与一般化，Ⅱ：27-9
welfare，普遍利益，Ⅱ：1-30，153-7
普世化，Universalization，Ⅱ：27-9，36，39-40，43
普通法，Common law
evolutionary tradition of，普通法的进化传统，Ⅱ：155n. 15
justice and，正义与普通法，Ⅱ：36，183n. 41

Q

歧视或差别待遇，Discrimination，Ⅱ：141-2；Ⅲ：81-6，103
企业家，Entrepreneurs，Ⅲ：76；参见“市场经济”
迁徙或移民，Migrations，Ⅲ：56，195n. 14
强制，Coercion
abstract rules and，抽象规则与强制，Ⅱ：150
apparatus of，强制机构，Ⅱ：6，126
freedom and，自由与强制，Ⅱ：1
government，政府的强制，Ⅱ：110，126，150-2
Great Society and，大社会与强制，Ⅱ：143
importance of，强制的重要性，Ⅲ：41-3
justified，正当的强制，Ⅲ：100，111，135，139

permission for，对强制的许可，Ⅱ：1
power of，强制性权力，Ⅲ：5-6
spontaneous order and，自生自发秩序与强制，Ⅱ：57
taxation and，税收与强制，Ⅲ：185*
use of，强制的运用，Ⅲ：131
敲诈勒索，Blackmail，Ⅱ：11，31，57，103
权力，Power
arbitrary，专断权力，Ⅲ：138，146-7
bigness and，庞大规模与权力，Ⅲ：77-80
coercive，强制性权力，Ⅲ：5-6
democratic，民主权力，Ⅲ：20-40，182-5
derivation of，权力的衍生，Ⅲ：3-4
division of，权力的界分，Ⅲ：35-8
economic aspects of，权力的经济维度，Ⅲ：80-3
emergency，紧急状态权，Ⅲ：124-6，139
financial，财政权，Ⅲ：126-7
kinds of，权力种类，Ⅲ：80
law-making and，立法与权力，Ⅲ：25-7
limited，有限权力，Ⅲ：128-30，135，150
majority in，权力机构中的多数，Ⅲ：76-7
monopoly，垄断的权力，Ⅲ：77-80
parliamentary，议会权力，Ⅲ：20-2，183n. 5
political，政治权力，Ⅱ：99；Ⅲ：128-52，193-6
representative bodies and，代议机构与权力，Ⅲ：35-8
separation of，权力分立，Ⅲ：104
source of，权力的渊源，Ⅲ：33-5
unlimited，无限权力，Ⅲ：3-4，8-13，128-30
参见“分权”或“权力分立”
权力机构、权威，Authority
character of，权力机构的特征，Ⅲ：122-4，131
decline of，权威的衰落，Ⅲ：177n. 1
demands of，权力机构的要求，Ⅱ：66，85-8，135-6，191n. 10；Ⅲ：128-9
legislative，立法权力机构，Ⅱ：53，85-8，191n. 10；Ⅲ：20-1
local，地方权力机构，Ⅲ：54，63
submission to，服从权威，Ⅲ：33-5
supremacy of，权威的至上地位，Ⅲ：135
参见“命令”

权利，Rights
definition of，权利的定义，Ⅱ：158*
fundamental，基本权利，Ⅲ：110-11
human，人权，Ⅱ：101-6，183-4
negative/positive，否定性权利 / 肯定性权利，Ⅱ：101，103
权利法案，Bill of Rights，Ⅲ：110
权宜原则，Expediency principles，Ⅱ：44，167n. 28
全球正义与不正义，Global justice and injustice，Ⅱ：80，180n. 27
全权主义，Totalitarianism
democratic，民主全权主义，Ⅲ：4
growth of，全权主义的发展，Ⅱ：147
legal positivism and，法律实证主义与全权主义，Ⅱ：55，173n. 68
system of，全权制度，Ⅱ：75-6
threat to，对全权主义的威胁，Ⅱ：133-4
trend toward，向全权主义发展的趋势，Ⅱ：136
view of，全权主义观点，Ⅲ：150-2
确定性与不确定性，Certainty and uncertainty，Ⅱ：38，62，124-5，175*
群体，Groups
behaviour of，群体的行为，Ⅱ：137-8
benefits to，于群体有益，Ⅲ：135
conduct of，群体的行为，Ⅱ：5
conflict in，群体内部的冲突，Ⅱ：137，144
end-connected，目的相关的群体，Ⅱ：143-4
interests of，群体的利益，Ⅱ：1-30，137-9；Ⅲ：99-100
Open Society and，开放社会与群体，Ⅱ：149-50
playball of，群体的玩物，Ⅲ：99-100
pressures，压力群体，Ⅲ：13-17，93-7，128-9，143-5
rules and，规则与群体，Ⅱ：5-6；Ⅲ：204n. 48
selection of，群体的优胜劣汰，Ⅲ：202n. 37
size of，群体的规模，Ⅱ：88-91，143，148-52，182n. 38
slogans of，群体的口号，Ⅱ：141
threat to，对群体的威胁，Ⅲ：89-93

R

人口，Population，Ⅱ：9-11，131，188n. 24；Ⅲ：202n. 39，202-3n. 39
人类价值的渊源，Human values，sources of，Ⅲ：153-75，196-208
人权，Human rights，Ⅱ：101-6，183-4nn. 2-5；Ⅲ：2-2-3n. 42

人权宣言（《世界人权宣言》），Universal Declaration of Human Rights，Ⅲ：103-6，184n. 3，5
人为论，Artificialism，Ⅱ：59，174n. 75
日本的博物馆，Museums，Japanese，Ⅲ：186n. 6

S

少数，Minorities，Ⅲ：11，52；参见“多数”
社会，Society
abstract，抽象社会，Ⅲ：162，168
benefits of，社会的益处，Ⅱ：110，185n. 7
boundaries of，社会的边界，Ⅱ：31
closed，封闭社会，Ⅱ：144-7
definition of，社会的定义，Ⅱ：95
dissolution of，社会的解体，Ⅱ：175*
equality in，社会中的平等，Ⅱ：63
humanistic，人本主义社会，Ⅱ：27
interpretation of，对社会的解释，Ⅱ：79，180n. 25
open，开放社会，Ⅱ：144-7；参见“开放社会”
perfection of，社会的完善，Ⅱ：146，191n. 15
pluralistic，多元化社会，Ⅱ：14-15，22，109-11，157n. 21
size of，社会的规模，Ⅱ：182n. 38，191n. 15
state and，国家与社会，Ⅲ：139-41
structure of，社会的结构，Ⅲ：201n. 35
term of，社会（术语）Ⅱ：112，186n. 12
value to，对社会的价值，Ⅱ：75-8
参见“自由社会”“大社会”“部落社会”
“社会的”含义，Social，meaning of，Ⅱ：78-80，180n. 22
社会生物学的谬误，Sociobiology，errors of，Ⅲ：153-5，205n. 52
社会学，Sociology，Ⅱ：60，111，186n. 9；Ⅲ：173-4
社会正义，Social justice
appeal to，对社会正义的诉求，Ⅱ：91-3，140-1
claim to，对社会正义的要求，Ⅱ：73，78n. 13
concept of，社会正义的概念，Ⅱ：62-5，78，176n. 6
concern with，关注社会正义，Ⅲ：182n. 1
destruction by，被社会正义毁灭，Ⅱ：133-4
disruptive force of，社会正义的破坏力，Ⅱ：137-9
distribution or，分配正义或社会正义，Ⅱ：62-100，175-83

equality and，平等与社会正义，Ⅱ：80-4
freedom under law，法律下的自由与社会正义，Ⅱ：85-8，96-100
function of，社会正义的功能，Ⅲ：8-13，170
illustration of，社会正义的例证，Ⅲ：170
interpretation of，对社会正义的解释，Ⅱ：xi-xiii，62-100，175-83
market order of，社会正义的市场秩序，Ⅱ：67-70
mirage of，社会正义的幻想，Ⅱ：191-5
morality and，道德与社会正义，Ⅱ：62-7
philosophers of，信奉社会正义的哲学家，Ⅱ：97，182n. 40
political and，政治正义与社会正义，Ⅱ：65-8
poverty and，贫困与社会正义，Ⅱ：139-42，177n. 8
principles and，原则与社会正义，Ⅱ：62-5，176n. 6
Social Science，社会科学与社会正义，Ⅲ：199-200n. 26
socialism and，社会主义与社会正义，Ⅱ：65-6
spatial range of，社会正义的空间范围，Ⅱ：88-91
term of，社会正义(术语)，Ⅱ：176-7n. 8
view of，社会正义的观点，Ⅲ：8-13，194n. 7
社会主义或唯社会论，Socialism
advantages in，社会主义的优势，Ⅲ：29-30
basis of，社会主义的基础，Ⅱ：99，136
definition of law，社会主义的法律定义，Ⅱ：56
force of，社会主义的力量，Ⅱ：133-4
language of，社会主义的用语，Ⅲ：135-7
law under，社会主义下的法律，Ⅱ：86，181n. 34
legislatures and，立法机构与社会主义，Ⅲ：29-30
path to，通向社会主义的途径，Ⅲ：173
road to，通向社会主义之路，Ⅱ：64
social justice and，社会正义与社会主义，Ⅱ：65-6
spread of，社会主义的传播，Ⅲ：140
support of，对社会主义的支持，Ⅱ：183nn. 44
threat to，对社会主义的威胁，Ⅱ：111
trend toward，向社会主义发展的趋势，Ⅲ：150-2
value judgments and，价值判断与社会主义，Ⅱ：136
victory of，社会主义的胜利，Ⅱ：56
神定法，Divine law，Ⅱ：59，174n. 74
生产与消费，Production and consumption
cost of，生产与消费的成本，Ⅲ：74-5，189n. 4

factors of，生产与消费的要素，Ⅱ：115-20，141
influence of，生产与消费的影响力，Ⅱ：80-5
marginal costs and，边际成本和生产与消费，Ⅲ：66-7，90-3
market economy and，市场经济和生产与消费，Ⅱ：115-20，141
organization of，生产与消费的组织，Ⅲ：93-4
self-interest in，生产与消费中的自我利益，Ⅲ：70-4
生活标准，Standard of living，Ⅲ：55-6
生物学，Biology
evolution and，进化与生物学，Ⅱ：21-2；Ⅲ：197n. 17
heredity and，遗传与生物学，Ⅲ：204n. 52
human values and，人的价值与生物学，Ⅲ：153-9
实用主义，Pragmatism，Ⅱ：44，167n. 28
实证主义，Positivism，参见"法律实证主义"
食物，Food，Ⅱ：140
市场经济 / 市场秩序，Market economy/order
bargaining in，市场经济中的讨价还价，Ⅲ：10-7，98-9，182*
capitalism；参见"资本主义"
changes in，市场经济中的变化，Ⅲ：94
choice-making in，市场经济中的选择，Ⅱ：9-11，132
collective goods in，市场经济中的集体利益，Ⅲ：43-6
competition in，市场经济中的竞争，Ⅱ：73-4，179n. 16；Ⅲ：65-77，83
complains about，对市场秩序的抱怨，Ⅱ：62-100，175-83
decline in，市场经济的衰退，Ⅱ：134-5
destruction of，市场秩序的毁灭，Ⅱ：142-3；151
development of，市场经济的发展，Ⅲ：166-9
distribution in，市场经济中的分配，Ⅱ：72，85-8，91-3，178n. 12
education and，教育与市场经济，Ⅲ：60-2
functioning of，市场秩序的运作，Ⅱ：71-2
government and，政府与市场秩序，Ⅲ：65-97，188-91
incomes in，市场经济中的收入，Ⅱ：76-7，139-42
interdependence of men in，市场秩序中人的相互依存，Ⅱ：112-13
label of，市场经济的标签，Ⅲ：194n. 6
means and ends in，市场秩序中的手段与目的，Ⅱ：70-3，94，107-13
mechanism of，市场经济的机制，Ⅱ：94-6，113
modus operandi of，市场秩序的运作方式，Ⅱ：136
nature of，市场经济的性质，Ⅱ：107-9
operation of，市场经济的运作，Ⅱ：117-20

preservation of，市场秩序的维护，Ⅲ：206n. 54
prices in，市场经济中的价格，参见“价格机制”
principles of，市场秩序的原则，Ⅲ：124-6
production，市场经济中的生产，参见“生产与消费”
remunerations in，市场经济中的酬报，Ⅱ：75-8，116-7；参见“工资”
resources of，市场经济中的资源，Ⅲ：141-3
risks in，市场经济中的风险，Ⅲ：94
rules of，市场秩序的规则，Ⅲ：167-9
social justice in，市场经济中的社会正义，Ⅱ：67-70
supply and demand，市场经济与供需，Ⅱ：116-17，120-2；Ⅲ：80-5，91-3
threat to，对市场秩序的威胁，Ⅲ：89-93
values in，市场秩序中的价值，Ⅱ：123-5；参见“价值判断”
试错方法，Trial and error，Ⅱ：4-5
嗜酒者互戒协会，Alcoholics Anonymous，Ⅲ：50
收入，Income
assurance of，收入的保障，Ⅱ：87
British，英国的收入，Ⅲ：53
determination of，收入的确定，Ⅲ：12-13，93-6，141-3
distribution of，收入的分配，7，114，130-1，142，188nn. 23-4
guaranteed，有保障的收入，Ⅲ：55-6
increase of，收入的增加，Ⅱ：139-42
market economy and，市场经济与收入，Ⅱ：76-7，139-42
opportunity，机会与收入，Ⅱ：129-31，188n. 23
policy of，收入政策，Ⅲ：13
population and，人口与收入，Ⅱ：131，188n. 24
principles，收入原则，Ⅱ：131，188n. 24
reduction of，收入减少，Ⅱ：93-6
手段与目的，Means and ends
abstract rules and，抽象规则和手段与目的，Ⅱ：142-4
action，行动的手段与目的，Ⅱ：39-42
administration and，行政管理和手段与目的，Ⅲ：22-5，139
choice-making by，根据手段与目的做选择，Ⅱ：9-11
economic，经济手段与目的，Ⅱ：113，186-7n. 13
Great Society，大社会的手段与目的，Ⅱ：109-14
individual，个人的手段与目的，Ⅱ：8-9，15-17
market order and，市场秩序和手段与目的，Ⅱ：70-3，94，107-13
particular，特定的手段与目的，Ⅱ：14-17，109-11，114-15

utility and，效用和手段与目的，Ⅱ：18-23
values of，手段与目的的价值，Ⅱ：15-17
数学，Mathematics，Ⅱ：118-19，130；Ⅲ：188n. 21，201n. 35
税收，Taxation
burden of，税收的负担，Ⅱ：7-8；Ⅲ：126-7
legislation and，立法与税收，Ⅲ：41，185*
majority and，多数与税收，Ⅲ：52-3
need for，税收的需求，Ⅲ：41-3
public sector and，公共部门与税收，Ⅲ：51-4
refunds of，税收的退还，Ⅲ：147
私法，Private law
basis of，私法的基础，Ⅱ：31
displacement of，取代私法，Ⅱ：87
enforcement of，私法的实施，Ⅱ：34-5
influence on，对私法的影响，Ⅱ：46-7
system of，私法系统，Ⅱ：40
私生活（隐私）与公共部门，Privacy and public sectors，Ⅲ：41-64，184-7
斯巴达，Sparta，Ⅱ：147n. 4
斯多噶学派，Stoics，Ⅱ：71，177-8n. 10
四大自由，Four Freedoms，Ⅱ：103

T

讨价还价，Bargaining，Ⅱ：142；Ⅲ：10-17，98-9，181*
体系或系统（术语），System，term of，Ⅱ：34，159n. 4
通货膨胀，Inflation，Ⅱ：82，181n. 1；Ⅲ：59，95
通信，Communication
broadcasting and，广播与通信，Ⅲ：147
control of，对通信的控制，Ⅲ：57
education and，教育与通信，Ⅲ：60-2
features of，通信的特点，Ⅱ：23
language of，通信的用语，Ⅱ：12-15，49
monopoly of，通信的垄断，Ⅲ：147-8
process of，通信过程，Ⅲ：70-77，190n. 7
terminology in，通信中的术语，Ⅱ：12-15，154nn. 9，10
同龄人俱乐部，Generation clubs，Ⅲ：117-19
同龄人群体，Age group，Ⅱ：113-19
同义反复，Tautology，Ⅱ：52，55，165n. 16

统治者，Rulers
dictator，独裁统治者，Ⅱ：56，66，149，173n. 70
will of，统治者的意志，Ⅲ：82-5
投票，Voting，参见“选举”

W

外援，Foreign aid，Ⅱ：88-9
完善、改进，Perfection，Ⅱ：146，191n. 15；Ⅲ：65-75
唯理主义，Rationalism
age of，唯理主义时代，Ⅲ：176
behaviour and，行为与唯理主义，Ⅲ：75-6
Cartisian，笛卡尔唯理主义，Ⅲ：198n. 17
competition and，竞争与唯理主义，Ⅲ：75-7
constructivist，建构论唯理主义，Ⅱ：30
文化，Culture
evolution of，文化的进化，Ⅲ：154-8，160-3，202n. 37
importance of，文化的重要性，Ⅲ：199n. 23
progress and，进步与文化，Ⅲ：206n. 56
文明，Civilization
advancement of，文明的推进，Ⅲ：173
benefits of，文明的益处，Ⅱ：67，111
foundation of，文明的基础，Ⅲ：131
Greek，希腊文明，Ⅲ：111
growth of，文明的发展，Ⅲ：152
survival of，文明的存续，Ⅲ：176
参见“西方文明”
稳定性，Stability，Ⅱ：155n. 14
无政府，Anarchy，Ⅲ：166
无知，Ignorance
device of，用以对付无知的工具，Ⅱ：29
future and，未来与无知，Ⅱ：4
liberalism and，自由主义与无知，Ⅲ：184n. 14
rules and，规则与无知，Ⅱ：8-11；Ⅲ：199n. 25
utilitarianism and，功利主义与无知，Ⅱ：20-1，157n. 20

X

西方文明，Western civilization
perspective of，西方文明的视角，Ⅱ：135
希腊，Greece
civilization advanced by，希腊发展起来的文明，Ⅱ：111
language of，希腊的语言，Ⅱ：108-9，154n. 9
稀缺，Scarcities，Ⅱ：117-18
习俗、习惯，Customs
enforcement of，习惯的实施，Ⅱ：36，161n. 7
law of，习惯法，Ⅱ：171n. 54
闲暇，Leisure，Ⅲ：115-16
现实主义，Realism，Ⅲ：180n. 16
限制，Restraint
protection through，通过限制进行保护，Ⅱ：36，161nn. 7-8
参见“政府”“法律”“规则”
宪法法院，Constitutional court，Ⅲ：120-2
宪法（宪政），Constitution（alism）
aim of，宪法的目的，Ⅲ：36
basic principles of，宪法的基本原则，Ⅲ：109-11
British，英国宪政，Ⅲ：20-1，183-4n. 5
construction of，宪法解释，Ⅲ：105
courts and，法院与宪法，Ⅲ：120-2
decline of，宪政的式微，Ⅲ：3
democracy and，民主与宪政，Ⅲ：105-27，192
emergency powers of，宪法中的紧急状态权，Ⅲ：124-6
financial powers and，财政权与宪政，Ⅲ：126-7
founders of，宪政的奠基人，Ⅲ：100-2
freedom of，宪法中的自由，Ⅲ：v，102
law of，宪法性法律，Ⅲ：v
model，宪法模式，Ⅲ：105-28，191-3
Ninth Amendment of，《美国宪法第九修正案》，Ⅲ：111
purpose of，宪法的目的，Ⅲ：111
traditional，传统宪政，Ⅲ：107-8
value of model，宪法模式的价值，Ⅲ：107-9
《谢尔曼反托拉斯法》（1890年），Sherman Act of 1890，Ⅲ：86
刑罚与刑法典，Punishment and penal code，Ⅱ：164-5n. 11

刑法，Criminal law，Ⅱ：34
（人之）行动，Action，human
common，人的共同行动，Ⅱ：137-8，141
consequences of，人之行动的后果，Ⅱ：19，26，156n. 19
effectiveness of，人之行动的有效性，Ⅱ：29
emotions of，人之行动的情绪，Ⅱ：143
forbidden，被禁止的行动，Ⅱ：36，163-4n. 9
imperfect，不完善的行动，Ⅱ：36，164n. 9
just and unjust，正当行动与不正当行动，Ⅱ：32-3，70-3
kinds of，行动的种类，Ⅱ：22，32
means and ends of，行动的手段与目的，Ⅱ：39-42
pain and pleasure of，行动的苦与乐，Ⅱ：18-23，155-6n. 15
rule governing，调整行动的规则，Ⅱ：25
参见“行为主义”“正当行为规则”“价值判断”“意志”
行为，Conduct
economic game and，经济竞赛与行为，Ⅱ：70-3
forms of，行为样式，Ⅱ：97，169n. 5
guides to，行为指南，Ⅲ：159-62，199n. 25
just and unjust，正当行为与不正当行为，Ⅱ：31-3，35-8，70-3
参见“正当行为规则”
行为主义、行为，Behaviourism
choice in，行为中的选择，Ⅱ：9-11，132
expediency，权宜之计，Ⅱ：44，167n. 28
fitness for，合乎行为主义，Ⅲ：206n. 53
function of，行为主义的功能，Ⅱ：169n. 45
group，群体的行为，Ⅱ：137-8
just，正当的行为，Ⅱ：31，137，158n. 2，190n. 7
kinds of，行为的种类，Ⅲ：205n. 52
norms of，行为规范，Ⅱ：45
order and，秩序与行为，Ⅱ：49，170n. 51
organization of，行为的组织，Ⅲ：199n. 23
patterns of，行为的模式，Ⅱ：199n. 25
rationalism and，唯理主义与行为主义，Ⅲ：75-6
view of，行为主义的观点，Ⅲ：75-6，201n. 35
参见“正义／不正义”“意志”
行政法，Administrative law，Ⅲ：22-5，139
幸福，Happiness，Ⅱ：19-23，156-7nn. 15，19，23，158n. 2，162n. 8

需求，Needs
change and，变化与需求，Ⅱ：3
Great Society and，大社会与需求，Ⅱ：149
provision for，满足需求，Ⅱ：115-20
satisfied，满足了的需求，Ⅱ：121-2，144-7
（政府）许可，Licensing，government，Ⅲ：62-4
选举，Elections
buying in，贿选，Ⅲ：134
candidates for，候选人，Ⅲ：117-19
concern for，关注选举，Ⅲ：27
legislatures and，立法机构与选举，Ⅲ：8-9
media for，选举的媒介，Ⅲ：32
polls for，选举中的民意测验，Ⅲ：53-4
representation in，选举中的代表性，Ⅲ：29，112-19，134
satisfaction in，选举中的满意度，Ⅲ：29
special interests and，特殊利益群体与选举，Ⅲ：120
weaknesses of，选举的缺陷，Ⅲ：8-13
选择，Choice-making，Ⅱ：9-11，132

Y

压力群体，Pressure groups，Ⅲ：13-17，93-7，128-9，143-5
议会，Parliament
decline through，议会的衰落，Ⅲ：32
dissatisfaction with，对议会的不满，Ⅲ：177n. 1
position of，议会的地位，Ⅲ：28
power of，议会的权力，Ⅲ：20-2，182-3n. 5
sovereignty of，议会主权，Ⅲ：2-3，178n. 10
议会程序，Parlimentary procedures，Ⅲ：118-19
易货贸易、物物交换，Barter，Ⅱ：109-11，120；参见“贸易”
意见，Opinions
concept of，意见的概念，Ⅲ：1-19，177-82
importance of，意见的重要性，Ⅱ：142-3；Ⅲ：30-1
influence of，意见的影响力，Ⅱ：168n. 39
polls，民意测验，Ⅲ：53-4
public，公众意见，Ⅲ：32，184n. 5
science of，有关意见的科学，Ⅱ：47，169n. 40
Will and，意志与意见，Ⅱ：13-14

意志，Will
control of，意志的控制，Ⅱ：41
general，普遍意志，Ⅱ：143，191n. 10
influence of，意志的影响力，Ⅱ：45-8，51-2，61
law and，法律与意志，Ⅱ：13，154n. 9
legislator，立法者的意志，Ⅱ：46，168n. 38
limitations of，意志的限度，Ⅱ：157-8*，168n. 38
opinions and，意见与意志，Ⅱ：13-14
term of，意志（术语），Ⅱ：13，154n. 9
英国，England
banknote in，英国纸币，Ⅲ：58-9
constitution of，英国宪政，Ⅲ：20-1，183n. 5
division of power in，英国的分权，Ⅲ：106
income in，英国的收入问题，Ⅲ：53
Liberal Party of，英国的自由党，Ⅲ：32，184n. 14
opinion poll in，英国的民意测验，Ⅲ：54
separation of power in，英国的权力分立，Ⅲ：179n. 10
sovereignty in，英国的主权，Ⅲ：2-3，179n. 10
参见“普通法”
邮局，Post office，Ⅲ：56，187n. 15
有效性或合法性，Validity
legal，法律的有效性，Ⅱ：59，60
meaning of，有效性的含义，Ⅱ：49，171n. 54
norm of，有效的规范，Ⅱ：49，171n. 52
process of，取得合法性的过程，Ⅱ：51，54
语言，Language
communication through，用语言交流，Ⅱ：12-15，49
decay of，语言的衰变，Ⅲ：135-7
Greek and Roman，希腊语言与罗马语言，Ⅱ：108-9，154n. 9
problem of，语言问题，Ⅲ：182n. 26
rules of，语言规则，Ⅱ：12-15，49
socialistic，社会主义的语言，Ⅲ：135-7
预测，Predictions
result of，预测的结果，Ⅱ：4
预期，Expectations
dissapointments of，预期的落空，Ⅱ：26，93
legitimate，合法的预期，Ⅱ：37，93-6

protection of，预期的保护，Ⅱ：37，124-5
reasonable，合理的预期，Ⅱ：37，170n. 12
预算，Budget，Ⅲ：27
原则或原理，Principles
constant，恒久的原则，Ⅱ：159n. 4
expediency and，权宜与原则，Ⅱ：44，167n. 28
income，收入原则，Ⅱ：131，188n. 24
morals and legislation，道德与立法的原则，Ⅱ：14，154n. 10，175*
remunerative，补偿原则，Ⅱ：63，76，175n. 5，179n. 21
social justice，社会正义的原则，Ⅱ：62-5，176n. 6
subsidiarity，辅助性原则，Ⅱ：153n. 6

Z

战争，War
Russian，俄国战争，Ⅱ：103
view of，战争观，Ⅲ：132
参见“专制”
真理、真相，Truth，Ⅱ：167n. 28
正当行为，Just conduct，参见“正当行为规则”
正当行为规则，Rules of just conduct
agreement about，对正当行为规则的认同，Ⅱ：15-17
application of，正当行为规则的适用，Ⅱ：32，88
basis of，正当行为规则的基础，Ⅱ：100
changes in，正当行为规则的变化，Ⅲ：161
claims to，诉诸正当行为规则，Ⅱ：104
coercion and，强制与正当行为规则，Ⅲ：111
criticism of，对正当行为规则的批评，Ⅱ：24-7
definition of，正当行为规则的定义，Ⅱ：31
function of，正当行为规则的功能，Ⅱ：8，17-23，37
Great Society and，大社会与正当行为规则，Ⅱ：83-4
importance of，正当行为规则的重要性，Ⅱ：34-5，119-20；Ⅲ：199n. 25
improvement of，正当行为规则的改进，Ⅱ：24-7
need for，对正当行为规则的需求，Ⅲ：167-9
negative，否定性的正当行为规则，Ⅱ：36-42，54；Ⅲ：130-2
organization and，组织与正当行为规则，Ⅱ：46-7，169n. 40
preference for，偏爱正当行为规则，Ⅱ：1-5
protection of，正当行为规则的保护，Ⅱ：123-4

replacement of，正当行为规则的替代，Ⅱ：135-6
satification of，正当行为规则的分级，Ⅲ：159-61
separation of powers and，权力分立与正当行为规则，Ⅲ：105-9
unjust，不公正的正当行为规则，Ⅱ：35-8
use of，正当行为规则的运用，Ⅲ：185*
正义 / 不正义，Justice/injustice
achievement of，正义的成就，Ⅱ：38
basis of，正义的基础，Ⅲ：201n. 35
characteristics of，正义的特征，Ⅱ：31，36，158n. 2，162n. 9
claim to，要求正义，Ⅱ：126-8，137-9，177n. 8
common law and，普通法与正义，Ⅱ：36，183n. 41
concept of，正义的概念，Ⅱ：15-17，38-9
criteria of，正义的标准，Ⅱ：44，75
definition of，正义的定义，Ⅱ：62-5，97，154-5n. 9，13，163-4n. 9，176n. 5，183n. 41；Ⅲ：193n. 4
destruction of，正义的毁灭，Ⅱ：135
disappearance of，正义的消失，Ⅲ：128
distributive，分配正义，Ⅱ：xii，62-100，175-83
global，全球正义，Ⅱ：80，180n. 27
human conduct and，人的行为与正义，Ⅱ：31-3，70-3
importance of，正义的重要性，Ⅱ：185n. 6
individual rights and，个人权利与正义，Ⅱ：101-6，183-4
interpretation of，对正义的诠释，Ⅱ：157n. 21，158n. 2，191n. 10
labour and，劳动与正义，Ⅱ：91-6
law and，法律与正义，Ⅱ：31-5；Ⅲ：37-8
legal，法律正义，Ⅲ：37-8
limits of，正义的局限，Ⅱ：36，164n. 9
loyalty and，忠诚与正义，Ⅱ：147-9
mother of，正义之母，Ⅱ：187n. 19
natural law and，自然法与正义，Ⅱ：31-2
negative tests of，正义的否定性标准，Ⅱ：36，42-4，54，101-3，162-4n. 9；Ⅲ：132-3
prices and，价格与正义，Ⅱ：73，178n. 15
principle of，正义原则，Ⅱ：62-100，175-83
quest for，正义的探求，Ⅱ：31-61，157-75
rationale of，正义的理据，Ⅱ：16
reciprocity and，互惠互利与正义，Ⅱ：157n. 21

remunerations and，酬报与正义，Ⅱ：81-4
rules by，以正义为凭的规则，Ⅲ：105-9，111，119-20，141-3，185*
social，社会正义，参见“社会正义”
spontaneous process of，正义的自生自发过程，Ⅱ：33，38，67-70
standard of，正义的标准，Ⅲ：204-5n. 51
sympathy for，同情正义，Ⅱ：68-70
test of，对正义的检测，Ⅱ：38-42，53-4；Ⅲ：7 .
view of，正义观，Ⅲ：96，194nn. 4，9
政府，Government
abuse of，滥用政府权力，Ⅱ：6-7；Ⅲ：59-60
administrative law of，行政法，Ⅲ：22-5
aid by，政府援助，Ⅲ：49-51
arbitrary，专断的政府，参见“专断”
bargaining，讨价还价的政府，Ⅱ：142；Ⅲ：10-17，98-9，182*
benefits，政府给的好处，Ⅲ：202-3n. 42
bias of，政府的偏好，Ⅲ：32
Bicamral system in，政府中的两院制，Ⅲ：132
British v. U. S. 英国政府与美国政府，Ⅲ：179n. 10
budget，政府预算，Ⅲ：27
bureaucratic，官僚政府，Ⅱ：134-5；Ⅲ：144-5，190n. 5
centralization of，政府的中央集权，Ⅲ：132-3，145-7
classical theory of，关于政府的古典理论，. Ⅲ：8-13
collectivistic，奉行集体主义的政府，Ⅱ：130，153-7；Ⅲ：43-6，89-93，203-3n. 42
communistic，奉行共产主义的政府，Ⅱ：56，86
conflicts in，政府中的冲突，Ⅲ：28
constitution model and，宪法模式与政府，Ⅲ：105-28，191-3
crimes in，政府犯罪，Ⅱ：134-6
delimitation of，对政府的限定，Ⅲ：46-9
demands of，对政府的要求，Ⅱ：81-2
democratic，民主政府，参见“民主”
dictatorship，独裁政府，Ⅱ：56，66，149，173n. 70；Ⅲ：193n. 17
dimensions，政府治理维度，Ⅲ：182n. 1
distribution by，由政府实行的分配，Ⅱ：68
education and，教育与政府，Ⅲ：60-2
employees，政府雇员，Ⅲ：119-20
equal chances in，政府中的平等机会，Ⅱ：84-5
federal，联邦政府，Ⅲ：132

finances of，政府财政，Ⅲ：126-7
foreign aid，政府的外援，Ⅱ：88-9
function of，政府的功能，Ⅱ：2，163n. 9；Ⅲ：41-3
growth of，政府的膨胀，Ⅲ：31，144-5
health，健康的政府，Ⅲ：187-8n. 21
ideal of，政府的理想模式，Ⅲ：26-7
income assured by，政府保障的收入，Ⅱ：86-7
inflation，政府导致的通货膨胀，Ⅲ：59
influence of，政府的影响力，Ⅱ：82，181n. 1；Ⅲ：59，95
interference by，政府的干预，Ⅱ：128-9，188n. 21
licensing，政府许可，Ⅲ：62-4
limited，有限政府，Ⅲ：11，26-7，30，99-100
local，地方政府，Ⅲ：146-7
majority，多数统治，Ⅱ：7-9
market and，市场与政府，Ⅲ：65-97，188-91
meaning of，政府的含义，Ⅲ：123
nationalistic，民族主义政府，Ⅱ：111，133-4
Nazis，纳粹政府，Ⅱ：56，173n. 70
need for，对政府的需要，Ⅲ：22-5，131，152
organization，政府组织，Ⅱ：101-6，183-4；Ⅲ：143-5
para，辅助性政府机构，Ⅲ：13-17，143-5
planning，政府计划，Ⅱ：133，189n. 1
post office and，邮局与政府，Ⅲ：187n. 15
pressure，政府压力，Ⅱ：141；Ⅲ：96-7，143-5
protection by，政府提供的保护，Ⅲ：48-9，62-4，82-3
regulation of，政府的调控，Ⅲ：62-4
responsibility of，政府的责任，Ⅱ：99
security and，安全与政府，Ⅲ：54-6
separation of powers and，权力分立与政府，Ⅲ：24-5
services of，政府的服务，Ⅱ：6-8；Ⅲ：51-4，187n. 10
socialistic，社会主义政府，参见“社会主义”
spending，政府开支，Ⅲ：51-4，126-7，187n. 10
subsidy，政府津贴，Ⅲ：133
task of，政府的任务，Ⅲ：22-31，41-3，54-6，120，139
taxation and，税收与政府，参见“税收”
totalitarian，全权主义政府，参见“全权主义”
two-party system，两党制政府，Ⅲ：192n. 6

types of，政府的类型，Ⅲ：193n. 1
unlimited，无限政府，Ⅲ：104
use of，政府的用处，Ⅱ：179n. 16
valuation in，政府的价值判断，Ⅲ：187n. 10
weaknesses of，政府的弱点，Ⅲ：194-5n. 11
政府许可，Licensing，government，Ⅲ：62-4
政府治理议会，Government Assembly，Ⅲ：112-27，132
政治，Politics
American development of，美国的政治发展，Ⅲ：181n. 17
arguments in，政治中的论辩，Ⅱ：65
bargaining in，政治中的讨价还价，Ⅱ：142
economics. of，政治中的经济学问题，Ⅲ：80-3
education for，政治教育，Ⅲ：117-19
friend-enemy，敌我政治，Ⅲ：149
power in，政治中的权力，Ⅱ：99；Ⅲ：128-52，193-6
problems in，政治中的难题，Ⅱ：13，154n. 9
social justice in，政治中的社会正义，Ⅱ：65-8
support of，政治的支持，Ⅱ：7，102
view of，政治观，Ⅲ：27
知识，Knowledge
aquisition of，知识的获得，Ⅲ：75-7，190n. 7
lack of，缺乏知识，Ⅱ：39
sociological，社会学知识，Ⅲ：173
technological，技术知识或专门知识，Ⅱ：187n. 15；Ⅲ：80-1
use of，知识的运用，Ⅱ：2，8，153-4n. 7，187n. 17，189n. 7
utilitarianism and，功利主义与知识，Ⅱ：20-1
秩序，Order
behaviourism and，行为与秩序，Ⅱ：49，170n. 51
kinds of，秩序的种类，Ⅱ：15
legal and economic，法律秩序与经济秩序，Ⅱ：49，170n. 50
problem of，秩序的问题，Ⅲ：129
参见“抽象秩序（规则）”“市场经济”“秩序”“规则”“自生自发秩序”
social，社会秩序
主权，Sovereignty
allegiance and，效忠与主权，Ⅱ：45，61，168nn. 36，39
British，英国的主权，Ⅲ：2-3，178n. 10
limit of，主权的限制，Ⅲ：182n. 4

superstition and，迷信与主权，Ⅲ：33-5
view of，主权观，Ⅲ：123
住房，Housing，Ⅲ：189-90n. 5，195n. 14，参见“领域”
专断、专制，Arbitrariness
battle against，反对专制的战斗，Ⅲ：152
government and，政府与专断，Ⅱ：55-6，174n. 75；Ⅲ：36-7
inequality and，不平等与专断，Ⅲ：102-3
laws and，法律与专断，Ⅲ：101-2
meaning of，专断的含义，Ⅲ：8
prevention of，防止专断，Ⅲ：36-7
view of，专断的观点，Ⅲ：138
专制、暴政，Tyranny，Ⅱ：91，182n. 38，191n. 15；Ⅲ：193n. 1
资本主义，Capitalism
defects of，资本主义的缺陷，Ⅱ：136
investments and，投资与资本主义，Ⅲ：71
origins of，资本主义的起源，Ⅲ：166
profit and loss，资本主义中的利润与亏损，Ⅱ：122，145
参见“市场经济 / 市场秩序”
资源，Resources
material，物质资源，Ⅲ：80-3
sharing，共享的资源，Ⅲ：161
use of，资源的利用，Ⅲ：141-3
自然法，Natural law
artificial，人为的自然法，Ⅲ：207n. 62
divine law and，神定法与自然法，Ⅱ：59，174n. 74
fundamental，基本的自然法，Ⅱ：40
justice of，自然法的正义，Ⅱ：31-2
legal positivism and，法律实证主义与自然法，Ⅱ：59-60；Ⅲ：207n. 62
meaning of，自然法的含义，Ⅱ：59，174n. 75
property and，财产权与自然法，Ⅱ：36，165-6n. 18
theory of，自然法理论，Ⅱ：59-60
自生自发秩序，Spontaneous order
advantage in，自生自发秩序的优势，Ⅱ：112
catallaxy and，偶合秩序与自生自发秩序，Ⅱ：107-32，184-9
development of，自生自发秩序的发展，Ⅱ：54
formation of，自生自发秩序的型构，Ⅱ：8，31
growth of，自生自发秩序的成长，Ⅱ：50

insight into，对自生自发秩序的洞见，Ⅱ：142，149；Ⅲ：158
justice in，自生自发秩序的正义，Ⅱ：33，38，67-70
organization and，组织与自生自发秩序，Ⅱ：15
preservation of，自生自发秩序的维护，Ⅱ：2，39
term of，自生自发秩序（术语），Ⅱ：15
自由，Liberty/Freedom
achievement of，自由的成就，Ⅲ：v
assurance of，自由的确保，Ⅱ：124-5
coercion and，强制与自由，Ⅱ：1
collective，集体自由，Ⅱ：53
contract，契约自由，Ⅲ：86-7
decay of，自由的衰落，Ⅲ：102
destruction of，自由的毁灭，Ⅱ：67
discipline of，自由的规训，Ⅲ：163-5
equality and，平等与自由，Ⅱ：83，181n，30
Four，四大自由，Ⅱ：103
impaired，受到损害的自由，Ⅲ：183-4n. 5
law and，法律与自由，Ⅱ：85-8
limit of，自由的限制，Ⅱ：43，166n. 24
migration and，迁徙与自由，Ⅲ：195n. 14
negativism and，否定性与自由，Ⅲ：132-3
new trend of，自由的新趋向，Ⅱ：103
organization and，组织与自由，Ⅲ：89-93
social justice and，社会正义与自由，Ⅱ：85-8，96-100
sphere of，自由的范围，Ⅱ：36，161n. 7
threat to，对自由的威胁，Ⅲ：128
view of，自由观，Ⅲ：41，184*
参见“自由社会”“市场经济 / 市场秩序”“自生自发秩序”
自由党，Liberal Paity，Ⅲ：32，184n. 14
自由放任，Laissez-faire，Ⅲ：187n. 13
自由社会，Free society
achievement of，自由社会的成就，Ⅲ：74-5
description of，对自由社会的描述，Ⅱ：14-15
income assured in，自由社会中保障的收入，Ⅱ：87
individual purposes in，自由社会中的个人目的，Ⅱ：1-5
pluralistic，多元的自由社会，Ⅱ：109-11
policy of，自由社会的政策，Ⅱ：114-15

preservation of，自由社会的维护，Ⅱ：34-5
principles of，自由社会的原则，Ⅲ：124-6
rationale of，自由社会的理据，Ⅱ：9-10
social justice and，社会正义与自由社会，Ⅱ：96-100
threat to，对自由社会的威胁，Ⅱ：150
（古典）自由主义，Liberalism（classical）
aim of，自由主义的目的，Ⅱ：190n. 8
belief of，自由主义的信仰，Ⅱ：84；Ⅲ：142-3
decline of，自由主义的衰落，Ⅱ：44，167n. 27
ignorance of，自由主义的无知，Ⅲ：184n. 14
interpretation of，对自由主义的解释，Ⅱ：133，136，146
principle of，自由主义原则，Ⅲ：195n. 14
view of，自由主义观，Ⅲ：183-4n. 5
自组织系统，Self-organizing systems，Ⅱ：71，178n. 11
组织，Organization
end-independent rules of，目的独立的组织规则，Ⅱ：31，36-7
freedom of，组织的自由，Ⅲ：89-93
government，政府组织，Ⅱ：101-6，参见“政府”
growth of，组织的发展，Ⅲ：96-7
interests of，组织的利益，Ⅲ：93-4
para-government of，辅助性政府组织，Ⅲ：143-5
production and consumption，生产与消费的组织，Ⅲ：93-4
revival of，组织的复兴，Ⅱ：134-5
rules of，组织规则，Ⅱ：34，46-8，169n. 40
spontaneous order and，自生自发秩序与组织，Ⅱ：15
遵循规则的人，Man，rule-following，参见“人之行动”“行为主义”“个人主义”

人名索引

说明：本索引按英文顺序排列。罗马数字表示人名在原版中的卷数，阿拉伯数字表示人名在该卷中的页码，即中译本中的边码。

第一卷

A

Accursius，阿克里斯，I：162
Acton，Lord，阿克顿勋爵，I：8，107，146，165，172
Agrippa，Menenius，阿格里帕，I：53
Ahrens，H.，阿伦斯，I：152
Alland，A.，阿兰德，I：150
Anaximander，阿那克西曼德，I：156
Ardrey，R.，阿德里，I：164
Aristotle，亚里士多德，I：82，83，156，170
Augustine，Saint，圣·奥古斯丁，I：155
Austin，J.，奥斯丁，I：74，91

B

Bacon，F.，培根，I：74，85，91，167
Bagehot，W.，白哲特，I：174
Balzac，H.，巴尔扎克，I：159
Banfield，E.C.，班菲尔德，I：185
Banton，M.，班通，I：152
Barker，E.，巴克，I：178

Barraclough，G.，巴勒克拉夫，I：167
Bastiat，F.，巴斯蒂亚，I：160
Baumgardt，D.，鲍姆加特，I：155
Beccaria，贝卡里亚，I：117，173
Beer，S. H.，比尔，I：145
Bentham，J.，边沁，I：22，52，74，95，107，113，129，151，158，172，175-6
Beudant，C.，伯当，I：158
Binding，K.，宾丁，I：158
Blanc，L.，布朗，I：159
Bracton，H.，布莱克顿，I：167
Brandes，E.，布兰戴斯，I：152
Braun，F.，布朗，I：152
Buckland，W. W.，巴克兰，I：166
Burckhardt，W.，伯克哈特，I：177
Burdeau，G.，比尔多，I：145
Burke，E.，伯克，I：22，74，151-4，158
Burnet，J.，伯内特，I：150，165，173
Burrow，J. W.，伯罗，I：152

C

Carr-Saunders，A. M.，卡尔 - 桑德斯，I：148-9
Carter，J. C.，卡特，I：74，169，174，176
Charondas，卡龙达斯，I：165
Chomski，N.，乔姆斯基，I：164
Cicero，西塞罗，I：52，157，169
Chfford，W. K.，克里弗德，I：149
Coase，R. H.，科斯，I：185-6
Coke，E.，科克，I：74，85，167，173
Comte，Auguste，孔德，I：24，53，159
Conches，G. de，孔切斯，I：150
Constant，B.，康斯坦，I：160
Crossland，C. A. R.，克罗斯兰，I：180
Cumberland，R.，坎伯兰，I：146
Curtis，C. P.，科蒂斯，I：162

D

Dahl，R. A.，达尔，I：161

Dahm，G.，达姆，I：161
Darwin，C.，达尔文，I：23，152-3
Darwin，E.，达尔文，I：152
Denning，A.，丹宁，I：173
D'Entreves，A. P.，I：151
Derathe，R.，I：147
Demberg，R.，德恩堡，I：170
Descartes，R.，笛卡尔，I：9，10，29，95，147，151
Dewey，J.，杜威，I：160
Dicey，A. V.，戴雪，I：160，167，179
D'Ors，A.，I：169
Durkheim，E.，涂尔干，I：150

E

Eible-Eibesfeld，I.，I：164
Eichhom，K. F.，艾科恩，I：152
Elliott，W. Y.，艾略特，I：161
Emmet，D.，埃米特，I：156
Ephorus of Kyme，I：94
Epstein，K.，爱泼斯坦，I：152
Evans-Pritchard，E. E.，I：152，155

F

Farb，P.，法布，I：149
Ferguson，A.，弗格森，I：20，22，150，157，162，169
Ferrero，G.，费雷罗，I：1，145
Ferri，E.，弗里，I：146
Fichtenau，F.，I：167
Flew，A. G. N.，弗卢，I：154
Foerster，H. von.，弗斯特，I：156
Forbes，D.，福布斯，I：150
Frederick Ⅱ ofPrussia，腓特烈二世，I：147
Freund，E.，弗罗因德，I：173，179
Freund，P. A.，弗罗因德，I：124，170
Fuller，L. L.，富勒，I：178

G

Gagner, S.，加涅，I：150，163，167
Gardiner, S. R.，加德纳，I：175
Geddes, P.，格迪斯，I：148
Gellius, A.，格利乌斯，I：20
Gewirth, A.，格瓦兹，I：163
Gillespie, C. C.，吉莱斯皮，I：152
Gluckman, M.，格鲁克曼，I：152
Gneist, R.，格奈斯特，I：179
Gray, J. C.，格雷，I：174
Gregor, M. J.，格雷戈尔，I：173
Gronson, M. J.，I：169
Grotius, H.，格劳秀斯，I：21
Guyau, J. M.，居约，I：151
Gwyn, W. B.，格温，I：175

H

Haber, F. C.，哈伯，I：152
Haenel, A.，哈内尔，I：178
Hale, M.，黑尔，I：22，74，85，151
Hallowell, A. I.，哈洛韦尔，I：172
Hamowy, R.，I：170
Hamurabi, I：81
Hardin, G.，哈丁，I：156
Harrod, R. F.，哈罗德，I：162
Hart, H. L. A.，哈特，I：133，169，178
Hasbach, W.，I：130，176
Heckel, J.，赫克尔，I：179
Hegel, G. W. F.，黑格尔，I：24，32，48，130，154，176
Heinimann, F.，I：150
Herzen, A.，赫尔岑，I：25，154
Hobbes, T.，霍布斯，I：9，10，33，52，74，85，91，95，107，172
Hoeffner, J.，赫夫纳，I：151
Hogbin, H. J.，霍格宾，I：173
Holdsworth, W. S.，霍尔兹沃斯，I：167
Holmes, O. W. jr.，霍尔姆斯，I：106，167

Huber，H.，休伯，I：178
Hughes，C. E.，休斯，I：158
Huizinga，J.，赫伊津哈，I：161
Humboldt，W. von，洪堡，I：22
Hume，D.，休谟；I：4，6，20，22，29，52，67，74，92，113，150，152，160-2，167-9，173
Hurst，J. W.，赫斯特，I：173
Huxley，J.，赫胥黎，I：153
Huxley，T. H.，赫胥黎，I：153

I

Ihering，R. von，耶林，I：113
Imanishi，F.，I：164

J

Jacobs，J.，雅各布斯，I：148
Jaeger，W.，耶格，I：156
Jevons，W. S.，杰文斯，I：59，161，168
Jolliffe，J. E. A.，乔利夫，I：166
Jones，J. E. A.，琼斯，I：166
Joyce，W. S.，乔伊斯，I：151

K

Kaltenbom，C. von，卡腾伯恩，I：170
Kant，I.，康德，I：6，52-3，113，155，159，170，173
Kaser，M.，卡泽尔，I：166
Kawamura，S.，I：164
Kelsen，H.，凯尔森，I：74，168
Kempski，J. von，I：172
Kern，F.，克恩，I：83，167
Keynes，J. M.，凯恩斯，I：25，154，161-2
Kohler，J.，科勒，I：151
Kramer，S. N.，克雷默，I：165
Kueng，E.，I：160
Kuentzel，G.，金策尔，I：147
Kuhn，H.，库恩，I：156

L

Labadie，J.，拉巴迪，I：159
Laband，P.，拉邦德，I：74
Lack，D.，拉克，I：164
Laski，H.J.，拉斯基，I：147
Leoni，B.，莱奥尼，I：168
Lieber，F.，利伯，I：159
Lindblom，C.B.，林德布卢姆，I：161
Lippman，W.，李普曼，I；179
Locke，J.，洛克，I：52，107，118，129，151，160，176
Lorenz，K.Z.，洛伦茨，I：79，164-5
Lugo，J.de，卢戈，I：157
Lykurgus，I：81，165

M

MacDermot，Lord，麦克德莫特勋爵，I：179
Machiavelli，N.，马基雅维里，I：160
Maine，H.S.，梅因，I：22，74，107，172
Maitland，F.W.，梅特兰，I：90，167-8
Malinowski，B.，马林诺斯基，I：173
MandeviUe，B.，孟德维尔，I：20，22，29，146，156
Mansfield，Lord，曼斯菲尔德勋爵，I：86
Marx，K.，马克思，I：24，57
Mayer，O.，迈耶，I：164
Mayer-Maly，T.，迈耶 - 马利，I：157
Mazzini，G.，马奇尼，I：161
McIlwain，C.H.，麦基尔韦恩，I：145，174
McNair，A.D.，麦克奈尔，I：166
Meggers，B.J.，梅格斯，I：152
Menger，C.，门格尔，I：22，147，157，161，163，169
Michel，H.，米歇尔，I：147
MiU，J.，穆勒，I：129，176
Mill，J.S.，穆勒，I：161
Millar，J.，米勒，I：150
Molina，L.，莫利纳，I：21，150
Mommsen，T.，莫姆森，I：166

Montesquieu，C. de S. de，孟德斯鸠，I：v，1，185，107，128-30，147，153，172
Morgenthau，H. J.，摩根索，I：179
Mueller，M.，缪勒，I：153
Mumford，芒福德，I：148

N

Napoleon，L，拿破仑，I：57，130，175
Nawiaski，H.，I：177
Needham，J.，李约瑟，I：154
Needham，M.，尼达姆，I：175

O

Olbrechts-tyteca，L.，I：171
OrtegayGasset，J.，奥尔特加·加塞，I：156
Osborn，H. F.，奥斯本，I：152

P

Palmer，R. A.，帕尔默，I：129，147，154，176
Paulus，J.，保罗斯，I：72，162
Peirce，C. S.，皮尔斯，I：153
Perelman，C.，佩雷尔曼，I：171
Peters，R. S.，彼得斯，I：147
Philo of Alexandria，菲洛，I：157
Piaget，J.，皮亚杰，I：154
Pike，K. L.，派克，I：174
Pitt，W.，皮特，I：174
Plucknett，T. F.，普拉克内特，I：163，174
Pocock，J. G. A.，波科克，I：151
Pohlenz，M.，波伦茨，I：157
Polanyi，M.，博兰尼，I：164
Popper，K. R.，卡尔·波普尔，I：2，29，146，148，150
Portalis，J. E. M，波塔利斯，I：178
Pound，R.，庞德，I：169-71，173

R

Radi，E.，拉德尔，I：152
Radbruch，G.，拉德布鲁赫，I：179

Rawls, J. , 罗尔斯, I: 164, 170
Rees, J. C. , 里斯, I: 170
Rehberg, A. W. , 雷贝格, I: 152
Rehfeld, B. , 雷菲尔德, I: 162
Reihenbach, H. , 莱辛巴赫, I: 154
Renan, E. , 勒南, I: 154, 159
Rexius, G. , I: 152
Robbins, L. C. , 罗宾斯, I: 170
Rousseau, J. J. , 卢梭, I: 10, 25, 95, 147-8
Ruggiero, G. de, 鲁杰罗, I: 146
Runciman, W. G. , 朗西曼, I: 176, 178
Ryle, G. , 赖尔, I: 154, 163

S

Sahlins, M. D. , I: 153
Saint-Simon, H. de, 圣西门, I: 159
Salvaire, J. , I: 158
Sartori, G. , 萨托里, I: 157
Savigny, F. C. von, 萨维尼, I: 22, 74, 152-3
Schatz, A. , 沙茨, I: 147
Schleicher, A. , 施莱歇, I: 153
Schmitt, C. , 施密特, I: 71, 161-2, 169, 179
Schumpeter, J. A. , 熊彼特, I: 148, 161, 179
Seeley, J. , 西利, I: 176
Segerstedt, T. T, 塞格斯泰特, I: 146
Seligmann, E. , 塞利格曼, I: 178
Servius, I: 168
Seward, A. C. , 苏厄德, I: 152
Smith, A. , 亚当·斯密, I: 2, 4, 35, 37, 56, 65, 67, 148, 153-4, 156-7, 160-1
Sohm, R. , 佐姆, I: 166
Solon, 索伦, I: 81, 165
Southern, R. W. , I: 157
Spencer, H. , 斯宾塞, I: 59, 152, 161, 170
Spinoza, B. de, 斯宾诺莎, I: 154
Stebbing, L. S. , 斯特宾, I: 155-6
Stein, P. , 斯坦, I: 152, 162, 166, 168

Strabo，斯特拉伯，I：94，168

T

Thompson，J. A.，汤普森，I：152
Thome，S. E.，I：174
Tinbergen，N.，廷伯根，I：164
Tocqueville，A. de，托克维尔，I：178
Triepel，H.，特里佩，I：169

U

Ulpian，乌尔比安，I：178
Ur-Nammu，I：81

V

Vile，M. J. C.，维尔，I：175-6
Vinogradoff，P.，维诺格拉多夫，I：152，179
Voltaire，伏尔泰，I：25，147，157

W

Waddington，C. H.，沃丁顿，I：153
Wagner，A.，瓦格纳，I：159
Waldo，D.，I：159
Wallace，A. R.，华莱士，I：152
WaUas，G.，沃拉斯，I：148
Weber，M.，韦伯，I：58，161
Weber，W.，韦伯，I：151
Webster，D.，韦伯斯特，I：158
Wheare，K. C.，惠尔，I：145
White，L. A.，怀特，I：153
Whittaker，R.，惠特克，I：146
Wolheim，R.，沃尔海姆，I：145
Wu，C. H.，吴经熊，I：151
Wynne-Edwards，V. C.，温 - 爱德华兹，I：164

Z

Zalenkos，I：165
Zopf，G. W.，措普夫，I：156

第二、三卷

A

Abrahams，G.，亚伯拉罕，Ⅲ：183
Acton，H. B.，阿克顿，Ⅱ：177，191；Ⅲ：177，205
Agonito，R.，Ⅲ：199
Albert，H.，艾伯特，Ⅱ：187
Alchian，A. A.，阿尔齐安，Ⅲ：202
Alger，H.，阿尔杰，Ⅱ：74
Allen，C. K.，艾伦，Ⅱ：159
Ames，I. B.，埃姆斯，Ⅱ：164
Andersen，H. C.，安徒生，Ⅱ：xi
Anderson，M.，安德森，Ⅲ：185
Antoine，P.，安托万，Ⅱ：176
Aquinas，St Thomas，阿奎那，Ⅱ：17，155
Ardrey，R.，阿德里，Ⅲ：196
Aristotle，亚里士多德，Ⅱ：17，154，155，162；Ⅲ：3，177，193
Ashley，W. J.，阿什利，Ⅱ：176
Atkin，Lord，阿特金勋爵，Ⅱ：164
Augustine，Saint，圣·奥古斯丁，Ⅲ：165
Austin，J.，奥斯丁，Ⅱ：45，156，168

B

Bacon，F.，培根，Ⅲ：34
Baechler，J.，贝希勒，Ⅲ：202
Bagolini，L.，巴戈里尼，Ⅱ：162
Baldwin，R. W.，鲍德温，Ⅱ：177
Barash，D. P.，巴拉什，Ⅲ：196，205
Barry，B. M.，巴里，Ⅱ：183
Bastiat，F.，巴斯蒂亚，Ⅱ：163
Beccaria，贝卡里亚，Ⅱ：155，156
Bell，D.，贝尔，Ⅱ：178，183；Ⅲ：205
Benda，J.，本达，Ⅲ：136
Bentham，J.，边沁，Ⅱ：18，19，45，53，153-5，168
Bertalanffy，L. von，贝特朗菲，Ⅲ：159，173，199

Beyerle，F.，拜尔勒，Ⅱ：190
Blackstone，W.，布莱克斯通，Ⅱ：155；Ⅲ：21，177
Bodenheimer，E.，博登海默，Ⅱ：169
Boehm，F.，贝姆，Ⅱ：158
Boesiger，E.，Ⅲ：197
Bouding，K. E.，博尔丁，Ⅱ：164
Brandt，R. B.，布兰特，Ⅱ：156，180
Brecht，A.，布雷斯特，Ⅱ：158，169
Bresch，C.，布雷施，Ⅲ：199
Brunner，E.，布鲁纳，Ⅱ：53，55，173
Buchanan，J. M.，布坎南，Ⅱ：168
Bullinger，M.，布林格，Ⅱ：188
Bundy，McG.，邦迪，Ⅱ：164
Burckhardt，W.，伯克哈特，Ⅱ：160
Bundeau，G.，比尔多，Ⅲ：177
Burke，E.，伯克，Ⅱ：186；Ⅲ：29，183
Burnet，J.，伯内特，Ⅱ：162
Butler，J，巴特勒，Ⅱ：157
Butler，S.，巴特勒，Ⅱ：179

C

Cahn，E. N.，卡恩，Ⅱ：164
Calvin，J.，加尔文，Ⅱ：145
Campbell，D. T.，坎贝尔，Ⅲ：154，158，174，197，199，207
Cannan，E.，坎南，Ⅱ：107，182，184；Ⅲ：194
Carnap，R.，卡纳普，Ⅲ：173
Carr，E. H.，卡尔，Ⅱ：184
Carre de Malberg，R.，卡雷，Ⅱ：160
Carroll，L.，（C. Dodgson），卡罗尔，Ⅱ：160
Carr-Saunders，A. M.，卡尔-桑德斯，Ⅲ：154，196
Carter，J. C.，卡特，Ⅱ：161
Carver，T. N.，卡弗，Ⅱ：176
Chapman，J. W.，查普曼，Ⅱ：157，165，179，180
Cherry，彻里，Ⅲ：200
Chisholm，G. B.，奇泽姆，Ⅲ：173
Chomski，N.，乔姆斯基，Ⅲ：200，206
Cicero，西塞罗，Ⅱ：2，154-6，165，187

Coke，E.，科克，Ⅱ：155
Collingwood，R. G.，科林伍德，Ⅱ：181
Comte，Auguste，孔德，Ⅱ：174，180；Ⅲ：172
Confucius，孔子，Ⅲ：136
Cornuelle，R. C.，科努尔，Ⅱ：191；Ⅲ：50，51，62，185-6
Cranston，M.，克兰斯顿，Ⅱ：184
Crossland，C. A. R.，克罗斯兰，Ⅱ：180-1
Crummenerl，R.，克鲁门勒，Ⅱ：180

D

Dahl，R. A.，达尔，Ⅲ：180-1
Darwin，C.，达尔文，Ⅱ：191；Ⅲ：154
Darwin，E.，达尔文，Ⅲ：154
Day，T.，戴，Ⅲ：181
Del Vecchio，G.，Ⅱ：175
Demosthenes，德摩斯梯尼，Ⅲ：2，177
Descartes，R.，笛卡尔，Ⅲ：155，172
Destutt de Tracy，A. L. C.，德斯蒂特，Ⅱ：186
Devin，Lord，德夫林勋爵，Ⅱ：174
Dewey，J.，杜威，Ⅱ：44，167；Ⅲ：136，192
Dicey，A. V.，戴雪，Ⅲ：183
Diggs，B. J.，迪格斯，Ⅱ：156
Dobzhansky，T. H.，多布赞斯基，Ⅲ：154，196-7，199，204
Donagan，A.，多纳根，Ⅱ：156
Donati，D.，多纳蒂，Ⅱ：160-1
Downs，A.，唐斯，Ⅲ：186
Duguit，L.，狄骥，Ⅱ：160，166，186
Durkheim，E.，涂尔干，Ⅱ：186；Ⅲ：204
Duverger，M.，迪韦尔热，Ⅱ：181；Ⅲ：192
Dworkin，R. M.，德沃金，Ⅱ：159，174；Ⅲ：205

E

Eccles，J. C.，埃克尔斯，Ⅲ：199
Eible-Eibesfeld，I.，Ⅲ：196
Eigen，M.，艾根，Ⅲ：199
Everett，C. W.，埃弗里特，Ⅱ：155
Eysenck，H. J.，艾森克，Ⅲ：175，207-8

F

Ferguson, A., 弗格森, Ⅱ: 155, 162, 177
Finley, M. I., 芬利, Ⅲ: 202
Fogarty, M., 福格蒂, Ⅱ: 179
Forsthoff, E., 福斯特霍夫, Ⅱ: 191
Frankena, W. A., 弗兰克纳, Ⅱ: 180
Freud, S., 弗洛伊德, Ⅲ: 165, 173, 206
Freund, P. A., 弗罗因德, Ⅱ: 165
Friedman, M., 弗里德曼, Ⅲ: 46, 61, 185
Friedmann, W., 弗里德曼, Ⅱ: 181
Fuller, L. L., 富勒, Ⅱ: 164, 174

G

Galbraith, J. K., 加尔布雷斯, Ⅲ: 50, 93, 186, 187, 191
Gallagher, J., 加拉格尔, Ⅲ: 102
Gaudemet, J., 戈德梅, Ⅱ: 153
Geck, L. H. A., 格克, Ⅱ: 180
Geertz, C., 吉尔茨, Ⅲ: 199
Geiger, T., 盖格, Ⅱ: 157
Geyl, P., 海尔, Ⅱ: 182
Giacometti, Z., 贾科梅蒂, Ⅱ: 160; Ⅲ: 192
Gibbon, E., 吉本, Ⅱ: 67, 175
Ginsberg, M., 金斯伯格, Ⅲ: 193
Gluckman, M., 格鲁克曼, Ⅱ: 165
Goethe, J. W., 歌德, Ⅲ: 153, 196
Gombrich, E. H., 贡布里希, Ⅲ: 156, 174, 199
Goodhart, A. L., 古德哈特, Ⅱ: 180
Gordon, T., 戈登, Ⅱ: 185; Ⅲ: 20, 180, 182
Gould, T., 吉尔德, Ⅲ: 188
Gregor, M. J., 格雷戈尔, Ⅱ: 166
Groethuysen, B., 格雷图伊森, Ⅱ: 178
Grotius, H., 格劳秀斯, Ⅱ: 53
Gsovski, V., Ⅱ: 181

H

Haenel, A., 哈内尔, Ⅱ: 160

Hailsham，Lord，黑尔什姆勋爵，Ⅲ：177
Haldane，J. B. S.，霍尔丹，Ⅲ：206
Hale，M.，黑尔，Ⅱ：155
Hale，R. L.，黑尔，Ⅱ：165
Hallowell，J.，哈洛韦尔，Ⅱ：167
Hardin，G.，哈丁，178；Ⅲ：200
Hardy，A.，阿尔迪，Ⅲ：199
Hare，R. M.，黑尔，Ⅱ：156
Harrington，J.，哈林顿，Ⅱ：2，153
Harris，A. R. W.，哈里斯，Ⅲ：192
Harrison，J.，哈里森，Ⅱ：156
Hart，H. L. A.，哈特，Ⅱ：56，158，164，168，169，174；Ⅲ：207
Hasbach，W.，哈斯巴赫，Ⅲ：183
Hegel，G. W. F.，黑格尔，Ⅱ：154；Ⅲ：184
Heimann，E.，海曼，Ⅲ：179
Helvetius，C. A.，爱尔维修，Ⅱ：156
Hennis，W.，亨尼斯，Ⅲ：179
Herakleitos，赫拉克利特，Ⅱ：162
Hermens，F. A.，赫门斯，Ⅲ：192
Hobbes，T.，霍布斯，Ⅱ：45，48，168-9
Hobhouse，L. T.，霍布豪斯，Ⅲ：154，176，196
Hodgson，D. H.，霍奇森，Ⅱ：156
Hoeffner，J.，赫夫纳，Ⅱ：178
Honore，A. M.，奥诺雷，Ⅱ：176，180
Hoppmann，E.，霍普曼，Ⅲ：189
Hospers，J.，霍斯普，Ⅱ：156
Huizinga，J.，赫伊津哈，Ⅱ：191
Hume，D.，休谟，Ⅱ：1，16，17，34，40，53，62，153，155，162，165-7，174-5，179，185，187；Ⅲ：105，137，154，191，194，203
Hunton，P.，亨顿，Ⅲ：192
Hutt，W. H.，赫特，Ⅲ：20，181
Huxley，J.，赫胥黎，Ⅲ：153-4，197

I

Ilbert，C.，伊尔贝特，Ⅱ：174-5；Ⅲ：28，184
Iredell，J.，艾尔德尔，Ⅲ：183
Issac，G.，伊萨克，Ⅲ：202

J

Jacobs, J., 雅各布斯, Ⅲ: 186
James, W., 詹姆斯, Ⅱ: 44, 167
Jellinek, G., 耶利内克, Ⅱ: 160
Jevons, W. S., 杰文斯, Ⅱ: 187
Jones, Harry W., 琼斯, Ⅲ: 182
Jones, J. W., 琼斯, Ⅱ: 166
Jouvenel, B. de, 茹弗内尔, Ⅱ: 177, 182, 191; Ⅲ: 202
Julien, C., 朱利恩, Ⅲ: 198

K

Kant, I., 康德, Ⅱ: 28, 37, 43, 62, 162, 165, 166, 175, 179; Ⅲ: 11
Kantorowicz, H., 坎托罗维奇, Ⅱ: 168
Kaufmann, W., 考夫曼, Ⅱ: 182
Kelsen, H., 凯尔森, Ⅱ: 45, 47-56, 61, 158, 160, 168-74, 181; Ⅲ: 174
King, C., 金, Ⅲ: 177
Kirzner, I., 柯兹纳, Ⅲ: 189
Korsch, K., 科尔斯, Ⅱ: 181
Kristol, I., 克里斯托尔, Ⅱ: 178; Ⅲ: 206
Krushchev, N., 赫鲁晓夫, Ⅲ: 130
Kueng, E., Ⅱ: 177

L

Laband, P., 拉邦德, Ⅱ: 161, 166
La Pierre, R., 拉彼德拉, Ⅲ: 207
Laski, H. J., 拉斯基, Ⅱ: 173, 184
Laslett, P., 拉斯利特, Ⅱ: 188; Ⅲ: 178
Lasswell, A. D., 拉斯韦尔, Ⅲ: 178
Leacock, S., 利科克, Ⅱ: 176
Lehmann, W. C., 莱曼, Ⅱ: 162
Leibholz, G., 莱布霍尔茨, Ⅱ: 181
Lenneberg, F. B., Ⅲ: 199
Lehwin, W. L., Ⅲ: 191
Levy-Ullman, H., 莱维-厄尔曼, Ⅱ: 161
Liddell, H. G., 利德尔, Ⅱ: 185
Lindblom, C. B., 林德布卢姆, Ⅲ: 181-2

Lippman，W.，李普曼，Ⅱ：V
Locke，J.，洛克，Ⅱ：38，53，61，73，172；Ⅲ：20，101，194
Lorenz，K. Z.，洛伦茨，Ⅲ：153，174，197
Lucas，J. R.，卢卡斯，Ⅱ：164
Lugo，J. de，卢戈，Ⅱ：179
Lyons，D.，莱昂，Ⅱ：156

M

Mabbott，J. D.，马博特，Ⅱ：156
MacDermot，Lord，麦克德莫特勋爵，Ⅲ：183
MacGee，J. S.，麦吉，Ⅲ：188
Madison，J.，麦迪逊，Ⅲ：100
Maine，H. S.，梅因，Ⅱ：168
Mandeville，B.，孟德维尔，Ⅱ：155，185；Ⅲ：154，197
Mann，F. A.，曼，Ⅲ：187
Mannheim，K.，曼海姆，Ⅱ：181
Marx，K.，马克思，Ⅲ：165，170
Maupertuis，P. L. M. de，莫佩尔蒂，Ⅱ：155
Mayo，B.，梅奥，Ⅱ：164
McCloskey，H. J.，麦克洛斯基，Ⅱ：156
McIlwain，C. H.，麦基尔韦恩，Ⅱ：154；Ⅲ：185
Medawar，P. B.，梅达沃，Ⅲ：207
Meier，C.，迈耶，Ⅲ：185
Menger，C.，门格尔，Ⅱ：184；Ⅲ：198
Merk，W.，迈尔克，Ⅱ：153
Messner，J.，梅斯纳，Ⅱ：176
Mieth，W.，米特，Ⅲ：190
Mill，J. S.，穆勒，Ⅱ：63-4，98，162，176，183，186；Ⅲ：112，178，192
Millar，J.，米勒，Ⅱ：162
Miller，D.，米勒，Ⅲ：193-4
Mises，L. von，米塞斯，Ⅱ：175，178，185，188；Ⅲ：65，179，188-9，204-5
Mohl，M.，默尔，Ⅱ：190
Molina，L.，莫利纳，Ⅱ：178-9
Montesquieu，C. de S. de，孟德斯鸠，Ⅱ：185
Moore，G. E.，穆尔，Ⅱ：19，156
Morris，D.，莫利斯，Ⅲ：197
Moses，摩西，Ⅲ：166

Moss，R.，莫斯，Ⅲ：177，184
Myrdal，G.，米尔达尔，Ⅱ：186；Ⅲ：93，191

N

Newman，F. W.，纽曼，Ⅱ：176
Nicolis，G.，尼科利斯，Ⅲ：200
Nozik，R.，诺齐克，Ⅲ：xii，186

O

Oakeshott，M.，奥克萧特，Ⅱ：15；Ⅲ：xii
Olson，M.，奥尔森，Ⅲ：97，143，180，184-5，188
Ortega y Gasset，J.，奥尔特加・加塞，Ⅱ：133，146，189
Oxenstjerna，A.，乌克森谢尔纳，Ⅲ：150

P

Palermo，D. S.，帕莱默，Ⅲ：200
Paley，W.，佩利，Ⅱ：19，156，159；Ⅲ：21. 181-2
Palmer，R. A.，帕尔默，Ⅲ：179
Pantaleoni，M.，潘塔莱奥尼，Ⅱ：175，179
Pareto，V.，帕累托，Ⅱ：44，119，168
Parrington，V. L.，帕林顿，Ⅱ：183
Paschukanis，E.，帕舒坎尼斯，Ⅱ：181
Pasquier，C. de，帕基耶，Ⅱ：176
Pepper，S. C.，佩伯，Ⅲ：191
Perelman，C.，佩雷尔曼，Ⅱ：190
Peter，H.，彼得，Ⅱ：187
Pieper，J.，皮伯，Ⅱ：182
Pitt，W.，皮特，Ⅲ：41，185
Planiol，M.，Ⅱ：159
Plato，柏拉图，Ⅱ：88，105；Ⅲ：166
Pohlenz，M.，波伦茨，Ⅱ：154
Polanyi，M.，博兰尼，Ⅱ：154，189
Popper，K. R.，卡尔・波普尔，Ⅱ：43，157，167，171，174，186，190；Ⅲ：157，162，174，179，182，185-6，193，200，202-5
Pound，R.，庞德，Ⅱ：159，181-2
Powell，E.，鲍韦尔，Ⅲ：102
Prigogine，I.，普利高津，Ⅲ：200

Pugh，G. E.，皮尤，Ⅲ：153，161，197，202

R

Radbruch，G.，拉德布鲁赫，Ⅱ：47，55，86-7，169；Ⅲ：67，174，182-3
Raphael，D. D.，拉斐尔，Ⅱ：183
Rashdall，H.，拉什道尔，Ⅱ：22，157
Rawls，J.，罗尔斯，Ⅱ：xii，100，156，166，175，179，182；Ⅲ：iii
Read，H.，里德，Ⅲ：207
Rheinstein，M.，Ⅱ：175，178
Ritter，G. A.，里特，Ⅲ：176
Robbins，H. R.，罗宾斯，Ⅱ：186
Robbins，L. C.，罗宾斯，Ⅱ：163，187
Robertson，H. M.，罗伯逊，Ⅱ：178-9；Ⅲ：203
Roepke，J.，勒普克，Ⅲ：203
Roepke，W.，勒普克，Ⅱ：188
Roosevelt，F. D.，罗斯福，Ⅱ：103
Rosmini-Serbati，A.，Ⅱ：176
Rossiterm，C.，罗西特，Ⅲ：181
Rothbart，M. R.，Ⅱ：178；Ⅲ：188
Rousseau，J. J.，卢梭，Ⅱ：147，151，162，191；Ⅲ：102，166
Ryan，J. A.，瑞安，Ⅲ：177

S

Sakharov，S.，沙哈罗夫，Ⅱ：66
Salas，J. de，萨拉斯，Ⅱ：178
Salmond，J.，萨蒙德，Ⅱ：161
Sapir，L.，萨皮尔，Ⅲ：199
Sartori，G.，萨托里，Ⅲ：178，182
Savigny，F. C. von，萨维尼，Ⅱ：161，163
Schattschneider，E. E.，Ⅲ：181
Scheler，M.，舍勒，Ⅱ：163
Schmitt，C.，施密特，Ⅱ：167，191；Ⅲ：192，194
Schmoller，G.，施莫勒，Ⅱ：177
Schoeck，H.，舍克，Ⅲ：182
Schopenhauer，F.，叔本华，Ⅱ：163
Schulze，H.，舒尔茨，Ⅱ：159
Schumpeter，J.，熊彼特，Ⅲ：178-80，185，189，194，196

Schweitzer, A., 施韦策, Ⅲ: 128, 193
Scott, R. A., 斯科特, Ⅱ: 185
Segerstedt, T. T, 塞格斯泰特, Ⅲ: 196
Seibt, U., 塞布特, Ⅲ: 197
Seldon, R., 塞尔登, Ⅲ: 187
Seligmann, E., 塞利格曼, Ⅱ: 159-60
Senior, N. W., 西尼尔, Ⅱ: 190
Shields, W., 希尔兹, Ⅱ: 178
Shwayder, D. S., 施韦德, Ⅲ: 202
Sidgwick, H., 西奇威克, Ⅱ: 19, 156
Simpson, G. G., 辛普森, Ⅲ: 154, 197, 205
Singer, M. G., 辛格, Ⅱ: 157
Smart, J. C. C., 斯马特, Ⅱ: 156-7
Smiles, H., 斯迈尔斯, Ⅱ: 74
Smith, A., 亚当·斯密, Ⅱ: 71, 145, 153, 162, 177, 185-6, 190
Smith, J. A., 史密斯, Ⅲ: 183
Sontheimer, K., 宋特海默, Ⅲ: 177
Sorley, W. S., 索利, Ⅱ: 188
Spearman, D., 斯皮尔曼, Ⅲ: 182
Sprigge, T. L. S., 斯普里格, Ⅱ: 156
Steinwenter, A., Ⅱ: 153
Stourzh, G., 斯图尔茨, Ⅲ: 182
Streissler, E., 斯特莱斯勒, Ⅱ: 186
Stuchka, P. J., 斯图奇卡, Ⅱ: 181
Sumner, W. G., 萨姆纳, Ⅱ: 74
Szasz, T., 萨斯, Ⅲ: 208

T

Talmon, J. L., 塔尔蒙, Ⅲ: 179
Taparelli-d'Azeglio, L., Ⅱ: 176
Thurnwald, R., 图恩瓦尔德, Ⅲ: 198
Timm, H., 蒂姆, Ⅲ: 186-7
Tinbergen, N., 廷伯根, Ⅲ: 153, 197
Toulmin, S. E., 图尔明, Ⅱ: 156
Trenchard, J., 特伦查德, Ⅲ: 20, 182, 198
Trivers, R., 特里弗斯, Ⅲ: 206
Tucker, J., 塔克, Ⅱ: 185

Tuft，J.，Ⅱ：167

U

Ulpian，乌尔比安，Ⅱ：154，165
Urmson，J. O.，厄姆森，Ⅱ：156

V

Van der Eycken，P.，范德艾克，Ⅱ：171
Vile，M. J. C.，维尔，Ⅱ：172；Ⅲ：20，178，182
Vinogradoff，P.，维诺格拉多夫，Ⅱ：31，157，161，Ⅲ：184
Vlastos，G.，Ⅱ：157，184
Voltaire，伏尔泰，Ⅱ：155

W

Waddington，C. H.，沃丁顿，Ⅲ：154，197
Wagner，A.，瓦格纳，Ⅲ：186
Wasserrab，K.，瓦瑟拉布，Ⅱ：180
Weber，M.，韦伯，Ⅱ：170；Ⅲ：116
Weimer，W. B.，韦默，Ⅲ：200
Weisser，G.，威塞，Ⅱ：187
Westermarck，E.，Ⅱ：157，174
Westin，A. F.，韦斯廷，Ⅲ：187
Whately，R.，惠特利，Ⅱ：185
White，L. A.，怀特，Ⅲ：198
Whorf，B. J.，沃夫，Ⅲ：199
Whyte，W. H.，怀特，Ⅱ：189
Wickler，W.，Ⅲ：197
Wicksteed，H. B.，Ⅱ：175
Wiese，L. von，威斯，Ⅱ：180；Ⅲ：189
Wilkins，J.，威尔金斯，Ⅱ：186
Williams，B.，威廉斯，Ⅱ：156
Williams，G.，威廉姆斯，Ⅱ：48，169
Williams，G. C.，威廉斯，Ⅲ：204
Williams，R. J.，威廉斯，Ⅲ：201，206
Willoughby，N. W.，威洛比，Ⅱ：176
Wilson，E. O.，威尔逊，Ⅲ：153，206
Wilson，J.，威尔逊，Ⅲ：21

Winkler，R.，温克勒，Ⅲ：200
Wolheim，R.，沃尔海姆，Ⅲ：178
Wootton，Lady，伍顿夫人，Ⅱ：75，179；Ⅲ：181
Wright，S.，赖特，Ⅲ：202

X

Xenophon，色诺芬，Ⅲ：167-8，178

Y

Yule U.，尤尔，Ⅲ：201

Z

Zimmermann，W.，齐默尔曼，Ⅱ：180

哈耶克研究参考文献

◎邓正来编

（一）哈耶克主要的英文著作：

1. Hayek，Sensory Order，Routledge & Kegan Paul，1952；

2. Hayek，The Counter Revolution of Science ，Glencoe：Free Press，1952；

3. Hayek，Studies in Philosophy，Politics and Economics，Routledge & Kegan Paul，1967；

4. Hayek，Law，Legislation and Liberty：Rules and Order（Ⅰ），The University of Chicago Press，1973；

5. Hayek，Law，Legislation and Liberty：The Mirage of Social Justice（Ⅱ），The University of Chicago Press，1976；

6. Hayek，New Studies in Philosophy，Politics，Economics and the History of Ideas ，Routledge & Kegan Paul，1978；

7. Hayek，Law，Legislation and Liberty：The Political Order of a Free People（Ⅲ），Routledge & Kegan Paul，1979.

（二）研究哈耶克的英文二手主要参考文献：

1. F. Machlup, ed. , Essays on Hayek(《哈耶克研究论文集》), London and New York: Routledge, 1977;

2. S. Kresge and L. Wenar, ed. Hayek on Hayek: An Autobiographical Dialogue(《哈耶克论哈耶克》), London and New York: Routledge, 1994;

3. A. Seldon, Agenda for a Free Society: Essays on Hayek's The Constitution of Liberty(《自由社会的议程：有关哈耶克《自由秩序原理》的论文集》), Hutchinson, 1961;

4. E. Streissler, et al. , ed. , Roads to Freedom : Essays in Honour of F. A. Hayek(《通往自由之路：哈耶克纪念文集》), London: Routledge, 1969;

5. M. Sandel, ed. , Liberalism and Its Critics(《自由主义以及对它的批判》), Oxford, 1984;

6. A. Arblaster, The Rise and Decline of Western Liberalism(《西方自由主义的兴衰》), Oxford, 1985;

7. J. N. Gray, Liberalism(《自由主义》), Milton Keynes, 1986;

8. N. Barry, Hayek's Social and Political Philosophy(《哈耶克的社会哲学和政治哲学》), London: Macmillan, 1979; On Classical Liberalism and Libertarianism (《论古典自由主义与极端自由论》), London: Macmillan, 1986;

9. J. N. Gray, Hayek on Liberty(《哈耶克论自由》), Oxford, 1984;

10. R. Butler, Hayek: His Contribution to the Political and Economic Thought of Our Time (《哈耶克：他对我们这个时代的政治思想和经济思想的贡献》), London, 1983;

11. B. L. Crowley, The Self, the Individual, and the Community: Liberalism in the Political Thought of F. A. Hayek and Sidney and Beatrice Webb(《自我，个人和社群：哈耶克、席奈和韦伯政治思想中的自由主义》), Oxford, 1987;

12. H. Gissurarson，Hayek's Conservative Liberalism（《哈耶克的保守主义自由论》），New York：Garland，1987；

13. C. Kukathas，Hayek and Modern Liberalism（《哈耶克与现代自由主义》），Oxford，1989；

14. J. Tomlinson，Hayek and the Market（《哈耶克与市场》），London：Pluto，1990；

15. J. C. Wood and R. N. Woods，ed.，F. A. Hayek：Critical Assessments（《哈耶克：批判性评述》四卷本），London and New York：Routledge，1991；

16. J. Bimer and R. van Zijp，ed.，Hayek，Coordination and Evolution（《哈耶克，协调和进化》），London：Routledge，1994；

17. R. Kley，Hayek's Social and Political Thought（《哈耶克的社会思想和政治思想》），Oxford：Clarendon Press，1994；

18. M. Colona and H. Hageman，The Economics of Hayek，vol. 1：Money and Business Cycles（《哈耶克的经济学，第一卷：货币与商业循环》），Hants.：Edward Elgar，1994；

19. Chris M. Sciabarra，Marx，Hayek，and Utopia（《马克思、哈耶克和乌托邦》），State University of New York Press，1995；

20. S. Frowen，ed.，Hayek the Economist and Social Philosopher：A Critical Retrospect（《作为经济学家和社会哲学家的哈耶克：一种批判性考察》），London：Macmillan，1995；

21. S. Fleetwood，Hayek's Political Economy：The socio-economics of order（《哈耶克的政治经济学：社会经济秩序》），London and New York：Routledge，1995；

22. J. Shearmur，Hayek and After：Hayekian Liberalism as a research programme（《哈耶克及其以后：作为一种研究纲领的哈耶克式自由主义》），London and New York：Routledge，1996；

23. Andrew Gamble，Hayek：The Iron Cage of Liberty（《哈耶克：自由

的铁笼》), Westview Press, 1996;

24. Gerald P. O' Driscoll, Jr. And Mario J. Rizzo, The Economics of Time and Ignorance (《时间与无知的经济学》), London and New York: Routledge, 1996;

25. Lord Radeliffe, Law and the Democratic State (《法律与民主国家》), Holdsworth Lecture, Birmingham: University of Birmingham, 1955;

26. W. Butos, "Hayek and General Equilibrium Analysis", ("哈耶克与一般均衡分析"), Southern Economic Journal, 52(1985, October);

27. Gilbert Ryle, "Knowing How and Knowing That" ("知道如何与知道那个"), Proceedings of the Aristotelian Society, 46 [1945-6];

28. M. Polanyi, Personal Knowledge (《个人知识》), London: Routledge & Kegan Paul, 1958; The Tacit Dimemion (《默会向度》), London: Routledge & Kegan Paul, 1966;

29. M. Oakeshott, Rationalism in Politics (《政治学中的理性主义》), London: Methuen, 1962;

30. Mary Gregor, Laws of Freedom (《法律与自由》), Oxford, 1963;

31. Bruno Leoni, Freedom and the Law (《自由与法律》), Princeton, 1961;

32. M. J. Lacey and K. Haakonssen, ed., A Culture of Rights (《一种权利的文化》), Cambridge University Press, 1991;

33. Robert L. Cunningham, ed., Liberty and the Rule of Law (《自由与法治》), Texas A&M University Press, 1979.

(三)中文(包括英文译文)主要参考文献:

1. 哈耶克:《个人主义与经济秩序》,贾湛等译,北京经济学院出版社1991年版;

2. 哈耶克:《通往奴役之路》,王明毅等译,中国社会科学出版社1997年版;

3. 哈耶克:《自由秩序原理》,邓正来译,生活·读书·新知三联书店1997年版;

4. 哈耶克:《不幸的观念:社会主义的谬误》,刘戟锋等译,东方出版社1991年版;

5. 戴维·米勒主编的《布莱克维尔政治思想百科全书》"哈耶克"条目,参见邓正来主编《布莱克维尔政治学百科全书》(中译本),中国政法大学出版社1992年版;

6. 霍伊:《自由主义政治哲学》,刘锋译,北京三联书店1992年版;

7. 布坎南:《自由、市场与国家》,平新乔等译,上海三联书店1989年版;

8. 利普塞特:《政治人:政治的社会基础》,刘钢敏等译,聂崇信校,商务印书馆1993年版;

9. 博登海默:《法理学:法律哲学和法律方法》,邓正来译,中国政法大学出版社1999年版;

10. 邓正来:《自由与秩序:哈耶克社会理论的研究》,江西教育出版社1998年版;

11. 卡尔·波普尔:《历史主义贫苦论》,何林等译,中国社会科学出版社1998年版;

12. 汪子嵩等著:《希腊哲学史》(第二卷),人民出版社1993年版;

13. 陈康:《论希腊哲学》,商务印书馆1995年版。

外国法律文库书目

1. 法律与革命——西方法律传统的形成　伯尔曼
2. 国际贸易法文选　施米托夫
3. 论犯罪与刑罚　贝卡里亚
4. 法与国家的一般理论　凯尔森
5. 法律的概念　哈特
6. 法律帝国　德沃金
7. 人的权利与人的多样性——人权哲学　米尔恩
8. 奥本海国际法　詹宁斯等修订
9. 德国民商法导论　罗伯特·霍恩等
10. 法律的原则——一个规范的分析　贝勒斯
11. 法律的经济分析　波斯纳
12. 犯罪学　加洛法罗
13. 行政法　韦德
14. 科宾论合同　科宾
15. 法学导论　拉德布鲁赫
16. 戴西和莫里斯论冲突法　莫里斯
17. 财产法　劳森

18. 认真对待权利	德沃金
19. 论经济与社会中的法律	马克斯·韦伯
20. 英国合同法与案例	盖斯特
21. 俄罗斯联邦民法典	
22. 普通法的历史基础	密尔松
23. 海商法	吉尔摩
24. 债权在近代法中的优越地位	我妻荣
25. 法律、立法与自由	哈耶克

译后附言

20 世纪 90 年代初，张守东与李静冰打算为外国法学名著的翻译工作做点力所能及的事情。经李静冰推荐，他们决定借助“外国法律文库”丛书的出版，把哈耶克先生最后一部系统著作译成中文。

原本打算两人各译一半，然后互校。但李静冰在译出前九章初稿后，即因工作繁忙而无暇顾及。征得李静冰同意，张守东重译了这一部分。于是从 1992 年初到 1995 年底，在三年多的时间里，张守东独自承担了全书的翻译任务，力求准确、流畅地传达哈耶克原著的本意，三译其稿，改定后，请刘军宁审阅了大部分译稿。

1999 年初，借中国大百科全书出版社和张守东约请邓正来先生为本书作序的机会，张守东又邀请邓正来审定译稿并作为译者加入本书的翻译和审校工作，以便提升译文质量并使译文更加准确。在这个过程中，邓正来先生逐字逐句地订正，反复斟酌、推敲，力求完美，使本书的翻译质量得以更上一层楼。

在此，我们感谢哈耶克家属慷慨提供版权，并且感谢多年来为我们的翻译提供过帮助的朋友。程建英女士翻译了注解中的德文部分，北京大学的杨国政先生提供了注解中法文部分的译文。感谢中国大百科全书出版社杜晓光编辑为本书的出版做出认真且负责的努力；感谢刘军宁、李菊霞、齐红、娄峰、阿计从各方面提供的帮助。

我们谨以此书纪念哈耶克先生诞辰一百周年。

同时，我们也把这一中文版看作中青年学者之间学术友谊的体现，愿我们付出了心血的成果，成为读者解读哈耶克有益的媒介。

译者

2000 年初于北京